从左至右：何塞菲娜·多拉多，阿道夫·比奥伊·卡萨雷斯，维多利亚·奥坎波，博尔赫斯。马德普拉塔，1935年3月17日。照片背面可以读到比奥伊手写的："同年，也就是1935年，两三个月后，博尔赫斯和阿道夫·比奥伊·卡萨雷斯开始合作。"

小册子《酸奶》的原始版封面（1935），这是博尔赫斯与阿道夫·比奥伊·卡萨雷斯的初次合作。插画出自西尔维娜·奥坎波。

何塞·比安科,西尔维娜·奥坎波,博尔赫斯,布宜诺斯艾利斯,1939年。阿道夫·比奥伊·卡萨雷斯拍摄。

《多梅克半身像》。灵感源自弗朗西斯·高尔顿的系列照片,西尔维娜·奥坎波拍摄。马德普拉塔,1942年。

博尔赫斯和埃斯特拉·坎托在老角落庄园,帕尔多,1950年。

帕特里西奥·甘农,比奥伊,埃玛·里索·普拉特罗,博尔赫斯,约1950年。

阿道夫·比奥伊·卡萨雷斯《日记》最后的批注（本册包含1957年5月22日至6月25日）。

阿伊塔博士。六十年代中期。阿道夫·比奥伊·卡萨雷斯拍摄。

博尔赫斯与阿道夫·比奥伊，1959年9月13日。阿道夫·比奥伊·卡萨雷斯拍摄。

阿道夫·比奥伊·卡萨雷斯生日。后排（站）：厨师，阿道夫·比奥伊·卡萨雷斯，西尔维娜·奥坎波及佣人。前排（坐）：博尔赫斯，玛尔塔·比奥伊，阿道夫·比奥伊。1959年9月15日。自动拍摄照片。

"博尔赫斯和母亲在家中。在那个角落，她给他朗读，他对她口授。1959年10月。博尔赫斯手部的姿势很有特色。"（阿道夫·比奥伊·卡萨雷斯拍摄和批注）

博尔赫斯和母亲在家中。1959年10月。博尔赫斯对照片的评价:"毫无疑问我有裤子。"(阿道夫·比奥伊·卡萨雷斯拍摄和批注)

国立图书馆,1960年4月2日,博尔赫斯讲座之日。从左至右:阿德拉·格龙多纳,阿莉西亚·胡拉多,阿道夫·比奥伊·卡萨雷斯,玛利亚娜·格龙多纳,卡洛斯·马斯特罗纳尔迪。

博尔赫斯与曼努埃尔·佩罗,1960年11月26日。阿道夫·比奥伊·卡萨雷斯拍摄。

博尔赫斯与弗拉迪·科奇安希奇。约1960年。
阿道夫·比奥伊·卡萨雷斯拍摄。

南方团体。后排（站），从左至右：恩里克·佩索尼，爱德华多·冈萨雷斯·拉努萨，西尔维娜·奥坎波，阿尔贝托·吉里，阿道夫·比奥伊·卡萨雷斯，维多利亚·奥坎波，阿莉西亚·胡拉多，赫克托·穆雷纳。前排（坐），从左至右：玛利亚·路易莎·巴斯托斯，吉列尔莫·德·托雷，卡洛斯·阿尔贝托·埃罗，博尔赫斯，爱德华多·马列亚，1962年5月。弗朗西斯科·维拉拍摄。

博尔赫斯和阿道夫·比奥伊·卡萨雷斯在读1963年《国家报》奖参赛作品同时写下评审意见的笔记本中的两页》:"13)句法复杂。14)比别的好,但不够理智。15)愚蠢并幼稚。16)不行。17)也不行。18)本土,可以或缺。19)优于前面几首。20)差,差劲。21)手写体挺有意思。22)不负责任的蹩脚诗人。23)混乱。24)爱国,但缺乏逻辑。25)有文化,但极差。26)担心头发问题,没一点对的。27)不合格。28)前后不一。29)有力而粗糙。30)弱。31)喜用强调,乡土气息十足。32)空洞,热情,荒唐。33)神秘而愚蠢。34)可能值得注意(《瓶中船》,新克罗)"。

博尔赫斯,玛利亚·埃丝特·巴斯克斯,西尔维娜·奥坎波,塞西莉亚·博尔达林,阿道夫·比奥伊·卡萨雷斯,玛利亚·比奥伊。马德普拉塔,1964年2月21日。

博尔赫斯与玛利亚·埃丝特·巴斯克斯。西尔维娜别墅。马德普拉塔。1964年2月。阿道夫·比奥伊·卡萨雷斯拍摄。

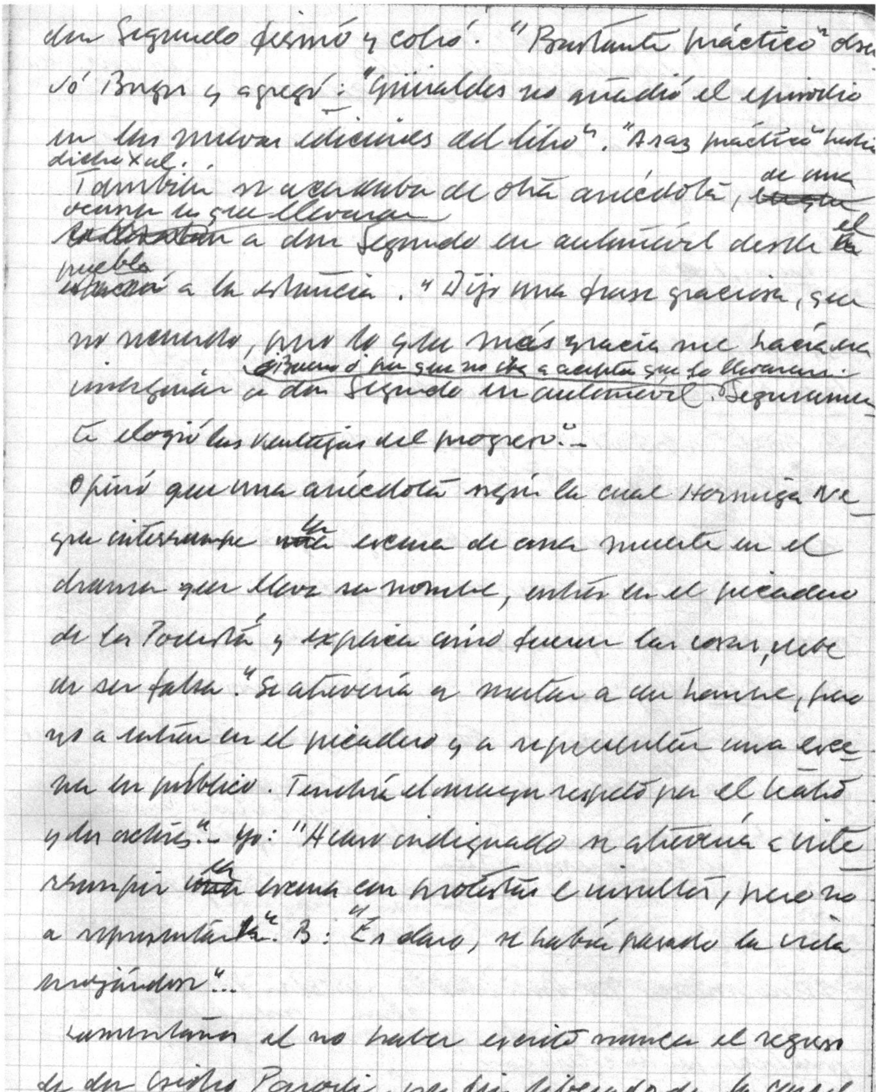

阿道夫·比奥伊·卡萨雷斯《日记》中的一页，对应《博尔赫斯》（梅杰版）1968年11月6日的条目。

博尔赫斯在圣特尔莫。1974年4月14日。阿道夫·比奥伊·卡萨雷斯拍摄。

卡洛斯·弗里亚斯与博尔赫斯在莱萨马公园。1974年4月14日。阿道夫·比奥伊·卡萨雷斯拍摄。

博尔赫斯和阿道夫·比奥伊·卡萨雷斯的最后一张合影。阿道夫·比奥伊·卡萨雷斯在照片背面写道:"博尔赫斯比我大15岁。如果我按照目前的速度继续衰老下去,15年以后我会是什么样子呢?一具尸体吧。希望不是。阿道夫·比奥伊·卡萨雷斯,1986年1月。"于阿尔贝托·卡萨雷斯书店。1985年11月27日。胡里奥·朱斯托齐拍摄。

日 记 中 的 博尔赫斯

1931—1989

[阿根廷] 阿道夫·比奥伊·卡萨雷斯 著
[阿根廷] 丹尼尔·马蒂诺 编
郑菁菁 陆恺甜 徐 泉 译

华东师范大学出版社
·上海·

图书在版编目（CIP）数据

日记中的博尔赫斯：1931—1989 /（阿根廷）阿道夫·比奥伊·卡萨雷斯著；丹尼尔·马蒂诺编；郑菁菁，陆恺甜，徐泉译.—上海：华东师范大学出版社，2021
 ISBN 978-7-5760-2224-7

Ⅰ.①日… Ⅱ.①阿…②郑…③陆…④徐… Ⅲ.①博尔赫斯（Borges, Jorge Luis 1899-1986）—传记 Ⅳ.①K837.835.6

中国版本图书馆CIP数据核字（2021）第220747号

BORGES
by Adolfo Bioy Casares and Daniel Martino
Copyright © Bioy Casares copyright successor, Sara Josefina Demaría, and Daniel Martino.
Simplified Chinese translation copyright © 2021 by East China Normal University Press Ltd.
All rights reserved

上海市版权局著作权合同登记　图字：09-2018-1108号

日记中的博尔赫斯：1931—1989

著　　者　［阿根廷］阿道夫·比奥伊·卡萨雷斯
编　　者　［阿根廷］丹尼尔·马蒂诺
译　　者　郑菁菁　陆恺甜　徐　泉
策划编辑　许　静
责任编辑　朱晓韵　乔　健
责任校对　秦乐淳　时东明
封面设计　卢晓红

出版发行　华东师范大学出版社
社　　址　上海市中山北路3663号　邮编 200062
网　　址　www.ecnupress.com.cn
电　　话　021-60821666　行政传真 021-62572105
客服电话　021-62865537　门市（邮购）电话 021-62869887
地　　址　上海市中山北路3663号华东师范大学校内先锋路口
网　　店　http://hdsdcbs.tmall.com

印刷者　上海颛辉印刷厂有限公司
开　　本　787×1092　16开
印　　张　41.75
插　　页　8
字　　数　742千字
版　　次　2022年2月第1版
印　　次　2022年9月第2次
书　　号　ISBN 978-7-5760-2224-7
定　　价　158.00元

出版人　王　焰

（如发现本版图书有印订质量问题，请寄回本社客服中心调换或电话021-62865537联系）

谨以此书献给朱塞佩、达里奥和乔凡尼·马蒂诺,作为纪念。

向科瓦东加·德龙和丹尼尔·克拉德拉致以我最诚挚的谢意,没有他们的无私奉献和理解包容就没有这本书。

丹尼尔·马蒂诺

与博尔赫斯共进晚餐是我一生中最甜蜜的习惯之一。它让我相信,我比我的其他朋友们更了解博尔赫斯,因为交流就是晚餐的主题。

——西尔维娜·奥坎波《博尔赫斯映像》(1964)

三位定期碰面的朋友最终创造出一种戏谑的方言、一个充满丰富隐喻的传统。

——博尔赫斯《一次为马克·吐温的辩护》(1935)

……或者像堂胡里奥·塞哈多尔·伊·弗劳卡教导的那样:"若能简练,应简之又简。"

——奥·布斯托斯·多梅克

目 录

第一版序　　/ 1
另　　/ 3
注释说明　　/ 4

1931—1946 年　　/ 1
1947 年　　/ 4
1948 年　　/ 4
1949 年　　/ 5
1950 年　　/ 9
1951 年　　/ 12
1952 年　　/ 15
1953 年　　/ 18
1954 年　　/ 27
1955 年　　/ 31
1956 年　　/ 45
1957 年　　/ 98
1958 年　　/ 172
1959 年　　/ 194
1960 年　　/ 263
1961 年　　/ 308
1962 年　　/ 326
1963 年　　/ 372
1964 年　　/ 433
1965 年　　/ 462
1966 年　　/ 479

1967 年 / 497

1968 年 / 516

1969 年 / 533

1970 年 / 542

1971 年 / 549

1972 年 / 572

1973 年 / 578

1974 年 / 581

1975 年 / 587

1976 年 / 589

1977 年 / 591

1978 年 / 595

1979 年 / 597

1980 年 / 599

1981 年 / 603

1982 年 / 605

1983 年 / 611

1984 年 / 613

1985 年 / 614

1986 年 / 616

1987 年 / 617

1989 年 / 618

附录一　博尔赫斯与比奥伊年表　　/ 620

附录二　专有名词注释　　/ 632

第一版序

> 即便是幻想故事的叙事者，也需认识到，作家的第一要务就是纪念（……）仅有的那些曾与其命运交织（……）或曾活在他们记忆中的人。
> ——比奥伊·卡萨雷斯《女性的英雄》

比奥伊·卡萨雷斯五十多年间洋洋洒洒的日记——即本书的主要内容——构成了一个庞大宇宙，这一宇宙不仅囊括了与博尔赫斯的对谈，也包含了他们日常生活的琐记以及对行为作风问题的频繁检视。这些日记起始于1947年绝非偶然，这些文字恰恰代表了作者在写作风格上的成熟，也成为了其"成就完美大师"这一理想的前提，即"接纳冗余和跑题"。在上个十年间，"刻意文学"[1]的严重程度迫使比奥伊的幻想文学创作不得不有意与私密情感疏离。然而在他的日记中，却能够看到在近期出版的两本故事集《天空的阴谋》和《英雄梦》里显露出的感性冲动，在这些小说里，他显然已经"充分意识到了作家的职责所在"，越发注重人物的内心刻画，丰富人物之间的对话并使这些对话流畅贯通。

第一版前言已经隐含了《日记中的博尔赫斯》一书所包括的注解：在记日记这一过程中，那些认同及有利于记录的想法，也将日记记录者从一个非门生变成了一个与其直接对话的人。这一写作冲动不仅源于他自身文笔的进步，无疑也得益于包斯威尔的《约翰逊传》起到的示范作用，尤其是在1944到1946年间由比奥伊作序并编注的《约翰逊全集》出版之后（他想将这一版收录在与博尔赫斯共同策划的经典作家文集中，不过后来没有收录进去）。

比奥伊于1946年9月写完了《约翰逊全集》的序言，紧接着从1947年开始搜集编纂那些与博尔赫斯"似乎永无休止又激情碰撞的对话"，他对此勤恳热忱，埋头默默记录了近四十年的时间。自1987年起，他开始发表这些谈话的片段，并在1990年公开表示，希望能将这些对谈汇编成册，而在这本书中，博尔赫斯将

---

[1] 刻意文学：在1976年接受 A fondo 栏目的采访时，博尔赫斯称他与比奥伊初识（1932）时，两人都推崇一种"刻意文学"，即不跟随潜意识写作，而是在清醒意识下清晰地写作，他们以这一原则完成了侦探故事的创作。（参考 zendalibros.com/borges-y-bioy/）

"如亲密友人一般侃侃而谈,将他本人过往所尊崇的诸事付之笑谈"。1996年,我们对编辑出版他私人日记的计划达成一致并开始逐步实施:我一一查看了他的日记、笔记本、记事本和书信,于1997和1998年统稿、校对,在1999年那一"不幸的奇事"[1]之前,我们已经把最终版通读了不下两遍并定了稿。

比奥伊曾这样解释:"我能做的仅仅是讲述我是如何看待他以及他是如何与我相处的,纠正人们对他的错误认识,维护博尔赫斯,也尤其要维护真相。"愿这一版没有辜负他的用心。

丹尼尔·马蒂诺,2006年

---

[1] 此处暗指比奥伊于1999年过世并借用了比奥伊小说集《不幸的奇事》的标题。——译者注

另

  起初我们同阿道夫·比奥伊·卡萨雷斯是这样设想的，这部基于他个人记录的作品应该呈现给读者两个版本，这样效果更好也更有必要：一版尽可能忠实地完整收录对豪尔赫·路易斯·博尔赫斯的追忆文字；另一版只收录体现博尔赫斯观点的精华部分，忽略其在阿根廷政治生活、大学教书生活及社会生活的史料细节和背景。

  2006年出版的内容属于第一个版本，是我们于1997和1998年一同编纂的，是博尔赫斯相关日记的最终版本。现在这一版本属于后者，包含了博尔赫斯对一些人物、事件、作家作品的评鉴，主题涉猎甚广，不仅限于文学领域。

  正如文字所反映出的现实生活一样，日记体的内容繁杂凌乱，而第一个版本对于某些读者来说，可能仅仅关注到了重塑博尔赫斯鲜活生动又平易近人的形象这一层面。但我相信，将文本从其地缘背景中剥离出来以后，如今这一版本，通过比奥伊的文字功力，也同样会带领读者走进文学世界，走进这位以复杂深沉甚至难以捉摸著称的作家的思想世界。希望通过这部新版传记，多少能够让这一亲切、持重也因此备受尊敬的"地毯上的形象"[1]跃然眼前。

丹尼尔·马蒂诺，2008年

---

[1] *Figura en la tapiz*，实为亨利·詹姆斯小说的名字，译为《地毯上的图案》。故事中的小说家在自己浩繁的作品中暗藏了一个中心意图，但其最初并不可见，亨利·詹姆斯用错综复杂的波斯"地毯上的图案"比喻这一意图。这里丹尼尔·马蒂诺用这一意象来指代隐藏在浩繁作品之后的博尔赫斯的形象。——译者注

注释说明

为了缩短评注篇幅，使注释查询不至于打断阅读节奏，本书将多数注释以附录形式有序排列在文末，正如格鲁萨克先前一直要求的那样，"应隐去注释，只有在读者查询时才使其显现出来"。该名录主要对文中提到的拉普拉塔河流域的人名、地名等名称进行注解：除定居在阿根廷的外籍人士外，不包括文中其他外国名人；对于文中提及的在阿根廷上映的电影以及有西班牙语版本的书籍，只注明其西班牙语名称。

对于文中引述的语句、诗歌或文章段落，在有必要翻译的地方，尽量援引博尔赫斯或其圈中好友的译文。

最后需要说明的是，关于博尔赫斯个人或合著的随笔、书评、诗歌或故事，引用时仅在括号内标明出版年份，不标注其作者或其所属作品集。

1931—1946 年

我认为我与博尔赫斯的友谊起于 1931 年还是 1932 年从圣伊西德罗返回布宜诺斯艾利斯途中我们的第一次对话。那时的博尔赫斯是我们当中最有名气的青年作家，而我则是一个仅私下出版过一本书的毛头小子。在问及我最喜欢的作家时，我开口了，尽管羞怯得连一句完整的话都说不出来。我提到了一位在布宜诺斯艾利斯某日报写文学专栏的蹩脚诗人，夸他那些原本并不出彩的散文写得多好。或许是为了缓解尴尬气氛，博尔赫斯把问题展开了一下：

"是啊，"他附和说，"但除了某人以外，在本世纪或别的年代，您还有其他崇拜的作家吗？"

"加夫列尔·米罗，阿索林，詹姆斯·乔伊斯。"我答道。

还能怎么回答呢？在米罗如圣经传教般的鸿篇图景里，在阿索林描绘的乡村画卷中，我当时没法解释是什么使我感到愉悦，也没法解释在乔伊斯如轰鸣瀑布般的笔下，那些令人似懂非懂之处，那些深不可测的、奇异的、现代的魔幻叙述，如同瀑布下蒸腾起的彩虹水雾，让我莫名感到快乐。而博尔赫斯提到一个观点：只有在那些把自己全部交予文字的作家作品里，年轻人才能充分发掘文学的魅力。随后在讲到对乔伊斯的崇拜之情时，他补充说：

"当然。那是一种用心，一种信念之举，一种承诺，保证他们（他指年轻人）在阅读的时候一定会喜欢的承诺。"

我依稀记得那段时期，我们在布宜诺斯艾利斯，或是在阿德罗格的别墅区漫步时，那些关于书和书中情节的没完没了又异常兴奋的对话。我记得一个下午，在雷科莱塔区附近，我和他聊到了关于《雪的假誓》的想法，这是我多年之后写成的一部短篇小说；我记得还有一个下午我们去了奥地利街的一栋大宅，在那里我结识了曼努埃尔·佩罗，还一起恭恭敬敬地听了唱片里达米娅唱的《不祥的祷告》。

在 1935 年抑或 1936 年间，我们在帕尔多的一个庄园待了一星期，为了合作写一本商业宣传手册。那是一本带点科普性质的小册子，大概讲的是一种保加利亚食品的优越性[1]。当时天气很冷，房子里乱糟糟的，我们一直窝在餐厅里，壁炉里烧着

---

[1]《酸奶》（马托纳乳业，1935）。该书是一本 16 页的小 8 开册子，封面有一张西尔维娜·奥坎波画的插图。

桉树枝，劈啪作响。写那本小册子对我来说是一次宝贵的学习机会，而在完成它以后，我算得上一个更经验老到的作家了。我和博尔赫斯的所有合作都相当于一场经年累月的劳作。我们曾尝试写一首列举式十四行诗[1]，诗句的第三行我已经不记得我们是如何修改的了：磨坊，天使，那些字母L；我们还曾计划共同撰写一部短篇侦探小说，都是博尔赫斯的主意，故事是关于一名叫普雷托留斯的医生，一个外表宽厚温和的德国人，还是一所小学的校长，然而在那所学校里，他却通过玩乐的手段（如强制性游戏、不停放音乐等）虐杀儿童[2]。而这一情节也成了所有以布斯托斯·多梅克和苏亚雷斯·林奇[3]为笔名的作品的开端。

在那么多已经被我遗忘的对话中，我还记得很久以前在乡下的那个礼拜的一次交谈。当时我坚称，对于艺术和文学创作来说，必须要拥有彻底的、"愚蠢的"自由，一位我喜欢的作家曾经这样呼吁过，而我则在到处宣讲不知道从哪里看来的理论，这个理论只是在一直重复两个字：创新[4]；因此，我开始夸大做梦、轻率和疯狂对艺术和文学的作用。而令我意外的是，博尔赫斯当时主张经过头脑深思的艺术，站在了贺拉斯和那些反对花哨的先锋派诗人与画家的教授们一边，与我崇拜的英雄们相对立。我们就这样各执己见，彼此也不过问对方的事。那次争吵中，博尔赫斯给我留了最后一句话就走了，而我当时以为那样收场是因为我说的更有道理。可第二天，大概就是当天晚上，我便倒向了另一个阵营，开始发现很多作家在他们的作品里并没有像在他们的文艺批评和新闻专栏里那么令人崇拜，我努力编着瞎话，让自己显得有理有据。

尽管作为作家的我们当时有着不同的观念，但我们的友谊仍在延续，因为我们都对书有着一样的狂热。我们一下午一下午、一整夜一整夜地谈论着约翰逊、

---

1 "los molinos, los ángeles, las eles"《毛发稀疏的天使》(*los ángeles lampiños*)，一首最后仅剩四行的头韵诗。（列举式十四行诗（Soneto enumerativo）的特点为诗的内涵层层推进，最后一句揭示主旨。——译者注）
2 《普雷托留斯医生》(1990年1月11日《国家报》)。据阿尔弗雷多·格列柯·伊·巴比奥的发现，该小说灵感来源于库尔特·戈埃茨的喜剧《希奥布·普雷托留斯医生》(*Dr. Med. Hiob Praetorius*)，于1932年12月在斯图加特首演；博尔赫斯大概是通过奥拉夫·安德森于1934年1月7日在《国家报》刊登的《德国戏剧笔记——普雷托留斯医生》一文了解了该剧的情节。
3 布斯托斯·多梅克是博尔赫斯和比奥伊共同虚构的一位侦探小说家，二人曾以这个名字共同创作了系列侦探小说《堂伊斯德罗·帕罗迪的六个谜题》等多部小说，这一笔名由博尔赫斯外祖父和比奥伊祖母姓氏组合而成，他们的另一个笔名是苏亚雷斯·林奇。——译者注
4 《主义》(*Ismos*)，拉蒙·戈麦斯·德拉·塞尔纳，马德里：新图书馆出版社，p.14-15。

德·昆西、史蒂文森、幻想文学、侦探小说情节、《滑稽的幻觉》、文学理论、图莱的《反集韵》、翻译的问题、塞万提斯、卢贡内斯、贡戈拉、克维多、十四行诗、自由体诗、中国文学、马塞多尼奥·费尔南德斯、邓恩、时间、相对论、唯心主义、叔本华的《形而上幻想》、苏尔·索拉的新克里奥语、毛特纳的《语言批判论稿》。

1936年，我们创办了期刊《不合时宜》。这一标题体现了我们对于脱离那个时代迷信的渴望。我们尤其反对一些批评家忽略作品本质价值，只关注作品是否带有民间本土色彩，是否与文学史、社会学和各种统计数据相关。而我们一直认为，一个文学流派过去的宝贵经验有时候应该像高乔文学三部曲[1]那类作品或中产阶级女裁缝等形象一样，被抛诸脑后才好。

我们从科伦坡印刷厂出来的那个九月的上午，在奥尔特格拉街，手里拿着杂志创刊号，博尔赫斯半调侃又半严肃地提议，我们应该为这历史性的一刻拍照留念。于是我们在街区一家很简陋的照相馆合了影。但那张照片很快不翼而飞，我现在甚至都想不起来那张照片。《不合时宜》当时集结了众多杰出作家，最终做了三期。

我和博尔赫斯在很多方面都有过合作：我们一起写过侦探小说和带有讽刺意味的幻想小说，写过电影剧本、文章，作过序，一起带头编纂过系列文丛和内容繁杂的文选，一起编注文学经典。我人生中最美好的时刻之一莫过于我们一起编注典籍的那几个夜晚，作注之书包括了托马斯·布朗的《瓮葬》《基督教道德》《医者的宗教》和格拉西安的《机敏及聪慧的艺术》，还有那些为《幻想文学作品选》选材的冬夜，我们还共同翻译过史威登堡、爱伦·坡、维利耶·德·利尔·阿达姆、吉卜林、H·G·威尔斯、麦克斯·毕尔邦。

当时我们之间的对话带给我的感受是如何被勾起回忆的呢？因为博尔赫斯评论过的、我之前读过的那些诗句、文学批评和小说片段常常真切地出现在眼前，而所有那些我还没有读过的，都仿若一个充满了奇幻冒险的世界，像生活本身迅速幻化而成的梦，令人目眩神迷。

我常常问自己，后世眼中，现今布宜诺斯艾利斯的一部分难道不会成为博尔赫斯小说里情节和人物的一部分吗？或许的确不会，因为我已经发现，很多时候博尔赫斯的文字会给予我们比生活本身更多的真实感。

---

[1] 高乔文学三部曲包括《马丁·菲耶罗》和《法昆多》上下部。——译者注

1947 年

5月21日，星期三。 我开始写日记了。

12月28日，星期日。 我和西尔维娜聊了聊。她说我们三人当中每个人都会有一个一直绕不开的话题：对于博尔赫斯来说，是无尽的重复；对于她来说，是带有预言性质的日记；对于我来说，是向仅有的几日幸福寻求庇护，是不停被念叨的：《莫雷尔的发明》《雪的假誓》，以及我现在（在狂欢节的那三天三夜里）在写的长篇（或短篇）小说[1]。大约是在1935年，在雷科莱塔公墓附近，在文森特·洛佩斯街散步的时候，我跟博尔赫斯聊起一个非常粗糙的版本的《另一个迷宫》；他跟我谈到《伯克利广场》，一部在《往日之感》一书的基础上改编的电影；之后我开始撰写（后来搁置了）那部长篇小说《致命的过去》，而在1945年，我花了两到三个月时间完成了《另一个迷宫》[2]。

12月29日，星期一。 和西尔维娜聊起博尔赫斯。她说我写得更好，更浑然天成。她这么说只能说明她站在我这边是非常盲目的。我给她念了一篇博尔赫斯写帕斯卡的文章[3]。她也觉得写得好。而在念那篇文章的时候，我才发现我和"如何正确地、有广度地、适时地思考"，和"如何恰当地遣词造句"，和"拥有一种充满活力又恰到好处的创造力"之间还有很长一段距离。轻快又平和，正是博尔赫斯原本想在那篇艺文随笔中所表现的东西。

1948 年

1月13日，星期二。 博尔赫斯跟我说他读了《从弗朗切斯卡到贝亚特丽

---

1 《英雄梦》，写于1946至1952年间。
2 博尔赫斯通过S·史班德的《毁灭性元素》(*The Destructive Element*)了解到了亨·詹姆斯《往日之感》(p.1917)一书的情节【玛利亚·埃丝特·巴斯克斯，博尔赫斯，《图像，记忆，对话》(*Imágenes, memorias, diálogos*)，加拉加斯：蒙特阿维拉，1980：137—8】。关于《致命的过去》(1938)一书，参见丹尼尔·马尔蒂诺，《阿道夫·比奥伊·卡萨雷斯青年时期（1925—40）作品集》(*Escritos juveniles (1925-40) de Adolfo Bioy Casares*)【伊比利亚美洲笔记（托雷诺），1996年第79期】：66—7。电影《伯克利广场》(*Berkeley Square*)，导演弗兰克·罗伊德，于1933年上映。
3 《帕斯卡：思想》(1947)。

丝》[1]和奥尔特加·伊·加塞特写的跋,还说他们俩让他感到羞耻:"维多利亚和奥特加都认为但丁不可读,因为那些作注的人挡在在了但丁和我们之间:注释妨碍了阅读。维多利亚当时除了写了一篇文章作回应还做了什么呢?人物传记和散文随笔可能会取代经典;注释还是必不可少的吧。"后来,在谈及一本书和后续的写作草稿时,他补充说:"书就是作者脑中某些东西的影子,而作者并不能很清楚地认识到这一点:这个影子形成以后,脑中的那些东西就消失了。当作品成真的时候,写作时的想法就会慢慢变成作品残存的痕迹,变得越来越不真实。看叶芝早年的诗——那些经历多次修改,才在二十年后成为佳作的诗,我想他就是为了要这样才写的:因为那些诗是需要作者用尽一生才能达到极致的诗。或许,在诗人的头脑里,就没有烂诗;或许在所有烂诗里会出一首激发作者去完成的好诗。叶芝开始写诗是因为他隐约预见到了那些诗现在的样子,它们在最后几次修改后的样子;而烂诗大概就是没有最终完成的诗。"

1月14—18日,星期三至星期日。　在布宜诺斯艾利斯,我和博尔赫斯日夜赶稿。他跟我说:"很多作者都活在一种焦虑之中,担心自己写的太过了,而这样可能又会不可避免地陷入另一种危险之中,就是写的东西太弱了。"

1949 年

7月22日,星期五。　博尔赫斯:"聪不聪明不在于人说什么,从脸上就能看得出来。每个人都在讲叔本华的那些蠢话。"

7月。　博尔赫斯说,伊瓦拉有一次在指出一位知名作家的错误时,曾补充说:"天才不做蠢事。"

在写那些关于布斯托斯·多梅克的短篇小说的时候,我们发现小说人物应该由他们的说话方式来定义:如果作家能想象出人物是怎么说话的,他就掌握了人物,不会把人物心理搞错。博尔赫斯说这一观点可以在《马丁·菲耶罗》里得到印证:尽管全诗的章节都可以像形容词一样用来作为修饰语,尽管那些段落把这位英雄描写成一个嗜血好斗的男人,但如果我们说马丁·菲耶罗仅仅是个像胡安·莫雷拉或

---

1 《从弗朗切斯卡到贝亚特丽丝》(1924),维多利亚·奥坎波著,1928 年出版时奥尔特加·伊·加塞特写了一篇颇具争议性的跋。维多利亚对此写了一篇《回应》(*Contestación*) 发表在《南方》杂志 1931 年第 2 期。

是"黑蚂蚁"吉列尔莫·奥约斯式的人物，恐怕每个阿根廷人都会来反驳我们的。因为在这部作品里，或者说在这部作品最好的那部分里，书中这一人物的语气里有一种克制的高贵；而人物出身背景——或者说是作者写作意图——会被读者放在一边或忘掉。

有一次我们和博尔赫斯在玛尔德普拉塔[1]的别墅区散步，突然飘来一阵令我感触颇深的气味。博尔赫斯跟我说令我们感触最深的记忆往往是嗅觉和味觉的记忆，因为它们时常萦绕在忘却的深渊边缘：我们总是要再次闻到同一种气味、再次尝到同一种味道，才会记住它们（而图像和声音记忆无需如此）。当我们再次闻到在遥远年代、在我们永远回不去的地方最后一次闻到的味道时，会是怎样一种心情啊！（请与普鲁斯特的《追忆似水年华》第一卷第一章末尾对比）

7月25日，星期一。 博尔赫斯曾讲到贝尔托尼警长。人们都说像贝尔托尼警长这样的人已经没有了，再也不会有像他这样有责任感和正义感的公务员了。有件轶事足以证明他的这些品德：警局旁有一块空地，空地上经常有一匹小母马在吃草，街区里有个滑头早就看上了她。一个清晨，趁大约没什么人的时候，那个小年轻悄悄靠近，把小马翻倒在地，侵犯了她。贝尔托尼可不傻，他一直有所察觉，早就怀疑这人要图谋不轨，所以那天早上比平时起得都早。他在警局的房檐下埋伏着，盯着小马的动静。就在小年轻作案的时候，他突然跳出来，逮了个正着。出于职责所在和以后都不会再有的责任感，他对那个小子说："把裤子脱了。"然后当场把他的屁股抽开了花。博尔赫斯大笑，想起圣经里也说，（人若与兽淫合）总要治死他，也要杀那兽[2]。

博尔赫斯："几乎所有人大抵都有过有话要说的感觉，尽管那则想表达出来的神秘信息[3]——很可能——是空想出来的。比如说：乌雷尼亚能透露出什么呢？"

8月21日，星期日。 博尔赫斯曾说，任何不太聪明的模仿者只要从类似《奇情异想的绅士堂米盖尔·德·塞万提斯·萨维德拉》《G·K·切斯特顿的天真》[4]或《追忆

---

1 玛尔德普拉塔（Mar del Plata），布宜诺斯艾利斯省的一个海滨城市。——译者注
2 《利未记》，20：15—16。
3 参见吉·基·切斯特顿的人物传记《罗伯特·勃朗宁》（1903），VIII："勃朗宁曾相信上帝给予每一个活在这世上的人一个起决定性意义的、特殊的秘密。我们中的每个人（……）都拥有这么一条特殊信息。"
4 吉·基·切斯特顿曾写过《布朗神父的天真》（1911）。——译者注

马塞尔·普鲁斯特》[1]这样的标题里受到启发，就能写出《威廉·莎士比亚：丹麦王子》这样的书。

9月5日，星期一。 在有关乔伊斯的讲座中，博尔赫斯表示，《尤利西斯》基本上是无法被译成西班牙语和法语的，因为这是两种多音节且没有复合词的语言。

9月10日，星期六。 下午，我一人乘火车去洛马斯德萨莫拉，去听博尔赫斯关于歌德的讲座。在讲座中他说[2]："和宗教类似，各国文学都有他们的经典书籍或经典作家。但丁之于意大利或者全世界；莎士比亚之于英国；塞万提斯之于西班牙；拉辛、雨果或波德莱尔之于法国；何塞·埃尔南德斯之于我们阿根廷；歌德之于德国。而意大利的这种情况很合理而且好处也很多，因为但丁可能算是这些作家中最杰出的，《神曲》的相关研究带动了对基督教神学、古典文学（尤其是对维吉尔的研究）等方面的研究。"莎士比亚是一个很有趣的案例，他是一个由于时代原因而不能被看作文学家的作家。因为戏剧在当时处于文学边缘；创作戏剧类似现在的电影编剧写脚本；与本·琼森同时代的剧作家嘲讽过他，因为他自己的剧作集出版时，题为《文学作品集》（把这个词用于一个在当时如此卑微的体裁身上，对于其他剧作家来说是非常狂妄自大的行为）。或许正是由于在创作中感受到的蔑视激发出了那种自由洒脱，使他能够全身心投入到写作中去并最终得以大放异彩。塞万提斯和《堂吉诃德》的例子更值得讨论一下。堂吉诃德在文学世界可以被称之为最生动、最值得被喜爱也最突出的人物之一：从美学角度来看，选择堂吉诃德作为西班牙文学的代表人物是无可辩驳的。但从读者角度来看——对于这些名著而言就是所有说这种语言的人——这个选择并不成功，因为这部作品引发的评论少之又少；那些致力于研究语法和谚语的塞万提斯研究者足以证明这一点。用《马丁·菲耶罗》来代表我们阿根廷也不能说很精准，[3]

1　三部作品的作者分别为弗朗西斯科·纳瓦罗·伊·莱德斯马（1905）、杰拉德·波尔莱特（1923）和安德烈·莫洛亚（1949）。
2　歌德的生平信息来自G·H·路易斯的《歌德传》（1855），主要是第三到第八章。
3　博尔赫斯在《讨论集》的《高乔诗歌》中曾写：奇怪和单纯地要求《马丁·菲耶罗》具有史诗的性质，即使是以象征的手法，就是把我国的百年历史，他的世世代代、它的流放、它的强烈愿望……奥尤埃拉已经粉碎了这个阴谋。他写道："《马丁·菲耶罗》真正意义上的主题不是民族的，更不是人种的，完全不是同我国人民的起源有关，也完全不是同我国的政治独立的起源有关。它是一个高乔人生活的痛苦便签，时间是在上一个世纪的最后三十年，那是我们这个地方性和短暂性的人物，面对消亡它的社会组织，正走下坡路和即将消亡的时期，这正是由作品里的主人公吟唱叙述的。"（《博尔赫斯全集》散文卷上 p.114，浙江文艺出版社）陈宁在《高乔文学》一书中也认为，（卢贡内斯）将《马丁·菲耶罗》称为史诗，更接近于一种修辞手段，而非文体定义（p.98）。——译者注尽管作品整体散发出的高贵气质让我们觉得这大概是我们灵魂的一部分（一些章节中人物表现出的嗜血好斗也没有磨灭这种高贵，只是我们忘了）。对于《马丁·菲耶罗》的研究会让我们陷入一种窘境，比如调查到底哪些人住在边境的庄园里，或是定义牛车刺棍的尖端到底是叫"contramilla"还是"cantramilla"，或是研究别的什么农具的命名问题。至于选择歌德——尽管他的国家有像叔本华、尼采、海涅那样更伟大的作家——是非常准确的，原因如下。歌德在很多问题上都颇有研究。作为哲学家，有点名不副实：叔本华试图跟他阐释唯心主义，但并没有成功。歌德坦言，他曾尝试读康德，但读了几页《纯粹理性批判》后，他明白了，虽然这本书值得拜读，但对他并没有太大帮助，就不再读了。而像斯宾诺莎这样对他影响颇深的"优秀的人"，他也只是零散地读几页；他理解斯宾诺莎，还尝试理解他的思想，几乎想要成为他，这样就觉得满足了。在植物学方面，他研究过显花植物；对于隐花植物有些嫌弃，因为歌德向来更欣赏突出明晰的形态，而隐花植物品种之间外形相似又数量众多。他一直认为研究"发生在植物身上的过程"便足够，深入地想象这个过程，像上帝在创造这株植物之际对它的想象一样去构想这个过程，这样我们就能认识所有植物了。他想研究大自然，却对做实验很反感，觉得实验就像审讯时的问题一样处心积虑。他因此看不起牛顿和他的学生。他们通过实验、缝隙、棱镜来研究光，还是在一片漆黑的屋子里！得出光可以分解为太阳光谱色这种荒谬的结论没什么稀奇。有更亮的颜色就有更暗的颜色：天蓝比蓝色更亮，而玫粉比红色更浅。光要比所有颜色都亮丽，而在光里找颜色恐怕是无稽之谈；这就如同在光明里找到了黑暗一样。他给文学界带来了一种思路：要认识事物只需充分想象即可。早年，他写过一篇《说不尽的莎士比亚》，虽然当时他只读过几部莎士比亚的剧作，但仍进行了一番慷慨激昂的赞美。多年之后，当他排演《哈姆雷特》或《麦克白》的时候，在剧本里做了一些改动。他认为艺术不应模仿大自然：因为永远会发现缺陷。他不写现实主义或自然主义文学；比如，在谋杀案发生当晚，他不会对杀人犯杀了几个人——详述；他力图在各种情形里发挥想象。在他的小说里，德国人都带着意大利人的名字。在戏剧表演时，他给演员下了很严苛的规定：不许在讲台词的时候互相看着对方；只能看向观众；必须永远正面对着观众（只露出一只眼睛、一只耳朵、半个鼻子和半个嘴巴的侧面会有点像怪物）。演员不应该演，而要朗诵。谁不遵守规定就会被监督的人逮住。一次魏玛王子想在剧里看到一只训练有素的狗，歌德就指给他看一块写着"禁止带狗入内"的牌子。但王子仍然坚持要看狗，歌德便不做那出剧的导演了。他不追求突出，而是要求精确。他曾说："如果是下小雨，那我就不会添加雷电。"他有写西风的精妙比喻，他曾写下"暮色徐徐下沉，景物渐已远遁"[1]：虽不至绝妙，却也恰到好处。他在年老的时候去了意大利（虽然他总是尝试去理解所有民族，但他不旅行；他觉得旅行就是一种实验方式），在那里爱上了一位年轻姑娘，给过她经济上的帮助；还曾为了讨好她而跟女孩的母亲谈了很久。所有这些都被他写进了《罗马挽歌》，一首美极了的诗，不加修饰，也没有美化他扮演的角色。他通过一些糟糕的德语译本认识了波斯诗人；他懂他们；他发现他们最本质的特点就是不受时间约束的永恒性；他写下了《东西诗集》，写过充满了中国古典韵味的诗，还写过向波斯及阿拉伯文化致敬的诗。模仿并不让他觉得腻烦；甚至有过之而无不及：他成了一位中国诗人、波斯诗人、阿拉伯诗人。他尝试去想象这些遥远国度的诗人们的所闻所感，试图去成为他们。所以说，他是圣保罗一样的人，向什么样的人就做什么样的人。[2] 他不是一个容易执迷或狂热的人。在德国发生的拿破仑战争是出于国家独立的战争，它激发了歌德的爱国热情：促成了他和拿破仑的会面。正出于以上所有这些原因，对于一个像德国这样狂热的民族来说，选歌德作为国民作家最合适不过。

9月15日，星期四。 我们跟博尔赫斯聊起歌德。当叔本华跟歌德解释唯心论的时候，他说，如果人类不存在，光也就不存在；歌德补充说："如果光不存在，那您就不存在。"而博尔赫斯说："或许他的意思是：'如果不存在光（或者说没有光），我就看不见您。'"他确信歌德认为德国人的名字都不太诗意，因为在小说《威廉·迈斯特》里，除了这位主人公的名字以外，都没有德国名字。

11月。 博尔赫斯曾在题为"一位演讲者的错误"的一场演讲中，也可能是在"哲学与科学"或是"被真理战胜的修辞"中的某场上突发灵感，问道："如果世界上不存在西班牙语会怎样？"他自己马上接着说："那人们就得说其他语言了。"

1950年

2月。 博尔赫斯的母亲以前经常和一个女佣谈起她的下辈子。女佣："当然，宗教里也说有下辈子。但我们不知道下辈子什么样。（带着憧憬的语气）要是那时候我还能

---

[1] "Dämmrung senkte sich von oben，/Schon ist alle Nähe fern"【《中德四季晨昏杂咏》(1827)，VIII】。（杨武能译）
[2] 《哥林多前书》，9：22。

继续工作的话……"[1]

3月。 埃斯特拉·坎托曾希望博尔赫斯能和她同居。一个下午,在街上,她突然和他说:"我们的关系不能再这样继续下去了。要么同居,要么不复相见吧。"博尔赫斯听了,情绪有些激动,说:"怎么?难道是我让你觉得恶心吗?"说完请求能抱一抱她。他叫了辆出租车。跟司机说:"去宪法广场区。"然后对埃斯特拉说:"我们去宪法广场那边吃饭吧。应该庆祝一下。"

博尔赫斯还曾非常迷恋西尔维娜·布尔瑞奇。一天,她问他:"昨晚你从蒂格雷区回来以后都干什么了?"博尔赫斯:"我走回家的,但我经过了你家门口;那天晚上我必须要经过你家门前。"西尔维娜问他路过的时候是几点钟。博尔赫斯:"十二点。"西尔维娜:"那个时间我在房间里,在床上,跟一个情人一起。"

6月10日,星期六。 比奥伊:"有时和编辑打交道的时候,我总觉得自己像个对雇主一肚子怨气的佣人。我经常说出惹人不高兴的话,又害怕自己说得太过,所以会再说点好话来弥补。但结果却不尽如人意。"博尔赫斯:"我懂你的意思。其实跟一个人说话就是恭维他了;说不定还有人想在他脸上啐一口呢。"

6月28日,星期三。 他曾评论说"山根"这个曾被一位十八世纪的斯堪的纳维亚半岛作家用来表达讽刺意味的短语,因其诗意而在十九世纪被威廉·莫里斯采纳,单纯用来做书名[2]。

他曾跟我谈起戈特舍德,一位十八世纪上半叶的德国"布瓦洛"。在阐述了三一律中的情节和地点原则后,他又解释了时间原则。博尔赫斯:"戈特舍德认为,情节应该发生在白天中的十小时内,因为晚上是用来睡觉的。"[3]

这让我们想起,在《沉船营救者》这部小说里,史蒂文森形容漂在海上的那些

---

1 参见《丽塔·阿塞韦多·德·萨尔敦比德》(*Rita Acevedo de Zaldumbide*)【《天堂与地狱之书》(1960)】中"找理由"一段。

2 威廉·莫里斯,《山根》(1889)。【《约拿书》2:6(我下沉直到山麓,大地的门闩把我永远关闭;耶和华,我的神啊!你却把我的性命从坑中拉上来。)和《约伯记》28:9(人伸手凿开坚石,倾倒山根。)中都提到了"山根"一词,用来指代如同植物根部一般的地脉地核之所在。——译者注】

3 约·克·戈特舍德,《写给德国人的批判性诗学浅论》(*Versuch einer Critischen Dichtkunst für die Deutschen*,1730)。

日子，是"难以忘记又不值得回忆"的。[1]

7月10日，星期一。 我们和博尔赫斯聊起周围人对文学作品中史诗性片段的麻木；那些博尔赫斯笔下大家族几代人的兴衰往事如石沉大海，没有激起什么浪花；史蒂文森被认为比加缪更肤浅；托雷·尼尔森没有感受到我们编剧的电影《市郊人》当中一些场面的荡气回肠，比如其中有一场戏，恶人不再作恶，而是出于英勇侠义去和英雄人物正面交锋；还有那些从萧伯纳的几部戏剧作品中获得灵感而创作的几场戏，我们觉得应该具备很多萧伯纳戏剧的特点（诙谐、老流氓气、荒诞），但却一点也没有。

7月11日，星期二。 我们聊起萨瓦托的个性。博尔赫斯觉得他总是喜欢打趣，讲些无关紧要的琐事，这点不太好，会让人觉得不够深刻。博尔赫斯："我们以前为什么要听他讲他因为一位女士想要指摘他小说里的一段对话而生气这种事呢？谁写的东西总能完美无缺、永远不需要被指正呢？谁能完全保证对话里的人也觉得谈话内容无懈可击呢？"

他跟我讲到18世纪在德国，《鲁宾孙漂流记》曾激起了人们极大的热情，所有文人都想创作鲁宾孙漂流记式的遇难故事："那么有两种可能性：要么写一个流落荒野的人重新创立了一整套哲学体系以及我们的文明，要么写一个人如何打造工具、建造茅屋——那就又写成笛福那本《鲁宾孙漂流记》了。前者并没有人想到；而后者是不能被无限复制的。于是便开始出现一对鲁宾孙、三个鲁宾孙、一群鲁宾孙，成群结队地从荒岛涌向他们的国家。就这样很荒诞地成就了另一种著名的叙事模式：乌托邦小说。"

8月25日，星期五。 他说一个颤颤巍巍的瘦高女士，曾慢吞吞、还有点犹豫地透露给他一个秘密："唯一懂我的是马丁·索莱斯。"我们觉得她很难把这句话传给自己的后人：只有布宜诺斯艾利斯的一部分人，还得是这个时代的人，才会一下子认出这个名字；很快，不会有人再记得这个卖女士帽子的人了[2]。

11月10日，星期五。 博尔赫斯跟我提到一位女士，他们在三十年前交往过："她现

---

[1] "unforgettable, unrememberable"，《沉船营救者》(1892)，XII。
[2] 帽子商人、理发师。曾在迈普街948号（布宜诺斯艾利斯店）和恩特雷里奥斯街1907号（马德普拉塔店）工作。维多利亚·奥坎波曾在《理发师马丁》(*Martin peinador*)【《证据》(*Testimonios*，第六卷)。南方出版社，1963：27】中回忆过他。

在已经老态龙钟了，整个人完全是痴呆的状态。这可怜人还坚信她现在年轻得别人都认不出她。"就是这位女士，有一次趾高气昂地告诉他，她读过《堂吉诃德》，"而且是那本真迹，不是大家都读的那本"。她玩了一辈子桥牌，几年前又开始玩凯纳斯特纸牌。但她现在不能玩了；她说这两种纸牌的游戏规则发生了一些变化，她玩不明白了。

博尔赫斯说他曾碰到一帮作家在聊女人和他们跟女人的过往：没过多久他就发现这些同僚们聊的都是窑子里的女人。

12月15日，星期五。 比奥伊："很明显，现实造就出的有智慧的女性要比有美貌的女性多得多。道理或许很简单吧：因为智慧是可以培养的。"博尔赫斯："美貌也是啊。贫民区里可不容易见到漂亮女人。"

1951 年

6月。 在巴黎。在6月3号的信中，博尔赫斯和我说，他曾引用过下面的句子，出自一首题为《海军蓝》的诗：

> 驾着小艇开向黎明
> 她心念着航海驶近了我
> （在云中哺乳，在风中受教
> 她是我孤独的移民）[1]

糟糕的是，他是在诗人的妻子面前提起的。

9月1日，星期六。 关于吉列尔莫的一句并不准确的话："那些围着加尔多斯式的作品摇摆不定的点评人"，博尔赫斯评价道："整句都不妥：'点评人'应该改成'批评家'；'加尔多斯式的'只说'加尔多斯的'就好。"

9月3日，星期一。 博尔赫斯："我一辈子都在和大众普遍的观点（比如塞万提斯比克维多高明，小说里人物性格比情节更重要，侦探小说是一种低级体裁），也在和我现在所持的观点争论不休。"

---

[1] 海梅·丰塔纳，《海军蓝》（诗集《海军蓝》，1951）。前两句的原文是："在黎明中乘着她的梦／她心念着航海到了我这里。"

9月17日，星期一。　　博尔赫斯回忆说，每次格龙多纳三姐妹想知道一部电影或一本书是否有下流内容的时候，就会用毫无生气的声音问："带劲吗？"

9月22日，星期六。　　他跟我讲了一则他自创的回文："蛤蟆们，你们听着，国王昨天赐了汤给他（Sapos, oíd, el rey ayer le dio sopas）。"

10月23日，星期二。　　我读了本杰明·贡斯当《红色笔记本》的几个章节。博尔赫斯并不喜欢这本书，只是出于客气说要是乔治·摩尔看到了会喜欢吧。

　　博尔赫斯注意到，人并不总能明白，本就应该为所爱之人的死而感到悲痛："圣奥古斯丁，这个对抽象思维和悲苦有着非凡理解力的人，在母亲莫妮卡去世时，却寄希望于通过沐浴来减轻痛苦。[1] 要是一个美国人这么做，比如像巴比特、亨利·福特或是公民凯恩式的人，这种尝试以及他的忏悔或许会揭示出人性中纯粹的愚钝和麻木吧。"

11月3日，星期六。　　我们在博尔赫斯与埃斯特拉·坎托二人家中吃饭。他说乌拉圭诗人奥里韦曾坦言说，有时会为自己不是阿根廷人而感到遗憾：否则，他就可以写诗赞颂安第斯山、伊瓜苏瀑布、大查科平原、潘帕斯草原和南极了。博尔赫斯让他去尽情歌颂，只是歌颂的话无妨："宇宙足够广阔。"埃斯特拉则想象，说不定会有某个智利诗人抱怨自己不是阿根廷人，否则就能为安第斯山的东边写赞歌了。博尔赫斯这句话让我们想到了惠特曼。博尔赫斯："不过，他如果是阿根廷人的话，感觉更蠢。"

11月5日，星期一。　　他曾在一本杂志里读到，每次有人把内容和形式区分开来的时候，瓦雷里就会很气愤。博尔赫斯："气愤我觉得有点过了。竟然妄想大家都懂的差别不存在。而否认那些不容易被定义的东西也是一种狡辩。或许的确无法说清白天何时结束，夜晚何时开始；但并没有人因此就分不清白天和黑夜。"

11月23日，星期五。　　博尔赫斯翻开《芳香园》，跟我说："这本是东方版，优雅不足，是'只要有耐心和唾液的滋润，大象也能和蚂蚁交合'那个版本。"他读道："女人[...]不仅能让大象骑到蚂蚁背上，还能让他们交配。"[2]

1　《忏悔录》（*Confessiones*），IX，12。
2　谢克·内夫扎维，《芳香园》（1543），XI，末尾。博尔赫斯引用的是大约于1920年在巴黎出版的英文版，私人版本（阿斯特拉图书馆出版社）：《芳香园：一本阿拉伯性爱手册》（*The Parfumed Garden; A Manual of Arabian Erotology*）。

他跟我提起一位上了年纪的女士，曾经很美，据她自己说，她自己变得越发有趣了："现在，男人都想跟我聊天；以前他们只想跟我上床。"

12月6日，星期四。　　比维洛尼·德·布尔瑞奇夫人曾和博尔赫斯解释说："就像您喜欢结识诗人和作家一样，我喜欢结识有钱人。"

　　还有一次，她和几个人正在文森特洛佩斯广场前的一栋别墅里打桥牌。得知广场上有烟火表演，便出去看。比维洛尼夫人回忆说："当时，只见一个火球朝我们这边冲过来。别人都跑了。但我的心智告诉我[1]，我不会有事的。但后来我不得不去药房开药，因为我跑出去的时候两条腿都烧伤了。"

　　博尔赫斯："她并不被现实所影响。这是个很完美的故事：故事里我们见到了一个被虚荣迷了眼的人。那句话里，她炫耀说她的'心智'让她直觉感到自己不会有事，也承认自己烧伤了。"至于她说话的方式，他说："你不要以为她的语音语调一直都没变化；在句子结尾，她的声音都弱了下去，拖长成了小声嘟哝，变得像老小孩在发牢骚似的。"

12月13日，星期四。　　我们和博尔赫斯聊起我们为剧本《市郊人》和《信徒天堂》还没写完的序，以及里面的最后一句话，这句我们打算用一种私人的、凄楚的语气来写，代替之前冷冰冰的感觉。博尔赫斯："这句话有点羞耻，但人们看了会感动，因为他们知道他们需要感动。这一点很重要，尤其对于要取得即时效果的戏剧表演来说。不管笑话讲得是否糟糕，悲情时刻是否不够悲情；重要的是，观众对他们预期的反应没有迟疑；重要的是，他们能很清楚地知道自己什么时候该哭，什么时候该笑。"

　　那句是这样收尾的："吉他回忆起的那段珍贵又低贱的音乐。"博尔赫斯："有人读到这句的时候，看上去会感觉'低贱'这个词不见了；而且，我们是先拨高了这段音乐，说它是'珍贵的'，然后又反悔了，把它贬为'低贱的'。最好是这样：'吉他回忆起的那段低贱又珍贵的音乐。'"我们在想，如果把不怎么欢快的吉他换成长笛或是其他像圆号或古典曼陀林琴那样复杂的乐器，会不会削弱那种哀伤的基调。

---

[1] 参见《埃洛伊萨的姐妹》(*La hermana de Eloisa*，1955)："如果我的心智没有骗我 [...]"。

1952 年

2月15日，星期五。 博尔赫斯曾针对纳莱·罗斯洛在《蟋蟀》中的两句诗"是这像青瓷一样的蓝天吗？是这如金子打造的合欢树吗？"评论说，用无生命的物体来比喻大自然不太妥当，应该反过来。

3月7日，星期五。 博尔赫斯曾和我讲到有一次他带比维洛尼·德·布尔瑞奇夫人去看塞西莉亚·因赫涅罗斯的舞剧。演出后，别人问起她的感想，她说："舞蹈很棒，但我更喜欢别的舞会，有乐队，还有熟人会邀你出来跳舞的那种。"

5月6日，星期二。 博尔赫斯跟我聊起弗朗西斯科·罗梅罗多年前在《南方》上发表的一篇文章[1]；在那篇文章中，"我们的哲人上校"[2]最终得出了这样的结论：人类活动中最本质，或许也是最独一无二的两种行为就是聚与散。博尔赫斯评价道："他是个前苏格拉底派。他的所有过去都在前面。"

5月30日，星期五。 他带了胡安·吉哈罗的《歌谣之光》过来。该书有这么一小节颇为神秘："歌谣里定义了能够反映我国生活的、难以描述的众多特征之一，正如能从埃及象形文字里看出包裹在金字塔神秘之中的孤独精神。（《西班牙语美洲百科词典》，梅内德斯·伊·佩拉约，胡安·巴莱拉和弗朗西斯科·桑切斯·卡斯特罗）"博尔赫斯："他们聚在一起就是为了写这个吗？关于象形文字，我认为他们的想法不是很准确。你觉得商博良会这么想吗？"

他谈到福楼拜："尽管他非常努力地写作，但写得并不好。他同卢贡内斯一样，文风落入了一种让读者意兴阑珊的官僚做派。他并不试图写得有趣；给人感觉不是基于写作的冲动，而是基于对一种并不讨喜的素材的坚持。在给朋友们读了《圣安东尼的诱惑》后，朋友们说他应该放弃写浮夸的题材，去寻找一些平凡的故事。为了回应那些朋友，他写了《包法利夫人》。多么文艺的想法。他甚至去找了布瓦尔与佩库歇曾经的住所。这跟亨利·詹姆斯多不一样啊。当别人给詹姆斯讲一个他觉得可以作为小说题材的故事时，他只要听到了基本内容，就不让讲故事的人再讲下去了：因为他不想听到过多解释和细节；有了最基础的部分，他的大脑就可以运转了，

---

1 《聚与散》（*Unir y separar*）（《南方》杂志，1947年第150期）。
2 作者的文字游戏：因为除了哲学家的身份外，弗朗西斯科·罗梅罗还是一位退伍的陆军少校。

一段时间过后就能产出一则短篇小说。这是一种比福楼拜更出彩的方法。"

7月3日，星期四。 我跟博尔赫斯讲，据一位女性朋友所说，那个叫 M 的老富婆盲目地爱着他的儿子；她会一边痴痴地看着他，一边说："你难道不就是比谁都棒的小伙子吗？你难道不比任何人都优秀吗？你难道不是个亿万富翁吗？"博尔赫斯记得西尔维娜以前注意到邦巴尔三姐妹曾夸过："某人是个老富婆"。他还记得比维洛尼夫人的那句话："我不喜欢他们，但我就是聪明到能发现应该和那些庇隆主义者好好相处。"她还曾说，她听腻了解释；她聪明到说话人刚蹦出一个音节，她就知道全部她必须要听的内容了。

7月5日，星期六。 有一回博尔赫斯正在读书。他的一个外甥走了过去，大叫："什么？奶奶竟然让你读没有插图的书？"

他把莫泊桑的《遗产》和（福楼拜的）《萨朗波》中《摩洛克》那章推荐给我。《遗产》我读着觉得很有意思：俗得令人身心愉悦。

10月16日，星期四。 想到艾吕雅、布列东、格诺、米修、苏佩维埃尔和诸多其他文学领袖。未来和那些严肃探讨法尔格的人，和面对在阿拉贡和普雷维尔之间两难选择的人，和幻想只有天主教、共产主义、超现实主义三种可能性的人对话会是怎样一种情形？就像有一晚博尔赫斯说的，前两种主张至少还允许人们写书；而法国人似乎还没有发现，无论超现实主义理论多有价值，它都会妨碍人们写出有可读性的书。博尔赫斯还曾跟我说："大卫·妮尔女士，这位非常懂得如何写出容易让人接纳的书的人，对于像布列东或艾吕雅这等人物会作何感想呢？"

10月26日，星期日。 上午博尔赫斯来电话，问我在那次冲击之后是不是有些萎靡不振。他是指今天的《国家报》上发表的里卡多·吉拉尔德斯的一些生前未公开的"思考"[1]。其中包括：

"《阿空加瓜》你在你格外静默的斗篷下睡得多么香甜！

"《忧郁》惊人的，宇宙的，在一个空白空间里打着哈欠，星球在那里绝望地旋转运行，为它们蜂巢的生命而奋进，那蜂巢丢失了无法解释的巨大虚空里。

"《哦！》有着一副死鱼眼的爱尔兰女人。"

---

1 《里卡多·吉拉尔德斯未出版作品选集》（*Algunas páginas inéditas de Ricardo Güiraldes*），（1952年10月26日《国家报》）。

他很肯定地跟我说，一定要把所有稿子都毁了，因为说不定哪天等一个人消失不见了，他的朋友们就会把他那些有瑕疵和羞耻的文字都公开出去。

11月25日，星期二。 博尔赫斯："一个女性对你做出的最甜蜜的私密行为就是跟你讲月经的时候。那就跟亲了你一样。对这件在文学上很难处理的事，维尼做出了最漂亮的示范：

女人啊，就是生病的孩子和十二次不洁！¹

据伊瓦拉说，巴黎女人在自我介绍以后，首先要告诉你的就是她的经期。"还是对这个夸过几位女士漂亮的伊瓦拉，一位先生曾说："先生，你自我介绍一下就好；剩下的事都搞定了。"

他跟我说有一次，他指着一张桃心木的餐桌跟外甥们（那时候他们还很小）说："这是一个钟表匠做的。但他是个糟糕的钟表匠，想着做一块小金表，结果做出这张桌子。"可孩子们异口同声地反驳说："不，不可能。"这件事是在他提到玛鲁哈用打字机打错了我们的小说后想起来的。博尔赫斯："她什么都可能打出来。打字极慢，但并不仔细。一个人把小说念给她听，她交给你的却可能是别的东西，比如拉丁文写的老普林尼的《自然史》。她人很好。"

他跟我说乔治·摩尔认为堂吉诃德是被一群猪攻击致死的[2]；摩尔说屠格涅夫提到过这场因猪导致的死亡。

12月18日，星期四。 博尔赫斯："安娜·伊特尔曼作了一出芭蕾舞剧，剧中有两个女舞者，全身套在大袋子里，一直套到头顶，手伸向高处挥舞。这简直就是'妖怪'嘛，好像想吓唬那些想象中的小孩。她抱怨说：'我创造这两个人物是希望哪个编剧能看到并能采纳——但是，哎，剧作家都看不上舞蹈。'在她的另一出芭蕾舞剧里有两个对任何事都满腹牢骚的已婚女性。安娜·伊特尔曼非常希望这两个人物也能用在戏剧上。"

多年后，博尔赫斯为格伦伯格的一本书写序[3]。不久之后格伦伯格邀请他吃饭，希望博尔赫斯能带朋友过去。由于博尔赫斯并没有提出要带什么朋友，格伦伯格就

---

1 《参孙的愤怒》【《命运集》（*Les Destinées*），p.1864】。
2 《声明》（*Avowal*，1919），I。
3 《犹太诗》（1940）。

提议带上一个叫吉略特·穆尼奥斯的同去，博尔赫斯同意了。"我们去哪儿吃？"，这两人中的其中一个问，他们建议去小馆子吃。但格伦伯格听都不想听：直接提了茅屋餐厅和别的几家高档餐馆。最终他带他们去了在恩特雷里奥斯街的茅屋餐厅。他在吧台非要他俩提前喝点什么，威士忌一类的。之后点了一大桌子菜，非要他们全都吃光，还要每道都再点一遍；搞得他俩嘴里都塞满了东西，几乎说不上话。博尔赫斯："你也知道那种地方吃的肉是什么样：他们给你上的牛排就跟你下辈子都可以吃素了似的。"当中有一会儿，格伦伯格起身要去点些别的菜。吉略特·穆尼奥斯和博尔赫斯两人对了下眼神。"这乡巴佬。"吉略特骂道。"我们走？"博尔赫斯二人正商量的时候，格伦伯格回来了。他俩怂怂地看着他，却又不得不接着吃，吃完以后还喝了好几大瓶白兰地。博尔赫斯这个从不抽古巴雪茄的人，如今还藏着一支他当时没能拒绝的帕塔加斯牌雪茄。博尔赫斯："格伦伯格当时想让我觉得，他还了我给他作序的人情，分毫不差。但从那时以后我们就再也没见过面。"

1953 年

3月27日，星期五。 博尔赫斯曾读过一本书，关于几个因薪水少而要离开的古埃及人。有人责怪他们："各位怎么能丢下一切就走了？怎么能这样丢下家人就走了呢？"他们指着自己的下体答道："我们的家人都在这里呢。"

4月6日，星期一。 我们跟我从帕尔多赶来的父亲聊起了一则警方的消息，讲的是一个冰箱厂商，他们工厂生产的冰箱每周都要被拆一回；每周会有一名机械工，就是这个厂商的兄弟，去客户家里把冰箱里的压缩机或者整台冰箱都收走，留下一张收据，客户就再没见过那些被收走的东西了。他们这么操作了几个月，现在厂商和他兄弟都进了监狱。博尔赫斯："对这一情节原本没有多大帮助的地方是文章作者坚持说兄弟俩很像，或许他坚持认为他们是双胞胎。"

比奥伊："基督教认为存在一位判定我们言行的神圣审判官，这个概念我觉得不可信。"博尔赫斯："佛教中的'因果'我觉得更可信，就是说我们的行为会一点一点决定我们未来长期的命运；它是建立在我们感知的基础之上，建立在我们相信生活是真实的基础之上；只有在极度疲惫的时候我们才会觉得我们怎么做都相差无几；但认为存在一个于我们渺小的言行之外、超凡于我们的审判官，这让人无法相信。"

5月21日，星期四。　　在埃梅塞出版社为高鸠举办的小型鸡尾酒会上。[1] 我们和博尔赫斯以及老加西亚·梅利德同去。梅利德给我们朗诵了十四行诗。博尔赫斯评价道："这是位自由体诗的先驱。他用优美的句子弥补了诗行音节过多的不足。"

5月22日，星期五。　　我们去了西尔维娜·布尔瑞奇的家，那里为高鸠办了一个鸡尾酒会。高鸠问我："您为什么在阿根廷？"为了试探，他马上又解释道："这里油价的确很便宜。"博尔赫斯后来评论说："这个前苏格拉底派认为石油即一切。"因为今天下午高鸠做了个讲座，所以他问我们之前有没有去"报告厅"。"什么不体面？"博尔赫斯问。[2]

6月20日，星期六。　　博尔赫斯："昨天我在阿韦利亚内达做了一个关于惠特曼的讲座；底下的听众都不戴围巾，只是披散着头发来御寒；与其说是听众，他们看上去更像我恶棍小说里的人物；他们或许能特别恰当地指出我故事里写的不对的地方；就像老刀客帕雷德斯谈起国内演员时常说的：'都是一群根本不知道如何使刀的人。'因为他们都是从上往下刺进去的[3]，如果是我的话，我也会这样刺，否则那只能算是给对方挠痒痒。当我在《马克海姆》中读到叙述者如何把债主杀死的时候，我才明白原来史蒂文森和我们是一伙的，也是那种一点都不会使刀的人，虽然说不定那种用刀的方法在苏格兰或西西里岛上是正确的。"

他跟我说起一位叫 M. G. 的女士，平时带着眼妆睡觉，因为担心警察来抓她的时候自己没有准备好：她不刷睫毛膏就没了个性。博尔赫斯："她这么说，是玩笑话还是认真的？"比奥伊："肯定是玩笑话；但你看，约翰逊说得好：不要说对自己不利的话，因为人们会信以为真，还会不断重复这种言论。"[4] 博尔赫斯："是啊。亚里士多德说的也很有道理：幽默不妥，因为可能流于荒诞无稽。"[5]

后来他跟我讲比维洛尼·德·布尔瑞奇夫人曾跟她说，她一度想和丈夫分居。为什么呢？因为她丈夫在乌拉圭街看上了一间公寓，他让她也去看看，好决定是否

1　1953年，维·高鸠受庇隆之邀访问阿根廷【参见维多利亚·奥坎波的《历史被这样书写……据高鸠所言》(*Asi se escribe la Historia ... según Gheorghiu*)，收录于《证据》(*Testimonios*)第六卷。南方出版社，1963】；他1955年回国后写了《将军和他的无产者们：他们已授权的自传》(*El general y sus descamisados, su biografá autorizada*)。

2　高鸠说的是"报告厅"(la salle)；博尔赫斯佯装听成了"不体面，肮脏"(la sale)那个词。

3　参见《南方》(1953)："他用刀的技巧并不遵循刀锋朝内、从下往上刺的原则。"

4　包斯威尔，《约翰逊传》，"1776年3月25日"。

5　《诗学》，III，21。

搬过去。"那就是我梦想的公寓啊！精美，装潢很有品味，比我们现在住的舒服许多。视野绝佳，采光又好，您想要的应有尽有。但我还是跟我丈夫说我不同意换房子。因为他看上的这间公寓比我们现在住的小很多。搬家就等于勒紧裤腰带。像我这样的女人可接受不了。不搬不仅是出于我自己的尊严，也是为了我的孩子们和我所属的阶层。如果我就这样将就了，那意味着我所代表的阶层的失败。而您也知道，这种时候需要更加小心。我丈夫跟我说要想继续住在现在的公寓里，我就得和他共同承担房子的日常开销。您知道的，这我也不能接受。如果我一起负担了开销，我的零花钱就少了：这也是一种妥协。我丈夫因此就疯了，离家出走了一个礼拜，鬼知道他去哪儿了；但他最终还是回来了，还谢谢我，说我是个值得敬佩的女人，说我给他上了一课。我的孩子们也来道喜。"博尔赫斯："我当时也祝贺了她。你说我还能拿这种女人怎么办呢？"

7月6日，星期一。 他说他曾和一个叫戈耶内切的小伙子聊天，那人很崇拜希特勒和墨索里尼的才智，因为觉得他们能统治整整一个国家："好像他从来没觉得企图统治一个国家是多么幼稚的想法。"

我们聊起一位坚称自己是贵族的作家。比奥伊："他怎么低俗了？"博尔赫斯："认为自己是贵族本身就是一种低俗的想法。还记得卢贡内斯的十四行诗里提到的'狂野的矜贵'吗？"

> 带着情欲的快感掀开
> 你绸缎的衬裙，那把老长椅
> 听到了我狂野的矜贵
> 在你起伏的身侧呻吟。[1]

为什么说"狂野"？长椅在他"狂野的矜贵"下嘎吱作响，主人公表现得像个混混（compadrito），甚至更糟，就是个泼皮无赖（compadrón）："狂野的矜贵"是想表达一种凶恶的感觉。你想象一下这句诗出现在一本题为《花园的黄昏》的书里……诗人是想写得优美的。为什么不用黑话写呢？他想谈的不仅仅是高贵，而且是"他的"高贵。要小心地谈论高贵似乎很难，而要小心地谈及自身的高贵更是难上加难。比奥伊："他看见自己变成了一只公山羊：

---

[1] 《结合》（*Conjunción*），诗集《花园的黄昏》（1905）。

石基上你瘫软的双膝
　　透出慵懒的欢愉，
　　我们脚下一条风信子白的小溪
　　向着死亡悄然流去。[1]

　　'显出慵懒的欢愉'的'瘫软的双膝'，那里写得特别好。"博尔赫斯："'显出'一词用得恰到好处。你觉得伊瓦拉分析的有道理么？他认为'风信子白的小溪'代表精液。"比奥伊："还能是什么？他当时也做不出更高明的解读了。"博尔赫斯："他的这类诗，至少在小说性上，还可以再完善的是，对真实经验可以不做描写，而是描述一个想象的世界。与此同时诗人还跟他的叔叔住在一个小客栈里。"

7月9日，星期四。　　我们和博尔赫斯聊到几个措辞不太妥当的酒店广告："斯普伦迪德酒店（请从一侧煤厂入内）"；"有四个屋顶的酒店"。

7月18日，星期六。　　我和他说起他之前为一出戏构思的那个情节[2]：第一幕大气庄重，人物都是王公贵族，场景精致高雅；第二幕，下流肮脏，故事发生在妓院，在那里观众会发现第一幕就是带出第二幕一个人物的文学化演绎，那人参与了一个阴险勾当；第三幕嘛……我们一直没想好。我跟他说他应该用故事的形式写，或者给每个人物写个小传一类的东西（像《月亮宝石》里的那种）：第一幕，有王子和宫殿，是关于一个人物和他所处境遇的故事；第二幕，情节变得非常阴暗，是对这个带出一位次要小人物的情节的解读。（大家都知道，次要小人物通常都会被描写得非常残酷和夸张）；第三幕，关于另一个主角的自白，在这一幕中，事情既不像第一幕当中那样假惺惺的高雅也不像第二幕当中那样假惺惺的可怕。

7月29日，星期三。　　我们给《短篇与奇异故事集》写了"写在前面的话"。这本书里几乎集合了我们所有想要大写特写的主题："体裁"，为了"请教"而"质询"，或许有些"大张旗鼓"，等等。博尔赫斯说："用别的方式可写不出来。"

　　然后，他讲了几则轶事：

　　一则关于苏珊娜·邦巴尔，一位阿根廷女士，她决心将后半生投身于文学事

1　《闲情》（*Delectación morosa*）（出自同一部诗集）。
2　参见《秘密的镜子》（*The Secret Mirror*）（在《赫伯特·奎因作品分析》中提及，1941）的情节，《信徒天堂》（1955）中关于布里萨克那出喜剧的情节，尤其是朱利安·格林《预言家》（*Le Vissionnaire*，1934）的情节。

业，致力于翻译一些还算要好的作家朋友的诗歌，从西班牙语直译成一种带有阿根廷文法的英语。她写了一出戏并以其一贯的迅速，很快把剧本译成了英文。为了要在下一季上演这出戏，她在布宜诺斯艾利斯的英租界找人，想把剧本寄给一位伦敦企业家。最终，当她怀揣剧本去往伦敦的时候，发现完全出乎她的意料，剧本被退了回来。他们跟她说她至少应该用大众能看懂的英文再重新写一遍。但她觉得他们这么说只是个托词罢了。而真正可悲的是，在一个屈从于最低俗的物质主义的英国，根本容不下一出如此理想主义的剧目（应该说是：颂扬"理想"的剧目）。"真勇敢！"，博尔赫斯评价说。

一则关于 A.R.L.，一位阿根廷青年，他一直没有接触过文学。他也写了一出戏，而他那位更不文艺的母亲则把它译成了一种她自家说的法语，马上寄给了巴劳尔特，希望他能让这出戏在香榭丽舍剧院上演。还恳请奥涅格来配乐。"若其中有任何委托令您为难，烦请尽快写信告知，对作品有任何评价请直言，非常感谢。"母子俩补充说。

8月2日，星期日。 他撇着嘴，带着蔑视时才会表现出的不快跟我说："我不知道为什么《变形记》这么有名。它并不像卡夫卡的作品。"我心想他当时是不是想说："如果大家这么喜爱卡夫卡，为什么会喜欢一个这样不像出自他手笔的故事？"

8月21日，星期五。 博尔赫斯提到他曾在卡夫卡的一本书中看到的一句话："我们在挖一口巴别井。"他觉得这句话比切斯特顿说的好，因为它只有短短一行[1]。

8月22日，星期六。 我们读了几部法国幻想小说：全是胡编乱造。故事全发生在令作者都目眩的一派奢靡之中：有烟，有酒，有名声在望，有阴险歹毒（维利耶、莫泊桑、波德莱尔）。还读了几页萨德，真真粗鄙又傻气。

8月26日，星期三。 博尔赫斯跟我聊起一个姑娘，和埃玛（里索·普拉特罗）很像，但比她更重要，典型的乌拉圭人，纤腰丰臀，前凸后翘，性格可爱，不知不觉已经二十几岁了，相当温文尔雅，却全然不知龙是假的；甚至她以前一直认为中世

---

[1] 卡夫卡的这句话出自《乡村婚礼的筹备和其他在庄园的随笔》（p.1953）所收录的零散文章中。而切斯特顿的相关言论出自《无底深井》（*The Bottomless Pit*）这则故事【是小说《知道太多的人》中的一章（*The Man Who Knew too Much*，1922）】；并由博尔赫斯、比奥伊和西尔维娜·奥坎波以无题的形式收录在《幻想文学作品选》（1940）的第一版中，在第二版（1965）中题为《巴别塔》（*La pagoda de Babel*）。

纪是有龙的。

8月30日，星期日。 我们谈及莎士比亚。他说在文学世界，莎士比亚是个"业余爱好者，非凡的爱好者"；与之相比，但丁才是真正的文人。他回忆说，以前的人一直不把戏剧作品当文学看：想怎么写就怎么写，甚至拿别人的情节来填充，极其混乱。他引用了这句话作为削弱或反高潮的例子：

啊，我的预言之灵！我的叔父！[1]

博尔赫斯："他不应该用'叔父'，应该选别的词。把'叔父'放在情绪需要上扬的'预言之灵'之后，高潮急转直下，变得很荒谬。他明显应该用'我父亲的兄弟'。而且出现两个'我的'也不太妥。"比奥伊："大概是为了模糊文意吧：把'预言之灵'和'叔父'作为同义词……要是他字斟句酌过，或许就会丢失那种激情四射又恰到好处的文采吧，这种文采大概是他最棒的特质。反而当他想成为一名作家的时候，在那些十四行诗的映衬修辞和诗中无关紧要的细节里迷失了自我。"

我送了他卡夫卡生前未出版书稿的集子作为生日礼物，让书店打了个有点矫情的包装。博尔赫斯："有人玩笑似的给女友送了一个很丑的东西，她却觉得很漂亮，而这种单纯，这种对他无害的误解会让他更爱她，这种事情不知道发生过多少遍了？"

9月2日，星期三。 他跟我聊起头韵：这个撒克逊人诗句的绝妙特点比句尾押韵还要高级；以前人们看到这样的句子，都以为是散文，要过好一会儿才发现是诗。尾韵赏心悦耳；头韵有时候几乎不被察觉；比如元音之间都可以押头韵，有三个不同元音开头的单词押头韵的情况。虽然乔叟是押韵的典范，教过英国诗人们如何押尾韵，他们仍然本能地去寻求押头韵。

我们谈及音节，丁尼生曾认为，从音节数量上来看，最神秘的单词就是"剪刀"（scissors）一词。博尔赫斯："那我比丁尼生更胜一筹，因为我觉得所有单词都是神秘的……惠特曼曾称呼丁尼生为'我们大家的头儿'：丁尼生如此不同，惠特曼这样崇拜他倒是稀奇。不过他也明白，就算自己再努力也不会写出丁尼生那样的诗。"

9月5日，星期六。 长篇小说的情节很难取悦他；任何一个幻想故事在他笔下都有了更多可能性。比如，他觉得那种一个男人突然变成巨人、完全司汤达式的小说更

---

[1] "O, my prophetic soul! My uncle!"《哈姆雷特》，I，5。

有意思，他更感兴趣。他大概从这位幻想故事作家的身上看到了一个东方叙事者的影子，看到了一个寓言故事和神话传说的编织者，看到了一个继续写着无休无止又奇异梦幻的"一千零一夜"的撰稿人，那些是从岁月伊始人类就一直在讲述的故事。

9月19日，星期六。 他跟我聊起埃丝特·森博莱因的讲座："你不要觉得那个讲座不错。她只是在不断肯定别人的话，不带任何自己的思考。而且她完全做不到让形容词和名词保持性数一致。她还自创了一套加强语气的表达方法，我觉得并不合适。比如：'如果大家允许的话，我将允许我自己……'"

9月27日，星期日。 我们读了一篇科卡罗评论卢贡内斯小说的文章，笑得眼泪都出来了。文中有一个长句子写到，作者通过故事来操控读者的喜怒哀乐。博尔赫斯："太奇怪了。他觉得这是一种思考。还发现文字魅力也算一种审美。但如果经过一番细致调研，人们发现这是卢贡内斯唯一能让人理解的文风，因为他把读者摇摆不定的注意力也考虑在内了，又会怎样呢？要知道，他这篇文章写了几个月了。不过，毫无疑问，他搞错了，以为文学创作就是在电车上查找《真面与假面》旧刊的长途旅行。"

关于佩皮斯的《佩皮斯日记》："人们都觉得它可以和包斯威尔关于约翰逊的日记相媲美。可这书我一直看不进去。"

10月2日，星期五。 下午六点的时候，博尔赫斯、贝亚特里斯·吉多和她的丈夫胡里奥·戈特海尔来家里坐了坐，想要之后一起去贝尔格拉诺区德拉戈内斯街上的一间工作坊看《仇恨的日子》，这是由托雷·尼尔森和"爱玛·宗兹"合作完成的电影。博尔赫斯说："这个故事不是我编的：是塞西莉亚（因赫涅罗斯）讲给我的。我把它写下来是因为觉得它太诡异、太戏剧化了。它是一个我并不能理解的关于复仇的故事。倘若我所有的作品都绝迹了，只剩下'爱玛·宗兹'，那关于我的东西也所剩无几了。"

10月3日，星期六。 他谈起德国人对歌德的迷信；说德国人对任何歌德的言论都要大肆赞叹一番。关于圣马丁："没人要想起他。"关于他和波利瓦尔那次神秘的瓜亚基尔会谈："你能在圣马丁身上发现诸多高尚的道德品质。他的周围都是追名逐利之人，而他自己却似乎毫无野心。他都舍弃了，并全身而退。"他说曾想过要写一个关于一位想要调查瓜亚基尔会谈背后秘密的历史学家的故事[1]，在调查过程中，他与

---

1 《瓜亚基尔》（1970）。

另一位研究者进行了一次会谈，而最后他撤出了调研组。因为那位历史学家理解了圣马丁的态度。"这既不是故事也不是别的什么，"他说，"这是为了开始思考而提出的一个项目。"

10月4日，星期日。 我们探讨了托马斯·肯皮斯和安东尼·伍德这两位名字中"à"的用意。我们猜应该是把德国贵族名字中的"zu"写错了。

他跟我说，在有关瓜亚基尔的那个故事里，当两人会面时，那位主人公是完全占理的，但他觉得另一位的能力更强；或许另一位也觉得主人公占理；二人都察觉到了谁是更强的那个，但主人公退出了。

11月1日，星期日。 昨天他和作家协会的成员们在里卡多·罗哈斯家；那儿聚集了很多人要给罗哈斯道贺，因为那天是他的第一本书出版五十周年纪念日。[1] 博尔赫斯："他的家好像一个博物馆：一个以他为专题的博物馆。玻璃柜里都是他写的书。画框里装裱的都是《真面与假面》杂志的切页，里面有他的一首十四行诗。或许大家都想这么做，但里卡多·罗哈斯掌握更多原始素材。我一度觉得：布宜诺斯艾利斯太富有了；想想，与罗哈斯家隔两个街区就是你家，再隔两个街区就是苏尔家[2]。这些人在同一空间里存在并不稀奇，但能在同一时间里存在就令人称奇了。曾有过一家非常伟大的图书馆，我当时就想：'或许有不止一本书可读。'我和他握了手，但当下便觉得失误了，应该抱抱他才对。你发现了没有？想拥抱他是因为五十年前他出版了一本他本应觉得丢脸的书。你看了今天发表在《国家报》上的那几首十四行诗了吗？极其糟糕。人们说那些诗烂是因为写得浮夸。夸大其词很难：其实应该要懂得如何夸大才对。最蠢的写作方式就是堆砌像'崇高'这样的大词。"

我们曾有几天谈到过电影。他不喜欢一部意大利电影，由德·西卡指导，叫《偷自行车的人》；还把它和另一部他很喜欢的英国电影《布朗宁版本》（A·阿斯奎斯指导）做比较。"一部像成人制作的，"他说，"而另一部像孩子做的。而且孩子是有某种魔力的……这一点女性会马上告诉我们，而我们会觉得她是唯一理解我们的人。"

---

1 《人类的胜利》（*La victoria del hombre*，1903）。《国家报》上正好登载了该书中的五首十四行诗。
2 比奥伊家在迪亚斯上校街2730号（1940—1942年间）；苏尔家在拉普里达街1212号（从1928年起）。

我们还聊过现实主义；对于大多数人来说，现实主义不是马丁·菲耶罗，而是那些卑微、丑陋、平庸的形象，他曾对此感到痛惜。"太奇怪了，"他说，"人们都赞美那种人的故事，他们一辈子唯一值得纪念的事就是发生在他们身上的不幸，可若是没有那些困苦，他们的故事就会变得毫无生趣，甚至不复存在。"

11月18日，星期三。 我们谈起一家报刊的名字：*Liberalis*。他不太信得过那帮拉丁语学者的文化。博尔赫斯："我不知道 liberalis 以前是什么意思，我猜大概是'慷慨'之类的，并不是'自由（liberal）'在政治层面的确切含义。"

我们写了一篇有关一位美国作家的简讯，他是那种会提供"已婚；育有一女；对他最严厉的批评家：他妻子；某橄榄球队球迷。"这种信息来介绍自己的傻瓜。除此之外，他觉得还有一事值得一提，就是他的一个特殊的写作习惯：只写草稿。[1] "这都是些什么作家啊？！"博尔赫斯抱怨道。我们写写阿拉贡、查拉或是别的哪个"紧随其后"的傻文人曾说过的关于我们这位小说家的什么事儿就很知足了。

12月17日，星期四。 他跟我说起他在最近获奖的一本书中写的一个故事，关于一位曾在俄国打仗的意大利退伍士兵[2]。他和他的同伴走散了，在草原上游荡，又饿又渴。他看到一点灯光，从一个小草屋里发出来。他走了过去，敲了门。一个女人给他开了门。屋里，桌边上坐着三个背着机关枪的俄国士兵。他并没有时间拿枪和他们干，他想，不管是进去还是逃跑，他们都会杀了他。他呆在那里不动，女人示意他进来。他进去了。女主人给了他吃的和喝的，并没有躲他远远的。饭后她送他到门口，他吻了她的手便走了。想到屋里那几个男的，他心怀感激：要是有更多人像他们一样，也就不会有战争了。博尔赫斯觉得这样一个如此简单的故事却很有人情味。

12月31日，星期四。 博尔赫斯："从前人们一直认为黎明令人欣喜而黄昏让人感伤。如今我们的看法完全相反。

啊，夜晚比黎明更可爱！[3]

---

1 关于 S·艾林的概况，《尼古拉斯大街谋杀案》（*The Key to Nicholas Street*，1952）。埃梅塞出版社（小说选《第七层》），1954。关于艾林，听说他的写作习惯之一就是在"不得更改"的定稿之前只用打字机写草稿。

2 马里奥·里戈尼·斯特恩（Mario Rigoni Stern），《雪中的中士》（1953）。

3 圣胡安·德拉·克鲁斯，《心灵的黑夜》（p.1618）。

夜晚本不该那么可爱的。"比奥伊："对我来说，乡村里那种置身于大自然之中的黎明令人快乐；而城市的黎明则是忧郁的。同样是黎明，起床时看和睡觉前看完全不同。"他告诉我，一天当中的某个时刻过后，他就会变得很消沉，看什么都像隔得很远，感觉自己在人群里像个物件、像只鞋。

1954 年

1月3日，星期日。　　人的文学才智在生活里常有，而在写作时就丢了：埃丝特·森博莱因说，有天她半夜惊醒，听到了埃玛·里索·普拉特罗的声音，她正在打电话，讲着私事儿，在她家里，她家离她家只有大约八十米，在同一个街区。"她说，埃玛当时滔滔不绝，而那个可怜汉一声都不吭。"博尔赫斯注意到她用的是"可怜汉"这个词，这也顺便告诉了我们埃玛当时是和一个男人讲话："要是埃丝特把这些写出来的话，她应该不会用这个词：她可能会觉得这个词太阴暗。"

1月8日，星期五。　　他跟我聊起他的一位女性朋友："她活在一个奖惩分明的法制世界里。如果认为这些可悲的忧虑都是上帝引起的，那还能对单纯的人类有什么期望呢？"

1月14日，星期四。　　他跟我提起昨晚在苏珊娜·邦巴尔家的聚会。一个小姑娘朗读了几首极端主义诗歌，诗中问道："凭我对音节浅薄的认识，我能告诉你什么，布宜诺斯艾利斯？"阿尔瓦罗·梅利安·拉菲努尔在众人的赞赏中朗读了几则童话故事新编。他发现了别人都没发现的事：睡美人在长长一觉之后身上都发臭了；而这姑娘一醒来就朝那个把她从梦中唤醒的大胆小伙子扔了只中式大花瓶。阿德拉·格龙多纳也读了一则短篇，但博尔赫斯什么也没读，大家都很诧异。博尔赫斯："就因为一个人是作家，大家就总觉得他应该有现成的故事和诗作。今晚最具文学色彩的话是小埃丝特说的。别人问她会不会读点什么的时候，她回答：'我什么也没带来。'凭这句话她就写出成堆的稿子了。"

　　临走前，他跟我讲，自己真正爱上的人其实并不符合自己的审美趣味或迷信："并不是那种女神一般的北欧人。"

1月17日，星期日。　　他说吉列尔莫·德·托雷对很多人都有一套自己预设的印象。博尔赫斯那天说阿尔瓦罗那则写睡美人体臭的故事有些粗俗的时候，他反驳道："不是粗俗，是傻气，但有学术性。"博尔赫斯说："一个隶属于阿根廷文学院的人写的东西怎么能不学术呢？"随后又说："有一次吉列尔莫说康拉德是个冒险故事作家，萨尔加里那种，这把我和母亲都惹恼了。可这些人的作品，他自然都没读过。而得知纪德翻译过康拉德且至今还在《新法兰西评论》上谈论他以后，吉列尔莫改变了看法：现在他很崇拜康拉德。看来即便读过康拉德，也很难改变他的看法。"

1月24日，星期日。　　博尔赫斯、西尔维娜和佩佩·费南迪斯在家吃饭。我给他们朗读了《异教徒的新娘》第六章的这一段："（恩德森）带着他年龄特有的迅捷从船舷跳到了小艇上，像一头休憩的狮子一样倒在船尾休息，他的帽子有一块极美的非洲虎皮滚边，白天鹅绒的内衬用很奢侈的金线缝了一圈，他用帽子遮住眼睛，去挡海面上反射过来的天光。"博尔赫斯："这只老虎直接从狮子身体里跳出来了。作者对这种从语法角度来说并不存在的错误是没有设防的。还有其他一些错误，比如：通常针对老年人才会说'他年龄特有的'，还有，我觉得并不存在非洲老虎。"

　　他还对在汤因比书中[1]读到的东西做了评价。好像所有奥斯曼土耳其的军统和官员，甚至是奥斯曼大帝维齐尔，都是奴隶，是被抢来的外国小孩。苏丹的女人们也是，苏丹女儿们未来的丈夫也是。这些奴隶被带有明确目的地"因材施教"：他们被教育成管理者、军统、法官。他们无法通过遗产将尊严和财富传给下一代。他们可能永远被判处死刑。

1月25日，星期一。　　博尔赫斯在地铁上听到了一句话，是关于米拉马尔城鲨鱼袭击男孩事件的："那个动物肆无忌惮地攻击了一个游泳者，这令我震惊。"他指出，"肆无忌惮"这个词通常是用于与社会生活相关的事件的，说话者还用了"游泳者"而没用"男人"。他补充说："可见他从没想过要加入游泳者的行列。"

4月19日，星期一。　　博尔赫斯："如今好像没有人能好好写作，而是在用力写作，正如杰克·伦敦曾说过的一句蠢话：必须得写作。或许也没那么蠢：也许是有人跟他说，他的文风不那么招人喜欢，但写得很用力，所以他之后才重申了一遍说，必须得这样写才行。"

5月8日，星期六。　　我们谈及日耳曼人、凯尔特人和斯堪的纳维亚人。他说他对一周七天名称的起源很感兴趣。"历史真是太神奇了！"他说道，"但研究过后，我发现它并不是一连串史实、君王和日期的更替而已。"他说他还很想研究一下德国与日

---

1 《历史研究》（*A Study of History*），vol.III，22—50，伦敦：剑桥大学出版社，1934。

耳曼以及英国与日耳曼的关系。

5月17日，星期一。　　他跟我讲，一次饭后，我想是在叙利亚，同桌的客人对伯顿说："花园里有只羚羊。"伯顿当时理解成了他们想告诉他："他下巴胡子上粘了一粒米。"因为胡子作为男性特征的标志，在当时是不能被提及的。

5月21日，星期五。　　博尔赫斯有一次听到一段对话，谈话双方语气阴森严肃："罗维罗莎一家很时髦。""超级时髦。"他评论道："我总是惊讶于人们听不到自己在说什么。他们明明在孵化着如龙一般奇异的东西，却能保持淡定。你看，这对话里的一切都恰到好处；'罗维罗莎'听上去像个怪异的生物，比如某种巨型彩色花朵。要是说成'阿尔韦亚尔'的话，就没意思了。"

6月10日，星期四。　　他跟我们讲博尼诺画廊的主管曾请他为巴萨尔杜亚[1]画过的几处布宜诺斯艾利斯风景写点评论，他们会把评论和画作集结成册。博尔赫斯接受了，但由于不知为此收多少钱，他去问了穆希卡·莱内斯。莱内斯告诉他："五百比索。"博尔赫斯接受了这个建议，也没多想，就去博尼诺画廊签约了。可当他面对那帮人的时候，他觉得不能说"五百比索"，"他下了一级台阶"（他的原话），然后说："四百。"随即意识到他做错了。他们又是给他点烟又是给他倒威士忌，说他一看就是想合作出集子一类的。博尔赫斯求我不要告诉他母亲他去找过穆希卡·莱内斯，而他是这么跟她讲的："我去了博尼诺画廊那边，跟他们开了四百比索，一分不差。他们接受了。"

6月20日，星期日。　　他跟我提起一个名叫伊贝拉、喜欢乔装的歹徒："他们怎么可能不喜欢狂欢节呢？他们对天堂的想象一定是在洛马斯烧杀抢掠。"我以前只听说过伊瓦拉这个名字，还一度认为内斯托尔（伊瓦拉）喜欢乔装。博尔赫斯："想必他一整年都在期待狂欢节的到来。"

　　我们觉得抗议、发送认证电报、参与代理分红等等对有些人来说是必不可少的，就像饭后散步排毒一样。

1　赫·巴萨尔杜亚，《城郊》（博尼诺画廊，1954）。根据马斯特罗那尔迪的记录，"某位知名画家曾以丰厚的报酬请一位作家（博尔赫斯）为自己的作品集作序。由于天价酬劳令其惶恐，博尔赫斯曾很不好意思地向他的母亲提议：'你能让他开价低一点吗？他想付的太多了。'"【卡洛斯·马斯特罗那尔迪，《生活与思考笔记》（*Cuadernos de vivir y pensar*，1930—1970），阿根廷文学院，1984：157—8】

7月3日，星期六。　　博尔赫斯记起我和洛萨达的一段对话，洛萨达跟我提起《市郊人》："这本书要延后出版了，延后了。"说得好像这件事并不是他能决定的，而是宿命。博尔赫斯自言自语，不知道洛萨达是否清楚他当时可是一个伟大的作家。

11月30日，星期二。　　博尔赫斯看着我哄女儿玛尔塔（四个半月了）睡觉，说："她的脑部活动一定比奥利维里奥·吉龙多和亚里士多德还高级。"

12月7日，星期二。　　读了曼努乔（穆希卡·莱内斯）为一部正在筹备的小说写的笔记，他跟我谈起读后感："他不是从一个（特定）情景或是从几个人物出发，而是从一个不起眼的情节出发。比如，一个庄园里独居的老女人。然后他会添加一些有趣的辅助情节，比如同性恋，因为很有现代感（？），比如几个他认识的小伙子，再比如那个参加舞会的葡萄牙王子的故事，人们因为不知如何称呼所以都不敢接近，不知是叫'殿下'、'阁下'还是'先生'好，最终尴尬化解了，而他也认识了整个布宜诺斯艾利斯。我认为他之所以写小说是因为他是一个多话又八卦的人。之后读者会琢磨作者想表达什么，而那恰恰是作者从来不曾想过的东西。"

他还说："人们都说费拉特尔·莫拉的《哲学史》（或者叫《哲学词典》！）很不错，因为里面写到了西班牙和拉丁美洲的哲学史。作者的写作意图非常简单：要找弗朗斯西科·罗梅罗，就能找到。就像人们很乐于在医药百科全书里找到玛利亚嬷嬷一样……那些称赞某些有十卷的文学史巨著'都全了''作者什么都知道'的人通常也会在同一句话里指出，还有一本关于国内文学的补充卷，是朱斯蒂或别的什么土著权威人士写的。就像一张照片，旁边贴了一张纸条来补充没有在照片里出现的人名，或是像一幅讽喻画，为了能在布宜诺斯艾利斯展出，人们会在里面添上圣马丁和贝尔格拉诺的形象。还必须要有一个带一卷非洲班图土著文学的班图版本，上面有某个深棕色皮肤、裸身食人领袖的签名。"

12月18日，星期六。　　他想起5月25日街上一位叫特里恩蒂诺的理发师。他曾建议说："要想治好胃溃疡，最主要是要像罗慕路斯与雷慕斯两兄弟一样猛喝奶。打针一点用没有，因为您不会去药房花冤枉钱，还不如让那些婊子养的大夫去。而您要去的是七月大道，去那里买一条农民用的束腰带，在腰上缠上好几圈，这样肚子就暖和了。您还可以时不时喝点咖啡啦，吃点意大利饺子啦，喝点小酒啦，因为您没必要成为那些狗娘养的奴隶。"

他告诉我，在苏珊娜·邦巴尔家他的讲座（"关于博尔赫斯的疑虑"）上，苏珊娜打断了他不下五次，要么是为了重新摆桌子（"桌子虽然不算大，但也不小，还是费了点功夫。"），要么是为了让他坐在最前排（"或许她觉得我应该有一个专属雅座，或者是为了对称吧，因为他们都说没人能把家具布置得像她那样好。"），要么是为了给他拿一大杯水，要么是为了给他倒水。博尔赫斯："据一本虚构小说里所写的情节，一个人说话的时候，他讲的东西妙趣横生而现实世界会消失不见；但苏珊娜不信这个。"

12月23日，星期四。 他问我对托马斯·里德有什么了解。"一无所知。"我回答。于是他跟我讲里德是常识学派的主要代表人物，而常识学派驳斥的对象是贝克莱与休谟。博尔赫斯想搞清楚里德的观点是什么，他感觉自己似乎已经发现了他的理论[1]："我曾在拉普拉塔做过一场关于贝克莱与休谟的讲座。在回程的火车上我一直在想讲座上讲过的那些理论，总觉得有什么地方听上去不太可信。他们认为，在一系列主观感觉背后的是外部事物，而且是我们主观创造出来的；在一系列情感的基础上我们随即创造出了自我。对我而言，我不认为真是这样，我觉得不是我们先看到了一个凸起的东西、黄色和粗糙的表面，然后分析得出它是一颗柠檬。而是我们先看到一颗柠檬，然后我们去分析它的特征。贝克莱和休谟的感知理论巧妙但虚假。而常识学派应该是那种支持'先看到柠檬再得出其特点'的理论；除了真实，这一理论没有其他值得称赞之处。一个男孩叫自己'宝宝'这件事不能用来论证什么，因为对于这个男孩来说，'宝宝'就是他的名字。所以当我们在阐述贝克莱的感知理论时，我们会觉得假。"

12月28日，星期二。 博尔赫斯和我提起马丁·布伯，说对于他来说，正在发生或已经发生过的，与某人某物相遇的时刻就是当下（是能感受到一种当下存在的时刻）：是"我—你"的对话；而正在发生或已经发生过，但没有相遇的时刻是过去：是"我—它"。博尔赫斯认为，这种观点源于想找到一种犹太哲学的愿望，源于对摩西与上帝相遇的思考，源于对话的重要性。

1955年

1月1日，星期六。 博尔赫斯告诉我，有一次玛格丽特·本赫跟他说："您得这么想，失去一只眼睛，不是什么损失，重要的是您自己，不是您的眼睛。"博尔

---

1 这些观点出自G·H·刘易斯的《一部传记体哲学史》(*A Biographical History of Philosophy*，1845—1846)，VII，1。

赫斯："这也太没有想象力了。她都在坚信些什么啊。不过，斯多葛主义者似乎也信这一套。他们会说：'忠贞的男人是幸福的，他们不会为自己的遭遇担忧。'大概这就相当于说，当一个人想着一件事的时候，就不会想着另一件事了。也相当于说，当一个人想着这里其中一句话的时候，就不会想到他的不幸了。这就跟念'babebibobu'一样简单机械。"在《爱丽丝梦游仙境》里，有一个人物曾说："请想象一下您是坐着的，您有腿，有身子，这样就不会去想'我很不幸'了。"[1]

关于共产主义，他说："人们喜欢共产主义，是因为它赋予了人们一种特性，还给了他们一帮朋友。至于观点嘛，他们发表的观点也是从莫斯科来的，而正由于这些观点时刻会变化，没人会觉得枯燥。"

1月11日，星期二。　　博尔赫斯跟我提起他经常做的梦：经常梦见自己从一个洞穴或一个垂直的圆柱体往下降，四周有青铜门，都是紧闭着的，他越往下走就越黑。还常梦见在拉普拉塔城的郊区，他走在有回廊（他说是"游廊"）的房子之间，大门紧闭，自己在泥地里疾走，越走越黑。

1月17日，星期一。　　博尔赫斯："在给小说人物取名方面，马列亚有出错的秘诀；他认为人名是无穷尽的，可以用'古麦斯'来代替'戈麦斯'。我发现对某些同音字母组合的反感来自于一种视觉惯性，如果一个人不看那些词的话，完全可以轻松读出以's'结尾、后面紧接着一个以's'开头的词组。"

1月18日，星期二。　　我在电话里和博尔赫斯聊到了狄更斯。他提起他家关于《荒凉山庄》的家族迷信：谁读了这本书，谁就会死。"如果这种事发生在一个故事里，会怎么处理？或许表现为一个人物对另一个人物突然的憎恶，或许是一位暴君在流放时得到的最后的安慰。罗萨斯正要读书的时候，奇怪地瞥了一眼他亲爱的女儿或是他尊贵的朋友 X 博士。或者是一位猖狂地自封'暴君之子''太阳之兄'的古代君主，趁他的奴仆不注意，偷偷把那本书拿了过来。"

1月19日，星期三。　　他说他发现一些用花作比的比喻会带出其他更隐晦的意象，比如在他关于胡宁之战的诗[2]中，他将战役比作玫瑰：

1　刘·卡罗尔，《爱丽丝梦游仙境》（1871），V。白桃皇后对哭泣的爱丽丝说："想想你是多棒的一个姑娘。想想你今天走了多长的路才来到这里。想想几点钟了。想什么都行，就是别哭！"
2　《忆胡宁之战的胜者：苏亚雷斯上校》（*Página para recordar al coronel Suárez, vencedor en Junín*, 1954）。

对他来说，那朵玫瑰已然绽放：

那血红的胡宁之战。

还有什么别的隐喻吗？比如拿女人作比。博尔赫斯："引用自己的诗句好像有点自吹自擂，毕竟还有成百上千的例子呢，但我只想到这首。当诗中写道'那些一个人想忘记的日子，那些一个人知道他终会忘记的日子'时，我是在暗指在疗养院度过的那段时光[1]。当写道'那朵玫瑰已然绽放'的时候，我其实是在暗暗庆贺和玛格丽特·格雷罗的爱情。"

他还跟我提到了一个对诗歌的设想：但丁在弗洛伦萨看见一只雪豹，也可能是金钱豹，被关在笼子里，便在《神曲》的开篇描写了这只豹子。囚禁这只豹子"大概是为了"让其入诗，或者是进入到一个已经被遗忘的梦境里，好像突然一道光照亮了豹子，昭示了它的命运（来解释它为何被囚禁）。和豹子在诗中的命运一样，如此神秘又令人费解，《神曲》和但丁在世间的所有苦痛，都应有一个更崇高的结局[2]。

1月27日，星期四。 他说美国人似乎不懂得如何成为一个现实主义者。他们可以是浪漫主义的，像坡，也可以是梅尔维尔、霍桑或福克纳，但当他们想变得现实主义一点的时候，并不能让人信服，还很多愁善感。当他们想变得像埃尔南德斯或阿斯卡苏比那样刚强无比的时候，反而必不可免让人想流泪。他们写那种伤感故事，像内尔沃作品的那种甜美感。而在这之间还有很大空间未被触及。累积出来的恐怖色彩应该像噩梦里发生的一般强加上去（像《格列佛游记》的结尾，怪兽"野胡"在树上拉屎[3]，或是像福克纳小说里那样）。而在田纳西·威廉姆斯的作品里，恐怖色彩的堆积似乎被弱化了，而且对感伤主义并不加以掩饰。博尔赫斯："我们的传奇都诞生于短刀相接的打斗之中。在埃斯塔尼斯劳·德尔·坎波的作品中只是顺带一提，在伊达尔戈的作品里没有提及，在阿斯卡苏比的作品里可能也没有。他们都没写过短刀打斗，所以都很糟糕，埃尔南德斯写过，但写砸了。乌拉圭人发明了马上决斗，用的是长矛，一定是装饰用的，像马战舞里那样，但也有人认为这是为不用刀打斗找的一个托词，一人对一人，才更真实。菲耶罗与武装队的那场打斗让人无法信服，文森特·罗西说武装队的士兵像演员一样，是一个接一个上的，这样就可

---

[1] 1月6日J·L·马尔巴尔兰医生给他做了白内障手术。
[2] 《地狱篇》(1955)，I，32。
[3] 《格列佛游记》(1726)，IV，1。

以让马丁·菲耶罗大显身手了[1]。查卡布科战役、所有用长矛和骑兵装备的战争、与巴西的四年战争，这些战役都没有一场短刀决斗大快人心。传奇就是奇在：无法用言语解释清楚。史蒂文森笔下的海盗就是如此。他得在《巴伦特雷的少爷》里写海盗——如果不写他们戴三角帽、配马刀，他就不满意——而这么写很荒谬。"他还谈及原本应该添加在《堂吉诃德》里，但被塞万提斯小心回避掉的一章：吉诃德在争斗中度过了一生，却没有杀过一个人[2]。倘若他杀过人又会怎样呢？他会因此发疯还是会从癫狂中自愈？还是他会把他的癫狂都理解为一种伪装？如果杀人的话，桑丘大概会欢欣鼓舞，他想必会对吉诃德说他干掉了一位声名显赫的骑士。而吉诃德则会伤感地说，并非如此，他杀死的不过是他的什么邻居，是某某的儿子，和某某结过婚，还会说，杀了他真是太可怕了。没有必要用陈腐的做作腔调——像"常言道"一类的——来写这一章，塞万提斯对这些不感兴趣，他要写的话，会写得干净利落。

他说日耳曼人（斯堪的纳维亚人）过去并不执迷于他们的文化。如果在法国的诺曼底大区生活，他们就当自己是法国人；在英国的话，就当是英国人。而英国人延续了这一传统：他们不想把自己的文化强加在什么之上。他们有英国文化处，所有国家都有这样的机构，但当一个人在文化处讲话，说乔叟的精华都来自意大利，没人会觉得惊讶；相反，在一个法国机构，如果不强调法国这边的文化，会很不妥。或许是受到了塔西佗《日耳曼尼亚志》的启发，对其神话传说和文化根源几乎一无所知的德国人却坚持奉行日耳曼主义。这是相当可悲的：德国，作为曾经世界各国军队厮杀的战场，曾经是世界的十字路口和妓院，而德国人却在谈论种族的纯粹性。

1月30日，星期日。 他跟我聊起一个叫索尔克林[3]的人的悲惨命运，这位丹麦学者把一生奉献给了错误的学术工作。

1月31日，星期一。 我们聊起阿莉西亚·胡拉多为科学专业写的博士论文题：从地理分布视角，分析啮齿目（包括豚鼠）动物的臼齿。她好像原本是想写门齿的，

---

1 "（那场打斗）好像一场'淘汰'赛，候补人员在黑暗中严格按照顺序列队上前，而高乔人马丁嬉笑着把他们一个个打飞。"【文森特·罗西，《直言集》（*Folletos lenguaraces*，1945）】

2 参见《一个问题》（*Un problema*，1957）。

3 他二十一年间都在致力于将《贝奥武甫》译成拉丁文。但他的手稿在1807年英国针对哥本哈根的一场进攻中遗失了，之后他重译了一遍并于1815年将其出版。可现如今，这部作品"除了能满足一点文学的好奇心以外，几乎没有什么别的价值"。【博尔赫斯，玛利亚·埃丝特·巴斯克斯，《英国文学入门》（1965）】

但后来发现门齿之间的差异不大。后来她换了个题目，写山龙眼科植物，是我们本地、澳大利亚和其他地区的一种树。博尔赫斯："这太卑微了。要为设想中的人去搞调研（而某一天她的成果还会被他们利用）。要是别人知道了，大概会像苏尔一样对她说：'那又如何？'要么就是：'然后呢？（Enton）'（发'entó'的音：o后面的n像葡萄牙语中的n一样不发音）然而并没有'然后'。"

2月27日，星期日。 他说："最近读了有关卢纳文石刻奥秘的文献，观点比较新奇。文章说卢纳石刻的神秘之处在于那些石刻文字并没有什么意义。对于那些先民来说，那些文字只是附着魔法的符号，于是他们便用文字来装饰器物，并没考虑过它们会组成什么词句。"

4月27日，星期三。 我跟他讲，马斯特罗纳尔迪给《英雄梦》写了一篇热情洋溢的书评[1]，里面的每一句话都精准表达了他细致入微的思考。尽管如此，我觉得就算是我父亲，这个对所有关于我的事情都抱有极大热情的人，都不会饶有兴致地去看这篇评论。甚至我读的时候都觉得很枯燥。博尔赫斯："这种写作方式像是对一切的嘲讽：对题目、读者、文学、甚至他自己。写了却好像没写一样。他像是在用书评的方式很费力地制作象棋里的一个车，或是一个凉亭、一个小便池。而且读者并不知道这个凉亭和他所评论的书之间有什么关系。"比奥伊："如果有人发现了它们之间的联系，发现是在很巧妙地指那本书的话，一定会感到很惊异。但这种写法作为表达方式是失败的。马斯特罗纳尔迪实际上是在一个完全隔绝的环境里写作。"博尔赫斯："在这种隔绝之下他没有写作。他像窝在自己的一个小角落里自言自语，或者说不是自言自语，而是挤眉弄眼。"

4月28日，星期四。 他给我带了两本在墨西哥发现的高乔文学作品和一本蒙得维的亚的《前进》周刊，里面有一篇罗德里格斯·莫内加尔对《英雄梦》大加颂扬的书评[2]。他跟我聊起我的书："如今'风声已经走漏了'，你知道玛格丽特·本赫是怎么说的吗？她问我觉得像高纳、迈达纳那样连续三个晚上在乌尔基萨别墅区、弗洛雷斯区和弗洛雷斯洼地那些地方喝得烂醉的小青年，他们那样的生活算不算健康。"我们便谈起这对小说人物生活健康的奇怪要求。他说玛格丽特在写一部小说，而据她所说，她做出了许多让步："她想必明白了，不做让步，就没有小说。你设想一

---

1 《英雄梦》【《评论》（*Comentario*），1955年1—3月】。
2 《拉普拉塔河流域的奇幻命运》（*Un Destino Fantástico Rioplatense*）【《前进》（蒙得维的亚），1955年3月25日】。

下，小说里的人物都早起，大口喝着燕麦浓汤，会健身，从不做出格的事，晚上十点就睡了……"

博尔赫斯:"有一次,我开心地喊道:'晚安,亲爱的王子。'[1] 海蒂（朗厄）回答:'请您不要这样多礼。'莎士比亚写这句台词的时候一定是彻底犯傻了。"

5月18日,星期三。 有人问他,直接骂"垃圾俄罗斯人",还是简化一下,骂"俄罗斯人"好？博尔赫斯:"我不是排犹分子,但世界各地与其不同的民族都在迫害他们这种言论本身就是与他们对立的。"对于那句话,他说:"很明显能看出其背后满满的恶意,但还是挺滑稽的。"

我们听了探戈舞曲,博尔赫斯说叫《祖国》,西尔维娜看上去不太喜欢。我们之前还听过《维多利亚饭店》《唐璜》《禁止入内》和《小布宜诺斯艾利斯人》。

博尔赫斯想起了《禁止入内》那首歌里戏谑的歌词:

他们把她从修道院赶走，

却没有告诉她缘由，

后来才告诉她

说她不讲卫生，

因为这个可怜的女孩

有个恶心的习惯

为了省点香皂

就从来不洗那儿。

他说,圣地亚哥·达沃韦听到这首歌的时候,很严肃地说,"没有告诉她缘由"是一种很好的心理主导方法。"咳,这大概是世界文学中独有的一种心理导向模式吧。"马塞多尼奥小声总结道。博尔赫斯发现:"他以前一直喜欢总结。"

听《维多利亚饭店》（也叫《小丑女》）的时候,博尔赫斯唱了起来:

小丑女是魅惑

是芬芳的快乐

一如那爱情的玫瑰……

---

[1] 《哈姆雷特》,V, 2。

他还朗诵了几句葡萄牙语诗句：

我名叫赫内罗索

死在了皮拉波：

我真的喜欢跳舞

和女孩们一起，背着棺椁[1]

他说"他喜欢背着棺椁跳舞"的时候很荒唐："他本来选什么都行，最糟糕的选择就是棺材。"

5月27日，星期五。 博尔赫斯在电话里跟我讲，莱布尼茨对前定和谐理论的巧妙解释证明了上帝的存在，让人无可辩驳。博尔赫斯："莱布尼茨是聪慧还是无耻呢？"比奥伊："我觉得他很狡猾。"

6月3日，星期五。 他跟我讲，罗素认为，几个世纪以来，人们一直在争论物质与精神的意义，就像探讨狮子与独角兽一样，最终发现它们不过是动物纹章而已。他说："由此得出了一种哲学理论，即不存在主体，也不存在谓语，只有动词，没有'红色'，只有'发红'。人们认为会在这种怀疑论的基础上建立一种哲学。如果一个人思考过这点的话，他一定会坚信洛克、贝克莱、休谟对哲学贻害不浅。常识学派被呆板的信念压得喘不过气，以至于无法发出自己的声音；尽管如此，他们的这一看法还是有道理的，与英国那些唯心论者相反，他们认为世界各国人民都相信主体、谓语一类的存在。"

6月4日，星期六。 我读了115页菲茨罗伊·麦克莱恩的《通往东方之路》，他对莫斯科的认识让我很有感触，他在书中描述了布哈林如何承认了他不曾犯下的罪：因为他如果活着，一定会因通敌叛国而遭难，但若如他所愿，他死了，他的死一定会有所贡献。那么他的死怎样对党有利呢？因为他曾活过并抵抗到底吗？我认为是因为他承认了那些诋毁，与其失败和卑鄙的形象正相反，那样反而体现了他

---

1 关于鬼魂安戈埃拉（图皮语中意为"鬼魂"）的民谣，在巴西南里奥格兰德州的一个传说中，他在世时曾是耶稣会教徒的土著朋友，大家都叫他赫内罗索。死后，他的魂魄在当地游荡，边跳边唱："[...]当人们在富人豪华的庄园跳起凡丹戈或是在穷人破旧的茅屋里跳起查玛丽塔舞的时候，赫内罗索也会混进人群跟着一起跳，人们看不见他，但能感受到他的脚步在随着中提琴的旋律有节奏地起舞……倘若歌者耳朵灵敏，便会听到他的脚步声，就这样在赫内罗索的指引下，一直反复演唱这同一首歌谣。"《南方传说》（*Lendas do Sul*，1913），J·西蒙斯·洛佩斯·内图】

的清白和胜利所在。博尔赫斯说，柏拉图的那些不可思议的观点对于所有人来说都是真实的。祖国对于我们来说，并不是那些现在居住在这里的人——我们的朋友和敌人；也不是那些过去居住在这里的人——统一派和拥护罗萨斯的人——：祖国的含义更加深远。为国献身我们都能理解，而一个共产主义者一定会理解布哈林的姿态。

6月7日，星期二。 他给我阐释了斯宾诺莎的上帝理论，我比他更能接受这种理论（即上帝是实体，而所有现实和我们自己都是这个实体的附属品；附属的两种形式便是，思维和广度；上帝是自然的创造者，也是自然的被造者；上帝这一本体是永恒不变，他存在于所有表象背后）。他说斯宾诺莎的伦理观很好：他批判良心不安，是斯多葛主义者。而柯勒律治的哲学思想混乱又匮乏。

他跟我讲了两件事。一件是关于瓜亚基尔会谈。讲故事的那个人，可能是个特别想拿奖学金去瓜亚基尔学习的学生，约了另一个人见面。他跟对方讲了自己为了去交流学习而做出的努力：比如，他的成绩比这个人好很多，他总会思考历史上的瓜亚基尔会谈，等等。而另一个人，承认他的成绩高自己一等，知道他一定会去。主人公很快明白，与他的成绩和理由完全相反，对方应该会因为更大的决心而赢过他。他只好想，自己以后可以好好反思一下那次神秘的瓜亚基尔会谈。另一个故事是关于一个为了进入柏拉图笔下的天堂，被消除了所有感知、甚至身体意识的人。故事最后，主人公还和从前长得一模一样，如同在月亮上一般遥远，好像岁月不曾在他身上留下痕迹，而讲故事的人已经老了，长出了皱纹。

6月14日，星期二。 我昨天和今天同博尔赫斯聊过，他对19世纪英国人的文章类型评论了一番，比如麦考利为《威斯敏斯特公报》写的文章，和绝对称得上是专题论文的弗劳德或马修·阿诺德的文章。他们的文章并没有假装要写给一个无所不知的大众，信息量大，类似百科全书里的科普文，且有批判性。如今的批评文章，除了标题以外，就好像是专门写给一个全知的对象似的，不那么纯粹，不那么优雅了，只剩下含沙射影，助长了无知，让人们更加习惯不求甚解的阅读。他怀疑很少有评论人能读懂斯宾诺莎，觉得他们大部分人都只是重复斯宾诺莎写过的话而已（这点仍存疑）。他发现他读过的写得最好的关于斯宾诺莎的文章是弗劳德（在《大题小议》中所作）和阿兰[1]写的。我说，蒙田有时令人失望。比如关于是否应把今天能做

---

[1] 《斯宾诺莎》（1949）。

的事放到明天再做¹,他写的都是显而易见的事实,"显而易见的道理"。在引用了马克·吐温的名言后("不要把今天能做到的事拖到明天"),博尔赫斯为蒙田辩护说,他有时写那些显而易见的道理是因为他在诚实地思考。比奥伊:"当然,他写的东西也不都是这样。我认为他书中最棒的地方是他写自己的部分。"博尔赫斯:"因为他发现作者展现自我的时候,对读者有一种特殊的吸引力。他把自己表现得既矛盾又独特,但并不夸大其词,他懂得如何给我们展示自己可爱的一面。而很多作者在试图为自我画像时,都很假。布洛伊和卡莱尔就是一个极端的例子:他们给自己塑造的形象并不讨人喜欢。兰姆也是,他自己就是他的全部资产,但他既不有趣也不可爱。"尽管如此,我们还是想起了人们曾多么喜爱兰姆;由于卡莱尔对兰姆曾出言不逊,斯温伯恩在他的十四行诗里把卡莱尔称作"亡蛇",而他曾说兰姆是"英国文学界最甜美的名字"²。博尔赫斯:"所有这些文学界的争议跟戏里的血差不多:并没有人真的死掉。兰姆、卡莱尔和斯温伯恩,有着同样的死后评价——比如关于同一个人的觉悟问题——他们之间对彼此有着同样的敬意和同样的感情。"

我们谈起艾萨·德·克罗兹,说希望能有更多他的书问世,因为他写的所有作品读来都令人欢喜,已经远远超过的他的老师们,比如阿纳托尔·法郎士,甚至超越了福楼拜。当我提及福楼拜时,博尔赫斯迟疑了一下。他说《包法利夫人》的内涵远不及《巴济里奥表兄》丰富。我们又聊到普鲁斯特。比奥伊:"我觉得普鲁斯特写的很精准的一点是人的社会、经济地位的不稳定性。也可能是我夸大了,但通常在一句话的前半部分,他会强调一个人是多么坚定,而后半部分便开始展现这个人会如何一落千丈,他写出了财富和社会地位的不堪一击。"博尔赫斯:"没错,他写得很好。表现出了人与人之间相互依靠的关系。他描绘了一个什么都很重要的社会,一个人因一点小事便可以升迁或沉沦的社会。而且是用敏锐的洞察力写出来的。"比奥伊:"一个频频令人恐慌的社会是当代法国小说家很喜欢触及的主题,但这些现代小说总给人一种很下流的印象,而普鲁斯特并不是这类作家。"博尔赫斯:"普鲁斯特的小说里永远有太阳,有光,有细节,有美感,有生活之乐。"大加赞扬了一番普鲁斯特后,他说,法国人喜欢观察所有事物的细节,场所的、色彩的、四季的、食物的:"他们会说'我山中的我的季节'。而我们这儿习惯从整体入手:玛尔德普拉

---

1 《蒙田随笔集》(1580),II,4:"公事明天再办"。
2 《读卡莱尔〈回忆录〉有感》(*After looking into Carlyle's* Reminiscences),II【《小回旋诗的百年》(*A Century of Roundels*,1883)】。

塔城的夏天。"

聊起康拉德。博尔赫斯说，尽管威尔斯在他的自传中对康拉德的幽默做出了那样的评价[1]，但康拉德的文笔要比威尔斯诙谐得多。他回忆起《台风》的开头：船长和大副之间关于暹罗的大象国旗的对话。比奥伊："如果一定要推荐一篇小说写作的范文的话，我会推荐康拉德的作品。"

6月23日，星期四。 博尔赫斯说，穆希卡·莱内斯的小说《旅行者》该受到谴责。他讲到一位西班牙记者在出门采访时看到了一群在教堂纵火[2]的人，便问："你们为什么要烧教堂？"这样问是出于职业的好奇心，也是因为他当时觉得他们想必是知道原因的。但很快，他似乎听到了几句话，话里一直用"家伙"来指代他，他判断他们可能想要上前把他也给点了，马上冒出了一个救命的点子，说道："那为什么你们不去把神父烧死而要烧教堂呢？"纵火犯们开始解释，并给出了理由："还有就是，先生，我们来晚了。"就这样，记者幸免于难，为了取得信任，这位西班牙人更当场编了几个建议，好让他的这些新朋友能更高效地做他们手头正在做的事。

6月30日，星期四。 他提起比维洛尼夫人的一句话："我并不是一个随随便便的女人，我唯一感兴趣的事就是钱。"博尔赫斯认为，她说这句话的时候觉得自己格外贞洁高尚："这是人人都会说出口的话，可一旦从别人口中听到这样的话，大家又会觉得很震惊。人人都会说，是因为人们懂得里面的缘由并会证明它的合理性。"

7月6日，星期三。 一段回忆：当我们正在筹备《布宜诺斯艾利斯年鉴》的"博物馆"版块时，博尔赫斯在安妮·特里纳的《查尔斯·M·道迪》（1935）一书中发现了下面这段为一艘齐柏林式飞艇上的十六位机组人员写的墓志铭，该飞艇于1917年在伦敦上空被一名英国飞行员击落："你是谁，竟评断别人的仆人呢？他或站稳或跌倒，自有他的主人在。"（《圣经罗马书》第14章第4节）我们为此特别高兴，我找来了西普里亚诺·德·巴莱拉和西奥·德·圣米格尔的译本。这是巴莱拉的版本："你是谁，竟评断别人的奴仆？他或站着或倒下，自有他的主人在。"我们发现了一些不足之处："仆人"一词和士兵相关，和掸子、扫帚一类并无关联，并且没有

---

1 在《威尔斯自传》（*Experiment in Autobiography*，1934）中，他提及康拉德的文字虚情假意、过于戏剧化的特点，认为由于他性情冷漠，因此写作缺乏真情实感，让人无法领会到"幽默"的内涵。

2 6月16日，在五月广场被反对庇隆的海军飞机轰炸后，在政府与天主教会的冲突中，宗教事务所和布宜诺斯艾利斯城中心的多座教堂被洗劫和烧毁。

贬意，而"奴仆"则有侮辱的感觉；"倒下"似乎不是最合适的动词，因为这一墓志铭是为那些真的从天上坠落的人写的，并无比喻之意。因此我们把它翻译成："你是谁，竟论断那个为他人服务的人？请让他的主人评定或判决吧。"[1] 我们觉得这段文字，如果是别人写的，倒值得尊敬三分，但我们自己并不甚满意。

7月7日，星期四。 他说："康拉德是一个比史蒂文森更负责的作家。史蒂文森似乎总是任由幻想摆布。在共同创作时，劳埃德·奥斯本想必一直在抑制他的那些冲动，因此史蒂文森最好的故事——《沉船营救者》和《退潮》——都是和他一道完成的。在他的所有小说里，我读过最多遍的、随时随地都可以打开一读的，就是《沉船营救者》。而对于他自己完成的作品，他删减的更多——毫无疑问，他删去了所有他认为没有必要的部分，而留下来的，是一连串远景。"他很赞赏劳埃德·奥斯本。他断言像那样的故事永远不会很出名：人们并不喜欢两个作者合作完成的故事，因为他们只能瞎蒙，不知道应该去崇拜其中哪位作者。

7月9日，星期六。 有一次我反反复复玩一把椅子，两次都把它摔在地上，当最后一次把它扶起来的时候，博尔赫斯对我说："你看，我就是因为执着在这种事情上，才写不出大家所期待的伟大作品。"他断言，我们得到的最后一条消息往往决定了我们的精神面貌。

我书桌上曾放着一把透明材质的浴刷。博尔赫斯："用这个怎么能吓唬一下玛尔塔呢？大概要告诉她，这是一位随时会来家里的先生用的牙刷才行吧。"他提到一个小男孩，指着荷马的半身像叫："小宝宝。"玛尔塔看见餐厅挂毯上留胡子的圣经人物时也叫："小宝宝。"

7月13日，星期三。 近日读了埃梅塞出版社的 J·B·莫顿的书，《西莱尔·贝洛克》。博尔赫斯说他不太喜欢贝洛克的幽默感，但仍然很动情地回忆起了《目击者》一书的一些篇章：比如卡洛斯一世之死，以及抓捕试图逃跑的路易十六与王后玛利·安托瓦内特。而且我们都一致认为贝洛克为孩子写的诗句（《道德字母表》等等）更具有高级的幽默感。他还记得有把羊驼比作郁郁不得志的文人的句子。[2] 《兰姆金的遗骸》他读来也觉得趣味横生。

---

1 《敌人的墓志铭》（《布宜诺斯艾利斯年鉴》，1946 年第 8 期：54）。
2 "羊驼是一种毛绒绒的羊，有着细密厚实的皮毛，冷漠的表情和高低起伏的嗓音，好似一位郁郁不得志的文人。"《羊驼篇》【《给更坏孩子的更多野兽》（1897）】

7月15日，星期五。　　我们说起维多利亚提议签署一份支持由罗素出版的爱因斯坦遗嘱的宣言书，在遗嘱中，他要求废除核武器。[1] 博尔赫斯："我不会在上面签字的。所有武器都大同小异：该隐砸死亚伯的石头和原子弹一样可怕。所有武器皆为杀戮而生。况且，在这个时候拿出一份和国际政治有关的宣言，未免显得对我国正在发生的事过于麻木和冷漠了。这就好像家里有人要死了，而濒死之人的亲属却在为马拉加的瘟疫而担忧。发表这则宣言会让《南方》变成一个冷漠的刊物。这将是一个耻辱。如今和共产主义相比，我对庇隆主义更感兴趣。"

7月20日，星期三。　　埃莱娜·加罗先前建议我出版几则在墨西哥写的短篇，于是我对《路易斯·格雷韦，已死》中的那篇《我如何丧失了视力》做了修改。[2] 我解决了一个问题：那个小男人作为谜底而出现可能不太会被人接受的，我应该在开头几段就将他带出场。我跟博尔赫斯讲了故事的这个问题，他也同意应该在一开始就对这个小男人有所交代，作为故事开展的前提："否则就会显得你之前是一直不知如何解决这个问题的，是在绝望中创作出的这个人物。"

7月22日，星期五。　　我们坐在车里穿梭在一片又一片街区之中。博尔赫斯感慨道："布宜诺斯艾利斯是一座怎样的城市啊！没人知道她有什么规划。"

7月30日，星期六。　　我们在家里接待了一个美国人——约翰·格兰特·科普兰，还有贝亚特丽斯·吉多（她没留下来吃饭）、佩罗和博尔赫斯。这位美国人很年轻，在为印第安纳大学写一篇关于阿根廷短篇小说的论文。我们谈起短篇小说，他试图让我们给他一个定义。比奥伊："短篇小说强调情节，而长篇小说注重人物。"博尔赫斯："短篇小说可以口头描述出来，而长篇小说，如果您不去读它，就丧失了它的本质（比如普鲁斯特的作品、巴特勒的《众生之路》）。在短篇小说中，一个人物可以被单独研究，而在长篇小说里，一些人物会对另一些人物产生影响。"科普兰："这难道不纯粹是篇幅的问题吗？"比奥伊："我不这样认为：《堂吉诃德》就是一则短篇小说。"博尔赫斯："没错。格鲁萨克说它原本是要被写成"训诫故事"那类的，也就是说，其实是短篇。之后塞万提斯发现他可以把它加长，于是便有了第二种写法。"[3] 科普兰："那康拉德的短篇和长篇呢？"博尔赫斯："两种体裁皆有。他的长篇可以被叙述出来……"科普兰："它们有架构。"博尔赫斯："在

1　《南方》杂志1955年第236期的外刊中刊登了"爱因斯坦声明"的全文。
2　此文被重写为《别人的女奴》(*La sierva ajena*, 1956)。
3　关于"塞万提斯与《堂吉诃德》"的第二次讲座（1919）。

他的短篇里，人物和人物之间，场景和场景之间是相互影响的：比如在《回归》中的那个收到一封信的男人，信中他被告知他的妻子爱上了一个荒唐的人。"

随后科普兰又谈到美国的印第安人，说他们当中大概有300个不同族群和7个语言族谱。对于一些人来说，棕色——大地的颜色和绿色——大地上植被（也是食物）的颜色之间是没有区别的。还有许多人指绿为蓝，博尔赫斯说，在波斯诗歌中，绿色恰恰代表了天空。印第安人有他们的秘密。一位人类学家和一个部落酋长交了朋友，从而得知了他们的所有秘密，从那时起，他便效忠了印第安人，而对人类学家们产生了印第安人的戒心。[1]

10月12日，星期三。 我们翻了翻那些荒谬的庇隆主义读物（是给正在学习阅读的小孩子的）[2]。我说，我是从《我看我读》这本书开始学着读书的。而博尔赫斯觉得他是从《小男孩》阅读练习那本开始。比奥伊："我从小读书就比较'功利'，从来不读阿拉卢塞图书馆里的书，因为那里的书都是给小孩看的名著简读本（我都读像《匹诺曹》那种专门给小孩看的书，不读给小孩看的大人读物改编版本）。"博尔赫斯："我也有类似的经历。有一次我兴致勃勃地读着一本《希腊史》，直到看到封面上印着'儿童版'几个字就放下了。"他带着赞叹之情回忆起小昆仲会的地理丛书："在《阿根廷篇》中，可以在一群本地人里发现一个住在布宜诺斯艾利斯市郊的穷苦居民[3]。在《地球篇》里能看到一个正在套狼的鞑靼人。当时浏览那些插画的时候都像之后再没见过任何别的插图一样……"他引用了《小男孩》里的一个句子："我的修女姨妈吃火腿。"[4]

10月19日，星期三。 博尔赫斯："对于一个把埃雷拉·伊·雷希格奉为经典的国家，还能指望什么呢？有次我在蒙得维的亚表现得像个傻子，因为我跟他们说索里利亚（德·圣马丁）更接近文学，而埃雷拉则近乎痴呆。"

10月21日，星期五。 我讲起德利娅·因赫涅罗斯小时候，有一次去市场买钢笔，

1　参见短篇故事《人种志学家》(*El etnógrafo*, 1960)。
2　比如：G·阿尔沃诺斯的《艾维塔》(*Evita*, 1953), L·德·加西亚的《小工人》(*Obreritos*, 1954), Á.古铁雷斯·布埃诺的《特权者》(*Privilegiados*, 1954) 等等。9月20日，庇隆被"解放者革命"推翻。
3　出自《博尔赫斯全集》散文卷（上）《市郊之歌》一文中的脚注1。——译者注
4　这是《小男孩》(*El nene*) 中练习里的其中一个例句，这个练习是让孩子通过调换斜体词语的字母顺序，找到合适的词填空，句子是："我的修女(monja)姨妈不喜欢＿＿＿＿。"（第32单元）

人家问她要八十分,结果她哭了,因为太贵了,于是对方降价降到七十分,为了表示满意,她付了一比索,还告诉他们不用找了。

11月12日,星期六。 提到所谓令人警觉的时刻,就是我们都开始怀疑那个刚刚介绍给我们的绝顶聪明人,其实是一个非常令人讨厌的人的时候。

11月29日,星期二。 讲到海涅。他把他和王尔德作了一番比较,说海涅身上有一种犹太少年的精明劲儿。他想起海涅皈依基督教的理由:"当我健壮的像酒神巴科的时候,总是嘲笑所有信奉某一神明的信仰;如今我是个老犹太人了,贫病交加,和青年时期崇尚的泛神论相比,我反而在那种信仰中找到了更多无法言明的安慰。"他讲道:"虽然这些理由对于基督教来说不够体面,但毫无疑问都发自肺腑(不仅是肺腑之言,还带着一点忧伤的讽刺口吻)。"

12月7日,星期三。 我在哈特利的《完美女人》中读到一个还不赖的句子:"当然,我当时并不是对她念念不忘,而是她的处境,这就是我们作家一般倾向于思考问题的方式。"我和博尔赫斯聊起这句话,他答道:"马塞多尼奥曾经说过:'咳,人们迷恋的不过是当时的情景,并非迷恋女人。'"

12月10日,星期六。 博尔赫斯说他大致浏览了一部1954年版的《阿根廷文学史》,是文化部长德尔·奥罗·迈尼的私人秘书写的。当作者写到近现代的时候,他明确表示,为了避免触及"令人恼火的多元主义",他会谈及一位运用纯正语言的独特作家(在他的用语中包含了很多构成合理的新词,比如"庇隆主义"):胡安·多明戈·庇隆。

12月15日,星期四。 古斯塔沃·卡萨雷斯、阿莉西亚·胡拉多和博尔赫斯在马列亚夫妇家中吃饭。古斯塔沃赞美西班牙说:"多奢靡!又多贫苦啊!以前在一个不知道叫什么的镇子的教堂里,都能看到祭坛上的银饰和圣母的金冠,而当你走出去的时候……真是太惨了!百姓并没有变:还是埃尔·格列柯的那个年代。消瘦的教士,穿着黑袍,后面跟着一个红袍神父,接着是几个侍童。还能看到委拉斯凯兹画中的侏儒和侍女(如今在西班牙也到处都是):都是些面目可怖的卡西莫多。教会势力惊人:他们把人民攥在手里,什么事都要插一脚,中饱私囊,连肠子里塞的都是钱。"博尔赫斯:"教会对恐怖的事如数家珍,好像那些事是善举和美德一样。"埃莱娜·马列亚:"他们让玛利亚·埃莱娜·沃尔什羞愧难当,因为她脱掉了裤子。一个民族能这样保留住他们的民族性真是奇迹。"博尔赫斯:"在爱斯基摩人当中,他肯定也能发现更多偏见。"埃莱娜:"您别跟我提爱斯基摩人,他们生活在那么冷的地方——嘶——我特别怕冷。"于是我们谈到了未来可能生活的地方,我说有英国、法国、意大利、瑞士、西班牙,博尔赫斯也表示喜欢住在英国、瑞士和西班牙,但又补了一句:"可谁能在布宜诺斯艾利斯以外的地方生活呢?"

12月24日,星期六。 我和博尔赫斯、西尔维娜还有我父亲喝了香槟,一同举杯庆祝,还吃了圣诞蛋糕。于是,博尔赫斯说:"这是二十世纪的美国人在完成他们的仪式感。"还说:"因为我们人数少得可怜,所以这样的仪式也显得很可怜。要是一个人独自做这些事情的话,想必更奇怪吧。"

1956年

1月2日,星期一。 博尔赫斯说:"和所有事情一样——除了那些偶有佳作的十四行诗,聚会总是以失败告终的。而仍然寄希望于筹备的聚会能顺利进行,就是与普世经验相违背。"

1月7日,星期六。 他回忆起在我那位古埃及研究专家朋友罗森瓦塞尔(布宜诺斯艾利斯劳恩网球俱乐部成员)家中的一次聚会。当时大家在谈论那个年轻人布拉沃,那个被庇隆派警察严刑拷打的人[1]。博尔赫斯:"因为他是一位共产主义者,所以无法理解一位资产阶级分子——卡里德医生——怎么能救他;因为粗鄙愚昧,所以他总是迁怒于自己无法理解的事;因为他生活放浪,所以反而记恨卡里德医生。看来,做一名殉道者远远不够。一名似乎过于羞怯的犹太青年,一晚上只说了一句话:'做一名殉道者还不够,也没有必要。'我觉得这是一句可以拿来作典型的话,这句话体现了思想的严谨。"

他提起与一位德国教师的对话,那人有一次去国立图书馆[2]看他:"这位艾萨·德·克罗兹的伟大拥护者后来跟我说,他不懂如今人们对加尔多斯的崇拜,但加尔多斯一定有什么过人之处,因为邦斯博士本人——或者叫类似的什么名字——都曾带着深深的崇敬之情谈起过加尔多斯。一切文学性的对话都是如此,总是在交锋与异见中展开。你不能再强求什么。"

---

1 1948年2月,大学生埃内斯托·马里奥·布拉沃遭绑架并被庇隆派官员严刑拷打。2月15日,因脑震荡被阿尔韦特·卡里德医生救治。
2 博尔赫斯从1955年10月起任阿根廷国立图书馆馆长。

1月11日，星期三。 今天去了德沃托疗养院，博尔赫斯在那里给一只眼睛做了"胎盘植入"手术，术后眼睛绑着绷带出院了，看不见东西。我带他回他的住处。他说："一切都过去了。在发生时就已经是过去时了。总之，在我极度疼痛和我明白自己无法再忍受这种疼痛的时候，就已经是过去时了。"

1月15日，星期日。 因为我曾经写过关于哈特利小说人物的评论，说他的人物没有巴尔扎克[1]（打个比方）的那么真切可感，于是我就和博尔赫斯列了一个更有真实感的小说人物名单。博尔赫斯把这种真实感分为内在的（比如《众生之路》里的"我"）和外在的（比如莫泊桑小说里那些读者和作者都知之甚少的人物）。比奥伊："你说的有道理，但我们所说的这些人物其实是真实存在的，就像我们会在生活中遇见的人一样。而一个我们从内在所见的人物，最终会有点接近读者。"博尔赫斯："的确，真实的人物就是那些和作者本人的外在表现不同的人。在《众生之路》中，大概没有一个激情四射的人物，因为巴特勒就不是一个狂热的人。"比奥伊："那陀思妥耶夫斯基的人物呢？真吗？"博尔赫斯："或许有些是的，但都太类似了……"比奥伊："没错，有一个人真实，他就是所有人的平均值——那就是所有人了。"博尔赫斯："切斯特顿说小说人物的语言要符合角色性格，这非常重要，而出人意料的是：当前后不一致但又能用逻辑说得通，或前后意外地统一时，真实感就有了。"

我们的名单如下：《沉船营救者》中的平克顿、乔治·道格拉斯的《带绿色百叶窗的房子》中的父亲、《献给一位诗人的挽歌》中的鞋匠、《巴济里奥表兄》中的女主角、《帕尔马修道院》中的桑塞维利纳公爵夫人和《红与黑》中的德·瑞那夫人、《印度之旅》中的印度医生和《世界上最棒的故事》中说了那句"想想吧，你可以告他们诽谤。"[2]的孟加拉人、堂吉诃德、哈姆雷特、《胜利》中的山伯格、夏洛克、李尔王（而非麦克白）、巴比特、梅瑞狄斯的《哈利·里士满历险记》中的罗伊·里士满、华生而非夏洛克·福尔摩斯，莫泊桑小说里的人物、马丁·菲耶罗、欧也妮·葛朗台、高老头、夏尔吕斯男爵、萧伯纳戏剧里的人物（《康蒂妲》中的诗人和

1　"哈特利的小说人物没有像巴尔扎克小说里的一些人物那样，或像堂吉诃德、《巴济里奥表兄》里的路易莎、司汤达的桑塞维利纳公爵夫人那么真切可感，不过他们永远是真实的。"【《完美女人》书评（*Reseña de* A Perfect Woman. 1956），1956年5月27日《国家报》】
2　"你要是把这事告诉了你的朋友们，他们会说你疯了，还会把这事登在报纸上。现在，想想吧，你可以告他们诽谤。"格里什·常德说的话。（鲁·吉卜林，短篇小说集《许多发明》（1893）中的《世界上最棒的故事》）

丈夫,《医生的窘境》中的杜贝达)、耶稣、《白衣女人》中的福斯科伯爵和瘫痪的叔叔,还有我父亲提到过的,福楼拜的《一颗纯朴的心》中的费莉西戴以及《阿马罗神父之罪》中的那个女人。

我们又谈到了接受了书中现实的真实人物:约翰逊、让·雅克·卢梭。然而我们很快发现,这种真实似乎主要是因为我们认为他们是真实的,而把历史人物和虚构人物相比较并不公平。于是我们也怀疑这些罗列出来的人物是否真实,是否是过去人们的真实写照。我认为在某些角色里,那些作家创作的人物之间或许有些相似,但他们会意识到自己的现实:比如跟吝啬鬼和小说家打交道的时候。

1月16日,星期一。 他跟我讲起玛利亚娜·格龙多纳和诺拉之间的一段对话。格龙多纳:"既然你是画家,那请告诉我,要画画的话我该画什么。"诺拉:"画你的感觉。"格龙多纳(嗔怒地说):"可我真的一丁点儿感觉都没有啊。"

博尔赫斯:"诺拉曾说,画中的人物应彼此相似。虽然有人说画家这个职业最有趣之处在于面部的创造,但画家们自己并不这么认为。"

对比亚兹莱的插画,博尔赫斯评论说它们独树一帜,完全不会让人与其他艺术家的作品相混淆,但是太丑了。

1月17日,星期二。 他讲起有一次曼努乔和他的秘书出现在他的车里,拿着一个带有烫金字标签的盒子,标签上写的是:*国立图书馆,由马努埃尔·穆希卡·莱内斯挑选并捐赠的阿根廷作家手稿,布宜诺斯艾利斯,1956*。盒子里装的是我们大家和其他一些天才,比如希里和穆雷纳的手稿。曼努乔通过信件和口头表示,他坚持认为应该在报纸上报道捐赠一事,好让大家都来效仿,这样就会有更多赠稿了。博尔赫斯:"别的捐赠关他什么事呢,不过是想让人们去谈论他自己罢了。"比奥伊:"好想法啊,如果别人效仿他的话,那国图可就到处都是像那样的赠稿了。他怎么能不知道那些手稿的价值呢?它们的价值充其量和传记作品中的一封影印的信一样,或者对于那些研究笔迹的专家来说是有用的。"博尔赫斯:"他写过好书:《偶像》就是一本。"比奥伊:"好是好,但也没那么好。他粗俗又虚荣,到处打听别人的八卦。"博尔赫斯:"后来我们一起在国图逛了一圈,曼努乔一路都很张扬。不停在说:'哎呀,这张写字台好啊,怎么不把它搬到你办公室用。这把椅子你也得带上。'他竟然还要把一幅挂画拿下来,让我也带走。我跟他说我过会儿就拿走。你想象一下,我要跑到一个员工办公室把人家的挂画摘下来挂到我自己的办公室……"

我们曾列过一个"乏味俱乐部"人选名单。有那位"他那个时代最不无聊"的人[1]，而这个俱乐部的主席是里纳尔迪尼。博尔赫斯："那些写大部头书的人最惨，必须好几个人用力推才能把他们从房间里拉出来，还不能用蛮力，要小心翼翼的。'没有比一个聪明却无聊的人更乏味的了'。但他们当中没有一个是聪明却无聊的。赫尔丘诺夫评价里纳尔迪尼，说他的写的东西像连绵不绝的毛毛雨。要想让人觉得乏味至极就不能太沉默寡言。作家阿兰布鲁或是普兰多也令人觉得无聊，但真正无聊之人的本质只有在细微之处才能察觉得到，如同一阵平静而使人困倦的微风或是一股气流。"

1月20日，星期五。 博尔赫斯："在某个西班牙城市，要举行一个不知什么公众活动。有名清洁工在佛朗哥要经过的大街上打扫卫生。有位官员走过去跟他说：'您得离开这儿，因为最高统帅要从这儿经过。''最高统帅跟我有什么关系？'清洁工回答，'我正在打扫我城市的街道呢。'他继续干活，后来什么事儿也没有。但愿这是真事。能让人感受到西班牙的尊严。"

博尔赫斯发现，在布宜诺斯艾利斯我们一刻不停地讲着场面话，而在西班牙人们说的都是现成的套话。

1月25日，星期三。 博尔赫斯："吉列尔莫曾写过一篇关于坎西诺斯-阿森斯的文章。从头至尾都能看到字里行间的憎恶。他说坎西诺斯已经被人遗忘了。说人们只记得和他同时代的作家，而不记得他。总之，在作家当中，他已经没有更多价值可言了。说他还没有放弃写作，虽然他的新作的确对他的知名度毫无增益：它们就摆在那里，可没有人注意到。他这么写是为了能被坎西诺斯读到。"比奥伊："这样评价一位仍然在世的作家太残忍了。人们不知道那是一种指摘还是什么，能怎么回应呢？跟一个人说他已经被人遗忘了或是大家都恨他，这很可怕。"

我父亲想起一个公司名，叫：上帝、奥尔特加和公司。博尔赫斯说："那这公司要跟奥尔特加一道没落了。"他说用上帝之名是一种亵渎。

我跟他提起亨伯特·沃尔夫的那句铭文诗，"在一个刻在杯子上的森林之神萨

---

[1] 暗指安德鲁·朗格【《英国文学史》(*History of English Literature*，1912)，XXXIII】，他把理查德·埃奇沃思形容为是"他那个时代最无聊的人之一"。

堤尔身上",原句出自《希腊文集》中的那些普拉努德斯铭文（第248条，由小柏拉图所写）：

> 雕刻者将潘神法乌努斯催眠，却没有把他刻完。
> 他睡在一片银海里，只消轻轻一碰就会被叫醒。[1]

博尔赫斯很喜欢，想起一句：

> 她走在美的光彩中，像夜晚。[2]

博尔赫斯："这说的一定是位小麦肤色、身材高大的女人。"

我们聊到"像布鲁盖蒂般庄严"这句话的古怪之处。他说曾听到克莱门特与奥利韦拉之间的一段对话。克莱门特："为什么要让布鲁盖蒂这个烂人进委员会？"奥利韦拉："不知道。有人举荐的。"博尔赫斯评论道："对这个'烂人'我不予评论，因为这个词就好像是对一个人的基本描述一样。"

5月1日，星期二。 他说，在门多萨，就像在图库曼、圣地亚哥德尔埃斯特罗、科尔多瓦和佩瓦霍一样，一定会看到一个青年走到某个人身边，带着紧张的神情问："难道您不觉得作家不应甘于照搬世界性的风格，而应深入探究区域性的文风吗……？"

5月22日，星期二。 我们七点去了博尔赫斯家中庆祝他母亲八十大寿。聚会上，里纳尔迪尼称赞当下的政府说："这还是头一回号召年轻人来理政。"博尔赫斯："我觉得在一个年过八十的人家中赞美年轻人、反对老年人不太妥。"

5月25日，星期五。 博尔赫斯和威尔科克在家吃饭。提到马丁内斯·埃斯特拉达在蒙得维的亚的文学杂志《前进》上发表的一篇文章，他在文中说，庇隆是我们领导人里最有智慧的，如同他的美德一样，他的缺点也成就了他的伟大，山中向导因他而消失，取而代之的是测绘员和技术人员[3]，还说没人敢向他马丁内斯·埃斯特拉

---

1 诗人指的是一个被狄奥多罗雕刻出来的睡着的森林之神。沃尔夫的版本出自诗集《推论出的肖像》(Portaits by Inference, 1934)。
2 拜伦，《她在美中穿行》(She Walks in Beauty)【《希伯来歌曲》(Hebrew Melodies), 1815】。（查良铮译）
3 庇隆曾在意大利阿尔卑斯军团接受过两年山地作战训练，曾多次在阿根廷边境山区执行巡逻任务，智利当地山区的马普切人曾作为军队的向导。由于对阿根廷和智利边境的安第斯山区十分了解，他在当地顺利组织采集了一手测绘资料，凭借这些山地经验和资料，他于1938年组建了宪兵队。——译者注

达证明他说的并不属实。[1] 博尔赫斯："证明是给那种断定二加二等于五的人来用的。没有必要去记录马丁内斯·埃斯特拉达的那些蠢话。"

博尔赫斯说"我搞错了，您不是那个朋友"（Me equivoqué, usted no es ese amigo）这句话中的"那个"（ese）用得很怪。于是我说："我们大概是把脑袋放进了猛兽的嘴里，像小时候在马戏团看到驯兽师把脑袋放在狮子口中那样。"我提醒他说这里"那个"的用法想必是法语特有的，像这句："她不是那个我们崇拜的女人（Elle n'est pas cette femme qu'on admire）。"我们走出家门的时候，我对他说，一个糟糕的诗人可能会写："灯光被关进了电梯，像鸟儿被关进了笼子"。博尔赫斯："那这么写更糟：'我们投入了街头的黑暗之中，像被投进邮筒的信'。这是什么？创造派诗歌吗？不是的话，也可能这么写：'成排的树，如同回忆'。但谨慎的诗人会这么写：'街道，是房子间的空隙'。"

5月27日，星期日。 他讲起下面几则轶事：

父亲去世时，女儿在遗体边祷告，边上陪着一位犹太女伴。另一个女儿来了，是个作家（苏尔大概会称之为 escritöra[2]）和反犹分子，她见了那位犹太女伴，便怒了："你又为了什么而祷告？你觉得上帝会听到你的祷告吗？你应该跟猪祷告。"博尔赫斯说："或许是因为他们不吃火腿，所以有些人会认为犹太人崇拜的对象是个猪头。就像犹太人以前一直认为第一批基督徒崇拜的是头驴或是驴脑袋。"

有位阿尔米德夫人，整首整首地剽窃已被人们遗忘的（当她看《费加罗文学周刊》的时候，还感叹说，哎，也没抄那么多嘛）作家安德烈·拉丰的诗作。她书里的五十三首诗中，有三十五首都是拉丰写的。有些诗，她只替换了一个单词而已，比如把"阴道"换成"狗"，而这些改动有时会破坏诗句的格律。那阿尔米德夫人剩下的诗又是出自谁手呢？《费加罗文学周刊》的记者对此并未有任何报道。

---

1 《庇隆主义的继承者与执行者》（Sucesores y albaceas del peronismo）【《前进》，蒙得维的亚，1956年3月23日】。博尔赫斯在1956年6月4日的杂志《行动》（Acción）上发文回应，他在文中表示："我认为马丁内斯·埃斯特拉达的言论很恶劣 [...]，他做过相关讲座，还发表过间接颂扬庇隆的诸多文章。"
2 "苏尔 [...] 说应该发明一种书写符号来指代一段文字中带有讽刺意味的人物。我建议在单词的重读元音上加分读符号来指射那些不名副其实的事物：escritör, pensadör, filösofo。"【比奥伊·卡萨雷斯，《行者的休憩》（Descanso de caminantes），南美出版社，2001：428】

5月29日，星期二。 我跟博尔赫斯聊起我可能要为《七星大百科全书》写书评[1]，他说赫胥黎曾经旅行的时候就带着一本百科全书——第十一版《不列颠百科全书》。[2]

他说他在文学研究所并不快乐：他喜欢写文章来抨击他们。还喜欢写捍卫西班牙语的文章，说西班牙语无疑会是全球化的语言，说用西语写作的人一定会为此感到欣慰，但各研究院阻碍了西语的扩张，因为他们维护的是一种陈旧的语言及其方言、习语和谚语。

6月3日，星期日。 关于社会上的人，尤其是乌拉圭人，博尔赫斯这样评价："人们总是假装他们所处的世界很真实。这是一种假象，但布宜诺斯艾利斯比蒙得维的亚要真实一些，因为在蒙得维的亚，他们的堂表兄妹和近亲属于另一个社会阶层，衣着档次也非常不同。乌拉圭人的活动空间相对较小，马上就要跑到未开垦的荒地上去了。"

6月12日，星期二。 朱斯蒂曾跟他说："我对枪决表示遗憾。[3] 谁知道墨西哥那边会怎么想呢。"博尔赫斯对此表示："这是历史舞台上的演绎罢了。跟墨西哥那边怎么想有什么关系呢。该做的公义之事还是要做。"

他谈到梅内德斯·伊·佩拉约的美学理论，觉得很对。博尔赫斯："批评家们都认为想出一条寓意就一定能写出一则寓言故事。而由于梅内德斯·伊·佩拉约曾写过诗，所以一直明白'内容和形式不可分'的道理，即寓意和寓言是相辅相成的。他懂得文学为思想观念服务是错误的，即承诺文学（literatura engagée）[4]和一切相关

---

1 《七星大百科全书文学史卷书评》(Reseña de Encyclopédie de la Pléiade; Historie des Littératures, 1956)（1956年8月12日《国家报》）。
2 博尔赫斯在《家庭》杂志（1938年第1509期）中写道，据斯温纳顿《格鲁吉亚文坛》(The Georgian Literary Scene, 1938)，第十六章，第二部分 说，胥赫黎"是我听说过的唯一一个奇人 [...] 他出发去环游世界的时候，给自己的《不列颠百科全书》特别定制了一个包装盒"。然而胥赫黎自己却说，他旅行的时候只会带第十二版半尺寸本中的一卷（三十二卷中的任意一卷都行）《适合陪伴旅行的书》(Books for the Journey)，收录于《在路上》(Along the Road, 1925)。
3 6月9日，由退伍将军胡安·何塞·巴列和劳尔·坦科领导的国家恢复运动拿下了拉普拉塔第七步兵团和圣罗莎（拉潘帕省）的总兵营。但6月10日，由于孤立无援，起义军投降。27名起义军人被枪决，其中包括巴列本人。
4 又称为社会诗歌（poesía social），是发起于西班牙内战后20世纪50年代的诗歌运动。诗人们使现实主义美学进一步深化，使诗歌具有鲜明的政治色彩，将诗歌作为改造世界的工具。——译者注

的主张。至于他诗歌中的共通之处，他那样写是因为他觉得自己在捍卫一个好的传统，他不寻求任何新东西，而是在保护那些濒临消失的东西。他活在一个糟糕的年代，当然，每个人都会被他所处的时代和国家所限定。他痴迷于官方的、数据化的、爱国的甚至民族主义的主题：仿佛是一具空壳，随时准备被填满。"比奥伊："话虽如此，但他的《西班牙美学思想史》所探讨的主题还是很有意思的：悉数盘点了一系列美学思想，虽然有些地方流于表面。"博尔赫斯："但把其他地方的美学思想说成是西班牙的就不妥了：其实书名应该是《有美学思想的国家的美学思想史》，不过当然了，一切都应该以自己的利益为出发点。"我问他，他作为诗人是不是并没有比作为批评家优秀，是不是他没有一页评论写得比他那首《致贺拉斯的信》以及为了赠予家乡友人们自己的藏书而写给他们的书信体诗要好。[1] 在这一点上，博尔赫斯表示赞同。

他说米格尔·阿蒂加斯写的关于梅内德斯·伊·佩拉约的那本书都是瞎编的：比如，说什么他对读过的书能过目不忘，说他知道马德里国立图书馆里的每本书摆放的位置，说他左右眼能同时读两页不同的内容。[2] 博尔赫斯："那他也有两个脑子吗？难道他是在暗示他有精神分裂症吗？他写得好像他毫无个人生活可言。把一副好身体和好条件都用在了工作、写作和读书上。写好几卷的巨著都不知疲倦。而最终在五十几岁因筋疲力尽和缺乏锻炼而死，死前还在惋惜没能继续把自己的书写完。"

6月14日，星期四。 比奥伊："我发现今天人们开始寻找政治事件的社会动因了，但这类事件一般是智力行为的表现且相当吊诡，我不认为总能用社会因素来解释。过去人们大概会把那些事件解释成是个体行为造成的：那些个体富可敌国，不可预估，能接受随机和偶然。我觉得用个体行为来解释更接近真相。"博尔赫斯："那些社会原因都是臆想出来的，当然那些个体也是，只是幻想的程度小一些。"比奥伊："真是不可思议，所有人竟然都能接受有点幻想成分的原因，并很自然地去用它

---

1 《致桑坦德友人书》（1879）。
2 米格尔·阿蒂加斯·费兰多（1887—1947）并不支持这种观点，还抨击说："个别读者觉得被骗是很有可能的……他一定会问，这个独一无二的怪人梅内德斯·伊·佩拉约在哪儿？也一定会问到那些反复被提起、经常听到的、令人啧啧称奇的传闻，比如他记得国立图书馆每一本书的位置，比如他两只眼睛能同时分别阅读一本书里不同的两页，并能清楚记得某个句子在哪页哪行……这都是真的，但也许前人的描述会使传说和奇迹的光环消失不见……"【《梅内德斯·伊·佩拉约》（*Menéndez y Pelayo*），桑坦德：阿尔杜斯出版社，1927：225】

去自圆其说，而拒绝相信那些更简单的原因。"

6月18日，星期一。 晚上博尔赫斯、威尔科克、佩罗和两个男同性恋在家中吃饭，他们是《飓风》杂志的总编罗德里格斯·费奥和编辑部秘书比尔希略·皮涅拉。罗德里格斯·费奥有钱，没有他朋友那么文艺，更像社会上的青年，外貌上有点像奥克塔维奥·帕斯。皮涅拉很瘦，脑袋像伞柄上面颊瘦削的狗头，有点假正经，很沉默，甚至有点阴郁，但也不至于在谈话当中像样的话都说不出来。他俩的嗓音非常特殊，语调阴柔。他们若是一对儿的话，皮涅拉想必一定会因罗德里格斯·费奥的名气和不忠而吃尽苦头。

博尔赫斯马上拿出了名人的样子，先聊了起来。谈起他在哲学与文学系他上得最满意的几堂课。说在上课的时候要比做讲座的时候更感到自己德艺双馨，觉得受到了重视：因为听众没那么浮躁，没那么随意。比如有一天，当他讲到关于长矛的比喻复合辞[1]"海盗的月亮的龙"时，一个女生屏息凝神地听着，还小声惊呼了一下。他坚持认为我应该做些公开讲座。比奥伊："我并不是一个虚荣心很强的人，通过写作我也能得到同样的重视，干嘛要找几天不痛快呢？前几日的讲座对我来说简直是折磨：我像病了似的，又好像鼻子上冒了一个很痛的痘痘。如果我跟朋友在一起的时候都几乎不能讲话的话……"博尔赫斯："但对话不一样，谈话中的每个人都会为了能说话而试图剥夺沉默的时间。而在讲座或课堂上你有一群听话的听众，能够容忍你作为那个说话的人。"

我们聊到几位以孤陋寡闻著称的阿根廷作家：纳莱·罗斯洛、罗哈斯·帕斯和莫利纳里。他们除了某首诗歌或相互之间某人对某人的评论文章以外，什么都没读过。也从来不读小说。威尔科克："萨瓦托读完《罪与罚》的时候，他把这事儿跟所有人都讲了一遍。"博尔赫斯："莫利纳里是个只会模仿别人的蠢货。在科伦坡印刷厂印制的那些诗集的其中一本里[2]，每五行就标上一个数字。我曾问过他为什么标数字。他说经典诗人都那么做过，还声称在自己的一本装帧精美、由雷耶斯作注的贡戈拉诗集中，每页边缘都有这样的数字标记。但莫利纳里并没有发现那些诗句旁的数字是和脚注相关的，他一直以为是贡戈拉本人在给诗行编号。他本可以回答说：

---

1 博尔赫斯自创的西语单词，词根是英语 kenning（比喻）。即由两个及以上名词组成的复合名词，形成一个浓缩比喻。——译者注
2 在1929到1939年间，他在科伦坡印刷厂印制了17本诗集，包括《鱼和苹果》(*El pez y la manzana*，1929)、《颂歌》(*Panegírico*，1930) 等。

'要是有人想评论我的诗作的话，那这回每行都编好号了。'可实际上，他一直以为那些数字是印刷排版用的装饰标记。"

皮涅拉说洛夫克拉夫特比布雷德伯里高级，称他是这个时代的爱伦·坡。博尔赫斯之后想必会说："洛夫克拉夫特并不比他们二人中的任何一位高级，反而很廉价。即便有所谓这个时代的爱伦·坡或陀思妥耶夫斯基，他们也并不是模仿或追求与爱伦·坡和陀思妥耶夫斯基相似的作家。他们必须是独一无二的，不是任何人的翻版。顺带说一句，萨瓦托仅凭《隧道》这一部小说，并不能被称为陀思妥耶夫斯基第二。"

6月20日，星期三。　　他告诉我，明天想用我们近来谈及的一个主题写一篇文章：所有人，无论是在行动中还是在个人生活里，都相信自由意志，人们把政治事件理解为遵从遥远的、抽象动因的事件。在《圣经》里能找到更多真相，书中明确提及了人性之恶。[1] 远因机制使人们对恶人更宽容，而对并不太坏的人更严苛。所有事情都从很远的地方观察，好像评论者是从月亮上了解布宜诺斯艾利斯发生的一切的。博尔赫斯："就像卢贡内斯说的，真理不一定在半途，不一定与两头都是等距的。生活中我们并没有像相信这个理论一样行动。庇隆的动机在他自己身上比在近些年的阿根廷政治上表现得更突出。因为他就像自己也倒台了一样：比如，他会因为胆小飞快逃上巴拉圭的炮艇避难，等等。"

6月27日，星期三。　　他跟我提起阿德利娜·德·卡里尔有关吉拉尔德斯的讲座："吉拉尔德斯多年来一直在卡片上记录各种各样的蠢话。比如，'诗歌就是健康'。或是《玻璃铃铛》是一本对着空气发火的书'。在其中一张卡片上，他抨击了十四行诗：'写十四行诗的人都有个模子，不管是什么主题，他们总能做出自己的布丁：十四行诗'。他为什么没有看出十四行诗是一种相当值得尊崇的发明，因为它让不同时代的人们创造出了像克维多、魏尔伦、但丁、罗塞蒂的诗歌那样如此与众不同的作品。如果他从来都作不出一首十四行诗，他当然不会喜欢。别的作家写的十四行诗都比吉拉尔德斯的自由体诗或他那些小卡片上的东西通顺。吉拉尔德斯的风格最显著的特征就是笨拙，磕磕绊绊。总是很难看，从来不吸引人。他坚称自己是一个生不逢时的人。但人们不去读他的作品不是因为他格格不入——也有其他格格不入的作家——而是因为他的书没什么价值。你想想他在《堂塞贡多》之前写的

---

[1] 《创世纪》，6：5。

书。"比奥伊："倘若一个人把名声寄托在那些经不起检验的书上，那他一定要担心死了。然而吉拉尔德斯的书就属于那类，它们被频频引用，毫不害臊，然后也没怎么样：名声依旧还在。"博尔赫斯："但人们也没那么傻。他们也不谴责吉拉尔德斯什么，但只会读他的《堂塞贡多》而已。他的其他书卖不出去。《堂塞贡多》是一本未开化的书，文风笨拙，又带着心高气傲。我从来没把整本读完过。《堂塞贡多》出版后，吉拉尔德斯疯了一样。满脑子想的都是他这本书。甚至写下了那些关于他的自豪与气魄一类的诗。《堂塞贡多》初获成功，吉拉尔德斯便开始贬低《马丁·菲耶罗》，说'高乔人可不是如此'云云。在《堂塞贡多》里有句话可以印证：他说主人公不想做马丁·菲耶罗式的人物，不想做一个武装队眼里到处逃窜的犯人。[1]"比奥伊："指责他从武装队逃跑，我觉得不公平。"博尔赫斯："这是当然。但他还能做什么呢？如今，如果堂塞贡多是他能创造出的最值得尊敬的人，那他走不长远。"比奥伊："他什么都写不出。堂塞贡多这个人物要跟着他的名字一起成为过去的……"博尔赫斯："没有一章能让他鲜活起来。"比奥伊："作为长篇或短篇小说家，吉拉尔德斯毫无天赋可言。作为诗人，他也没有天分。"博尔赫斯："作为诗人，他糟糕透了……"

我们读了卡普德维拉的诗作。读了那本蠢话连篇的诗集《盛放的秋天》（每次题目里出现"女孩"这个词，大家马上就明白这首诗一定和女性贞洁有关了，这诗太肤浅）。很多诗歌对强加的东西不做任何回应。它们的灵感好像都来自于像这样的理由："我们来看看能怎么形容大山呢？它们因为已经存活很久了，所以知道很多，但它们不能说话。而云会在天上写下大山能读的故事……"这种理由多到令人作呕。我们还读了卡普德维拉的《圣联邦谣曲集》。其中有一首《关于那些不幸的战役》，涉及贝龙·德·阿斯特拉达的部分写得还不错：

贝龙·德·阿斯特拉达，
反对暴君第一人，
投身于科连特斯省的广阔土地
指挥他的军队作战……

但随后在写到自由南方革命党人的小节里，他用了几个押 s 韵的韵脚，把诗歌整体都破坏掉了：

---

[1] 《堂塞贡多·松布拉》（1926），XXV。

因此在被叫作

安达卢西亚人的小酒馆里，

有天晚上

一个满面通红的罗萨斯拥护者

和几个来自阿苏尔的高乔人

谈论起南方革命

［…］

红脸的

在昏暗的灯光下笑了，

高兴地说：

"查斯科穆斯一战……就是个笑话！"

［…］

因为我们曾经的嘲弄，

他们终于可以打起穆斯纸牌了。

他们基本吵不起来

只知道……突然一下子！

博尔赫斯："这首谣曲想必是用克里奥尔人的口吻写的。这人想做科尔多瓦人[1]或西班牙人，但不知站在谁的一边好，对谁都不恼火……"

6月29日，星期五。 博尔赫斯和威尔科克在家吃饭。威尔科克带了一本新晋诗人选集的原稿过来。"你可别把文集弄丢了。"他提醒道，"要么丢了也行。我跟你说别弄丢了是因为我有那种保存没用的东西的习惯，比如旧鞋子什么的。那些诗实在糟透了，这本书很丢人。"

饭后，博尔赫斯和我开始读诗，读威尔科克还没编辑好的那本集子、几位年轻诗人阿尔马尼、阿吉雷、卡斯蒂利亚等人的诗集，还有卢贡内斯的《干河谣曲集》。当我读到《虎人》里的这一节时：

而我会把这个名单写完，

以免不知节制，

和弗罗伊兰·蒙特内格罗先生一起，

---

1 这里指卡普德维拉的故乡，阿根廷的科尔多瓦省。

因为他懂得引用法律条文……

博尔赫斯说:"这种谣曲用那样的韵不太妥,它们好像是从那首《伤感的月历》里跑出来的一样。"

然后我们读了那些年轻诗人的诗。简直是灾难。我们和博尔赫斯都说,我们以前一直认为过去让文学和艺术深受其扰的蠢事,在那一场战争后,如今还在继续困扰着艺术,然而并非如此,这些小年轻完全就是"二七一代"里那些令人不适的极端派分子。博尔赫斯:"每个人都想象其他诗人是像吉多·伊·斯帕诺那样写诗的。每个人都认为自己别具一格。"比奥伊:"会有人一边心里想着'凭借这些诗大概就能赚得盆满钵满了'一边讲诗吗?即便不是如此,促使他们写诗的动机也没好到哪里去:是惶惑,是虚荣。"

他们其中一人,劳尔·古斯塔沃·阿吉雷的诗是这样的:

她的名字已丢失
愕然等候着什么
在她的左边
在空旷的天空之后她是如何
仍在远处焦灼地期盼

钟声里她多无言多孤单
这杯酒对她来说太迟
高挑的她赤着脚,并无饥渴
在海洋远古的未来里她来得太短。[1]

这本诗集(《地平线的身体》)里还有一节来自他们这个蠢话帮里的另一人,豪尔赫·恩里克·莫比利:

祖辈们已无关紧要
曾为他们带来荣耀的、生锈的卡宾枪也不重要。
你大声呼喊吧,让地平线从
一棵树那里开启。

---

1 《地平线的身体》(*Cuerpo del horizonte*,1951),III。

阿门，阿门，谢天谢地。博尔赫斯："这几首诗里没有一丝古怪的地方。不过有点温和的反常。"

6月30日，星期六。 博尔赫斯说，能分出两种把书写烂的方式。一种是由无足轻重的疏忽引起的，比如很多哲学或科学题材的书的写作方式。而另一种是由作者的恶趣味导致的，比如奥尔特加·伊·加塞特把普罗旺斯爱情法庭[1]上的女性称为"传播文明的雌性"。[2] 博尔赫斯："为什么用'雌性'？为什么说是'传播文明的'？他是想展示自己在词源学方面的学识吧。巴罗哈说，他'奥尔特加'的部分还好，'加塞特'的部分太加泰罗尼亚了，所以他对带有'奥尔特加·伊·加塞特'签名的产品都不怎么信任。"

博尔赫斯："描写性诗歌难作。布法诺用诗歌描绘库约地区是因为那就是他目之所见，也因为他想不出别的什么。实际上他所见到的并没有给他任何启发。这类诗歌也不是为他而存在的。而费尔南德斯·莫雷诺则不同，他在任何细微之处都能捕捉到一点东西，因此他的描写性诗歌写得好。"

7月11日，星期三。 博尔赫斯、甘农和比安科在家吃饭。甘农带了一个小手提箱，里面装的是跟王尔德"九十年代"相关的那批人的稀奇玩意儿，比如一本桑威奇勋爵儿子的女友写的诗集，此女后来和王尔德的密友——道格拉斯勋爵——结婚了。[3] 就好像在给某个不超过五十岁的哥伦比亚人展示阿德拉·格龙多纳某本书的第一版。博尔赫斯觉得实在无聊，对我说："毕尔邦的重要地位被人们夸大了。他做过什么呢？不过写了一本还不错的短篇小说《伊诺克·索姆斯》而已，但要是让吉卜林来写，能写得更好……"比奥伊："我不这么认为。"博尔赫斯："……《朱莱卡·多卜生》这部长篇有几页写得很好，也有很多蹩脚的笑话。那类笑话要想不彻底冷场就必须要写得有趣。"

我们聊到了卡林顿[4]笔下的吉卜林传。博尔赫斯："那本书写得太伤感了。"比奥

---

1 爱情法庭存在于12至14世纪之间的普罗旺斯和加泰罗尼亚，由一些淑女和绅士组成，用以解决游吟诗人之间的纠纷，以及有关男子向女子献殷勤和一切有关爱情的问题。——译者注
2 《从弗朗切斯卡到贝亚特丽丝》（1924）中为维多利亚·奥坎波写的跋。
3 奥利芙·艾莉诺·卡斯坦斯（1874—1944），《猫眼石》（*Opals*，1897）和《彩虹》（*Rainbows*，1902）的作者。
4 查尔斯·卡林顿，《鲁德亚德·吉卜林：他的一生及其作品》（*Rudyard Kipling: His Life and Work*，1956）。比奥伊在1956年10月7日的《国家报》上为该书写过书评。

伊:"吉卜林有理由不愿谈及。发现对于如此巨大的不公——就像那些针对吉卜林的批评家所面对的不公一样——竟然有理由开脱,这太让人伤心了。"博尔赫斯:"当然了。因为他们从书背后看到了那个人,这才更重要。"比奥伊:"至少对于和他同时代的作家来说是那样。"

7月13日,星期五。 我们在编辑新版的《阿根廷诗歌选》。我读起了里卡多·莫利纳里的一首诗,当读到这句的时候:

当我已消失不见且纯洁无瑕的时候……[1]

博尔赫斯评论道:"这写的是哪里的黑话吗?!这位知名诗人的好诗也太少了,无奈之下我们竟然要选一首有这么一句诗的作品。"博尔赫斯说,我们应该在脚注里写明"已经收到提醒的读者会从第三节开始阅读"。

7月22日,星期日。 博尔赫斯:"一次聚会上,那位有同性恋倾向的蹩脚作家贡布罗维奇伯爵宣称:'我要吟诗一首。五分钟之内无人做出第二首的话,那各位就必须得承认我是布宜诺斯艾利斯最伟大的诗人了。'他朗诵道:

咯咯,我一边招呼那荡妇

(诙谐幽默,不失嘲讽的意味,因为'咯咯'是召唤母鸡时喊的。)

一边给那老富翁复述

(这部分是描写。这句的意思不是说"在模仿老富翁说话"而是"在打字机上把老富翁说的话打下来"。)

啊,英格兰国王万岁!

(音韵上像打响板。是爱国者激动的呐喊)

你丈夫的名字叫做费德里科。

(亚里士多德式的结局)

科尔多瓦·伊图武鲁试图朗诵点什么,但没找到诗稿。贡布罗维奇便宣布自己就是诗圣。沃利·泽纳的丈夫,阿根廷激进倾向力量的忠实拥趸,气得发抖,几乎

---

[1] 《拉普拉塔河畔的十一月颂歌》(*Oda al mes de noviembre junto al Río de la Plata*)【诗集《宾客与忧伤》(*El huésped y la melancolía*),1946】。

要骂出来。"

博尔赫斯:"萧伯纳过世时,人们发现在他之前去世不久的威尔斯留下了一篇关于萧伯纳的讣文。大家都说那篇文章非常卑劣地攻击了萧伯纳。写抨击文章等你的一生挚友死后再发表。你发现这有多可怕了吗?这件事在英国引起的反响和人们对威尔斯的预期印象正好相反:威尔斯形象大败,而萧伯纳没有。但你不觉得奇怪吗?一个一辈子都在琢磨人物行为的小说家竟然犯了那种错误。"比奥伊:"唯一需要知道的就是那篇文章是否真的写得那么刻薄。这件事毫无疑问是非常卑鄙的,但我觉得在读那篇文章前无从评判。"

7月24日,星期二。 我们聊到了旅行时一个人在黎明拂晓间见到的城市。我们俩都很喜欢那个时刻的风景。博尔赫斯:"当它们出现的时候,便已成为回忆。我们知道那样的情形转瞬即逝。"比奥伊:"在那些对旅行中清晨的回忆中总有一点史诗般的色彩。就算是昨天刚发生的事,我们也会像老者一般,说:'在我那些伟大的旅途中……'还有很神奇的一点:我们在晨曦的奇特光辉下看到的城市总是或多或少有点陌生。清晨中的城市会有些许变化,有点陌生。"

他跟我提起卢贡内斯《怪力》里的故事:"我很激动地读完了《阿布德拉的马》《猩猩伊苏尔》和《火雨》。其他几篇很糟糕,写得很随便。比如在《后音乐》这篇中,一个人进入了他的一位朋友家中,是他每周六都会去的地方。卢贡内斯写道:'他经过一个院子,走进一间卧室。'为什么是'一间'卧室?如果他很熟悉那栋房子的话,应该是'那间'卧室。还有比如小说人物正在聊天,很明显是在家中,结果突然有个人坐有轨电车走了。这就好像我现在在我们这间饭厅里上了一辆电车。为了不让读者发现故事里卢贡内斯在阐释自己的某个理论,小说中的人物一直被安排喝咖啡、点香烟,就好像他们在做事时无法同时说话一样。"

7月31日,星期二。 他跟我提起本应收录在《西班牙趣闻》里的一则故事,是关于拉戈斯先生的,说有个小心谨慎的人劝他放弃游历法国的大胆念头,因为他说那儿的人很可能会叫他"拉戈斯博物馆",而几年后等他回国的时候,恐怕就会有个"蝙蝠"的外号了。[1]

博尔赫斯:"阿根廷文学院要任命主席了。但我一点也不喜欢西班牙文学院。

---

1 法语的"拉戈斯先生"(monsieur Lagos)与"拉戈斯博物馆"(Musié Lagós)听上去很像,而"拉戈斯博物馆"的发音又与西班牙语中"蝙蝠"(murciélago)一词近似。——译者注

跟那帮人成不了什么事。阿根廷文学院为什么要从属于已经毫无声望可言的西班牙文学院呢？本应独立出来的。跟那里面的人一道，一事无成。你我不是那种喜欢到处搞运动的人，我们更喜闲适。他们本该去找些激进分子：比如萨瓦托或是马丁内斯·埃斯特拉达。阿根廷有反对西班牙文学院的传统：古铁雷斯就曾写文抨击过。[1]"

厌倦了美国大学校园生活的安德森·因伯特曾告诉他，每当和学生交谈的时候，授课的时候，语言便沦为娼妓。博尔赫斯："'沦为娼妓'一词那样用，正是一个出卖语言节操的例子。安德森·因伯特想必认为应该用精准的词语来写作，让语言没有丝毫累赘。但他不知道，比精准更重要的是：一，让自己被别人理解；二，讲述的语气口吻。很多时候我发现，使用某些约定俗成的习语会让语言更通俗易懂。"比奥伊："因为习语和俗语本身就带有语气。如果过度使用习语，写作的口吻会变得令人反感。但完全不用的话，又会没有腔调。"

8月7日，星期二。 博尔赫斯跟我提起安德森·因伯特关于美国批评界的言论。有教授和批评家把（兰波的）元音理论[2]相当当回事，并着手统计（柯勒律治的）《克丽斯塔贝尔》、（安德鲁·马维尔的）《致他羞怯的情人》以及致查普曼的那首十四行诗[3]中的元音，定义哪些属于明亮色系，哪些属于暗色系。而新批评学派不承认这种美学观点。也不乏丹纳的门生，他们认为诗歌是时代环境造就的必然结果。博尔赫斯："如果这种理论管用的话，那为什么诗歌本身不预言一下自己会在六年内被写出来呢？预见那些一定会在短期内产生影响的环境背景想必要比探究在300年前影响了《堂吉诃德》的大环境容易得多。但并非如此，虽然他们坚称作品是时代环境造成的必然结果，但他们并不愿意从分析背景走向分析作品本身。只要给出一部知名作品（结果），他们就会开始大胆验证那本书是在那样的环境（原因）下诞生的。"

博尔赫斯坚持认为，不仅是《圣经》，《伊利亚特》《奥德赛》《埃涅阿斯纪》

---

1 胡安·玛利亚·古铁雷斯，《一名布宜诺斯艾利斯市人致西班牙文学院秘书长先生的一封信》(*Carta de un porteño al señor secretario de la Academia Española*)【《一名布宜诺斯艾利斯市人的信》(*Cartas de un porteño*)，1876】。
2 兰波在其十四行诗《元音》(*Voyelles*，c. 1872)中对此做过阐述，而他在《字底炼金术》(*Achimie du Verbe*)【《地狱中的一季》(*Un Saison en enfer*，1873)】中提到过这一理论的构成。（在《元音》一诗中，兰波表现了色彩与元音字母之间的通感关系。——译者注）
3 J·济慈，《初读查普曼译荷马有感》(*On First Looking into Chapman's Homer*)【《十四行诗选》(*Sonnets*，1817)】。

《神曲》和《堂吉诃德》这些名字都应该直接写出来，不应被加上书名号。把这些标题加上书名号对他来说是多此一举。他曾多次提到："《神曲》（*Divina Comedia*）这两个单词的首字母大写是因为没有用下划线突出出来。"

8月10日，星期五。 博尔赫斯："艾略特的风格令人恼火。他总是说点什么之后马上用一个'或许'或一句'我认为'来冲淡这句话的肯定语气，或者说他发现有些情况下，反话才是对的，他很在意这一点。有时我会觉得他这么做是为了凑字数，因为必须要写成一篇文章才行。"比奥伊："我认为他这么做是因为害怕说话时过度暴露自己的想法，所以宁愿语焉不详一点。至少我有时候也会犯这样的毛病，但依我看，作者应做出更为大胆的论断，相信读者早晚会明白，不是所有东西都要按作者字面写出来的意思去理解，读者的质疑对作者也有助益。出于清晰和简洁明了的考量，有时应该拾起那份敢于肯定的勇气。"博尔赫斯："歌德曾说，像'大概''也许''我觉得''要是我没搞错的话'那种话，在所有文本中都无须言明，读者可以直接把那些词语安排在他们认为合适的地方；他说他写东西一向轻松，完全不需要把那些词写出来。"

我告诉他，雷耶斯曾有篇关于古尔蒙的文章令我很诧异[1]，文中他通过这一标准来检验古尔蒙：他谈及西班牙的次数，是褒还是贬，语气肯定还是模糊。这样的文章并不犯法，雷耶斯也没有想以此试图攻击或夸赞古尔蒙，但它仍不失为一种检验方法，而且我们都明白，如果证实了古尔蒙曾理智清醒并带有敬仰之情地谈论过西班牙，对他本人来说也有好处。博尔赫斯："在一篇关于歌德的文章里，雷耶斯做过一个关于他提及美洲的次数的统计。在有些场合，他只是说：'歌德曾冒过一些很奇怪的话，但不管怎样，那都证明了他还是一直想着美洲的。'而他并不敢把歌德那些离谱的话记下来。"

他觉得，奥利韦拉和其他几位教授上的仅探讨一位作家的所谓"集训"班有问题，这门课的授课对象是系里那些不会英语和可能不会再研究英国文学的学生。博尔赫斯："我通常都会试着给他们讲八到十位不同时期的代表作家，这样学生会有一个总体概念。而奥利韦拉今年选的是狄更斯。但从来都不应该只选一位小说家。因为小说是用来消遣的，它们只是间接地把作者跟文学的剩余部分联结在一起。如果

---

[1]《雷米·德·古尔蒙和西班牙语》（*Remy de Gourmont y la lengua española*）【《共感与分歧》（*Simpatías y diferencias*，1945）】。

只能选一个作家的话,我会选择约翰逊,因为他写过《英国诗人列传》,写过与莎士比亚有关的序言,还为《英语大辞典》作过序。"他评论起约翰逊的一句话:"粗俗传奇故事的作者以往都是通过一个巨人和一个矮人的奇特经历来刺激读者看下去。"[1] "他写下'刺激'的时候,意识到这个词很奇怪了吗?还是一边自嘲一边写的?亦或是纯粹出于恼火呢?"他问道。

  他说,在阿根廷文学界,大概没有谁的声誉比卡普德维拉的还糟糕。博尔赫斯:"他的书在省城里还有读者。他的肤浅把自己坑了。"比奥伊:"是啊,人们知道随便什么题材他都能拿来写、拿来作诗。他说的话看似冷淡,还是会被视作一种善意。他就喜欢这样:说些表面亲切、实则自己并不怎么相信的话。"博尔赫斯:"或许是他写的太多了。"比奥伊:"他要是能活一百岁,那到时候哪儿都发表不了他的东西了。他好像和马列亚正相反,马列亚只要还坚持写他那些艰涩难懂的小说,就还会被人记得。他只要活着,就还会是个有点知名度的作家。但死后便会像铅块一样,坠入遗忘之海。谁敢再版他的小说呢?没人敢。萨瓦托死后也会不留一丝痕迹。他的情况很有意思:作品很少,而仅有的那点东西就已经够俗的了,让我们不堪重负。"博尔赫斯:"我对他从来没有好感。"

8月12日,星期日。 《国家报》上登载了我给《七星大百科全书》写的简讯。博尔赫斯打电话给我。赞赏了我的短评,并断言,他思考过了,发现完美的分析体系将相当于发现宇宙计划。

  他跟我聊起昨天参加的一个有关日本绘画的讲座。说日本绘画一度从文学中解放出来,不再为了表现诗歌(或书本)而画。尽管如此,画家仍会在画作中写几句诗上去。"这是与莱辛对立的",有些高度不高,但尺幅颇长(25米),需要展开看的画作:观看这些画作就像一个人旅行时欣赏风景一样。他跟讲座者(一位使馆里的日本人)介绍了克莱门特,那人说:"文学要求读者有所准备,而音乐和绘画没有这样的要求,它们可以直接抵达到任何人那里。"博尔赫斯认为这么说不太准确,他就没有发现讲座上提到的日本绘画流派之间的差别。比奥伊:"我们国歌里有一部分对于外国人来说(对于那些之前从未听过这首国歌的人来说),有些轻佻,欢快得像某类小舞曲似的。但对于我们来说,那就是一首爱国的、动人的歌。"博尔赫斯:"禅宗一派的佛教徒不保留佛祖肖像,师父留给弟子的都是自己的画像,我觉得

---

[1] 《威廉·莎士比亚戏剧集》(*The Plays of William Shakespeare*,1765)序言。

这样不好。不许别人给他画像的普罗提诺更明智些，他若遇到这种情况，想必会说：'让我此生必须承受的外表永存于世没什么必要。'"[1]

关于贝多芬的《降 B 大调第十三弦乐四重奏》作品 130，他说："当这部四重奏问世时，人们都认为他疯了。可他要真是疯了，要是一个疯人的作品能使我们信服，那对音乐的评判标准何在？"

8 月 16 日，星期四。　　博尔赫斯确认马列亚在准备一部要命名为《辛巴达》的长篇小说，他说："为什么不直接把它命名为《尤利西斯》呢？"还提到说："有一次，我们在图书馆收到一封来自拉斯帕尔马斯的一位先生的信，这听上去就像一个奇幻故事的开头一样。随信寄来一本书，信中他非常客气地拜托我们把这本书交给作家里卡多·吉拉尔德斯，因为说不知道他的地址。吉拉尔德斯是什么时候去世的？我记得是 1927 年。那这位来自拉斯帕尔马斯的先生已经过世了吗？还是在一个吉拉尔德斯生活的世界里呢？那我们又会怎样呢？"

8 月 18 日，星期六。　　博尔赫斯评价（佩德罗·E）阿兰布鲁在萨尔塔的讲话："当他宣称军人不应执政的时候，全场响起了热烈掌声。这些掌声不合时宜吧？如果想到他作为军人也不应在政府就职的话，怎么能对他的观点鼓掌叫好呢？可见，用掌声来表达这种言外之意过于粗糙了。"我说，（盛传）玻利维亚人通常会用一句"为什么不呢？"来回应"万岁"或"去死吧"。博尔赫斯大笑，还给了民众别的建议：可以说"也许吧"或"这一假设应予以重视"。

8 月 22 日，星期三。　　今天上午，博尔赫斯上了一堂关于马洛的课，提到了他的无神论（为了要震撼资产阶级）以及他的死。他说萧伯纳在介绍他的时候，对他的评价不甚公允，说他是个文人，一个在书堆里蛰居的人，远离街头是非，也因此满足于编织那些自己未曾经历的残暴故事。[2] 博尔赫斯："那个年代的人想必都有着相当勇猛的人生。你想想马洛是怎么死的。没错，当时在伦敦，大概所有人都过着暴徒般的生活。"

8 月 25 日，星期六。　　昨日他做了一个关于《一千零一夜》的讲座，讲座由负责"阿根廷第一座清真寺"的委员会赞助。尽管他们事前跟他沟通说整个活动中不会掺杂任何政治相关的东西，但他还是察觉到这其中包含了对阿拉伯世界的宣传，包括

1　波菲利，《普罗提诺传》（*Vida de Plotino*），I。
2　《戏剧观点与随笔》（*Dramatic Opinions y Essays*，1907）。

对埃及、纳赛尔总统以及他与西方有关苏伊士运河的争论。因为不想让别人怀疑自己也牵涉其中，他说，《一千零一夜》对于阿拉伯人来说并不是一部重要作品，但对于西方文学很重要，某种程度上来说，它更像是一座向其法语译者加朗、英语译者莱恩和伯顿致敬的纪念碑。他很乐于在众人面前叨念很多英国和法国名字。

他讲起比利·怀特劳在国立图书馆读了穆希卡·莱内斯的小说《天堂之地的客人》的第一章。博尔赫斯："写得很好，非常有趣。有趣之余，它讲的是一群同性恋被邀请到一个他们可能会被腐蚀的地方的故事。它的写作方式比较随意。比如，写从火车上能看到安静且壮阔的牛群，仿佛'图腾'一般。他当下想到什么就写什么。之后会遵循一套如今的小说中常见的方法，维克多·雨果曾用过：如果一个人物需要经过这条街道，他先描写这条街，然后写街上的喧哗，而小说的节奏就在这时被延缓了。"

9月2日，星期日。 我们聊起福音书。博尔赫斯："那个时代太奇怪了。有神，还有自诩为神的人。一些人被钉上了十字架；一个人告诉另一个人他是神，另一个人就信了；那人告诉他，晚上他们会在天上相聚。你会发现，那是一种嘲讽。铭文上刻着'犹太之王'。士兵们玩着骰子。背叛他的那个人就是亲吻他的那个人。所有这些，在书上只有寥寥几行——换做是别人，会写上数页——而就在那短短几行里，有最详尽的背景细节和一发生就被传颂的非凡故事。关于最后几句话你是怎么跟我说的来着？'我的上帝啊，我的上帝啊，你为何抛弃了我？'那个时候，他便明白了，他并不是什么神，他什么也不是，不过是个将死之人。而那些话都被想要向我们证明他是神的人记录了下来。这一切简直奇怪至极。"（有一次，博尔赫斯跟我说："如果一个人把《圣经》和其他希伯来典籍做比较，他最终一定会觉得《圣经》是圣灵写出来的。它是唯一一本受到圣灵感应的书。"）

他提到一位夫人，是纳赛尔总统的拥护者："她发现，她如今是埃及人了，因此开始仇恨犹太人。她长得像神鸟宜必思，像鹰神荷鲁斯，像个木乃伊。她躺在'尼罗河的淤泥'里，像鳄鱼一样，献出'致命的吻'。"[1]

9月6日，星期四。 我和他去了英美文学院。那里还有一位女士跟我们一起，奶白皮肤，在翻译托马斯·布朗爵士的《医者的宗教》，真该看看她是怎么翻的。"我并

---

[1] 此处暗指德·昆西《一个英国瘾君子的自白》（1821）的一段："我被亲吻着，是鳄鱼致命的吻，我躺在［...］尼罗河的芦苇与淤泥之中。"

不了解这位作者，"那位女士坦白说，"因为我上学那年，英国和日耳曼文学（她的原话）是一起教的，所以我们一整年都在学歌埃特（她原话说的是 Göet）[1]。"博尔赫斯随即想起了史蒂文森书中的那个卑鄙的律师，他很欣赏少年维特，总是激动地谈起"维特"的作者，管他叫歌斯（Goeath），从未怀疑过他的名气。[2] 比奥伊："从那位女士提及'这位作者'的方式来看，我们大致能推断出她对布朗和整个英国文学都知之甚少。"博尔赫斯："不过关于'这位作者'，有一句非常美的话。你还记得吗？'我喜欢这位小说家的地方在于他在塑造那些次要人物时所承受的苦痛。'"比奥伊："这是切斯特顿说的。"博尔赫斯："没错。作者——即小说家——就如同上帝，而小说里的次要人物是上帝的子民。整个阶级里把作者也包括在内，真是太好了。"

9月8日，星期六。 博尔赫斯跟我聊起约翰逊给弥尔顿写的传记："他并不喜欢他。他说弥尔顿跟一位隐修士在意大利旅行，'那是个不能对他抱有期望的人'，但弥尔顿却把他介绍给了社会上的各种俗人。约翰逊很高效，比总是虚伪地称赞别人的马斯特罗纳尔迪要高效得多[3]。他写作的口吻用英国人的话来说叫'微酸'，就是语带讽刺。"

9月10日，星期一。 我们得到了巴维里去世的消息。我和博尔赫斯、威尔科克、西尔维娜四人挤在一辆莫里斯老爷车里，开往墨西哥街上的作家协会，那里有他的吊唁仪式。

博尔赫斯非常悲痛，嘴里反复叨念着："可怜的巴维里。"比奥伊："我第一次听说巴维里这个人是十五还是三十年前了。当时我就知道他命在旦夕。乌利塞斯·佩蒂特·德·穆拉特通过一位秘书，为巴维里的事向我筹集善款。我大概是给了，因为我以为他快不行了，但后来发现他并没有死。后来几次募捐还有那些他将死的消

1　实则指歌德（Goethe）。——译者注
2　贝莱尔斯律师，出自《沉船营救者》（1892），XIX。
3　博尔赫斯认为，马斯特罗纳尔迪"发明了一种全新的批判模式。[...] 用赞美的词汇来批评别人。"【《危机》（Crisis）1975年32号刊】而比奥伊称："他惯于借助那些有赞赏意味的话语去发起责难。"【《写作时的比奥伊·卡萨雷斯》（*Bioy Casares a la hora de escribir*），埃丝特·克罗斯，格里略·德利娅·保莱拉，巴塞罗那：图斯克茨出版社，1988：123】而马斯特罗纳尔迪本人也承认："在我自己的书摘里，有大量险恶的赞誉，看上去并不像批判的批判。我构筑那些话语是因为它们可以相互抵消而吹捧的语气能通过意义含混、看似不经意间使用的形容词显得缓和一些。"【卡洛斯·马斯特罗纳尔迪，《一个外乡人的回忆录》（*Memorias de un provinciano*）. ECA 出版社，1967：317—8】

息一度让我觉得巴维里永远也不会死。或是让人觉得所有人都有不死之身,而死亡总是令人措手不及。"博尔赫斯:"可能很残酷吧。在一次 SADE(阿根廷作家协会)的聚会上,好几个人都要朗读诗歌。当巴维里知道沃利·泽纳要朗诵的时候,他说他就不读了。说他们二人级别不同,不能参加同一个活动。"比奥伊:"他的诗写得很糟糕。但他混的是那种现代'诗歌'体系,他能怎么办呢?他要是能活的再久一点,说不定能写出好诗。"博尔赫斯:"是啊,那些诗很糟糕,因为在那种体制内他也无能为力。他也写点杂文随笔,写得相当好。我还曾在《国家报》上读到过他的几则短篇小说,有诗意,也很不错。"

9月15日,星期六。 博尔赫斯、我父亲、西尔维娜·奥坎波、比安科和我在家吃饭。我们聊起西班牙文学。历数了几位作家作品:梅索内罗·罗曼诺斯的《马德里的情景》、拉腊和佩雷达的《沿巨石而上》《索蒂莱萨》、里卡多·莱昂的《诡辩家学派》。博尔赫斯:"不错呢,他还知道有诡辩家。"关于贝纳文特的《利害关系》:

> 沉默之魂,我所崇敬的……[1]

博尔赫斯:"这什么句子啊,太粗笨了。"帕拉西奥·巴尔德斯的《修女圣苏尔皮西奥》。阿拉尔孔的《死亡之友》。博尔赫斯:"那个故事写得好。"《三角帽》,蠢话连篇,《贝内诺上尉》,也是愚蠢至极。巴列-因克兰的《四季奏鸣曲》,故作风雅,粗制滥造。加尔多斯的《玛利亚内拉》,太弱。博尔赫斯:"诺拉听了吉列尔莫的话,去读了《福尔图纳达与哈辛达》,但后来她不能按他说的读下去了,'竟然没有一个诗意的场景',她喊道。吉列尔莫反驳说:'因为这是一部现实主义小说。'而诺拉回答:'那陀思妥耶夫斯基也是写实派啊。'"我们想起了《喵》以及巴埃萨的委婉说法,"《喵》的作者",为了不重复提起"加尔多斯"这个名字,巴埃萨那么写并无恶意。关于莱奥波尔多·阿拉斯("克拉林"),我们提到了他的《闲话集》和《庭长夫人》。是位伟大的小说家,公认的。还有加尼维特,洛萨达很精明地选择在苏芬战争之际出版了他的《芬兰书信》。"这就是诈骗",博尔赫斯评论道。聊到神父路易斯·科洛马,我把他书中的主人公库丽塔·阿尔沃诺斯和赫胥黎《针锋相对》里的露西作了比较。我还想起了巴莱拉的一本书,《库丽塔·阿尔沃诺斯致神父路易斯·科洛马的一封信》,以及他的童话故事《佩卢莎》。我以前从未读过《只为虱胫》。我提了巴罗哈,我们一致认为《知善恶树》这本书比所有提及的这些作品都高

---

1 《利害关系》(*Los intereses creados*,1907),I,2。

级。博尔赫斯和比安科还聊到其他几部他们读过但我没读过的巴罗哈的小说，是关于穷学生和无政府主义者的，他们对那几本颇有好感。说到阿索林，博尔赫斯自问，《意志》一书（署名不是"阿索林"，而是作者的原名鲁伊斯）是否并不比其所有那些书好。比安科表示赞同。说起孔查·埃斯皮纳，以及另一个跟"刺"有关的名字，孔奇塔·皮克尔[1]。我说我曾读过孔查·埃斯皮纳刊登在《国家报》上的一篇文章，但我觉得那篇文章抄袭了冈特（《拉斐尔前派的悲剧》）。博尔赫斯谈到坎西诺斯-阿森斯的一本书《北方文学（孔查·埃斯皮纳的作品）》（*Literaturas del Norte*）："我的天，这北方也太随便了。'文学'一词用复数也不搭。这是所谓'权能性复数'[2]吗？类似'英国拉布菲大制衣行'（Grandes Sastrerías Inglesas Rabuffi）。[3]"说起费尔南·卡瓦列罗，就是本名是塞西莉亚·波尔·德·法贝尔的那位，和她的《海鸥》。博尔赫斯："这种文学作品太平庸了。它的存在就是为了凸显'九八一代'的作家更有开创性吧。"关于梅内德斯·伊·佩拉约，我觉得每次读他的作品还是很愉快的，只是有时他的观点和内容有些肤浅，看看他在《西班牙美学思想史》里如何写司汤达就知道了。[4]和普遍的观点相反，我认为他最好的作品是《致贺拉斯的信》那首长诗，另一首《致桑坦德友人书》也不赖，诗中他感谢了一所图书馆给他的赠礼。我们又说到了乌纳穆诺。比安科："你们看，他的小说写得并不好。"我小声提了一嘴"《迷雾》"，博尔赫斯引用了乌纳穆诺的话，说他管他的小说叫"尼波拉"（nivola）[5]，接着赞美了几篇他的杂文随笔，也笑着朗读了几句他蹩脚的诗。我说乌纳穆诺的写作风格容易让我厌倦，他的观念和与其对立的观念一样，都让我觉得有点假。

关于今天这个十九世纪西班牙文学的作家作品回顾，我要负一定责任：我之前

---

1 孔查·埃斯皮纳（Concha Espina）的姓氏 Espina 在西班牙语里是"刺"的意思。孔奇塔·皮克尔（Conchita Piquer）的姓氏 Piquer 则有"长矛手"（piquero）的意思。——译者注
2 Pluralis majestatis，指一个在社会上身居高位的人在说话时，以复数代词来借指自己。——译者注
3 这家制衣行是《世界十二像》（*Las doce figuras del mundo*，1942）中的人物阿基莱斯·莫利纳里光顾的地方。拉布菲（Rabuffi）这个名字戏仿的是布宜诺斯艾利斯城中一家知名英国制衣行的名字，斯皮内利（Spinelli）。
4 《西班牙美学思想史》（*Historia de las ideas estéticas en España*，1883—1891），浪漫主义，III。
5 参见《迷雾》（1914）。在《三部警世典范小说和一则序言》（*Tres novelas ejemplares y un prólogo*，1920）中，乌纳穆诺将那三部小说定义为"论文式的小说，充满哲思，如同象征一般，是具有代表意义的概念，对话体的散文"。

总是疲于思考，其他人对此也很少谈及。但这样的交谈，就算内容再乏善可陈，对作家来说，又或者应该说"对读者来说"，从来不会令人不悦。这种对话里，比哲学更多的是历史。他想起了几本多年前读过的书，这差不多相当于追忆青春本身，追忆犯过的错还有我们对学习的热情——如今，这种激情让我们觉得心酸。或许，可以用博尔赫斯的那句感叹来加以总结："多么平庸的文学！"

我们聊到了莫利纳里。比安科也认同他的名声来得神秘，但他说自己并没有读过他的全部作品。博尔赫斯："读不读都一样。没有任何意义。总而言之，就是零意义。他的书说不定是用迦勒底语或是什么已经被遗忘的语言写的。既没有韵律感，听上去也不悦耳。"比安科："马列亚总是言之凿凿地跟我说莫利纳里有着别人难以超越的语言天赋，并沉迷于《献给斯特凡·乔治的玫瑰》这个标题。他总是说，多有创意啊。我倒觉得他创造力匮乏，因为它让我想起了福克纳一则短篇小说的标题《献给艾米丽的玫瑰》。"博尔赫斯："他写斯特凡·乔治，写一个他一无所知的人。可他从来读不进斯特凡·乔治的作品。莫利纳里很无知，他只是嘴上崇拜斯特凡·乔治而已。"有人说他出了名的"凶悍"，而博尔赫斯澄清说，他凶悍是因为自己其实很"卑微"吧。博尔赫斯："有一次维多利亚在翻译莫利纳里的一首诗时有个地方不明白，便去问他那句诗想表达什么，可他竟不知如何回答。因为他很惊讶，没想到竟然有人觉得他的诗句都是有什么特殊意义的。"我们想起了那首诗的标题：《在下午如一只鸟儿的日子里》(*Días donde la tarde es un pájaro*)。博尔赫斯："用'在哪里'（donde）这个连词太蠢了。'如一只鸟儿'，想必是因为黄昏时分，无论春天还是秋天，天上都飞满了鸟儿吧。这种解析比诗句本身高级。"

我们说起另一个捉摸不透的人：马列亚。比安科："他写那种长篇累牍的小说，风格大概类似哲理散文，但你要是用哲理散文的标准去分析他的作品，试图找到其中思想的连贯性和深度，结果会很惨。在走之前[1]，他跟我说自己身处窘境。他写了一部七百页的长篇小说，全部手写，用他那难以辨认的字迹写的，斑斑点点，跟画的似的。因此，负责给他誊写的人员显得尤为重要：在他的众多身份中，他还是个律师。当时，没人能把那部小说的稿子用打字机打出来。我跟他说：'您自己亲自打吧。这样对您来说更方便，因为好修改。'不过从他看我的眼神里，我发

---

[1] 去做阿根廷驻联合国教科文组织大使。

现自己说错话了。修改？根本不存在修改！他写出来的一切都不得更改。"博尔赫斯："大家都觉得，读了马列亚，便得到了一把开启这个国家、这个无形的阿根廷的钥匙。一把能让你登堂入室、对这个国家行窃的钥匙。这毫无疑问是个怪现象。他写一个人物，一位非常优雅的女士，上流社会的，管她叫'平底锅小姐'，他给她穿的肯定是缎面的鞋子，他继续语气平静地写下去，读者也继续往下读，没有发现任何异样。他笔下的塞蕾娜·巴尔科斯、哈斯明·格雷罗就是这样的人物。"比安科："聪明人都读他，也尊敬他，比如，穆雷纳。"西尔维娜："你可别逗了。穆雷纳写的书跟他一样。"比奥伊："马列亚的作品是那种令人受益匪浅，也得益于作者生活的作品。他每年出一部小说，大家能不能读懂不重要，至少大家都认为，这是一种保障。马列亚就高高坐在这座不断升高的文学之塔的顶端，仿佛他是一个举足轻重、影响深远又令人喜爱的人物，批评家们都敬他三分。当然了，马列亚死的那天，那座由艰涩的小说构筑的图书馆，那些体量巨大、令编辑们反感的作品（因为他们不想花精力去再版重印），会因其千斤重量，让他坠入遗忘的深渊。"

我们谈到野史（petite histoire），大家都是打趣才这么说，翻译成"小史"更准确些吧，就是逸闻轶事。博尔赫斯："包斯威尔、普鲁塔克值得尊敬。苏埃托尼乌斯则不同，他写的不再是逸闻轶事，而是更残酷的东西。"比安科说他非常喜欢苏埃托尼乌斯，还观察到了这位作者特殊的写作手法，就是先褒扬那些帝王，把所有应该讲的功绩都讲一遍，然后再历数他们的种种劣迹和暴行。博尔赫斯想起来约翰逊，说他通常先是记叙名人生平，之后再写他们的性格特点。比安科："那《约翰逊传》难道不是包斯威尔写的吗？"他这么说，显然是不知道约翰逊的《英国诗人列传》和其他传记。于是我们跟他夸赞了一番萨维奇、弥尔顿、德雷敦、蒲柏、斯威夫特和考利的传记。塔勒芒·德·雷奥的《逸事》，他们俩都不知道，博尔赫斯说没读过，比安科干脆不晓得有这本书。我说大量的逸闻和野史会让人喘不过气：完全就是一个人呼吸的死亡气息。吸入一点塔勒芒，一点雷奥托，会让人振奋；吸入太多，会让人忧郁。

比安科想找到斯宾诺莎对"方法"的定义，没有找到。博尔赫斯说："在开头。"真找到了。比安科把《伦理学》拿走了。比奥伊："对斯宾诺莎的错误逻辑判断是：'那个柔软的、亲密的、讨人喜欢的斯宾诺莎。'"博尔赫斯："有时候我们想写一篇全篇都是错误逻辑的文章。比如，这样评价福克纳：'无疑是个可敬的人，但我们必须承认，他想表达的都在《伊索寓言》里写过了。'"

9月16日,星期日。 博尔赫斯:"想必没人敢给莎士比亚看他的原稿。他最著名的一些桥段——最具他风格特点的——都出自学者之手,他们为了出版整理过那些段落……比如那个特别诗意的福斯塔夫之死,那里他说道:'绿野婆娑'……[1] 好像原稿已难以辨认,写的什么'绿桌子'。有位'学者'把这句改过来了。"比奥伊:"西奥博尔德,好像是。"博尔赫斯:"我觉得就是他,西奥博尔德。"[2]

9月17日,星期一。 我们聊到日记,聊到私密文学。比奥伊:"我本想重读佩皮斯,但尝试未果。"博尔赫斯:"我也不喜欢他。肯定有那么一刻,所有那些看似无关紧要的、重复的、过于简短的东西,会自发组织到一起,投射出那个作者和其时代的缩影。但这事在我身上没发生过——我从未赶上过发生那种事的时刻。这事肯定有过,想必在史蒂文森身上就发生过,他曾动情地写过佩皮斯。[3] 骨头被血肉包裹,人便活了,但我总是留着骨头。况且他对于我来说一点不可爱。"我觉得吉卜林觉得他可爱,还给他写过一首诗。[4] 而关于另一种日记的模式,我提名了儒勒·雷纳尔。[5] 博尔赫斯:"难道没有人发现他才是格雷戈里阿文体[6]的创造者吗?为什么人们只注意到了戈麦斯·德拉·塞尔纳?"比奥伊:"或许是因为雷纳尔笔下的格雷戈里阿混合了另一种对生活的洞察与思考,而戈麦斯·德·拉·塞尔纳给这种文体取了名字……"博尔赫斯:"看来开创一个名字很重要啊。"比奥伊:"……还有,专门出格雷戈里阿体的书也很重要。"

---

1 《亨利五世》,II,3。
2 在他的著作《重建的莎士比亚》(*Shakespeare Restored*, 1728)中,刘易斯·西奥博尔德没有美化那一段落,而是按原句的模式还原了句子:"[...] 有趣的是,西奥博尔德凭借聪明的猜测,把奎克利夫人解释福斯塔夫之死这一桥段中莫名其妙的那句'一桌绿野'(a table of green fields)改成了'绿野婆娑'(a babbled of green fields),伊丽莎白时期手写字体与拼写的相关研究佐证了这一改动,比如,'a babld'很可能被误认做了'a table'。"【勒内·韦勒克,沃伦·奥斯汀,《文学理论》(*Theory of Literature*, 1949),VI】
3 《名人研究文集》(*Familiar Studies of Men and Books*, 1882)。
4 《萨缪尔·佩皮斯》(1933)。
5 《日记》(1925—1927)。在关于雷奥托日记的书评(1956年11月4日《国家报》)中,比奥伊说:"雷纳尔从他的日常中提取出了那些有讽刺意味的场景,他的记录不仅是日记,而是一本充满了对生活的洞察与思考和人生光华的书。"
6 Greguería 文体无特定含义,是一种带有文字游戏性质的短句或短诗,其特点是把毫无逻辑联系的词汇、思想、事物随意加以组合,用言简意赅的方式(或谚语形式)进行表达,给某些客观事物或某一生活侧面下一个概括性极强的定义。戈麦斯·德拉·塞尔纳对此写过一个公式:幽默+隐喻=格雷戈里阿。——译者注于是我们便聊起戈麦斯·德拉·塞尔纳，聊到他如今被大众所遗忘，比卡普德维拉的遭遇有过之而无不及。我们都说他写过很多文章，乃至非常优美的书。我记得还有传记。博尔赫斯："每次我读他给《希尔韦里奥·兰萨文选》作的序时都很激动。拉蒙这个人应当跻身于本世纪最优秀的西班牙作家之列。他一定很瞧不上他的朋友奥利维里奥·吉龙多。毕竟他片刻的功夫就能写出——他也写出过——吉龙多的全部作品。"比奥伊："戈麦斯·德拉·塞尔纳无疑是个舌灿莲花的人：他总是能立即创造出新东西，总是写得出彩，而且有妙笔生花的能力。"博尔赫斯："他的那种格雷戈里阿体相当难，必须要极富创造力。"他说他们最后一次碰到戈麦斯·德拉·塞尔纳应该是在一年前左右，当时并没有打招呼。

说起《等待戈多》。博尔赫斯："这是一个关于几个流浪汉等待一个叫戈多的人的故事。很明显，Godot（戈多）＝God（上帝）＝Dios（西班牙语的"上帝"）。为了让故事毫无悬念，戈多没来。"

9月20日，星期四。 博尔赫斯（还补充说："那句话肯定记在你的本子上了。"）："比维洛尼夫人告诉我们她姐妹自杀了，她这样轻描淡写地说：'我姐妹也太夸张了，她竟然为了入睡服用了那些东西。'"

我给他读了一段雷奥托写莫里斯总是漫不经心的文字。他给我讲了一个一个醉汉带朋友参观自己家的故事："他边走边说：'这是门厅，这是大厅，这是书房，这是卧室。'然后发现床上躺着一男一女，醉汉便解释说：'那是我老婆，那是我。'"

9月22日，星期六。 我们听唱片。惬意地听了一曲玛利亚·埃莱娜·沃尔什和莱达·巴利亚达雷斯演唱的法朵，《静静的小船》。博尔赫斯听到她们的唱腔时，说："唱得不错，阿塔瓦尔帕·尤潘基唱得也不赖。你听过《枣红马》吗？"便给我念了几句歌词：

> 是一簇烈焰
> 奔驰着，奔驰着，
> 鬃毛翻着火，
> 我的枣红马啊，我在唤你的名。

他并不觉得这些歌词不算文学，也不觉得滑稽。他无疑非常喜欢写这种东西的音乐，喜欢到轻易便能体会到歌词的精妙所在。最有意思的是，他不久前还表现得一点都不喜欢民间音乐，尤其是北方的。他过去只接受探戈和狐步舞曲。和他如今对法国香颂的批评相比,他过去也没少批评卡尔纳瓦利托¹。

9月26日,星期三。 他讲起格鲁萨克的女儿塔伊塔曾给他读过一篇关于她父亲的文章²,内容抽象,毫不生动。读的时候,她觉得有必要再进一步解释一下,讲些比文章里写的更有趣的逸闻趣事。比如文章里写道:"爸爸有时很严苛,不讲道理。"塔伊塔便说:"当爸爸写作的时候,家里谁也不能出声。小孩都踮着脚走路。吃饭的时候也得保持绝对安静,不打扰他聚精会神。当爸爸跟咖啡甜品店(可能是加斯咖啡甜品店?)定了一份甜点或几盘冷餐的时候,我们就知道他写完了,大家便能自由自在地开口说话了。爸爸平时在一张马蹄铁形的桌子中间写作,上头放着他要查阅的书、一本多语种版《圣经》和几个语种的词典。"再比如文中写道:"夏天我们通常会去外地避暑。"塔伊塔解释说:"我们是去圣地亚哥德尔埃斯特罗。那里有爸爸的很多回忆,因为他就是在那里认识的妈妈。"博尔赫斯说:"这个家里好像达成了某种默契:什么也不写,什么也不说,因为任何一句话都可能无意中'对爸爸造成伤害'。他也太容易生疑了,太容易让人心存内疚了。"比奥伊:"你早该把那些事记录下来。"博尔赫斯:"你说得对。应该像包斯威尔一样:记录,才能不把日常弄丢。"

他正要写一个关于托马斯·布朗爵士和女巫火刑的故事。他说:"托马斯·布朗的理由太奇怪了。为了证明并不存在凤凰这种动物(有的话也仅有一只,是会永生的),他回忆说,《圣经》里写,动物们都是成双成对地进入诺亚方舟的,而书中并没有指出凤凰的特殊性,所以这是一个凤凰不存在的佐证。他也不承认埃利奥伽巴鲁斯曾吸食了一盘凤凰的脑髓并发现其非常美味等事³,因为在那个情况下他吃的可能是一整个物种。而一个个体是不能消灭一个物种的:这对托马斯·布朗爵士来说,在逻辑上是不可能的。约翰逊说布朗总是倾向于探讨那些奇思异想,所以他的用词也很奇特。⁴"

---

1 Carnavalito,是在西班牙人到达美洲之前,拉丁美洲土著的一种音乐和舞蹈形式,如今阿根廷北部、哥伦比亚、智利北部、秘鲁、玻利维亚等部分地区仍在延用。——译者注
2 科尔内莉亚·格鲁萨克,《保罗·格鲁萨克,我的父亲》(*Paul Groussac, mi padre*)【《拉普拉塔大学学报》(*Revista de la Universidad*),1958年第4期】。
3 《流行的谬误》(*Pseudodoxia Epidemica*,1646),III,12。关于埃利奥伽巴鲁斯最早的出处,参见埃利奥·兰普里多的《埃利奥伽巴鲁斯传》(*Vida de Heliogábalo*),XXIII。
4 《托马斯·布朗传》,他为托马斯·布朗1756年版的《基督教道德》(*Christian Morals*,p.1716)作的序。

10月3日,星期三。 博尔赫斯说,伍德·克鲁奇和其他学者认为,约翰逊的《英语大辞典》所尊崇的概念令人难以置信,他认为语言是能够固定下来的,现代的词典只是对词语的历史性收录,判定词汇是固有的还是非固有的。从1856年一位主教表达了这样的意思开始,这个标准就一直被遵循。博尔赫斯:"对于我们这些隶属于西班牙文学院的人来说,都要遵循约翰逊的那套标准,而现今的标准我们都觉得难以置信。"

关于文学系的女学生,他提醒说:"要特别注意你说的话。对女学生们来说,没有地位高低之分。她们会把谁的话都抄在试卷上。克罗齐对于这帮人来说是个会带来厄运的作家。一个女生会写:'《仲夏夜之梦》是一部诞生于一个微笑的作品,它讲的是……'"

说起莱斯利·斯蒂芬写的约翰逊传[1],没多大价值。还聊到了托马斯·布朗爵士和约翰逊,以及包斯威尔和他支持奴隶制的言论。"既然存在另一种爱的桎梏,那废除奴隶制又有什么用呢?"包斯威尔这样写道:

废除黑奴制这种行为,
或许会和黑奴制的影响本身一样有害,
因为倘若爱的强大帝国尚存,
这种片面的自由便徒劳无益。[2]

博尔赫斯:"他没有好好想过成为奴隶意味着什么。他那样说就好像是说:'既然人会因为亲爱之人不在身边而痛苦,那为何还要治愈我的牙痛呢?'当他宣称废除奴隶制就会终结世人的慈悲时,又想表达什么呢?"

我们又聊到了巴拉尔特博士、罗德里格斯·马林、米尔神父、胡里奥·塞哈多尔·伊·弗劳卡、[3] 克莱门辛、底布森博士和瓦尔布埃纳。聊到了写自传(托雷斯·比利亚罗埃尔的《我的一生》)、传记(塔西亚的克维多传[4])和日记的西班牙作

---

1 《萨缪尔·约翰逊传》(*Samuel Johnson*, 1878),《英国名人传》系列。
2 《反废除奴隶制,或爱的普世帝国》(*No Abolition of Slavery, or the Universal Empire of Love*, 1791)。
3 在《责任划定》(*Deslindando responsabilidades*, 1977)一书中,博尔赫斯和比奥伊写了一位叫做胡里奥·米尔·伊·巴拉尔特的人物,这个名字是由*胡里奥*·塞哈多尔·伊·弗劳卡、*胡安*·米尔·伊·诺格拉和拉斐尔·玛利亚·*巴拉特尔*三人的姓名重新组合成。
4 巴·安·德·塔西亚,《弗朗西斯科·德·克维多·伊·维列加斯传》(1663)。博尔赫斯和比奥伊曾将它收录在了《克维多随笔与诗歌集》(*Prosa y verso*, 1948)中。

家。聊到了弗吉尼亚·伍尔夫的日记[1]。博尔赫斯:"我先前一直以为她会执着于写叶子多变的颜色。"比奥伊:"并非如此,她是执着于谁会以及谁不会写她的书评。"

博尔赫斯觉得阿诺德·贝内特写五镇里恶人和告密者的小说,比如《五镇的斗牛士》和《五镇的安娜》,文笔蠢笨,想象力匮乏且吃力。他喜欢《老妇谭》《莱斯曼台阶》和《活埋》("里面那位画家非常可爱",他说)。《克雷亨格》还没读过。比奥伊:"他每天写一千多字。"博尔赫斯:"所以他写得……虽然他的文笔胜于想象力。"比奥伊:"多产和保持优秀水准不能兼得。"博尔赫斯:"尽管切斯特顿……"比奥伊:"切斯特顿有想象力。他写侦探小说,这给他带来了一些名声,也迫使他去写别的东西。而贝内特的小说只是简单的故事而已。"

10月4日,星期四。　　博尔赫斯说马克·安东尼还是庞培在一次内战的开战之初,为避免死伤过多,便向凯撒提出两人单独对决:"而凯撒回应说他有很多其他赴死的方法,但如果对方非要决斗的话,他可以派出一名角斗士应战。这很好。凯撒竟然用一番大话就赢了对方。还把对方放在了和角斗士同样的水平上。凯撒说得在理。为什么要用胜负未明的决斗来解决一个牵扯到许多人的重大事件呢?况且他已经为这件事做好了必胜的准备。我在某部经典中读到过这则轶事,但我忘了是哪部。"

10月7日,星期日。　　他跟我讲埃瓦尔·门德斯曾发表过一篇文章,里面沃利·泽纳的名字是加了双引号的:"她可能不会注意到那个错误,除此之外还有可能是出于文章作者的名气等原因。"

他想起苏尔常常给像尼迪亚·拉马克或沃利那样的女性提议,说一个男人对一个女人说的话,如果像普鲁斯特写出来的一样复杂(比如:"我们不久前才相识,但我觉得我们已经认识多年。我们的相遇似乎是偶然,但我相信那是命中注定,此前我的生命里,没有哪一刻比当下更重要。愿您能多跟我讲讲您的事,而我也有很多心里话想向您倾诉。"),都可以用一种沉闷的嚎叫声来代替:heunn。[2] 博尔赫斯:"他跟女人们提这种建议太滑稽了。'圣明(sanpiensa)的您难道不觉得可以用这样一种声响来代替那些话吗?您不觉得这样更好吗?'但女人们并不会圣明地思考(sanpensaban)这个问题。她们宁愿相信那些话是第一次对她们讲的,而且是特别对她们讲的,不是套话。"而博尔赫斯想出了一套相反的表达方式。比方说,一个人经

---

[1] 《作家日记》(*A Writer's Diary*, p.1953)。
[2] 参见《艺术津梁》(*Gradus ad Parnassum*, 1967)中圣地亚哥·金兹伯格的诗学理论。

过情人的房前，开了一枪，这代表"也许"。或者去门多萨，回来的时候被染了一身红酒色[1]，这代表"很可能"。他说："把这套体系变成语言太难了。"

他讲到斯威夫特描述过这样几位交谈者，他们并没有因为要说话就浪费口舌，而是随身带了几个装着小物件的大袋子，要说"马"这个词，他们就从袋子里拿出一只马形的小塑像给别人看。[2] 还讲到今天坐地铁的时候，一个男孩问："还有几站到巴勒莫？"（¿Cuánto falta para Palermo？）又重复了一遍："还有几站呀？"然后他竟然大笑着又问："离巴勒莫还有几支笛子？"（¿Cuánto flauta para Palermo？）博尔赫斯："这是他一生中最最重要的时刻。因为他发现了拼写相似的词，而把它们凑在一起的时候会产生滑稽的效果。对，比这更重要的是，他正在发现文学。他的父母没有理会他，还在自顾自聊天。我倒想看着他，好和他一起笑，但最终还是没看他。"

他发现跟系里的学生用带有比喻义的语言说话是一件蛮危险的事。如果老师提到约翰逊的写作风格，说："约翰逊称得上是托马斯·布朗爵士的继承人。"那考试的时候，看到这样的话便不足为奇了："约翰逊，曾接受过托马斯·布朗爵士的一份遗产。"博尔赫斯："他们知道考试题目问的是什么，但也仅限于此。就好像他们知道某个人是加尔文派教徒，但并不知道加尔文教派是什么。"

昨天他和罗森瓦塞尔在一起，罗森瓦塞尔说自己是个严格的考官。博尔赫斯认为他没有什么严格的理由。理性的理由通常说服不了他，而被他挂科的人一定很不幸。他说罗森瓦塞尔有次测试一位牧师，问他十诫出自《圣经》的哪几部书。牧师回答："我完全赞同您的观点。"博尔赫斯说："不会吧。怎么会有牧师不了解《圣经》呢？"

10月8日，星期一。 我们聊起这几天正在举办的卡亚俄大道文化周。博尔赫斯："这活动太傻了，想要欢欣鼓舞起来多难。这一切都是从佛罗里达大街之友商会开始的。他们难道没发现以后各种大街的商会都会出现吗？甚至会有布恩奥登大街商会，为什么不呢？现在连萨尔瓦多教会学校的牧师都在说卡亚俄大道的人勇敢、信念坚定，说那边还是一片泥地的时候，他们就把学校建起来了。一座城市的任何地方在某一时刻都可能会成为一个臭水坑，也会转眼间成为一片被恐怖的建筑充斥的地方。至于那种信念，拍卖商也有。做什么事都肯定要有信念。开妓院的会说：

---

1 阿根廷门多萨省盛产葡萄，是阿根廷著名的葡萄酒产地。——译者注
2 《格列佛游记》（*Gulliver's Travels*，1726），III，5。

'我有信念。'对于所有人来说，任何行为都需要信念，卡莱尔怎么会喜欢这种想法。"

10月11日，星期四。 他提起约翰逊的一句话："小孩的拨浪鼓对年轻人来说毫无用处，少年人喜欢的娼妓对老头子来说亦然。"[1] 并评价说："这类语录很难找到，怎么找啊？还是属于那种约翰逊说起来很得意，但从来不会写出来的话。"他问我是否觉得约翰逊喜欢过赛雷尔小姐，因为这可能是她拒绝与皮沙结婚的原因。我说我认为喜欢过。博尔赫斯："对于大众来说，约翰逊博士的外貌好像一种独特甚至有点威严的面具。对于他自己来说，无法摆脱这张他业已习惯了的面具想必是一种折磨。而像赛雷尔小姐这样的女人待他如此亲和，他应该很感激。他爱上她也是自然。"关于麦考利的那篇随笔，他说写得很好，读之令人愉悦，但文中的观点仔细推敲的话，会发现站不住脚，[2] 他对麦考利写作的时候没有发现这些问题表示不解。

关于犹太人，他说："似乎也有犹太裔日本人和中国人。在巴勒斯坦，人们只教授希伯来语、英语和法语，而意第绪语被弃之不用了，因为它算一种德语方言。是一个犹太民族主义者告诉我这些的。他很高兴人们不说意第绪语了。他没想过他的祖辈和过去好几代犹太人都是讲意第绪语的。对于那个保守传统的人来说，这项传统并不算在要保留的范围内。"

有一天，他提议说有没有可能写一种内容多变的散文。比方说：

比奥伊："布斯托斯·多梅克就应该按这种方式发表一则关于某个人的短讯。"博尔赫斯："可不是嘛，满篇都是大括号的话，大概看了会很令人恼火吧。"他还提议沿用苏尔的点子，就是书中那些经常重复的句子可以用声音来替代，或者用空格，比如："关于那个　布鲁盖蒂，我总是说　，虽然　，但由于　。"

1　包斯威尔，《约翰逊传》，"1766年春"。原话是："少年人对小孩的拨浪鼓没有兴趣，老头子对年轻人喜欢的娼妓也提不起兴致。"
2　《萨缪尔·约翰逊》【《批评与史学随笔集》（*Critical and Historical Essays*，1843）】。他在文中提出了一个谬论，最伟大的传记是被"世上最聪明的人之一"写成的。

聊到决斗。他讲起马克·吐温写过去在加利福尼亚人们是怎么决斗的。[1]博尔赫斯:"一个人在一间沙龙酒吧声称,某某是个狗娘养的,要是碰到他,就逮住他乱枪打死。人们就会提前防着那个人。当二人碰到的时候,先看到对方的人会用自己的手枪或猎枪朝对方射击,而另一人如果来得及的话,会用他的武器还击。有时,伤者不止决斗的两个人。"他还说,在儒勒·凡尔纳的书里他曾读到过另一种所谓"美式"决斗[2],但由于他没在其他作家的书里看到过,所以不知道是不是凡尔纳自己创想编造的。这是一种发生在猎人之间的决斗:他们进入一个森林,一个巨大的森林——比巴勒莫的森林要大许多——他们在那里隐匿起来。之后的几天里,把彼此作为狩猎对象,直到其中一人突袭到另一人并把他杀掉。他们会带上粮食和弹药,睡觉时也小心提防,互相追逐,互相躲避,迷惑对方,互设圈套。

他说,皮皮娜·迭尔·德·莫雷诺·韦约为了她在前进艺术社的同仁,写了一份关于萨瓦托事件[3]的声明,她在此事件中充当了先锋角色。这是一份原则声明,声明中得出了她的一些推论。博尔赫斯:"如果我没记错的话,她声明中三原则中的第一个原则是:'团结是前进艺术社成员间务必做到的'。第二个是:'迭尔·德·莫雷诺·韦约女士认为,精神高于物质'。第三个是:'我们希望国家能够创造有利于艺术的自由氛围'。我不知道这份声明是否完全正确。我觉得每句话都应以同样的方式开头,如果第一句的开头是一个冠词接着一个名词的形式,那其他两句也应如此。另外,'迭尔·德·莫雷诺·韦约女士认为,精神高于物质'这句话我觉得说得不是很好。因为出现人名会让人觉得她说的一切不过是一场咆哮的闹剧。是她发现了精神高于物质吗?还是说她是什么女王,然后屈尊对此做出了自己的思考?还是说正相反,她是把自己的智力水平拔高到那种高度?"

10月13日,星期六。 博尔赫斯跟我讲,有一个愚蠢至极的法官,他禁止一位父亲叫她的女儿"露丝"(Ruth),带 h 的那个名字。为了让这个名字显得更西班牙一些,法官认为它应该写做"露特"(Rut)。博尔赫斯:"政府或司法机关掺和到这种事情里来很荒唐。"

---

[1] 《自传》(*Autobiography*,p.1924),VIII。
[2] 《从地球到月球》(*De la Terra à la Lune*,1865),XXI。是发生在巴比康和尼却尔船长之间的决斗。
[3] 在揭发了施加在支持庇隆主义工人身上的酷刑后,萨瓦托辞去了《阿根廷世界》杂志的主编一职,并发表了一封致阿兰布鲁将军的公开信,题为《萨瓦托事件:酷刑与媒体自由》(*El caso Sabato. Torturas y libertad de prensa*)。

10月17日，星期二。 我跟博尔赫斯说起斯温纳顿的小说。比奥伊："他是从人物出发的。厌恶一切结构性的东西，在这一点上，他站在佩罗的反面。我觉得他不太重视情节。"博尔赫斯："他是对的。情节对于故事来说很重要，但对于小说，并非如此。只要让人物把自己表达清楚就够了。"他的想法竟然变了，从这个意义上来说，是我之前先改变想法的。而今天，无论如何，我都选择捍卫情节，因为总得说点对情节有利的话。比奥伊："虽说如此，但我认为我们读小说的乐趣就在于喜欢它的叙述性，这对于听故事的小孩和读小说的成人来说是同一种的乐趣，就是传说、故事、奇遇记的乐趣。我一直认为《帕尔马修道院》的魅力来自于它是一本面向文人雅士的奇遇记。"

聊到自然朴实的风格。博尔赫斯引用了一段《马丁·菲耶罗》里的诗，描写克鲁斯和菲耶罗动身出发寻找起身之所的情景：

他两个溜进圈栏，
偷偷把马群驱赶。
对此事非常老练，
叫牲口走在前面。
很快就过了边界，
神不知鬼也未见。

他们已越过边境，
那时正升起曙光。
克鲁斯劝说马丁，
再看看身后村庄。
就只见热泪两行，
挂在他朋友脸上。[1]

博尔赫斯："这就是自然朴实的风格，他的诗文无法用其他词语去替代，也找不到更好的词语来描述。或许其中唯一为了押韵而凑字数的句子就是'对此事非常老练'。"比奥伊："是的，不过这句衬词也不是很重要。就是自然流露的一句话，不会引人注意。"博尔赫斯："要是用神话传说里的比喻才更糟。"比奥伊："最基本的原则就是不用同义词，不用能被其他词或短语替换的词。"博尔赫斯："当然。比如华兹

---

[1] 《马丁·菲耶罗》，vv.2287—98。（赵振江译，2018版）

华斯就说，他会采用人们在心情振奋的时刻普遍使用的语言来写诗。"[1]比奥伊："一个人的用词总是有选择性的。比如我们会写'我察觉到'而不是'我注意到'。"博尔赫斯："这是自然，否则会显得很蠢。

永为尘埃，爱的尘埃。[2]

这句诗应该能得到华兹华斯的认可，但丁尼生的一些诗句恐怕不能。"比奥伊："虽然有时候运用装饰性的风格也是合理的。"博尔赫斯："确实。华兹华斯本人也会写这种风格的诗。"

他引用了《序曲》中致敬牛顿雕像的诗句：

站在西端前厅，手持着他的
光棱，脸色安详——大理石的具象
标示出一个不息的心灵，它永远
在思想的大海上，扬起远航的孤帆。[3]

博尔赫斯："在这几句非常优美的诗句中，词藻和形式都经过了深思熟虑，好像拉丁文诗那样。若是想要让华兹华斯都发出惊叹的话，恐怕要读很多书才行了。"他曾大加赞扬过华兹华斯反对拿破仑的十四行诗："那是一首具有爱国情怀的十四行诗，他在诗中抨击了本应卫国抗敌的政府。谈及了政府官员们所惧怕的危险和他们所不理解的国家荣誉。[4]"

他还赞赏了一番华兹华斯的其他几首诗：《法国革命》写的是一个很容易被击垮的男子，会被音乐或演出点燃激情，他不是批评家，打过仗，亲历了法国革命。华兹华斯说，在'一个传奇国度的魅力'当中，他经历了那一切，仿佛在读一部传奇小说。你发现他是如何成就这样的诗作了吗？如何通过简单观察就呈现出了一个

---

1 《抒情歌谣集》（*Lyrical Ballads*，1800）第二版序。

2 F·德·克维多，十四行诗"永恒的爱穿越死亡"【《西班牙的帕尔纳索斯峰》（*El Parnaso Español*, p.1648），第四缪斯】。

3 《序曲》（p.1850），III，1，60。丁宏为译，《序曲或一位诗人心灵的成长》，2017年，北京大学出版社。

4 "他们所恐惧的危险，他们所不解的荣誉。"《1806年11月》（1807）。据华兹华斯本人所注，这句话出自富克尔·格雷威尔克·布鲁克的《菲利普·西德尼爵士传》（*Life of Sir Philip Sydney*，1652）。

相当奇特的人物？比如，在描写船只众多的港口时，他这样写道：

船行海上，波浪四起，
如繁星在天……[1]

他感到自己和一艘船命运相连，甚至忧戚相关：

与其他船只相比我更偏爱她：
她何时调头，将驶向何处？她不会容许
片刻停留。无论去往何方，风都必将她推动：
她继续航行，沿着应去的方向。

又或者像致图桑·卢维杜尔那首，有一句写得很可笑，'地牢深处你枕着土块，听不到半点声息'[2]，但若写成听得见的'地牢'更糟。还有一首，他写到如何让情人听见自己：

我也敢坦然诉说，
不过只能让情人听到。[3]

诗中主人公骑马前行，一边望月，一边看到了情人，心想：'她若是死了，那就太诡异了（或是说太恐怖了）'：

什么怪念头，又痴又糊涂，
会溜入情人的头脑！
'天呐！'我向自己惊叫，
'万一露西会死掉！'

这好像没什么，但似乎的确如此。他写下了很多有确切情景设定的诗作，比如'在特别美好的一天里''坐着，读着什么'。在《抒情歌谣集》的序言中，他说，作者与读者之间存在着一种契约，在十八世纪末一个买了诗集的人想要通过他花的钱得到的是诸如诗意的辞藻、神话人物等一类的东西。由于他摒弃了所有这些东西，他觉得有必要坦诚地提前告知读者。然而柯勒律治（可能听上去不可思议，

---

[1] 《诗集》（*Poems*，1807）。
[2] "致杜桑·路维杜尔"（"To Toussaint L'Ouverture"，出自《诗集》杨德豫译），《华兹华斯诗歌精选》，2010年，北岳文艺出版社。
[3] "我曾有过奇异的心血来潮"（"Strange fits of passion have I known"）《抒情歌谣集》（*Lyrical Ballads*，1800）（飞白译）。

但就是那个爱说大话的柯勒律治）认为一部艺术作品永远不应该通过理性或道理来呈现，因为这样会引发读者的争论¹，诗句应该传递给单纯地读诗、想要享受诗句并没有准备通过道理去赞赏或争论诗作的读者。文艺批评（和经验所展示给我们的一样）总是在艺术作品里寻找要和作者论战的借口，试图证明比如作者在序言里提出的观点没有在作品中一以贯之，等等。华兹华斯说他担心大家认为他是想'说服读者去欣赏他的诗句'。²那是一个比现在好得多的时代。当时的人们追求的是能让自己喜欢的诗句，而现在人们想要的是耸动、刺激，诸如此类，并不单单是令人愉悦的诗……那些法国文学流派离我们多么遥远啊……而格拉西安曾说，一个人身上总有令人不解之处，那是为了让他人因无法完全了解自己而不至于感到无趣。"比奥伊："叔本华那么欣赏他真是太奇怪了。"博尔赫斯："应该读他作品的德语版。总是比原版强那么一点。因为就算再弱，也能迅速看到他的思想，而不是结果。例如，格拉西安说：'人生就是对抗邪恶的军事斗争。'³这或许并不是个愚蠢的观点。但跟'军事'和'邪恶'有关的事总是令人愤怒，人们就不再去听，不再去想了。这么写可能是因为他无法用其他方式来表达。倘若他写的是'人生是对抗邪恶的战争'，或许有人就会发现用'军事斗争'来代替'战争'一词本来可以表述得更好。"

他说如今过于重视作者了："询问贝亚特里斯·吉多的看法简直是笑话。她活在一个戏剧化的世界里，全然不考虑现实、大众或伦理道德。她只负责讲述，而别的嘛，都是刺激她写作的东西。莎士比亚嘛，从他写过的东西来看，也是如此。或许应该询问像叔本华那样的人。又或许这仍然是对待作家过于严肃的问题。"

聊起大卫·加内特的《爱情面面观》⁴。我跟他说，这本书在某种程度，对于福克纳或是萨特那种需要搜集暴行的作家来说，是给了他们一耳光，这本书趣味十足，书里的一切都令人愉悦。比奥伊："那些暴行有点像约翰逊笔下巨人和矮人之间的野蛮冒险故事。"博尔赫斯："约翰逊的文风对他本人并无害处，但对效仿者不利。尽管如此，像《诗人列传》那种详尽至极的传记也让包斯威尔写成了《约翰逊传》。"我跟他说，那些列传只有作为先例的价值而已。我们历数了几部最值得

---

1 《文学传记》（*Biographia Literaria*，1817），IV。
2 《抒情歌谣集》（*Lyrical Ballads*，1800）第二版序言。
3 "军事斗争就是用人的生活对抗人的邪恶"【《谨慎艺术的演讲教材》（*Oráculo manual y arte de prudencia*），1647】。参阅塞内卡，《书信集》，XCVI，5："生活就是斗争"；《约伯记》7：1："人在世上岂无争战"。
4 比奥伊在1956年7月8日的《国家报》上给此书写过书评。

称颂的，比如萨维奇传、弥尔顿传、斯威夫特传、蒲柏传、考利传、艾迪生传和斯蒂尔传。

博尔赫斯太清心寡欲了，无法消受像"来吧美酒和骰子，想着明天的人将死"[1]或是"这姑娘现在就拥抱我吧，或许明日不再"[2]这样的诗。

10月18日，星期四。　　博尔赫斯提到了莎士比亚的那句："官吏的横暴。"[3]

10月20日，星期六。　　博尔赫斯评歌德的几句诗，他觉得第二句和第一句没有很大关联，或者说不是从第一句生发的：

在限制中才显示出能手，

只有规律能给我们自由。[4]

他说："诗中人们所见的是那个纳粹主义的先行者，是对政府充满热情的那个德国人。"

尚德曾跟他提到过一句丘吉尔评价犹太人的话："犹太人就像是异教徒，只是更加异类。"因此，犹太人在我们当中会显得像克里奥尔人，而在英国就非常像英国人。博尔赫斯："在《犹太裔高乔人》一书中，赫尔丘诺夫好像不知道高乔人什么样，描写小庄园主的时候，谈论的都是耕地和播种。他先写了一个弑父的高乔人[5]，随后他的表现近乎是个高乔人了，显露出了各种高乔人的才智和本领。他没有充分利用这一切来报复他的父亲，这似乎不太对，他只是利用这些来显得犹太人都是相当不错的阿根廷人而已。前面写的一切都无足轻重，或许是为了体现赫尔丘诺夫认同的东西。"

弗里亚斯曾说，在莎士比亚那个年代，人们去看戏是为了融入彼此，而如今去剧院是为了互相回避。博尔赫斯跟我说："为什么？难道过去的生活比现在更安逸

1　维吉尔《酒杯》中的诗句："Pone merum et talos. Pereat qui crastinal curat."【《维吉尔附录》(*Appendix Vergiliana*)】。比奥伊在给《爱情面面观》一书的短评中有提及，该小说在前文做过脚注。

2　指放纵的学生们的对酒歌《同欢》(*Gaudeamus*)："让我们纵情欢乐／趁青春大好！……"

3　《哈姆雷特》，III，1。

4　《自然与艺术》(*Natur und Kunst*, 1800)，冯至译。王尔德曾在《谎言的衰朽》(*The Decay of Lying*)【《意图集》(*Intentions*, 1891)】中引用过第一句，马修·阿诺德在《阿米尔》(*Amiel*)【《批评集》(*Essays in Criticism*, 1888)】中引用过两句。（冯至译）

5　博尔赫斯可能指"牛仔"这一章。

吗？我并不这么认为：我觉得过去的生活大抵也是艰难、困苦、肮脏且残酷的[1]。想想这人如今是大学老师，有一帮研究他说话纰漏的学生。"

10月21日，星期日。 他跟我聊起胡里奥·派罗关于塞尚的一场讲座："他的演讲想必是把1917年某个法国的研究文献翻译过后，整个照搬来的。我怀疑派罗说过，塞尚代表了法国对抗蛮族[2]取得的精神上的胜利。甚至我认为他提到了德国佬。他还说，虽然有意大利血统，但塞尚的家族在两百多年前就在法国定居了。可这关派罗什么事？他还说了一些关于大力脑袋的事情，毫无疑问，就是指 tête puissante（法语：强有力的头球），还补充说，猛地一下就突然发生了。我觉得这一下也该同时撞在这位演讲者身上。不过，有些论断应该是他自己的。比如，他谈到了维吉尔的亚历山大体诗歌——你觉得如何？这让人想起这位曼图亚人[3]的十四行诗[4]，还有他讲到塞尚和左拉儿时都读过龚古尔兄弟的小说。他们不是同代人吗？要是读过《梅塘之夜》才更奇怪吧。我可没说派罗看过《拉鲁斯小词典》，但他说不定看过什么'拉鲁斯中词典'。"

10月24日，星期三。 我跟他说福涅莱斯博士想在国立图书馆办一场讲座，关于梅内德斯·伊·佩拉约的宽容论。博尔赫斯说："我当然知道这套理论：托尔克马达[5]或是宗教宽容。"

聊起卡亚俄大道之友商会，他说："都是商人，那些朋友聚会时，每个人心里想的都是怎么把别人钱包里的钱赚到手。"

10月25日，星期四。 博尔赫斯跟我说："他们把诺贝尔奖颁给了胡安·拉蒙·希梅内斯。"比奥伊："太可耻了……"博尔赫斯："对于斯德哥尔摩来说嘛……先是给了加夫列拉，现在是胡安·拉蒙。跟颁奖相比，这帮人还是研发矽藻土炸药更厉害。"比奥伊："不管怎样，胡安·拉蒙还是比加夫列拉·米斯特拉尔更胜一筹。胡安·拉蒙的烂诗是烂，但那些最好的诗作也相当好。但加夫列拉·米斯特拉尔没写过一首

---

1 指射托·霍布斯的《利维坦》（*Leviathan*，1660），I, 13："人的生活孤独、贫困、卑污、残忍而短寿。"
2 此处应指射法国人眼中野蛮的日耳曼人以及普法战争中法国与德国的对抗。——译者注
3 维吉尔出生于曼图亚附近的安第斯村（今意大利北部）。——译者注
4 参见赫瓦西奥·蒙特内格罗对日落的看法，他认为日落"还不如维吉尔的一首十四行诗"。《斗牛之神》（*El dios de los toros*，1942）》
5 西班牙宗教裁判所首任大法官。他的名字经常与宗教迫害、教条主义等联系在一起。——译者注

特别好的。"

10月27日，星期六。 佩罗和博尔赫斯笑着说，俄罗斯使馆所有的车，除了一辆，其他都是美国牌子。博尔赫斯："在斯拉夫神秘主义的氛围里，俄罗斯人还是有一种令人钦佩的务实能力，他们明白车子应为移动出行服务，所以会买卡迪拉克和雪佛兰。"

我们聊起诺贝尔奖。博尔赫斯今天更向着胡安·拉蒙·希梅内斯："他说得多好：'诺贝尔奖让我满怀悲伤。我的妻子正在病中。'这话说得多平实啊：'我满怀悲伤'。若是他表现出作家的样子或是说'悲伤布满了我'一类的话，可能就很糟糕了。"博尔赫斯想起希梅内斯对几乎所有他的西班牙老乡都说过坏话："他常唠叨：'佩雷斯·德·阿亚拉的家没法去。他家里把火腿和香肠挂起来做装饰。'要么说：'阿索林的家没法去。他床头柜上有个烟灰缸，烟灰缸上有个50厘米高的堂吉诃德金属像。'要么说：'在安东尼奥·马查多家，他给我拿的椅子我都没法坐，因为椅子上有一摊可能几天前就丢在那里的煎蛋。'"今天希梅内斯的妻子，塞诺维娅，过世了。

10月29日，星期一。 博尔赫斯和威尔科克在家吃饭。我们聊到司汤达和柯勒律治剽窃的事。[1] 关于司汤达在《罗马、那不勒斯和弗洛伦萨》一书中的抄袭，我是这样猜测的：司汤达作为个人，他首先是位作家。他手里的书对他来说才是最重要的，比他的道德声望、他对同行应尽的责任等都更为重要。这本书就是在意大利几个城市间的一种旅行。如果他没法提供的一部分有用的素材在什么书里或者杂志里找到了的话，他会拿来用的。为什么他不说明资料来源呢？因为他最厌弃的就是那种旁征博引的书，他的理想是达到一种清新自然不做作的风格，并将其一以贯之。为了达到这种目的，像这样写无疑更合适："我之前碰到了某先生，他特别有意思，他跟我讲了什么趣闻。"他把那些逸闻复述了一遍，最终发表在了第55期《爱丁堡评论》上。他力求不做那种仅从阅读中取材的作家。但倘若一个人打破了顾虑，抄了一次，

---

1 司汤达被指控在其《罗马、那不勒斯和弗洛伦萨》（*Rome, Naples et Florence*，1817）一书中涉嫌剽窃朱塞佩·卡巴尼等人，甚至似乎还抄袭了《爱丁堡评论》（vol. XXVI，第52期）中关于《诗与真》（*Dichtung und Wahrheit*，1811—13）的一则书评，援引了同样的例子来嘲讽歌德的自恋情结。而关于柯勒律治在《文学传记》（*Biographia literaria*，1817）的第12和13章中分别抄袭了费希特和谢林一事，参见德·昆西的《湖畔杂忆1807—1830》（*Lake Reminiscences from 1807 to 1830*，1839）。

那他就很有可能无所忌惮地再抄很多次。当然，把对歌德的嘲讽放进书里、提及研究意大利土壤的那位先生都不是必要的。

博尔赫斯给出了这样的解释："他从来都是睥睨书本的。他总是说：'这来点儿抒情，这来点儿小说式的趣闻，这来点儿科普'。所以，比如说，他就拿了手头现成的科学事件写了进去。翻开《爱丁堡评论》，选了那本关于意大利土壤研究的作者的名字，还把杂志上那条带着印刷错误的标题直接抄了下来。他怎么能知道题目有错呢？"比奥伊："想着用抄来的东西抨击歌德更是无耻到了匪夷所思的地步。用文字抨击别人的人总应得到回应，而歌德不会不知道《爱丁堡评论》里对他的攻击，因为作家通常都会看过针对他们的文章：司汤达给了歌德做出有效回应的素材。"

我们聊起冗长又无趣的笑话（shaggy dog stories）和幽默。博尔赫斯说他想用调侃的口气写点什么，但很难："这是一种卑微的体裁，注定要过气。没有什么比喜剧性消失得更快的了。"比奥伊："从前逗笑了我们父辈的东西，如今只能让我们觉得厌烦而已。就比如本世纪初那种典型的阿根廷笑话：为什么海水不会溢出来？因为海里有海绵，鱼还会喝水。"博尔赫斯："伊瓦拉经常想，华特·迪士尼的动画片会不会逗笑荷马。维吉尔能否在劳莱与哈代的电影里发现喜剧意味？他们若是跟莎士比亚的对谈会怎样？"威尔科克："有一个戏剧里曾引发观众哄堂大笑的古希腊笑话是这么说的：'我觉得我脚上有……增生（没有说脚上有古希腊演员的厚底鞋还是别的什么）'。观众以为会说鞋，结果说的是脚骨的增生，就会有惊喜和大笑。"博尔赫斯："伊瓦拉一直否定电影里的性感镜头。那时候的黑白画面怎么能做到性感呢？尽管理论上能接受，但现实已经把性感消解掉了。"

11月5日，星期一。 博尔赫斯神情严肃地钻进了车里，好像在为什么严重的事情担心，我问他发生什么事儿了吗，他只答："没什么。"然后就直接说起了国家诗歌奖的比赛，语气平淡。他是评委，这次有西尔维娜和威尔科克的书参赛[1]。他讲起这件事时那严肃的样子，我是说他对这个比赛的郑重其事，让我有些惊讶。博尔赫斯："如果必须要在莫利纳里和巴维里之间选一个，你会投谁？"比奥伊："不知道。那我得把他们的书再重读一遍。或许投巴维里更好吧——既然他俩都不怎么样，在我看来都一样糟糕——因为把奖颁给他的话，不会激发他成为一个深入人心又愚蠢自负的传奇（像莫利纳里的那种盛名），巴维里已经过世了，他的诗一无是处，他的

---

[1] 西尔维娜·奥坎波，《名字》（*Los nombres*，1953）；胡·罗·威尔科克，《第六》（*Sexto*，1953）。

名望也不至于那么根深蒂固,不会影响到年轻一辈的作家。"博尔赫斯:"莫利纳里写过赞美诗、书信体诗、十四行诗和自由体诗,那也都是白搭。他能成功大概是因为他不求任何努力。"

11月6日,星期二。 他说巴维里的诗集《男舞者》写得比莫利纳里高级很多,至少有赏心悦目的句子。莫利纳里的书里大抵会有这样的句子:

> 小禽穿过于空气。(Las pequeñas aves cruzan por el aire.)

不全是这样,也有不游移在十一音节诗边缘的诗。博尔赫斯:"因为他不严格追求格律了,校对的时候,他没看到本应把'于'去掉吗?至于'小禽',就是法语的'小鸟',我在想,莫利纳里当时怎么能想到这个词呢。他一个法语单词都不认识,一点儿都不会。"

11月8日,星期四。 博尔赫斯:"我觉得永远都不应该写连续押韵的两行,韵脚跟得太紧了,人工雕琢的痕迹一下就能看出来。如果一句结尾的音节是 urgo,读者就觉得接下来一句的末尾应该是 Panurgo,没有那种引发读者不信任的停顿[1]。但韵脚交替出现的时候,整体就更连贯了,诗歌的结构性更强。"比奥伊:"没有了刻意押韵的痕迹,就有了音韵美。"博尔赫斯:"一首二行连韵的诗就是一串双行诗,一系列短诗。我知道那就是英雄双行体了,就是蒲柏式的,拉辛式的,高乃依式的诗。"

谈到国家诗歌奖。博尔赫斯:"威尔科克没什么得奖的希望了。这个小伙子让人厌烦了。没人喜欢他。他的诗有特别好的也有特别糟的,发挥不稳定。"比奥伊:"是啊,可是那些特别好的诗要比几乎所有人写得都好啊。应该以最好的作品来评判一个作家,就像人们评判逝者那样。"博尔赫斯:"关于背叛的那首非常美。"他用欣赏的口吻读起了那首诗:

> 他们亲在了嘴唇上,胆大包天!
> 就在我的书本旁,就在我的画像侧,
> 欢庆着他们的情欲契约,
> 许是赤身裸体,许是喋喋不休。[2]

---

1 指塞·泰·柯勒律治《文学传奇》(*Biographia literaria*,1817)第14章中的那句:"那种自发的引起读者不信任的暂停,正是诗歌中的信任。"
2 《背叛以后》(*Después de la traición*)【《第六》(*Sexto*,1953)】

他评道:"糟糕的作家写不出这样的句子。他原本可以不用'契约'(contrato)这个商业用语,'情欲契约'(erótico contrato)这个词音韵上有些重复,可能会有点吓人。只用'契约'(contrato)就行,只是看上去音韵重复。最后一句要是让一个蠢人写会怎样呢?大概会写'许是裸体,许是穿衣'吧。伊瓦拉想必会说:'不能用穿衣(vestidos)这个词,因为要跟胆大包天(audaces)押韵。天才不做蠢事,他肯定要遵照韵律,用喋喋不休(locuaces)这个词。'伊瓦拉一直认为所有精准无误都是隐忍顺从的结果。他也常说:'他以为发现了一个人,却意外发现了一位作家。[1]'"

说起玛格丽特·阿韦利亚·卡普里莱的作品怎么能获奖。博尔赫斯:"她就是这样啊。她多年前就开始写作。到现在也没写出一本极好的作品,所以也不会惹到什么人。主要是嘉奖她这一点:多年的勤奋刻苦。没人想要读她的书,她的书写出来也不是为了被阅读的。大家为了应试才会去读她的书,从来不是为了阅读的乐趣。人们又不疯傻。"

聊到一个美国人的假说,说那些归在莎士比亚名下的作品的真正作者其实是马洛。[2] 博尔赫斯说马洛的作品与莎士比亚的非常不同,莎士比亚的作品中有很多鲜活的人物,而马洛的书中通常只有一个突出的角色,帖木尔大帝或是浮士德,而其他人都是他们身后的影子。他还说,像《浮士德博士的悲剧》这样的作品——当中有人向魔鬼出卖灵魂,还有魔鬼在台上作亵渎上帝的演说——如今已经很常见了,虽然现在看上去没什么攻击性,但在当时是非常大胆、令观众动容的。借某一人物之口,表达对上帝的抗议或否定,这在当时闻所未闻,甚至可能让作者付出在广场上被处以火刑烧死的代价。那些扮演魔鬼的演员曾一度因灵异事件而在表演中浑身发抖。据说在一次《浮士德》的演出中,本来应有四个魔鬼在台上,但人们惊恐地发现台上竟然有五个,'一个魔鬼就够多了',演出因此中止。

11月10日,星期六。 我问他是否应该像写故事一样写文章。博尔赫斯:"我认为所有文体都应有叙述性,都应具备故事的形式。"西尔维娜:"什么?那诗歌也是吗?"

---

1 这句是为了戏谑,把帕斯卡尔《思想录》(布兰斯维克译本)中的第29条那句倒过来了:"我们只是期待看到一位作家,却意外发现了一个人。"(... on s'attendait de voir un auteur et con trouve un homme)。

2 卡尔文·霍夫曼,《谋杀那个后来成为莎士比亚的人》(*The Murder of the Man who was Shakespeare*,1956)。

博尔赫斯:"诗歌也是。都应营造一个局面或是制造一个结局。当然,可能有人会把写出非叙述性的东西作为理想,但这样往往会落空。要让读者一直兴致勃勃,应该把文章都写得像小故事一样。"比奥伊:"但我觉得写故事和写简讯、写文章之间还是有区别的。故事的结尾必须包含最重要的东西,而开头无关紧要,读者清楚后续会有值得期待的东西。而在简讯和文章中,则要把最好的东西写在第一行,否则读者就不会继续往下看了。"

他讲到战时(即第一次世界大战)[1],他有次走进那家瑞士书店[2],问作为好友的店主:"德国人在做的混蛋事你怎么看?"店主答:"您知道,我是瑞士人,是中立国的,所以这种事我不掺和。"博尔赫斯确信没有西班牙人会卑劣到如此地步。因为首先,他们自认为有骑士品格,其次他们有想法并想要表达出来。我说,话虽如此,瑞士人在战时都非常英勇,每个人都为保家卫国做好了准备,每个人都拥护协约国。只出了一个叛徒——他因为和德国人有来往被视为叛徒——被枪毙了。博尔赫斯认为在14年战争期间所有人都是亲法的,甚至德裔瑞士人都是。

我们聊到了阿莫林和他的共产主义。博尔赫斯:"共产主义信仰可以抚慰他作为作家的失败。他可能会想,他的书没有取得过什么反响都是由于他信共产主义。他写了很多长篇和短篇小说,糟糕透顶的诗歌,十四行诗……但说到底,就好像什么都没写过。"

他说自己痛恨苏联人,都无法想象他们能思考、有预见性。他只能把他们想象成恶龙或是魔鬼,没有缘由地作恶,不带脑子。西尔维娜问,万一和苏联人的关系破裂,他们是否拿我们没有办法。博尔赫斯(面带微笑):"你希望他们对我们做什么?"西尔维娜:"阿根廷有很多苏联人。"比奥伊:"没有,很少。也就六七百万吧。不过的确能组建一支军队了。一支六七百万人的军队。"博尔赫斯:"他们应该比那不勒斯人少。但那不勒斯人什么都没做,尽管他们比苏联人聪明得多。"比奥伊:"还会有什么人?苏联人还是卡塔马尔卡人?"博尔赫斯:"卡塔马尔卡人还是斜眼的人?我看是斜眼的人。"

---

1 指第一次世界大战期间。后文的"14年战争"也指一战。——译者注
2 欧洲书局,在科连特斯大道518号。比奥伊·卡萨雷斯曾写道:"我们(指和博尔赫斯)当时逛遍了科连特斯大道上的二手旧书店,在科连特斯大道和圣马丁街交汇处的一家书店里,一个高层上,有一个德国还是德裔瑞士书商,他对卖书毫无兴趣,不止一次给我们甩脸色。"
【《黑猫》第1期(*El Gato Negro*,1990)】

博尔赫斯:"我们可以编一个故事集。每个故事包含一个国家最核心的东西,作为向这个国家的致敬。法国故事可以选康拉德的《决斗》。你记得吗?为了让他的对手名誉扫地,拿破仑大军中的一位将军对另一位将军说:'你从未爱戴过拿破仑大帝。'[1]你注意到了吗?他从未爱戴过拿破仑大帝!这对于听到这句话的人来说可是骇人听闻的。"我想起威尔斯和萧伯纳似乎都觉得康拉德没有幽默感。"他怎么能没有幽默感?"博尔赫斯说。

说起曾当过小偷的欧·亨利。他常说美国南方音乐都是在棉花田和纽约麦迪逊大道的水坑里写出来的。一位给欧·亨利写过序的作家讲,有一次在一个咖啡馆里他和一个陌生人聊天,他说在像莫泊桑那种真正的故事和像欧·亨利那种趣闻段子之间是有区别的。陌生人说:"您说得不错。我现在得去干活了。"那人就是欧·亨利。这位作家从此再没见过他。博尔赫斯:"把这则轶事写进序里倒是不错。而且还回应了那些反对的声音。"我说,莫泊桑的故事也是趣闻段子。其实本质上,他们二人之间的作品很像。不过我们都认同莫泊桑的故事写得更仔细、更徐缓、更贴近生活、更详实。他的人物塑造得更好。博尔赫斯:"欧·亨利和费利克斯·利马[2]有点像。"

11月12日,星期一。 博尔赫斯和威尔科克在家吃饭。大家聊起长篇小说来。威尔科克说他正着手写一篇长篇,正在读福斯特的《小说面面观》来做准备。他说这本书像金粉一样,应该再细读一遍。还说加内特好像在《爱情面面观》里把福斯特所说的小说技巧都小心翼翼地用了进去。

说起对写作的看法。福斯特说,是否依照某条写作惯例取决于作者的魄力。他说托尔斯泰在《战争与和平》开篇就表现得全知全能,第二章又写出了一个作家作为旁观者应该知晓的情况,第三章再多透露一些,以此类推。他说托尔斯泰就可以这样肆意挥洒。[3]博尔赫斯:"我觉得这总归是亨利·詹姆斯发明出来的惯例,在他之前,也有好小说。《悲惨世界》里,有人做了个梦,读者知道梦的内容,但小说里的人物把它忘了[4],这样的设定也不错。"

---

1 《决斗》(*The Duel*,1908),III。
2 风俗派作家、记者(1880—1943)。曾用布宜诺斯艾利斯城底层民众所用的黑话写作。曾把刀客帕雷德斯介绍给博尔赫斯。博尔赫斯称他为"弗莱伊·莫乔的继承者"。【《草原和城郊是为神》(*La pampa y el suburbio son dioses*,1926)】
3 《小说面面观》(1927),IV。
4 《悲惨世界》(1845—1962)第一部第七卷第4章中的冉阿让。

聊到小说中的对话。威尔科克:"当人物开始讲述的时候,写成段落要比通过人物之间的对话来表达更好,结构性更强。"比奥伊:"或许每一段、每句话都不错,但小说整体不一定好。"博尔赫斯:"那是当然。我们可以通过对话走近人物,仿佛听见他们说话。没有什么比通过人物的说话方式来塑造人物性格更好的方法了。作者为什么要剥夺人物说话的权利呢?如果都让作者说了,那人物就离读者远了。"威尔科克问我们是否有必要聊一聊写书中人物吃东西这件事,因为福斯特认为这是生活中最重要的一个侧面,却在小说里被忽视了。[1]但威尔科克认为告诉读者书中人物正在吃饭就跟告诉他们那些人正在做爱一样烦。对此,我们没有任何评论。他又继续说,加内特似乎全盘接受了福斯特在书中的建议,因为《爱情面面观》里反复写到食物。威尔科克还注意到,作者通常会要求人物吃或喝作者自己喜欢的东西,而他作为译者能看得出来,因为他时不时就要碰到如何翻译"drink"这个词的问题,而这个词是不可译的。"那用'吞'。"博尔赫斯说,他认为食物和饮料可以用来塑造人物。毫无疑问,狄更斯一定喜欢啤酒、肉和蛋糕,因为他的小说人物总是不停地大口喝啤酒、大口吃肉、大嚼蛋糕。博尔赫斯觉得这样写很畅快。我们还想起了安东尼·吉尔伯特的几部侦探小说,它们的一大魅力主要就在于主人公是一个非常能喝黑啤的糙汉[2]。威尔科克说,福斯特认为作者最懦弱的时候就是当他们在背后议论人物的时候,说这些人好或不好,要么就说些有的没的。博尔赫斯反驳说巴特勒这点就做得很好,《众生之路》就十分讨人喜欢:"这部小说其中一个奇特的地方就是,叙述者跟读者说他是主人公的亲戚,所以知道他很多事,但这一点是在那本书里提前告知读者的,所以读者能接受。"

得空儿了,博尔赫斯跟我说:"威尔科克得奖无望了——就像大家说的,他的作品'不流传'。马克思·罗德把他夸了一通,找出了很多他的长处,就为了最后用伤感而坚定的口吻说一句:'威尔科克得不了,得不了。'人们总是如此:为了之后把某人排除在外,先把他夸奖一番。对威尔科克的夸奖就是这么来的。我之前以为他讨厌威尔科克是因为他认识他。但似乎不是因为这个。或许他厌恶威尔科克的地方能在他的书里发现端倪。他要么令人生厌,要么卑躬屈膝,或者同时让人觉得讨厌又谄媚。他不是个绅士。他看上去从未独立过,总是依附、捆绑在别人身上,要么

---

[1] 《小说面面观》(1927),III。
[2] 探员亚瑟·克鲁克出现在了安东尼·吉尔伯特于1936年到1973年间创作的47本小说中,其中多部被收录于小说选《第七层》。

是出于敌意，要么是出于迎合。"我替可怜的威尔科克辩护了几句。

11月29日，星期四。 国家诗歌奖：一等奖，巴维里（已故）；二等奖，西尔维娜；三等奖，埃切瓦内。

12月1日，星期六。 博尔赫斯说有一位索夫拉尔先生拜访了他，是个在布宜诺斯艾利斯定居的乌拉圭人，他昨天在国立图书馆接待了他。这位先生写过一本书，关于吉萨金字塔大小的数字测算，与蒙得维的亚山的体积做对比。他还根据一种衡量诗句尺度的新方法，写了一本韵律学专著，被教师们集体抵制了。这本专著里有索夫拉尔先生的诗，虽然读起来也没有特别顺耳，但在尺度上是完全符合新标准的。他还用这种方法检测了索里利亚·德·圣马丁和胡安娜·德·伊瓦武鲁的诗句格律。索夫拉尔先生此次拜访的目的（前几次来，他带了自己的韵律学专著和那本关于金字塔的书作为礼物）是想要捐赠一册克洛德·法雷尔《谋杀者》的精装本。他确信这本书有一个非常特别的价值：尽管在书中未曾提及，但它其实曾被收藏于前总统堂·马塞洛·T·德·阿尔韦亚尔的私人图书馆。

　　索夫拉尔先生得知了那份支持匈牙利人民的革命宣言[1]，也在上面签了名，这份宣言同时也支持埃及抵抗法国、英国和以色列[2]。博尔赫斯说这两起事件之间有很大不同，想让索夫拉尔给他说明一下他眼中二者的相似之处。但这明显激怒了索夫拉尔，因为博尔赫斯发现：一，索夫拉尔已经从桌子对面坐起来了，在他面前俯视着自己，隐约有凌空的感觉；二，他很肥胖；三，他反复喊着："请您像个阿根廷人一样回答我！"；四，他哭了；五，博尔赫斯自己有人身危险。随后博尔赫斯明白了，索夫拉尔只是疯了而已，所以博尔赫斯也没有多大危险。于是博尔赫斯对他说："请您赶快回去吧。"索夫拉尔听了他的话，往回走了，边走边喊："请您像个阿根廷人一样回答我！"几个管理员冲出来保护博尔赫斯。克莱门特也出来了，他一听说索夫拉尔来了，就先把自己关在图书馆最里面的一间屋子里了。克莱门特跟博尔赫斯说有一天早上他们收到了索夫拉尔捐赠图书当中的一本，中午的时候，索夫

1　宣言由博尔赫斯发起，针对11月1日苏联对匈牙利的侵略。（匈牙利十月事件，冷战结束后匈牙利国内称之为匈牙利1956年革命，发生于1956年10月23日—1956年11月4日，匈牙利民众对政府表达不满，以学生运动开始，以苏联军队入驻匈牙利并配合匈牙利国家安全局进行镇压而结束。——译者注）
2　指1956年爆发的苏伊士运河战争，也被称作第二次中东战争，英、法、以三国结盟，军事介入埃及将苏伊士运河国有化，试图重新霸占苏伊士运河。——译者注

拉尔打了通电话，绝望地问他们是否发现了什么不对。克莱门特说没发现什么。索夫拉尔说是书中有一页里本应用 como 的地方被他错写成了 cual。克莱门特说自己可以改过来。索夫拉尔说不行，说必须要用同一种墨水改才行。于是，他兜里揣了一瓶墨水去了图书馆，动手改了起来。博尔赫斯说疯子通常都蓬头垢面、衣衫褴褛，但这位有一种有钱人的派头，住豪华酒店，还会捐赠装帧考究的书。

12月10日，星期一。 有几个下午他们带着博尔赫斯参观了《批评报》的报社大楼和印刷间："你一定想象不到我看到那个二十五年前工作的地方的时候，心里的那种感触。看到那些占了两层楼的机器，那些精致、巨大又漂亮的机器在以一种丑陋的方式印刷报纸，简直不可思议，都是无用功。"

他提到了罗伯特·阿尔特："他太天真了。总是被随便什么赚大钱的项目忽悠，无论项目听上去有多荒谬，但凡他还有点儿滑头他都不能被骗。比方说，他曾对一个在阿韦亚内达的屠马集市项目十分感兴趣。这个生意实际是想顺便暗中把马尾都剪下来卖掉，能赚上千万。还附带一个生财之道：能用马背上伤口的结痂生产一种效果显著的杀虫剂。"

"他是个共产主义者，曾对那种建设一个国有妓院产业链、甚至引发一场社会变革的想法怀有冲动。他是个混蛋，一个极其粗鄙的人。有一晚我们和里卡多·吉拉尔德斯、埃瓦尔·门德斯讨论一本杂志的名字。阿尔特用他的粗嗓门加外地口音问：'为啥不取名叫《鳄鱼》？哈哈。'他就是个蠢货。"

"他只在《批评报》待了两天就被赶出来了，因为什么忙也帮不上，一丁点儿事都不会做。他们跟我说也就只有《世界报》知道怎么用他。随便给他派个什么稿子，之后都会把他的稿子再派给别人重写。据说，把他三百多页的《布宜诺斯艾利斯蚀刻画》集结成册能出一本超凡的书。你想想会是什么样子。他曾经每天写这本书，写他每天第一眼看见的东西。不过多亏后来有人重新修订过了。"

"他们都跟我说他后来的确素质有所提高，读了福克纳，能从他的一篇两页的文章中看出来，看出一些很棒的东西，文章标题就说明一切了：'关于小说的危机'。这是什么题目。现在你能想象会有多蠢了吧。阿尔特认为，由于人们不理解小说是什么，所以存在小说的危机。在小说中，每个人物都应有一个明确的命运，就比如老虎的宿命是杀戮一样。你发现了吗？他必须依靠一种动物去象征命运的纯粹。与其说他描写的是人物，不如说他写的是傀儡。"

谈到吉列尔莫·德·托雷："他跑遍了美洲大陆。但这趟旅行并没有给他带来什么值得回忆的经历，也没引发出什么值得引用的金句。纯粹就是装腔作势。他曾对帕皮阿门托语感兴趣吗？没有过。他去过西班牙之家和教师中心，回来只说了一句对雷耶斯的评价，我也不知道是否值得记下来：'他的胡子已经不长了。因为个子太矮，看上去像个地精。'"

12月11日，星期二。 博尔赫斯："有些人能写出值得赞叹的一首诗或一个句子。人们说这就值别人的一整部作品了。有人把一则非常短小的诗文和狄更斯或雨果的作品相提并论。假装这样对比对那些巨作来说更有优势。并非如此。谁都能把一个句子或一首诗写好，令人兴致盎然，而在那种宏大的作品里必须要写出波折与坎坷。"

我们高声朗读起马斯特罗纳尔迪的诗集《夜思》[1]。博尔赫斯："让人无感。为什么？因为他的诗只是一些近义词之间的文字游戏吗？因为能猜出哪些用词的犹豫了、哪些词语被替换了吗？

> 骑马的人令我欢喜，[2]

他笑着感叹道。可不是，文学和诗歌除了像个愚蠢的笑话还能是什么呢？

> 今天为那个温柔的人抵挡这个世界［…］
> 亲切的他用大大的眼睛望着［…］
> 有只鸟儿开始忧伤……[3]

他的语言简单质朴，但语句不符合任何人说话的方式和感觉。所以从没有人这样想过。

> 啊，死亡的爱人[4]

这写的是玛利亚·德·比利亚里诺。所谓'死亡的爱人'是因为马斯特里纳尔迪很天真地确信她对爱情不感兴趣。她只是对'他的'爱情不感兴趣罢了。'啊，死亡的爱人'这句该属于诗歌中最荒诞的那种臆想之一：对那些我们漠不关心的人、那些

---

1 修订和增补的第二版（1956）。
2 《外省之光》（*Luz de provincia*）【《夜思》（1956）】。
3 《致吉拉尔德斯之星》（*A la estrella de Güiraldes*）【出处同上】。
4 《远方的歌谣》（*Romance con lejanías*）【出处同上】。

觉得我们无聊、但给予了我们快乐和意义的人的幻想。"比奥伊:"其他诗人不会用这些词句来表达温柔和闲适的意象。但在马斯特里纳尔迪的诗里,每句都有'温柔、喜爱、甜蜜和冷漠'。"博尔赫斯:"比安东尼奥·马查多还糟糕吗?是的,更糟。"比奥伊:"更糟糕的是,比他十分鄙视的卡普德维拉还不如。"

12月12日,星期三。 他当着甘农的面夸赞了一首长诗,甘农反驳道:"你不是更喜欢那些铭文诗嘛,短小精悍的。像《希腊诗歌选》里的那些。"博尔赫斯:"不是啊。我既喜欢简短的,也喜欢不简短的东西。《神曲》难道写得不好吗?"博尔赫斯发现甘农能达到一种极其愚蠢的程度:"比如他一度非常佩服那句:

好奇怪啊

上帝

选中了

犹太人。[1]

但现在他也读到了对此的回应,就是那首表明了耶稣是犹太人的诗[2],这首也让他很有感触。认为那样的诗句有辩证意义真是奇了。他怎么就没觉得它们就是文字游戏而已呢。他还很欣赏道生的那首《辛娜拉》。[3] 但要是《辛娜拉》是雨果写的,他恐怕就不崇拜了,可能都不会发现有这么一首诗。他会因为作品或作者想表达的想法而对他们心生敬意。"

我们聊起铭文诗。他说波森的那首太有名了:

希腊的日耳曼人

上演了一出悲壮的表演;

人人皆如此,除了赫尔曼,

而赫尔曼来自日耳曼。[4]

博尔赫斯:"他想表达什么?想说因为赫尔曼是德国人,所以也不怎么通晓希腊

---

1 W·N·厄乌(1885—1976),《天选之民》(*The Chosen People*)。
2 或许是指塞西尔·布朗对此做出回应的诗:"并没有那么奇怪,/是那些明明选择了/犹太上帝的人,/却排斥犹太人。"
3 在甘农的《神圣的骸骨》(1971)一书中,曾收录了《辛娜拉》(*Cynara*)的西班牙语版本。
4 哲学家理查德·波森(1759—1808)关于德国学者戈特弗里德·赫尔曼(1772—1848)的铭文诗【《论日耳曼人的学习》(*On the Learning of the Germans*)】。

语?铭文诗的诗眼通常都在最后几句,他这几句应该写得再明确些。"比奥伊:"大概这首诗之所以有名就是因为没人敢承认自己看不懂吧。"

他觉得那些说话爱用比喻的人很滑稽,他们只是一味想表达一个想法,却没有意识到那个比喻引人联想出的画面是否妥当。有次他在电车上听到有人说:"那个拉戈斯的女孩正给我埋地雷呢。"

一位叫卡洛斯·德尔·坎皮略的先生要被授予爵位了,写了一篇极尽风雅的演讲稿,感谢"仁慈的女王陛下"赐予他这个荣誉。博尔赫斯评论道:"英国怎么还在做这种蠢事。英式运动也很蠢。英国的那些敌人从来没有以此来攻击他们也是怪了。他们还因此崇拜或嫉妒英国人。我看那个坎皮略先生不敢在布宜诺斯艾利斯使用他的爵士头衔。在英国也不敢,因为他们会把他当成是冒充某个卡洛斯爵士或查尔斯·德尔·坎皮略的人。唯一的解决办法就是去牙买加或是巴巴多斯定居。在致谢词里他用了'我迷人的妻子'一词。他以前肯定听过'迷人的妻子'这个词,但当时没发现人们都是用它来形容别人的妻子的。太蠢了。"

我们读了巴罗哈《知善恶树》的第一章。相当乏味、想象力匮乏,内容看着都很有距离感;有一些现实感,因为了无生趣,不奇异也不美丽。博尔赫斯:"谁知道这书是针对多少本书而写的。或许得想想里卡多·莱昂,或是那些塞万提斯的模仿者,才会去欣赏巴罗哈。他曾说乌纳穆诺不正派,说他抨击过歌德,还非常欣赏潘帕草原的将领、一位佩雷斯式的总统(萨米恩托)的杂文。一战期间他至少还是亲德的。他写过一本叫《孤独时光》的文集,这标题就很有挑战性,因为巴罗哈出了名的爱打手枪。"他想起多年前他读《知善恶树》的时候还是相当喜欢的。

博尔赫斯:"人们曾问过阿索林为什么给自己的剧作取英文标题。'莎士比亚也这么做',他这么回答。"

他谈到了伊普切的短篇故事,他要给《虚构》杂志写这些故事的评论[1]。他说那些故事写得不好。那套故事集名叫《鬼魂的故事》和《鬼魂的打火器》:那个鬼魂就是伊普切本人。在其中一个故事里[2]有位父亲,他捆了诱骗他女儿的男人,把他拖到女儿面前,人交给她的时候已经死了。"这就是那个欺骗你感情的人",他对她说。伊普切没想过女孩可能不喜欢这种行为,他认为故事里的父亲维护了女儿的清白,

---

1 《佩德罗·莱安德罗·伊普切》(*Pedro Leandro Ipuche*)【《虚构》(*Ficción*),第 5 期(1957)】。
2 《胡利安·克夫拉乔》(*Julián Quebracho*)【《鬼魂的故事》(*Cuentos del fantasma*, 1946)】。

是个值得尊敬的人。但他没看到那父亲其实比诱骗女儿的人更坏、更粗暴。

我跟他讲有个拉斯弗洛雷斯区的叫奇卡·萨拉斯的小姐，在账单上写下了几首洛尔迦的谣曲。博尔赫斯："人们欣赏那些诗，因为能在诗里看到布宜诺斯艾利斯大省南部的风貌，他们大概没发现诗里有什么反常，没发现诗中的马会突然变成西班牙赫雷斯城的小矮马，没发现诗里还有马德里底层的姑娘和虞美人花，没发现诗中满是'哎呀，哎呀'的呼喊声[1]。"

12月15日，星期六。 他说歌德的自传是一本全无意义的书："它会让他的崇拜者们很苦恼，他们不知道应该怎么为这本书正名。"

12月18日，星期二。 我们聊起埃切瓦内的长诗《无名的胡安》，讲的是一个高乔刀客的一生。博尔赫斯非常喜欢这首诗。博尔赫斯："像《无名的胡安》的一首诗完全要仰仗它所能取得的成就。它要么是伟大的城郊之诗，像一种郊区的《马丁·菲耶罗》，要么只是一种奇特的文学形式，一种戏仿而已。因为本质上，它并没有那么好。它明明出现的比埃尔南德斯和阿斯卡苏比的作品都晚很多，却比他们的诗都更简单，这很奇怪。你想想《马丁·菲耶罗》，它比《无名的胡安》要繁复得多。"比奥伊："他写得更自由。他能作为一个男人一样去自由地写作，丝毫不担心会丢掉个性。"博尔赫斯："那种简单化，那种人物自由感的缺失，可能是戏仿的缘故。而且它又像小说又像寓言故事。作为小说，小说人物要去往罗萨里奥和蒙得维的亚，看起来并不过分，但作为寓言故事，要树立模范人物，就有些过了。"

12月22日，星期六。 我们聊起沃利·泽纳。博尔赫斯："她精神崩溃了。变得低声下气的。她一直在受罪。"西尔维娜："为什么这么说？"博尔赫斯："你想想，她没法在任何地方发表文章。《国家报》不给她发文。我还在《南方》杂志的时候曾跟她约过稿。我把整份编辑好的稿子交给比安科，除了沃利的文章，其他全部都发表了。"西尔维娜："太可怕了。她写得很糟糕吗？"博尔赫斯："没有很糟糕。她有好几首很美的十四行诗。"比奥伊："她写得很糟啊，但没有《国家报》其他几位撰稿人那么糟，比如马格达莱纳·哈里阿盖。"西尔维娜："那为什么他们不发沃利的文章？"比奥伊："我觉得是博尔赫斯的错。他把她看作女性虚荣心的化身，还讲别人逗他开心的沃利的轶事。大家都信他，但如果把沃利看作一个荒唐、辛酸又可爱的

---

[1] "¡Ea!"是西班牙南部安达卢西亚人常用的一种感叹词，也常见于弗拉门戈表演中，表达赞同的语气。——译者注

人（就像博尔赫斯眼中的她一样）的话，人们反而会厌恶她，还会指责她。"博尔赫斯："是啊，我觉得你说的有理。"他又补充了几句，自我批评一下。

关于阿德拉·格龙多纳，博尔赫斯说："她最近很伤感。如果一个人写的东西不被任何人重视，想必很痛苦吧。她甚至觉得没人喜欢她，这让她更难受了。可就是因为她很丧所以没人喜欢她啊。"西尔维娜："太可怕了，你别这么刻薄啊！"博尔赫斯："我没有编造什么可怕的事啊。我只是观察到一个现象。忧郁且不停抱怨的总是被别人反感。"

他讲道："前天我刚认识了奥莱哈韦斯卡博士。今天早上我正开开心心地在街上走着，满怀诗情，情绪高涨，高声朗诵起我刚刚即兴创作的诗：

要是有人出于谨慎，在干架之前
先拉一泡屎，
那想必会有一只公鸡
给奥莱哈韦斯卡博士打鸣。

圣地亚哥德尔埃斯特罗的高乔人齐唱[1]：

那个叫奥莱哈韦斯卡的老好人。

突然，在圣马丁广场附近，我感觉有人拍了我一下，接着就听到一个熟悉的声音问我：'朋友，你好吗？'是奥莱哈韦斯卡博士。他当时要是听清了那首诗的话，就不会生气了：大家都觉得他勇气可嘉。但他想必以为自己听错了，可能会想：'我的名字都让我有点魔怔了，一直听到有人叫我的名字。'他一定只是听到了自己的名字而没有理解诗的内容，毕竟没人会觉得自己的名字好笑。"

1957 年

1月4日，星期五。　　我们怀着崇敬之情读了约翰逊致切斯特菲尔德的那封信[2]。我发

1　博尔赫斯当时以为奥莱哈韦斯卡来自圣地亚哥德尔埃斯特罗地区。后来他得知他是恩特雷斯罗斯省的人（"犹太裔高乔人"），所以合唱的高乔人就都变成恩特雷斯罗斯省的了（比奥伊注）。
2　《致尊敬的切斯特菲尔德伯爵书》(*Letter to the Right Honourable the Earl of Chesterfield*)。信的正文参见包斯威尔的《约翰逊传》，"1754 年"一节。

现在伯尔贝克·希尔的《约翰逊传》[1]里，约翰逊说的那句"吾乃天下征服者之征服者也"引用的是布瓦洛《诗艺》第三章里的句子，而这句出自古德里的史诗《阿里克》开篇的第一行。我又给博尔赫斯读了德·昆西批评那封信的文章[2]，他之前没听过这篇。博尔赫斯："德·昆西的抨击是出于对十八世纪的厌恶，也是出于讨论欲以及对法律的妄想。那种'如果这样，会导致一种结果，如果不这样，就会导致另一种结果'的论断，似乎不容置疑，但却没什么意义，因为说服不了任何人，或许人们觉得这种二选一的情况并不在讨论的范围内。"

4月26日，星期五。 和博尔赫斯通电话，他在电话里跟我讲起门多萨之行："我去做了一个有关卢贡内斯的讲座。讲座上我想起了他对找寻新韵的担忧，我记得他曾说过他给西班牙语留下了五百个韵脚，比如：

我需要把自己武装［...］；
并像一位佛兰德议员一样，
要戴帽、穿靴，把草鞋踏上。

［...］

仿佛那些小酒瓶把烈酒存
像一个个加里波第或拿破仑[3]

月盈月缺之间［...］
你的精神复现。[4]

微不足道的叙事诗［...］
写你五点钟的茶事……[5]

让人铭记嫉意的爱情，
［...］来自一只羊蹄踩出的脚印。[6]

---

1 《萨缪尔·约翰逊传》（*The Life of Samuel Johnson*，1887，牛津），由 L·F·鲍威尔修订（1934—1940，牛津）。

2 《约翰逊博士与切斯特菲尔德伯爵》（*Dr. Johnson and Lord Chesterfield*，1832）。

3 《月亮：月球地质的一角》（*Lunas: Un trozo de Selenología*）【《伤感的月历》（*Lunario sentimental*，1909）】。

4 《献给皮埃罗的歌谣》（*Cantinela a Pierrot*）（出处同上）。

5 《花园的黄昏》（*Los crepúsculos del jardín*，1905）的《序章》（*Prefacio*）。

6 《挽歌》（*Endecha*）（出处同上）。

他饮下灵魂，狼吞虎咽；

那吻开始泛酸……[1]

当我察觉到那些韵脚通常会打破诗句的尺度时，没人理解，他们现在发现是这样了，只有像 amaba 和 cantaba 一类的韵脚才能押韵。"

比奥伊："人们肯定都倾向于相信作者选择的那个'不恰当的词'[2]。"博尔赫斯："那你知道玛利亚·安东涅塔·森特罗内给'存在'（presencias）搭配的形容词是什么吗？是一个 ales 结尾的词。你想想：是要给一本诗集取的标题。"我没猜出来，他告诉我说："是'巨大的'（descomunales）。太笨拙了。'巨大的存在'。她难道不知道'巨大'一般是用在庞大到有点畸形的东西上吗？"

他跟我描述一个酒窖："现在我参观什么地方都跟要拍电影似的。酒窖里说不定能拍出一部很美的片子。它有点像科学实验室。"

4月27日，星期六。 博尔赫斯："可怜的玛利亚·安东涅塔·森特罗内。你认识她吧？是个俗气的女人，她本可以很不俗，但现在很做作。长着个可怕的大鼻子，每个月有一万比索零花钱，还有哈罗德银行的活期账户。她爸爸不知道是有采矿场还是什么别的生意，她管他要多少钱他就给多少。虽然她明显是个大龄单身女人，但似乎还在写表达自己情欲的诗。她是个供远大于求的例子。"

博尔赫斯说起苏珊娜·邦巴尔准备出版的一本可怕的书：规格又扁又宽，字体都是蓝色和粉色的大写字母；语言上，模仿了小孩也可能是黑人说话的特点，都没有颤音 rr。《孩童的幽默》，我觉得它肯定会叫这个名字，也肯定会收录很多小孩的言语。苏珊娜最喜欢的一句话是教堂里一个小孩说的，他问妈妈上帝的生殖器是不是他的雷达。博尔赫斯觉得这话很蠢，但他记得诺拉说过一句非常与众不同的话："儿童比基督教出现得要早。"

他跟我说苏珊娜·邦巴尔说话很夸张。圣周周五的时候，在门多萨，苏珊娜家中，他们在午休的时候做拜苦路的敬礼仪式："当时天很热，我在软土地上走得很累，而且平时那个时候我都会睡一觉。我听见苏珊娜在祷告，心想到底谁是'佩克先生'（el señor Pequé）啊。等她念叨到第三第四遍的时候，我才听明白她是在说

---

[1] 《生命与早晨的颂歌》（Canto de la vida y de la mañana）（出处同上）。

[2] 这里所谓"不恰当的词"（le mot injuste）应与福楼拜追求的"恰当的词"（le mot juste）相对。——译者注

'主啊,我有罪'(Señor, pequé)。"他又补充道:"苏珊娜今天还争辩说荷兰有黑人,因为婆罗洲和新几内亚都在荷兰[1]。"

我们听了几首探戈:《伊韦特》《小鸡》和《欢闹的夜晚》。比奥伊:"比达尔唱的《伊韦特》我非常喜欢。"博尔赫斯:"是啊,多棒的声线啊。有人隐约瞧见他。说他似乎很胖,浑身汗臭,离自己很近。这是心理上觉得脏,也是一种民族性的脏。"

聊到莫伦和达沃韦兄弟。博尔赫斯:"你还记得达沃韦给我们讲的那个故事吗?应该是瞎编的,讲一个莫伦还是什么镇子上的人,继承了一笔遗产。他的原话是:'他继承了一笔遗产,然后搬去窑子住了。'这样很完美。要是说'他住进窑子里去了'或者'他搬去妓院或娼馆了'就没什么意义了。他搬去窑子了。那里会接受他吗?不过没必要一定把这段经历写下来,没必要写一个莫泊桑式的故事,没必要写他的烦恼,或是他如何堕落、还是他的命运:最终接管了妓院或成了那里的门房。"

他告诉我,福克纳曾在一篇文章中提到作家的理想职业就是妓院老板:他们白天可以一直写作,晚上做生意(或是寻欢作乐),分工明确。[2] 博尔赫斯:"福克纳说得好。"比奥伊:"是啊,尤其是想到作家也不过是一介凡人,不需要遵从什么特殊的道德操守。"

他想起在恩特雷里奥斯的一个镇上,以前一有什么事发生,人们就去窑子里找警察局长。

4月28日,星期日。 他跟我提起瓦雷里的一个评论,他说要欣赏"《奥德赛》的海洋之美"并不需要了解荷马的个性[3]。博尔赫斯:"一个伟大的作家在这个句子里用了这么一个形容词不太妥。他本来写的是'《奥德赛》的美',又感觉太简单了,就加了'海洋的'。但这么写似乎没什么意义,而且不太负责。"比奥伊:"浮夸。"博尔赫斯:"对,就是这个词。"他提到观剧望远镜、打扮时髦的风流公子、白丝绸披肩,最后总结说:"说到底,过去人们一直都认为欣赏作家作品是没有必要了解作者生平的,过去一直都持有这种观点,直到十九世纪才出现了那种奇特的理论,认为作品即是作家个性的表达。我觉得约翰逊不这么认为,他可能连想都没想过。"

---

1 历史上荷兰曾占领过这两个岛。——译者注
2 珍·斯坦 1956 年在《巴黎评论》(The Paris Review)(纽约)上刊登的采访【出自马科尔姆·考利编辑的《作家访谈录》(Writers at Work, 1958)】。
3 《诗学导论》(Introduction à la Poétique, 1938)。

我们又谈到了很多相关的言论和趣闻，他随后说："这证明了什么呢？证明文学给出了两条线路；然后一切就成了一个巨大的麻烦，弥尔顿，荷马。"

5月8日，星期三。 我谈到袁枚[1]，谈到心中和这位遥远的诗人之间兄弟般的感情。博尔赫斯："你要是以阿根廷人或是西班牙人、英国人的身份去体会，就不会有这种感觉了。那个诗人一定在时空上非常遥远，才会让人感到这种兄弟情谊。"他随即想起了那些留下了自己生活中诗意瞬间的中国诗人。"这一点费尔南德斯·莫雷诺就做得很好。"他补充道。"他算是位伟大的中国诗人了。"我说，并没有讽刺的意思。博尔赫斯："一开始他是这么写的：

我只见过你两次
而这第三次你便已不在世

啊，本哈明·塔沃尔加！

后来他把第一句删了，他做得对，于是就这么开头了：

而这第三次你便已不在世，[2]

因为这样就已经能想到前面见过两次了。"

关于米格尔·阿尔弗雷多·奥利韦拉，他说是个自大又孤僻的小伙子。西尔维娜："他的声音特别难听吗？"博尔赫斯："大概是吧。我不知道。但如果他的声音不是那样的话，那有人觉得他声音难听就是攻击他的一个理由了。而一个明明声音很正常，却给人一种声音难听的印象的人，想必会有点让人不安。"

他说下午的时候去了德·巴斯蒂亚尼尼女士的那个语言学协会，奥利韦拉做了个讲座，随后引起了争论："奥利韦拉太维护西班牙了，不过我站在他那边。如果一个人想讲一种没人听得懂的语言，那他最好不要讲。西班牙语的优势就是很多人都能听懂，所以应该说一种通用的西班牙语。有人说西班牙这个民族正在创造一种新的语言，而作家和语法学者不能坐视不管。我回应他说这是作家或语法学家的想法。至于那些已经被深深植入大脑的词，它们仅仅是同义词，是时效性多少比较长的词，如果不是因为它们的同义词，没有人会认识那些词：没有人认识'条子'（chafe）

1　比奥伊当时读到了亚瑟·威利的《袁枚：十八世纪中国诗人》（*Yuan Mei; Eighteenth Century Chinese Poet*，1956）一书。
2　《本哈明·塔沃尔加》（*Benjamín Taborga*）【《1922》（*Mil novecientos veintidós*，1922）】。

却不认识'警察'（policía），认识'果子'（marroco）却不认识'面包'（pan）。这是因为人们读了一辈子报纸，而这些报纸并不是用阿根廷黑话写的。德·巴斯蒂亚尼尼女士认为，所有这些争论都是白人拥护者和土著拥护者之间论战的一部分，而她不支持白人，她认为我们大家都是卡尔富库拉的后人。奥利韦拉回应说：'大家，当然了，除了您，女士，以及在座的各位，还有我。'"博尔赫斯对她说，这种对土著人的大爱并没有让她了解土著人，而这些研究恰恰是克里奥尔人才会做的，而土著人活在对一切，甚至是对和他们自身相关的事情，无差别的无知当中。德·巴斯蒂亚尼尼女士回应说，我们的确活在白人缔造的文明之中，但或许我们周围也环绕着土著人留下的众多遗迹，只是我们不懂得去看。博尔赫斯没有指出这些遗迹不可见。博尔赫斯："所有这些对土著人的爱都来自北方，来自墨西哥和秘鲁。这类人（巴斯蒂亚尼尼以及我们当中和她有同样想法的人）非常不严谨，他们甚至都不去读自己欣赏的那些书。《马丁·菲耶罗》被他们奉为圣经。不过，要是有人告诉他们，他们的圣经是用鄙夷和恐惧的口吻去描述土著人的话，他们恐怕会很震惊。当菲耶罗被土著人俘虏的时候，书中的氛围从原始野性变成了魔鬼般的地狱。"

后来我们聊到了雷耶斯和他想得诺贝尔奖的愿望。博尔赫斯："获奖对任何人的未来都没什么帮助。对于斯基亚沃是有帮助的，因为那是让人们认识他的唯一方法。但如果你不是斯基亚沃，那得奖就没多大帮助。"

5月11日，星期六。 博尔赫斯问我对兰萨·德尔·巴斯托怎么看。"我不是个公正的裁判，"他补充道，"因为我支持法国，反对阿尔及利亚。"兰萨·德尔·巴斯托用绝食———一种饥饿罢工——逼迫法国政府改变他们对阿尔及利亚的政策，也试图激发法国民众面对该项过分政策的良知。博尔赫斯："我找到了针对这种饥饿罢工的反对意见。我觉得每个人都应为自己的行为负责，但不应该也为别人的行为负责。我父亲总是说，如果有人反对别人，他去攻击他们并担上被惩罚的风险并没有错，但他觉得发起这种饥饿罢工并不是男子汉的行为，也不是勇士的行为。它就像坐地要赖恸哭一样。这是一种有点往后撤的行为，而且是相当令人不舒服的退一步。可能有人这么想是因为觉得这是一种新的斗争方式，像原子弹一样。"比奥伊："所有的饥饿罢工都有点'勒索'的性质。"博尔赫斯："这是佩罗说的。"

虽然知道他肯定不喜欢，我还是让他听了约翰尼·雷的《你一点也不欠我》。听歌的时候，他跟我讲了菲尔多西的故事：说骆驼驮来苏丹许给他金币的时候（每句诗赏一枚金币），他正在一个阿拉伯浴场里。财务官点账的时候发现，其中有六万枚都是银币。菲尔多西一气之下把三万枚直接赏给了浴场老板，另三万枚给了为他倒啤酒的仆人。后来他要移居国外，苏丹想要处死他，但最终反悔了，而当他命人把金币送过去的时候，驼队没有赶上这位诗人的葬礼。

5月13日，星期一。　　博尔赫斯跟我谈起弥尔顿。他说耶稣不仅代表一个形象，一种哲学思想，也代表了一种语言风格，而《复乐园》里耶稣和魔鬼的对话写得非常糟糕[1]。里面的耶稣并不是大家所熟悉的那样：他说起话来像个律师或是个神学家，总是用抽象的词语。但在这类对话中，想要写出一种古人的语气，只需用具象的词语即可。而像这样的句子：

> 那乐园是上帝在伊甸的东部
> 安置的[2]

因其简洁，所以值得赞赏。他说切斯特顿的诗集《白马歌》之所以完美是因其词藻精准："而在弥尔顿的诗歌里，不仅耶稣和魔鬼讲起话来像十七世纪的贵族领主，连上帝自己也是那样，这太荒唐了。上帝应少言、神秘、无懈可击，应按某种程式说话。"

5月20日，星期一。　　博尔赫斯告诉我他昨晚是在塞萨尔·达沃韦在莫伦镇的家中吃的："谈话内容过于有代表性了。聊了莫伦的混混和瑞典女人。好像在这个西部公交线上的小镇和那个斯堪的纳维亚国度之间没有什么中间站。仿佛达沃韦坐了飞毯直接飞了过去，没有在任何地方停靠中转。他说有这么一伙混混，都是汽车和卡车司机，都不和正经人打交道。他们之间总是打架斗殴，都想消灭对方的帮派。他们那些事儿，甚至人名都有点荒唐可笑。你知道吗？他们当中有个人为了表示对另一个人的蔑视，把他从球场赶了出去。带了个扫把，用扫帚边打边赶，像扫地一样。'扫地'事件传到了另一伙人那里，之后就再没那个人的消息了。那伙英勇的人里的最后一个活下来的是个矮胖子，诨名'翘臀'。这个可怜货这辈子的最后几年去扫大街了。达沃韦从小就认识他。这本可以写成个故事，比如叫'卑贱的英灵殿'：一伙无名小卒，疯癫，尚勇。他们不是违法之徒，不偷不抢，也不去招惹别人。只是团伙之间打来打去。是一群卑微低贱的人。最后一个活下来的人去扫大街了。你发现了吗？是个完美的故事。我觉得他们有些人是意大利裔的。"比奥伊："当时佩罗

---

[1] 《复乐园》(1671)，IV，文中多处。

[2] 《失乐园》(1667)，IV，vv.209—210。

在吗?"博尔赫斯:"不在。"比奥伊:"万幸。他要是在场的话,会难受的。"博尔赫斯:"我觉得是不是意大利人不重要。所有人都曾是克里奥尔人。文化人可能很在乎祖上是从哪儿来的:有历史传承和文献记载。但对于那种混混来说无关紧要。他们像动物一样。历史事件会对他们产生直接影响。"

5月22日,星期三。 他提到乔叟,这个他开始产生崇敬之情的人。提到《特洛伊罗斯和克瑞西达》,诵读了里面的诗句,还聊到"Oon"这个后来演变成了"One"的词。

5月23日,星期四。 "糟糕的是,"胡里奥·佩罗曾这样评价玛格丽特·本赫,"她太漂亮了,所以人们信她说的。"博尔赫斯说:"女人对女性自身的美丑有误区。我猜她们对于别的女人的美只有一个抽象的标准,比如五官端正、皮肤和头发有光泽,但她们并不能真正感受到这种美。"

5月24日,星期五。 博尔赫斯跟我聊起他准备写的一则故事(也可能是一首诗),关于一个人,他看到自己死后,有什么东西会跟着他消失:是一段关于一个武器事件、关于墙上的一块污渍的记忆。[1]他问我是否应该加上这个情节:那人的死推迟了,因为出于某种目的,这个世界需要关于那个事件的记忆再持久一点。我说不用加。比奥伊:"加上去就多余了。就会制造出一种没有必要的神秘感,一种你都无法做出回应的神秘。我觉得故事如果这样就不那么纯粹了:你给它添加了现成的什么东西,像文学的、幻想的、侦探意味的东西。而故事的本质是一些能被感受到的东西,是读者在阅读的时候会感受到的。"博尔赫斯说他一开始就是把这个故事想得这么复杂的。比奥伊:"这个原先附带的部分是你应该从故事里剔除出来的。"博尔赫斯表示同意:"就像马塞多尼奥常说的,落入'神秘主义'中去了。"我或他都提了"廉价"(cheap)这个词。神秘对于这个世界来说越发重要了,而故事则变得越来越廉价(cheap)。

关于加德尔,他说:"他像个一边挥手致意一边快速远离人群的自行车手。"他觉得他有点虚荣,很肤浅。

我们聊到散文。我这样评价上周三在以色列使馆听的一个演讲:好像一段从街头西班牙语,或者说人性化的西班牙语,翻译成新闻报道中的西班牙语的讲话。博

---

[1] 《目击者》(*El testigo*,1957)。

尔赫斯:"他们一辈子都读报纸。早晚会有这样的一天,有人说:'你看啊,朋友,我就觉得我们得经常聚聚了。'而他们听不懂。"比奥伊:"应该回避同义词。当人们在遣词造句的时候,就是建筑师在说'室内平面图'这个词的时候,大使在写他的演讲稿的时候,或是混混在使用黑话里的句子的时候,他们都是在把语句翻译成那种同义词构成的语言。正如你在布宜诺斯艾利斯城底层民众所用的黑话中观察到的那样,这种'文雅'的语言都是由同义词构成的。每个词都用另一个词替代。"

我们聊起《堂塞贡多·松布拉》。我说这是一本受整个美洲大陆敬仰的书。而博尔赫斯和我的看法一样,它甚至比《唐娜芭芭拉》还差。比奥伊:"《唐娜芭芭拉》是一部长篇小说,而《堂塞贡多》像个游园会,一本戏剧杂志,一队花车游行。"博尔赫斯:"故事大纲很粗糙,极其枯燥,简直能和阿根廷农协办的克里奥尔驯马节相比了:先来一场,接着再来一场;先跳一段,然后驯马,打烙铁……一连串的高乔节目……但阿根廷国外的人都觉得这本书要好过《马丁·菲耶罗》。他们觉得《马丁·菲耶罗》像是一个只有阿根廷人自己才懂的笑话。在他们的想象中,《堂塞贡多》才更真实。《堂塞贡多》的语言风格明显陈旧了,比《堂拉米罗的荣耀》还要老朽。但《堂拉米罗的荣耀》的语言是为了显得陈旧,为了描写破败倒塌的房子而故意为之的。"比奥伊:"吉拉尔德斯能在每句话中都找到表达上笨拙的地方。这是一个作家遇到的最大的困难了。"博尔赫斯:"是啊,他想表达清楚很吃力。"他想起书中第一章开头的其中一句:"钓鱼本身曾对我来说是个多余的举动……"[1] 博尔赫斯:"钓鱼是举动,太蠢了!他不久前用的词是'滑稽的举动'(chuscada),这个词完全不是克里奥尔人会用的。他没有注意到词语的整体氛围,很快就把克里奥尔人的口吻给忘了,所以这么写道:'离我近点儿'(Arriméme)。"说起这本书取得的成功,博尔赫斯说卢贡内斯曾写过一篇高度赞扬的文章向其致敬[2]:"然而他本该知道他也曾写出过这样的作品,但比《堂塞贡多》更好,就是长诗《巴雅多尔》。或许这类题材他写够了,他也更倾向于那些描写场景的作品,但他怎么能看不出《巴雅多尔》明明包括了《堂塞贡多》要表达的内容,甚至胜于它呢?在《巴雅多尔》里有另一种广度,有着更广袤、更孤独的原野。又或者《巴雅多尔》是另一种迷信?"比奥伊:"卢贡内斯也用了很多本土同义词,导致读者几乎没法读进去。难读真让人遗憾,我记得《巴雅多尔》有几章非常美:有对草场上各种劳作的描写,那些场景里

---

1 "La pesca misma parecióme un gesto superfluo ...",《堂塞贡多·松布拉》(1926),I。
2 《堂塞贡多·松布拉》(1926年11月12日《国家报》)

一切都很辽阔，原野、马群、驯牛和烤肉的情景。"

聊到关于凯尔特游吟诗人塔利埃辛变身的诗，诗中提到他曾千变万化：战士、剑、星星、树、书……[1] 博尔赫斯说他母亲曾给他读过恩培多克勒·德·阿格里根特写的一个段落，文中这位哲学家说自己曾轮回变身为"少女、树枝、鹿、鲑鱼"，然后他突然不再列举下去了，只是评论说："一次比一次乏味罢了。"博尔赫斯："这位哲学家从没想过人们会这样评述他吧。仿佛又轮回了一次。"

博尔赫斯说，"认为中国只有散文有价值而诗歌无关紧要"这种观点是错误的。他明确表示在韦利翻译的《中国古诗集》中，白居易那首名为《缚戎人》的诗非同凡响：诗中提到一个中国人，他被鞑靼人俘虏了，而当中国人打败鞑靼人的时候，他又被囚禁了，因为人们认为他也是鞑靼人。[2]

5月25日，星期六。 我们聊起住在大杂院、开着凯迪拉克的美国黑人。博尔赫斯："这就是庇隆时期这里人民的状态。他们所拥有的东西都是突然一下子就有了的。五个人挤在一个小房间里，却用着美国北极牌冰箱。我认识一些作家，比如像雷加·莫利纳，他们哪怕赚了很多钱也还是去牛奶店吃东西。还有些人还是会在口袋里揣一块报纸包起来的奶酪。有些人——他们的经历让人很有共鸣——曾经很穷，他们现在还不敢做某些事。比方说马斯特罗纳尔迪吧，要是把他带去一个高档餐厅吃饭，他会坐立难安。他无疑很害怕。他可能会觉得那里在举行什么神秘仪式，而自己会因为不了解这些仪式被抓起来，而且谁知道餐厅要收多少钱呢：说不定有人吃完出去的时候就背了债，要还一辈子。他太害怕了，就好像什么人被迫去一个策划阴谋的秘密集会似的。"比奥伊："对我来说就像要进一个迪斯科舞厅。"博尔赫斯："我也是。不过说回马斯特罗纳尔迪，得承认他相当有能力。已经获得了很令人瞩目的名声了。"比奥伊："关于马斯特罗纳尔迪的声望这件事，很奇怪。可以说，他只写过一首诗吧，就是《外省之光》。这首诗并不非凡，几乎没人能读到它，因为没有再版了。有个出版社希望他能把稿子给他们带过去印刷，但他一直拖着。"

聊到作家们各异的名声。有的作家总是能让作品再版重印，有的作家能为自己

---

1 摘自夏洛特·格斯特勋爵夫人的译本（1838—1849）《马比诺吉昂》(*Mabinogion*)。该版本中添加了故事《塔利埃辛传说》(*The Tale of Taliesin*，六世纪)，发现于一本十六世纪的手稿中。
2 《缚戎人》(*The Prisoner*，809)【A·韦利，《译自中国文》(*Translations from the Chinese*，1919)】。诗中那位囚徒哀叹自己的命运："缚戎人，戎人之中我苦辛。/ [...] 汉心汉语吐蕃身。"

的书找到编辑，还有的作家能得奖，有一天成为院士，作品被译成多种语言，却声名平平。没人记得他们写过的哪怕一行文字，可能等他们死了，也就彻底死了。比奥伊："他们的书，与其说是书，不如说是小册子或是入场券。它们可以帮助作者不断进步，但无法一直被读者记住。我们国家有很多这样的人，大家都知道他写作，但并不会去深入了解他的作品：这种情况像一种荣誉，一个用来获得职位和荣耀的头衔。还有更悲惨的情况：人们并不是完全不知道他们是作家，而是知道或认为他们写得很糟糕。这让那些作家名声扫地，让他们变得荒唐可笑，看看可怜的沃利·泽纳吧，她就是这种人。还有一种作家，他们的作品毫无价值且令人生厌，但他们懂得制造传说，让自己周身散发神秘感，而最终成了杰出诗人，他就是莫利纳里。"博尔赫斯："他善于利用一切资源。并没有外省人的狭隘格局：他是个内陆诗人。"比奥伊："写短篇故事的人在世时遭罪，但他们能给编辑提供一种可操作性更强的素材，所以更有机会名垂后世。而那些晦涩难读的长篇小说的作者，比如马列亚，死后第二天就会像一大坨铅块似的，很有可能沉入遗忘之海。"博尔赫斯："但奇怪的是马列亚非常聪明，他是个带着讽刺眼光的观察者，能发现人身上荒谬的东西。他写作的时候不知道利用自己的长处。或许要是我们去画画的话，也会这样吧。"

5月26日，星期日。 在电话里，博尔赫斯跟我说："《亚瑟王之死》是一本让人非常不舒服的小说，很病态。书中的所有情节都好像发生在一个温室当中。它的浪漫主义是毋庸置疑的，却体现在最糟糕的层面上。有这么多人都喜爱这本书真是太奇怪了。它有些病态，就像罗塞蒂和波德莱尔的诗。且一切都是假象。作者并不相信他所写的东西。《亚瑟王之死》等所有涉及英雄题材的凯尔特和意大利文学，与《罗兰之歌》这样的日耳曼和斯堪的纳维亚文学之间的区别在于，前者的作者感受不到作品的史诗性，而后者的作者写他们自己相信的东西，所以后者非同一般。其他作品都是对时代的戏仿。《疯狂的奥兰多》是当成闹剧写的，开篇就是一个杀敌上百的男人。把他写成笑话了，所以不算糟糕。而在《亚瑟王之死》中一切都显得不真实。这就是萧伯纳所指出的班扬和莎士比亚之间的区别。莎士比亚不能创造出像卫真那样的人物[1]。莎士比亚就像是一场噩梦。他是个文人。"

关于传记："马克·吐温说得真是太对了：'没人能说出关于自我的真相，但也无法将其掩藏。'"

---

[1] Valiant-for-Truth，J·班扬《天路历程》(*The Pilgrim's Progress*，1678) 中的人物。

5月29日，星期三。 佩佩·费南迪斯和博尔赫斯在家吃饭。我们聊起行业公会和作家协会。博尔赫斯："有一天他们在作协说，新组建的委员会应该更关注业内的事。所有人都喜欢那些事。什么事呢？就是合同模板，出版阿根廷作家作品的编者义务和其他破事。巴拉圭作协或许会要求出版巴拉圭作家写的书吧。并没有这样的书，但这是一个很说明问题的细节，就是人们只读阿根廷作家的书；令人恼火。当这帮人得知国外的人都在读阿根廷作家写的书时，他们喜出望外。我们真不应该待在作协。任何行业协会都跟土匪一样。那些报社的文学编辑，一边打着保护作者权益的旗号，一边反对文化传播。你猜从报社退休的人会怎样？他们没法给任何报社撰稿。而且更糟糕的是，通常都是强制退休。"比奥伊："斯宾塞说得在理：《个人对抗国家》。所有在搞这些事的人这么做是为了保护人们不受侵害，但他们实际正在制造一个可怕的世界。"

我们聊到了格洛丽亚·阿尔科塔的那出戏剧[1]。佩佩·费南迪斯说那出戏当时被大肆宣传，地铁里到处贴满了大幅海报，可首演当天只来了大约十个人，其中有五个是不停鼓掌的朋友，而另外五个是嘘声不断的观众。而第二天，一个人都没去。剧院老板娘因此对格洛丽亚很生气，那出戏便没有再上演。格洛丽亚很伤心，几乎要病倒了。"我宁愿演出是失败的。"她当时对佩佩坚决地说。博尔赫斯说："在某种程度上的确是演出失败了。以一种非常冷酷和彻底的方式。"过了一会儿他又说（边说边笑）："我要告诉你一个秘密：有人很肯定地告诉苏珊娜·邦巴尔，有人曾跟希纳斯特拉提到过她的剧，他很感兴趣，好像要给它配乐。可怎么能给一出剧目配乐呢？那就变成歌剧了啊。戏剧台词是不押韵的。要是能配的话，那也可以给一本百科全书配乐了。我觉得苏珊娜没有仔细琢磨过这些东西，她觉得对她有利，就很高兴。"

我们回忆起了几种越来越不常见的说话方式。博尔赫斯："我不知道努力去保留这些说话方式是否值得。这可能意味着打一场失败又无趣的仗。"

5月30日，星期四。 他告诉我，阿莉西亚·胡拉多之前给戈亚纳特的杂志《虚构》寄了一篇文章过去，后来杂志社打电话让她把文章里的一个注释翻译一下。博尔赫斯："我觉得这样不好。这种事应该由作者来决定，而不是编者。这种人可能会被俄罗斯的领导艺术激怒。凭什么呢？百科全书或是科教类书籍可以要求所有注释都翻

---

[1]《苏菲或世界末日》(*Sophie ou Le Bout du monde*)，在巴黎首演后不久在布宜诺斯艾利斯的阿特纳奥斯剧院上演。

译好，或者在脚注里附上译文，统一格式，但文学作品不可以这么做。处理文学作品里这类问题的人是必须是作者。"

我提到韦利的《白居易传》。博尔赫斯："韦利给中国诗人写的那些传记[1]很糟糕，看得出他对他们的人生知之甚少，完全就是一个评论合集。它们全部建立在这样一种认识的基础之上，就是作家所写的东西都是自传性质的。他要是有其他资料来源的话，或许也不会那么依赖他们写的诗了。"

6月1日，星期六。 卡普德维拉好像叫莉萨·莱森"美蜻蜓"。博尔赫斯说，这只蜻蜓有过一次不愉快的经历，一个衣衫破烂的老太太曾在众人面前跟她说："莉萨啊，我一看见你这大下巴就把你认出来了。"后来发现老太太是她同学，可无论从社会阶层还是年龄上看，都不太相符。

博尔赫斯说，比维洛尼·德·布尔瑞奇夫人曾做过这么一个类比："邮筒是一种深红色用来让各种符号流通的装置"，这个比喻只有她的智商才想得出来，而且更加令人不解。她曾讲过有一次在不知道是什么房子的一层楼里，因为缺了几块板子，她掉到地下室去了，"像那个张着手臂掉下去的女人一样"。博尔赫斯自问自答道："到底谁是那个张着手臂掉下去的女人呢？毫无疑问，就是她本人。如果不是，还能是谁呢？能想出这种令人无法理解的类比，要么是出于对说出'那个女人'一词的幻想，要么是出于想用它代表自己、显示自己的虚荣心吧。"

6月7日，星期五。 我和博尔赫斯、佩罗、塞萨尔·达沃韦和费尔南德斯·拉托尔一起在杂志社吃饭。博尔赫斯提起有一次他为了做一场讲座吃了安非他命（一种提神兴奋剂）："我当时感觉自己像个疯子似的，后来纯粹是觉得有点恶心，就把药扔了。有一次比维洛尼夫人跟我讲她每天都吃这种药，我跟她说学生一般会吃，因为要考试。她说：'而我吃是为了要活下去。'想必对于她来说，每一天都像一座要跨越的大山。她那句话说得真好，完全与写作无关的人某一刻突然就走进了文学真是有意思。而悲哀的是，人们大概从来都没有意识到这种不起眼的奇迹。"

我们聊起马列亚的小说。博尔赫斯说《恰维斯》的故事写得不赖——关于一个无法表达自己的男人的故事（就像马列亚本人对自己的感觉一样）——但这部小说的不足之处是，书中有很多马列亚想象不出的事："比如，恰维斯在一家木材厂工

---

[1] 《白居易传》(*The Life and Times of Po Chü-i*, 1949)，《李白传》(*The Poetry and Career of Li Po*, 1950)，《袁枚传》(*Yuan Mei*, 1956)。

作。能看得出来，马列亚完全不了解木材厂，也不知道恰维斯在那里到底能做什么类型的工作。当他到了厂里跟老板对话的时候，那个对话实际上应该是关于恰维斯要做的工作、工作时间和每日报酬的。但由于马列亚对此一点也不了解，他让这两个人物聊了别的事。《鹰》里写了一个一生中聚敛了一大笔财富并在政治上取得了很大成功的人。但马列亚没有让读者看到一点关于这位主人公如何获得财富的内容，大家也不知道他如何在官场一点点向上爬的。在其他情节都无足轻重的小说里忽略这些重要信息是很糟糕的。《堂吉诃德》里就不是这样：多年前我一直觉得不写吉诃德如何变疯是这部作品欠缺的一点，但现在我觉得塞万提斯对这些不做解释是对的。一方面，在他那个时代没有必要这么做，另一方面，对于这个故事来说只要知道吉诃德疯癫就够了。就好像塞万提斯是这样开头的：'很久以前，有个疯子。'阿尔特的《愤怒的玩具》比马列亚的所有小说都要好：书中的恶棍背叛了他的朋友，这一点很不错。"[1]

聊到奥尼斯和诺埃的诗歌选[2]。博尔赫斯很肯定地说两本集子非常糟糕："完全体现了做一个把什么人都收录进去的文学选集的秘诀。奥尼斯编辑的文集把诗人分门别类。有一类是这么写的：'现代诗人及其他'。他连自己定的分类都不知道怎么分。"

6月8日，星期六。 在国立图书馆他介绍了吉列尔莫·德·托雷给我认识，德·托雷聊了聊对梅内德斯·伊·佩拉约的看法。博尔赫斯："我曾说过，二十年前，我和吉列尔莫都认为不曾有过去，认为文学是和我们一同诞生的，认为我们都不曾觉得我们会去一场关于梅内德斯·伊·佩拉约的讲座，认为他是热爱过去的。而现在我觉得未来是从过去那里冒出来的。我也说过，在格鲁萨克家中谈论梅内德斯·伊·佩拉约一点不稀奇，而且是时光里一段甜蜜的回忆，如果像梅内德斯·伊·佩拉约所想的那样，人死后还能继续活着，那人们应该会设想在天堂里，他们俩会成为朋友。而如果像格鲁萨克所想的那样，不存在死后的世界，那我们的谈话想必可以被视为一种和解的证明吧。当吉列尔莫开始发表评论的时候，我期待的是'杂家'这个词。果然他不假思索脱口而出：'桑坦德杂家'。然后紧

---

1 博尔赫斯在《小人》（*El indigno*，1970）中也写到了类似的情节，故事里有一个叫阿尔特（Alt）的人物。（与作家阿尔特 Arlt 的姓氏读音近似——译者注）
2 F·德·奥尼斯，《西班牙和西语美洲诗歌选 1862—1932》（*Antología de la poesía española e hispanoamericana, 1862-1932*，1934）。胡·诺埃，《阿根廷现代诗歌选 1900—1925》（1926）。

接着用了'梅内德斯·伊·佩拉约式的'。吉列尔莫说他可能会纠结在一个不会对这位大师不敬的学术问题上,还说不知多久以后,梅内德斯·伊·佩拉约把名字中间的连词去掉了,用一种'听上去更悦耳的方式'签下了'梅内德斯·佩拉约'这个名字,但另一种常见的形式'梅内德斯·伊·佩拉约'也在用。[1]关于这件无聊的蠢事他讲了好半天。他说他年轻的时候曾试图在一篇文章中解释梅内德斯·伊·佩拉约并不是'那么保守'。而阿方索·雷耶斯说吉列尔莫并没有勇气把梅内德斯·伊·佩拉约归到自由派中去。在这件事情上,吉列尔莫说得对:他说那不是勇气的问题,说梅内德斯·伊·佩拉约的作品就在那儿,他怎么想的大家看的一清二楚。似乎也有人能用梅内德斯·伊·佩拉约作品的各种摘要编出一部西班牙极端保守派的历史。而吉列尔莫说,并没有办法以同样的方式编出一部自由派的历史。"

"竟然没人能援引出一条梅内德斯·伊·佩拉约的犀利观点,这太奇怪了。我并不觉得能把他和创立出创作环境理论的丹纳相比,也无法与马修·阿诺德相提并论。我还记得他关于凯尔特文学的几篇文章以及与纽曼之间的荷马作品翻译之争。[2]梅内德斯·伊·佩拉约的品味很差。他编纂的文选糟糕透了。怎么能把《走自己的路让别人说去》(也太低俗了)和《有权势的是那钱先生》放进《百首西班牙语抒情诗佳作》里?在贡戈拉和克维多的作品里找不到比这更好的诗了吗?他当时绝对是喜欢那两首的,因为他有粗鄙的一面。他的杂文写得最好,是一种令人愉悦的杂文。他博览群书,但一定也读了很多烂书,这一点有点像贝纳德斯。内斯托尔·伊瓦拉常说:'人们都觉得贝纳德斯饱读诗书,那是因为他读了很多大家都不熟悉的次等书。大家还觉得他读过些别的,但他并没有读过。'这个角度很好。伊瓦拉真的是非常聪慧,苏尔也是。他们这么聪明却并没有得到多少名声,真是奇怪。吉列尔莫远不及他们,但声望却大得多。"比奥伊:"还有些并没有伊瓦拉聪明的作家,也写过好作品。那些写出了力所能及的佳作的作家的生活想必比伊瓦拉这种行为乖张的人的生活更加幸福美好。至于苏尔嘛,我不觉得他有那么聪明。"博尔赫斯:"苏尔如今发明出一种骰子,掷出去会组成不同的句子,这个点

---

1 米盖尔·德·乌纳穆诺,《弗拉内斯家族的选择》(*La selección de los Fulánez*, 1903)。
2 《论凯尔特文学》(*On the Study of Celtic Literature*, 1866)。双方的论战(1861—1862)文章包括:M·阿诺德的《论翻译荷马史诗》(*On Translating Homer*)、《再论翻译荷马史诗》(*Last Words on Translating Homer*)和 F·W·纽曼的《论翻译荷马作品的理论与实践》(*Homeric Translation in Theory and Practice*)。

子未免太可怜了。与其发明用来思考的机械工具,为什么不直接思考呢?它就像柳利[1]的思维机器一样。当我看到我外甥并没有被那些骰子迷住的时候,我便坚信这无非是一块试金石。我因此嘲笑了苏尔的发明一辈子。由此我们也能看出,小孩子是骗不过去的。"

他说:"梅内德斯·伊·佩拉约曾是第一个崇拜《马丁·菲耶罗》的人。那所有人都称得上是崇拜马丁·菲耶罗的第一人了。"[2]

6月9日,星期日。 博尔赫斯:"人们都觉得应该像报纸里那样写东西。"比奥伊:"是啊,他们觉得日常的语言含糊不清,想要准确地讲话或书写,必须要使用新闻专业词汇。'新闻业'这个词就是新闻用语。"

我收到了费尔南多·德玛利亚的《赫拉克利特》,开篇致辞写道:"谨以此书献给阿道夫·比奥伊,带着我对这本美妙小说的喜爱和祝福"。博尔赫斯评道:"他并没有浸染上赫拉克利特的风格嘛。"

6月15日,星期六。 我们聊起杰勒德·曼利·霍普金斯。博尔赫斯直到最近才想到这位诗人。有天晚上,阿莉西亚·胡拉多读了几句霍普金斯的诗,让他很有感触。那几句诗的大意是:"有人呷着雪莉酒,有人品茶,但所有人都该死。"

聊到图莱和阿波利奈尔。针对那首关于"红头发"的诗[3],博尔赫斯评论道:"太羞耻了,不过这诗的开头还有点尊严可言。"我说起在和法国人交流的过程中,人们经常惊讶于可以用同一句话来同时评论阿波利奈尔和图莱。博尔赫斯:"大家都更偏爱阿波利奈尔吗?"比奥伊:"当然,不管是作为诗人还是作为人来说。埃莱娜·加罗常说,是人就能爱上阿波利奈尔。他宽厚又有人情味,而图莱有些狭隘又太文艺。"博尔赫斯:"图莱的诗里总是有未了的、不满的东西在里面。"还批评他的诗太简短了(好像说他的诗又短又像没写完似的)。

谈到《奥德赛》和《伊利亚特》。比奥伊(对博尔赫斯说):"你更喜欢《奥德赛》,而我更爱《伊利亚特》。我明白《奥德赛》更有小说性,但在《伊利亚特》里

---

1 《拉蒙·柳利的思维机器》(*La máquina de pensar de Raimundo Lulio*),博尔赫斯于1937年10月15日发表于《家庭》杂志。——译者注
2 梅内德斯·伊·佩拉约说,在西班牙"人们会把乌纳穆诺看作何塞·埃尔南德斯的诗《马丁·菲耶罗》的忠实拥趸"。【《西语美洲诗歌史》(*Historia de la poesía hispanoamericana*,1913)】。
3 纪·阿波利奈尔,《美丽的红头发》(*La jolie rousse*)【《图画诗集》(1918)】。

我看到了从未有过的史诗感。"尽管博尔赫斯一向偏爱《奥德赛》,他还是想试图站在我这一边,他说雷耶斯也偏爱《伊利亚特》,还说巴特勒说,《奥德赛》就像是《伊利亚特》的女人[1],说尽管有诸神的介入,但读者还是能感受到战士们的英勇(他们与那些凯尔特战士不同,那些战士的勇武没有被人承认)。博尔赫斯:"发生在每个人身上的事都非常重要。"比奥伊:"他们没有被淹没在人群里。个人的命运在那些战役中都分量十足,这与朱尔·罗曼的《凡尔登战役》截然相反。人本身就是真正的英雄。"博尔赫斯:"荷马在描写那些人身上发生的事情时细致入微,连伤口都写得一丝不苟:'涌出了黑色的鲜血'。(他停顿了一下)文学真是奇怪。劳伦斯的译本[2]用整整一页来讲《奥德赛》的开头,给人感觉像在读另一本书。但劳伦斯是有意为之的,这很好。"

关于《埃涅阿斯纪》,他说这是一本值得尊重的书,多年间人们把它放在《伊利亚特》和《奥德赛》的对立面,就像把文艺高雅的作品与本土通俗作品相对立一样,但那本书里面有很多极美的东西。他说乌雷尼亚编辑出版的欧亨尼奥·德·奥乔亚的西班牙语译本[3]翻译得很出色:"他让那些拉丁文诗句复活了。"

他提起有人曾说,从《伊利亚特》里,我们能看出,人类总是同情被征服者:"我们所有人都把自己当做是战败者的子孙。埃涅阿斯来自特洛伊,伦敦如今成了新的特洛伊,蒙得维的亚也是。我们都爱赫克托尔和普利阿摩斯。"

他赞扬了蒲柏翻译的《奥德赛》的头两句:

The man for wisdom's various arts renown'd,
Long exercis'd in woes, o Muse!, resound.[4]

他说 resound 这个动词用得好。还赞赏了丁尼生翻译的《伊利亚特》选段里几句描写赫克托尔驭马作战的句子:

---

1 巴特勒在《奥德赛的女作者》(*The Authoress of the Odyssey*,1897)和《笔记》(*Note-Books*, p.1912)中都表示,《奥德赛》很可能是一位西西里岛公主写的,而她把自己描绘成诗中娜乌西卡的形象。
2 T·E·劳伦斯,《荷马的奥德赛》(*The Odyssey of Homer*,1932),随笔形式。
3 欧亨尼奥·德·奥乔亚,《维吉尔·马罗全集》(*Obras completas de P. Virgilio Marón*,1869)。恩里克斯·乌雷尼亚于1940年将其收录于由洛萨达出版社负责编纂的《世界百部文学与思想大师名著》中。
4 "请为我叙说,缪斯啊,那位机敏的英雄。"(王焕生译)

赫克托尔言罢，特洛伊人报之以赞同的吼声。
他们把热汗津津的驭马宽出轭架，
拴好缰绳，在各自的战车上……[1]

他说卢贡内斯的版本不好，雷耶斯的也不行。[2]

提到一个姑娘和她的男朋友。姑娘是同性恋，而她的男朋友在一首诗中写到了爱人与同性恋人共度的那些夜晚。博尔赫斯："太没想象力了。"

我给他俩读了一下这首情诗：

你们要共赴去往美丽的意大利旅程
所以你求我写一首情诗送行？
这是你们的旅行，漂亮的金发女郎，
闪耀的星辰，
在大海蓝色的发上！[3]

博尔赫斯和西尔维娜都笑了。博尔赫斯怎么也不相信这首诗的作者竟然是卢佩西奥·莱昂纳多·德·阿亨索拉："不可能。阿亨索拉怎么能犯时代错误呢？这首诗的作者应该是那种会参加奖花赛诗会的诗人，那种会给鲁文·达里奥读自己作品的诗人。"

博尔赫斯提起《埃达》里的一首诗，诗中写到雷神索尔来到了巨人族的国度，巨人们给他用牛角斟了一杯葡萄酒，他一饮而尽，可当他再往酒杯里看的时候，发现牛角杯竟然还是满的，羞愤不已。接着，巨人们对他说："料你抱不动那只猫。"他便试着去抱猫，果真抱不起来。他又看到一位老妇人。人们说："料你打不过她。"索尔于是和她打了一架，而那老妇竟然用一把扫帚就把他制服了。后来他明白了，巨人们为了欺骗他，幻化了现实：牛角杯里的葡萄酒其实是众海之水，那只猫实际

---

[1] （陈中梅译）《伊利亚特的无韵英译本》(*Specimen of a translation of the Iliad in blank verse*)，诗集《伊诺克·阿登》(*Enoch Arden and Other Poems*, 1864)。译自《伊利亚特》(*Ilíada*)，VIII，vv. 542—61。

[2] 莱·卢贡内斯在《希腊研究新视角》(*Nuevos estudios helénicos*, 1928) 中翻译了《伊利亚特》中一些段落，继承了路易斯·塞拉加·伊·埃斯塔莱利亚的版本 (1908)。阿·雷耶斯，《伊利亚特，第一部分：愤怒的阿克琉斯》(*Ilíada, Primera Parte. Aquiles agraviado*, 1951)。

[3] 《致一位去往意大利旅行的女郎》(*A una dama en viaje para Italia*, c.1605)。

是能用尾巴把地球都翻个个儿的海龙，而那位老妇人则是老朽的化身。[1] 博尔赫斯发现，这种制造假象用来坑害英雄的幻术在斯堪的纳维亚人的文本中很常见："在奥丁身上发生的事件都有些悲剧色彩，而有关索尔的事总是有些滑稽，像那种乡下人的喜剧。"

我们聊到现代绘画。博尔赫斯问我，作家之日那次饭局上，坐在我旁边的漂亮犹太人露西亚·费尔德曼是不是画家。比奥伊："是画家，而且，低调起见，她还是现代派的。她当时很肯定地跟我说，由于艺术家们缺乏责任感，阿根廷绘画正在经历一段没落期，但她和巴特莱·普纳拉斯那群人仍在认真作画，因为他们践行自动主义[2]。"博尔赫斯："这样教授绘画的老师真是太奇怪了：不照着模特画，也不讲究透视，凭当下的感觉画，不经思考。不过，我还是觉得他是个好画家。"西尔维娜："我不觉得他好。我不认为他有能力教会别人他在做的事情。"博尔赫斯："我觉得他是那种适合教女学生的老师。我估计他的学生几乎都是不用工作的贵妇，像佩皮塔·戈麦斯那种。那么好了，假如有人让她们照着某个模特画，她们会马上发现自己缺乏天赋，就会自暴自弃。但假如有人告诉她们不用临摹什么，她们本来就是艺术家，那她们想必会很高兴。评判她们那些画作的标准是什么呢？就是不要把它们和任何别的作品作比较。要么凭品味来评价，要么通过某种哲学思路来诠释，总能解释得通。她们一开始就追求卓越，完全不考虑初级水平：她们起步就是天才，从头等算起。有趣的是，所有这些说自己从文学或逸闻趣事中逃离出来的人，与其说是画家，不如说是能说会写的散文作家，因为他们的画被解析的时候比被观看的时候显得更有价值。有几次，何塞菲娜·罗维洛萨解说自己的画。那番讲解就是一个非常简单的哲学解析。这孩子已然发现了物理和化学的奥秘：就是物体或力的相互作用。她每次都说自己是现实主义画家——不是抽象表现派，也不是具象表现派，而是现实主义画派：她画一只眼睛所看到的、没有被绘画教学所同化的东西。"

6月18日，星期二。 聊到巴斯克语，他说："这种语言太奇怪了，明明很古老但词汇却如此少。我们说 árbol（树），他们说 arbola。"

---

1 他是指索尔在希亚费和洛基的陪同下，闯入巨人乌特迦城堡的那次冒险。卡莱尔在《论英雄、英雄崇拜及历史上的英雄情结》(*On Heroes, Hero-Worship and the Heroic in History*, 1841) 一书的第一章中提到了这个故事。
2 自动主义（automatismo）是超现实主义最重要也是最基础的创作方法。艺术家在不受意识抑制的情况下进行一种视觉上的自由联想。在画布上任意泼洒油彩，运用冲动性的狂放笔触是这类画家的创作手法之一。——译者注

6月19日，星期三。 他引了一句切斯特顿的诗：

废墟上开了许多窗。[1]

博尔赫斯："你发现没有，这个意象倒没什么：就是说废墟上有很多孔隙裂缝。但句子却很美。"比奥伊："是的，这正是一个表现文学之神秘的例子。想要写出这种句子，得有阿莉西亚·胡拉多所不具备的那种能耐，虽然她很聪慧，也取得了不少成就。"博尔赫斯："我觉得要是切斯特顿没有写出这样的句子，那是否弃用这种几乎不可能的意象就成了检验一个人是否能成为作家的试金石了。我的话可能脑子里想的是：'还不如一块砖头'，然后就想到别的东西上去了。但是你看，切斯特顿就写出了漂亮的句子。"

他说："今天我丢了两千比索。本该聊聊国旗一事的。[2] 但聊这种对于别人来说不太能聊的话题时，有些地方不能越界。当时说话那人又对写作一无所知，他说：'贝尔格拉诺是那个秘密团体[3]的成员，任秘书……'"

6月25日，星期二。 我们聊到布莱克。博尔赫斯："布莱克身上有很丑陋的一面。"比奥伊："能从他的画里看出来。"博尔赫斯："也能从他神话体系里众神的名字中看出来。他的语言和想象都有点像德国人。"比奥伊："还掺杂着儿歌里常见的幼稚的胡话。"博尔赫斯："史威登堡的那些灵界记闻要好得多。"他还补充说，布莱克的诗里带有十八世纪特有的蠢劲儿，比如什么粉红手指的曙光女神一类的。

6月26日，星期三。 博尔赫斯："我发现有个人是同性恋，你猜是谁？是马洛。在《希罗与利安德》这首诗里，他在描写女主人公希罗的时候，很克制，但描写到男主人公利安德时就不理智了。"比奥伊："我也有个发现：我发现小说就是一种为同性恋量身定做的体裁。当一个男性作者细致入微地刻画男主角的时候，就是他变得娘娘腔的时候。"博尔赫斯："马洛有点太变态了，就像莎士比亚那个时代的很多同性恋一样。一个主动型同性恋早晚会变成被动型……情感可以使一切变得崇高，很多事情都是如此，比如，把自己吃饱其实是有点伤感的事，人在此时就

---

[1] "Ruin is a builder of windows."，《圣芭芭拉之歌》(*The Ballad of St. Barbara*)【诗集《圣芭芭拉之歌》(1922)】。
[2] 时年阿根廷政府将6月20日定为国旗日。领导独立战争也是国旗设计者的贝尔格拉诺将军于1820年6月20日逝世。——译者注
[3] 此处指共济会。——译者注

像个容器，一只小桶子……然而你能看到各种佳肴美馔的盛宴，仿佛是人类战胜瘦弱的一场场胜利。"

他提起阿波利奈尔："可怜人。他赶上了个什么年代啊。他想把自己在一战中的惨痛经历写进诗里，所以不得不写战友们的尸体都斜躺在他旁边。你知道他把这些斜躺的尸体比作什么吗？比萨斜塔。可比萨斜塔和他描写的东西以及他想在读者身上引发的情感有什么关系啊？只能说，阿波利奈尔有特别的本事，擅长把最不合时宜、最没有意义的东西拿来做比喻。"

比奥伊："歌谣这种文学体裁很难写。"博尔赫斯："史蒂文森有这方面的天赋，魏尔伦也有。纪德的《法国诗歌选集》编得不好，因为编者太谦卑了，不想把自己的品味强加给读者，所以书里收录的诗歌别的选集里也都有。"比奥伊："法国诗人喜欢在诗里突然插入一首歌谣，这是什么怪癖？一首明明很严肃的诗中常常会突然冒出一首像《小兵丁鲁塞尔》[1]那样的儿歌。"

我和他聊起乔伊斯的那些书信[2]。我说，如果那些书信揭露了他的真实个性，那根据《泰晤士报文学增刊》的评论员所说，他无疑是个精神匮乏的平庸灵魂。博尔赫斯："我不觉得奇怪，乔伊斯写一本如此事无巨细的书就是个错误。"比奥伊："这是人类特有的愚蠢：一面厌倦了作家写任何作品都出于作家的本分，一面又激情满满地赞美《尤利西斯》，这两种方式都有问题。"

6月29日，星期六。 我们聊起雷斯特在图书馆做的讲座。博尔赫斯觉得，雷斯特阐述的理论可以用来比较基姆[3]与情报机构（这位年轻人并不知道该部门工作的目的和性质）的关系以及人与上帝的关系（某种程度上来说，所有人都要侍奉上帝）："雷斯特还在关于基姆的那些情节与共济会的入会仪式之间找到了一些相似之处，他发现寻找圣杯和这部小说里某些关于寻觅的东西很类似。所有这些观点我都觉得非常可信，包括关于吉卜林没有提及那事的事实，他和乔伊斯一样，并不是自己书本的政客，一向不追求被采访或开展个人宣传。"比奥伊："在他的其他故事里也能发

---

[1] 在革命志愿兵"无裤党"中非常流行的一首歌谣，1792年加斯帕德·德·切努为纪念友人让·巴蒂斯特·鲁塞尔（1743—1807）而创作，歌中唱道："小兵丁鲁塞尔有三栋房子，/ 没有房梁，也没有椽子，/ 因为是为了住进燕子，/ 你觉得小兵丁鲁塞尔怎么样？/ 啊！啊！啊！没错，/ 小兵丁鲁塞尔真是个好孩子！"
[2] 斯图尔特·吉尔伯特（主编），《乔伊斯书信集》（*Letters of James Joyce*，1957）。
[3] 吉卜林小说《基姆》（*Kim*）的主人公。——译者注

现共济会仪式与情节上的相似性。"博尔赫斯:"当然,但雷斯特并没有提起任何有关共济会的东西。吉卜林在某处说过,《基姆》纯粹就是一种流浪汉小说——这也许恰恰证实了吉卜林对消除这些痕迹的忧虑,他努力保护个人隐私,但又不希望自己保守那些秘密的做法太过明显——这也让人不禁想起他母亲对他说过的话,他不能为了救自己的命而去设计一个阴谋;而他在自己众多的非凡故事里都否认了这件事。"

博尔赫斯:"这句诗大概是拉弗格写的:

生活如此平淡无奇。[1]

马克思·诺尔道认为这句诗印证了一种癫狂的状态。他根本没有理解。我觉得这个想法和文字表达都好。任何一个作家能写出这句诗,想必都会很满足的。"

7月5日,星期五。 他说:"王尔德曾写道:'梅瑞狄斯就是一个散文化的勃朗宁;当然,勃朗宁亦然。'趣味全在这'当然'二字。王尔德还曾这样评价过勃朗宁:'他把诗歌作为写散文的一种手段。'[2] 这似乎是一个很郑重的评价,几乎算是一种赞赏。虽然勃朗宁总是废话连篇,但他本应是一个很伟大的短篇小说家啊……"

7月6日,星期六。 我跟博尔赫斯提到罗杰·凯斯门特爵士可能是同性恋,说他曾在一本私密日记里写过他的相关经历。[3] 博尔赫斯(他谴责把同性恋作为文学题材):"他把那种事记在日记里?太蠢了。"而那个基于罗杰·凯斯门特日常行为所作出的判决让他想起豪斯曼曾写过一首诗,诗中写到一人因头发颜色被捕入狱。[4]

7月7日,星期日。 博尔赫斯:"在我父亲很小的时候,他生日的前一天,大家跟他说:'明天你就是个大人了。',可是第二天当他醒来的时候,发现自己还和往常一样,失望至极。因为他想必一直盼着醒来的时候就长成大人那么高了,穿得也像大人了,唇上和下巴上还长出了胡子。什么东西都要学。在《无名的裘德》里,有个小男孩非常想学希腊语,于是他买了本语法书,而当他发现还必须要学会字母、词

---

1 朱尔·拉弗格,《对某些问题的怨念》(*Complainte sur certains ennuis*)【《怨歌集》(*Complaintes*, 1885)】。
2 《身为艺术家的批评者》(*The Critic as Artist*)【《意图集》(*Intentions*, 1891)】。王尔德的原话中没有"当然"这个词。
3 在针对罗杰·凯斯门特爵士(1864—1916)叛国罪的审理中(1916),法院公开了他曾有过多本提及自己同性恋经历日记一事。这部《黑色日记》于1995年向大众公开,1998年出版。
4 "哦,人们因他的发色便把他投进监牢。"【《附加诗选》(*Additional Poems*, p.1937),XVIII】。

汇、变格和动词，只买语法书并不够的时候，也是失望至极。"[1]

我们聊到苏尔，他在上火车的时候出了意外，差点丧命。[2] 博尔赫斯："魔法竟然从来都对这样的魔法师起不了作用，真是太奇怪了。他们也坐火车，也被医生医治，但竟然还能说服大家相信科学是无用的。苏尔为什么不通过内观去老虎洲呢？诺拉以前非常渴望相信苏尔的法术，总是问他：'苏尔，不能真的穿到镜子的另一边去吧？'苏尔那时候还有点天真，每次都答：'能啊，一个人做梦的时候，或是他疯了的时候，就能穿过去。'"

博尔赫斯说他曾读过一篇兰姆的文章，文中说表演莎士比亚的戏剧其实是不太可能的，因为一旦演员声情并茂的时候——声音、举止、人物性格塑造都带上——作品就变得假了。当兰姆问及如何在剧场里的三百名观众前表演"哈姆雷特羞涩地退下了"时简直蠢透了。[3] 比奥伊："那至死不渝的恋人之间那些爱的告白又该如何表演呢？"博尔赫斯："还有那些策划谋杀的人呢？在观众面前表演这些太直白草率了！而且有意思的是，作为演员同时也是剧院老板，莎士比亚写那些戏剧的时候并没有准备要把它们演出来。"比奥伊："除了兰姆，也有别的作家指出，莎剧一旦被搬上舞台就失去了它的魅力，但他们这么说是出于莎剧的一些缺陷，并非是由于它们的精雕细琢。"博尔赫斯："在约翰逊理智的评论后，关于莎翁的批评就有点趋于非理性了。"我问他有没有读过蒲柏的那篇犀利精准的评论文章[4]，他说读过。

7月9日，星期二。 博尔赫斯："甘农有一次对我的抱怨有点神秘。那次好像是我在一篇故事里引用了《仙后》里的几句诗，诗句写的是一面能看见世上任何东西的镜子，[5] 甘农跟我说：'你没读过全诗吧？那诗全篇惊人地可怕。从这样一首可怖的诗里挑出几个优美的句子引用，这么做合适吗？不会使读者感到困惑吗？'我跟他说，引用的艺术就在于此：把一些看上去有些奇妙的、全篇最好的句子复述出来

1　T·哈代，《无名的裘德》（*Jude the Obscure*，1895），IV。
2　1954年起苏尔就一直住在老虎洲，罗斯西鲁埃洛斯码头那里。事故后，6月10日在费尔南德斯医院动了手术，直到8月10日才康复。
3　《论莎士比亚悲剧，从其作品是否适合舞台表演说起》（*On the tradedies of Shakespeare, considered with reference to their fitness for stage representation*，1811）。
4　《莎士比亚全集》的序言（1725）。
5　"魔法师梅林包罗万象的镜子，'圆形中空，像一个玻璃世界'"【《阿莱夫》（1945）】。诗中的原文是："梅林的镜子，圆形中空／如同世界本身，似一片玻璃之境。"【《仙后》（*The Faerie Queene*），III，2，19】。

（当然，引用的句子需要符合我们的初衷）。"甘农本会用各种侮辱性的评述给吉卜林的小说《无线》作注。博尔赫斯："他胆子够大的。甘农曾因吉卜林改诗一事非常生气，小说里的药店店员[1]借着一种如无线电电波般难以名状的氛围，二度创作了济慈的诗歌，而吉卜林在小说里把济慈那首诗中修饰名词'胸脯'的形容词 fair 改成了 young。[2]Young 比 fair 好，后者很空。而且他没有简单地把诗抄了一遍，而是做了一点改动，虽然有些部分改得更糟了，但有些部分增色不少。但甘农还是愤愤不平。说过像'吉卜林是谁啊？能动济慈的诗？'诸如此类的话。由于甘农不怎么写作，所以凡是会写的人，都写文针对他。每个正在写作的人，都在写文抨击甘农。"比奥伊："你觉得济慈的书信写得如何？"博尔赫斯："该和他的诗一样糟糕吧。济慈有很多故弄风雅的地方。"

关于罗伯特·莱德斯马，他说："他太蠢了。像个粗笨的木匠似的，把诗句雕刻得毫无美感。他怎么会通过写诗学会了做木匠活儿？"

关于瓦雷里，他断言他呆得像块砖头："他非常聪慧，可是没有一点文学天赋。"

博尔赫斯："害怕出错会让人止步不前。凯列特-博伊斯希望能让格拉西安评注过的那版作品（《机敏与智巧》），也是我们推荐的那版，继续成为最正确的一版。但你想想，不同文本之间的差异其实并没有那么重要。"

7月18日，星期四。 博尔赫斯希望能找来几个人一起写本关于英国人如何看待他们过去的书，由他来主编。莎士比亚认为英国人的祖先是凯尔特人。由于斯图亚特家族自称是亚瑟王的后代，拥护共和制的人便坚持他们的撒克逊血统：弥尔顿没有以圆桌骑士为题材来创作，托马斯·布朗爵士一直用这种盎格鲁-撒克逊语言写作。卡莱尔则把这种对撒克逊文化的偏好推向了极致。到了切斯特顿和贝洛克（马修·阿诺德之前也是？）一辈，又再次强调了凯尔特后裔的身份。

我们曾谈论过以色列大使夫人外貌丑陋。有天我们乘货梯下楼，两人身体绷得僵直，因为不想看到跟我们一起被送下来的垃圾桶，也不想闻到它散发出来的恶臭。"我总是怕，"博尔赫斯说，"每次看到这种东西的时候，一旦看了就忘不掉。不过要是大使夫人陪我们下楼的话更惨，我们应该这么想来自我安慰一下。"

1　应为一位化学家的助手。——译者注
2　"把暖红色映上梅黛琳白皙的胸膛"（And threw warm gules on Madeline's fair breast）《圣亚尼节前夕》（*The Eve of St Agnes*，1820），XXV，v.2。

7月20日,星期六。 博尔赫斯讲他对佛教、佛陀、孔子和老子的理解。在问礼于老子——他们之间的对话可能是后人杜撰的——后,孔子说:"见龙,而后这人便不再是原来那个自己。"[1] 孔子并不把自己视为一个过时的古人,他认为自己是一个应在业已失传的古籍中求索万物答案的人,一个身处礼崩乐坏世界中的人。博尔赫斯认为,在佛教里,过去的的确确没有穷尽,因为所有生命皆由前世因果——即善恶业力的集合——而定。佛教不求我执:我们想象中的本我是一系列时刻变化中的人,但存在寄托于前世肉身的记忆。佛陀是人,而神比人还低一等。因为人生难得,就如同大海深处的一只独眼龟,每一千年才能探出水面,把头探进之前有人投进海里的木环,才得以获得人身。[2] 佛教教人解脱。就像七海[3]里每一滴水的滋味都只是盐的滋味一样,佛法之味也就只有解脱之味这一种。它教人脱离轮回。佛陀有过妻子,做过猎人,生为王子:他认为苦行就意味着剥夺他过去认知中的诸多好处,而这些好处要比从解脱中获得的好处都低一等。

贝蒂娜(埃德尔伯格)说,每次听人读马斯特罗纳尔迪的诗,她都不禁去想:"这是首诗。"她必须要把她听到的内容当做一首诗,作为一种独立的存在,而不是作为一部作品、一个整体里的一部分。如果她把它当做一首独立的诗歌来感受,便会心生崇敬之情,但如果把它看做是整个作品的一部分,每句诗所限定的那种模式就会让她觉得讨厌。比奥伊:"这种模式最糟糕的地方在于它会让我们觉得作者像个疯子,不自由,没有自我意志。作者遇到的状况和贝蒂娜一样:他没有把整部作品看作一个整体,而是看成一首首独立的诗。他认为自己发现了,应对每首诗的最佳方案正是他这种模式或是他的偏执提供给他的:好像狗转过来吃它吐的东西一样,愚昧人行愚妄事,行了又行[4]。"博尔赫斯:"我们每个人多少都会碰到发生在马斯特罗纳尔迪身上的这种事。"比奥伊:"只是没那么严重。"博尔赫斯:"没那么严重。最没有这种困扰的就是班奇斯了,因为他算是所有诗人里最不个人化的一个。他会极

---

1 《史记·老子韩非列传》中有这样一段:孔子去,谓弟子曰:"鸟,吾知其能飞;鱼,吾知其能游;兽,吾知其能走。走者可以为罔,游者可以为纶,飞者可以为矰。至于龙,吾不能知其乘风云而上天。吾今日见老子,其犹龙邪!"——译者注
2 此处指佛教术语"盲龟浮木"。涅槃经二曰:"生世为人难,值佛世亦难,犹如大海中盲龟,值浮孔。"同二十三曰:"清净法宝,难得见闻。我今已闻,犹如盲龟,值浮木孔。"圆觉经曰:"浮木盲龟难值遇。"称扬诸佛功德经中曰:"一切世界设满中水,水上有板,而板有孔。有一盲龟,于百岁中,乃一举头。欲值于孔,斯亦甚难。求索人身,甚难甚难。"——译者注
3 佛教里指一小世界中位于妙高山与七金山之间的七大海水。——译者注
4 圣经《箴言篇》,26:11。

尽所有华丽辞藻去写诗。至少是十四行诗这种诗体里的所有辞藻。他写起诗来不知疲倦,没人能让他把效果或怪癖减到三四个。"

比奥伊:"上周日的《国家报》上登了一篇埃切瓦内关于'女裁缝题材'的文章。"博尔赫斯:"埃切瓦内的那几篇文章太糟糕了。"比奥伊:"是啊。我在最近的这篇里发现他引用了我1933年出版的一本书[1]。我看到的时候,内心还是有点欢喜的,因为我都忘了那几本书了,它们已经成为遥远的过去了,而如今看到它们被正经八百地提及了,我有一种参与到了自己后世之中的感觉。本来满心欢喜的,直到我看到了那句话。你知道那句话我当初是怎么写的吗?是这样的:'蓦地,在昏暗的暮色里,街头弥漫起恶棍的气息。'"博尔赫斯:"可能会有人觉得那几处引用都是作者不怀好意,但并不是。"比奥伊:"是的,我觉得不是。但他平时写这样的句子时,不会犯同样的错误。"博尔赫斯:"这类错误属于特定时期。极端派诗歌改革时期。那个时候,黄昏可以和任何事物搭配,它可以被更荒谬的直接补语修饰。我认为应该给年轻人的建议是:避免堆砌词藻是首先要注意的。写作时要相信语言。最多运用一些影射。如果力求文字富于表现力,就会写出像'坦珀利、一排排树,还有一间间别墅和一列列火车'这样的蠢句子。当然,如果我们只写'坦珀利',那随着时间的流逝,我们想传达的画面一定会发生变化:在未来的一千年里,谁知道'坦珀利'这个词在我们的文字中会有什么新的含义?"比奥伊:"总之无论如何,写'老虎'都比写'带条纹花色的恐吓'强。"博尔赫斯:"染上这种浮夸的毛病也不错。如果一个作家像威尔斯那样平实的话,那随时都可能产生浮躁的邪念。"比奥伊:"这种邪念一直在周围窥伺着我们。之前有一次我要描写几对探出窗子的情侣,我是这么写的:'交织在一起的恋人'。后来我把'交织在一起的'划掉了,但这个词还是在那里存在过一分钟。"博尔赫斯:"'交织在一起的恋人'还不赖。"比奥伊:"可能用在诗歌里还不错吧,放在散文里就不怎么样了。你不知道这种浮夸的文字会给作者带来文学上的或是声名上怎样的打击。"博尔赫斯:"当人年纪尚轻时,会认为用另一种方式写作——即朴实地写作——不能被称为写作。但事实是,我们正是会为那种作者的作品而感动、开怀和落泪,而他们用我们曾经的标准来衡量,写得并不好。"比奥伊:"对我来说,写作就是把富于表达的语句制成链条——而且还要:在语言的帝国里,使用词语,甚至是那些以前从未用过的固定短语;征服这

---

[1] 引用的故事是:《伊里戈延去世的那个下午》(*La tarde en que murió Yrigoyen*)【《射向未来的17枪》(*17 disparos contra lo porvenir*,1933)】。

些语句，在语言的国度里划出自己的殖民地——"博尔赫斯："但这样一来，文风会非常不连贯。你觉得卢贡内斯写得如何？"比奥伊："他大概要花五百年才能学会写作吧。"博尔赫斯："他从来不会用平稳的风格去写东西。要么文学性很强，仿佛镶满了绚丽的蛋白石和猫眼石，要么如公证书一般，像那句'相应的修订'[1]。克维多从未学会写作。我一度觉得他要比贡戈拉写得好，但贡戈拉能动情，能传情。"

他提了几句贡戈拉写科尔多瓦的那首诗[2]。随后又念了克维多写那位奥苏纳公爵的诗[3]：

> 祖国可以没有伟大的奥苏纳，
> 但赫赫战功里不能没有他的捍卫死守；
> 西班牙给了他监狱和死亡，
> 为了国家他把自己的命运抛诸脑后。
>
> 仰慕他的人纷纷垂泪
> 无论是本国的还是外国的；
> 佛兰德的战场是他的坟茔，
> 血红的月亮是他的墓志铭。
>
> 葬礼时帕特诺佩点燃了维苏威火山，
> 特里纳克利亚点燃了蒙希贝洛，
> 将士恸哭之泪涨成洪水。
>
> 战神将天国里最好的位置赐予了他；
> 马斯、莱茵、塔霍与多瑙诸河
> 低声痛诉着自己的忧伤。

比奥伊："写得不错。"博尔赫斯："但不带一丝情感。像机器造出来的句子……和华兹华斯那首写那位砍伐了大批树木的人的十四行诗之间的差距太大了：

---

1 《致牲口和庄稼》（*A los ganados y las mieses*）[《世俗颂歌》（1910）]："让我们呼吁相应的修订/针对农村法规的改革，/在务农权利的崇高性/及平等畜牧上讲原则。"
2 路·德·贡戈拉，《咏科尔多瓦》（*A Córdoba*, c. 1585）。
3 《缅怀奥苏纳公爵：堂佩德罗·希隆》（*Memoria inmortal de don Pedro Girón, duque de Osuna*）[《西班牙的帕尔纳索斯峰》（p.1648），第一缪斯]。

> [...] 许多心灵痛惜
> 那些老树的命运，而常怀悲痛的旅人
> 会在那日驻足，凝视这些
> 大自然几乎毫不在意的恶行 [...]¹

华兹华斯避开了那种试图展现自然界一切痛苦的欲望。

战神将天国里最好的位置赐予了他。

他怎么想的，这什么句子啊。'最好的位置'，能看河景。他提到奥苏纳公爵死于狱中时脑海里没有任何画面，他没有想象死亡意味着什么。可以这样写：

> 伟大的奥苏纳可以没有他的祖国

这样更好，更真实，甚至更崇高。而

> 祖国不能没有伟大的奥苏纳

几乎不能这么写。"他想起了曾有人把"伟大的奥苏纳"写得像个彻头彻尾的暴发户。比奥伊："显然曾有一个大家都仰慕'暴发户'的时期，那时候还没人发觉成为'暴发户'其实有点低俗。"

比较克维多的时候，我引用了洛佩的话，博尔赫斯也认同洛佩的写作风格更欢快些。"他有几首非常出色的十四行诗"，他说。他确信读者可以把克维多的诗一首一首读过来，却找不到丝毫感人或让人产生亲切感的地方。贡戈拉更好一些，洛佩还要好。"我不知道当时我怎么会那么崇拜克维多。"他最后说。

博尔赫斯："邓恩有一些很美的诗句，也有很糟糕的。那到底应该如何写作呢？"比奥伊："简洁、和谐一致，尝试与读者交心，而不是拒之千里。"博尔赫斯："像摩尔那样。即便如此，你看他早期的那些小说都怎么写的。"比奥伊："那种荒谬可笑的写作方式，在我们写作之初都用过，遵循那种方法像遵守纪律一样有用。它教会我们如何不犯粗心大意的毛病。或许我们只能偶得一个无足轻重又不太确定的隐喻。而那种写作方式能我们快速找到那种隐喻。《圣经》里就有这样的句子：通过恰当的隐喻来传教。而我们无法写一本充斥了这种句子的书。"博尔赫斯："大概

---

1 十四行诗《堕落的道格拉斯！哦，无能的主》(*Degenerate Douglas! Oh, the unworthy Lord!*)【《诗选》(1807)】。

史蒂文森能写出繁复却并不让人觉得繁复的句子。切斯特顿呢?他写什么都像玩手偶戏一样。"比奥伊:"读者一旦进入游戏,就很快接受了设定。没有什么能打破这种风格。或许这种观点也可以拿来为拉莱塔辩护。但拉莱塔的手偶戏玩得不好,没什么意思。"博尔赫斯:"西班牙人喜欢做出一种辩证的、左右摇摆的姿态,一会儿这样,一会儿那样:

> 祖国可以没有伟大的奥苏纳,
> 但赫赫战功里不能没有他的捍卫死守。

如果他们喜欢这样表达,便不容他人反驳。"比奥伊:"那么,那首著名的十四行诗[1]的开头你怎么看?

> 我的上帝,我不会因为要爱你
> 就被你承诺的天堂所动容。
> 如此可怖的地狱也无法将我撼动
> 不会让我因此就不去侮你。

你怎么评价这个'因此'?"博尔赫斯:"这个'因此'什么意思?难道是怕健忘的读者忘了吗?但'如此可怖的地狱'离得太近了,让人很难忘记这个'因此'。你是第一个发现这几句诗不对劲的人。要是有人写出这样几句的话,第二天早上我肯定一个打电话到印刷厂让他们不要印发了。这恐怕会成为报社开印前的突发事件吧。而且第一句特别像在说:

> '连上帝也无法说服我去爱你'。"

他继续背诵道:

> 你使我动容,主啊,当看到你
> 被钉在十字架上被世人嘲弄
> 看到你伤痕累累的身躯,我动摇了
> 看到你受到的羞辱和面临的死亡,我动摇了
>
> 终于,你的爱动摇了我

---

[1] 神秘主义十四行诗《献给被钉于十字架的耶稣》(*Soneto a Cristo crucificado*)发表于1628年,作者不详,被视为十六世纪后半叶西班牙语诗歌中最杰出的诗作。其开头两行广为人知。——译者注

纵使没有天堂我依然爱你，
纵使没有地狱我依然惧你。

你不需要给出我爱你的理由；
因为纵使等不到我所希冀，
我一如既往地爱你。

博尔赫斯："沙特尔的主教伊沃写的诗要比这首强多了，这位主教曾碰到一个一手提着水桶一手举着火炬的女人，她声称要用桶里的水浇灭地狱之火，用手里的火炬把天堂点着。"[1]

博尔赫斯："曼西利亚对我来说不怎么可爱。他是拉斯塔法里教信徒，还是个好斗之人。"比奥伊："我们国家有太多这样的人了，他们的出现好像就是为了让人去崇拜的。"博尔赫斯："曼西利亚写作时喜欢笨拙地罗列出一堆东西，比如：'我游历时骑过驴子、马、大象、骆驼，坐过车、坐过船；或是，我在那个地方吃过那种东西，在另一个地方又吃过什么另外的东西，诸如此类。'[2] 他无时无刻不在炫耀。好像他是第一个去过印度的阿根廷人似的。他瞎编了多少关于印度的事！曼西利亚的活跃思维是出了名的。奥利韦里奥也想得到这种名声，但他除了在十年后抄袭别人的东西，什么新颖的想法也没有。"

关于《浮士德》。博尔赫斯："很奇怪，在这本书里竟然感受不到恶。但在《麦克白》里能感觉得到。《浮士德》里也没有：只有两个对话的人。关于玛格丽特的那一章并不出彩：像还未成为真正探戈的舞蹈。没有人，甚至连德国人自己都没想过要把《浮士德》搬上舞台。或许雷斯特说的对：德国文学里不存在幻想。"

比奥伊："很难在像布宜诺斯艾利斯和纽约这样的两个城市之间作比较，因为

1　这段《出于无私的爱》被收录在《天堂与地狱之书》（1960）中，根据柯勒律治的引述【《文学传记》（*Biographia Literaria*，1817），V】，这个训诫故事是由教士杰瑞米·泰勒（1613—1667）讲述的。
2　"我仍然期待着和你一起吃饭，在一棵古老斑驳的角豆树下，或在湖边的芦苇荡里，或在溪畔，烤点羊驼肉、角鹿肉、山猫肉或是鸵鸟腿肉［...］说到吃鸵鸟肉，我想起在欧洲和美洲游历的日子，曾如侯爵般奢侈地在巴黎旅居，也曾像瓜拉尼土著一样在巴拉圭栖身，喝过拉普拉塔河流域的玉米面糊糊，尝过智利的辣子腊肉丁、纽约的生蚝、那不勒斯的通心粉、法国佩里戈尔的松露、巴拉圭亚松森的奶酪小面包［...］"【《兰卡印第安之行》（*Una excursión a los indios ranqueles*，1870），I】。

除非坐飞机,否则一个人看两座城要花几天时间。应该在同一个下午欣赏两座城才行。"博尔赫斯:"我想去十年前、二十年前、三十年前的布宜诺斯艾利斯走一走。看看那些光景里的人、那时的穿着,尽管如今他们都已不在。"比奥伊:"普利斯特利的一出戏剧里,有个回到过去的人在他走访的那栋房子里碰到了一群正在聚会的人。[1] 我觉得这种无疑在很多故事里都出现过的情形很诗意,因为聚会上人们的那种轻狂的快乐与我们认知里的快乐是截然相反的:它停留在过去,那时的人现在都不在了。"博尔赫斯:"就像不知身处 1957 年的我们一样,过去的人也是如此。"

我聊起正在巴黎兴起的直写主义(literalism),可能算一种文学流派吧。比如:一张桌子就是一块由四根叫做"腿"的棍子支撑的板子。博尔赫斯:"一位过去是象征主义、现在是直写主义的诗人曾写道:'更多天使。'"

福涅莱斯要在图书馆开一场讲座。他想在讲座前认识一下博尔赫斯,说会来拜访他。比奥伊:"生活难道没有教会他那种会面肯定会相当尴尬,不会有什么结果吗。我在英国的时候,尽量不去结识任何我欣赏的作家。没有共同经历,仅靠一次特别的会面是很难聊起来的,很难把自己的心意表达清楚。"博尔赫斯:"当初听说切斯特顿要来布宜诺斯艾利斯的时候,我非常不想见他。我还是想通过他的书去慢慢认识他。"

他跟我说:"你不知道画家西凯罗斯是凭借什么去请愿禁用原子弹的吗?凭借美。可他哪里知道美呢?"

7 月 23 日,星期二。 我们一起读马斯特罗纳尔迪的《阴影的美德》。博尔赫斯把它和卢贡内斯的诗集《古老的诗歌》做比较:"是父辈为追忆家族历史办的聚会。"

7 月 24 日,星期三。 他说《失乐园》的一个弱点是里面的奇幻世界想象得不够完整:"但丁创造的幻想世界栩栩如生——但他对于天堂的想象不够生动,而读者还是像读一部幻想小说一样饶有兴致地读了下去。但丁是像威尔斯一样推进故事的。月球肯定并不像威尔斯描写的那样,可一旦搁置怀疑(suspension of disbelief)[2] 原

---

[1] 《时间与康威一家》(Time and the Conways,1937):第一幕发生在 1919 年,凯·康威的生日聚会上;第二幕是在 1937 年的另一场生日聚会上;第三幕再次回到 1919 年的生日会上。
[2] 有时也称作"自愿搁置怀疑",指观众观看超现实主义作品(如推测小说)时有意避免批判性或逻辑思维,为了体验而忽略虚构的不真实性。亚里士多德首先探讨了这一概念与戏剧原则的关系。——译者注

则奏效，读者自然会接受那样的月球，因为它是一种有关联的想象。"比奥伊："这很不寻常。当人类造访月球的时候，威尔斯幻想的魔力就会有点失效了。"博尔赫斯："在伊瓦拉翻译的《海滨墓园》的序言里，我是这么写的，倘若有一天人们知道了死后发生的事，那文学与哲学大半都将失去效用。"

7月29日，星期一。 他说起耶尼切里军团[1]。他们都是基督徒的后裔。脚底烙印着十字架图案，就是为了让他们把十字架踩在脚下。博尔赫斯："我觉得这是误传。一个人踩着的地方从哪里开始算起呢？我觉得是从双脚之外的地方算起的。"比奥伊："那些穆斯林人当时肯定还不知道有印章这个东西。"

博尔赫斯："曾写过有关气球的诗作的爱伦·坡说过，地球上的每一处风景都很美，因为它们是为了给天使欣赏而被创造出来的。[2] 这只是一种转瞬即逝的想法而已。"

他提到里瓦罗尔的那句名言："法语，唯一具备诚实这一美德的语言。"[3]

当我俩从我的房间出来，正要走的时候，他吟诵起这句：

我的上帝，我不会因为要爱你就被动容

评论道："要是这首诗的其他句子都已失传，只剩了这句，人们会如何解读呢？人们大概会勾画出一个看向世界、猛烈摇头、高声呼喊着这句话的人吧：

我的上帝，我不会因为要爱你就被动容

爱上帝？要是有人能爱上他那才真是奇了。怕他才更合理吧。想必是出于害怕、出于礼貌、为了要取悦他，人们才说爱他。怎么可能去爱一个如此古怪、如此令人费解的人呢？不可能，人是不可能对他生爱的，生出一种莫大的好奇还差不多。而对他产生好奇的人便不会再对其他别的事物感到好奇了。人与上帝之间的关系是一种非常奇怪的关系。他有那么在乎我们爱他吗？这就好比我们在意蚂蚁或是指甲是不是爱我们一样。让别的神也爱他就更莫名其妙了。"比奥伊："有次我曾写过，在人与至高无上的上帝之间的关系层面，在表达人对上帝的喜爱上，文学是公正诚

---

1 苏丹亲兵，是奥斯曼土耳其帝国的常备军队与苏丹侍卫的统称。最早出现于奥尔汗一世贝伊统治时期。在穆拉德一世统治时期成为常备军。1826年，在马哈茂德二世统治期间废除。——译者注
2 《气球骗局》(*The Balloon-Hoax*，1844)。
3 准确的原文是："La langue française est la suele [...] qui ait une probité attachée à son genie." 【《论法语的普遍性》(*Discour sur l'Universalité de la langue française*，1784)】

实的。如果讲的是一个叛逆或误入歧途的可怜人的故事，在文学里便会把他写成一个怪物，一个残忍虐待别人的人，而书中的上帝会将他打入地狱。"博尔赫斯："因为表现出惧怕并不蠢。如果在上帝身侧的那位守护天使无足轻重，怎么能让人不去取悦逢迎上帝呢？"

7月30日，星期二。 我们谈到了罗哈斯。博尔赫斯："他身上总有些俗气。他准备写阿根廷历史上的头号人物，次要人物他都不写，直奔圣马丁和萨米恩托。他把关于圣马丁的那本命名为《剑圣》。要知道，连最糟糕的作家都有门生。可没人尝试像罗哈斯那样写东西。人们都避之不及，经过他身边的时候都保持一段安全距离，所以他周围有很多空地方。而作为诗人，他写的诗糟透了：

我们有一栋抒情别墅，别墅里
住着一个妙极了的法国伯爵。[1]

写得太粗笨了。"

聊到梦。比奥伊："梦境带来的愉悦感总有些积极的作用。"博尔赫斯："我想写点关于这方面的东西。我也觉得有积极意义，否则为什么早上六点把一个人叫醒，要他去趟罗萨里奥的话，他会那么不乐意呢？我觉得这种不快不仅仅是因为马上要出门，也不是由于梦醒的落寞感造成的。这种梦醒的落寞感只是为文学营造出的一种想法，仅此而已。文学就是一张废纸，写满了百无一用的想法。你觉得可能存在一种不让言明那种事、不接纳逻辑错误、不容许模棱两可的语言吗？这种语言就是那些无用的想法之一，是只适用于文学的想法。"

说到拂晓的忧伤氛围。我跟他说，城市（和城市里的事物）在这个时段总有一种忧郁的气氛。他吟诵起几句诗，赞不绝口，诗中将巴黎比作一个操起工具干活儿前睡眼惺忪的老人[2]，是有点荒诞的句子。比奥伊："乡下的清晨不那么忧伤，那里能听到鸟叫。"博尔赫斯："你还记得《马丁·菲耶罗》里那几行描写清晨和母鸡的诗吗？"他念道：

已然是拂晓十分，

---

1 《致埃米利奥·贝彻的一封信》（*Epístola a Emilio Becher*）【《徽章上的百合》（*Los lises del blasón*），1913）】。
2 "暗淡的巴黎，揉着惺忪的睡眼，/抓起了工具，像个辛勤的老人。"夏尔·波德莱尔，《晨光熹微》（*Le crepuscule du matin*）【《恶之花》（1857）】。

东方正渐渐发红。

小鸟儿鼓噪歌唱，

老母鸡跳下枝藤。

干活儿时间宜早，

各自都前去上工。[1]

比奥伊："我偏爱鸟叫。"博尔赫斯："或许这种忧伤源于人们对生活的恐惧，意识到必须要开启全新的忙碌的一天。而做那些明知道不会留下任何回忆的事更凭添了哀怨之情。"

8月1日，星期四。 他跟我讲起《失乐园》，说亚当和夏娃在堕落之前结了婚，履行了所有结婚仪式，偷尝禁果后，又再赴云雨。[2] 在《上帝之城》里，圣奥古斯丁写二人在堕落之前的鱼水之欢，亚当是听凭意志行事的，就像完成摇头的动作，由于对激情困惑不解，便没有达到高潮。因为人感官（触觉、视觉、听觉、嗅觉、味觉）的感知力比我们对超越极乐之爱的感知力更强。[3]

8月4日，星期日。 关于吉列尔莫，他说："他是个蠢货，但不能被他愚笨的表象给骗了，他还有坏心眼。"

他对英年早逝的爱伦·坡表示惋惜。说他若还活着，还能写出很多作品："我们已经意识到一个人所写的不过是他所创想的千分之一……他写作、思考、创作，不甘于总是反复写同一主题。他的写作远比莫泊桑和切斯特顿更多样。最能体现其写作丰富性的例子就是《阿芒提拉多的酒桶》和《人群中的人》。就算有些反反复复、笨拙的惊人之语，这两部作品也着实来源于丰富的构想。"他同时也承认，尽管莫泊桑的一些写作手法略显机械、缺乏情感，但他还是写过非常美的故事。他尤其记得那篇关于一位有着理想情人的女性的故事。[4]

他谈到那种灵光闪现、突发的、超现实主义的创作及其他："对于那些要面对马拉美诗中所写的白纸问题的作者来说，这是一种程序化的创作过程。[5] 那是记者、

---

1 《马丁·菲耶罗》，vv.151 ss。
2 《失乐园》(1667)，IV，v.740。
3 《上帝之城》，XIV，18—24。
4 《哈里特小姐》【小说集《哈里特小姐》(*Miss Harriet*，1884)】。
5 "[...]清白色掩护的空纸"【《海风》(*Brise marine*，1865)】。(卞之琳译)

而不是诗人会面对的问题。记者必须要写满一定篇幅。而诗人要解决的问题是如何表达出他必须要表达的东西。"他说弗朗西斯科·罗梅罗在狱中时本该留下几首荒唐的诗。

他不认为不同世代之间存在不可逾越的鸿沟，也不觉得我们时代的某种决定论会迫使我们不得不严格以一种特定的方式写作："这没什么问题。想怎么写就怎么写。而后，我们写下的东西就将成为我们时代的典型：我们的时代即是我们自己。不是我和他：是我们*所有人*。可以把'我们所有人'理解为任何一个兄弟、一位诗人，他们可以属于任何一个时代或国家，跟我们同时代的一些人不算。"他以埃兹拉·庞德和艾吕雅为例。博尔赫斯："没有人会因为一时的愉悦而想起艾吕雅的诗。艾略特有个可能过于实用主义的功利想法：必须要知道我们的时代期盼什么，才能一起朝这个方向努力。英国的十八世纪就是这样一直希望把人的智力和理智引向诗歌的。"比奥伊："或许十八世纪最喜闻乐见的那些诗人是最不像来自十八世纪的那群人吧。比方说，布莱克。而且带着这样的外在观念，似乎无法写作。"博尔赫斯："这种想法看上去很聪明——对于文学生涯的过程来说，但最后经验证明，它很蠢。"

聊到机械。博尔赫斯："我妹妹总在想，为什么赫胥黎明明不喜欢机械，还要经常把机器拿出来探讨。一般我们不会去讨论不喜欢的话题。如果经常讨论的话，就是因为喜爱，还写稿子去宣传那些丑陋的东西。"

8月10日，星期六。 博尔赫斯谈起庆祝吉塞尔达·扎尼获得埃梅塞文学奖[1]的那次聚餐："一个姑娘说她试图劝博科斯·莱斯卡诺不要再写十四行诗了。你看，她简直疯了。如果他已经写不好十四行诗了，如果他开始放任自己写各种不合规矩的诗，谁知道他会写成什么样子。"他说十四行诗是一种绝佳的创造，很难想象这样一种恒定的形式能衍生出如此丰富多样的诗歌。我提醒说在编我们那套还未出版的（西班牙和西语美洲诗歌）文选时就发现了，最好的那些都是十四行诗，所以我们要努力争取不要让这本书变成一本十四行诗选。

8月11日，星期日。 博尔赫斯："我之前在读洛根·皮尔索尔·史密斯写弥尔顿的那本书。[2] 我觉得不怎么样。文字花哨。看他引用的都是弥尔顿的什么诗啊。"

---

[1] 获奖作品是《微妙关系》(*Por vínculos sutiles*，1957)。

[2] 《弥尔顿及其现代批评家》(*Milton and his Modern Critics*，1940)。

他想象这么一部由一个"假灵魂"写就的文学史，一类曼迪·莫里纳式的人。比如，在援引了以下几句诗后：

我回想起

旧日时光

不禁悲泣……[1]

作者可能会这样评价："此处，诗人委婉地表明了他追求进步的信念。仅仅想到过去的苦难，他便泪流不止。"然后，接着写道：

我们做梦，是时候了[2]

"此处诗人暗指我们身处的由时间和纪律严格框范的世界。一切都有其要遵守的秩序，连做梦也是。"

窒息难忍

脸色苍白

当钟声敲响。[3]

"诗人坚持这么写，几乎是用残忍的方式向我们展示了他被时间奴役的过程。"

8月13日，星期二。　博尔赫斯："在下里巴人里能寻到一种乐子。它踢人（it kicks）的脚法很特别。令人相当舒服。"

8月15日，星期四。　他告诉我："在《蓝与白》上，我每天都被攻击，在报纸连载的一类杂文里。你知道是谁跳出来维护我的吗？是萨瓦托！真是个垃圾。什么事都不能让他安分。难道没人注意到他就是个小丑吗。一会带着面具出来，摘了面具一看，是萨瓦托。一会扮成潜水员出来，脱了潜水服一看，又是萨瓦托。他并不追求庄重体面也不想表现得高贵冷漠。"

8月16日，星期五。　他说有人从很早以前就开始推崇艾吕雅了。他谈到这帮人惯用的一个手法，尤其是他们当中的阿波利奈尔：就是在诗中通过呆板的、不和谐的、繁复的意象来层层推进，甚至会写出这样一句简单的话："我因你而感到一种莫大的爱。"

1　魏尔伦，《秋歌》(Chanson d'automne)【《感伤集》(Poèmes saturniens，1886)】，vv.10—12。
2　魏尔伦，《美好的歌》(La Bonne chanson，1869)，VI，v.12。
3　《秋歌》(Chanson d'automne)，vv.7—9。(小跃译)

"莫大"这个词让我想起《马丁·菲耶罗》的开头,我觉得这个词很崇高,用在那里恰到好处:

> 我在此放声歌唱,
> 伴随着琴声悠扬。
> 有个人夜不能寐,
> 都只为莫大悲伤。
> 像一只离群孤鸟,
> 借歌声以慰凄凉。

我们不知道埃尔南德斯会不会对这首长诗的开头有疑问。比奥伊:"既然这本书他写得如此轻松,为什么不再多写点呢?"博尔赫斯:"或许是因为他被塞住了,被填满了。很少有书能写得不那么'文学'(贬义上的'文学'):《马丁·菲耶罗》上部几乎是完全自由不受限的。"

他念了好几段,其中包括克鲁斯之死那段:

> 跪在他身体旁边,
> 向耶稣为他祷念。
> 眼朦胧昏暗一片,
> 头发晕天旋地转。
> 一见他气绝魂断,
> 我顿时如中雷电![1]

他评价说:"这是本书很精彩的一刻。读者看到马丁·菲耶罗跪地恸哭会很动容。他们大概心里都在暗暗地想:一定是太悲痛了,才让这样一个硬汉跪地恸哭。"

我说我正在读的那本传记[2]里是这么写欧·亨利的,说他在小学的时候,能一边用右手在黑板上做算数,一边用左手画女老师的漫画像。博尔赫斯十分怀疑这件事的真实性。作者由此解释说,据说我们所有人都能两手并用来镜像书写,不能这么做的是特例。比奥伊:"当然了,所以才有这么多人能同时写两本不同的书嘛,右手写一本,左手写另一本。"博尔赫斯:"大概《马丁·菲耶罗》和《马丁·菲耶罗归

---

1 《马丁·菲耶罗归来》,vv. 925 ss。
2 杰拉尔德·兰福德,《欧·亨利传》(*Alias O. Henry*,1957)。

来》，还有《堂吉诃德》的一二部都是这么写成的吧。"他纳闷欧·亨利会不会成为克莱门特那种人。

西尔维娜收到了一本诗集，来自一个非常无知的女诗人，书上写了两行致辞给她。博尔赫斯："这么恭谦值得表扬啊。你就把她的名字当作一句话末尾的一个可有可无的词吧。"

8月19日，星期一。 比奥伊："萨瓦托回应你的那篇登载在《虚构》杂志上的文章[1]里竟然会有这么荒唐的话：他说自由意志论就意味着人对自身的全能支配：'倘若一个人总能为所欲为，那他打开窗子就能飞出去了。'"博尔赫斯："对自由意志如此精彩的解读只能出自布斯托斯·多梅克笔下的人物之口，他的人物里有人谈到过飞翔的母牛。"[2]

西尔维娜给他读了几则芥川龙之介的故事。经我指点，她先读了《竹林中》（博尔赫斯发现了他多年前看过的日本电影《罗生门》就是改编自这个故事），那则关于一对情人的故事《袈裟与盛远》和《鼻子》。博尔赫斯听到最后一则的时候，哈哈大笑起来。不是因为故事本身有意思，而是出于讽刺。他说："这是个什么故事啊！像做梦似的。"通常这么说都是想要夸赞一番的，但这次不同。他觉得这则故事如梦似幻，但同时又笨拙不通。他问："这位作者在日本很有名吗？"

博尔赫斯："有人曾这样说过，作者从来不会被别人写他的东西所伤害，唯一能伤他的是他自己写的东西。"比奥伊："话虽这么说，这已经是一些观点既成的事实了。我们常说很多作品的序言都是找人临时写的，因为编辑跟作者说再加几页才行。而批评家们并不看正文，只看序言，并依照自己在序言里读到的只言片语去写书评。或者这么说吧，有人读序言，而其他人读的是那个读了序言的人写的书讯，因此，序言里的三言两语便决定了批评的基调。有可能支撑作家不能互相伤害的论调是：评论趋势的演变是一个辩证的过程，波动发展，对一本书的抨击过了一段时间之后会引发出对同一本书的赞美。一切都趋于互补，因为文艺批评是一种正规行业，对前人观点的人云亦云对于一篇评论文章来说没有任何价值（有句话说得好：'叫那班

---

1 《论豪尔赫·路易斯·博尔赫斯的历史方法论》（*Sobre el método histórico de Jorge Luis Borges*）(《虚构》，1957 年第 7 期）。
2 里卡多·圣贾科莫认为："事情，是不会偶然发生的。而……要是没有秩序，那母牛都能从窗子飞进来了。"【《圣贾科莫的预见》（*Las previsiones de Sangiácomo*，1942），出自《伊西德罗·帕罗迪的六个迷题》】

言我尚未言之人死掉罢。'¹)。"

8月23日，星期五。 我们在编辑新版《机敏与巧智》。几年前我们做了注解和校对，当时就把书稿交给埃梅塞出版社了。但那时没有出版，他们还把书稿弄丢了。如今我们希望文史哲系能将其出版，为此我们必须把稿子（埃斯帕萨-卡尔佩出版社编辑的版本）²重读一遍，校对文本，把它和其他版本进行比对，把（我们有副本的）注释加在每一个相应的地方。整个编辑过程充满了欢声笑语，就像我们写布斯托斯·多梅克系列故事的那段时光。

8月24日，星期六。 下午我去了国家图书馆，兰萨·德尔·巴斯托在那里做了一场演讲。演讲全程用意大利语，说得非常慢，是想暗示大家意大利语和西班牙语其实是同一种语言。演讲主要谈到非暴力，强调了人的根本天性，才能平平，但全篇都是逻辑错误和极具争议性的论调。他极力想把耶稣也归入非暴力运动的阵营，说耶稣把商贩逐出圣殿的行为并不是出于暴力冲动而是一种示范性的行为。（博尔赫斯后来评论道："那对于那些被鞭打的商贩来说，这也算非暴力？"他自己也在思考耶稣的这一行径是出于人的本性还是神的天性。我说耶稣并非是一个完全平和的人，我不知道兰萨·德尔·巴斯托极力要把耶稣也归入他们的非暴力事业中去是否合理，因为耶稣曾说过，他的到来就意味着父母与子女之间竖起刀刃。博尔赫斯："耶稣想必是个粗暴之人。自然很古怪、复杂难测。"这让他想到切斯特顿的观点，他认为要体现人物特色就要让他的所有言语都出其不意，同时又要让读者觉得符合人物个性，就比如福音书里的耶稣。）演讲（苏尔可能会称之为 cónfera）最后以人类命运面临的两难抉择作为结束：非暴力，意味着生，而科学，代表原子弹和死亡；科学之树、善恶之树、生死之树。兰萨·德尔·巴斯托还说，一旦发明了炸弹，就必然要将其卖给政府，一旦卖给了政府，就必须卖给敌人，一旦制造了炸弹，就必须要去使用它。（博尔赫斯："这么多对科学的抨击到底从何而来？"比奥伊："科学只是一种工具，它能带来好结果也会带来坏的。"博尔赫斯："针对科学和进步的攻击是从哪里开始的呢？老子认为人生一切苦难皆因发明了路。³兰萨·德尔·巴斯托虽然抨击科

---

1 "Pereant qui ante nos nostra dixerunt"。语出演说家多纳图斯（圣哲罗姆的老师），圣哲罗姆在《圣经评注》第一卷（*Comentario sobre el Eclesiastés*）中引用了此话。
2 马德里：埃斯帕斯-卡尔佩（西班牙哲学家图书馆），1929。
3 博尔赫斯的这一观点取自罗素的《我为什么不是基督徒》（*Why I am not a Christian*，1957）一书中的《我信仰什么》（*What I Believe*）一文，原话是："老子不走大路，不坐马车也不坐船，所有这些工具对于他出生的那个村子来说可能都是陌生的。"

技,却还坐船、乘飞机,用广播宣传他的演说。要是没有印刷术和报纸,甘地的非暴力不合作运动恐怕要以失败告终。为什么要指责科学家贪财呢?我对科学家的想象就像我对威尔斯的想象一样,威尔斯即便出售军火,我也不认为是出于险恶的目的。所有这些关于炸弹的言论我都觉得跟他毫不相干而且很低级。"比奥伊:"我觉得这些观点不是出于理性,而是源于情感。很多人都这么认为:都是些陈词滥调。属于《鄙视宫廷与颂扬乡村》[1]里的那种论调。"博尔赫斯:"一个人所能接受的科学发明的界限在哪儿呢?在他儿时?我们能接受火车却接受不了汽车?要么能接受火车但不能接受飞机?能接受两层房屋但二十层的不行?可说到底,低层房屋其实要比一栋二十层楼房更少见、更先进。从洞穴到楼房的进步要远远大于从一种房屋到另一种房屋的进步。所有房屋的可能性都能在任意一个房屋里展现出来。")

晚饭后,我们开始编辑《机敏与巧智》一书。博尔赫斯聊起格拉西安:"他的这些评析欠妥的地方在于没有跟文本引发的美感之间建立联系。像

> 茂密的树林轻快如船,
> 披挂的叶子鼓动如帆……[2]

和

> 丛林起航了[3]

这两句在这种评价标准之下是一样的。但第一个贡戈拉的句子复杂又笨拙,而第二个克维多的句子很妥帖。这就奇怪了:贡戈拉竟然擅长说理了,而克维多倒擅于写诗了。此刻,克维多成了贡戈拉,贡戈拉成了克维多。格拉西安不慌不忙:他是个浑身汗臭的作家,喜欢反复谈论同一个话题。当他写那本'塑造巨人的矮小的书'时[4],'矮小的'这个词他是不经意写上去的,还是觉得合适才用的呢?他难道没有发现这种修辞方式放在佳句和烂句子里没有分别吗?他一定觉得自己正在慢慢发掘品味的秘密法则吧。像他这样空有一腔文学激情,在糟糕的作者面前

---

[1] 西班牙圣方济各修道会修士安东尼奥·德·格瓦拉(1481—1545)的作品,其实是一篇长篇道德布道,捍卫自然简朴的乡村生活,反对宫廷生活的奢靡繁复。——译者注

[2] 路·德·贡戈拉,《致阿亚蒙特侯爵的新西班牙之行》(*A la embarcación en que se entendió pasaran a Nueva España los marqueses de Ayamonte*,c.1606)。

[3] 弗·德·克维多,《题塞萨尔·卡洛斯五世于阿兰胡埃斯的塑像》(*Inscripción de la estatua augusta del César Carlos Quinto en Aranjuez*)(《西班牙的帕尔纳索斯峰》(p.1648),第一缪斯)。

[4] 《英雄》(*El héroe*,1637)中的《致读者》(*A lector*)一篇。

很可能会摔得稀巴烂。他常常谈到机敏犀利，可他引用的这些句子丝毫没有这种特质。这根本就是《巨人传》中藏书楼里的那本《空中飞翔的怪兽》里暗讽的对象。[1] 他又会如何评价王尔德呢？大概不会喜欢吧：任何一个未来的作家想必都会让人看着不顺眼。他会引用维吉尔的句子，但肯定更偏爱马提亚尔[2]；他一定熟悉但丁，但想必更喜欢马里诺[3]。任何能使人缴械的东西他都很热衷。他痴迷这种方式，他说不定会喜欢切斯特顿。"

他谈到玄学派诗人。说约翰逊认为，这类诗人寻求把非同类事物放在一起形成的效果。[4] 比如：他们曾把两个情人比作圆规的两脚。艾略特反驳了约翰逊的观点，他认为玄学派诗人能在万物中看见诗意。[5] 博尔赫斯认为约翰逊的观点更有道理，艾略特有所偏颇。把艾略特的评价放在惠特曼身上倒说得通。

博尔赫斯可能跟吉列尔莫谈起过这两句诗：

大理石如凝固的月光，

黄金好像冰冻的火焰。[6]

吉列尔莫想必对"好像"一词提出过异议。而博尔赫斯认为他这么说不合适："他可能是在哪里读到说暗喻比明喻高级，所以很盲目地奉行了这一标准。"比奥伊："他的心态处在一种防备的状态下。他想的不是'他们跟我提起的这些诗句多么超凡脱俗'，而是：'我不会被惊艳的。不惊讶。'按切斯特顿的标准来看，他有他的个性：他总是语出惊人，自成一家。"

8月26日，星期一。 我们聊起约翰逊、包斯威尔和他的《约翰逊传》。博尔赫斯："所有人都没有想过而我觉得确实可能存在的一种可能性，就是约翰逊参与了包

---

[1] 影射拉伯雷书中一个著名的讽喻笑话：《Questio subtilissima, utrum Chimera in cacuo bombinans ...》是《巨人传》中圣维克多藏书楼馆藏的其中一本（《巨人传》，VII）。在《幻想动物学教科书》（1957）中，博尔赫斯把这一标题译为：《空中飞翔的怪兽能吃掉人的第二种思想》【贡斯当斯宗教会议讨论了十个星期的问题：空中飞翔的怪兽能否吃掉人的第二种思想》"第二种思想"在神学上指思想的思想（客体的偶然属性），拉伯雷在这里讽刺贡斯当斯宗教会议一连开了十个星期，结果只讨论了一个无足轻重的问题。——译者注】

[2] Marcus Valerius Martialis（40—？）古罗马诗人。——译者注

[3] Giovanni Battista Marino（1569—1625）意大利诗人。——译者注

[4] 《考利传》（Life of Cowley）【《英国诗人列传》（1779—1781）】。

[5] 《玄学派诗人》（The Metaphysical Poets）【《艾略特随笔集》（Selected Essays，1932）】。

[6] 吉·基·切斯特顿，《阿尔弗雷德的竖琴》（The Harp of Alfred）【《白马歌》（1911）】。

斯威尔这本传记的撰写。虽然大家都说约翰逊在某个日子后就不再写作了。他当然无需再写作了，因为他清楚他正在参与为自己著书立传，而在这样一本书里，他想续写多少都可以。"

谈及西班牙诗歌。博尔赫斯吟诵道：

啊！高大的城墙，尖顶的塔楼，
属于荣耀、至尊和英武！
啊！大江大河，安达卢西亚的伟大王者，
孕育他的尊贵沙土，如今已不再金黄！

啊！富饶的平原，高耸的山峦，
你们让天空辉煌，让日子璀璨！
啊！我永远光辉灿烂的祖国，
因羽毛生辉，因刀剑生光！[1]

他又动情地把这句背诵了一遍：

啊！大江大河，安达卢西亚的伟大王者，
孕育他的尊贵沙土，如今已不再金黄！

突然，他大笑起来，问道："为什么说'如今已不再金黄'了呢？是在意识清醒时写出的句子吗？这么写是为了不被人嘲笑吗？因为所有人都清楚那根本不是什么沙地斗牛场，而是一片肮脏的泥地。还是仅仅由于西班牙人喜欢反差，喜欢做区别，喜欢摇摆不定？他们大概是学了逻辑并对这一学科非常感触，所以把这种反差感放进诗歌中去了。"他又重复了一遍最后两句：

啊！我永远光辉灿烂的祖国，
因羽毛生辉，因刀剑生光！

笑着说这里的"羽毛"[2]容易产生歧义，可能会让人联想到鸡鸭："可他怎么解决这个问题呢？也没别的办法。"从他吟诵这几句诗时摇头晃脑的样子不难看出，这几句颇令他高兴。

1　路·德·贡戈拉，《咏科尔多瓦》(*A Córdoba*, c. 1585)。
2　plumas，西班牙语中有羽毛和羽毛笔的意思。——译者注

8月27日，星期二。 我们在《机敏与巧智》一书的前四篇论述中，只找到了一处比较值得记诵的引文，是贡戈拉的诗：

> 你喂养我如同喂养你叶上的幼虫，
> 用你的枝条托住我幼鸟般的身躯，
> 用你的树荫庇护我这孤独的朝圣者。
>
> 我会在人群中编织你的记忆，
> 会默默歌咏他人的好声名，
> 会在你的庙宇里为我的修行路祈愿。[1]

博尔赫斯："格拉西安的分析[2]也很到位。"比奥伊："这几句三行诗没有生硬地直接表达思想，而是一点点抽丝剥茧，读后令人愉悦舒畅。"博尔赫斯："语气谦逊朴实，这一点也很好。还是有很多人没有意识到陈述时语气的重要性。格拉西安只知道称颂，宣扬他是最伟大的诗人，是诗人中的主宰和帝王，称他仅凭这样的诗句便可一举夺魁，令他人无地自容。他的世界里就是要一争高下、拔得头筹，让对手一败涂地。为什么要是对手呢？他形容上帝和天使就像在谈论帝王和朝臣，提到圣母的时候，会把她称为'天堂的女主人'。"比奥伊："《机敏与巧智》的章节都叫作论述（discurso）。"博尔赫斯："在《跛脚魔鬼》一书中叫作'大步'[3]。"比奥伊："《旅人》里叫作幕（alivio）。"博尔赫斯："梅内德斯·伊·佩拉约说这是一本极为苦涩的书。[4]我读了，但无法相信我读的和他说的是同一本书。"比奥伊："作者是苏亚雷斯·菲格罗亚吗？"博尔赫斯："是的。书写成的那会儿，标题看上去也没有那么糟糕，没有暗示是火车还是电车旅客。就是一人独行，没坐电车。"比奥伊："若是叫《路人》的话可能没那么好。"

---

1 《致卡斯特尔-罗德里戈侯爵，堂克里斯托瓦尔·德·莫拉的十四行诗》（*Soneto de Luis de Góngora a D. Cristóbal de Mora, Marqués de Castel-Rodrigo*, c. 1593），在论述之四中被引用。
2 "他在诗中将自身神职人员的职业精神与提供庇护的桑树的形象结合在一起，将自己比喻为飞禽歌咏树枝的庇护，比喻为春蚕（他曾说蚕做茧如同在为自己编织牢笼）从桑果中汲取营养，最后把自己归结为孤独行路的朝圣者，在苦行路上不断祈福。"（《机敏与巧智》，论述之四）。
3 象征两位主人公从一地穿越到另一地。——译者注
4 《西班牙美学思想史》（*Historia de las ideas estéticas en España*，1883—1891）第一章第10行这样写道："在《旅人》一书中我发现最值得研究玩味的就是作者本人的个性，他是个会在公开场合咒骂的人，像普通人一样听到别人获得掌声会心生嫉妒［...］"

9月1日，星期日。　　今天做了一点格拉西安那本书的编辑工作。比奥伊："我们投入到这样一个我们自己都准备得如此潦草的工作中到底是为了什么呢？不过说真的，我坦白跟你讲，现在我还蛮想念格拉西安的。我们一旦不编辑的时候，我就开始想他。"博尔赫斯："没错。大家都爱他。这种感情看似很荒谬，而且难以察觉，但它就在那里。奇怪的是：你在读他作品的时候，就好像和这位作者见了面似的。因为他的书都是自传性的。"他说格鲁萨克把格拉西安称作"套着彩色纸盒的马基雅维利"，把他的夸饰主义比作那种"东方风格的家具"，就是那种一个抽屉套一个抽屉的柜子，最里面那个最小的只装得下一张纸和一层灰。[1] 博尔赫斯：《机敏与巧智》就像一块写满了算式的大黑板。"比奥伊："像一台机器，生硬又笨拙。"博尔赫斯："格拉西安写的诗缺乏韵律感。梅内德斯·伊·佩拉约曾评价说他是写四季诗的第一人，却写得最蹩脚。"而且他发现，他是少有的从不援引塞内卡的作者。博尔赫斯随即提起塞内卡评价里昂这座城市的名言，"昨日伟大城市，今日寂寂无名"[2]：格拉西安想必会喜欢这句话。

有一次一个人断言说法式扑克牌中的五十二张正牌代表了一年当中的五十二周，博尔赫斯对此提出质疑，这人据理力争："可是广播里是这么说的。"博尔赫斯："广播就像人一样，已经逐渐柏拉图化了。所有人都表现得好像笃信柏拉图的思想似的。"回到纸牌对应关系的这个问题，他补充道："不管怎么说，如果对应的是历法的话，那也不够完善。而且知道了这样的对应关系的话，打牌的时候又打哪张好呢？"

9月2日，星期一。　　他说外甥米格尔这几天买了自己非常喜欢的加德尔的第二部传记。"哎呀，"米格尔惊呼，"太有意思了。他曾经叫加德斯，在普罗旺斯出生。"博尔赫斯："我当时跟他说，他要是巴伐利亚、比利时或是瑞士的那就更糟糕了，因为这样的话就可能有人会问他：'那您是哪个州的呀？'"比奥伊："他肯定心里忐忑不安。"博尔赫斯："加德尔长了一张典型的蠢货的脸。有点像坏人，但是那种头脑不怎么灵光的坏蛋。弗洛伦西奥·桑切斯也长了同样一副面孔，蠢得不能再蠢。"

我们聊到有没有可能给加德尔做个传，写的时候故作不经意地把他自己添油加醋的那些虚假信息给透露出来（比如在普罗旺斯出生，是个游吟诗人，曾叫加德斯，

1　《谈格拉西安》（*Gracián*，1918）。
2　"Una nox interfuit inter urbem maximam et nullam"（《书信集》，XCI）。博尔赫斯和比奥伊将这句话收录在了《布宜诺斯艾利斯年鉴》（1946年第6期）的"博物馆"版块中。

是法裔乌拉圭人，等等）。

我们谈起《机敏与巧智》。博尔赫斯："这是一部有理有据的文选。是从修辞学角度做出的文学分析。书里蠢话连篇，但瓦雷里或伊瓦拉应该会喜欢书里的观点。我曾认为一切都可以浓缩成文学效果，或者说从这些效果出发一个人可以写出好故事、好小说或者好诗歌。可能一切都仰赖这些效果，但不应该边写边寻找文学效果。这是找不到它们最牢靠的办法。"比奥伊："当然，写作的时候不应该想着这些东西。应该研究修辞，但或许也应该忘掉它。而在校对、整合写下的故事时，会有东西自然而然地从意识里冒出来，无需多言。"

9月3日，星期二。 他吟诵起下面几句诗：

如此，在蓝色的卜利达，

　　可食番薯解渴；

或采摘青苔下的橙盖伞菌，

　　在微雨时分。[1]

随后问道："是谁写的？"比奥伊："不知道。"博尔赫斯："这些句子散发着那位作者的臭味。"比奥伊："是图莱写的。"博尔赫斯："你发现了吗？这些句子虽然有他一直在寻求的残缺和遗憾之感，但还是那样完美。"又补充说，诗中的每个细节都像锁芯一样紧密嵌合在一起。

他聊起诗中的"Oronge"。我问会不会是指葡萄柚，他说是。出于礼貌，也是为了确认一下，还能通过问问题来传授知识，他问我"pomme douce"是不是番薯，因为这个词他无法视而不见。他说："拿番薯解渴太奇怪了。这就好像用干拌面来解渴一样，也就比吃红波干酪强那么一点。"诗中我完全不知道什么意思的是"Blidah bleu"（蓝色的卜利达）这个词。是指某个城镇吗？[2] 对于用来解渴的番薯和苦涩的葡萄柚，有一种解释是，诗中的提议可能是在暗示碰到了魔鬼；我觉得这样解释的话，我就理解这首诗了。[3] 博尔赫斯："'在微雨时分'：这句写得好。图莱的诗欠佳之

1　图莱，《反韵集》（1921），50。"Oronge"（橙盖鹅膏菌）是一种在法国的午时可以采摘到的可食用菌，它常易与另一个品种"fausse oronge"（毒蝇鹅膏菌）混淆。
2　卜利达是阿尔及利亚的一个城镇，位于肥沃的米蒂贾平原南部，该地区盛产柑橘类水果和橄榄。
3　该诗描写了遭遇魔鬼的场景："那晚我看见了魔鬼［…］"。

处就是过于客观，像个物件。我在想到关于 oronge 的这几句时都没想过它们有这层意思：这样想来，关于魔鬼的那种解析一定没错。"又说："图莱的诗中，沮丧中却能看到一丝满足。"比奥伊："或许豪斯曼的诗在这类诗里更出色，因为少了些狡黠，语气更庄重一点。"博尔赫斯："是的，他诗中的语气更庄重。"比奥伊："这一点很重要。"博尔赫斯："但豪斯曼的诗里，词句衔接得还不够紧密。还有一个人的诗也颇为气韵连贯，就是马丁内斯·埃斯特拉达，但在他的诗里还会有点笨拙气，我不知是否是他刻意为之。"

9月6日，星期五。 我们谈起卡夫卡，谈到他充满不确定性的世界，但这个世界没有呈现给我们生活的悲剧性，而是更像一场游戏，或是一种精神上的慰藉，让身处不幸中的我们想要倚靠。在我们的生活里，幸福就是幸福，失败就是失败。我们的问题过于精准明确。然而，我想卡夫卡的世界是真实不虚的，他心系希望在生活。博尔赫斯说这样的文学属于宗教经验，属于像加尔文教派等一类的宗教。他补充说，或许在布宜诺斯艾利斯，没有一个人有这样的体验。因此，效仿卡夫卡的结果大抵都不尽如人意，有形无神。

9月7日，星期六。 我们聊起巴黎的文学世界。比奥伊："多么可怜的世界！泰泽纳斯夫人[1]想必会到处大宴宾客。"博尔赫斯："这想必是个瑞士名字。几乎所有带 z 的名字都是瑞士人的名字。"西尔维娜："她太让人反感了。"比奥伊："那帮人，当时多么崇拜荣格！"博尔赫斯："他是个非常差劲的作家。我曾读过他的《作为内心经验的心理斗争》。书中他写道，有一小部分人，包括德国人、法国人、英国人，当战争之神敲起他的狼牙棒的时候，他们就会欣喜若狂。太懦弱太虚伪了！读到这句的人可能会以为作者没打过仗，但他好像上过战场。都是文风导致了这种错误印象。他还在书中抱怨，说我们这个世纪并没有充斥着暴力。他想必是个纳粹分子。"

没有人察觉到萧伯纳和萨特所谓的地狱都源自史威登堡所描写的地狱，这一点我们觉得很有意思。比奥伊："史威登堡的末世论比天主教的强很多。更可信。"博尔赫斯："也比但丁的末世论更好，但丁的论调里只有纯粹的嘉奖与惩罚而已。但他怎么可以把保罗和弗兰切斯卡写进地狱呢？他们都是高尚的人。"

---

1 （原文如此）蒙赛尔的苏珊·泰泽纳斯（Suzanne Tézenas du Montcel），法国名媛。四十年代末和整个五十年代，《新法兰西评论》的作家们是她在奥克塔夫·福耶街组织的知名巴黎沙龙的常客。她举办的音乐聚会非常出名。

我们读了夏多布里昂的一篇文章，文中认为天地创造之初，万物便已存在，有新生的树木也有枯萎的树木，鸟蛋已在巢中，长角的兽类已在啃噬骸骨。我们想起戈斯的父亲也持同样的观点。[1] 博尔赫斯："我觉得这种观点肯定不是他们二人提出的。想必早就有了。"

我给他读戈麦斯·德拉·塞尔纳《样本》一书中的一篇文章（《地狱》）时，他说这是本好书，还问："他后来怎么就变成庇隆派的了呢？"

写作时我偶尔会发现由多个连词 y[2] 连接起来的递进关系，这样会把句子分割成两大部分，每部分的结尾押近似韵。比奥伊："有的日子里写东西会磕磕绊绊，也有的时候写起来就行云流水。"博尔赫斯："但约翰逊不这么认为。[3] 他认为这种观点完全是一派胡言。约翰逊不喜欢写作。"

9月9日，星期一。 博尔赫斯："格言派已死。我做了一个实验，朗读了克维多的几句诗：

> 隐居在这沙漠的静谧之中，
> 与区区几本、但包罗万象的书为伍，
> 我在与逝者的对话中生活
> 用眼睛聆听死者的话语。[4]

大家都以为这首诗写的是一个离群索居的人，被孤独逼疯，感官都已混乱。"比奥伊："你的问题让他们哑口无言了。他们觉得你是在考他们。"博尔赫斯："你觉得所有男人都知道怎么回答而没有一个女人答得上来吗？我是用这几句诗作为判断智力高低的试金石了。吉列尔莫觉得诗中人疯了，因为他和死人说话，用眼睛去听……只有马斯特罗纳尔迪和你们看懂了。这首诗写得不错，但需要立刻理解'用眼睛聆听'这里想表达的意思，但又不去深究，不要过度关注这句有点怪异的话。谁知道

1　F·R·夏多布里昂，《基督教真谛》（*Génie du Christianisme*，1802），I，4，v.；菲利普·亨·戈斯，《地球之脐》（*Omphalos*，1857）。
2　西班牙语中的 y 是"和"的意思。——译者注
3　"有人曾谈到写作的愉悦时刻，以及一个人如何能在某个特定的时间文思泉涌。'并非如此'约翰逊博士说，'人随时都能写作，只要他坚定地沉浸其中。'"包斯威尔，《赫布里底群岛游记》（*Journal of a Tour to the Hebrides*，1785），8月16日】。
4　"致堂何塞·德·萨拉斯"（A don José de Salas）【《西班牙的帕尔纳索斯峰》（*El Parnaso Español*, p.1648），第二缪斯】。

克维多当时是不是这么想的。或者换句话说，他很可能不是这么想的，但很为这句话得意，对他来说，这句'格言'很可能是全诗最值得夸耀的地方了。"博尔赫斯总能察觉到别人的不解，这一点我觉得很聪明。

博尔赫斯："我不知道怎么跟苏珊娜·邦巴尔解释，她写故事的模式让一切都显而易见且节奏非常缓慢（像弗吉尼亚·伍尔夫的小说那样），她应该写一些雅观的事物：不乏味暗淡、不像肥胖和下巴赘肉那样恶心的东西。她为什么要给朱庇特的鼻子上放一只苍蝇呢？[1] 写神明脸上的一只蚂蚁更好吧。蚂蚁和神可能更搭。可她是个你没办法跟她解释清楚鼻子和苍蝇、脸和蚂蚁之间有什么区别的人。她总是写些'鼻子和苍蝇'一类不雅的东西。"比奥伊："是一种本能在驱使她这么做。"博尔赫斯："鼻子和苍蝇只能让人读了不舒服。"

我讲了芥川龙之介《仙人》里的故事。[2] 博尔赫斯："好美的故事！视觉上也美，伦理情感上也美。比鼻子那个故事更好看。必须要有一类关于鼻子的故事，还要有一类关于耳朵的。这样有人问起的时候，都不需要回答他。大家都知道：就是那种只有一只耳的主教的故事。耳朵的故事也必须要和宗教人士有关。"

我诵读了里瓦斯公爵的长诗《忠诚的卡斯蒂利亚人》里的几句。我们聊起了堂娜艾米莉亚·帕尔多·巴桑和堂安东尼奥[3]，塞西莉亚·波尔·德·法贝尔和她的《海鸥》，以及佩雷达。比奥伊："《沿巨石而上》一书以及很多西班牙小说的主题，就是关于一个因形势所迫前往乡下或某个村子的城里人的故事，我觉得有很多可能性。"博尔赫斯："艾萨·德·克罗兹的《城与山》讲的就是这个主题。"比奥伊："我觉得不是，《城与山》把这两个世界对立起来了。而在我跟你提到的《沿巨石而上》和其他那些小说里，英雄前往空间更局限的农村，因此更容易产生戏剧性，产生奇遇冒险。"博尔赫斯："这就是你在写的那本书的主题啊。[4]"比奥伊："恐怕是的。我们说话这会儿，主人公还在继续探险呢。这应该是很多文学作品里永恒的主题。"关于

---

1 "他看了一眼朱庇特。他鼻子上有只苍蝇在爬。"【《三个星期天》（1957）】。
2 这则故事被博尔赫斯、比奥伊和西尔维娜·奥坎波收录在了《幻想文学作品选》（1965）的第二版中。
3 安东尼奥·德·瓦尔布埃纳（1844—1929），西班牙批评家，作品有《文学拆解》（*Des-Trozos literarios*，1899），《贵族废话集》（*Ripios aristocráticos*，1906），《学者废话集》（*Ripios académicos*，1912）等。
4 小说《前往》是比奥伊从1953年起开始创作的长篇，后来中途搁笔，大约在1982年才完成。

《索蒂莱萨》(Sotileza)，我问作者"是不是在玩文字游戏"。博尔赫斯："为什么这么说？"比奥伊："我觉得 sotileza 一词不是暗指 sutileza（纤细），而是和那种钓鱼的诱饵有关。"[1] 我父亲和博尔赫斯都对此表示惊讶，以至于我怀疑是不是自己记错了。

我们被伏尔泰的《哲学辞典》里名为《地狱》的那篇文章逗笑了。"这种深入浅出的写法真是太厉害了！"，博尔赫斯赞叹道。在读完关于普罗提诺的那一章节后，[2] 他发现："普罗提诺是唯一一个想象出'另一个'世界[3]的人。人们注意到这个世界本应看上去狰狞可怖，可它实际并非如此，所以反而一直让人安心。"

9月12日，星期四。 博尔赫斯："切斯特顿说，加里波第在一辆敞篷车里解放了意大利。当马里内蒂宣称未来主义者是意大利长久以来诞生出的第一批精力充沛的人时，切斯特顿评价说：'他们与他们解放并统一了意大利的祖辈之间有太大差距了。他们只会站在博物馆门前，大喊：我们不会进去。'马里内蒂说，未来主义者将会是第一批歌颂战争和暴力的人。而切斯特顿则表示：'他忘了，荷马和维吉尔也为战争唱过赞歌，虽然那种体裁叫做史诗。'"

博尔赫斯说，狄更斯提到约翰·福斯特非常浮夸。一次佣人端上来一盘肉和菜，福斯特问："玛丽……胡萝卜呢？"女佣回答说没有胡萝卜。福斯特便说："玛丽，要有胡萝卜。"[4] 我讲了红衣主教威斯曼的故事，他参加了一个宴会，同桌的一个人非常焦虑不安，他想起那天是斋戒日，便对着桌上的佳肴祈祷："愿所有菜肴都是鱼肉。"

明天甘农、尚德和其他几位要开会讨论博尔赫斯在学校的去留问题：是否会继续在系里任教（目前他是代课教师，他们要讨论是否给他正式教职）。博尔赫斯："你知道甘农之前想怎么做吗？如果他们以我没有学位而拒绝我，他会替我承诺，说我会去读书，好让他们接收我。这完全是一种羞辱。你发现了吗？他就是个蠢货。他要在图书馆做一场关于夏洛克·福尔摩斯的讲座。我之前就跟他说过，罗纳德·诺克斯神父曾说，就像一些人预想的那样，出于福音书里对耶稣是否存在而产生的分歧，同样的，别人也很可能认为福尔摩斯是不存在的。甘农没听懂：他只

---

1 佩雷达为"外行"读者们编辑的词汇表里写道，sotileza 是指"渔具上栓鱼钩的最细的那个部件"。
2 《埃涅阿斯纪》，V，4。
3 此处应指死后的世界。——译者注
4 这位狄更斯的传记作家是在暗指《创世纪》中的话："上帝说'要有光'，便有了光。"

觉得好笑，但他在拿到这个讲座题目的时候，关于福尔摩斯的相关研究，甚至他在伦敦参观的福尔摩斯展[1]，都让他更困惑了，导致他认为福尔摩斯真的存在过。'福音书在新约还是旧约里？都是谁曾怀疑过耶稣的存在？''罗伯森[2]和一些人。''罗伯森是谁？'他用一支削了尖的铅笔记录着，这铅笔有点像他。明天他就要决定我的去留了，这让我很心烦，我原本想让他去见鬼。他对福尔摩斯一无所知为什么还要做关于他的讲座呢？"

9月13日，星期五。　　比奥伊："我有点担心。我接受了电影学院的邀请去做评委，可现在我恐怕找不到一部值得评奖的电影。"博尔赫斯："那你就在差和更差的片子之间挑出好的吧。"

我去了电影学院，博尔赫斯和西尔维娜出去散步了。我回来的时候，西尔维娜跟我说："你知道发生了什么吗？里奥斯·帕特龙朝自己开了一枪。我们不知道他是不是死了。我们经过阿亚库丘街的国家广播电台，看到了马路上的那滩血。他是晚上十点饮弹的，当着那个曾是他女友的姑娘和阿尔马尼的面。"这位女友名叫玛利亚·埃丝特·巴斯克斯。

9月14日，星期六。　　我给博尔赫斯的家里打电话。博尔赫斯："他昨晚去世了，在德国医院。我现在去作家协会。他们要在那里给他开追悼会。今天五点下葬。"比奥伊："一个如此苟且的小伙子，竟然通过这种方式摇身一变，被死亡定格成了一个颇有尊严的人，真是奇了。"博尔赫斯："他有一次试图在图书馆自杀。克莱门特在他正要从中央大厅最高的门廊上跳下来的时候把他拦下来了。那时候他好像一直在偷偷监视玛利亚·埃丝特。她发现他找了个私家侦探尾随她以后，就跟他分手了。而里奥斯·帕特龙不甘心。昨天这姑娘要在国家广播电台和阿尔马尼录一档谈话类节目，《图书馆时间》，每周播出一集。可不知录音设备出了什么问题，他们不得不在

1　夏洛克·福尔摩斯展于1951年在伦敦贝克街221-B号举办。甘农说【《阿瑟·柯南·道尔》(Arthur Conan Doyle)，1959年5月24日《国家报》】他在展上"毫无头绪地找一些柯南·道尔的相关资料，以为这些资料可以用来称颂他这个福尔摩斯的塑造者。然而最终他发现，在边上的一个把他作为主要人物展示的展柜里，介绍说他是一位学者，致力于研究和搜集福尔摩斯真实性的各种信息。展览指出他是一位'历史小说家'，把詹姆斯·H·华生博士的笔记和资料作为写作素材。"

2　约翰·麦金农·罗伯森（1856—1933），苏格兰自由思想家，《基督教与神话》(Christianity and Mythology，1900) 和《基督教简史》(A Short History of Christianity，1902) 的作者，书中他否认耶稣在历史上真实存在过。

电台逗留到很晚。里奥斯·帕特龙觉得他们可能在别的什么地方。他到电台的时候已经十点了，工作人员跟他解释说因为录音设备出了问题导致节目延迟了。于是他去了咖啡馆，在那里找到了他们。他跟玛利亚·埃丝特说他们之前的争吵是荒唐之举，他们应该结婚。玛利亚·埃丝特回答说并不荒唐，说那就是最终的分手。'那我再也不会来烦你了'，他说完，掏出一把手枪，饮弹自尽。这种冲动是一个心态失衡之人的暴脾气造成的，是针对玛利亚·埃丝特做出的行为，是一个自负狂妄、惹人讨厌的人做出的举动。浅薄之人的自杀行为没想到竟也如此浅薄。"比奥伊："这个小伙子异常消瘦脆弱，有点疯癫。他哗众取宠的自杀行为令我震惊。像小丑自尽。"博尔赫斯："他俩的事情一言难尽。好像十二月的时候她还想和他结婚的，但他当时并不想结，拿出各种例子证明自己是个花花公子——也的确如此，可就连这个拒绝结婚的借口都如此自负虚荣——他让她备受煎熬。他们俩青梅竹马，11 年前就在一起了。他经常跟大家说她想嫁给他。但我觉得正相反，他这么说是虚荣心作祟。曼努乔说他俩的故事都可以写进自己的小说了。"比奥伊："他也太心急了吧，不过也对，他小说家的身份总是走先的。"博尔赫斯："那是当然了。"

9月15日，星期日。 我们谈起格雷、他的那首挽歌[1]（他说："写得比较糟糕的是最后的墓志铭。"）和他翻译的史诗《埃达》[2]（"通篇辞藻堆砌。或许十八世纪的诗歌翻译必须这么做，那个年代若是没有堆砌，就不算诗歌。"）。

9月18日，星期三。 博尔赫斯讲到，萨瓦托有一次碰到了一位从欧洲来的女性朋友，便问她在欧洲大家如何评价"萨瓦托事件"。那位朋友很肯定地说没有人谈论过这件事。萨瓦托解释说，那是因为她不常在文学圈里混：在文学圈里别的不谈，就谈这个。这件轶事让博尔赫斯想起有一次他和马塞多尼奥·费尔南德斯及威利在一起的时候，马塞多尼奥说，因为很多水手都来自外省，所以在海员圈子里肯定人人都弹得一手好吉他。曾当过水手的威利反驳说，他在圈内从没听过有人弹吉他。马塞多尼奥没理会他的话，他转过身去，朝身后的博尔赫斯悄悄说："这是一个非常引人注目的吉他社团。"说完就转向别的话题了。博尔赫斯："马塞多尼奥希望事情与实际情况不同，他的这种愿望更纯粹些；而在萨瓦托的期望里，能发现他对文学本身抱持着一种愚蠢的执着。"

---

1 《墓畔挽歌》（1751）。
2 格雷于1761年翻译了选自《诗体埃达》（*Voluspa*）的《巴尔德之梦》（*Baldrs Draumar*）。

9月21日，星期六。 他说如今的民间文化和过去比，对自身有了更强烈的自觉。博尔赫斯："人们通过广播进行自我教育。"比奥伊："而每个地方的民间文化必然与其他地方的相互丰富充实。"

他说没什么比像罗梅罗·布雷斯特这种加泰罗尼亚籍的郊区居民更让人讨厌的了："在安达卢西亚和卡斯蒂利亚，人们厌恶加泰罗尼亚人，他们到处谈论加泰罗尼亚布料和加泰罗尼亚的纺织工厂。这是自然：他们想必是被当作在西班牙的德国人来看待的。"

他诵读了格伦伯格的诗：

三岁了，我的犹太宝贝，
三岁了，已懂惶惑羞愧，
三岁了，已尝挫折滋味。
三岁了，我的漂亮宝贝，
你已被喊作犹太人
你已被唤作罗宋。[1]

博尔赫斯："这首诗有点意思。你在反复吟诵的时候能体会到它带来的愉悦感。但如果作者想让这几句显得凄楚感人一些的话，他并没有做到。他应该选择那些不那么凸显韵律的韵脚，这种押韵方式看上去有点滑稽。管漂亮的小孩叫罗宋的人得有多敏锐的观察力啊。不过，无伤大雅：这首诗谁读起来都会喜欢的。"

他说起伏尔泰："他让写人的作品看上去像是写蝼蚁的。这比直接抨击还厉害：就是通过蔑视。"

9月22日，星期日。 博尔赫斯举出了切斯特顿不能被看作伟大诗人的理由："一个是切斯特顿自己的问题，一个是我们这个时代的问题。我想起了一段英国批评家和一个爱尔兰批评家之间的对话。英国人问：'你们的诗人从不思考吗？'爱尔兰人反驳道：'那你们的诗人从来不歌颂吗？'切斯特顿的诗歌，语言令人称道，他的比喻显而易见，会让人觉得倘若对此没有察觉的话，那简直就是瞎了眼。然而这些诗歌都在同一个框架中，在这个框架内，思考一直存在，可能都有些过了。至于说我们

---

1 《犹太孩子》（*Judezno*）【《犹太诗》（1940）】。诗文原本为："三岁了，我的儿，/你已被唤作"罗宋！"/你已被称作"犹太人"/［...］三岁了，已懂惶惑羞愧。/三岁了，已尝挫折滋味/［...］三岁了，我的漂亮宝贝。"

这个时代也有错,指的是切斯特顿诗歌的史诗倾向。他的诗歌充满了刀光剑影,但如今占主流地位的是对史诗的一种无法言明的抵触情绪。我觉得吉卜林、雨果和威廉·莫里斯身上也存在同样的问题。"他引用了两句诗:

> 夜晚的豹子一袭银紫
>
> 繁星作身上的斑点,平滑地轻轻一跃……[1]

评价道:"应该用'银黑'。紫色显得华贵而柔软。什么情况下都不能用'紫',你觉得对吗?母亲说夜晚就是紫色的,这么写更精准。即便如此,这个理由也跟文学没有半点关系。"

9月25日,星期三。 博尔赫斯跟我说演员彼得罗内建议我们给电影《马丁·菲耶罗》写个剧本。博尔赫斯:"我们应该朝着这个主题的方向写,而不是从这个主题出发。要能体现出我们没有围绕原作的内容写,而是从这点出发,这样观众就不会把剧本和原作做比较了。诗句不能保留,否则电影看上去就像歌剧了。结尾或许可以放上一两句诗。"比奥伊:"这故事可以像在电影之外发生一样。在埃尔南德斯车站附近,在那边的旅店里。电影就讲马丁·菲耶罗的生活,他被埃尔南德斯改编成诗歌后的生活。"博尔赫斯:"写《马丁·菲耶罗》的剧本比让我们写《堂塞贡多》的强。《堂塞贡多》里讲的都是庄园上展开的各种活动,还有堂塞贡多和叙述者'我'之间读起来令人觉得别扭的关系……我们如果接受他的提议的话就要好好写了。"比奥伊:"那是当然。不能像我们最近写布斯托斯·多梅克系列故事那样了,为了这些故事,每个月都要有一天写到很晚,极度困倦。"博尔赫斯:"我们可以去你家的庄园。或许他们能在那里拍几个镜头。照片比文字更能还原乡村。要把一棵商陆树展示出来,而不应该只写'商陆树'这个词。我们不能只围绕《马丁·菲耶罗》第一部来写剧本,真是太遗憾了。"

9月26日,星期四。 我们聊起演员彼得罗内(博尔赫斯说他是一个"总是把s发得很清楚的克里奥尔人,说起话来就像写文章总是用斜体:几乎要写成十四行诗了")想让我们写的《马丁·菲耶罗》电影剧本。博尔赫斯:"我们的故事开始的时间可以比那首诗再早一点。"我父亲朗诵起来:

> 启明星升上天角,

---

[1] 《梦魇》(*Nightmare*)【《圣芭芭拉之歌》(*The Ballad of St. Barbara and Other Poems*,1922)】。

在空中灼灼闪耀。
雄鸡啼此起彼伏,
向我司晨报晓。
高乔人兴致勃勃,
急忙忙奔向厨灶。

先坐在炉火一旁,
等候着天色大亮。
品尝着马黛苦茶,
一直到腹内发胀。
看妻子睡得香甜,
把篷秋盖她身上。
……
这一位系紧马刺,
那一位低吟起程。
有人找柔软鞍垫,
有人挑皮鞭索绳。
栅栏里烈马嘶鸣,
待主人同去出征。[1]

比奥伊:"这些幸福的场景,与土著妻子一起坐在炉火旁,早上起来后每个人去找各自的马准备出征,放在一个国家级别的电影里可能会显得有些傻里傻气。"博尔赫斯:"这些诗句是美的,但场面嘛……就像一个典型的农场。一种解决办法大概是把它们做成动画吧。"我父亲:"很明显:

带皮肉整块端上,
烧烤得扑鼻喷香[2]

能看得出诗歌在用自己的方式推进。"博尔赫斯:"诗里的菲耶罗就像一只站在猪身上的公鸡。印第安人也是个问题。"比奥伊:"虽然我们这个国家到处都是长得很像印第安人的人,但在我们的电影里他们会被视为污点。"博尔赫斯:"彼得罗内说:

---

[1] 《马丁·菲耶罗》, vv.139—150 和 157—162。
[2] 《马丁·菲耶罗》, vv.247—248。

'要把他们表现得像影子一样。'"比奥伊："那边境的生活就会变成一种无所事事的生活了。"博尔赫斯："或者我们就让所有重点事件都发生在镜头边缘，要么是'我要和印第安人斗一斗'，要么是'我是来和印第安人打一架的'。"比奥伊："他们还可以利用一下美国电影里的那些红皮肤的人。"博尔赫斯："当然可以。把电影拍得像用彩色布片缝制的百纳被一样。或许用爱斯基摩人更合适，因为人们不会把他们认作是那些红皮肤的人。"

博尔赫斯（对我说）："这部电影实际制作起来应该会很难。你想想：当观众看到军队、阿根廷国旗和四处躲避为了不被抓去充军的人时会怎么想。这看上去会很像一场站在无产阶级一边针对军方的攻击。或许这就是彼得罗内看到的：讨好庇隆主义的可能性……"比奥伊："这种可能性就存在于这部作品里。"博尔赫斯："应该把菲耶罗写成一个被生活所迫、不得已才去犯罪的人，随后他的真实面貌被揭开，也理解了自身命运的可悲之处，开始发声。我们唯一可能塑造的就是像萧伯纳小说里的那种人物。他给出的忠告应该是实实在在的，而不是像这本书里给出的那种，老旧过时的。不管怎样，我现在还是没想到如何不让这个人物的命运看上去像一个被社会和军队打击迫害的庇隆派的命运，观众会把军人看成一个反面角色，会认为这个故事是对当今军队的抨击。"比奥伊："必须要让这个故事发生在这样一个残酷的世界里，一个残酷到无法用来隐喻其他世界的世界。"博尔赫斯："会是一个非常艰辛的世界。"比奥伊："展现个人命运。就像福克纳的小说里写的那样。"博尔赫斯："是的，描写那些只能发生一次的决定性事件，就仅仅那么一次。"

9月29日，星期日。 博尔赫斯："你躲过了弗莱达·舒尔茨关于何塞·塞巴斯蒂安·塔利翁的讲座。"比奥伊："是啊，那个《纽伦堡之塔》的作者。"博尔赫斯："这个蠢蛋，他在童书里描写一座塔，你猜他想象这座塔是用什么做的？我给你三次机会。"比奥伊："用糖。用饼干。"博尔赫斯："比这都糟糕。也更耐用。"比奥伊："用易拉罐。"博尔赫斯："是用青蛙。你看多恶心：一座青蛙塔。[1] 下面这两句诗是他写的：

下雨的时候它在哪里鸣叫

呱呱呱的小蛤蟆[2]

---

1 在《纽伦堡之塔》(*La torre de Nuremberg*，1927）一书中，塔利翁谈及一座塔"它孤零零一座 / 有着热乎乎的青蛙砌成的墙壁。/ 它是一座温吞吞的塔！/ 它是一座软绵绵的塔！"。
2 《呱呱呱的小蛤蟆》(*El sapito Glo Glo Glo*)【《蛤蟆的喉咙》(*La garganta del sapo*，1925）】。

我不知道他怎么好意思写这么两句的。弗莱达疯狂赞颂这两句，说他简直是天才。在庇隆政府时期，他就窝在床上，因为病了，也是因为懒。他常说，这样一个肮脏的政府执政期间，他不会去工作的。他妻子有个小摊儿，用来养活他，所以他并没有那么高贵。好像他之前也没有工作。弗莱达说他就是布宜诺斯艾利斯的安徒生。[1] 我仰慕格林兄弟的创作能力。人们可能会喜欢像格林兄弟或是《一千零一夜》的作者那样写故事，但像安徒生那种庸俗伤感的故事，不是给小孩写的，也不知道是给谁写的，没有人会喜欢。我觉得安徒生绝对是个被高估了的作家。弗莱达说，塔利翁是为全世界的穷孩子写作：在一个叫《破布娃娃的颂歌》的故事里，他赞颂穷孩子们的娃娃，夸它们是最漂亮的，而贬低富孩子的娃娃，说它们面容可怖。把仇恨带到孩子中间是什么诡异的想法。"

他跟我提起有一次，他试图跟一位夫人解释什么是直言三段论。博尔赫斯："我跟她说：'比如已知，所有的猫科动物都是食肉目的，老虎是猫科动物，那通过这两个前提条件，我们能得出什么结论呢？'不过我跟她说的不是'前提条件'这个词，是'事情'。你知道她怎么回答的吗？她的答案跟自然史和动物有点关系。我当下觉得我还是不要继续上这堂逻辑课了。或许举这种带这么多像'猫科动物''食肉目'一类专有名词的例子是个错误。"比奥伊："大概这个例子更合适吧：苏格拉底是男人，所有男人终有一死，那么苏格拉底也……"博尔赫斯："我试过了。就因为这个行不通，才又举了猫科动物那个例子。借助一个唯灵论者，去问亚里士多德这个问题，得到和那位女士一样的答案，这未免太奇怪了。那圣托马斯呢？你觉得他能答得上跟刘易斯·卡罗尔有关的三段论命题吗？"

9月30日，星期一。 他说乌拉圭人承认卢贡内斯是排在埃雷拉·伊·雷希格前面的，这件事对吉列尔莫·德·托雷是个严重打击。博尔赫斯："乌拉圭人要彰显自己的通情达理：看到证据就认可。"

10月9日，星期三。 博尔赫斯发现，没有什么比感到一件事虚假更让人觉得不安（甚至恶心）的了。聊到一本不知道什么书，他说那本书就像一组由几公里的华丽装饰墙板和幕布构成的风景，由于担心这样的书会给自己带来厄运，需要不时放下书本停止阅读。

---

[1] 参见F·舒尔茨·德·曼托瓦尼，《何塞·塞巴斯蒂安·塔利翁的生活与诗歌》(*Vida y poesía de José Sebastián Tallón*)【《仙女的故事》(*Sobre las hadas*, 1959)】，文中最后写道："安徒生曾邀他参加他在丹麦的仙女聚会，百年里人们会像谈论安徒生一样谈起他。"

10月12日，星期六。　　他说苏珊娜·邦巴尔曾在一则故事里这样写道："她一边望着黄菖蒲，一边喝着马黛茶或是啤酒。"[1] 博尔赫斯："她察觉不到那些事：她没发现她的黄菖蒲正喝着马黛茶呢。（用调侃的口吻说）她的遣词造句过于用力，结果就是语言乱七八糟。"

10月13日，星期日。　　博尔赫斯告诉我《国家报》上登了莫利纳里的诗（《歌》）：

月桂啊，

谁会想起它！

内外清新如初，

如湿漉漉的轻风吹拂，

待我已不在，愿它仍

新绿纯贞。

月桂啊，

谁会想起它！

博尔赫斯："今早母亲读到这几句的时候，我以为是玛格丽特·阿韦利亚·卡普里莱或某个学者写的。不像出自作家之手，而像奥利亚那种老学究的作品。"

10月14日，星期一。　　关于莫利纳里的那首《歌》，"月桂啊，谁会想起它！"，他观察到："他在慢慢写出他想到的东西，或者应该说是他没想到的东西。"他说如果有人跟他指出这首诗太短，他就会反驳说：'你看走眼了，小伙子，是博坎赫尔写的。'博尔赫斯："叫博坎赫尔（Bocángel）这个名字真是走运。像格拉西安这种人若是见了博坎赫尔一定会兴奋异常，因为他的诗就像出自天使之口（boca de ángel）。天生适合写铭文诗。"

10月15日，星期二。　　他说吉拉尔德斯曾给瓦雷里·拉尔博写过一封信，信中表示，阿根廷人最大的希望就是期待《马丁·菲耶罗》能做出——博尔赫斯称："重复这句话都让我觉得害臊。"——一番种族的呐喊（grito-raza），但萨米恩托扼杀了这种可能性。[2] 博尔赫斯："你注意到了吗？他这话里有多少前后矛盾的地方。唯一符合逻辑的地方就是他提到的那首长诗应该就是指《马丁·菲耶罗》这部作品。瓦雷里·拉尔博想必一定是他非常要好的朋友。你想想，要收到这种信，还要把它们小

1　参见苏·邦巴尔，《三个星期天》(1957)："[...] 她看着花朵慢慢填满了自己的侧影。"
2　《欧洲信函》(*Carta europea*)，1925年8月，刊登于《南方》1955年第233期。

心收好，还要一直给他回信。"比奥伊："吉拉尔德斯真是没有一点语言天赋。"博尔赫斯："这句话就是证明。维多利亚说的也可以印证这一点，有次她去港口送他的时候：一路用她灯塔式的微笑（sonrisa-faro）指引着他。[1] 嗨呀——维多利亚还是给他留了点情面——这件事登在《南方》上了。如果是提到她的事，不能这么荒唐可笑。可笑的是关于别人的事。《南方》不是还刊登过一篇加夫列拉·米斯特拉尔的文章吗？文中把她称作'潘帕斯草原上的闪电'。[2] 多亏西班牙语里没有这样的合成词。从吉拉尔德斯的这几件事里就能看出事情可能会发展到什么地步了。就应该回敬他一个最被大家认可的合成词：婊子养的（puta-madre）。"比奥伊："他批评萨米恩托扑灭了《马丁·菲耶罗》里歌颂的希望，但能从那句话里看出点庇隆主义的苗头。"博尔赫斯："没错，他很可能曾是个庇隆主义者，或是民族主义者。庇隆大概没有喜欢过他，不过，他也不讨伊瓦古伦博士[3]喜欢，但他一旦住进了总统府，就心满意足了。一个人可以寄希望于事情原本是另一种模样，但除此之外也不能再期待别的什么了。必须要理智一点：我们的倾向与喜好（伊瓦古伦可能会这么说，要是吉拉尔德斯还活着，他可能也会这么说）并不能让我们忘记阿根廷的历史：一个胡吹乱谤的混混一住进玫瑰宫[4]，便成了这个国家尊敬的总统阁下。"

10月22日，星期二。 我们谈起吉卜林。他说批评界用他最受喜爱的那些故事来评判他——比如《丛林之书》里的故事、《国王迷》——可这些故事写得最糟糕，因此他成了出了名的平庸作家。比奥伊："文学界最不公平且几乎解释不清的一件事就是，他们在读过《世界上最棒的故事》《安提阿的教堂》和《无线》后，竟然没有把他评为一个了不起的作家。我还记得我们当初翻译《世界上最棒的故事》时激动的心情，我们赞叹地高声朗读道：''去海滩，去那长长的、美妙的海滩。''去富尔杜

---

1 "你出发去巴黎后 [...]，在给我的信中写道：'每当想起你就会回忆起最后一次见到你的场景：帕子在手，灯塔微笑。'"【维·奥坎波，《致里卡多·吉拉尔德斯的一封信》(*Carta a Ricardo Güiraldes*)《南方》，1952 年第 217—218 期】。

2 加·米斯特拉尔，《写给维多利亚·奥坎波的短笺》(*Recado a Victoria Ocampo*)《南方》，1938 年第 43 期）。奥尔特加·伊·加塞特曾称她为"潘帕斯草原的蒙娜丽莎"，维多利亚本人在她的《自传第三卷：萨尔茨堡的树枝》(*Autobiografía III; La rama de Salzburgo*) 一书中提到了这一称呼（南方杂志出版社，1981：117）。

3 Carlos Ibarguren（1877—1956）．阿根廷学者、历史学家、政治家。在政治上他起初有自由主义倾向。20 世纪 20 年代改变了立场，转向民族主义。尽管他认同庇隆主义，但他没有在庇隆政府担任任何正式职务，而是专注于学术领域。——译者注

4 阿根廷总统府，因其粉红色的外墙得名"玫瑰宫"。——译者注

斯特兰迪吗?',我问道。'去富尔杜斯特兰迪',他用一种奇怪的方式念出了这个名字。'"博尔赫斯:"或许人们都猜测,在所有这些故事背后,都隐藏着一个英国帝国主义拥护者罗兹式的说教,因此并不能感染别人。"

我们给吉卜林最好的短篇列了张清单:博尔赫斯选的是《战壕里的圣母》《许愿屋》《园丁》《投票支持地平说的村庄》《韦兰的剑》《安拉之眼》和《丛林之书》里一则我没看过的故事,故事里描写了一个母象跳舞的地方[1];我则选了《世界上最棒的故事》《安提阿的教堂》《无线》《长城之上》《一场白人老爷的战争》《小狗赫维》《外行》。

比奥伊:"在《人的规矩》这则故事里有太多航海术语了,吉卜林好像在炫耀自己的航海知识。"博尔赫斯:"大概这则故事笔法过于纯熟了。一个笔法过于纯熟和一个笔法不够纯熟的故事,哪种更好呢?要我说的话,我更偏爱写得笔法过于纯熟的。我也不知道为什么……实际上,从未有写这种故事的作者能有幸轮到像萨默塞特·毛姆这样的作家为其结集作序。"比奥伊:"……还有艾略特。"西尔维娜:"吉卜林的故事读起来并不轻松。"比奥伊:"是没错,但这种阅读困难可能是书中一些对话的通俗风格造成的。"博尔赫斯:"我觉得这种解谜似的写作方式破坏了对话,而这些谜语构成了对话。"

我说我在读切斯特顿写的《狄更斯传》,我们便聊起了狄更斯。博尔赫斯:"狄更斯笔下的那些谋杀案令人啧啧称奇。我一直记得翟述伟的那个案子。你记得吗?翟述伟和一个操控他的敲诈者之间有一种奇异又变化不定的关系。他们同乘一辆大马车出行,勒索者慢慢猜到了要发生在他自己身上的事,翟述伟开始反过来操控他。后来敲诈者因为害怕总是做噩梦,而最终,正如梦里预料的那样,翟述伟杀了他。"[2]

10月23日,星期三。 博尔赫斯:"吉卜林说,他写的东西效果太好了,以至于有些人认为他不太注意写作风格。贝内特也曾说过:'他只关心被讲述出来的东西。'贝内特竟然这么评价吉卜林,你不觉得很滑稽吗?贝内特的写作其实风格很随意,而吉卜林才是真正在用自己的才学对待文字。"

10月24日,星期四。 我们谈论起比维洛尼·德·布尔瑞奇夫人评价自己的话:"我

---

[1] 《大象们的图迈》。
[2] 关于蒙太古(Montague Trigg)的预知梦,参见《马丁·翟述伟》(*Martin Chuzzlewit*, 1843),第42章;关于他的死,参见第47章。(小说中,翟述伟杀了蒙太古——译者注)

并不是一个随随便便的女人，博尔赫斯，我就是对钱感兴趣。"比奥伊："她是想说她并非那些凡俗女子，她是一个走在生活的风口浪尖之上、跟随内心冲动的女人。她只遵守一个原则：利益至上。"博尔赫斯："有时候因为想不起来他丈夫为援救匈牙利流亡者组建的那个协会的名字，她会说：'他是匈牙利人的主席。'她说起话来就像是一个只给别人提供了部分拼图的人：对方必须自己把它们拼完整。她自己说，想要和她对话，必须要学得聪明些。"

11月2日，星期六。　　一个小男孩在街上踢球，眼看着他的球滚到了我的车底，大喊："球啊，再见了。"博尔赫斯评论道："'球啊，再见了'：这句话里饱含了所有温柔和诗意。"比奥伊："所以说作诗很容易。'球'这个词用在这里无可辩驳。"话音刚落，博尔赫斯就编出了这个：

《故事》

一位先生在阿根廷住了六十年，而后满载着美好的回忆回到了自己的祖国。布宜诺斯艾利斯人为了感谢他的快乐性情，都叫他堂佩洛塔斯[1]。堂佩洛塔斯在英国最终成了第一位解决拉普拉塔河区域问题的官员。如今他的孙子们来到了布宜诺斯艾利斯，一提起他们这位光荣祖父的别名时，他们发现西班牙语里可能存在着一些变化。总之，无论如何他们都希望尽量不要再用这个别名了。但他们当然无法把这个称呼抹去，因为它已经被刻在了英国竖起的大理石纪念碑上了。

他说玛利亚娜·格龙多纳曾跟他讲："我不会成为一个知名画家，但还是希望能在我的沙龙上取得成功。"博尔赫斯："你怎么看？佩雷斯·鲁伊斯大概会说，她认真起来了。沙龙上的成功是什么样的成功呢？或许在生活中真的没有其他让人追求的事了吧。一个人被聘为教授，或是被授予诺贝尔奖，又意味着什么呢？这些成就或许跟在沙龙上取得成功并没有太大不同吧。她可能期盼自己出现在某本关于布宜诺斯艾利斯文学生活的回忆录中吧，在一个名为'沙龙'的篇章里。也可能在按字母顺序排列的索引里。但若是索引里写的是：'参见*其他*'的话，就很惨了。"

他夸赞雷耶斯说："如果你偶然翻开了雷耶斯的一本书，很可能会陷入某个微不足道的小细节里：你可能会有相当长的一段时间发现各种胡言乱语。但他写得相当好。要是诺贝尔奖不颁给加夫列拉·米斯特拉尔颁给他就好了。雷耶斯这

---

[1] Don Pelotas，pelota 在西班牙语里有"球"的意思，复数可指睾丸。——译者注

样评价一位语法学家:'他会彻底消逝。'[1] 他这种期望是从贺拉斯的'我不会因这一切死去[2] 衍生出来的。这两句本质上与字面意思不同的话,以及整个文学传统,都很好。"

我们聊起恩里克斯·乌雷尼亚。从他的姓氏来看,很多人不会多想就认为他是一个博览群书之人(可能也没那么博学),尽管他的书不值一提,但他个性出众,为人大方,令人见之难忘,所以大家都把他看作是最棒的作家之一。博尔赫斯:"他就是宽厚仁慈、热情好客、温文尔雅的代名词。但你不要以为他很有头脑。有天他见我在读亨利·詹姆斯的一本书,说:'嗯,这本不错,不过如今的批评家都说现在不需要读他的书了,因为伊迪斯·华顿也能写出同样水准的长篇小说。'这种为了消遣才读书的挑剔的人,你怎么看?"

11月4日,星期一。 谈起波德莱尔,我们对他都没有过度崇拜。博尔赫斯发现波德莱尔与但丁·加百列·罗塞蒂有相似之处。比奥伊:"你更喜欢谁?"博尔赫斯:"我觉得罗塞蒂更好。可能英国文学更对我的胃口吧。不过我觉得多数人会选波德莱尔。"比奥伊:"对于大众来说,波德莱尔是最伟大的诗人之一。而罗塞蒂是边缘化的、次要的。"西尔维娜更喜欢波德莱尔,她说:"他的诗情感浓烈。"博尔赫斯:"布坎南认为罗塞蒂的诗歌是病态的[3],我认为他的评价不明智,本质上也不公正。不过,有一点可以肯定:读者能够感受到那种病态特质,而他的魅力很大程度上由此而来。他所有诗歌的主要题材就是性,而当内容不触及性的时候,他的写作便没有力量可言,性就是'他的'主题。"他颇为赞赏地引用了罗塞蒂的那句诗:

一首十四行诗便是一座片刻的丰碑。[4]

他谈起一位叫罗吉亚诺的诗人,一次聚会上罗吉亚诺把"他自己"最近创作的一首十四行诗读给沃利·泽纳品评:

---

1 格鲁萨克【《关于塞万提斯和堂吉诃德的首场讲座》(*Primera conferencia sobre Cervantes y el Quijote*, 1919)】谈及梅内德斯·伊·佩拉约时这样说:"他投身学术研究多年,值得称赞,但此后他彻底消失了[...]"
2 出自《歌集》(*Odas*), III, xxx, 6。
3 R·W·布坎南,《肉体诗派》(*The Fleshly School of Poetry*, 1871)。博尔赫斯在 O·道蒂的《一个维多利亚时代的浪漫主义者:但丁·加百利·罗塞蒂》【伦敦:费德里克·穆勒,1949:486—504】(*A Victorian Romantic: Dante Gabriel Rossetti*)一书中读到了这一评论。
4 《十四行诗》(*The Sonnet*)【《生命之殿》(*The House of Life*, 1881)】。

你欲求得我的情谊，而我又有什么值得给你？[1]

沃利一直听到最后，以为自己没听清楚，要么就是没弄明白，他想是不是从某个词开始才是诗人原创的。可诗的结尾的的确确就是：

为了明天还如此回答。

沃利吞吞吐吐地说："那个……有个问题啊……这首十四行诗是洛佩·德·维加的手笔啊。""不是他写的，"诗人很肯定地说，"是我写的。"博尔赫斯："看样子他肯定会宣称自己在着手写贝克尔的《燕子》和塞尔加斯的《夏》吧。等他的书出版了，人们会发现那是一本比预想的还要有分量的书，像梅内德斯·伊·佩拉约的那本《百首最美诗歌选》一样，根本就是一本西班牙百年诗歌选。如果埃利亚的芝诺听到的话，他会如何诠释这首诗呢？他可能会说：'Qué 不用抄就能写出来，tengo 也是如此，yo 也是，que 也是，mi 也是……'但我估计等到他读到最后一个词的时候，就会发现是剽窃了。"

除此之外，沃利又提到这位小个子诗人的另一句诗：

以一支硕大菊花的姿态挺立。

博尔赫斯："'硕大如菊'。他竟然甘心抄袭洛佩的十四行诗，洛佩的诗里从来不用花草、孔雀、贡多拉一类的东西来比喻。"

11月9日，星期六。 博尔赫斯说："粗俗具有代表性：通过一个人说出的粗话就能想象出他的性格。"

11月12日，星期二。 关于福克纳，他评价道："他的小说是'纯粹的死亡与不幸'。[2] 它们作为故事都是好故事，但仅此而已。毫无疑问，美国在二十世纪已经没落了。"关于T·S·艾略特，他说："他与探讨同样话题的批评家有意见上的分歧，但都是出在细枝末节的问题上——总是有可能去质疑他人观点是否准确的。但我认为文艺批评不该如此：通过别人的评论来做间接的批评。这种方法只不过是继续一场永无止境又徒劳无益的对话而已。伟大的批评家应该善于发现隐秘的真相、给出

1　洛佩·德·维加，《圣韵诗集》（1614），第 XVIII 首。
2　暗指 G·B·萧伯纳在《凡人与超人》（*Man and Superman*，1903）的序言中说的那句话。原文是："All the rest is at worst mere misfortune or mortality: this alone is misery, slavery, hell on earth ..."

一种新的诠释。在读过艾略特对波德莱尔的批评后，[1] 我们对波德莱尔的看法并没有任何改观。当然了，艾略特这种方法的优势在于没有多少出错的风险，但或许文艺批评就应该提出更多不那么安全的观点。"比奥伊："因为写作需要刺激，就像写文章需要一篇论文作为理论支撑。"博尔赫斯："我明白。很多次我都这样写过。但要写作家评论的话，就要像第一次写这种类型的文章一样。"

11月13日，星期三。　　我们给《天堂与地狱之书》翻译了一段雨果的《阴影之口如是说》。博尔赫斯在想，"阴影之口"是不是就是马列亚那样的嘴。比奥伊："这一段我觉得有点滑稽。"博尔赫斯："我觉得这种滑稽是诗中数量繁多的例子造成的：一两个还好，但这里太多了。列举使诗人的意图无法达成：只能让读者看到全诗的机械性，它自成一套体系并在这套体系中运转……我要试着找一段让雨果看起来更厉害的文字。"他是想在我面前让雨果显得更厉害。

11月15日，星期五。　　我们完成了雨果那段诗的翻译。博尔赫斯："丝毫没有一点庄重崇高的作家是格拉西安。没有人会崇拜或喜爱他。他比卢贡内斯更加没有人情味。他在谋略、陷阱、机关与诡计中洞察一切。我怀疑他是不是个无神论者。"

我们聊起关于大海的诗歌。他吟诵道：

［……］我的祈愿
将目光转向了母亲般的塔拉萨海神，
因为当我望向大海，我发现了万物之源。[2]

他把最后一句重复了一遍。然后说："这句恰到好处。仅这一行就比整首《海滨墓园》的感情要充沛得多。瓦雷里这首诗中的大海充斥着浮华的雕梁画栋。而在卢贡内斯的诗里，好像几乎一切都被写出来了。"我们想起了《海女神》这首：

大海，充斥着雄性的热切渴望，
围绕在你腰间呼啸而上
宛如一只巨人的臂膀，幽深的海岸
将你护在身旁。在你的眸子里，

在你的发间，在你星辰般的洁白肌肤上，

1　《我们时代的波德莱尔》（*Baudelaire in our Time*）【《新旧随笔》（*Essays Old and New*, 1936）】。
2　鲁文·达里奥，《启示》（*Revelación*）【《流浪之歌》（*El canto errante*, 1907）】。

如蛋白石暗暗闪烁
那昏黄午后的微光
在这片静水中恒久荡漾。

随着你胸脯的节奏起起伏伏，
静谧的海洋在一波浪里鼓涨；
将你沉溺在它猫儿似的漩涡。

他向你道一声慵懒的爱抚，
进入你纤细双腿的一瞬，
那浪忽而锋利如短刃。

博尔赫斯："这写得太疯狂了：把大海比作性爱。什么'雄性的热切渴望'，太荒唐了。当然了，还是得感谢诗人选用了'短刃'作为最后一个词。不然这辆粗鄙的列车上可能会出现：

那浪锋利正如阴茎一样。

没错，他能克制地写下'短刃'已经令人敬佩了。诗中的'短刃'就是'阴茎'的意思。"还说，"海岸"无论如何也无法"保护她"："这怎么保护。"

我们夸这句写得好：

在这片静水中恒久荡漾。（ que en el agua pacífica perdura. ）

博尔赫斯："卢贡内斯总是喜欢用'平静'（pacífica）这个词，比如：

她文静的淑女长辫。[1]（ sus pacíficas trenzas de señora ）"

他说这句写得好：

……当山林之神在树下私通，
菲洛墨拉沉醉在一片蓝色之中。[2]

还赞美那首《轮回》，但对这里：

1　卢贡内斯，《致牲口和庄稼》（ *A los ganados y las mieses* ）【《世俗颂歌》（ 1910 ）】。
2　鲁文·达里奥，《我是这样的诗人：刚刚写过》（ *Yo soy aquel* ）【《生命与希望之歌》（ *Cantos de vida y esperanza*，1905 ）】。

……那帝国的牝犊

和这里表示遗憾：

……在惊愕之余那双钳子……

而我觉得这里不够好：

……那情欲之中的白皙女王……

他颇为欣赏地朗诵道：

当金色的飞马

在胜利的黎明出发

踏着奇妙的节奏

奔向生活，奔向希望，

如若马鬃飞扬，鼻翼鼓起

在山顶踏响四蹄

向着大海嘶鸣，

空中充斥着

金黄的激荡，

那是因为他看到了海面上维纳斯的胴体。[1]

而在《不幸》这首诗里他觉得这句有点可惜：

欢乐的树木不再善感。

他说达里奥在这句里使用的"流水"也不是很妥帖：

……魏尔兰的流水缄默无声。[2]

博尔赫斯："我不知道埃雷拉·伊·雷希格的名声会不会一直持续下去。"比奥伊："他出名的秘诀是他生于乌拉圭。"博尔赫斯："当然了：人们把他和迦太基、布宜诺斯艾利斯、卢贡内斯对立起来。我不知道这种在争议之上建立起来的名声能否持久。有可能挽救埃雷拉的，是他用那个时代糟糕的品味为自己开脱；但这种糟糕

---

[1]《肉体，女人天神般的肉体！》(Carne, celeste carne de la mujer!)（出处同前页）。
[2]《致布拉多敏侯爵的秋日十四行诗》(Soneto autumnal al Marqués de Bradomín)（出处同前页）。

的品味，在埃雷拉以外的人身上，并没有糟糕至极。关于吻，他这样写道：

　　它是调皮的爱情翻开未来的蓝色相簿时

　　口中哼唱的情歌。

　　'未来的蓝色相簿'：你注意到有多傻了吗，就是这位伟大的改革派、这位现代诗人写出来的。他还把亲吻比作一辆开往太阳的快车。"

　　他说任何人的韵律感都比不上鲁文。他大加赞扬了《致法兰西》这首诗并欣喜若狂地朗诵了起来：

　　蛮族来了，法兰西！蛮族来了，高贵的卢泰西亚！
　　金色拱顶下长眠着你那伟大的圣骑。
　　在独眼巨人的摧残下，希腊的笑声也无力，
　　若赫拉克勒斯扬起了他的马鬃，美惠女神们又能如何？

　　在疯狂的动物世界里，你感受不到风的威力，
　　那风呼啸过钢铁般的柏林，
　　那里，被你异教徒的灵魂所鄙夷的庙宇里，
　　你的诗人，已筋疲力尽，无法吹响他的号音。

　　拜占庭，中止你世俗又神圣的宴饮。
　　啊，罗马，停止你神圣又世俗的宴席！
　　不可名状之物已如鹰般向你来袭，

　　凯旋门的曲线在颤抖中等候。
　　唐怀瑟！让勇武清脆的行军脚步响起，
　　但见远处一顶帝国的头盔闪着光辉。

　　博尔赫斯："这句：

　　拜占庭，中止你世俗又神圣的宴饮。

字里行间透着愚蠢。"我提醒他，在那些战时的悲伤日子里，我们可是常常念起这首诗。

11月22日，星期五。　　博尔赫斯："我见到何塞·埃尔南德斯的孙女们了。她们跟我讲，埃尔南德斯的乐感很糟糕，有时操起一把吉他就开始哼唱：

> 他本是酋长之子，
> 经调查才知底细。
> 无奈何情况紧急，
> 实在是形势所逼。
> 最后我抛出球索，
> 打得他卧地不起。[1]

从来没唱过别的段落。他本能选出其他更好的小节来唱的。"孙女们都是成熟可亲的土生白人女性，她们答应博尔赫斯下次他再去拜访她们的时候，给他看早年埃尔南德斯给她们读过的书。比奥伊："我们得去看看她们。那场面肯定会像是走进威尔斯的某个故事。"博尔赫斯："或是亨利·詹姆斯的。或许她们会向我们印证另一种生活的存在，但我们又会说自己忙得不可开交，改天再登门拜访。不过今天下午都无需走远，我们应该会在普芬道夫-杜凡诺阿男爵夫人的鸡尾酒会上再次发现，男爵夫人是个极其无聊的女人，你别不信……"

11月23日，星期六。 我读了约翰·尼科的《卡莱尔传》。在博尔赫斯作注的那册里，我发现了卢坎的那句话（《内战纪》，第一卷，第128行）："战胜者的理想得到了诸神的欢心，而战败者的追求让小加图欣慰。"卡莱尔对此评价说，从长远的角度来看，小加图会更偏爱胜利者的理想。我和博尔赫斯聊起书中援引的那句话，他说德·昆西记起那句话时，便很肯定地说，那是对一个人前所未有的极大褒奖：一边是诸神，而另一边是小加图。[2] 博尔赫斯："这一评论已经成为了一个新事件，和那句话一样精彩纷呈。"他还引用了席勒的名言来证明卡莱尔的评论有理有据："世界历史就是世界法庭。"[3] 比奥伊："但席勒忘了，'一切事情的发生总是不尽如人意'。"[4]

11月24日，星期日。 他一直在读劳斯那本译著[5]里《奥德赛》的部分。他说这个译

---

1 《马丁·菲耶罗》，vv.601—6。
2 "卢坎[...]想当然地认为凯撒的理想得到诸神的认可。可为什么呢？仅仅是从这一事件判断出来的。[...]那是胜利者的理想，也正因为此，在他眼中，有权将神的恩宠设定为必要的干预；而另一方面，战败者的理想，遭到了无可非议地谴责，尽管对于卢坎来说，这一理想受到了以小加图为代表的人类美德的认可。"《现代迷信》(*Modern Superstition*, 1840)。
3 "Die Weltgeschichte ist das Weltgericht"【《妥协》(*Resignation*, 1784)】。
4 "tout s'est toujours très mal passé"，这是雅克·班维尔说给安德烈·泰里夫的一句话，贾克·夏多内在《生活在马德拉》(*Vivre à Madère*, 1953) 一书中引述过这句话。
5 劳斯，《尤利西斯的故事》(*The Story of Ulysses*, 1937)。

本带有非常强烈的巴特勒开始主张的那种倾向，从这个意义上讲，巴特勒的翻译不够彻底。博尔赫斯："如果把荷马笔下的暴力场面和福克纳或萨特的做对比，可以发现，尽管荷马懂得如何把这类场景描写得淋漓尽致，但他并不喜欢暴力。他喜欢的是珍馐畅饮、倾听佳曲的聚会，喜欢的是文明。这是自然，文明在彼时还是新鲜事物。荷马是个温柔细腻的人，他应该会喜欢普鲁斯特小说里的世界……那个时代的人注重言谈：他们想必认为说话是件非常有难度的事。一个能说会道、言辞深思熟虑的人总是令人印象深刻。当人们聚在一起用餐时，会先大快朵颐一番，之后再高谈阔论……当然了，因为要想边吃边聊的话，很可能会把自己噎住。我怀疑——但不敢肯定，因为书是我很久以前读的——在《奥德赛》里有两条线：一条是写实的，符合荷马的描述；另一条是奇幻的，是尤利西斯的那些传奇故事。尤利西斯这个老牌英雄，可能有点'爱胡编乱造'……有时候你会担心是不是荷马搞错了，但并没有。人们跟尤利西斯说他想必是个生意人，对商品交易颇有兴趣，可他说并非如此，他也能做出身体力行的壮举。便搬起了一块巨石，抛了很远，无人能及。你可能会怀疑他在摔跤和赛跑方面也能压倒众人，但并没有，不过，能投掷巨石就够了。"

12月11日，星期三。 我们谈起曼努埃尔·加尔韦斯的一本诗集，据作者本人说，这是他在阿根廷出版的第一本爱情诗集。博尔赫斯背诵起来：

> 她完美无瑕。
> 几乎没有一处缺陷。
> 啊，那支香烟。[1]

他评论道："应该一边说着'啊，那支香烟'一边用食指指指点点……他把衬词——缺陷——放在了前面，但并没有增色多少。他回避了很多东西——比如说，比喻——然而没有起到任何效果。"

我告诉他，我听说巴黎刚刚建成并开放了一个莱昂-保尔·法尔格广场。博尔赫斯："我没看过什么法尔格的佳作。他写给父亲的挽歌，就是吉拉尔德斯翻译的那首[2]，

---

[1] 原诗文为："我爱你本来的样子，爱你的美德／也爱你的缺点，那支香烟！／爱你与众不同的淑女风范／也爱你孩童一般的玩笑嬉闹。"【《我爱的理由》(*El porqué de mi querer*)。收录于《致刚刚到访的佳人的诗》(*Poemas para la recién llegada*, 1957)】。加尔韦斯将本书献给了他的第二任妻子。

[2] 《悼亡父》(*Aeternae Memoriae Patris*)，吉拉尔德斯的译作发表于1924年第二季第5期《船头》。

完全是垃圾。"

聊起莫雷亚斯，他说："那个蓝胡子。"过了一会儿接着说："他把他的《蓝胡子》给了我们。在法国不会有人因为出版了一本这种标题的书而名誉扫地。"

我们聊到他要给洛佩斯出版社编辑的西语美洲文集，书中每个国家下面必须要涵盖一位诗人——已故——的一首诗。他在编辑乌拉圭的诗人时碰到了难题。索里利亚没有什么短小精悍又具有代表性的诗。原本想把奥里韦或者伊普切放进去，但二人仍健在。今天他们给他念了埃雷拉·伊·雷希格的所有作品，还是一无所获。我们读了女诗人的诗：德尔米拉·阿古斯蒂尼（她会用"滑行"这个动词[1]）和玛利亚·欧亨尼娅·巴斯·费雷拉。之后又读了埃雷拉·伊·雷希格。博尔赫斯："每个词都像印错了似的。"

我朗诵起《祖先的婚礼赞歌》：

婆罗门受膏的豪华奢靡，
你春日的床榻已开启，
面对豹子般的放浪仪礼
和雄性象征的勃起……

博尔赫斯（大笑）："我希望他不要说他看起来要说的话。"

我继续往下读：

……正赶上百头白象
朝着日落扭动象鼻。

博尔赫斯："一切突然变得浮夸了。这一百头大象写出来不费他吹灰之力。却像是纸糊的，或是用香料薰过的尸体，毫无生气。"

我又念了《痛苦的影子》：

……旧时燔祭窒息的痛苦
淹没了农民的缄默。

---

1 例如，在诗集《空盏》（*Los cálices vacíos*，1913）中："我的欲望是一只蟒／滑行于峭崖的阴影间……"【《幻象》（*Visión*）】；"我身似一条欢愉的纽带／滑动起伏如一次抚爱……"【《蛇形》（*Serpentina*）】

博尔赫斯："他突然又愤愤不平了。当然了，因为'旧时燔祭'。该死的燔祭。如果不是因为这个，就是因为：

> 是她凄惨如逝者般的苍白面容。[1]

他想必是为一些粗人，他的朋友们，一帮像奥利维里奥·吉龙多那样的人写诗，他们喝彩着'太棒了'！仰慕追捧着他。他又会怎么看自己呢？觉得自己敏锐细腻？"比奥伊："觉得自己信手拈来，能写出令众人倾倒且值得赞美的诗句。他一定自认为是个天才。"博尔赫斯："他的确自诩天才：经常署名'胡里奥一世'[2]。在向一位部长求职时，他说这是一个把乌拉圭提升到埃雷拉·伊·雷希格那种高度的机会，不过由于就职希望渺茫，还是在史册上等着这样的机会吧。埃雷拉的那点存货只剩造作和丑陋了。贫困带来的坏处之一是让人过度注重奢华：只有极度贫穷的人贪慕荣华才情有可原，而埃雷拉曾是布宜诺斯艾利斯公共管理部门里最卑微的一名职员，他出生于一个传统的乌拉圭家庭。吉列尔莫能喜欢这些诗句真是走运。这说明世界上存在一种秩序。你不要以为吉列尔莫引用的那些句子写得不错：

> 星星有着柔软的面颊……[3]"

我又念了几个别的段落：

> 友爱的灵魂和健美的
> 运动员，音色和谐的里拉琴
> 来自毕达哥拉斯的乐团，
> 女性建筑内
> 金星的祭司……[4]

> 我已不再爱你，却没有因此停止
> 爱慕你遥远爱情的影子。
> 我已不再爱你，但抗拒的吻

---

1 《梦的颜色》(*Color de sueño*)【《废弃公园》(*Los parques abandonados*，1901)】。
2 胡里奥是埃雷拉·伊·雷希格的名字。——译者注
3 《创世纪》(*Génesis*)【《滴漏》(*Las clepsidras*，1910)】。吉列尔莫·德·托雷在洛萨达出版社的《埃雷拉·德·雷希格诗歌散文全集》(1942)一书中的"初步探究"那部分引用了这首诗。
4 《接纳》(*Recepción*)【《夹竹桃》(*El laurel rosa*，1908)】。

却让我们结合了一瞬……¹

昨晚她来寻我，身着天鹅绒；

[...]

我的食指躺在她紧闭的唇峰……²

晚上到处是精神上安然无恙的

微弱叹息：

[...]

这是神圣的蓝色时刻

此刻流星划过，

如同金色的隐喻

穿过一颗伟大的蓝色头脑。³

比奥伊："'显而易见，是那次不太美好的意外。'，就像一位老先生常说的。"
博尔赫斯："对埃雷拉有些讽刺的是，他的诗歌经验是从写致敬卡斯特拉尔和吉多·伊·斯帕诺的赞美诗开始的。他还喜欢拉马丁。⁴你不要以为他喜欢波德莱尔：他喜欢的是拉马丁。他为什么不去崇拜波德莱尔呢？他就是为此而存在的。"

12月18日，星期三。　　比奥伊："读到《温柔的祖国》的那一刻是我这辈子在文学领域体验的最狂喜的瞬间之一。当时在我家中，金塔纳大道上，你朗读了'一天堂的糖水罐头'和'我想在忧郁的封斋节将你掳走'那两节。⁵这首诗让我觉得太与众不同，都没有马上发现它的每一句都是十一音节的。"我们朗读了《温柔的祖国》。当我读到这一节的时候：

你的心肠并不抗拒

给那只被那孩子葬于

1　《狂虐之爱》(*Amor sádico*)【《废弃公园》(*Los parques abandonados*，1901)】。
2　《梦的颜色》(*Color de sueño*)【出处同上】。
3　《荒谬的悲痛》(*Desolación absurda*)【《夜晚的晨祷》(*Los maitines de la noche*，1902)】。
4　1898年，他发表了《致拉马丁的颂歌》(*Canto a Lamartine*)；1899年又相继发表了《卡斯特拉尔》(*Castelar*)和《致吉多·斯帕诺》(*A Guido Spano*)。
5　"当我们出生时，你赠予我们音符，/然后是一天堂的糖水罐头，/接着你献出了你的全部，/温柔的祖国，食橱和鸟舍。[...]温柔的祖国，卖奇亚籽的商贩：/我想在忧郁的封斋节将你掳走，/在一头驴背上，伴着木铃，/还有警察的枪声中。"

> 线锤盒子里的鸟儿
> 一处收容之地，
> 而我们的青春，哭泣着，
> 把那个已化作焚香
> 说着我们语言的尸体
> 藏在你的身体里……

博尔赫斯评论道："洛佩斯·贝拉尔德在其他所有诗歌里也运用了同样的意象——小孩、线锤、飞鸟——，但并没有取得任何效果。而命中注定他能有幸将这些意象一次都奇妙糅合在这首《温柔的祖国》里。这首诗是受政府委托而作：是一个刻意安放在那儿、看上去颇为和谐的'小摆件'。"

我们还愉快地读了洛佩斯·贝拉尔德的《不详的归乡》，博尔赫斯认为诗歌末尾的各种哭笑欢闹恰到好处：

> ……新生羔羊的啼哭

和

> ……卿卿我我的爱情
> 出双入对的情侣。

而对最后一句：

> ……还有一种亲密又叛逆的忧伤。

他每次都说："写得好极了。"

我们读埃雷拉·伊·雷希格。博尔赫斯："埃雷拉诗文中的叙述性仅仅浮于表面，只是一个动词而已。没人能读懂诗中发生的事情。他的诗歌中整个叙事框架都在，但就是什么也没发生……（他停顿了一会儿）要么就是在最后一句继续做一个不明所以的假动作。"

我们读了《阴间的民众聚会》，埃雷拉写的。博尔赫斯："一切都好像是在妓院里幻想出的场景，把他也变得低贱了。那些'珍贵小摆件'在洛佩斯·贝拉尔德的诗中令人赏心悦目，而在埃雷拉那里变得面目可怖。他的诗就像五月二十五日大街上一栋正在出售房子，被放置在了一片森林里：所有家具物件都散落在树木间。埃雷拉在使用'一切'这个词时大概是他最虚伪的时候吧，比如在这句里：

一切叹息一切欢笑。[1]"

为文集选诗的时候，他选了《醒来》——尽管他差点就要选"独自回荡的神父奏鸣曲"[2]那首了——和《梦的颜色》。博尔赫斯："他对神甫过于执着了。可他无疑是不信神的。"关于《梦的颜色》里的句子：

黎明时分犀利的燕子归于平静
仿佛战败之夜散落的箭羽……

他说："他肯定先写的是'散落的燕子''犀利的箭羽'，后来改成了'犀利的燕子'和'散落的箭羽'。不过，无论如何还是要谢谢他写成了这样的句子，尽管有些机械呆板。'战败之夜'明显不太合适。"

我告诉他，相对于《梦的颜色》中的糟糕趣味，我更倾向于欣赏《醒来》里的枯燥乏味。然而博尔赫斯慢慢喜欢上了《梦的颜色》，他称赞道："这诗里有泥土，有埃雷拉刺鼻难闻的气味。"西尔维娜也同意选《梦的颜色》。

12月21日，星期六。 我跟博尔赫斯聊起 prótesis 这种词形变化手段，皇家语言学院词典将其定义为"在词首添加一个或以上元音字母"（比如，将 matar 变为 amatar：Amatar es pecado.[3]）。博尔赫斯指出："卡利斯托·奥尤埃拉的一首十四行诗的第一行是这么写的：英雄陨落。而在某个脚注里，奥尤埃拉声明说这是一种众所周知的诗歌破格表达法，很多诗人用过。尽量不要使用，尤其不要在诗歌第一行使用。因为这位'英雄'，奥尤埃拉陨落了。"

他随后点评了甘农译的兰多写罗丝·艾尔默的那首诗[4]："甘农说这诗他译得'完美无缺'。我不知道是否完美无缺，但的确有句子格律不太对。甘农举例引证说：一，在一首十一音节诗中有一句十二音节的（参见卢贡内斯）并无不妥；二，某处音节省略造成了十二音节变成十一音节（他掰着手指数音节：Noche de fantasías y

---

1 《醒来》(*El despertar*)【《山的狂喜》(*Los éxtaxsis de la montaña*，1904）】。
2 "[...] 神父的奏鸣曲 / 在园中庄严回荡"（出处同上）。
3 "Matar es pecado" 意为"杀人有罪"。——译者注
4 兰多，《罗丝·艾尔默》(*Rose Aylmer*)【《盖比尔》(*Gebir*，1798）】。博尔赫斯点评的那句是"整晚的追忆和彻夜的长叹"（A night of memories and of sighs）。甘农的译文发表于1958年2月9日的《国家报》："王室不如你风度翩翩 / 天仙无非有这等容颜 / 你仪态万芳，你贤德若若 / 这就是你，罗丝·艾尔默 / 罗丝·艾尔默，我的双眼 / 为你哭泣，却再不能相见 / 整晚的追忆，彻夜的长叹 / 一切都为你而祭献！"

de suspiros。我对此回应说，这首诗，这段为纪念罗丝·艾尔默写在加尔各答的墓志铭，太短，无法做到完美无缺，而这一句看上去并不像是故意写成十二音节的，而是格律上的失误）。甘农喜欢自己的译文，因为他脑子里记着的是英文原稿。"又补充说："人们对兰多的期待大于他们看到的作品。因为他太勤勉多产。然而这首《罗丝·艾尔默》写得很好。"

12月24日，星期二。 我们听探戈。关于加德尔，这名我们在《伊韦特》里听到的歌手，他说："他就是个软体动物，一个流着口水的傻子，他唱不出声，因为口水都淌出来了。"我们又重听了《伊韦特》，这回是比达尔唱的。比奥伊："加德尔是伟大的歌手真是奇了怪了。"博尔赫斯：《伊韦特》的歌词写得太棒了。你看看，他送给她所有的礼物都是偷来的：

> 你是否还记得跟我在一起
> 你戴的第一顶帽子……？

歌中的世界太悲惨了。写得多好。

> 你是否还记得
> 我带去的护肤莴苣膏
> 抚平了你脸上
> 最后一点疣创。

看来这女人面容有些丑陋。"他赞赏这句：

> ……因为一件傻事
> 你委身于一个老嫖客。

他撇着嘴，模仿歌词里描写的场景，还特别把"傻事"那个词大声唱了出来。

12月28日，星期六。 我们读了贝略的《写给诗歌的致辞》和《献给热带农事的诗》。博尔赫斯："看他还能用蔬菜写出点什么。他有点魔怔了。冈萨雷斯·拉努萨喜欢他。他用鸡鸭作了那么多诗。[1] 雷耶斯也喜欢：他对所有能吃的东西都感兴趣……给热带的农业写诗，这想法太怪异了。就跟写一首什么《献给制鞋产业的

---

1 例如，《母鸡》《雏鸡》《公鸡》《火鸡》《鸭子》《石鸡》《雉鸡》《麦鸡》《孔雀》《天鹅》，全部收录于诗集《加总再继续》（*Suma y sigue*，1960）里。其中几首已提前在1956年8月26日的《国家报》上发表。

颂歌》一样奇怪。奥尤埃拉和梅内德斯·伊·佩拉约称之为西语美洲世界写得最好的一首。但我觉得它并没有很多值得流传的句子。靠刻苦努力写成的诗而已。他诗歌的效果不是田里的农活产生的,而是来自于田间的杂草。好像发射出的一颗颗豆子。是一场噩梦。就像噩梦里发生的那样,你刚要把注意力放在一根香蕉的时候,香蕉就变成了个大葫芦。在他写给奥尔梅多的书信体诗中,贝略说,若是身在巴黎,他情愿住在村子里,躺在洋蓟丛中,每只耳朵旁边都有一只青蛙为他呱呱叫。[1] 他就没发现他想象的这幅图景有多怪诞可怖吗?诗歌于他而言是外在的,他希望诗歌可以时而抒情、时而神秘、时而高雅、时而质朴:而这一切他都是通过刻苦努力达到的,并没有用任何文学标准去衡量。他能旅居伦敦这么多年真是奇了。"

他说以前读过何塞·华金·奥尔梅多的诗:"他的诗中常有神话典故和隐喻形象,笔下诞生了诸多优美的诗行。高雅的句子,像是有蒲柏或弥尔顿的助力。金塔纳用同样的风格写过诗,但凭我能记起的那几首来看,他的诗要低几等。而奥尔梅多是个伟大的诗人。"

1958 年

1月1日,星期三。 他说直到不久前好像还存在着这么一个叫"寥寥泳者"(Rari Nantes)的划艇和游泳俱乐部。博尔赫斯:"伊瓦拉跟我提起过这个俱乐部。我当时以为是他瞎编的,后来才得知它真实存在。竟然有这么一个阴暗的人想到把一句经典诗文[2]中的一段拿来作为一个运动俱乐部的名字,真是有意思。这无疑是个隐晦的玩笑。(他停顿了一下)那句诗文里有个心理学上的错误:如果作者想要表达的是让那寥寥几人迷失的大海之广大无边,就不应先写人后写海。或许按这个顺序写是出于格律的考量,也可能是当时没人会想到心理动机的问题。"比奥伊:"维吉尔大概会这样辩解:这句以'一望无际的海上'(in gurgite vasto)结尾正凸显了大海的辽阔。"博尔赫斯:"我觉得这个理由说服不了任何人。"

---

1 《一个伦敦的美洲人写给巴黎的美洲人的信》(*Carta escrita de Londres a París por un americano a otro*,1827)。
2 "只见寥寥几人在一望无际的海上漂浮"(Apparent rari nantes in gurgite vasto)【《埃涅阿斯纪》,I,v. 118】。(这一句在史诗中描写的是船上的士兵被巨浪卷进海里的场面。——译者注)

他朗读起霍斯特·威塞尔所作的纳粹国歌歌词[1]：

Die Strasse frei den braunen Batallionen,
Die Strasse frei dem Sturmabteilungsmann ...

这句译为：

为褐衫军清道，
为冲锋队员清道。

一个犹太人曾告诉他："当时在柏林街头随处可以听到这首优美的歌。"然后教了他这两句。

1月6日，星期一。　　比奥伊："不该写下任何你觉得无足轻重的内容，因为写什么东西都一样要耗费精力：无论是写举足轻重的事情，还是写平淡无奇的事情。"博尔赫斯："有道理。因为这份工作是用语言表达的工作。你知道有多奇怪吗，（圣地亚哥）达韦书以前总跟我说，写作于他而言是用来编造杜撰的。他写不出更多故事是因为他想不出来了。我倒是希望能有个常伴左右的密友，帮我记录下所有我设想出来的情节。"比奥伊："的确。一个作家总会有两三个没有写出来的情节，因为灵感转瞬即逝，所以总会有些未曾写下来的东西。"

1月7日，星期二。　　他说陀思妥耶夫斯基的《群魔》是一部非常优美的小说。书中出现了屠格涅夫，只是被描摹成了另一个文人的形象，这个人物对俄国人民遭受的苦难深感无望，跑去德国生活了一段时间，回国后人们想跟他聊聊国家政治，而他回答说他得操心更重要的事情，比如巴登—巴登城的医疗系统。

1月8日，星期三。　　他跟我提起"假阿帕里西奥"的故事："一个无耻混蛋，还有点疯癫，假装自己是沃利·泽纳的丈夫（卡洛斯）阿帕里西奥博士，声称沃利·泽纳抛弃了他和四个孩子。沃利让我以我外甥们的命发誓，不要把这件事告诉她婆婆：'您想想，她那么严肃较真，要是听说我丢下了四个孩子，她不会原谅我的。'我试图跟她解释，说既然这四个孩子并不存在，她并没有抛弃什么。'不是这么回事，主要是这种诽谤可能跟她对我的看法不谋而合。我不希望他妈妈知道，也不希望埃罗知道，否则他会让作协把我拒之门外。'沃利好像跟她亲爱的姑姑倾吐了这件倒霉

---

[1] 这首歌曲由霍斯特·威塞尔（1907—1930）创作，他是希特勒的忠实拥护者，后被共产党人暗杀。1993年起，该歌曲成为纳粹党的正式党歌。

事，姑姑回答说：'谁会相信这种诽谤呀？阿帕里西奥那么傲慢，他妈要是把这种事拿去外面说，你看他会怎么做。'这就相当于说：她不信这种诽谤不是因为沃利不抛弃丈夫又没有孩子是显而易见的事，而是出于阿帕里西奥的傲慢。而我恐怕已经打破我之前的誓言了。"

1月11日，星期六。　　他评价一个站在其他女人面前的丑女人："她已经站在所有其他女人都会抵达的位置上了。"又补充道："说一个女人曾经美丽，便是她衰老的象征。"

1月23日，星期四。　　博尔赫斯："马斯特罗纳尔迪和乌利塞斯（佩蒂特·德·穆拉特），你觉得谁作诗更胜一筹？"比奥伊："我觉得马斯特罗纳尔迪能写出更好的一节诗，不过乌利塞斯灵光乍现的时候更多。"博尔赫斯："的确。马斯特罗纳尔迪的诗歌成就归根结底还是出于作诗的耐性。尽管

　　迁就于一匹马和一根木桩的街角

不错。这句也不错：

　　赶牲口的人仿佛沉睡着穿过路口。[1]

马斯特罗纳尔迪诗句里呈现出的现实，对他来说比对我们来说更加丰富多彩。当他提到'一个迁就忍耐的街角……'的时候，就是某个特定的街角。"比奥伊："对所有文学作品来说都是如此。每句话的背后都隐藏着一个我们想起或创造的现实世界。"博尔赫斯："对于所有文学作品都是如此，除了马列亚的。我不知道他到底为了什么写小说。"

3月31日，星期一。　　博尔赫斯厌恶华尔兹。他说："那是最愚笨的音乐。维也纳的更甚。"

4月9日，星期三。　　他跟我讲："一次大卫王召见了一名首饰匠，要他为自己订做一枚戒指，这枚戒指要能让他想起那些欢乐时光却不至于骄傲自满，想起那些悲戚时刻却不至于伤心颓丧。'那我该怎么做呢？'工匠问道。'你会知道怎么做的，'大卫王回答，'你是这方面的能工巧匠。'首饰匠离宫走在街上。一个年轻人问他：'老伯，何事让你如此烦恼？'工匠答道：'国王向我订做了一枚戒指。'并把一切和盘托出。'这简单啊，'年轻人说，'你就打造一枚金戒指，刻上：这总会过去。'首

---

[1] 《外省之光》（*Luz de provincia*）【《夜思》（1937）】。

饰匠便照此法做了一枚，把戒指献给了国王，大卫王问他：'你怎么想出这个主意的？''不是我想出来的，是个年轻人的主意，是这么这么回事……'工匠回答。'哎呀！'大卫王感叹，'那位年轻人正是我的儿子所罗门。'这是个完美的故事，被岁月打磨到极致。还好那位年轻人不是人们敬畏的天使，而是所罗门。"

4月12日，星期六。 关于作为译者的维多利亚，博尔赫斯这样跟我说："她认为最重要的是将原文逐字翻译搬运过来。可她没有发现读者所希望的是感受到某种真情实感，他们不在意原文，因为他们并不熟悉原文……她把 fat 译为矮胖的（regordete）。而在英语里这是一个单音节词，这么翻就让人不太能注意到这点了。"

4月23日，星期三。 比奥伊："我听闻了这么几句诗，或许从韵律上来看算是颇为奇特，因为它不属于任何一种经典的格律模式，却也行得通：

我的心没有将我欺诈：
对于庇隆，连摔跤手魔山也撼动不了他。"

博尔赫斯："海梅斯·弗雷伊雷曾对卢贡内斯说，任何单音节句都可以和单音节句结合，双音节句之间也可以。"我们读了海梅斯·弗雷伊雷的诗。

比奥伊："我努努力也能写出不赖的东西，但要是写快了就不行。当我想强制自己每周写出一篇故事的时候，实际上我渴望的是成为另一个人，一个有能力这样写作的作家。"博尔赫斯："有些优秀的作家只要付出一定心血就可以出类拔萃。但像摩尔这种发奋努力、写出过那么多优美篇章的人，却天生是个傻瓜。"

我们白白找了一圈，都没有找吉本在他的自传里提及的阿道弗斯王子的相关信息。吉本说，他忘了是在青年时期的哪本书里读到过这么一句话："在经年累月或上百年之后，时间终于赶上了阿道弗斯王子的脚步，而在这一番追逐中，它已耗尽数双翅膀，这是命中注定的一刻。"我们查询了《邦皮亚尼文学大辞典》《西班牙百科全书》和《牛津英国文学指南》，一无所获[1]，也没有在柏雷注版的索引[2]里

---

1 《邦皮亚尼文学大辞典》（*Dizionario letterario Bompiani delle opere e dei personaggi di tutti i tempi e di tutte le letterature*，1947—1950）。《西班牙百科全书》（*Enciclopedia Universal Ilustrada Espasa-Calpe*，1908-1930）。保罗·哈维，《牛津英国文学指南》（*Oxford Companion to English Literature*，1932）。
2 吉本的《罗马帝国衰亡史》（*Declien and Fall of the Roman Empire*），由约翰·巴格内尔·柏雷作序、作注并编辑索引的版本（1896—1900）。

找到蛛丝马迹。

博尔赫斯:"阿诺德最大的特点是他的判断力。"我告诉他说,史蒂文森在得知他去世的消息后,曾这样评价:"可怜的阿诺德,他一定去了天堂,可他并不会喜欢上帝。"他听了拍手叫好。博尔赫斯:"阿诺德很挑剔。"比奥伊:"所以史蒂文森说的有道理。他不会喜欢上帝,因为上帝不得不和那么多人打交道,想必会有点庸俗。"博尔赫斯:"歌德太蠢。他嘲笑过一个极度悲观主义者说:'我在上帝本人身上发现了瑕疵。'可这有什么奇怪的呢?上帝就是整个世界。如果我们在世界上发现了瑕疵,便会在上帝身上发现缺陷。歌德想必是小时候听过这样的话,而这话在小的时候就让他觉得有趣。后来他一定也说过这样的话,也一定会觉得这种想法有意思,因为他之前就觉得有意思,但并没有对此深入思考:只是觉得好笑,能接受……从他与埃克曼的那些谈话中可以看出,他什么也没想出来过。还好那些被伟大的歌德调教出的演员并不令人喜爱。人们虽然愚笨,但也不至于愚笨至此:他们可不喜欢在演出时只会对着观众讲话却不看着彼此的演员。"

他跟我讲以色列使馆曾请他去在哥伦布剧院举行的一场招待会:"当时我看要穿燕尾服,就没去。要是我租了件燕尾服,结果到了哥伦布剧院发现租我衣服的人就是大使,那得多尴尬。倘若办这么个聚会就是为了出租很多燕尾服,那太诡异了。穆勒听不懂这些嘲讽犹太人的笑话,只是难过,好像在说:'哎,这儿也有迫害我们的人。'我总觉得这些笑话本该能逗乐他的。"

他说阿莫林杜撰了劳军女郎[1]——一类妓女——的那些事,如今又编造出几个乌拉圭国内被老鼠占领的穷苦村子。博尔赫斯:"不知道是哪位法国教授谈起劳军女郎,像真有那么回事似的,让阿莫林很生气。我当时劝他不该生气,我说那位教授正在修正现实呢。"

4月27日,星期日。 他说:"摆脱某人的束缚总能让人感到轻松。这种轻松就是走出困梦,回归日常,找到自我。"比奥伊:"所以那首《维多利亚》探戈曲的歌词写得不错:

再次见到朋友

再次和妈妈同住。

---

1 《劳军女郎》(*Las quitanderas*,1924)和《马车》(*La carreta, novela de quitanderas y vagabundos*,1932)。

每次我在心里祈求跟一个女人有关的事情时,都是在请求摆脱她。"博尔赫斯:"那邓恩的那句诗如何?

爱我,但不要捆住我,放我走。[1]

纪德将这句译为:

从你的双手逃离最要紧,
哪怕赤身裸体。[2]

译得不好,因为裸体男人的形象盖过了要表达的想法。而且,邓恩是强势的,是命令的口吻,而纪德就……"比奥伊:"纪德是呼喊出来的:谁要是能逃……"博尔赫斯:"它是视觉的,图像化的。"比奥伊:"但荒诞可笑,是没有为原文增色的多此一举。"

我们评论说男性的一种典型特征是想要离开,而女性的特点则是试图挽留。比奥伊:"一般情况下,总是女人在试图挽留男人:因此探戈里唱的被抛弃的男人,都是假的。"博尔赫斯:"要是在任何一种背景下都确实如此的话,那你想想看在探戈里会是怎样一番景象。对于那些郊区单身汉来说,女性基本上就不算人。曼德维尔爵士曾写过,中国已婚女性为了表明她们已经依附于一个男人,额头上都会纹一只脚的图案。[3]"

他想起曼德维尔爵士描写过一片激荡不定的沙海,海里游着美味至极的鱼,从天堂倾落而下的宝石河最终都汇入这片沙海:"你能想象得出吗?这是多复杂的异想,既有固体又有液体。那些宝石流进沙海后又是怎么溶解的呢?而在那本书的结尾,曼德维尔对自己的杜撰做出了一番自嘲。他说某个国度的水龙头比别的国家都少,还说在另一个国度有树能结果,果子里都是剃了毛的羔羊,但这种事并不能令人惊诧,因为在英国有树能结出鸟来。"[4]

---

1 《漠然》(*The Indifferent*,p.1633)。比奥伊在 5 月 7 日的日记开头提及了这句诗的准确原文。
2 《日记》(*Journal*,1939),1929 年 6 月 18 日。在另一个版本"L'important c'est que je m'échappe/Fût-ce nu,d'entre tes mains"之后,纪德又译了一版且更偏爱这一版译文。
3 参见《曼德维尔游记》(*The Travels of Sir John Mandeville*,c.1360)"契丹之地"一章。
4 上一个注脚里书中的"祭司王约翰之地"一章有关于沙海的描述。关于水龙头和结鸟的树参见"契丹及其后"一章。

博尔赫斯:"戈麦斯·德拉·塞尔纳这辈子的结局太离奇了:竟然没人记得他——连吉列尔莫都比他有更大的现实影响力,然而他却是当代西班牙作家中佳作众多的一个。他要是写得太少,恐怕我们一直以来记住的就只有他为希尔韦里奥·兰萨作的序了……"比奥伊:"还有个有意思的现象,跟纪德有关:他很多时候都浅薄无趣,经常被当做一个糟糕的译者。但他没有因为以上任何问题失了声誉。"博尔赫斯:"的确。他何其幸运或者说何其能说会写,以至于他的同性恋属性都能被他用来达到一种凄楚可怜的效果。"

他说就算给他一本书,他也没办法发现佩德罗·恩里克斯·乌雷尼亚到底会不会德语:"他翻了翻卫礼贤译成德语的《道德经》,看过所有评注后说:'非常黑格尔。'你不要以为他是觉得尴尬才这么说的。不过我觉得他其实不会德语。我当时没敢问。他不是个会说谎的人:主要是因为他是个老师,不能暴露自己缺点,让别人讶异于自己的无知。"比安科说过,巴埃萨(他懂法语、英语和一点意大利语)也碰到过同样尴尬的境遇,是跟俄语有关。他们为了让他窘得哑口无言,最后竟然给他安排了个俄国佣人,巴埃萨还质问了佣人一番。博尔赫斯:"雷耶斯说他不会希腊语,也没必要翻译荷马。"比奥伊:"还记得吗?那天穆勒逆向论证了一番,最后的结论是,因为有太多人翻译过荷马了,所以伟大的古希腊研究者只能对此做出新的尝试。然而跟其他人相比,他们也翻不出什么新花样:最终还是只能从同样的文本入手。众多译本(以及足以形成真知灼见的文化传统)或许让人们可以舍弃原文了。"博尔赫斯:"那天的穆勒尤其愚钝,像被蒙住了双眼。"

诺拉之前说,人们评判画作好坏会经过三个阶段:1. 只接受有红色的画。2. 只接受没有红色的画。3. 即便一幅画里有红色,也能接受。博尔赫斯认为,这三个阶段也适用于整个批评界。

5月1日,星期四。 博尔赫斯:"每次有青年作家拜访我,我都会跟他们说不要急于发表。这样才不至于以后因自己发表的东西而害臊。"比奥伊:"不过,发表也有好处。会让人丢掉虚荣心。让人不再在意自己所写,也不在意别人怎么写他。没有什么比那帮什么也没发表过的作家更可怕的了,因为他们担心自己与他人的期待不相称。马斯特罗纳尔迪是个极端的例子,出于某些特殊原因,这种情况——外界的看法——对他来说并不恐怖,而是如诗如画。"博尔赫斯:"作家不应对每个段落、每句话都力求完美。这样的文风不自然。没有空气流通,让人无法呼吸。这样写出的书虚荣浮躁。"比奥伊:"有的书写得不如另一些书好,这点必须要承认。像司汤达说的,有些书写出来就像中了奖的彩票,而有些则做不到。[1] 我所理解的不是这本书在公众当中取得的成功,而是作为一部作品。"博尔赫斯:"切斯特顿常说,莎士比亚的一大能力就是想写烂文章就能写出烂文章。"比奥伊:"这不错,但实际上每个作家永远都不能也不应该写出自己能力以下的东西。"博尔赫斯:"对于那些保证已经给某个期刊写出了一篇差不多的文章的作者,贝纳德斯曾跟我说:'我不知道别人怎样,但我并不情愿也没有办法让自己写出不好不坏的东西,我对自己没有那么大的驾驭能力。'"

5月7日,星期三。 我在纪德《日记》里找邓恩那句诗的译文,那个版本博尔赫斯觉得很糟糕。我发现那句诗并不像博尔赫斯之前念的那样[2],不是:

爱我,但不要捆住我,放我走。

而是

侵犯我,但不要捆住我,放我走。[3]

比奥伊:"译文很糟糕,但和你之前设想的那句相比,原句的确值得好好翻一翻。韵律不赖,但内涵浅显了点。"博尔赫斯:"不过更说得通了。当然了,诗歌并不一定要非常有逻辑,重点是诗句能抓住读者并能承载他们,把他们带去更远的地方……那些能指出诗中逻辑错误的人总是占理的,因为如果他们指摘出来的话,诗句可能就不会有那么强的生命力了……"

博尔赫斯:"不幸是真实可感的,与个人能够抗争的东西针锋相对。而幸运是不牢靠的,一段时间过后便难以察觉,令人惊慌无措,因为它没有给人任何好的预兆。"

他跟我讲,有一次他给系里的学生举出了一行战胜了时间洗练的诗句,是乔叟写自由意志的:

沿着大路前行,由你的灵魂指引。[4]

博尔赫斯说,学生们听得很困惑,都在琢磨是不是跟考试内容有关,没有办法

---

1 1835年,司汤达在给巴尔扎克的信中说:"我中了彩票,号码是1935年,到那时我将拥有读者。"后来他的预言实现了。——译者注
2 《日记》(*Journal*,1939),1929年6月18日。
3 "Rob me, but bind me not, and let me go."
4 "Hold the high way, and let thy ghost thee lead."《良训谣》(*Balade de Bon Conseyl*,c.1400)。

处理对诗句的理解。

5月10日，星期六。 博尔赫斯："乔叟有一个未完结的故事，写的是一个骑着青铜马进入国王宴会大厅的人。[1]他将马送给国王——乔叟赞美那匹马说那是一匹马中之马[2]，这话说得不错，写的是一个有如青铜打造的动物——那马可以在空中飞，能在一天时间里（当时已经想象不出比这更快的了）把他驮到任何地方；送给了国王的女儿一枚能让人听懂鸟语的戒指和一面能预见未来的镜子；送给儿子一把剑，被它砍伤的话，只有用其刀刃轻拍才能使伤口愈合……乔叟认为特洛伊的那匹马就应该是一种带有魔法的幻影，而不是那匹塞满士兵、荒诞可笑的木马。乔叟是个有怀疑精神的人，却相信魔法。一匹马的幻影先进入特洛伊城，然后是希腊军队，大概很难以置信，不过应该没有像《伊利亚特》中描写的那个装置一样令人觉得莫名其妙。"

博尔赫斯说这些礼物要比《一千零一夜》里的一个故事[3]中讲到的礼物还要好，那个故事里有：一匹用乌木和象牙制成的会飞的马，一只有敌人入侵就会自动吹响的号角和一只会鸣叫、每过一小时都会张开翅膀的青铜孔雀（"这只孔雀如今被叫作钟表，但在那时要比现在稀罕得多"）。故事里的国王刚跨上大马，这马便撒腿飞了起来，可国王不知道怎么才能驾驭它，因为别人还没来得及跟他解释。

我们聊起自动化机器人：比如雷吉奥蒙塔努斯制造的机械鸽子还是苍蝇[4]，《堂吉诃德》里那个不太聪明的青铜人头[5]以及塔罗斯，那个日夜围绕克里特岛防御入侵的青铜巨人。[6]博尔赫斯："古代作家似乎不能将像 golem（有生命的假人）那种用特殊技艺创造出的人或动物与自动化机器人明确区分开。据说大阿尔伯特制造了一个机

---

1 《坎特伯恩故事集》，《扈从的故事》（*The Squire's Tale*），I。
2 准确的原文是："so horsly, and so quyk of ye"（出处同上，I，v. 194）。
3 《被施了魔法的马》（*Historia del caballo encantado*）（第365夜）。
4 比奥伊的这个信息出自路易斯-加布里埃尔·米肖编纂的《世界传记》（*Biographie Universelle, Ancienne at Moderne*，1821）第三十卷中《缪勒传》（*Muller*）里德朗布尔写的一篇文章。文中写到雷吉奥蒙塔努斯【柯尼斯堡的约翰·缪勒（1436—1476）】造了一只"会飞来迎接皇帝的"鹰和一只"飞起来能绕着桌子和客人转来转去，之后又能飞回主人手中的"铁制苍蝇。而根据奥卢斯·格利乌斯在《阿提卡之夜》（*Noctes Atticae*）一书中（X，12）引用的法沃里努斯的话（80—150），机械鸽子出自他林敦的阿尔库塔斯（s IV a. C.）之手。
5 《堂吉诃德》，II，62。
6 参见柏拉图【《米诺斯》（*Minos*，320c）】、罗德岛的阿波罗尼奥斯【《阿尔戈英雄纪》（*Argonautica* IV，1638—1688）】和保萨尼亚斯【《希腊行纪》（*Periégesis*），VIII，53】。

器人，不仅会说话，还能不知疲倦地谈天说地，终于有一天，机器人无休止的空洞废话惹怒了圣托马斯（阿尔伯特的学生），他一气之下将其砸毁。当时圣托马斯正在聚精会神地思考三位一体的问题，而那个机器人的聒噪扰乱了他的思路。"

5月13日，星期二。 他说起沃纳·博克："在德国文学史那本书里列举的那些诗人当中，他能比一些人靠前一点吧，不过如今他拍胸脯跟我保证，他要发表一部能把排在他之前的人都挤出文学史名录的作品，因为这部作品要严肃得多，还说书里专门为他写过十六行评语，而且他已经进了三次文学史名录了。不过他也承认：'他们给我亲爱的某位好友写了二十六行。'他竟然还数过。太傻了……在书籍出版前就知道这么多细节似乎不太好，要么就是出版前或之后再提。太可悲了。不过他也很精明。尤其擅长写纪念性文章：比如给《国家报》撰稿纪念某人逝世五十周年、某人百年诞辰。他的那篇稿子没有被拒。"他还说再也不会去沃纳·博克家吃饭了，因为他家的饭食实在令人难以下咽："生肉、冷鹅肝，所有吃食都是温冷的。一边吃着这些东西，一边还要听他们跟你念叨精致饮食的传统已经被丢失了啊，这顿饭可是博克夫人亲自下厨啊，用的都是巴伐利亚还是哪里的烹制方法啊。他们会死盯着你的盘子，看看你吃了没有。"

5月16日，星期五。 他想起查尔斯·摩根曾说，法国是通往文明必经的一种理念。[1] 还想起一战时期美国士兵常唱的一首歌。博尔赫斯："他们会在去打仗的路上唱：

我不想死。

歌里还说自己渴望回家，从海上走水路，这样那个德国人（the Alleyman）就追不上他们了。[2] 去打仗的路上唱这么一首畏畏缩缩的歌真是稀罕。在我读到的查尔斯·摩根的某本书里还写过，英国皇家空军的飞行员去轰炸德国城市的时候会唱那

---

1 "France is a necessary Idea to Civilization"【《镜中的映射 第二卷》（*Reflections in a Mirror-II*，1946）】。
2 "I want to go home, / (...) I don't want to go in the trenches no more, /Where whizz-bangs and shrapnel the whistle and roar./Take me over the sea/Where the Alleyman can't get at me./Oh my, /I don't want to die, /I want to go home."【《我不想死》（*I Don't Want to Die*），1914—1918年间的流行歌曲，作者匿名。参见约翰·布洛菲和艾瑞克·帕特里奇，《英国士兵中的流行歌曲和俚语：1914—1918》（*Songs and Slang of the British Soldier: 1914–1918*），伦敦：艾瑞克·帕特里奇，1930：60】。

首《德意志高于一切》。他们到底出于什么原因唱这首歌呢？我看摩根解释过了。[1] 我的理解就是相当于我们去杀庇隆分子的时候唱'庇隆，庇隆，您真伟大'。大概是个蛮有意思的玩笑。"

比奥伊："跟沃利·泽纳聊天的时候，比尔希略·皮涅拉提到他有一次写了一部喜剧，讲的是一个女人因为'自己的奶子下垂了'最终决定不嫁的故事。[2] 我得知这个故事的时候，还以为是皮涅拉嘲笑沃利时胡说八道的，可如今他真把剧本带到家里来了。剧情都是因为奶子的问题中断并收尾的。他对此有些顾虑，担心布宜诺斯艾利斯的观众不太能接受这个太过通俗的词。他其实并不是在开沃利的玩笑。"博尔赫斯："看来是命运在跟我们这位朋友皮涅拉开玩笑啊。"比奥伊："任何一个写作者身上都会发生这种事情。"博尔赫斯："你不觉得他们是在幻想吗？妄想在规范的左右，什么都说得出来，只消一遍遍重复就好了，只要敢放肆说胡话，就能发现蠢话的宝库。这就是阿波利奈尔所谓'规范有序和大胆突破'[3]的愚蠢之处。这种人实际上比我们更加信奉经典作家。把他们想象成完人。却不知道其实他们和所有人一样，也有愚笨的时候。这不是一本侦探小说里的常规。而是一种更加不确定、更加多变的东西，是每个人每时每刻都应该发现的东西。"

博尔赫斯："我再也不开讲座了。感觉这种活动没什么用……我说过，《神曲》世界里的地形格局是为了给读者一种结构上完整统一的感觉，里面的地点都是但丁精心安排过的，比如耶路撒冷的位置，地狱中心的位置，地狱每一层的构造，炼狱平台的布局等等，尽管诗歌本身基本上是起辅助作用的。但丁当时是如何写作的呢？'好，我看看，现在我需要写一个贪食的人，我把他放到炼狱相应的那一层，然后写他的小传；现在举一个贪财的例子，再来一个贪色的。'这实际上就是一种套盒小说[4]。这样写书有什么不好呢？反正和那种情节极其复杂、人物繁多的书相比，我更喜欢这种。我永远读不进《卡拉马佐夫兄弟》，看这种书就意味着你要不停分

---

1 据摩根所写，在1944年6月的一架飞机上，英国皇家空军的飞行员唱了《霍斯特·威塞尔之歌》，因为他们认为那是一种"nonsense rhyme"，旋律好听但缺乏实际内容，同时还能以此象征敌军，杀杀对方的锐气。【《霍斯特·威塞尔之歌》(*Horst Wessel Lied*)。摩根，出处同上。】

2 《婚礼》(*La boda*，1957)，最初名为《弗洛拉的奶子》(*Las tetas de Flora*)。

3 "Je juge cette longue querelle de la tradition et de la invention/ de l'ordre et de l'aventure"【《美丽的红发》(*La jolie rousse*)，《图画诗集》(*Calligrammes*，1918)】。

4 roman à tiroirs，一种叙事手法，把一个概要情节作为开展故事或次要情节的背景和框架，而这些故事或次要情节之间都多少有些关联。

辨到底是迪米特里还是阿廖沙在讲话。好家伙，你竟然读过。你是怎么读进去的？《堂吉诃德》不是'套盒小说'，书里的一系列冒险奇遇想说明的都是同一件事。就像卓别林或者劳莱与哈代的电影，一出来就最卖座，但文化人都像看什么似的看不上它。洛佩就曾断言，愚昧的人才会崇拜塞万提斯。[1] 但这话并不等于没人崇拜塞万提斯……"

他说那句"my sins find me out"[2] 说得很对，一个人行事不顺时，总是要怪在行为上——粗心啊、懒散啊、短视啊——来为自己的不幸找理由。他补充道："这样也好。算是一种自我安慰。"

5月27日，星期二。 聊起亨利·詹姆斯的小说。比奥伊："《使节》我总是读不下去。"博尔赫斯："我也是。我知道它大概讲什么，但总也读不进去。"比奥伊："詹姆斯早年的小说多数题材单调——甚至愚蠢——但可读性无疑比晚年的作品强。后期的文风简直不堪忍受，过于讲究细节，过于在意制造反差和编排意外，矫揉造作，庸俗琐碎，废话连篇。叙事风格上，与《被凌辱的伯顿》相比，我更偏爱《华盛顿广场》。喜欢《黛西·米勒》（尽管明显有点胡言乱语）和《反射器》胜于《使节》。"博尔赫斯："詹姆斯的短篇要胜过长篇。他能写出那些短篇故事，值得庆幸。"

5月28日，星期三。 他打趣地讲起乌戈·沃斯特一部小说里的情节，讲的是在一座孤岛上，一个并不是神父的男人，为了免遭世俗罪孽的惩罚，给一对夫妇证婚的故事。[3] 我跟他提起一部法国电影《上帝需要人类》，改编自一位知名作家（莫利亚克？贝尔纳诺斯？）[4] 的小说，讲的是一位岛上的神父离开小岛后，教堂管理员开始为岛民布道弥撒、施忏悔礼、涂油礼……博尔赫斯："这种小说要想打动人，必须培养特殊的读者群。提前二十五年就得培养起来。"

6月5日，星期四。 他没想到约翰逊的《弥尔顿传》竟然能被选入英国的小学课本，文中明明有对弥尔顿的戏谑之词。博尔赫斯："我们这里只接受赞歌。"他提起

---

1 在1604年8月4日写给一名医生的信中，洛佩写道："我说的不是诗人，这对他们来说是个好时代，很多作家已为来年蓄势待发，而他们中没有一个像塞万提斯那般蹩脚，也没有一人会愚蠢到对《堂吉诃德》赞不绝口。"

2 指圣经旧约《民数记》32：23："你们必定自招罪罚（Your sin will find you out）。"

3 《上帝所联结的》（Lo que Dios ha unido，1945）。

4 让·德拉努瓦的电影（Dieu a besoin des hommes，1950），改编自亨利·奎弗莱克的小说《塞恩岛的神甫》（Un Recteur de l'île de Sein，1945）。

书中约翰逊批判技术能力培养的话:"教育的主要目的是教人明辨善恶。多数情况下我们是捍卫道德之人,少数情况下才是宇航员或植物学家。"博尔赫斯:"有人对一个成了国王的公爵说,现在你可以报先前未报之仇了。他答道:'法国国王不会向某个公爵寻仇的。'德·昆西断言这话不是原创,因为一个罗马人就曾说过:'如今我已成为人上人,不会向当初我还是无名小卒时辱骂我的人寻仇。'可德·昆西难道没看出来那句话的新意在于明明是一件事,却说得好像是发生在两个人身上的两种境遇一样?"

6月7日,星期六。　　谈到印度。博尔赫斯:"印度的那些王子总是想兴建城市、筑造宫殿。儿子都不愿比父亲逊色。他们会抛下父亲的城池和王宫,选新址再造。所以在印度才会有那么多废弃的城市和宫殿,被森林、无花果树和猴子侵占。在豪华酒店的对面撞见在街头横睡或吃住的穷人,这在印度似乎是常事。"比奥伊:"我们这里的荒地都长到城里来了。"博尔赫斯:"我们这里最有热带风情的地方就属那些荒地了。你没见那里的草长得多好?"

他对吉卜林在书中提到的一句诗大加赞赏:

一座如玫瑰红艳的城市,已有时间一半久远。[1]

他说"有一半久远"这个限定语突出了重点,如果诗人写的是"跟时间一样久远",这城就显得没那么古老了。

博尔赫斯觉得皮涅拉的短篇小说《立法院的长阶梯》[2]写得不好,无法令人信服:"看得出来作者事先没有任何预想。行文和用词都是任意为之。如果有什么是经过深思熟虑的话,读者是能够感觉得到的。同样是讲执念的故事,菲尔波茨的'铁凤梨'[3]不知要好多少。"

6月9日,星期一。　　他说:"弥尔顿写《失乐园》时使用了一种以整个人类文明为基础的语言系统。在长诗中有两段的语言可能会让人误以为是第四维度的表达方式。一处是撒旦见到九天天堂;一处是耶稣看到罗马时,也看到了那里人类房屋里面的

1　"a rose red city, half as old as time."约翰·威廉·柏根,《佩特拉城》(*Petra*,1841)。吉卜林在随笔集《从大海到大海》(*From Sea to Sea*,1889)"尼可·福特传奇"一章中引用了这句诗。
2　这则故事曾发表在1958年第251期《南方》杂志上。
3　博尔赫斯和比奥伊把这则故事【《孔雀屋》(*Peacock House*,1916)】收录在了《最佳短篇侦探小说选》(*Los mejores cuentos policiales*,1943)里。

样子。[1]事实很简单：我们不能给这类人物的权力设限。"我们聊起 Samson Agonistes 的意思，这个名字并不是指"垂死挣扎的参孙"，而是指"力士参孙"。

关于莫里斯，他说："他把自己看作是'空虚日子里徒劳的歌手'[2]。觉得自己没有能力去纠正世间之恶，只能供人娱乐。他认为文学最大的力量在于叙事，而叙事题材是有穷尽的。他不喜欢十八世纪，觉得陈腐死板，也不喜欢莎士比亚的时代；他喜欢的是乔叟的简单直接。他也不欣赏中世纪英国的国王和英雄传说——我在这一点上与他达成一致。《人间天堂》里讲述的是古希腊、《一千零一夜》和中世纪的故事。他去世时，所有报纸都只是空泛地说那是一个巨大的损失。而萧伯纳写道：'如今不要再哀悼我们失去了莫里斯这样一个人了。我们只能用自己的死去祭奠他这样一个亡灵。'"

6月15日，星期日。 他说："像情感净化这么奇特的想法，要不是亚里士多德把它想了出来，人类恐怕永远无法想到。每个人都会有某些强烈的情感，而在戏剧舞台上看到这些情感被演绎出来，相当于用一种平和无害的方式让这些情感得以释放。可能就是这么回事吧？或许这一切都是源于最初我们想搞清楚为什么人们看戏时都喜欢看悲伤或者恐怖的场面。"比奥伊："虽然我们也写恐怖场面，但我们会胆怯，我们会写得好像事情不那么恐怖一样。"博尔赫斯："也许正因于此，诺瓦利斯才说，有些东西要交由读者负责。"比奥伊："可能是这样吧。不过我们的确不怎么写恐怖的情形。我们的艺术大抵没那么自然率真，我们不触及强烈的情感，也不写身边的场景"

博尔赫斯："我曾认为，塞万提斯在写堂吉诃德之死时写道'我想说，他死了'，这样写过于粗糙或漫不经心，这种话雨果可写不出来。后来我明白了，这样写是有意为之，可谁知道为什么呢，想来有些可悲。"比奥伊："这是一种冷静的强调。用一种平淡的方式戛然而止，好让我们能够感受到死亡的氛围。"博尔赫斯："我曾想过，在那一刻，塞万提斯并不像一个编故事的作家，而是一个记录某个客观发生的真实事件的编年史家。堂吉诃德仿佛死在一个人的眼前。"我们还讨论了作者自己在文中露面是否算是一种失误。

6月18日，星期三。 我问博尔赫斯是否还记得威尔斯的《槌球手》讲的什么。博

---

1 《失乐园》(1667)，第二卷末尾和第十二卷各处。
2 出自威·莫里斯，《歉意》(*Apology*)【《人间天堂》(1868)】: "Remember me a little then, I pray, /The idle singer of an empty day."

尔赫斯："我曾写过关于这本书的文章……读过两三遍，可到现在什么也记不得了。[1]这太令人难过了。一个人读了一本书，写了关于它的书评，可之后唯一记得的却只有标题、封面颜色、它在图书馆的哪个架子上……"

6月21日，星期六。 他跟我聊起阿拉伯的劳伦斯："一个这么出名的人，化名要入伍皇家空军，他是名普通士兵，同时也是一位英雄：自然会被别人嫉恨，想让他去喂猪。"

6月22日，星期日。 博尔赫斯跟我谈起他接下来要写的诗，是关于柏拉图和苏格拉底的。诗里的苏格拉底会是个老兵，一个平民百姓，一个老牌克里奥尔人。苏格拉底死后，柏拉图整日想象着与苏格拉底继续那些漫长的对谈聊以慰藉。苏格拉底曾跟他说过，比正义或非正义行为再远一点的地方才是正义观念的所在，诸如此类。柏拉图因此产生了那些永恒的理念。最终柏拉图也离世了，在天堂见到了苏格拉底。苏格拉底拥抱了他，亲切地说他很欣慰，还说只存在个体，而那些理念并不存在。博尔赫斯："我准备将这首诗写成四行一节，每节首行与末行押韵，第二行与第三行押韵，或者第一行与第三行押韵，第二行与第四行押韵，也可以两种押韵格式混合使用。读者能接受这种韵脚变化。他们注意不到。要么写成两行押韵两行不押韵会不会更好？"比奥伊："不好。"博尔赫斯："马斯特罗纳尔迪用亚历山大体写无韵诗。诗句是真的优美，但背诵起来总是记错。要是押韵的话就更容易让人记住了。我会写成十一音节的韵体诗，不押像卢贡内斯诗歌里的那种韵脚，而是像 calma 和 alma 这种自然韵脚。"他也在想要不要写成《鲁拜集》的押韵格式，每节三行押韵（第一行、第二行和第四行）一行不押韵，但这又涉及到了一点修辞学的问题，因为他说这种押韵格式常用于波斯诗歌，在我们这里并不常见。他说要把那种情节写进一篇文章里，还应该查阅更多背景资料，写进故事里的话可能是不够的，而要写进一首诗里的话——尽管写得清晰明了又富有诗意很难——但仅凭他掌握的资料，足够了。

---

[1]《槌球手》(*The Croquet Player*，1936）一书的主人公是一个做事井井有条、讲话举止得体的英国人，除了对他姗姗的观点和槌球感兴趣外，对什么都无动于衷。他从一个陌生人口中听说了坎马什沼泽区的恐怖事件：那里的居民总是被难以忍受的噩梦缠绕。那人跟他说，一些人认为发生这种恐怖现象是被当地古墓考古施工唤醒的古老鬼魂作祟。后来，这位槌球手甚至相信坎马什是个古老传说，认为面对着这个（因极权主义抬头而）崩塌的文明世界，那个过度敏感的陌生人将现实设定在了"一种幻想的维度里，好将这种幻想从他的想法里抹去"。博尔赫斯关于这部小说的评论文章曾发表于1937年第1425期和第1449期《家庭》杂志和同年第34期《南方》杂志。

6月23日，星期一。　　博尔赫斯："吉列尔莫说，关于小说和故事，巴列-因克兰道出了真相：小说才是最重要的，因为它迫使你在家写作的时间更长。"比奥伊："这种蠢话什么人都能讲得出来，但最神奇的是，竟然还有人能记得。"博尔赫斯："我当时想引用切斯特顿的话来着，但没人听我的，他说与死亡和故事相比，他更喜欢永生和小说。这话很美，也很真实：小说的愉悦感正存在于那种与人共处的长期关系中。吉列尔莫不喜欢阿亚拉。说他的文风像巨石般沉重。他说阿亚拉的那部用叙事风格写的小说[1]不怎么样，里面有太多题外话和不必要的考量。那到底怎么办呢？"

博尔赫斯："有人指出蒲柏的荷马史诗的译本中也犯了之前那些译者：霍布斯、奥格尔比、查普曼的错误。[2] 他申辩说作为一个新人，他不敢在那些前辈能人译过的地方有所创新。大家当然要问，他自己为什么不译呢？因为看得出来，他只是用一种新的方式把前人的译文改编成诗句而已。那为什么当时普遍都不能这么做呢？因为他那个年代并没有盲目迷信原创性。蒲柏认为，伟大的作家不应说他人没思考过的话，而应把多数人或所有人都思考过的话恰如其分地表达出来。[3]"

我们聊起勃朗宁协会。博尔赫斯："那帮人在勃朗宁的诗里发现了所有不是诗歌的东西：真理、隐喻、事实。勃朗宁从来不打击他们，接受别人对其诗歌的任何解读，或许是出于谦逊，也可能是诗歌一旦写成，他便不再关心。那个协会有点基督教科学派的意思。"

他想起柯勒律治对一位青年作家的劝导，他认为一个人永远不应用自传体的方式写作：关于自己的真相应留在身后。一个过度关注自己的反应、打算把自己的言谈举止都写出来的年轻人，无疑会变得痴傻呆笨。这样的人过不好日子，也写不好文章。写出来的东西必然贫乏而生涩。柯勒律治（从自己的个人经验出发）建议，首先要避免当作家，因为当作家会使心灵干涸。

他谈及苏格拉底[4]："他应喝下毒药的那天被卸下了脚镣。朋友们见他轻轻揉捏着双腿，面带喜色。他说，痛苦与快乐是一只双头兽的两个脑袋罢了。正是不久前

1　《狗之死》（*Muertes de perro*，1958）。
2　霍布斯于1675年翻译了《奥德赛》，于1676年翻译了《伊利亚特》；约翰·奥格尔比于1660年翻译了《伊利亚特》，于1665年翻译了《奥德赛》。
3　《论批评》（*Essay on Criticism*，1710），II："真正的智慧是保持自然最佳状态，/ 思想平常，但无人表达得这么恰当。"（何功杰译）
4　参见《斐多篇》，60 a—c 和 118c。

脚镣带给他的痛苦，才让他感受到了现在的快乐。而即将到来的死亡并不会让他感到悲凉。他应该请求给他定罪的法官（仅几票就通过了审判）大发慈悲，派他的妻儿前去哭诉求情——然而法庭不许他们这么做——并请求将其流放，法庭本该同意。而他宁愿调侃说，请求有人能给他安排在一处接收外邦名人的地方住下并供他一日三餐。法庭一致通过判处他死刑。弥留之际他还提醒一位朋友：'你别忘了，我们欠埃斯库拉庇乌斯一只公鸡。'这么说是因为这位医神治好了他生命中的大疾吗？当朋友们赶到时，他正和妻儿在一起……他的妻子哭着说：'你的朋友们都在这儿，这是他们最后一次来跟你谈话了。'苏格拉底命妻儿离开。他留下来和友人们进行了最后一次对谈。"

7月4日，星期五。 我们谈起自由意志和宿命，谈起波爱修斯的观点，他认为上帝从永恒中预知万物，但并不产生影响，就像观看赛马的观众对比赛不造成干预一样。[1] 博尔赫斯："那为什么我们走进一家咖啡馆，今天选这张桌子坐，明天选那张呢？"他念起这首米隆加[2]的歌词，对歌中的俗野劲儿赞赏有加：

> 曾有两只氢气球
> 我不知登上哪个好。
> 随即选了一只
> 让我完成了百年的旅游，
> 它载我去了一个奇异的国度
> 那里的骡子像狗一样吠叫
> 而狗会听从
> 猪的劝告。[3]

---

1 《哲学的慰藉》(*La Consolación de la Filosofía*)，V。
2 米隆加（milonga）是南美洲拉普拉塔河流域的方言，指阿根廷一种风格近似于探戈的流行舞曲的音乐形式，通常以吉他伴奏。——译者注
3 博尔赫斯在《规则的要素》(*Elemento de preceptiva*，1933)中分析过这首《通俗米隆加》：他指出，歌曲在开头以后，"便在一堆不协调的蠢话里渐渐崩塌"。他说"这首歌想表达的东西多到像1931年初阿拉佩伊附近的某个战时杂货店"。佩雷达·巴尔德斯【《乌拉圭民歌集》(*Cancionero Popular Uruguayo*，1947)，第143期】这样引用了这首歌："我梦见两只氢气球，/ 不知登上哪个好，/ 我随即选了一只 / 载我完成了两年的旅游。/ 它载我去了一个奇异的国度 / 那里的狗在空中飞跑，/ 母鸡开口说话 / 用一种奇特的语调，/ 猫会跳舞 / 驴会剃胡[…]" H·J·贝科【《阿根廷传统歌谣集》(*Cancionero tradicional argentino*，1960)，第191期】和伊莎贝尔·莫亚【《歌谣集》(*Romancero*，1941)，II】也把这首歌选入了自己的书中。

博尔赫斯评道："他把另一只气球给忘了……在文学作品里怎么就没有这种风趣欢畅？并不是什么都必须得优雅大方……'曾有两只氢气球'这句多好，然后话锋一转'我不知登上哪个好'，最后再过渡到'猪的劝告'。这不是一个自由意志的例子，而是关于宿命。"比奥伊："我觉得连宿命都不算。不需要那样过渡。都摆在那儿了，已经在那种俗野随性里了。"

7月5日，星期六。 博尔赫斯说昨晚他母亲给他念了《埃涅阿斯纪》的第六章，他把那部分和《奥德赛》中入冥府的片段[1]做了一番比较："在《奥德赛》中，作者似乎很相信自己所说的，而在《埃涅阿斯纪》中不是如此。《奥德赛》里什么都是直白道出，而《埃涅阿斯纪》倒像一出歌剧。当然也有优美的句子，比如维吉尔在诗中让人们见识罗马的造像技艺，同时也指出征服和统治是罗马人的专长。[2]有人说维吉尔对地狱没有一个整体的概念。我之前在图书馆找到了《埃涅阿斯纪》的一个苏格兰译本，埃兹拉·庞德认为这个版本比原版高明。[3]有本苏格兰文学史对此这样评价：'纯粹是宣传而已。'"

有个名叫文森特·P·卡库里的人说要去请教他点什么，说他会保持镇定，守口如瓶的。博尔赫斯："他是什么阿根廷智利协会的主席，有人之前还在某个阿根廷乌拉圭协会看见他要资助胡安娜·德·伊瓦武鲁竞争诺贝尔文学奖。我跟他说伊瓦武鲁不值得他出那么多钱，说他还不如去资助阿方索·雷耶斯去提名候选人。卡库里回答说：'我不觉得自己多有内涵，不过说实话，他的那些诗句并没有非常打动我。'"博尔赫斯跟我这样评价："要是有人发现'曾有两只氢气球'那首米隆加是伊瓦武鲁写的才稀罕了。"比奥伊："我觉得她写不出什么令人愉悦的东西。"

我们聊起法语里的短语"un coup de rouge"（"一杯红酒"，用来夸赞好酒）和"le gros rouge"（"大红酒"，表示一支味道平平的红酒）。博尔赫斯指出，喝酒有两种方式，一种是为了庆祝而酩酊大醉（如卢贡内斯所说），是有益的；一种是为了忘却而买醉，是有害的。切斯特顿也对二者做了区分：一种是狂欢宴请，与多人共

---

1 《奥德赛》，XI。
2 "但是，罗马人，你记住，你应当运用你的权威统治万国，/（这将是你的专长）你应当确立和平的秩序"（埃涅阿斯纪》，VI，vv.851—2）（杨周翰译）
3 加文·道格拉斯（1474—1522），《译成苏格兰诗歌的维吉尔的埃涅阿斯纪》（*Virgil's Aeneid translated into Scottish Verse*, p.1533）。据庞德所说【《阅读 ABC》（*The ABC of Reading*, 1934）】，道格拉斯认为维吉尔的长处在于"他听过大海的声音"。

饮；另一种是独自喝闷酒，黯然神伤。博尔赫斯："他怎么会那么喜欢葡萄酒。"比奥伊："人们竟然会喜欢那种近似与药味或清汤寡水的酒，并没有那么好喝啊。"博尔赫斯："有人喜欢威士忌，这才更稀奇。"

7月6日，星期日。 他跟我讲，比维洛尼女士曾对他说："我妹妹是个轻佻的女人，但我带她去过一次桥牌俱乐部以后，她现在能打一整天的牌。"比奥伊："'轻佻'对于交际场上的人来说，尤其对于那些女人来说，并不是你想的那种意思。所谓轻佻的女人，经常出门应酬，和很多男人调情，还是各种夜场舞会的常客。"博尔赫斯："当然。这样看来这句话就说得通了。我之前一直以为轻佻的人是那些只关心表面问题的人。"比奥伊："与'轻佻'相对的是'严肃'。"博尔赫斯："有道理。'严肃'不代表不笑，也不是说不开玩笑，而是不附和。总在调侃的琪琪·邦巴尔实际上就是个严肃的人。今晚你有了一个语言学大发现啊。别人都不能向她俩提问，因为她们会迷糊，以为是在应对一场考试。"

7月18日，星期五。 他谈到斯宾诺莎的解释性理论："这个体系显得很肤浅。它涉及上帝的无限属性，涉及思想和广度，心灵与人身的关系以及无数我们身处其中却并不怀疑的类似的关系。"

比奥伊："有本从古巴寄来的书，是一位叫罗萨里奥·安图尼亚的小姐写的。书中有一首诗名叫《鱼的律例》。"博尔赫斯："很明显：所有词语都是为诗歌招募来的兵。这名字多现代。"

7月19日，星期六。 博尔赫斯："马克斯·雅各布这首诗的头几行：

> 克里斯托弗·哥伦布，
> 你的光辉不会照耀千年。
> 因为你把数千奴隶，
> 卖给了加泰罗尼亚人。[1]

不怎么样。都是用来解释说明的句子，本应该再写点什么。'给加泰罗尼亚人'倒是用得不错。逻辑上来说纯属胡言乱语。奴隶贩卖已经被人遗忘，而发现美洲的光辉事迹仍在继续被传颂。真正写得好的是最后两句：

> 只是经过了教宗的允许

---

1 《最近的诗》（*Derniers poèmes*, p.1945）。

并没有经过上天的同意。"

7月20日，星期日。 博尔赫斯跟我说他一整天都在背诵《不列颠百科全书》里《罗兰之歌》的句子：

挥舞你的长矛，而我，我的杜兰达尔，
国王赐予我的宝剑。[1]

博尔赫斯："整体都好。剑还有名字。'bonne'一词用得完美。"而后他又评论道："你知道'Chanson de Roland'这个名字是怎么翻译的吗？他们译为'El cantar de Rolando'（罗兰颂歌）。我认为这样翻译是源于仇恨。必须让一切都产生畏惧心理，必须谴责一切。"

7月22日，星期二。 比奥伊："出了一本关于波斯经典文学史的书。[2] 他们的文学如何？"博尔赫斯："依我的少数经验来看，他们的作家都如同一人。他们会作很多比喻：仅仅是用来讲述更多事情而已，满篇满纸写的都是壮丽恢弘的东西。这很容易就变成隐喻的堆砌了：'我的吻结队步入她口中的圣殿'。"他明确指出，在任何文学形式里都应避免使用过多比喻，因为过多明喻最终都会变成令人无法承受的隐喻。

8月。 有关勃朗宁的作品，博尔赫斯推荐：《去黑暗塔的罗兰少爷归来》，《当代文学作品印象》[3]。《一封关于阿拉伯医师卡尔希什奇特医疗经历的书信》，《克里昂》[4]。

10月9日，星期四。 博尔赫斯："莱斯利·斯蒂芬发现，《一千零一夜》里讲述的故事对于它的读者来说都是真实可信的，但《新天方夜谭》的读者却不信书里讲的事。可他怎么就没认识到史蒂文森知道如此呢？他本就没有打算写一本写实主义的书。虚假的东西很难迷人，但在《新天方夜谭》一书中正相反。"

10月21日，星期二。 我们为即将在系里出版的史蒂文森作品集编了这样一个目录：《职业选择》《传奇小说刍议》《谦恭的争辩》《现实主义札记》《文人职业道德标准》《马克海姆》《信仰、半信仰和无信仰》《尘与影》《瓶中精灵》《关于梦的一章》《沉船》。

---

1 《罗兰之歌》（小朱勒维尔版，1878）第十一章。《不列颠百科全书》，"罗兰传说"。
2 A·J·阿尔伯瑞，《波斯经典文学》（*Classical Persian Literature*，1958）。
3 弗吉尼亚·伍尔夫《普通读者 I——赞助人与番红花》中的一篇。——译者注
4 出自勃朗宁诗集《男人和女人》。——译者注

10月26日，星期日。　　我们为校出版社编写的吉卜林作品集的目录如下：《安提阿的教堂》《长城之上》《小狗赫维》《一场白人老爷的战争》《战壕里的圣母》《园丁》《无线》。考虑到翻译的难度，我们没有把《处理失当的黎明》选进去，我想如果把它翻译出来的话，这则故事对于阿根廷读者来说未必有《无线》（顺带一提，这是一则非常值得赞美一番的故事）给人感觉更加清晰明了。

10月27日，星期一。　　博尔赫斯："我之前一直以为乌雷尼亚和别人谈论伊比利亚美洲文学的时候，仅仅是为了方便才用一个名字去指代不同的东西：那些不同国家的文学。结果并非如此。他们编造出了一种所谓的伊比利亚美洲文学。"比奥伊："约翰逊可能会说，本质上这想必是一种编者的策略。[1]"

10月29日，星期三。　　比奥伊："今天午饭后，我得去一趟洛萨达奖的评审会。朱斯蒂在会上谈到故事，他坚持认为这个体裁很难选，没几篇好的。他说：'我收到过一本秘鲁故事选集。里面有十篇。诸位信不信里面的好故事都不超过三则？'"博尔赫斯（学着朱斯蒂说话的语气）："诸位觉得在十个粪球堆成的粪堆里，只有三块宝石吗？（大笑）还能要求什么呢！"

11月1日，星期六。　　博尔赫斯："《神曲》里根据奖惩把人分成三六九等，我认为是这个作品的一大缺陷。当然了，但丁可能会说这是出于写诗的需要，既然已经用这种分层的地貌格局开始了，就要将其发挥到极致。真是想不到大家还因此欣赏他。类似的主题在《堂吉诃德》里表现得更好。"随后又说道："人们竟然都认为文人拥有大智慧，这太奇怪了。文学不过是一种常规性娱乐，而对这种娱乐人类早晚会感到厌倦。德·昆西说，在智慧的竞技场上莎士比亚是最大的赢家。[2] '人生如痴人说梦'[3]：不过是几句古话，仅此而已，一种很容易习得的机制。人们都认为那些文学作品思想高深。奇怪的是，作家们也会自欺欺人：他们本该知道自己的思想并不至于那么深奥。"

　　我们聊起吉卜林。他把《山中故事》借给我看。他说起这本书里的那些故事："像《百愁门》或是《出格》这样的故事，写得没有《许愿屋》那么成熟，不过

---

[1] 此处影射阿奇伯德·坎贝尔【《虚伪的文字使用者》（*Lexiphanes*，1767）】关于萨缪尔·约翰逊文风的观点："这本质上也许算是一种畅销书计划，他可能会把《漫步者》文学期刊写成一部词典，之后再编纂他的词典来解释他的《漫步者》期刊。"
[2] 《不列颠百科全书》第七版（1838），"莎士比亚"。
[3] 《麦克白》，V，5。

我觉得更令人满意。《百愁门》只是一个情节而已，一旦有人把它讲出来的话，值得写的部分就所剩无几了，所以这篇写得也相当纯熟。"我觉得有时候一个人会因为把某些东西做得太过反而毁了它们。我读了他给我推荐的几则故事：《假曙光》（我之前就读过）《萨德霍之家》《出格》（一个超凡脱俗的故事）《百愁门》（同样不同凡响，也很奇特）。

11月2日，星期日。　　博尔赫斯："里卡多（吉拉尔德斯）的书里，他最喜欢的是《哈伊玛卡》……《堂塞贡多·松布拉》是用一种巴洛克风格写成的。这么写也不错，否则可能就会发现这本书里其实什么也没有了。当时的高乔文学有些无人问津……但突然一下子就冒出来这么一部写作风格连阿波利奈尔的读者也能认可的高乔文学作品。人们知道应该好好仰视这本书。而吉拉尔德斯随即便离开了人世：他的死适时地成就了他的荣耀。"

我们聊到了阿苏埃拉。博尔赫斯："《在底层的人们》么……我很久以前读过，不觉得是部大作。"

11月9日，星期日。　　我们读了马查多、乌纳穆诺和加西亚·洛尔卡的诗。"《不忠的妻子》那首诗的不通之处在于读者对人物没有信念感。她的丈夫在诗中不断出现。而故事一会儿发生在野外，一会又仿佛置于舞台幕布和道具布景之间。"

我们聊起吉卜林的诗歌，诵读了《异教徒之歌》中的几行：

我已去了我去过的地方——
我已见了我看到的一切——
哦，我如何再次理解我自己
通过那可怕、陈腐的英格兰，
通过她两侧住宅林立的大街，
通过她被树篱围绕的小道，
通过她的牧师和上层阶级
在找到他们的同时发现我自己——
是否一如往昔？……

博尔赫斯："这老兄挺好。吉卜林用短短几行就把他的形象塑造起来了。这个可怜的家伙有点绝望，因为他不确定是否要回南非。这首诗不像回忆他东方亲友的那首《曼德勒》。别人的诗句里满是华而不实的细节描写，而吉卜林的细节都是写实的，这一点很好。"比奥伊："洛尔卡也会采用装饰性的元素。"博尔赫斯："邓南遮也会。"我们又谈到了吉卜林的其他几首诗，他推荐的是《韦兰剑上的符文》《罗马百夫长之歌》和《献给米特拉斯的歌》。

1959 年

2月24日，星期二。 博尔赫斯指出，尽管有很多研究自由体诗布局的学术著作，这种诗体在我们的语言中还是显得相当怪异。

3月15日，星期日。 博尔赫斯提到，一位法国文人这样回应一个写下"分离，是短暂的死亡"[1]的人："是啊，死亡，是长久的分离。"[2]

4月16日，星期四。 他说："整个美洲北部都因其本土色彩而出名，因为那里的人民纯朴善良并且深感……可是那里产出了什么呢？乏善可陈。其实很贫瘠。墨西哥也是因本土色彩而著称的。那墨西哥的马丁·菲耶罗是哪位呢？他们只有几位现实主义小说家，某个曼努埃尔·加尔韦斯而已。"

4月17日，星期五。 博尔赫斯："萧伯纳每次写关于易卜生的文章时都习惯斩钉截铁地说：'此处他想说的是……'有人便问他：'您是怎么知道的？就像您自己说的啊，易卜生没有在任何地方说过他是想表达这个意思。'萧伯纳回答说，他是一个批评家，而批评家的任务并不是重复作者说过的话，而是挖掘他们笔下的深层含义。"

4月19日，星期日。 他给我推荐了探戈曲《三个朋友》。随后谈起了名垂不朽这件事，谈起那些仅因一首曲子便被人记住的人，可能是因为一首米隆加，可能是因为一首桑巴。他说："那些和音乐联系在一起的名字多美妙啊：巴尔加斯桑巴，莫拉莱斯米隆加。[3]这是一种美好的不朽。坚不可摧。"他非常欣赏那首在一场拉里奥哈人和圣地亚哥人的战斗中弹唱的巴尔加斯桑巴，在那场战役中，当圣地亚哥人快支撑

---

1 埃德蒙德·哈劳库特，《欢送会》(*Ronde de l'Adieu*, 1891)。
2 这位文人是阿方斯·阿莱。
3 在《独白中》(*Monologando*)【《弗莱伊·莫乔故事集》(*Cuentos de Fray Mocho*, 1906)】这个故事里，何塞·S.阿瓦莱斯记下了一位曾经做过警察的人的话，他因嫉妒同事升迁说道："[...]莫拉莱斯的米隆加就是给我写的：我母亲名叫克拉拉，/ 我妹妹名叫克拉丽达，/ 我名叫弗兰卡门特……/ 你们瞧，多巧啊！"

不住的时候，幸运女神却倒向了他们一边。[1] 他吟诵道：

  离别短暂，
  思念漫长。

还有

  此战不胜，
  永不佩剑。

  他说罗萨里奥区英国大使馆文化教育处代表的妻子曾跟他解释说，《报答与仙女》（*Rewards and Faires*）[2] 这本书的标题中的 rewards 不是"回报"的意思，而是一种精灵或是哥布林（goblin，小妖）。博尔赫斯："一个人就这么轻易地乖乖接受了他读的东西真是奇怪，也太粗心大意了。我之前怎么就相信了吉卜林要给一本书取名为《报答与仙女》呢？吉卜林并不是寻求那种反差的人（拿这种作为对比也不明智）。"不过在《牛津英语大词典》里并没有 rewards 的这个义项。

  在读了荷马之后，他语带敬佩之情谈起乔叟和莎士比亚，《伊利亚特》和《奥德赛》的题材也"很适合他们俩"，二人的作品里也涉及过相关的主题。

  在这样一个夜里：[3]

  那是属于一首诗歌的夜晚。我跟他讲，我读到雷耶斯的诗集《身处库埃纳瓦卡的荷马》里的十四行诗时也体会到了那种喜悦。

  博尔赫斯："乔叟的那句：

But ye lovers that bathen in gladness,[4]

---

1 据传这首歌曲是在拉里奥哈的博索德巴尔加斯战役中被弹唱的，对战双方是由费利佩·巴莱拉率领的联邦军和曼努埃尔·塔沃亚达率领的米特雷军（1867年4月10日）。这首歌曲的节奏奇迹般地引领巴莱拉手下的圣地亚哥军取得了胜利。根据某份史料证据显示，"全体士兵开始伴着乐曲卷起奇利帕的裤腿、手持步枪跳起舞来"。正如人们所知道的那样，这首歌是由两名当时战场上的老兵安布罗西奥·萨尔瓦铁拉和何塞·玛利亚·高纳于1906年背诵给安德烈斯·查萨雷塔听的。
2 吉卜林的一本奇幻历史书，中文版通常译为《报答与仙女》。——译者注
3 此处指射莎士比亚《威尼斯商人》中的第五幕第一场："……正是在这样一个夜里，特洛伊罗斯登上了特洛亚的城墙，遥望着克瑞西达所寄身的希腊人的营帐，发出他灵魂深处的悲叹。"
4 《特洛伊罗斯与克瑞西达》，I，v. 22。

'沐浴在欢喜中的情人'写得很完美。比马拉美的那对'白皮肤的游泳者'[1]要高级得多。马拉美的那句或许写得更准确，但诗歌没必要做得那么准确。而且在'情人'这句里，诗人也参与其中，感同身受，这很重要，而超现实主义者，甚至卢贡内斯，都无法理解这一点（他们理解了什么呢？）。这是对性交行为的一次出色的描写，没有让人引起任何不适。"

我们聊起马洛的《帖木儿大帝》："有一次，围攻撒马尔罕城的时候，帖木儿的营帐周围竖起了白旗，他也身着白色来表达怜悯；第二天竖起了红旗，而他穿了一身红色长袍来宣告战争、释出掠夺的信号；第三天则飘起了黑旗，着黑袍来预示死亡和毁灭。然后他便进了城，杀光了全城的人。"[2]

他说："培根的拥护者似乎不仅把所有伊丽莎白一世时期的戏剧都归在了培根名下，还认为所有有点价值的、甚至在今天还在出版的书都是培根写的——因为培根仍然活着。"

他想起格莱斯顿和迪斯雷利[3]在英国议会上发生的一件逸闻。格莱斯顿预言迪斯雷利会被处以绞刑或死于性病。迪斯雷利则回答说，是啊，"在我拥抱了你的政治原则或是你情人的时候"。博尔赫斯说这则轶事想必是编出来的，是费心造出来骗人的：因为他们不会在议会上发表那样的言论……

我跟他提起多萝茜·帕克的那句话："这样的女演员'只能表现出人类所有情感中从 A 到 B 的跨度。'"[4] 他大笑，随后评论道："她这是把自己曾建起的高楼推倒了。"

博尔赫斯："一次，勒贡特·德·李勒当着魏尔伦的面，好像没看见他似的，买了一盒科罗娜牌雪茄，装模作样地点了一支。魏尔伦就跟卖雪茄的要了一支粗得不能再粗的雪茄，学着勒贡特·德·李勒的样子也点了起来。这做作的架势学得不错……好像在'魏尔伦的星期四'，当他跟别人握手告别时，每个人都会给他五法郎。"

1　《吉尼翁》（*Le Guignon*）【《诗歌集》（*Poésies*，1887）】。
2　《帖木儿大帝》（1590），IV，1。
3　两人是政敌。——译者注
4　据安妮·爱德华兹所说【《一位非凡的女性》（*A Remarkable Woman*，1985），第四章】，帕克本想在 D·马辛汉姆和 M·麦克唐纳的戏剧《湖》首演时（1933 年）说这句话的，话中指射的是凯瑟琳·赫本的表演。

4月29日,星期三。 他说,冈萨雷斯·拉努萨特别欣赏这句:

> 我定不能缄默,不管是用手指……[1]

而博尔赫斯认为手指这里显得有点可笑,冈萨雷斯·拉努萨则争辩道:"可是怎么能不去欣赏这句已经把超凡脱俗摆在你面前的诗句呢?"

> 一会儿压在唇上,一会儿触碰额头,
> 你在暗示静默,还是预告恐惧?

博尔赫斯:"这句为什么好?'预告恐惧'的意思到底是用恐惧威吓还是恐惧地预告?讽刺体不等于要盲目任意地裁剪句子,句子应简洁凝练、语气坚定。'Ars longa, vita brevis'(生命短暂,艺术长远),这句已经不能再简短精炼了。但'预告恐惧'么……"

5月1日,星期五。 博尔赫斯:"约翰逊评价弥尔顿的两首十四行诗:'一首一文不值,而另一首算不上优异。'[2]"比奥伊:"这话说得真好。要是我的话,可能会把这句话换个顺序:为了显得有力度,我会把'一文不值'放在最后。而他用'算不上优异'来收尾也很好。"博尔赫斯:"在你这句话里,'一文不值'是一种判断的结果;而在他那句话里,大概是发自一种愤怒。当你注意到这些东西的时候,你才会明白写作有多难。它难在需要带着读者的头脑去写,要预见他人的反应并试图操控这些反应。当然,多数人都不这么写东西:他们的写作仿佛是孤立于世的人,发出永恒的判决。"

博尔赫斯觉得写得最好的卷首语是诺拉在胡安·拉蒙·希梅内斯的一本书上看到的:"多奇怪的下午",署名:"一个病人"。博尔赫斯:"这则卷首语写得好:因为它已经算得上一句诗了。署名没有写'某某,病中'而是'一个病人',也很好。那胡安·拉蒙·希梅内斯在混沌中如何做到这一切的呢?"他随后又说:"卢贡内斯给《群山自黄金》写的题首语也不赖:'Hic sunt leones[3](一张古老世界地图上的地理

---

1 弗·德·克维多,"针对西班牙人现今风俗习惯的讽刺诗"(Epístola satírica y censoria contra las costumbres presentes de los castellanos)【《西班牙的帕尔纳索斯峰》(p.1648),第二缪斯】。
2 《弥尔顿传》(Life of Milton)【《英国诗人列传》(1779—1781)】。
3 "Hic sunt leones/dracones(此处有狮子/龙)"是欧洲人在中世纪时用来表述地图上未被探索或被认为很危险的地域的术语。通常他们会在地图上的那块区域上画上龙、大海蛇或其他神话中的怪兽。——译者注

注解）'。这句话很棒，但卢贡内斯未免太轻狂！'在这里，就在这些诗句里，有猛狮。'（他装出会说出这话的人的那种狡黠自傲）哈哈。"

他还说搞不懂为什么在威尔斯的书里，那本《世界史纲》那么有名，那就是一本用剪刀裁剪拼凑出来的书，书中甚至没有延续同一种叙述体系：一会儿用无人称来写，像是从百科全书里抄写过来的；一会儿威尔斯自己又冒出来了。

博尔赫斯："乌纳穆诺曾在书中写到，他将上帝视为不朽的造物者，而他唯一感兴趣的就是：他的不朽。太蠢了。他怎么会不关心这个世界存在的意义。他又为什么对他的永生如此执着？我不认为他在那种去个人化的过程中有多么超前。"

他谈起《薄伽梵歌》。他说书中有一段战士阿周那和驾战车的黑天之间（实际上是毗湿奴神的化身）的对话，从某种程度上来说，这段话可以称得上是对和平主义的有力驳斥。黑天认为存在两种自我救赎的法门：到森林里去冥想（在这种情况下，并不能确保一个人是否能够自救）；或是为其国家和义务而奋斗，不带狂热、不带仇恨、不"参与"也不检验这一事业的公正性。译本中确凿写道，战斗是通往天国的大门。[1]

5月3日，星期日。 关于约翰逊对弥尔顿诗句的评价[2]："无疑，他很欣赏那些句子，因为它们遵循某些法则，但他在阅读那些句子时并不享受。"

马科斯·维多利亚在《国家报》发表了一首模仿贡戈拉风格的诗[3]。博尔赫斯："写得太糟糕了。我不觉得相对于卡斯蒂利亚的坚毅，贡戈拉认为安达卢西亚是柔弱的。另外，诗里又看不到西班牙的风景；偶尔写写景物可以引发人们的伦理或文学性思考。"

5月4日，星期一。 我与博尔赫斯聊起福克斯《殉道史》中的一段，那段写到在两人即将被烧死那天，拉提默对黎德利[4]说："振作，黎德利大人，拿出男人的样子。今夜你和我，将在英国，亮起一盏不被熄灭的烛火。（Be of good comfort, Master Ridley, and play the man. This night you and me will light a candle, in England, that won't be put out）"博尔赫斯："good comfort 那里写得好，Master 一词也很合适，或许有人

---

1 《薄伽梵歌》（*Bhagavad Gita*），II，37。
2 《弥尔顿传》（*Life of Milton*）【《英国诗人列传》（1779—1781）】。
3 《托雷多塔霍河之歌，仿贡戈拉式》【《国家报》，1959年5月3日】。
4 英格兰宗教改革运动早期的两位主要人物，被处以火刑。——译者注

会说 play 这个动词加强了大丈夫气概和劝谏的语气。让人不禁想到那永久不灭的烛火是用他们自己的身体点燃的。"比奥伊："好像拉提默走到火刑堆旁的时候，还触摸了火焰。"

他评价乌纳穆诺的一篇发表于上世纪末关于《马丁·菲耶罗》的文章[1]，说该文可能源于我们的一种民族主义，是从前所未有的庇隆主义里翻滚沸腾出来的。乌纳穆诺说，马丁·菲耶罗是那种与印第安人斗争的西班牙战士；还说罗萨斯消灭了无政府状态，却被寡头们攻击。

5月8日，星期五。 他聊起美国的一种荒唐的考试模式，这类考试的考题中一般会问，比如："哪本是穆斯林圣典？"学生需要在——提供给他们的几个答案中——他们认为正确的那个前面画叉（例如：《圣经》《易经》《古兰经》《奥义书》）。博尔赫斯："这种模式容易让学生拿分，可分数又有什么用呢？为了凸显考试的严格吗？约翰逊早就发现——他与我们不同，我们已经变得格外毕恭毕敬了——并非所有知识都必要；有的甚至无关紧要。[2] 我们知道像托马斯·布朗在书中所写的，这个地方用这种方式埋葬死者，那个地方用那种，有什么用呢？"他又补充道："在布朗那个时代，盛传交感指针这种东西。那是装在一种字母圆盘上的指针，如果指针是能相互感应的话，当一个人转动其中一个的指针来指示一个字母时（用以组成词语，经常在恋人之间使用），那另一个指针就应该自动指向同样的方向（这样可以让没有在身边的那个恋人收到信息）。布朗想对此加以尝试，他在一张桌子上放了两个圆盘并转动了其中一个指针，而另一个指针几乎像根大理石柱一样一动不动。约翰逊评价说，想着必须要做这种试验，布朗一定是个相当单纯的人，因为对于其他人来说，这种结果无需实践便显而易见。[3] 不过布朗做出了尝试也不错：还是会有人拒绝电话和电报的。"

我问他亨利·詹姆斯的《神圣源泉》讲的是什么故事。博尔赫斯："在一次聚会上，为了搞清楚谁是一个男人的情人，大家采用了以下方法：由于这个过去憨傻的男人如今已变得聪明过人，他们要找一个在把自己的才智传递给那个傻男人的过程中逐渐失智痴呆的聪明女人。这太荒谬了，詹姆斯竟然认为每个人的智力有一个定量。一整部小说都写完了，他竟然没发现这个道理不对。这荒谬到如同认为一个完

---

1 发表于《西班牙期刊》(*Revista Española*)，马德里，1894 年第 1 期。
2 《弥尔顿传》【《英国诗人列传》(1779—1781)】。
3 《世俗谬论》【*Pseudodoxia Epidemica* (*Vulgar Errors*)，1646】，II，2。

全不聪明的人必须要一直写出充满智慧的书一样。教育或许就成了不可能完成的任务，因为老师会很快变得无知。詹姆斯没有给出任何有关书中那个人才智的证明，他只消说那个人有聪明才智就够了。这个作家能以细致入微的写作手法著称真是太奇怪了，他笔下的所有人物都别无二致。但愿有人能通过癖好、举止或穿着把他们区分开来吧。在《神圣源泉》一书里，读者必须要成为侦探；可如果他们分不清里面的人物谁是谁的话，又怎么能发现谁是那个情人呢？"

博尔赫斯："玛利亚·安东涅塔·森特罗内曾出过一本诗集《阿辽沙颂歌》。"比奥伊："另一个卡拉马佐夫家的兄弟是米嘉。"博尔赫斯："幸好她出版的不是《米嘉颂歌》。"

5月12日，星期二。 他说，他以前一直很喜欢伯顿翻译的《一千零一夜》，但如今他的风格却令他感到不适。加朗和莱恩的译本则更舒畅、平实，也无疑是最贴近原文风格。博尔赫斯："多亏了加朗，《一千零一夜》令人熟知并家喻户晓。他将故事突显出来：他译本中的情节清晰明了，布局整齐对称。而其他——印第安的、凯尔特的——故事集中的情节总是多少有些模模糊糊，不尽如人意。"他说《一千零一夜》源自《艾斯德尔传》。

他说，德国的探戈曲目众多而且都不错，"如果你不把那些曲子当成探戈来听，或者你不盼着那些曲子让你想这么做的话"（他一撇嘴，沉闷地哼了一声，像郊区舞者发出的那种哼声，也不是为了表达不满，像从肚子里发出来的声音，又把肩膀一斜，像探戈舞的那种姿势）他补充道："德国人怎么能猜出我们想要被探戈激发出这种反应？"

5月17日，星期日。 他语带轻蔑地谈起米格尔·安赫尔·阿斯图里亚斯和他的书："沃利想象一个已经读了《总统先生》和《索卢那》的人要效仿阿斯图里亚斯的作品写作。《索卢那》（*Soluna*）！这叫什么标题！这不是一种表达'孤独'（solitario）的愚蠢方式，而是一种表达'太阳'（sol）和'月亮'（luna）的愚蠢方式。沃利请求为阿斯图里亚斯赐福免罪，因为她有天在一间教堂里见到了他。就是因为这个小小的请愿，我更生他的气了。"

他聊起印度教。他说每位祭司都赞美他侍奉的神明是最古老、权力最大、最至高无上的神；这就成了泛神论：通过宣扬每个人的特性，使一个人成为另一个人。博尔赫斯："泛神论有时也会露出破绽：有些神是被他们的子女供养出来的……还有一些神的形象并不是为了让人心怀敬意而创造出来的，比如那个骑着公牛却常被人认作是骑着老鼠的神。湿婆神有五首，因此被称为'十耳神'；一次他无意中用五个头上的第三只眼瞥见了他的儿子，儿子的头便被烧掉了（一说儿子的头滚落了下来）。于是他拿一只象头替换了上去。如此神通广大的神竟然能容忍给自己的孩子装上大象的头颅，这似乎不大好。母亲以前曾说：'做奶制甜品的时候，一定要防着湿婆神跑到厨房去。[1]'"

博尔赫斯："当一个作家过世，人们总会幻想他若还活着，还会取得更大的进步。但有时候并非如此。如果吉拉尔德斯还活着，我没有任何兴趣要去读他复活后写的书。因为他后来越发浮夸了。但如果是爱伦·坡复活后写的书，我会读的……从他身上能涌动出很多东西……史蒂文森要是也活着，肯定也会写出很多旷世佳作。"比奥伊："他是四十岁……要么就是四十多岁的时候去世的。他的作品比福克纳的丰富多少啊。史蒂文森的每本书都是独一无二的，而福克纳有可能写出一两本，后面的书则都是对前作的重复。"博尔赫斯："每本书里他都在突出自己的不足。"

他说，在一次讲座上，阿道夫·鲁伊斯·迪亚斯批评了希腊人，因为希腊人认为艺术作品对自然的模仿是尤为重要的。博尔赫斯："我不觉得这是希腊艺术的一个缺陷。鲁伊斯·迪亚斯以此为借口，对一些现代迷信过度赞扬。如果有人说委拉斯凯兹试图在他的肖像画里寻求相像，鲁伊斯·迪亚斯便会问：'我们是怎么知道的呢？'的确，那些面孔是写实的、个人化的……可那些不寻求相像的人也达不到别的效果。"

5月20日，星期三。 他说，庄子与蝴蝶之梦[2]（"庄子梦见自己是一只蝴蝶，醒来时，不知是梦见自己变成了蝴蝶，还是蝴蝶做梦梦见自己是庄子。"）选用蝴蝶这种动物是很明智的，因为它本身就非常不真实、飘忽不定；要是选择狮子或大象，那情况可能会很荒唐了，因为狮子和大象都过于庞大且实在。出于同样和语境和谐统一的原因，他赞赏了坎西诺斯-阿森斯的那句："我可以用十四种古典和现代的语言来问候那些星星。"博尔赫斯："星星给人一种广阔无垠、永恒持久的意象。"

他跟我讲他母亲在读《约翰逊传》时对包斯威尔在书里的蠢话感到生气。尤

---

1 象头神的坐骑是老鼠，传说他和他的坐骑都嗜好甜食，信徒常以甜食作为贡品祭拜。此处可能将湿婆与象头神混淆了。——译者注
2 1946年第三期《布宜诺斯艾利斯年鉴》的"博物馆"中引用了翟理思取自《庄子》（*Chuang Tzu*，1889）一书中的片段。

其是对他问约翰逊的这句话:"先生,您若是和一个新生儿一起被锁在一座高塔里,您会怎么做?"[1] "这人真是太令人讨厌了。"他母亲评价道。博尔赫斯:"看得出来他想让那位伟大人物开口。但那个礼貌用语'先生'凸显了这句话的愚蠢或者说不合时宜。"

5月24日,星期日。 他认为爱德华·菲茨杰拉德和波德莱尔很相似。比奥伊:"你肯定比我更了解他们,在我看来他们是很不同的。在曼里克和波德莱尔之间,菲茨杰拉德可能还在半路上,而波德莱尔可能离曼里克也很远。我觉得他们之间的最大区别在于,菲茨杰拉德在诗中歌颂的东西都是必不可少的,而且几乎都是永恒不变的,波德莱尔则不是如此。菲茨杰拉德赞美葡萄酒、女人、玫瑰、夜晚、娱乐、工作的无益。"博尔赫斯承认这是他们之间的根本区别并补充说:"'华美、宁静与欢愉'[2]:还是得给出这种感觉,而不仅仅是概念的罗列。"

博尔赫斯:"格鲁萨克说(马里亚诺)莫雷诺是个伟大的作家,我觉得这么说很荒谬。莫雷诺是个非常可爱可亲的人,很优秀,但作为作家他不够可靠;他随时能说出任何言论。格鲁萨克需要认识到,他只要随便读读莫雷诺的作品就能轻松改掉里面任何一句话。"

他说包斯威尔的《约翰逊传》比埃克曼与歌德的谈话录要重要且有趣得多:"包斯威尔解决了一个问题,就是传记中会显露约翰逊的癖好,以及荒唐甚至令人不舒服的行为,但同时又能让我们相信约翰逊是一个伟大又可敬可爱的人。他解决了这个问题,可能是因为他并没有把这个问题提出来。而我对歌德的兴趣日益消减了。"

他说,中国诗人过去往往使用经典诗歌的用韵方式,用如今已经不押韵的字来押韵。而现代诗人做出的一大改革就是用听上去押韵的词来押韵。我们还聊了韦利、葛兰言、理雅各和儒莲以及经文、史料的翻译方法。

博尔赫斯:"林肯说,人人都有这样那样的权利以及'追求幸福'的权利[3]:这话说得很对。"

---

1 《约翰逊传》,"1769年10月26日"。
2 "Luxe, calme et volupté"。查·波德莱尔,《遨游》(*L'invitation au voyage*)【《恶之花》(1857)】。
3 "their right to 'life, liberty, and the pursuit of happiness'",这句话出自美国《独立宣言》(1776),被林肯在其盖尔斯堡(Galesburg)演说(1858年10月7日)中引用。

5月27日，星期三。 博尔赫斯："在大声朗读自己的文稿时，还要口头对内容进行解说好让听众理解自己写的是什么的人，真是太悲哀了。他们怎么不明白这些讲解恰恰显示了他们写得很糟糕呢？还是他们觉得把刻录了内容解说的光盘和书一起卖的话，书就能卖出去了？所以，任何需要作者口头解说的书都不应轻信。"

他想起针对《莪相集》的两句诗：

莪相，最高尚、最单纯的游吟诗人，
英国异教徒们唤他作麦克弗森。[1]

博尔赫斯："休谟曾说《莪相集》里的人名总是让他想起狗的名字：他小时候Highlands（苏格兰高地地区）的狗都取这种名字（奥斯卡、芬戈尔、奥西恩、马尔维娜）。"

5月28日，星期四。 我们谈到一位画巨幅历史画的画家，塞萨尔·杜克洛斯。博尔赫斯："都是为政府机关画的画……色彩可怖，人物死板如蜡像，但构图不错：圣马丁永远在最中间，那棵棕色老树。现在他正在作的画表现了阿根廷电影史上第一部电影摄制的场景，《多雷戈的枪决》。我当时跟他说，因为画面里会出现穿着多雷戈那个年代衣服的人和1916年的人，为了不让每个人看起来都像故意乔装打扮成那个年代的样子，最好能突出一下1916年的人和现代人的差别，不要把他们描绘得过于个性化。我是因为没话找话才跟他讲这些的，但他没听懂：我当时高估了他的智商。这位杜克洛斯六年没出过家门。他的家人每十五或二十天就会叫他出门走走，而他每次都走到门口，抬头望天，觉得要下雨就又回屋闭门不出了。"

弗里斯，要么就是哪个画多人巨幅画的画家在皇家艺术学院展出自己的作品，王尔德走到他身边，指着一幅画恭敬地问："都是用手画的吗？"博尔赫斯评价道："这是一句完美的评语。"

5月30日，星期六。 在他家吃饭，博尔赫斯拿了一张"黑蚂蚁"的照片出来。博尔赫斯："'黑蚂蚁'长得像个英国园丁，而《真面与假面》杂志的通讯员们却都长了副市郊小混混的痞样。"我父亲："他长了一张贵族的脸。他曾在堂诺韦尔托·基尔诺的庄园做总管。"博尔赫斯："我母亲因为米盖尔被这张照片所触动而生气：'这个痞子，好一个无耻之徒'。尽管如此，正如博里索所说，当书本给孩子们讲述的都

---

[1] 查尔斯·丘吉尔，《饥荒的预言》(*The Prophecy of Famine*，1763)，vv. 269—270。

是法律维护者（警察、司法长官等等）的冒险故事时，他们会对自己的冒险精神感到失望：因为真正的冒险——至少是人们感受到的那种冒险——是与法律背道而驰的：'冒险之人都是法外狂徒'；人们都觉得'冒险必须从离家出走开始'。"[1]

博尔赫斯："像托雷·尼尔森和贝亚特里斯·吉多作品里的（其中一头猪吃了一个孩子）[2]那种现实主义大概应该称为'非现实的现实主义'。"

博尔赫斯："西班牙人的想法过于封闭了，一提到现代主义他们就试图把达里奥忘掉。西班牙人之间已经有一个不成文的规定了，就是把胡安·拉蒙·希梅内斯和安达卢西亚的谣曲认作现代主义的鼻祖。他们对于鲁文未免过于忘恩负义：现代主义可是从美洲抵达西班牙的。"

我们谈到胡安·拉蒙·希梅内斯。博尔赫斯："胡安·拉蒙碰到了费德里科·加西亚·洛尔迦，对他说：'昨晚好像有人在你一出小歌剧的首演场地闹事。'西班牙人性格中最好的品质之一就是不受贿赂。"比奥伊："胡安·拉蒙曾跟我说他不能出游也不能去乡下，因为远离疗养院会令他感到焦虑。他这辈子曾多次从家里逃出来跑到疗养院去住，医生们都明确跟他说他没病，可他还是宁愿待在那里住一段时间。"博尔赫斯："他怎么能喜欢在疗养院里住呢？那就跟待在监狱里一样啊。以前我从疗养院出院后相当长的时间后，每次醒来发现自己是在家里，仍然感到幸福：幸福到无以复加。胡安·拉蒙显然是个虚荣心很强的人，因为在疗养院会一直受人照顾，会被问到身体如何，然后有人给他体检：他大概喜欢这样。我认为精神分析能取得成功就在于利用了人的虚荣心，你发现你可以聊你想聊的，聊你自己的事，而别人会带着兴趣去倾听，甚至能从小时候聊起。"他回忆说："《通用安达卢西亚方言（优美西班牙语通讯）》，胡安·拉蒙·希梅内斯出版的杂志……他除了用一种可怕的散文形式写作以外，在智力方面也很弱。他自己知道。他习惯被大家惯着。当他开始在波多黎各大学讲课时，大家发现他所有的课都上成了一种课，就是在课上讲几个当代西班牙作家的糗事，于是学校告诉他不用再上课了，只要给学生答疑就行。但他并没有因此生气。要换做是别人，可能会觉得丢脸，便会为了能继续给学生上课更加好好钻研。而他没有。这样也不错。像阿拉伯诗人一样。柯勒律治也觉得养活他对于养他的人来说是种荣幸。大家已经对胡安·拉蒙·希梅内斯说了太多

---

[1] 威廉·博里索，《违抗神祇的十二人》（*Twelve Against the Gods*，1929），序言。
[2] 此处暗指电影《绑匪》（*El secuestrador*，1958）中的一个情节，由托雷·尼尔森指导，贝亚特里斯·吉多编剧。

他是个伟大的诗人、是个天才这样的话了,他也就信了……作为标题,和胡安·拉蒙·希梅内斯的《遥远的花园》相比,我更喜欢卡普德维拉的《孤独的花园》。"

布兰科-阿莫尔说过:"吉列尔莫·德·托雷跟我们保证说胡安·拉蒙全集有三十八卷,吉列尔莫亲自数过。"博尔赫斯评论道:"吉列尔莫这是变成个蠢蛋了。作为批评家你看看他手里都剩下什么活儿了:数文集一共有几本。"

他对安东尼奥·马查多大加赞赏,除了那些描写卡斯蒂利亚风光的诗:"在那些诗里,他像个游客。"他诵读了《肖像》:

我的童年是对塞维利亚一个院落

和一个明亮果园的记忆,柠檬在果园里成熟;

我的青春,卡斯蒂利亚土地上的二十年;

我的历史,有些情况我不愿回顾。

我不是骗人的诱惑者也不是唐璜式的人物

——你们已经熟悉我笨拙的着装——,

但是丘比特向我射了一箭,

我便爱那些女性,只要她们有适宜居住的地方。

[...]

我崇尚美,在现代美学中

我采摘龙萨的果园中古老的玫瑰;

然而我不喜欢目前时兴的梳妆

也不是那种追求新奇啼鸣的鸟类。

[...]

当那最后的旅行到来的时候,

当那一去不复返的船儿起航,

你们会在船舷上发现我带着轻便的行装,

几乎赤身裸体,像大海的儿子一样。[1]

博尔赫斯:"不应该写'claro donde'。应该直接写'donde madura el limonero'[2],

1　赵振江译。
2　这两处的原句为:"y un huerto claro donde Madura el limonero",对应的译文是"和一个明亮果园的记忆,柠檬在果园里成熟"。——译者注

哪怕格律看上去有问题。也不应该写'casi desnudo'（几乎赤身裸体），而是'desnudo, como los hijos de la mar'（赤身裸体，像大海的儿子一样）。全诗最棒的部分是开头的几句和这里：

> 我便爱那些女性，只要她们有适宜居住的地方。

而这句的好都被'着装'和其他丑陋做作的地方给抵消了，比如：'丘比特向我射了一箭'，'目前时兴的梳妆'，对了，还有，'欢快啼鸣'。"他说，在西班牙人们都管安东尼奥·马查多叫安东尼奥·曼查多。比奥伊："他们作为读者，对自己的要求还真不高……或者可以换种说法：仅仅一个佳句就把整首诗都点亮了……仅凭对一个佳句的怀念，我们就会愉快地回想一首或许满篇都是瑕疵的诗。你会忘记或忽略像'着装'那种不够好的句子。"博尔赫斯："通过这句：

> 不是骗人的诱惑者也不是唐璜式的人物[1]

作者让我们看到了他都读什么书。"

比奥伊："巴西和智利的贫民窟可能比这里更多。那里的黑人才是真正的黑人。"博尔赫斯："是啊，是专业的：不是业余的，不像我们这儿的。"

5月31日，星期日。 博尔赫斯："有人说柯勒律治聊起天来就像在绕圈，人们在他回到起点之前就已经被绕晕了，所以就以为他也把自己给绕晕了，但实际上并没有，他还能按时绕回到原点。"

6月1日，星期一。 他聊起孔子："近年的评注者都认为《论语》的第十篇是杜撰的，那篇里所有赋予孔子的特征都是一个正人君子所要具备的典范特征。我倾向于那些古代评注者的说法，他们的论断更有道理，我觉得孔子身上的特点是他个人独有的。即使那篇的编订晚于其他篇章，但来源肯定都是一样的。孔子的那些'odas'（颂歌）应该叫做'coplas'（歌谣）。如果你说'odas'的话，学生们会想到别的体裁。而孔子的'odas'是民间歌谣：一般理解为'coplas'。埃兹拉·庞德译得很好，突显了文本滑稽的一面[2]，看得出来他在翻译的时候饶有兴致。孔子鄙夷社会阶层低

---

[1] 原文为：ni un Mañara ni un Bradomín he sido。Juan de Mañara 是马查多创作的一出戏剧，剧中回顾了有关唐璜的传说故事。布拉多明侯爵（Bradomín）是德尔巴列-因克兰的作品《奏鸣曲》中的人物。——译者注

[2]《中庸和大学》(*Unwobbling Pivot and the Great Digest*, 1947)；《庞德译文集》(*The Translations of Ezra Pound*, 1953)；《孔子定义的经典文集》(*The Classic Anthology Defined by Confucius*, 1954)。

的人，正常对待阶层与他相同的人，而对阶层高的人很卑微：这不是孔子特有的，而是那个时代的特点。那些中国的古书对孔子比对我们来说更古老：我们对那些书可以有更好的认识。"

他说，沃利·泽纳完全没有捍卫自己观点的能力："如果有人跟她说艾略特的戏剧作品不怎么样，她就会非常没有自信，什么评论也发表不出来了。会试探说：'没错，没什么戏剧感。''不，是自负且愚蠢的作品。'她不知道该想些什么。"他还补充说，艾略特应该给他所有戏剧作品里的人物都取一样的名字，好让人看不出他其实试图想让他们有所区分。

博尔赫斯："奥尔特加·伊·加塞特说，史诗是有关其他时代、完全与我们的生活格格不入的体裁。[1] 他是想说与他的生活格格不入吧。这么说太没有想象力了。他怎么看不到我们的生活里一直有史诗存在，他怎么没有在西班牙内战当中发现史诗呢。他说，我们不知道阿克琉斯和尤利西斯是人还是神。为什么这么说？因为他对于自己要写的东西不做反思？因为他觉得对于自己要写和要思考的东西不需要查背景资料调查？瓦雷里就不查背景资料。一位叫达拉斯的批评家给这些文学体裁定义了这样的特点：'抒情诗属于第一人称和将来时，戏剧属于第二人称和现在时，史诗属于第三人称和过去时。'[2] 非常简洁，但没什么意义。"比奥伊："他们这种人都在史诗中看到了民族起源，却没有看到极大的勇气和推动勇气的动力。"

我给他念了《致皮拉》一书中贺拉斯《颂歌五》的译文[3]，他很赞同给恋人取的那个绰号"新人"（nuevo on esto，即"这方面的新人"）。博尔赫斯："对于拉丁文研究者来说，贺拉斯的地位就像图莱。肯定永远都要比维吉尔低一等：贺拉斯的世界似乎相当局限。德·昆西说，贺拉斯的一行诗抵得上卢克莱修的一百句。贺拉斯的声望、诗歌和这些诗歌曾经给予梅内德斯·伊·佩拉约的愉悦感是很神秘的：他并非敬他为巴洛克诗人，而是把他当作古典派。尽管如此，我们不知道贺拉斯为何写那些诗，也不知道他为什么以那种方式开始他的创作或是为什么以那种方式结束。"

---

1 《艺术的去人性化》（*La deshumanización del arte*，1925）。
2 埃尼斯·S·达拉斯，《诗学：论诗歌》（*Poetics: An Essay on Poetry*，1852）。
3 《致皮拉：贺拉斯的致皮拉颂歌多语种译文选》（*Ad Pyrrham: A Polyglot Collection of Translations of Horace's Ode to Pyrrha*）（第一卷，颂歌五）（牛津：OUP，1959），罗纳德·斯托尔斯主编。

他说："朗格的《英国文学史》非常有意思。他有时是带着调侃的口吻写的，比如提到梅瑞狄斯的《利己主义者》的时候，还有那一整篇关于被他称为'一张圆脸，一个十八世纪面孔'的文章。"[1]

6月4日，星期四。 比奥伊："该写写一个作家一开始迈出的几步。"博尔赫斯："可以，但得写得稍微夸张一点。"我们俩协商决定我们要开始尝试用口语化的词汇写作，不用即便读者不会西班牙语也能理解的拉丁词语，而是用那些好像从地里长出来的、不是为沟通而造出来的词语。比如，"心理习惯"（hábito mental）这个短语，本该翻译成"头脑的习性"（acostumbramiento del seso）。比奥伊："可这样达到了什么效果呢？只能让这话变得别扭，还显得很落伍。我们还想寻求什么呢？我们想殖民词语。我以前一直明白没人会读我写的东西，但我仍然摆出一副语言立法者的样子。"博尔赫斯："我以前也很肯定没人会读我的书，所以在《宗教裁判所》那本书里，我收录了一篇为奥玛·海亚姆写的序，里面还有这么一句话'本书中的诗句定会被拜读'，[2] 对了，这句话其实是给另一本书里的序写的。可能有人会觉得我那么做是想偷懒：其实是出于卑微。"比奥伊："我当时不仅会用像'家物什儿'和'破烂堆'这样口语化和家常的词，还会用经典著作里的词，甚至像米尔神父《寻找真实的声音》一书中的'拂晓'。我喜欢（以我语言立法者的身份）使用像'尽管如此''然而''于是''将来'这种正确但别扭的连词形式，或者像'之''二者'这样符合逻辑但不常见的词。我当时的写作一直属于把多少常见的话翻译成蹩脚句子的那种风格。"博尔赫斯："我们是想把词汇、短语、谚语从遗忘中解救出来。过去每次有人问我为什么写作时要使用这些形式时，我都会回答说我说话时也会用。这是在骗谁呢？当人们把语法正确当做所追求的最大的美德时，简直太可悲，太可怜了。"

我们聊到了巴莱拉；聊到了《佩比塔·希梅内斯》《高个子胡安妮塔》《库丽塔·阿尔沃诺斯致神父路易斯·科洛马的一封信》；聊到了伊斯拉神父和他的《神甫赫伦迪奥·德·坎帕萨斯》；聊到了佩雷斯·加尔多斯（"他还不赖"，博尔赫斯说）、马蒂内斯·谢拉、克拉林、巴罗哈、塞西莉亚·波尔·德·法贝尔（费尔南·卡瓦

---

[1]《英国文学史》（*History of English Literature*，1912）。关于梅瑞狄斯，参见第三十六章；关于柯勒律治，参见第三十二章。
[2]《奥玛·海亚姆与菲茨杰拉德》（*Omar Jaiyám y Fitzgerald*，1925）。那个《鲁拜集》译本是他父亲翻译的，发表在《船头》，1925年第二季第5和第6期。

列罗)、契诃夫的《海燕》、艾米莉亚·帕尔多·巴桑、福克斯-莫尔西略。博尔赫斯:"福克斯-莫尔西略[1],这什么名字!西班牙人竟然都能忍受他们出生的省份带给他们的最荒唐的姓名。有人姓加托,有人姓巴尔武多……[2]你还记得吉列尔莫跟那人的那次争论吗?他当时一直管那人叫'亲爱的巴尔武多',其实他并没有想开玩笑。"他又评论道:"吉列尔莫这人最大的特点就是不够理智。"

博尔赫斯:"当有人提起佩雷斯·卢辛的《特罗亚公寓》时,总是会说书中反映的学生生活非常真实。但由于那是我们学生生活的唯一出处,我们也不知道他写得好不好,而这种情况在文学中经常发生。"

我们谈起德·昆西。博尔赫斯:"他有跑题的毛病。那种对跑题无法克制的倾向会唤起一种病态的意志。"比奥伊:"柯勒律治饱受一种意志力上的疾病折磨,德·昆西得的是另一种:但他们的病症可能有一个相同的源头。"

博尔赫斯:"一个奥地利人在我们的《布宜诺斯艾利斯年鉴》上发表了文章,[3]对德·昆西身上的约翰牛习气[4](比如对法国人的憎恶,对拳击运动的推崇等等)做了一番很好的阐释:这大概算得上是架在德·昆西——他和别人如此不同——和他同胞之间的一座桥梁了。在文章某处,这位奥地利作家对德·昆西为何如此厌恶中国人表示困惑,他不懂德·昆西怎么就不明白,和他国家的金发大块头相比,人们会更容易因为中国人的肤色和身材搞不清他们谁是谁。"

我们聊到道蒂。博尔赫斯:"道蒂是英国文学界的西班牙作家。你看他一直在寻找肯特郡的那种农村的、民间的和陈旧的方式,然后把这种方式用在对阿拉伯的描写中……[5]我不知道谁谈过他严重不足的写作能力。他去世时,人们在他散落的文稿里发现了很多形容词词汇表。"比奥伊:"算是个拉莱塔第二,卡洛斯·诺埃尔第二。"

---

[1] 福克斯(Fox)在西班牙语里是狐狸的意思,莫尔西略(Morcillo)可以指牛的前腿肉或(马的)毛发呈现的黑红色。——译者注
[2] 胡安·阿尔瓦雷斯·加托(1445—1510),西班牙诗人。安东尼奥·桑切斯·巴尔武多(1910—1995),西班牙记者、批评家。(加托 Gato 在西班牙语里是猫的意思,巴尔武多 Barbudo 有大胡子的意思。——译者注)
[3] 鲁道夫·卡斯纳,《托马斯·德·昆西》(《布宜诺斯艾利斯年鉴》1947年第13和第14期)。
[4] John-Bull 是对英国或典型英国人的称呼。该用法首先出现于苏格兰作家约翰·阿巴斯诺特讽刺性的小册子《法律是个无底洞》中。——译者注
[5] 《阿拉伯沙漠旅行记》(1888)。

博尔赫斯:"你不能相信《塔瓦雷》[1]的情节:你知道它是什么时候写成的。"比奥伊:"那看来麦克弗森那么写看来是有道理的:他的文字把戏让《我相集》读起来不至于像一种文学上和考古上的练习。"博尔赫斯:"没错,从这个意义上来看,他有他的道理。"

6月6日,星期六。 关于冈萨雷斯·拉努萨,他说:"他是个带着伪装的人。他评论过四首洛佩的十四行诗。第一首是关于拿着手杖的牧羊人的。[2]他让读者注意,洛佩在全诗最后留下了一个出人意料的结尾,就是那位牧羊人其实是耶稣:

那就等等吧,听我的关怀与你倾诉;
但我又如何向你说,让你等着我
倘若你已在等候被钉住的双足?

可他双脚被钉住的话又怎么逃呢?第二首是:

你欲求得我的情谊,而我又有什么值得给你?[3]

冈萨雷斯·拉努萨坚持认为,那位天使('多少次天使对我说'那句中的天使)更像是一种个人灵魂与耶稣之间的媒人。虽然这个问题用理性来解释就会造成这种结果,那还不如不解释:它成了一种反证法,把一首细腻无比的诗变成了一种乏味的隐喻。我从前一向认为对诗歌的极致分析是必须的,如今我觉得把诗歌放在那里就好。他还赞美洛佩的这一句,我不知道这种表达是否过于恰如其分:

你康乃馨似的舌尖[4]"

他说:"贡戈拉主义研究的革新运动是从一个误解产生的。由于人们不想对他们同时代的作家表现出丝毫认可,或者非常肯定唯一能让人接受的写作方式属于他们那个时代某个学派,所以他们都开始从过去寻找先例。"

6月7日,星期日。 我们聊到儿时的阅读经历。他记起一个王子的故事,王子进入到一座宫殿内,在进入的过程中他并没有注意到身后的门一扇扇都自动关了起来;

---

1 索里利亚·德·圣马丁创作的《塔瓦雷》(1888)被视为乌拉圭的民族史诗。诗歌讲述了白人俘虏与印第安酋长之子塔瓦雷的童年,与混血布兰卡的相识相恋,回归丛林及其悲剧性的死亡。故事背景发生在西班牙殖民美洲时期。体现了种族、文明之间的冲突。——译者注
2 《圣韵诗集》(*Rimas sacras*,1614),第 XIV 首。
3 出处同上,十四行诗 XVIII。
4 "驯顺的我的亲爱,你来了……"【《韵诗集》(*Rimas*,1609)】。

等到了宫殿的中心时,他在那里碰到了一只鱼脑袋。我跟他讲,我儿时读的头几本书里有本杰明·哈比耶的《动物们在玩耍》和其他类似的故事。他说起一本马里亚特上尉的书——《满腹故事的帕夏》和格林兄弟的童话集,和安徒生童话相比,他更喜欢格林兄弟的,"安徒生童话也是为大人写的,包含的情感非常丰富。"我观察到小孩都喜欢细节丰富的图画。

西尔维娜:"马列亚手里已经有六部作品了——包括小说、故事集、戏剧剧本。"博尔赫斯:"得跟马列亚讲在这些作品中做体裁上的分别并没什么用。他之前没发现他所有那些作品都有同一种原罪吗?就是都是马列亚写的,所以其他什么都不重要了!"

博尔赫斯讨厌拉伯雷,认为加缪不值一提,看艾略特则不带好脸色。博尔赫斯:"艾略特说吉卜林在故事前写上诗歌,开创了诗歌与故事的统一,阅读时你无法把诗歌和故事分开。[1] 还有比这更假的吗?很多时候都是读了故事但没有读那首诗,或是读了诗但没读故事啊。"

他说,德·昆西全集的第一版是美国出版的;[2] 还说爱德华·萨克维尔·韦斯特写的关于德·昆西的那本书[3]没有那么好。

6月10日,星期三。 他说,德国人总是在卑躬屈膝和强硬专横两种状态之间摇摆不定,他们非常喜欢按阶层等级办事,看人下菜碟。博尔赫斯:"一般大家都以为他们和英国人一模一样,但他们之间其实没有丝毫相似之处。英国人是很随意的。他们不会去试图拍上级的马屁,也不想对下级专权跋扈。"比奥伊:"这太奇怪了:英国人看上去明明更粗俗、也更高效些;正如历史所印证的那样,他们曾经过得更好。"

他断定艾田蒲非常睿智可亲,说我们应该请他来做客。他之前在西尔维娜家见过他,午饭席间不停地聊中国文学,让女主人觉得有些无聊。她不知道还有马可·波罗游记的现行版本。艾田蒲赞扬了马可·波罗游记的忠实叙述和精准描写:"那本在监狱里写成的书,这么多年后给人非常舒服的距离感,甚至里面的

---

[1] 《吉卜林》【《诗歌与诗人》(*Poetry and Poets*,1957)】。
[2] 《德·昆西全集》(*Works*)(波士顿,1851—1855),二十卷。
[3] 《阳光下的火焰:托马斯·德·昆西传》(*A Flame in Sunlight: The Life and Work of Thomas de Quincey*,1936)。

名字也都感觉很合适。"他说以前所有的译本都很糟糕,但现在,在他要主编的那套全集里会第一次见到不错的译本。(博尔赫斯:"他一直好好经营他的'精品店'。")艾田蒲说,想要理解中国文学就必须要感受文学,除了会说中文,还要会讲日语、韩语、英语、法语、德语、意大利语和俄语。博尔赫斯评价道:"我不觉得要理解中国文学有必要会讲那些语言。中国人会说那些外语吗?中国作家会说那些外语吗?有一点颇为奇怪:我之前一直以为日本文学使用的文字是汉语……艾田蒲非常肯定《红楼梦》这个名字可以被译为《闺阁梦》。"他打趣说:"Etiemble carcasse。"[1]

他说瓦雷里发现了一套算法,能用来找出每个作家属于哪代人:"取一代人的基本日期,那么在一个跨度为 x 年的时期内出现的作家就属于这一代人。这是一种简单算法,非常机械,很蠢。朱利安·马里亚斯大概会感兴趣。"

他对利维斯博士赞赏有加:"利维斯很肯定英国的那些伟大作家并不像人们通常认为的那样。康拉德如此,亨利·詹姆斯也是。一谈到康拉德,人们总要提起福楼拜对他的影响,却忘了康拉德比他更胜一筹。"[2] 他说他不怎么欣赏艾弗·A·理查兹的那几部作品。[3]

博尔赫斯:"我对帕斯捷尔纳克没有兴趣。宁愿把他想得很糟糕。"

6月13日,星期六。 博尔赫斯:"为什么人们都喜欢像《三个火枪手》或是《三个东部高乔人》这种题目所传递的概念呢?"比奥伊:"因为这些标题体现了友情,体现了弟兄哥儿们间的手足情深。"博尔赫斯:"没错。还因为在同一性中找到了不同之处的那种愉悦感。"

博尔赫斯:"人们曾认为伟大作家所作出的一项杰出工作就是创造神话,后来发现并非如此:爱德华多·古铁雷斯、柯南·道尔、华特·迪士尼他们都不是这样的作家。我们几乎可以得出这样的结论,一个好作家不应创造神话。"

---

[1] 文字游戏,原句出自杜伦尼元帅(Henri de Turenne,1611—1675)的那句"身体,你在颤抖吗?(Tu trembles, carcasse)"。
[2] F·R·利维斯,《伟大的传统:乔治·艾略特、詹姆斯及康拉德》(*The Great Tradition: George Eliot, James, and Conrad*,1948)。
[3] 《意义的意义》(*The Meaning of Meaning*,1923,与 C·K·奥格登合著),《文学批评原理》(*Principles of Literary Criticism*,1924),《科学与诗歌》(*Science and Poetry, 1925*),《实用批评》(*Practical Criticism*,1929),《修辞哲学》(*The Philosophy of Rhetoric*,1936)。

6月14日，星期日。 博尔赫斯："华兹华斯这样写一位老人，说他如云般纹丝不动。[1]

云动不动不重要，重要的是他把老人和云、和一种人所共知的东西作比。那首"不朽颂"的格律不怎样：极长和极短的句子交替出现——我知道这是品达体的一种变体——结果就像句子被过了筛一样。当然，也不乏优美的句子。诗中说孩童带来另一个世界的讯息，是'明眼人和先知'。[2] 而柯勒律治则愤愤地说，孩童并没有'这等学识'。[3] 柯勒律治如此反应很正常：他每次见到什么虚假的东西都会很恼火。"比奥伊："好像约翰逊会做出的反应。"博尔赫斯："一个叫史密斯的人说华兹华斯的记性不大好，因为他们是在一条小路旁而不是像诗中所写，在一个水塘边碰到那个搜集蚂蟥为生的人的[4]，而且华兹华斯并不是独自一人出行时遇到的，而是和他妹妹一同外出时……他怎么就不明白，如果他妹妹没有在这个故事里'扮演'什么角色，最好就让她跌倒。而且写一个捉蚂蟥为生的人已经够古怪的了；最好简化一些东西，然后把这个人放在他的工作场景中，就是水塘里，而不是放在跟他的活计毫无关系的路边。"

聊到马拉美。我们已经琢磨了上百次他的《骰子一掷改变不了偶然》一诗的内涵了。有几次有了答案，但现在又忘了。我们仍在尝试给出答案。我们读了蒂博代写马拉美的那本书。[5] 博尔赫斯评价道："只是在空中飞着而已。[6]"结果就是：任何行为都可以拿掷骰子作比；任何行为都是独立存在的，且不会消除偶然性。诗人在追求绝对的过程中也成就了诗句的完美，然而这些句子也不过是掷骰子的动作而已，是偶然的碰撞，它们不会消解这种偶然，而是恰恰表明了这种偶然。博尔赫斯："看法国人如何把随便什么想法都严肃对待是件有趣的事。这种态度很好。在我们这儿，当然不能自由谈论什么想法：甚至常常'碰壁'，需要匍匐前进。"

1　"as motionless as a cloud"《决心与自立》(*Resolution and Independence*)【《诗选》(1807)】，第 XI 节。

2　"seers and prophets"，《忆童年而悟永生》(*Intimations of Immortality from Recollections of Early Childhood*)，出处同上。

3　"such a knowledge"，《华兹华斯诗歌的一些瑕疵》(*Defects of Wordsworth's Poetry*)【《文学传记》(1817)】。

4　《决心与自立》(*Resolution and Independence*)，出处同上，第 VIII 节。【该诗又名《搜集蚂蟥为生的人》(*The Leech-Gatherer*)。——译者注】

5　《斯特凡·马拉美的诗歌》(*La Poésie de Stéphane Mallarmé*，1921)。

6　"Bombinans in vacuo"，暗指拉伯雷《巨人传》中的讽喻笑话。——译者注我跟他讲，我小说里人物的状态"就像一个正在读报的帕夏"。[1] 他背诵起一首安达卢西亚民谣：

我喜欢早上

一杯咖啡后，

叼着点燃的香烟

在哈瓦那漫步，

安静地坐在

我的椅子或沙发上，

买那么一沓

叫日报的纸张。

活像人群中

一个百万富翁。[2]

博尔赫斯："歌里混淆了'有的是时间'和'有的是钱'这两个概念：也不错。"

我们聊到了乔治·摩尔犯下的那些法语错误（比如在给左拉的信中，他毛遂自荐，想成为他一本书的译者）。博尔赫斯："他克制不住自己。这种情况总会发生在一个人非常喜爱某人却知之甚少的事情上。"

6月18日，星期四。 他谈到纽曼，那个关于荷马翻译与阿诺德展开论战的人："他是红衣主教的弟弟。什么时髦都赶过：吃素，烟酒不沾，根据个人舒适度和实用度来选择穿什么衣服。他对玩笑没有任何感觉，所以从未想过别人其实把他当做一个荒唐的人来看待。街区的小孩们都追着问他，谁是他的裁缝。几小时后他才想起裁缝的名字，便为没能把名字告诉孩子们而难过。"关于阿诺德，他说："最初的那些批评对他很不利。甚至有些批评家建议他放弃文学、每天工作六小时、结婚、要孩子、阅读索福克勒斯。这很不公平，不过他的田园诗《塞西斯》真的很丢脸。"

6月19日，星期五。 博尔赫斯："那些问'外国会如何看我们？'的人内心非常虚荣。就好比问，你怎么看苏门答腊的政治？近期在帕米尔地区发生的事件你又如何理解？"诸如此类。

1　参见《热忱》（*Los afanes*，1962）。
2　《混血姑娘，我从不曾想》（*Mulata, nunca pensé*），二十年代末由弗拉门戈歌者曼努埃尔·埃斯卡塞纳传唱开来的古巴瓜希拉歌曲。

6月20日，星期六。 他说奎勒-库奇主编的那本诗选（《牛津英国诗选》）的内容太随意："里面没有华兹华斯那首关于梦的诗[1]，而选了那首没法读的《不朽颂》。"又补充说："任何因好品味而出名的作家都有些附庸风雅。而那些能够克服这一点的，都是无论如何都要说出他们必须要说的话的作家，比如马克·吐温，尽管他们偶尔也做作……罗伯特·布里奇似乎是个不懂感情的人。他过度专注于神话传说和经典故事，好直达主题。这样太无趣了。他的诗里大概到处都是悄悄进行的格律上的变革。"

6月22日，星期一。 他提起格鲁萨克在一篇文章中突然用非常谨慎而恭敬的语气谈及莫雷尔-法蒂奥："然而这个踩蚂蚁的人搞错了。"[2] 博尔赫斯："这突如其来的鄙视很管用。"

6月24日，星期三。 他提起两句话 "tête à gifle"（一张让人想抽耳光的脸，指令人不悦的、容易让人恼火的人）和 "Que voulez-vous, si elle a marié un cocu？"（如果她嫁给一个戴了女帽子的男人，您想怎样？）。

他谈到《伊利亚特》里的英雄："他们就像阿根廷人一样：不是《马丁·菲耶罗》里的人，而是像如今的阿根廷人，需要为了打斗而愤怒。要先互相辱骂，然后再开打。他们没有像中世纪北欧传说里的英雄那样发现如何简单快速地开战的方法，他们有点像意大利人。在赫克托尔和阿喀琉斯对战之际，赫克托尔建议二人立下誓言，不论最后谁取得胜利，都要承诺尊重对方的尸体，让其能被体面地下葬。'我为什么要对你许下承诺，狗杂种？'阿喀琉斯问，'狮子与人、狼与羔羊之间会谈合约吗？'[3] 阿喀琉斯说的在理：这个协议并不公平，赫克托尔假装条件对二人是平等的，但他知道自己将死，所以才协商遗体归还的事……有一幕我记得很清楚：安德洛玛刻在烧水，为赫克托尔那一仗后的沐浴做准备，此时她听到了女人们的哀号，便知道赫克托尔战死了。[4] 我不知道荷马之前是否读过关于六英尺英格兰土地的那句话。[5]

1　《书》（Books）【《序曲》（p.1850），V】。
2　关于莫雷尔-法蒂奥，格鲁萨克说："下面我会提到此事，因为这件事两句话就能说清而且透过此事能让我们更加了解这位'踩蚂蚁的人'在西班牙历史文化方面的学识。"【《法国的浪漫主义》（El romanticismo francés，1920），III】。
3　《伊利亚特》，XXII，vv.263—4。
4　出处同上，XXII，vv.552—9。
5　出自斯诺里·斯蒂德吕松的《挪威列王传》，IX，91。由于博尔赫斯对这一情节颇为喜爱，因此这段曾多次出现在他的文章和文集中。

他或许对这句话都不甚理解。神的干预有时会把这种战斗变得几近荒谬的程度；但很可能是读者所熟知的传统使荷马不得不以某种特定的方式去讲述这些历史。吉尔伯特·默里说，荷马柔化了《伊利亚特》中的历史，而通过其他来源——比如陶罐上的铭文，等等——我们能发现更多残酷的视角。"

6月25日，星期四。 他说："像《伊利亚特》这样结构复杂的作品竟然会被当作原始文学，真是太奇怪了。你想象一下：那是一种用六韵步写成的原始诗歌形式，一种用西班牙语无法复制的、如此复杂的格律……或许在二十世纪以前没有人觉得这不能作为原始的文学形式。又或许在二十世纪以前根本没有演化发展的思想。约翰逊大概会认为，正由于诗人无所不能，而且当时一切都有待创作，所以《伊利亚特》才能被写出来……歌谣无疑是文学的原始形式。"

我们聊到蒲柏"领头"的《荷马史诗》翻译工作。博尔赫斯："尽管有非常优美的句子，但读者对自己所仰望之人的不安全感——因为有些诗句是蒲柏译的，有些出自他的两位合译者芬顿和布鲁姆[1]——无疑削减了对他的赞许和他的声望。"比奥伊："好像两个合译者的其中一人翻译的句子，我不知道是芬顿还是布鲁姆，几乎不需要蒲柏再修改。是用英雄双行体翻译的。"博尔赫斯："那个年代，写诗就是写英雄双行体……"我们还评论了蒲柏的那个书信事件，约翰逊在《英国诗人列传》中讲过此事。[2]

他跟我讲，今天他正穿过彼得拉斯街的时候，一辆大巴车差点把他撞倒，就在那时他抬眼看见一个巨型招牌上写着：文森特·P·卡库里。他说："要是死前最后一个想到的人是文森特·P·卡库里的话，那得多诡异啊。应该没人知道他。"

他说欧几里德·达·库尼亚把巴西的北方人描述为一群"永远疲惫的人"。[3] 博

---

[1] 伊利亚·芬顿（1682—1730）和威廉·布鲁姆（1689—1745）参与了蒲柏译本（1725—1726）的翻译工作：布鲁姆是根据达西埃夫人的法语译本（1708）间接翻译的。
[2] 蒲柏一方面期望能够出版自己的书信，一方面又担心这一举动会被看作是一种虚荣的表现，因此他谎称有人窃取了书信并秘密印刷了出来。他以此为那个"未经授权"的版本和一个新版本辩护，而这一次是为了维护自己的好名声。然而讽刺的是，那些书信没有引起公众丝毫的兴趣："我甚至不记得这一事件受到了公众的赞扬还是谴责"，约翰逊这样总结道。请留意，在"缅怀亚历山大·蒲柏"的《公牛之神》（1942）中，诗人安哥拉达（布斯托斯·多梅克系列故事中的人物）试图提及蒲柏的书信，但错误地引证说那些书信被盗了。
[3] "o homem permanentemente fatigado"《后方的土地》（*Os Sertões*, 1905），III。指居住在巴西东北部半干旱地区的塞塔内霍人。

尔赫斯:"那个地区岩石丛生,土地上遍布被称为卡廷加的多刺植被。[1] 我不知道谁还记得某段时间在布宜诺斯艾利斯闻过那种植被的味道。"我父亲:"在别墅区,因为黑奴太多,某些地方总是有卡廷加的味道;黑人区当然也有那种味道。"博尔赫斯:"真是怪了:竟然成了一种今天的我们都不太熟悉的味道了……一位在我们当中生活了多年的外国人,大约在1860年左右的时候,在欧洲,跟一位阿根廷人聊起布宜诺斯艾利斯。'那每次太阳落山的时候,就会有卡廷加的那种味道吗?'他问道,言语里充满了怀念之情。"

博尔赫斯:"我曾跟(阿玛多)阿隆索解释说,文森特·罗西是那种会让未来的学者感到高兴的语言学家:愚笨无知、脾气不好、孤僻古怪。存在两套标准:一套用来赞美同时代的人,另一套用来赞美已经过世的人。而那些过世的人多少都应该有些小说人物身上的东西……"

我们聊到了翻译器,聊到那种用来测定莱布尼茨的书中出现了多少次"无穷"这一概念的机器。博尔赫斯:"我认为不存在这种机器。谁发明的呢?另一个机器把它们发明出来的?"他说伊瓦拉以前总是抱怨:"英语是什么语言啊:任何一个单音节都有自己的含义。"

博尔赫斯说,克莱门特曾这样评价吉亚诺:"因为他发现自己写不好,所以就写很多书出来。"比奥伊:"这是一种很多人会采取的解决方法。"博尔赫斯:"就好比歌德。他的作品相当多,所以如果你指出某部写得极其糟糕的时候,对方总能举出其他作品来反驳。"

6月29日,星期一。 博尔赫斯说,我们向缪斯、希腊拉丁文化中的某位神明、某个英雄祈求时,就是在把我们写的东西与整个过去联系在一起。

6月30日,星期二。 博尔赫斯评价说:"一部小说里有一个主人公是不错的,但如果所有人都拿自己当主角看,生活就会成为一部令人非常不适的小说。总之,不应太过惊奇。马列亚肯定会把自己看作一名演员:走进一幕剧中,再从舞台深处走出来,诸如此类。巴西战争的那些将领把当时的一切都看作是自己丰功伟业的一段段佳话,看作可以用来炫耀和突显自己的时刻:从这就能看出斗争的弊端……我越来越相信沃利就是那种通用模板。所有人都会像她那样:所有人的动机和运作机制都

---

[1] "土地",IV,出处同上。

如出一辙，只是在沃利身上，这些动机和机制的作用更加清晰明了。"

博尔赫斯："法属西非地区的黑人想表达某个人（黑人）是花花公子时，会夸他说：'*他非常有黄金海岸那边的感觉。*'"

7月5日，星期六。　博尔赫斯："阿德拉·格龙多纳曾向马列亚坦白，说作协就是她生活的目的：作协以外的生活是不现实的。她不是唯一一个这样做的人：埃罗、索托（或许科尔多瓦和冈萨雷斯·拉努萨也是）都扮成作家的样子。他们唯一是作家的一点就是隶属于作协，是作协里的公务员。要是没有作协或是 ASCUA（阿根廷捍卫与超越五月革命理想文化协会），他们会怎样呢？某本书里会说，在某个作家的作品里能发现埃罗对他的影响，或是出于某些原因某人的写作风格会让人想起索托吗？当然了，当作协的公务员并不怎么样。他们都过着双重生活，必须让别人相信自己是作家，他们有苦楚。"

博尔赫斯："巴洛克风格的作家都老得快。奥尤埃拉过去可能经常在诗里写'do'（那里）。要是有人对那些'do'里的某一个提出异议，他说不定会大喊'怎么？这是在抨击西恩富戈斯[1]吗？'毫无感知力的人对文学持有一种法律观念：前辈作家说什么都有理。"

他想起切斯特顿这样评价狄更斯的《写给孩子看的英国史》："孩子不是读者，而是作者。"

7月7日，星期二。　博尔赫斯："你没看到马列亚当时有多愤慨。他对待伊尔卡（克鲁普金）的态度就好像在说'我不能容忍蠢货'。可没有必要这样，尤其明明是同行的时候。"

7月8日，星期三。　博尔赫斯："沃利这么一个虚荣心强且对声名极度渴望的人是不幸的。她最大的一次胜利是收到了马里旦的一封言辞真挚的信，感谢她给他寄了一本书。然而这种形式的崇拜也有个缺点：她不能因为这么一个小小的感谢之举在她朋友面前炫耀什么。而且信的开头写的是：'亲爱的先生'……"

7月9日，星期四。　他回忆说："有一次我想写一个关于犹大的故事。讲他之后并没有自杀：而是继续跟其他门徒一起生活，他们都很喜爱他。他就这样活了下去，满

1　Nicasio Álvarez de Cienfuegos（1764—1809）西班牙作家、诗人、记者、剧作家。是西班牙文学史上向浪漫主义过渡的重要人物之一。——译者注

怀不幸。大家都知道他是个可怜人，所以都爱护他。他比所有门徒都活得久，以至于有一个时期人们看他的眼神都毕恭毕敬，因为他就是'那位'门徒，那个唯一活到今天的人。"

7月11日，星期六。 博尔赫斯："我们作家并没有形成一个同行抱团的概念。工人们都做着非常单纯的工作。不会有人对一个码头工人说：'您继续这么工作下去毫无价值可言。您知道世界上已经把什么货物都装上船了吗？'也不会有人劝屠夫不要宰杀动物，因为从上万年前开始，世上的动物就已经血流成河了。更不会有人用鞋子已经多到令人腻烦这种理由去阻止一个鞋匠做鞋。但每个作家之间都存在竞争，即使不是跟所有过去的作家竞争，对手还是很多。而文学运动的作用就是让我们从'和过多作家竞争'的境地里解脱出来。来一场支持自由体诗的运动，便驱逐了所有还在严格押韵的诗人；再来一场支持押韵的运动，又排除了那些写自由体诗的人。作家的数量太多了，我们必须尽可能让大多数人消失。"他还说："我和史蒂文森的看法一致，一个作家应带着最少的酬劳和最大的责任感去写作。"[1]

7月13日，星期一。 他说："马斯特罗纳尔迪的诗歌中有一个非常有意思的现象：它的诗歌是由句子组成的，属于格言派，而看上去又非常简洁。那是一种巴洛克风格的诗，似乎开放式的巴洛克风格更有效一点。他现在在翻译贺拉斯。对于很多人来说，马斯特罗纳尔迪就是诗人的化身。一个非常短小的作品就有很大帮助。"

他谈到埃克曼："他能读进包斯威尔的书。却从没想过要把对话录里的那些话变得跟戏剧化一些（他什么也没想过）。一个记者要让那些对话更加生动有趣的话，都会改得更有戏剧张力一点。但你看他还敢嘲弄一下歌德，也敢自嘲……歌德和埃克曼是两位雅士，他们想不出任何点子。尼采常说歌德和埃克曼的对话录是德国文学里最棒的书[2]：他不怎么喜欢德国文学。然而像那样的一本书很难完全不好看。"

博尔赫斯："在卢贡内斯和奥拉西奥·基罗加之间，人们对基罗加更有好感。卢贡内斯是个脾气很差的人。到底该把卢贡内斯还是埃雷拉·伊·雷希格排在前面，基罗加处理的很好。他和其他乌拉圭人一样，认为卢贡内斯是更早出道的作家：在发表作品之前，他的几首诗就已经被刻在碟片上抵达蒙得维的亚了，所有人都听了，甚至埃雷拉都听了。基罗加是个小个子，有点男主角的气势。他的故事就

---

1 《文人的职业道德》(*The Morality of the Profession of Letters*，1881)。
2 《漫游者和他的影子》(*Der Wanderer sein Schatten*，1880)，格言109。

算写得再不怎么样，讲起来的时候也没有读的时候显得那么难看了。阿莫林说，在他的头几本书里有非常纯粹的'基罗加风格'。基罗加的诗写得都很糟糕。在一首关于海战的诗中，他写了一场用花剑打斗的接舷战。[1] 这跟独腿海盗约翰·西尔弗[2]差的太远了。"

他聊到罗素："他的那本阐述自身思想发展的自传体作品[3]，是本令人生厌的书。罗素的其中一个发现，看上去很显而易见，就是两个句法上相同的句子也可能是不同的。'猫来了'和'上帝存在'这句话不一样。这一发现与上帝存在的本体论证明相对立，也可能使我们的好朋友迈农的理论失去效用[4]。能够说出'圆的方'或'金山'这样的短语一直是一个令人困扰的事实[5]，它使人们对一种缺乏真正逻辑的语法深感遗憾，因为它创造了不真实的实体。"

7月18日，星期六。　　他聊到了系里的事。说在一次考试中有一位女学生承认自己并不知道谁是荷马，还把阿喀琉斯当成了匈奴人的王。博尔赫斯："这些都是乔伊斯试图犯下的错误。"

博尔赫斯："我跟我的学生们说，关于弥尔顿，他们可以去读约翰逊写的一部非常有意思的传记，或者去读《不列颠百科全书》里对他的介绍文章，但约翰逊写的传记会比大英百科里的文章让他们觉得更有意思。而其他老师会让那些能写出令人满意的专题论文但参考文献写不全的学生认识到这是不够的，会给他们低分。这太粗暴了。他们不知道查阅参考文献只是一种方法，不是一种目的，如果论文写得好，那参考文献并不重要。"

7月20日，星期一。　　他说："黑人本来可以给出黑人艺术被维护的原因吗？"

7月27日，星期一。　　我们聊到了林克莱特。我们都觉得他或许能称得上是这个时

1　《海战》【《珊瑚礁》(*Los arrecifes de coral*，1901)】。
2　小说《金银岛》里的反派角色。——译者注
3　《我的哲学发展》(*My Philosophical Development*，1959)。
4　奥地利哲学家亚历克修斯·迈农（1853—1920）提出了对象理论（Gegenstandstheorie）。根据这一理论，有两类对象，一种实存（Existenz）对象和一种是亚实存（Bestand）对象。那么像方的圆这样的矛盾对象，在可以被想象出来并可以作为文法上主词的时候，就有某种程度的存在性。
5　罗素【《心的分析》(*The Analysis of Mind*，1921)】曲解了对象理论（Gegenstandstheorie），他说根据这一理论，人们思考的对象"可能是某种想象出来的东西，比如一座金山，或是某种自相矛盾的东西，比如圆的方"。

代最棒的英文小说家。博尔赫斯:"有损于这一称号的一点是他写作是为了娱乐。他没想证明任何东西:不管是天主教的真相、共产主义的真相还是存在主义的真相。有天有个女生问我,我故事背后暗藏着什么哲学体系。我告诉她什么哲学体系也没有,只是在有的故事里有一种我觉得适合用来写成故事的哲学思想,那样回答的时候我明白我正在被她看不起。"他说在林克莱特的《正午的影子》一书中,写了一对非常幸福的夫妻。丈夫上了战场,妻子开始收不到丈夫的消息,终于丈夫申请了一次短假回家。她向他倾诉,他说自己有多想她。当他告诉她,他在一家酒店开了房的时候,她发现丈夫是那么急切地想上床求爱,而对别的所有事情都点不耐烦。他们在酒店过了夜。结果第二天妻子在床头柜上发现了一张五英镑:丈夫误以为他在嫖妓。后来一个母亲把这事讲给了儿子听:他们两人的儿子。丈夫又回了战场,去赴死,而那次是那对夫妻最后一次在一起,他们曾非常相爱。

我们谈到潘诺尼亚的扬——或维塔利斯——匈牙利作家[1]。他曾写过,罗马的转瞬即逝者延续了下去,即台伯河,从这一句体现的想法来看,他是约阿希姆·杜·贝莱、克维多和斯宾塞的参照模板。博尔赫斯:"包斯威尔提到了克维多的那几句诗,但标点断句是错的,约翰逊则说这几句是维塔利斯写的。"[2]

我们读了纳博科夫《洛丽塔》的头几页。博尔赫斯:"我会有点怕读那种书。这对一个作家的伤害一定很大。你会发现不可能用别的方式去写这个故事。你得马上在读者面前做怪样,你变成了一个杂耍的人,拿出你的礼帽和兔子,你成了一个忙手忙脚的弗雷戈里[3]。"

8月1日,星期六。 博尔赫斯和佩罗在家吃饭。博尔赫斯想起爱默生的几句诗,诗中的地球说话了,说很奇怪,她见识过这么多东西,却从未见过老人:

---

[1] 将其认作匈牙利作家是因为潘诺尼亚在1—4世纪属于罗马行省,大致相当于今天的匈牙利西语、奥地利东部、斯洛文尼亚、克罗地亚、波黑和塞尔维亚北部。——译者注

[2] 约阿希姆·杜·贝莱,《罗马古迹》(*Les Antiquitez de Rome*,1558)中的十四行诗 III("新来者,在罗马寻找罗马")被克维多仿效【"致埋葬在废墟中的罗马"《西班牙的帕尔那索斯峰》(p.1648),第一缪斯】并被埃德蒙·斯宾塞译为《罗马废墟》(*The Ruins of Rome*)一诗【《哀怨集》(*Complaints*,1591)】。包斯威尔(《约翰逊传》,"1778年4月9日")提到:"坚定者兀自逃遁/转瞬即逝者尚在并永存",约翰逊则引用了维塔利斯的诗:"immota labescunt; /Et quae perpetuo sunt agitata manent"。

[3] Leopoldo Fregoli(1867—1936),意大利戏剧演员。他是当时唯一一位在场景转换的同时迅速改变角色,以此带给观众惊奇效果的演员。

大地亘古永恒；
——星星经久不灭——
闪耀在古老的海上，
古老的是海岸；
但老人都跑到了哪儿去？
我如此见多识广，
却从未得见。[1]

博尔赫斯："好像最远古的诗人写的一行诗。"

我们聊起书名。博尔赫斯提到了几个希腊书名：《七将攻忒拜》《波斯人》《伊菲革涅亚在奥利斯》《伊菲革涅亚在陶里斯》。佩罗："没错，不过只保留伊菲革涅亚就是个优美的名字了……"博尔赫斯："是作者选的。"他继续说："《俄狄浦斯王》《阿耳戈船英雄》还有什么更好的标题吗？（语带讽刺）更现代点的？我们还可以算上《金驴记》《奇异故事》。"我们觉得塞万提斯的有些书名还不错：《狗的对话录》《英国的西班牙女人》。而提尔索和洛佩用的标题，都比较粗鄙随意，感觉不太合适。博尔赫斯："《最佳市长，国王》[2]：太蠢太谄媚了，看得出他当时想带有一些说教性。"佩罗："莫利亚克有些好标题：《蛇结》《神秘的弗龙特纳克》。"博尔赫斯："Le Mystère Frontenac（《神秘的弗龙特纳克》）为什么好呢？"佩罗解释不上来。我猜他喜欢这个题目纯粹是因为对法语知之甚少。博尔赫斯："Le Mystère de la chambre faune（《黄色房间的秘密》）这个标题不错。翻译成其他任何语言都好：el misterio del cuarto amarillo。El misterio del dormitorio azul（《蓝色卧室的秘密》）看起来就很蠢。El sueño del aposento rojo（《红楼梦》）很低级。卢贡内斯的标题除了《花园的黄昏》，其他都一文不值。《伤感的月历》这个题目很可怕，不过非常幸运的是，它让我们很难相信还有比卢贡内斯的月历更久远的月历存在。《苍老的佛塔》不错，像埃雷拉会取的那种假标题。[3]美国人给书取名时都试图显得壮观、有力、富有感情，比如：《群星俯瞰》。叶芝的《来自星星的独角兽》无疑排场十足，但过于造作了。《蓝……》在那个年代想必是个脱俗的名字。哎呀，我记得是带省略号的吧。"比奥

---

1 《罕莫特利亚》（*Hamatreya*）【《诗集》（*Poems*，1847）】

2 洛佩·德·维加的一部戏剧作品。——译者注

3 卡洛斯·安哥拉达（布斯托斯·多梅克系列故事中的人物）的作品（1912），出自《公牛之神》（1942）。

伊:"《旅人》呢?"博尔赫斯觉得不是特别好,但我觉得也并没有很糟糕。博尔赫斯:"《跛脚魔鬼》不值一提,《托尔梅斯河边的小癞子》也不怎么样。《马丁·菲耶罗》,仔细琢磨的话,有点荒谬可笑。"

比奥伊:"有的书如果你想读的话,必须一气呵成。如果你只是翻一翻,只是这看一眼那看一眼的话,就会发现根本不值得读,你也就不读了。比方说,《堂塞贡多》就是这样。"博尔赫斯:"卡莱尔过去就常说,没人能把《古兰经》读进去,除非出于责任。"[1]

8月3日,星期一。 他说,在十八世纪德国学校的戏剧演出里,国王的角色都是由好门第的孩子扮演,而扮演奴隶角色的孩子都来自更低阶层的家庭:"受莎士比亚的影响,人们过去认为戏剧里的人名都应该是英文的:参考席勒的《玛利亚·斯图亚特》。那些德语名字一直让歌德很苦恼,他觉得都不合适。所以《威廉·麦斯特尔》里的人物才会有那么奇怪的名字(迷娘、梅丽娜、菲利娜等等)。这种没把握的感觉离《布登波洛克一家》还差得很远。"

8月7日,星期五。 他观察到:"人们对文学的认知太少,才会有人攻击吉拉尔德斯——而且不乏攻击他的理由——因为他们认识堂塞贡多,而且发现他是个没有任何利益关系的个体。但这又有什么关系呢?正相反:这反而能说明吉拉尔德斯是个天才,懂得如何在一个俗人身上发现他英雄的一面。除非他们想说的是:'吉拉尔德斯太蠢了,他就那么由着自己被堂塞贡多哄骗。'但他们想的不是这个,他们想的是:'堂塞贡多是个无名之辈,而吉拉尔德斯把他变成了英雄。'"

8月13日,星期四。 比奥伊:"那些'旁观者''观察者'(用奥尔特加·伊·加塞特的方式来说)[2]往往会错误地把转瞬即逝想象成永恒持久,因为他们必须对自己评论的事情予以重视。"博尔赫斯:"叶芝非常崇拜墨索里尼,当墨索里尼说出自由就是一具生满蛆虫的尸体时,他激动异常:'一位政治家竟然敢说出这样的话……一切都变了。'他认为自由已被墨索里尼的那些话废止。人们都觉得最近发生的事会永远持续下去,从而蔑视一切过往。'这不会消逝',他说。然而,那些庇隆派……关于导致成千上万的死亡、将世界命运玩弄于股掌之间的一战,叶芝建议,'不要把这

---

1 "除了责任感之外,没有任何东西能让哪个欧洲人读完《古兰经》。"【《论英雄》(*On Heroes*,1841),II】。
2 《旁观者》(*El Espectador*,1916—1934)。

场战争想得过于现实'并拿德国人的暴行开起了玩笑。然而，当爱尔兰起义打响，四五名爱尔兰人被枪决时，他大声疾呼，希望所有人站出来谴责镇压行径：他很震惊，人类竟然能继续忙着自己的营生，对那些枪弹带来的伤痛毫无感觉。[1]罗杰·凯斯门特爵士趁英德鏖战之时与德国人取得了联系，当他被枪决时，叶芝深受触动，写了一首关于罗杰·凯斯门特鬼魂的诗[2]。"

8月18日，星期二。 我们读了《切维猎场之歌》。博尔赫斯："韵律是最要紧的。民谣里有纯正的东西。民谣里讲述的故事对于作者来说是真实存在的。他们相信民谣里所说的：这一点很重要。它们比《莪相集》更地道。真正的苏格兰民谣是用一种比彭斯的语言少一些刻意、多一些通俗的苏格兰语写成的。一百年间，文人雅士仍偏爱英雄双行体的格律，真是太奇怪了。"他接着敲打出噪音来模拟英雄双行体中押韵的句子。比奥伊："我在想会不会有用西班牙语和法语写成的民谣。"博尔赫斯："用法语写的有。有维庸等人。用西班牙语写的嘛，我不知道十九世纪前有谁。"比奥伊："我在想我唯一能记起来的一首就是《献给莫利小孙子的歌谣》。对于莫利的小孙子来说应该很枯燥无味吧。"我们聊到谣曲（romance），或许它属于民谣（balada）的一种，但谣曲是押近似韵的。博尔赫斯："民谣和谣曲不同，奇幻成分在谣曲中没有那么常见。"他对那首《林肯的休》大加赞赏。他说画面感很强，在《尤利西斯》一书斯蒂芬·迪达勒斯和利奥波德·布卢姆之间的对话里也并没有遭到恶评。[3]关于《切维猎场之歌》，我说，我从小就在书里发现，英雄与他的敌人相比，作者总会把英雄塑造的没那么大度，比如：阿喀琉斯与赫克托尔，（《切维猎场之歌》中的）珀西伯爵与道格拉斯伯爵，马丁·菲耶罗与那个黑人，巴伦特雷少爷与亨利。

我们谈到十四行诗。比奥伊："我在蒙克·吉本的那本书[4]里读到，对于有些人来说，一首用英语写成的十四行诗就是对莎士比亚、弥尔顿或华兹华斯的模仿之作。"博尔赫斯："好的十四行诗都是意大利体，而莎士比亚的十四行诗是在三行诗中押双行韵，读起来很不舒服。吉卜林没有写过十四行诗真是太可惜了：他不写肯定不是因为不擅长，而是他了解自己的受众，而且也不想让自己沦为一介文人。克维多

---

1 "十六位死者"【《迈克尔·罗巴茨和舞者》（*Michael Robarts and the Dancer*，1921）】。叶芝在新芬党十五位领导人的枪决之外，添加了罗杰·凯瑟门特的枪决事件。
2 《罗杰·凯斯门特的鬼魂》【《新诗集》（*New Poems*，1938）】。
3 《尤利西斯》（1922），III。
4 《名作与其人：我所认识的叶芝》（*The Masterpiece and the Man: Yeats as I Knew Him*，1959）。

十四行诗的韵脚暗示了他的创作都是即兴为之,还有点粗枝大叶。看得出来他在创作诗歌时第一句想到什么就写什么,然后接下来句子的韵脚就必须跟着前面的走。可能他会写出一个什么韵也压不上的句子并继续写下去,自信自己能找到另一个韵脚,还能把诗写完。在十四行诗的创作中,最需要谨慎处理的部分就是选择离主格律不太远的韵脚。而糟糕的是,克维多诗歌的构思都不是托词,对他来说都是思想的体现。但作为思想来说,那些构想太浅了。庄重的风格贡戈拉写得更好。"比奥伊:"克维多'倾向于'写丑陋和粗鄙的东西。"博尔赫斯:"我并不欣赏那种充斥着物品和色彩的诗歌,但我发现克维多的某首十四行诗里竟然有过多抽象词汇。"

8月20日,星期四。 我们聊到书名。他说玛利亚·安东涅塔·森特罗内的一些标题取的很可笑:《明天女士》《巨大的存在》。后者让我们想起很久以前做诗歌评审时看到的一句很可怕的诗:

如花岗岩般坚硬的巨大生物。

博尔赫斯:"要是这个东西无穷无尽或是广袤无边的话,这样写就不太精准了,'巨大'一词很完美,给人一种实体体积的概念。"

还有一个标题叫:《为了快乐的信》。博尔赫斯:"这个题目至少比一句完整的话好。一看就懂,免得用'为了让快乐散播的信'等一类的显得很蠢。马斯特罗纳尔迪觉得它做乔伊斯作品的标题很合适。人们走进书店,毫不犹豫地去问一本标题反常的书:'有《当代西班牙的帕尔纳索斯峰》吗?'这太奇怪了。人们可能会问:'有一本大概叫这个的书吗……'但并不会:人都是勇敢的,也是愚蠢、不太敏感的。"

博尔赫斯:"吉列尔莫有本书叫《普罗透斯变形记》。这名字太笨拙了:好像在说'变形者的变形记'。要是叫《普罗透斯》或是《普罗透斯的那些面孔》或者《普罗透斯的日子》就好太多了。而人们肯定会反驳说:'《变形记》是奥维德写的,您把作者搞错了'。"

他说不能因为一本书里的爱情描写太直接就认为它一定不道德:"当书中鼓励虚荣浮华和愚蠢思想时才是不道德的。罗斯丹的《大鼻子情圣》或许是不道德的。美国的那些'硬汉作家(tough writers)'也是不道德的,他们的小说总是书写残暴的人(《没有布兰蒂什小姐的兰花》)。"

8月21日,星期五。 他提到国立图书馆里有(哪里没有呢?)庇隆的画像。革命胜利的时候,桑托斯跟(庇隆派)职员比托洛说:"得把这些画像撤下来。"比托洛说不行，还很愤怒。桑托斯："很好。那我就拜托您来保护这些画像吧。要是有乱党闯进来想破坏画像，您就把他们赶跑。"比托洛就说，为了避免更大损失，或许还是把画像撤下来比较妥当。博尔赫斯："在《挪威列王传》里，斯诺里·斯蒂德吕松讲过一个关于圣奥拉夫二世的类似的故事。几个异教首领想继续用活人祭祀。奥拉夫对他们说：'可以，但为了让祭品显得更珍贵一些，我们不用奴隶，就用诸位大人自己吧。'他们回去商讨了一会儿，很快便宣布可以随时皈依基督教了。"

为了证明格鲁萨克有多厌恶阿根廷人，他们讲，有一次克列孟梭参观国立图书馆的时候[1]，看到有个员工在椅子上睡觉，格鲁萨克当时就说："Il est argentin（他是阿根廷人）。"博尔赫斯："他可能讨厌阿根廷人，但这一点没有被证实过。他当时得说点什么。"比奥伊："他说出了一点共识：南方人都很懒散。说出一点共识说明他对自己的话并没有多在意。重点是要说点什么，带点调侃的口气道个歉，显得自己这个馆长不那么蠢。他应该说什么呢？大概可以说'他晚上失眠'？"

8月22日，星期六。 他想起马列亚那本书的标题《一个绝望英国女人的故事》。比奥伊："atribulada（痛苦）听上去更好，不过马列亚用 desesperada（绝望）也不错。"博尔赫斯："不常用的词汇除了会带给读者好奇心和神秘感外，并没有什么力量。'一个绝望英国女人的故事'：所有单词都很和谐，紧密相连；但要是说'一个受惊的英国女人的故事'，'empavorecida'（受惊的）就和其他词没有任何关联，好像它是用斜体标出来的，属于别的语言。"他又继续试了好几种别的搭配。他说'despavorida'（惊恐的）是个经常用在女性身上的词。

博尔赫斯："系里的老师为了煽动学生，会说出这样的话'我们会研究一下前苏格拉底哲学家，那些好奇心非常强的怪人'、'康德，最聪明的家伙'。学生们就在底下看热闹。"

8月23日，星期日。 博尔赫斯："读者信不信他们读的东西无所谓，重要的是他们要感受到作者相信他写的东西。"

8月24日，星期一。 他谈到罗马角斗士：他们的各种等级、生活方式、角斗士学校；他们如何开始角斗；除了马可·奥勒留（因千篇一律而否定他们）和塞内卡（因残忍暴力而谴责他们）[2]，所有作家都认可他们。帝国全境除了希腊，所有地方都

---

1 格鲁萨克于1885—1929年间任国立图书馆馆长。克列孟梭曾于1910年访问阿根廷。
2 马可·奥勒留，《沉思录》，VI，46。塞内卡，《书信集》，VII。

对角斗喜闻乐见。保守的罗马人常说,戏剧舞台是一所充满谎言的学校,而人们对抗和死亡的角斗场才是能学到真理的地方。博尔赫斯:"罗马人都非常麻木。"比奥伊:"我觉得在希腊文学里没有像罗马文学里那种简明的例子,但希腊文学里最好的东西一定比罗马文学里最好的强。"博尔赫斯:"罗马人之后,希腊人显得有点啰嗦。"

我提到西塞罗给他妻子的信件开头是这样写的:"马库斯·图利乌斯·西塞罗祝他的特伦西亚身体健康"[1]。比奥伊:"这就是全部了:没有更多亲密和感情可言。"博尔赫斯:"他一定觉得没有必要投入更多感情了。"

比奥伊:"伏尔泰的短篇小说是一类写作的代表,在这类文本中作者既不相信他的人物也不相信他的故事。"博尔赫斯:"它们写出来不是为了被人相信的。它们是寓言故事,是用来交流思想的工具。如果伏尔泰在《老实人》里试图为悲观主义提供理由的话,肯定会以失败告终:他展示的不是一个残忍的世界,而是一个可笑、荒诞、可鄙的世界。"比奥伊:"他并不那么相信现实,而是把现实描绘得残酷无情。要多少被现实蒙骗才能写出避难所。"博尔赫斯:"而且伏尔泰太容易满足了。他写作的时候总是很开心,边写边笑。"

他说托马斯·珀西采集的那版民谣《林肯的休》没有其他版本优美;他赞赏格雷夫斯的那个版本。[2]

8月25日,星期二。 他提到马里奥·路易斯·德斯科特:"他发现了灵魂不朽或者说关于唯灵论真相的最新佐证。好像有人在三腿桌中间问鲁文·达里奥:'这本诗集里写得最差的是哪一行?'他说:'第十一行。''再次呢?'他们又问。'第十四行。''没错'——德斯科特肯定地说——说实话,这是一首烂诗里毫无价值的两行。"他还讲到:"有一次他们忘了给他拿盛甜点的盘子,德斯科特便想到了一个办法,一个古老的法国传统,而如今因为已经有这么多好物件了,这种方法正在逐渐失传……佩罗证实了此事,还留恋地叹了口气。这种已经失传的漂亮手法就是把之前吃牛排或烤肉的盘子翻过来,用底面来当甜点盘。不过他们并没有说桌布最后变

---

1 一般信里常见的开头是:"Tullius Terentiae suae salute plurimam dicit"(图利乌斯向特伦西亚致以他的问候)。

2 托马斯·珀西,《古英国诗歌拾遗》(*Reliques of Ancient English Poetry*,1765)。罗伯特·格雷夫斯,《英国与苏格兰民谣》(*English and Scottish Ballads*,1957),其《英国民谣》(*The English Ballad*,1927)的修改版。

成了什么样……"

他说里谢里·弗朗迪西最近又被发现剽窃了别人的东西。他第一次是抄袭了一本笛卡尔的评注版[1]：他那版的批注和原版唯一的不同是原版中的"une révolte des gueux"[2] 被里谢里写成了"一场 Gueux 的暴动"，因为他以为 gueux 是个历史人物。而这第二次是针对弗朗西斯·培根全集的那个评注版，好像是照搬了埃利斯版的注释。[3] 朱斯蒂为里谢里·弗朗迪西辩护说那本书是在他做大学校长之前出的。博尔赫斯："他可以说那本书是在他开伦理学课之前出的。"

博尔赫斯："叶芝不希望岁月消解掉情感和措辞的力度。《奥卢斯·格利乌斯》是卡普德维拉的一首非常值得称赞的诗。诗中的措辞，诗中的语言，都恰到好处：

就品达与荷马侃侃而谈
直到白昼走入灯间……

当你的船从希腊驶入罗马，
你想起华宴，你筹备华宴。[...]

你这样漫步在你的路上，
头戴玫瑰花冠。

他竟然没有用各种加利西亚佳肴填满全诗，真是太奇怪了。这是一首非凡绝伦的诗，想必只有少数人喜欢。只有卡普德维拉自己和三四个人吧。虽然卡普德维拉肯定更偏爱自己的某首谣曲吧。"

书名清单。《为一个微笑准备的七种蓝》：不洁的标题；《仲夏夜之梦》《阿提卡之夜》：好标题；《一个英国瘾君子的自白》：烂标题。博尔赫斯："康德不追求诗意的标题，他想用一种报告式的……《道德形而上学基础》。他对史威登堡的批驳[4] 蠢话连篇，而那本关于民族特性的书[5] 令人羞耻。他怎么就不明白，如果他没有游历过世界各地，就不应该写一本包含这种观察的书。他书里提及的都是最常见的地方……"

---

1 《方法论》(*Discours de la Méthode*)，艾蒂安·吉尔松版（1926）。
2 字面的意思是"一场乞丐的暴动"，指八十年战争（1568—1648），西班牙低地国家叛乱。
3 《弗朗西斯·培根全集》(1857—1874)，J·斯佩丁、R·L·埃利斯与 D·D·希斯合编。
4 《通灵者之梦》(*Träume eines Geistersehers, erläutert durch Träume der Metaphysik*，1766)。
5 《实用人类学》(*Anthropologie in pragmatischer Hinsicht*，1798)。

比奥伊："我开始读《战争与和平》了。"博尔赫斯："要读进去是比较吃力的。他是个很会写的小说家吗？才不是！我觉得最好是把所有有关战争的部分都读一遍。"他又讽刺道："但那样的话你会错过谈情说爱的部分……"

8月27日，星期四。 他说："我对比了《不列颠百科全书》第十一版和最新一版中关于史威登堡的描述。新版被删减了。不是被简化了：是像用剪刀裁过一样，而且是以裁缝的标准剪的。比如第十一版里提到了他的饮食习惯——吃很多面包、喝很多牛奶、咖啡——还有晚上佣人们（他住在一个大别墅里）有时会听到他与天使和魔鬼交谈。而新版所有关于这方面的内容一点不剩。我认为这是建筑上的缺陷造成的影响，如今的房子都很小，百科全书便也一样缩水了。因为房子里放不下了。我一直想要有一套《布洛克豪斯百科全书》，有二十多卷，而现在我见到的《布洛克豪斯百科全书》只有十二卷。这都要归因于现行的错误标准，这种标准把百科全书看作供人查阅资料的书籍，而不是供人来阅读的书籍。在过去，一套百科全书就是一座图书馆，囊括了中国文学史、十字军东征史，还有弥尔顿传。"

他提到了《力士参孙》里的几句诗。又补充道："以前欣赏克维多的时候，我一度认为所有作品都应该写得像《马尔库斯·布鲁图斯传》那样。写出来是为了交流的，为了被读者理解的，而迟钝拖沓、死气沉沉，甚至烦琐啰嗦都有存在的必要，因为这些都属于人的心理特征，人并不总是精神高度集中而专注的。但《马尔库斯·布鲁图斯传》的风格并不属于任何心理学范畴。实际上，用这种风格写作的作家是愚蠢的、笨拙的，他试图天真地欺骗众人，因为大家都知道他会先用某种方式随便写写，接着到处横冲直撞。"

8月31日，星期一。 他评论道："每次有人在课上朗读触动他的诗句时，效果都不好。从来没什么回应。或许学生们是对的：他们欣赏的是那首诗，是那本书，不是那句话。但还是很可疑。而且比喻总该受年轻人喜欢的呀……"

9月3日，星期四。 我们读了贡戈拉的几首十四行诗。我读了：

迅猛的箭不求命中
目标靶心，却钉住不放；
沉寂沙场上的战车
带着沉默没有抵达终点，

我们的岁月匆匆流逝，悄然偷跑

向着它的尽头。对此怀疑的人
残忍的是他赤裸裸的理由,
每个起起落落的太阳都是一颗彗星。

承认吧,迦太基,你能置之不理?
你在犯险,利西奥,若你再固执地
追随阴影,拥抱骗局。

时光定不会放过你;
时光正把日子消蚀,
日子正把岁月啃噬。[1]

博尔赫斯:"看到了吗?克维多最好的诗是贡戈拉写的。而且贡戈拉的这类诗比克维多写得早。因为是贡戈拉的作品,批评家们觉得这首不能代表他的其他作品,他们不知道该怎么处理它,而且它也不出名。怎么在第一行写出了'menos solicitó veloz saeta'(迅猛的箭不求命中)这样的句子呢?谁知道他当时是怎么念的:Meno sholicitó veloz shaeta……我能想象到那种发音上的生硬是有意而为之,肯定是为了模仿箭矢嗖嗖飞过的声音。

承认吧,迦太基,你怎么置之不理?

这里的对立处理的很好。可惜贡戈拉总想着要对称,这太西班牙了。"

他吟诵道:

一位手持双矛西班牙人
在奥兰城侍奉国王,
也用灵魂与生命
捍卫一位北非美人。[2]

他说,'用灵魂与生命'就相当于'用他的灵魂与他的生命'。我们读了阿吉拉尔社出版的《贡戈拉全集》附录里收录的那些趣闻。[3] 博尔赫斯:"我们离西班牙可真

---

1 十四行诗"看似短暂的生命"(De la brevedad engañosa de la vida, c. 1623)。
2 "在奥兰城侍奉国王"(Servía en Orán al rey, c. 1587)。
3 《贡戈拉全集》(马德里:阿吉拉尔出版社,1935)。伊莎贝尔·米列·希梅内斯和胡安·米列·希梅内斯主编。

是太远了。就好像在读波斯人或是爱斯基摩人的新闻一样。看得出他喜欢种草莓。那些笑话并没什么意思，这么多年过去了，一个笑话还能剩下多少笑料呢？（不过留存至今的那些关于伏尔泰的笑话还不赖……）一个人还能继续读下去是因为他觉得那些无聊的趣闻一定会所剩无几的……他过的是什么日子啊：教士一般的生活，与神甫为伍。他说自己太缺乏神学素养，不如写些轻浮的东西，以免落入异端，这样不错。"

9月5日，星期六。 博尔赫斯："在家的时候我总是说我会把收到的书带去图书馆，好在那儿写回信，但母亲有次发现我把书都丢在门口和路上的荒地里了，所以如今都是她来写由我署名的长长的感谢信；我署名的前提是她不会给我念那些信，不要让我知道我都说了什么。"

博尔赫斯："柯勒律治看不懂法语文章，哪怕翻译过来也看不懂。[1]这或许是出于对拿破仑和法国的仇恨吧。他会说意大利语，有点西班牙语基础，还可以用流畅的德语写作。大概他当初尝试学法语的时候，脑袋瘫痪不转了吧，他学德语的时候脑袋还在转的。"

9月7日，星期一。 他想起福楼拜曾说，当一部作品真的好时，它就不再属于现代派、古典派或是浪漫派了[2]："还可以说得再夸张一点，当一首诗成为好诗时，它就不再属于那个写诗的人了。"

博尔赫斯："实用性建筑和非具象绘画，这两种被人们看作是来源于同一种潮流的表现形式，实际是相反的……"比奥伊："当然，实用性建筑属于侦探和连载小说。"博尔赫斯："应该发起一个拥护纯建筑的运动。造那些没有任何实际用处、连进都进不去的房子……应该造一座这样的城市，一座伟大的城市……"

在法国使馆为马尔罗举办的那场鸡尾酒会上[3]，马尔罗跟他说，有一次，有个人在柯莱特面前坚持说《伪币制造者》（也可能是纪德的另一本书）那本书很烂。"没错，我的小家伙，"柯莱特说，"但这一点儿也不重要。"马尔罗："从这话里能看出

---

1 参见 T·德·昆西，《湖畔回忆录 1807—1830》（1839）。
2 "当一首诗成为好诗时，它就失去了它所属的流派。布瓦洛的一首好诗也可以成为雨果的一首好诗。"【《给路易丝·科莱的信，1853年6月25日》（Carta a Louise Colet, del 25 de junio de 1853）。
3 安德烈·马罗尔于1959年9月以戴高乐政府文化部长的身份访问了布宜诺斯艾利斯。

审美与批评的大学问。"接着他们讨论起这样一位作家是否真的有独创性。博尔赫斯:"独创性并没有那么重要。"马尔罗:"那波德莱尔呢?"博尔赫斯跟我说:"我当时没对他说:'去他的狗屎'。"他又补充道:"《人的命运》[1]一书有一种持续的作用,但这种作用非常缓慢。每读完一章我都有种眼花缭乱的感觉,但并没有继续读下去的欲望……"

9月13日,星期日。 博尔赫斯:"我不知道以前谁还想知道到底一首诗是像瓦雷里说的,是理性的胜利,还是像布列东或查拉说的,是理性的失败。这种想法太蠢了。明明两者都不是。他们想把理性和灵感对立起来。而瓦雷里的论断稍微不那么荒唐一点,它被表述得更好,而且在爱伦·坡的诗里能找到佐证,不过这种论断自然还是不准确的,也不恰当。"

好像聂鲁达曾认为,重要的不是诗,而是所有围绕在诗周围的东西。博尔赫斯(嘲讽地说):"重要的不是这把刀,而是上下文,是天文学。他难道不怕别人很快发现这不过就是一种思维的模拟演习而已吗?"

他说:"人们常犯的一种错误就是以为如果一个人了解了词语的来源,他就拥有了直通真相的通道。乌纳穆诺和奥尔特加都认为,一旦了解了词语的来源,就知道了词汇背后隐藏的真相。但一本词源字典并不是打开真相的钥匙。没人会认为一位大主教(pontífice)是一个架桥的人(pontonero),一个会说多门语言的人(políglota)有很多喉舌(garganta)[2]。显然词义会随着时间而变化。词源所揭示的是词语如今已经不存在的意思。'风格(estilo),哎呀,朋友,您不知道罗马人曾管刻字的锥子叫 estilo.'就是这样,所以呢?"比奥伊:"他们似乎都认为通过词源可以了解决定词义的条件和未来历史。"

博尔赫斯:"我很晚才发现在加西亚·洛尔迦的诗句

雄鸡用尖嘴寻觅
凿出了黎明的曙光(las piquetas de los gallos/cavan buscando la aurora)[3]

中,有一个双关语。诗中的 Piqueta(镐头)暗指 pico(鸡嘴)。(带着讽刺的口吻)这真的会把人搞晕。最好直接写雄鸡寻觅曙光。"

---

1 马尔罗的小说,曾获1933年龚古尔文学奖。——译者注
2 pontífece 与 pontonero 的词根相近,políglota 中的 glota 有"舌头"的意思。——译者注
3 《黑纱谣》(Romance de la pena negra)【《吉普赛谣曲集》(Romance Gitano,1928)】。

9月14日，星期一。 博尔赫斯："亨利·詹姆斯的小说里，架构性的东西很常见。吉卜林的小说里也有一种架构，但后面作家把架构里的东西想象出来，让人觉得真实可感。亨利·詹姆斯都读什么书呢？非常糟糕的英国小说？虽然他的故事写得很出色，但总让人觉得需要配上像《家庭》和《亚特兰蒂斯》杂志上的那种三十年代的插图：一个抽着烟卷或身着燕尾服、正在和一位淑女交谈的绅士。他的故事都是二维的，而吉卜林或康拉德的故事是三维的：通过他们的小说，一种丰富而精准的真实世界得以进入到我们的意识中去。在詹姆斯小说的人物对话里，可以察觉到不言而喻、含沙射影和各种细枝末节的东西，这些东西读者没有发现而且他们也并不认为值得发现；有时候也有粗糙的人物特征。似乎没有任何东西是经过丰富想象出来的，而在所有这些故事背后，读者唯一能想见的只有作者詹姆斯：这样的想象很匮乏。威尔斯观察到，詹姆斯小说里的人物一旦需要到达那种激情时刻，就会做出几个适当的姿势，仅此而已。为了推进情节，他不惜借助通俗剧化的戏剧事件：在《美国人》里，一位女士犯下了一桩极不可能发生的谋杀案。他也不惜借助虚构的情节：在《真品》中，一位小说插画家用某两人做绅士和淑女的模特来绘制插图时就失败了，而用另外两个人的时候就成功了。可能詹姆斯唯一一部生动的小说就是《螺丝在拧紧》了吧：这是他最喜欢的作品，看来还是有原因的。我认为并不是所有人都搞错了。"比奥伊："吉卜林和康拉德相对于詹姆斯似乎是非常现实主义的，而詹姆斯相对于卡夫卡来说也很现实主义。但相对于前两位来说，现实主义的不足成了詹姆斯小说的一个缺陷；而相对于詹姆斯来说，卡夫卡的小说缺乏现实主义却成了一个优点，因为他的小说都是寓言故事，所以一切现实主义其实都没有必要。而詹姆斯的现实主义小说与卡夫卡的相比，似乎成了质量低劣、意图低级的作品。詹姆斯可能在吉卜林的小说里看到了一种粗鄙：不幸的是，他的小说里的确有。吉卜林小说情节的细节要比詹姆斯好得多；比如垫子上在第二支鸦片烟抽过后开始打斗的龙型图案（出自《百愁门》）或是《世界上最棒的故事》里的那些创作。"博尔赫斯说，这部并不在吉卜林最棒的小说之列；但我觉得它极好。比奥伊："詹姆斯的小说里有一种幽默诙谐，几乎总是同一种幽默，就是他故事里的人物总是在一种形势下努力自处而没有注意到其中可能存在的卑鄙下流（《反射器》）。詹姆斯已经弄清了他故事里的每一处暧昧不清的地方，毫无疑问，他对这些模糊之处都有自己的理解，而卡夫卡不是如此，他只清楚自己写在文本里的东西，但他们二人都正确地达到了各自故事体裁的要求。詹姆斯能认识到那些歧义并知道如何去回应，这很不错，因为他写的是人类社会当中的人的故事；而卡夫卡仅限于提出歧义但不对此作出回应，这样也不错，因为他写的是关于人和宇宙之间关系的寓言故事。"博尔赫斯："卡夫卡想必是通过寓言故事来思考的。他对自己故事的理解肯定没有他已经写在故事里的理解深入。这样很好：因为他小说的主题是人与一个无法想象的神以及一个无法想象的宇宙之间的关系。上帝，那个在《约伯记》最后对利维坦发号施令的上帝，就是卡夫卡的神，是全然无法想象和理解的神……我父亲过去常说，像高乔人一样，就是有人只能通过意象来思考，而圣经福音书里的那些著名的寓言故事都说明，耶稣就属于这样一类人。跟高乔人、阿根廷人一样，他不想做出承诺。所以就有了有罪的妇人和第一块石头那个例子[1]。而把那一边脸颊也给出去[2]是用隐喻地方法来惩戒报仇这件事。他总是用比喻的方式来讲话，因为他只能通过意象来思考。"

9月18日，星期五。 他告诉我："我之前一直在读济慈。你知道他像谁吗？说起来有些失敬：像诺瓦耶伯爵夫人。他的诗里到处都是树叶、花草和植物学。最常用的形容词就是'leafy'（树叶茂密的）和'florid'（鲜红的）。而所有这一切并不是为了歌颂丛林，而是在赞美城郊的、伦敦附近某个乡村的草木，他可以在那里的乡下喝茶。"

9月24日，星期四。 他之前一直在读德·昆西的《康德最后的日子》。博尔赫斯："你知道这本书让我想起什么了吗？《布瓦尔与佩库歇》。在这两本书里你都能看到如机器一般的人生。而这一点在德·昆西的那本书里显得更加可悲，因为那本书里描写的并不是两个蠢货的日子，而是一个聪明人的生活。阅历丰富的人的生活竟然变成了机械一般的日子。我不想为这种前后不一致辩护，但我觉得当一个人没有刻意为之时，往往会产生不错的效果。我不认为德·昆西一开始就打算写出一种讽刺意味，他只是开始往下写，而这种文学形式迫使他造成这样的效果。另一个被文学形式所逼的例子——关于变成了机械化的人——就是爱德华多·古铁雷斯的那本书，当黑蚂蚁遭遇那位罗萨里奥帅哥的时候，他们二人都没有要打架的念头，但他们自身的名誉和围观群众的期望让他们不得不打。"[3]

博尔赫斯："我们之前去给一个名为《插图诗歌》的展上的诗歌评奖。那都是些

---

1 出自《约翰福音》8：7，一行淫时被捉拿的妇人被带到耶稣面前问他该如何处置，耶稣说：你们当中谁是没有罪的，谁就可以先拿石头打她。——译者注
2 出自《路加福音》6：29，若有人掴你这一边脸颊，你把那一边也给他。——译者注
3 博尔赫斯把《菲莱蒙·阿尔沃诺斯与黑蚂蚁的决斗》收录在了作品集《狡诈的人》（*El matrero*，1970）中。

什么诗啊。大家都想给一个膝盖上戴表的人的诗颁奖。一个叫巴斯蒂亚尼尼的小伙子——你认识吗？他是个呆子——他这样批评一首诗写得不好：'诗里没有大胆的比喻。'不能跟他聊天。他对诗歌的观点都很神秘。他曾说：'洛尔迦是一位现代作家，但他的写作形式已成为经典。《陆地上的水手》一书是一部惊世之作，没读过这本书的人没有资格去评判阿尔贝蒂。'我就假装没读过。那是本烂书，没必要读：只认识阿尔贝蒂这个人就够了。我们还给一首非常浮夸的十四行诗评了奖。总归有点东西。那帮人多虑得近乎愚蠢。连给这首颁一等奖给另一首颁二等奖这种事都处理不明白。我之前就跟他们说随机颁奖就好，因为过不了几百年就不会有人还记得那些诗歌了，也不会记得那些奖项以及在这个午后、在比利亚德帕尔克区我们正在讨论的那些人。但德利娅·德·马特奥没明白我的意思，她竟然说她收到了几本在阿尔韦亚尔大道[1]写的诗集，写的都很糟糕。哎，你看吧。"比奥伊："可以给一个故事创造这么一个人物，他为了避免这类误会发生身边总是带着翻译。"博尔赫斯："他可能跟这个翻译发火儿。因为他说出来的话是繁复而充满细节的，但这个翻译总是把它们翻译成最通俗的语言。比如，在拒绝一件事的时候通常都会给出非常高级的理由和普遍要遵循的原则，而这个翻译则会翻译成：'他说他不接受，因为他们让他很恼火儿'……你说的在理：几乎所有风格上的丑陋都是在寻求精准这件事上造成的，在试图让语言准确精炼的过程中发生的。肯定存在这样的蠢人，他们会说：'什么？《保尔与维吉尼》？[2]这绝对不可能是书的名字，保尔和维吉尼是两个人名。《三个火枪手》？老兄！你怎么看不出来？这才叫书啊！'你怎么看？你觉得他们这么说是因为笨还是因为想要达到语言上的某种精准程度？我多年里都战战兢兢地写作，写的时候一直要查字典。"

他讲道："一次一位美国哲学家拜访了澳大利亚哲学家沃克，当时的沃克已上了年纪，困倦疲乏，还有一点耳背。沃克问这位访客他从事什么方向。'商业哲学'，访客回答。'什么？'沃克继续问。'商业哲学'，访客又说了一遍。沃克斜靠在椅子上，闭着眼睛，说道：'我放弃了。我听到的一直是*商业哲学*。再使劲听也没用。'"

9月27日，星期日。 博尔赫斯："在带有谜团的虚构文学作品中，作者要么在结尾

---

1 此处博尔赫斯只是举个例子，因阿尔韦亚尔大道位于布宜诺斯艾利斯高雅的富人区，可以用来与比利亚德帕尔克区形成对比。

2 *Paul et Virginie*，贝尔纳丹·德·圣皮埃尔（Jacques-Henri Bernardin de Saint-Pierre）的作品。——译者注

解开谜团——比如威尔斯小说里的鬼怪，侦探小说中破解的答案——要么对其不做解释。当作者对谜团做出解释的时候，读者会感受到一种暂时的魔力，观看戏法一类的体验；但这个比喻不应让我们断言，解开谜团、回归现实就一定会使人失望。还是存在那种比谜题本身更令人惊叹不已的谜底，如同一束照进故事的光。比如在（卑微的）侦探小说体裁中的《野兽必死》。[1]而当谜底没有被揭开时，读者会认为这是作者的一个弱项。但卡夫卡对谜团从不做解释，也无需解释：他小说里的谜团就是生活里或世界上的谜团。"比奥伊："我们就像读一本冒险小说一样参与进他的故事。轻易就跟着他的梦境往前走，如同做梦一般。"博尔赫斯："卡夫卡创造出了一种全新的故事类型。但与所有创新作家和前辈不同的是，他懂得用一种显著的节俭意识和清醒的头脑去操控他的创作，运用最少的要素来写作。这种简洁明了是他作品最大的优点之一。"比奥伊："搞创作的人很难能同时把好几件事辨别清楚并处理周全。就拿格拉西安来说，他忙于找新颖的形容词，就顾不上这些词是否恰当。如果我们把乔伊斯和卡夫卡放在一起比较的话，乔伊斯属于布列东或查拉一类的作家。"博尔赫斯："话虽如此，但乔伊斯写过非常优美的句子。"比奥伊："乔伊斯的优点是语言天赋和一种能让他高谈阔论的修辞能力；缺点嘛，是没有构建一部作品的能力，而且不够聪明。卡夫卡是个不可思议的存在（不仅作为作家，作为人类也令人不可思议）。卡夫卡的文字令人兴致勃勃，而乔伊斯的文字令文体学家兴致盎然。乔伊斯属于克维多一类。"博尔赫斯："这是当然。我昨天还在和穆勒兄弟俩探讨这个问题。马丁·穆勒认为《尤利西斯》是第一部三重维度的小说。我不这样认为：《尤利西斯》大概比任何小说对人物的描写都要多——比如其中有一页详细描述了布鲁姆的饮食习惯，还有一页写了他的上衣有多少颗扣子——但这些信息对我们想象小说人物的形象并没什么用处。为什么必须要写一本提及了都柏林所有商铺的小说呢？按斯图亚特·吉尔伯特的说法[2]，乔伊斯的思想并不丰富。《都柏林人》里的故事都很蠢。但穆勒说，《尤利西斯》写出来不是为了让人读的，而是为了让人评论的，不是用读者的眼光来评论，而是用批评家的眼光。我不知道拉伯雷和乔伊斯之间是否存在某种相似性。"比奥伊："卡夫卡的一些作品里含有对现实的一种扭曲视角。这在过去是通过讽刺的手法来实现的：如果我们从卡夫卡的角度来审视这些讽刺手法的话，会发现它们非常简陋。比如赫胥黎在《美丽新世界》中运用的手法。卡夫

---

[1] 尼古拉斯·布莱克，《野兽必死》（*The Beast Must Die*，1938）。
[2] 斯图亚特·吉尔伯特，《乔伊斯的〈尤利西斯〉》（*James Joyce's* Ulysses: *Study*，1934）。其修订版于 1952 年出版。

卡的另一个优点是充分利用了——并革新了——那些伟大的题材，这些题材朴素而又恒久不变，但已经被我们写得庸俗不堪：焦虑、挫败、在国家面前迷失堕落的个体、阶级、拖延、官僚主义、无穷无尽。"博尔赫斯："你可以说出其他出现过这些题材的故事，但这些题材不过涉及了故事线里的某个片段，属于某个特例；但在卡夫卡的小说里，它们是普遍存在且永恒不变的话题。我在想，那些曾经要写出卡夫卡式故事的作家——写出了《决斗》的康拉德，写出了《抄写员巴特比》的梅尔维尔——是否隐约预见了这种可能性，然后把它无视掉了呢。"

我们聊到了詹姆斯和威尔斯之间的那场论战[1]。我最近读到威尔斯写的《布恩》的一章，以及他和詹姆斯之间的书信。我给博尔赫斯和西尔维娜念了那些在《布恩》出版后陆续发表的书信。博尔赫斯："詹姆斯似乎更聪明些，因为他对论战更加兴致勃勃。"比奥伊："他们的每封信都值得欣赏，文笔流畅，思路清晰。詹姆斯在读过《布恩》后写的第一封信非常庄重，充满智慧，饱含忧伤。这封信是在一个非常窘困的境地之下写成的：如果一个人被别人看作荒唐可笑之人，那他还能说什么呢？而威尔斯的态度相当不堪：简直是个无赖。他一度让我想起萨瓦托，但很快我就意识到这么想对威尔斯不公平，威尔斯并不是一个哭唧唧、爱耍无赖的人，不是一个自怜自艾、虚荣到颤抖的人，他从来不是一个过度戏剧化的人。"

9月28日，星期一。 博尔赫斯："我之前一直在读雪莱。不怎么喜欢。他很容易把诗写得很复杂……不讨人喜欢，至于他的思想嘛，都很空洞。"尽管如此，他还是颇为赞赏地提到了：

> 魔师左罗亚德斯，我死去的孩子，
> 走在花园里碰到他自己的幻象（大地说）。[2]

博尔赫斯："我觉得济慈更好：他说自己很无知，什么书都没读过。"我们想起德·昆西对济慈的攻击，想起他的"蹄子"对语言的践踏；济慈对可怕词语的喜好。济慈和雪莱的诗歌对于他们的同代人来说过于甜美，以至于被认为是同性恋。博尔赫斯："柯勒律治、德·昆西和华兹华斯那一代诗人要比雪莱、济慈和拜伦的那一代

---

[1] 1915年，威尔斯用笔名出版了《布恩》(*Boon*)一书，其中包含了讽刺詹姆斯的一个章节："关于艺术，关于文学，关于亨利·詹姆斯先生。"
[2] 《解放了的普罗米修斯》(*Prometheus Unbound*, 1820)，第一幕。博尔赫斯很欣赏这两行，这两句暗示了即将看到巴比伦的废墟【西·布尔瑞奇《第一位天使的圣瓶》(*La rodoma del primer ángel*, 1944)的书评】。

更好。然而对于大众来说，后面几位才是著名诗人，而前面几位不是。后几位里不那么糟糕的是拜伦吧……不对，济慈的诗写得更好，那些诗让他与众不同，远高于拜伦和雪莱，但拜伦的诗歌风格更经典。拜伦远比雪莱高级：一个人会觉得在《唐璜》一书的背后，有一种不可思议的轻松，一种可能没有那么高级但仍让人深感奇妙的能力；而在雪莱的那些多风的诗歌背后，我们什么也感受不到。雪莱的幸运在于，那些对文学一窍不通的街头百姓也把他看作诗人。拜伦也曾有这样的幸运，但他的幸运之星已然陨落了。而斯温伯恩，明明远胜于雪莱，甚至比济慈写得还要好，在文学世界以外的世界里却无人知晓。"

比奥伊："勃朗宁的《难忘的记忆》尽管值得欣赏，但还是有不尽如人意的句子。应该是结尾写得不太好，因为我想不起来最后一节了。"他完全同意我的说法，但马上就把那节背出来了，看得出对于他来说，那一节并不那么容易忘记：

因为我在那石楠丛间，

　　拾到一根鸟羽——鹰之羽！

因为我把它珍藏在胸前，

　　于是，我忘却了其余。[1]

他顺便指出，"我忘却了其余"那里用词不够贴切，语义有些含糊。

他提到巴斯特·基顿的电影[2]。在其中一部电影里，他在和一位小姐通电话，那位小姐说："好，我等你。"电话还没挂，巴斯特·基顿就来到她跟前了。博尔赫斯："诺拉和西尔维娜常说巴斯特·基顿是唯一一位激情四射的演员。"在另一部故事发生在美国南部的电影里，巴斯特·基顿意外到了他敌人的家。由于那里的人都非常好客，所以当他还在他们家里的时候，大家都待他毕恭毕敬，而一旦他的双脚跨出门外——因为有个姑娘请他替她出门取某样东西——他们便想用猎枪射死他，他就赶紧往房子里跑，回到房子里就能安然无恙。博尔赫斯："这个情节让我想到了

---

[1] 原诗为："因为我在那石楠丛间／拾到一根鸟羽——鹰之羽！／我便把它珍藏在胸前，／于是，我就忘掉了其余。"博尔赫斯在1929年致阿方索·雷耶斯的信中引用了这几句。参见卡洛斯·加西亚，《淡泊的激情：阿方索·雷耶斯与豪尔赫·路易斯·博尔赫斯 1923—1959》（*Discreta efusión: Alfonso Reyes — Jorge Luis Borges 1923-1959*），美茵河畔法兰克福，2010：131—2。
[2] 《摄影师》（*Cameraman*，1928），由爱德华·塞奇威克指导，以及《待客之道》（*Our Hospitality*，1923），由B·基顿和杰克·布莱斯通指导。

《哈姆拉玛蒂》里的诗句，那两句出现在了《一位朋友的朋友》那则故事里的一段，在那个片段里吉卜林讲到主人公在家里容忍了另一个人的一切，直到有一次

'他在群星下嘲笑了我，所以我杀了他'。"[1]

10月5日，星期一。 博尔赫斯："我对阿诺德·贝内特的小说都相当熟悉，因为我奶奶就曾是五镇[2]的人，读他的小说颇感亲切，因为她能发现那些影射是指什么，能辨认出里面的人物在现实中都是谁。那种会被人带到坟墓里去的能力……那些仍储存在记忆里的知识……而《老妇谭》《活埋》《莱斯曼台阶》以外的小说都不值一提。他竟然耗费这么多日日夜夜、这么多功夫来产出这种品质的小说……《纸牌》讲了一个从英国北部南下到伦敦的男人的故事。这是一本很有意思的书：它体现了贝内特对精明狡猾的推崇。书中的主人公是个精明的人，做各种偷奸耍滑的事：可惜作者没有想出什么狡猾的行为，或者说他想出来的那些事都愚蠢透顶。就好像西班牙流浪汉小说的作者，他们推崇精明的流浪汉，却想不出一个真正狡猾的流浪汉行径。那这些故事都是怎样结束的呢？都是以一个人最终被当作乞丐收场，或是以一场奶酪盗窃事件为结局……贝内特说《基姆》读起来让他扫兴。为什么这个故事令他如此不快呢？"

他观察到很多书都有师徒故事的传统：约翰逊和包斯威尔，《老实人》《堂吉诃德》《堂塞贡多》《基姆》。我们评论了《堂吉诃德》一书令人出奇的命运。比奥伊："塞万提斯大概想不到他这本书家喻户晓，这种声名反而使这部诙谐幽默的小说变成了一本庄重严肃的书……"博尔赫斯："……这本书还产出了很多著名的谚语俗语。塞万提斯自然会被堂吉诃德的死所打动，可谁又不会对他笔下的人物产生好感、成为朋友呢？"

我们聊到菲洛斯脱拉德写的提亚纳的阿波罗尼乌斯传。博尔赫斯："你会以为像《一千零一夜》那样的书一定有很多，但其实并没有。好书一定是等到文学快走到尽头了才来的：因为它们是过去众多作品、众多文学蒸馏过后提取的精华。成为辛巴达之前想必一定有很多关于远航的书。伏尔泰说，提亚纳的阿波罗尼乌斯要高于耶稣，但从菲洛斯脱拉德的传记来看，他错了。"比奥伊："甚至在那些可能被视为

---

1 "under the stars he mocked me; therefore I killed him。"
2 "五镇"（Five Towns）一词用来指代特伦特河畔斯托克区（隶属于斯坦福德郡），该词由贝内特创造并广为流传。

耶稣的缺点当中，也有令人惊讶赞叹之处。这些地方似乎总是细致微妙又无法估量。提亚纳的阿波罗尼乌斯很蠢。他走进巴比伦神庙时表现得像个恶棍。"

比奥伊："雷耶斯好像把什么东西都编进他的全集里去了：《蒙特雷文艺随笔》、个人档案、他图书馆的简报、朋友和崇拜者的书信，向他致敬的诗歌。"博尔赫斯："应该为他寻求遗忘的方式而祝贺他吗？学者们肯定都无事可做了，因为都是现成的了，而且这些资料多到令人作呕了。还是应该为他懂得把自己展现为一个荒诞可笑的人来实现不朽而祝贺他呢？"比奥伊："马科斯·维多利亚跟我说，奥尔特加叫雷耶斯'小蠢货'。"博尔赫斯："在故事集《斜面》里有一封雷耶斯写给两位朋友的书信：'写给你，佩德罗（恩里克斯·乌雷尼亚），以防万一我死在美洲；也写给你，恩里克（迭斯·卡内多），以防万一我死在西班牙'，信中还指导了两位友人如何编辑他的作品。想到这封信比这两个人活得久还挺可悲的。我跟乌雷尼亚聊过这件事，他当时跟我说：'不过糟糕的是，并没有什么作品。'"

他说斯特林堡不知道因为什么偶然的原因研究过汉语，便开始在中国文学里寻找有关瑞典的文本，也在瑞典文学里找有关中国的东西，[1] 终于他爱上了一个女人，就再没做过那种蠢事了。

我们聊到塞缪尔·巴特勒。博尔赫斯说《众生之路》是一本妙不可言的书。

10月7日，星期三。 他谈及阿根廷绘画："（普里利迪亚）普埃伦东、蒙维伊辛都是很棒的画家。可他们之后的阿根廷绘画怎么了呢？难道高乔绘画终结以后画家们就不知道该怎么办了吗？金克拉·马丁的画糟糕透顶，不过一艘船画得再难看总比一张画得丑陋的脸强一点：没有比基罗斯笔下的高乔人更丑的了……苏尔对绘画并不怎么狂热：他欣赏克利和布拉克，也喜欢沃茨……阿尔韦托·吉拉尔德斯是写实派，他画得不怎么好看，但至少是真实的。莫里纳·坎波斯的画很可怕。"

10月8日，星期四。 他说兰多诗歌中典型的"克制"也算是一种四两拨千斤的写作方式："兰多不像他同时代的诗人。他没有被当时的文学潮流所裹挟。从某种程度上来说，他似乎不受年代的限制。但他不是很有创造力。"

他谈到骚塞："作为诗人，他不算天赋异禀。兰多曾一度付钱让他写史诗，而他

---

[1] 在斯德哥尔摩皇家图书馆工作期间，斯特林堡在校对一套有关古斯塔夫三世的母亲路易莎·乌尔莉卡王后（1720—1782）的中文书籍后，对汉语产生了浓厚兴趣。1877年他开始研究汉语，随后写了多篇有关中国文化的文章和论文。

有些不好意思,因为他写的那些诗没人读。他的诗才有些机械,尝试过各种格律和韵脚。比起他的诗,我倒更喜欢看他诗歌底下的注释。他非常博学。"

10月10日,星期六。 他想起格雷夫斯说的,大众通常很难理解从多个面向来书写的文本:"人们能读懂的东西,要么完全幽默诙谐,要么完全严肃郑重。而好书会因其角度多变而不被人理解。当然,布斯托斯·多梅克……"

博尔赫斯:"没人能长时间集中注意力,因此就会有外面的人探进来,发现我们认真写的并修改过多次的东西有错误。而经常被发现的词语或句子通常容易让人产生——或能让人产生——和我们之前想表达的不太一样的联想。"

我们聊到加尼维特。博尔赫斯:"《不知疲倦的皮奥·西德的任务》一书讲述了一个马德里人的生活,他住在一栋寄宿公寓里,有浓郁的十九世纪马德里生活气息,是个非常不同寻常的人,很怪,也不知道为什么特别被作者欣赏,想法都很奇特,其实最终都是加尼维特的观念……他还写了《西班牙意识形态》(*Idearium español*)。不过他的拉丁语还达不到西班牙意识形态的水平。"

博尔赫斯:"探戈曲《泥沼之花》的歌词写得太好了:

然后你成了
一个老药剂师的小女友
一位长官的儿子
风一样地将你解救……

在'一个老药剂师'和'一位长官的儿子'里都没有衬词:要是说'一位老长官'或是'一位药剂师的儿子'的话,都不行。"比奥伊:"有时我觉得有点讽刺的是,我们国家竟然未曾创造出任何比探戈曲更伟大的东西。"博尔赫斯:"的确。"

我们聊到萨默塞特·毛姆的《总结:毛姆写作生活回忆》。博尔赫斯:"萨默塞特·毛姆为了让文字明确清晰非常小心翼翼。"比奥伊:"在一本书的头几章里,他会跟读者解释说他希望在文中添加像'我认为''依我看''或许应该指出'这样的句子,来显得语气更加肯定、更有自己的坚持,并请求读者能允许他把那些句子就那样写出来。"[1]博尔赫斯:"歌德做过类似的解释。他会在书的最后加一个那些副词的清单,好让读者自己把那些词分配到文章各处。"

---

1 《总结》(*The Summing Up*,1938),III。

博尔赫斯："你知道《买卖人霍恩》是谁写的吗？是一位女作家写的。[1]那本书里有一段精彩的吹嘘。买卖人霍恩说：'您看啊，可能听上去难以置信，但一个一辈子饱经沧桑的人还是永远都不会忘记他杀死的第一个人的脸。'肯定不完全是这样，那句话里还是有对实际情况推测的成分，但确定无疑的是，听他吹嘘的人也杀过一个人。"

10月12日，星期一。　　比奥伊："这种情况在我身上已经发生太多次了，就是在很长一段时间之后我会着手写一个一开始我觉得几乎无法写下去、根本不可能写出来的故事，但当我慢慢接近这个故事，一点点去认识它，一点点去写的时候，就这样一章一章写完了，每个人物都在他应该在的地方，按照他们应该出场的顺序出现。"博尔赫斯："创造，从词源上来说就等于'发现'。就是发现耶稣被钉的那个真正的十字架。"比奥伊："作家直到故事写出来那一刻才会真正认识他的故事。写作就是摸着石头过河，没有别的办法。慢慢就会那种感觉，知道故事应该以哪种方式进行。"博尔赫斯："这是柏拉图式的想法。事物都在外面，我们需要去找到它们。"比奥伊："文学的确如此。"博尔赫斯："如今的文学很糟糕，因为大家都想求新，都不想写应该写的东西，而想写能惊世骇俗的东西。"比奥伊："我觉得没人在写作时会考虑这么多：就是根据题材的要求来写。"博尔赫斯："每个人能选择的写作方式并不多。所以最好要选择好的情节。对一个重要作品和一个次要作品需要下的功夫是一样的。有一次曼努乔被问到怎么敢写一部有关文艺复兴的小说[2]，我觉得他那次的回答讲得很对。他说他不过是有一种和写有关文艺复兴的小说一样的写作方式，而这两种写作方式很可能是相似的……"比奥伊："他们当时想告诉他的是，他在写作中可能会出错。不过实际上的错误、那些具体的错误通常都无关紧要，只是看着让人心烦。"博尔赫斯："我当时写那些浪人的故事时慎之又慎[3]，但埃玛[4]还是给我指出了三十多个错误。人总是会在看上去无可能出错的地方犯错，你写一个人物在床上，但实际上并没有床，写他把床单弄上了血污，结果并没有床单。"

1　英国冒险家"买卖人"霍恩（阿尔弗雷德·A·霍恩）（1861？——1931）长年混迹于西非贩卖象牙。1925年他结识了南非小说家艾瑞达·刘易斯，她请求他——并帮他——写下了自己的回忆录【《买卖人霍恩》(*Trader Horn*, 1927)】，该书立即大获成功。

2　《博玛尔佐》(*Bomarzo*, 1962)。

3　《无礼的掌礼官上野介》(*El incivil maestro de ceremonias Kotsuké no Suké*, 1933)。

4　埃玛·里索·普拉特罗曾于1955到1957年间作为乌拉圭驻日文化随员住在日本。

博尔赫斯说应该读读汤因比:"他写的东西没有斯宾格勒那么出色,但信息量很大。毫无疑问,他读的书比斯宾格勒更多。"

10月14日,星期三。 他提到格伦伯格的诗:

在一次远方的屠杀中
他们砍掉了那个儿子的头颅
他有天晚上对我说:
"他曾是一位俊美的押沙龙!" [1]

博尔赫斯:"他笨拙的词句让一个悲情的场面变得有点荒诞。头两句令人动容,后两句就可笑了:会让人联想到一个长发披肩、戴着蓝色镜片的小丑的形象。"

他说吉本是个冷面笑匠。

10月15日,星期四。 他提到卢贡内斯的两句诗:

英雄的帽子花结已备
用来嘉奖勇武的事迹。 [2]

博尔赫斯:"为什么是'英雄的帽子花结'?那'勇武的事迹'也没什么意义了,不过是一声杂音而已。"我父亲:"卢贡内斯有时候特别像一个废话连篇的巴雅多尔行吟诗人。"

博尔赫斯:"过去小说里的人物,不管是狄更斯的还是巴尔扎克的,都比较二维平面,因为他们都由一个部件组成,只拥有一种占主导地位的情感。但人物要显得真实可信,必须要有自身的矛盾冲突,而且必须要一直具备辨识度。就像耶稣:他永远是一个无法被预知、一眼就能被辨认出来的形象。小说家会倾尽全力去在这里或那里设置小的矛盾点……"然后他讲了狄更斯的那个笑话,就是他花了两周时间假装自己爱上了维多利亚女王。

他谈到特里林的一本用各种虚假的观点毒害学生的书[3]。博尔赫斯:"哈克贝利·费恩是主张奴隶制的,他是现实主义者,而汤姆·索亚是理想主义者,那条河

---

[1] 《萨巴特》(*Sabat*)【《犹太诗》(1940)】。
[2] 《斗争的赞美诗》(*Salmos del combate*)【《群山自黄金》(1897)】。
[3] 《自由的想象:论文学与社会》(*The Liberal Imagination: Essays on Literature and Society*,1950)。博尔赫斯这里指的是书中《哈克贝利·费恩》一文。

就是一个神（艾略特认为是一个'棕色皮肤的神'）。¹"

关于《战争与和平》，他观察到，小说以一个人物众多的盛大聚会作为开场是个错误，这样读者必须自己把人物一个个挑出来："为什么托尔斯泰要让读者这么费劲呢？非要让他们把每个人物都一一辨认出来？既然当时有像'曾经有这么一个人'这样一种值得赞赏的叙述方式，他为什么让这种方式落寞了呢？"

10月16日，星期五。 博尔赫斯说他打心眼儿里喜欢乌拉圭，觉得乌拉圭人是最好的人，比阿根廷人更有智慧，但他认为乌拉圭文学很贫瘠。

博尔赫斯："夏尔-路易·菲利普的文笔太笨拙，他在《蒙帕纳斯的布布》（这什么标题啊！）一书里描写了一条一个人想象出的空旷街道，然后把街道上写满了人，但写得真的太生硬了，他竟然先描写街上的男人，再描写女人。"

10月23日，星期五。 博尔赫斯："能从一个语言里提取出原本没有的声音真是太棒了。"他朗诵起斯温伯恩的诗：

向我靠拢，像拥抱火一样拥抱我。²

我们谈到兰波。关于《醉舟》，博尔赫斯说："这首诗的整体要比每行单独的诗句高级。那些句子，一句一句来看的话，都平平无奇；但有一句助推了一把，把整首诗给救了。"他朗诵道：

可是我不再哭了！晨光如此可哀，
整个太阳都苦，整个月亮都坏。³

然后评价说："第一句很好，第二句很傻。"

我们谈到西班牙文学的没落。博尔赫斯："我认为：西班牙文学兴起于《谣曲集》，他们曾有过曼里克、圣胡安·德拉·克鲁斯、路易斯·德·莱昂神甫、洛佩、贡戈拉、克维多、塞万提斯、阿亨索拉兄弟、塞维利亚无名氏，然后就到十八世纪了，接着就是十九、二十世纪。他们到底发生了什么？"他说，巴罗哈和乌纳穆诺大抵是那个年代最出色的西班牙作家。整个西班牙文学巴罗哈都看不上。我们都认

---

1 "[...]这条河是个棕色皮肤的大神[...]"【T·S·艾略特，《干燥的塞尔维吉斯》(*The Dry Salvages*)，I】。《四个四重奏》（1944）。这里艾略特暗指密西西比河。
2 《礼赞维纳斯》(*Laus Veneris*，1866)。
3 王以培译。

为，西班牙文学中亲密性的缺失并不能用史诗的口吻来弥补。博尔赫斯："邓南遮怎么样？他的书我读的很少。他算不算十九世纪西班牙最糟糕的作家之一？"

他说狄更斯是个伟大的演员：在他生命的最后十年里，他一直在朗读自己的小说，略过书中的描写部分，读到不同的人物时都会换一个嗓音。卡莱尔曾说，在听到他的那些诵读前，他都没有质疑过人类嗓音所具备的能力。

博尔赫斯："多纳多的虚荣心很强：他幻想埃尔瓦·德·洛伊萨加抄袭过他的作品。'出于礼貌，我没告诉他他并不算我读的最多的作家之一'，埃尔瓦说。一位在人们记忆里如此模糊的作家——没人记得他怎么写作，也没人读他的作品——竟然把自己想象成一个给别人提供文学素材的大'供货商'，这真是太奇怪了。实际上，他不可能被抄袭，因为谁读了他的作品都会马上忘记。要是真的抄袭的话，可能需要直接誊写一下。要么就把他书里的那几页撕下来，直接贴在别人的书页上，这样或许更保准。"

10月24日，星期六。 博尔赫斯："今天马列亚做的有关小说的讲座非常精彩，尽管有点替自己说话的意思。比如，他说为了保持同一性，小说中的所有人物需要用同一种模式来讲话。他举了三个例子。其中有两个例子我不知道是否符合人们谈及小说时会产生的想法。卡夫卡的《城堡》和梅尔维尔的《白鲸》都是有些语言缺陷的小说。第三个例子还算数：《堂吉诃德》。我认为堂吉诃德的说话方式和桑丘的说话方式是很容易辨识的……甚至形成了鲜明对比。谈及小说时，应该提及像贝内特或是高尔斯华绥的作品，这些作品里都有一系列有着不俗过往或平庸的人物……不过马列亚的讲座还是依旧精彩，激情四射。"

10月25日，星期日。 他明确表示："对一本书的一切责难都是可以被驳回的。如果有人说书中的每个人物都很低俗，那作者可以回答说：《马丁·菲耶罗》里的人物也是这样的。'即便如此，能引发这样的批评也是很严重的事。当我们读《马丁·菲耶罗》的时候，我们都对阅读这本书兴致勃勃，不会去想里面的人物有多低俗。而换成另一本书的话，我们就会往这方面想，因为那本书总会以某种令人不快的方式提醒我们这件事。如果有人被告知他的书人物太少，他拿《堂吉诃德》只有两个主人公、《审判》只有一个主人公这种事去反驳别人是没用的，他只能说：本书因人物太少而令人乏味。所谓魅力，正如史蒂文森写的那样，是一种无法给出合理解释的天赋：它与生俱来。"

我们试着读《巨人传》，但没读进去。博尔赫斯："拉伯雷的那本书不是写给读者看的，而是写给批评家的。起初我试图让自己喜欢上它；但后来我明白了，我就是不想睡在那本书所在的房间。它像一本用法国人德国人的那一面写出来的阿尔萨斯或是比利时的书。也可能是西班牙或是意大利的那一面。总之是对法国的全盘否定。格鲁萨克竟然敢抨击它，真是奇了。他说伊塔大司铎的那种东西都被拉伯雷毁于一旦了，这不奇怪。阿纳托尔·法郎士非常崇拜他，曾在我们这里做过多场关于他的讲座[1]。我不知道他怎么能崇拜上他的。"不过他承认《在社会上放屁的正经艺术》[2]还是让他觉得很有趣的，从神瓶的那首诗[3]开始到书的最后也相当精彩，铁器岛之行[4]也不错。在写到回归乡村宁静的那一章里，那人被鸡羊牛猫的叫声搅得心神不定，英国译者还加上了老虎的低吼和大象的叫声等等。[5]博尔赫斯："我也不知道是谁，可能是马钦吧，在这里做了删减，因为这段译文没有把拉伯雷恰如其分的平衡感表现出来，拉伯雷根本没有写这些东西，因为他并没有想到这些，他要是想到了的话，就写上去了；那个笑话会像打动我们一样，也会让他觉得有意思。可怜的马钦，他还想象在《巨人传》里存在完美的平衡……对于马钦来说，他写得糟糕的书就是写得非常糟糕；他是用纯粹的风格去写的。"

关于一个历史人物，马钦说，那人在布尔战争中落入了一个哪怕一只聪明点的兔子都会躲避掉的埋伏当中，但他觉得，由于现在那人成了吉卜林书中的一位英雄，他还是不继续坚持认为他傻了。博尔赫斯："这应该是真事。吉卜林很可能甘愿相信各种中尉和不怎么聪明的长官的瞎话。"

博尔赫斯："亨伯特·沃尔夫写摩尔的那本书写得真好[6]，不过摩尔一定会很生气，因为沃尔夫在自己的主场把他打败了。"

博尔赫斯："加尔韦斯在写阿帕里西奥·萨拉维亚传的时候，借用了克维多写河

---

1 他在《拉伯雷传》（*Rabelais*，1910）中汇编了他访问阿根廷期间做过的讲座。
2 *Ars honeste petandi in societate*，M·奥特南著，圣维克多图书馆的馆藏之一。【《巨人传》（1532），VII】。
3 出处同上，V，45。
4 出处同上，V，9。博尔赫斯、比奥伊和西尔维娜·奥坎波将《庞大固埃一行来到铁器岛》一章收录在了《幻想文学作品选》中。
5 出处同上，III，13。博尔赫斯这里指的是托马斯·厄克赫特（1653—1693）翻译的《巨人传》第三部（p.1693）。厄克赫特在他的译本里添加了六十多种法语原文中并不存在的动物叫声。
6 《乔治·摩尔传》（*George Moore*，1931）。

流哭诉的方法，但克维多诗中的河都是世上最著名的河，且仅用一行就把一切都表达出来了：

默兹河、林河、塔霍河还有多瑙河
痛苦地喃喃诉说着他的怨尤。

而加尔韦斯书中的河是从一张乌拉圭河流域图里选取出来的，用几页的篇幅来哭诉阿帕里西奥·萨拉维亚的死[1]。用乌拉圭河没问题，但接着内格罗河和其他河又来了，比如伊河或是塞沃亚蒂河，都很难把握。因为他真的写成了，所以又接着开始写山……为什么要效仿这么著名的东西呢？叶芝写得多真实：大地——爱尔兰——依旧，即使她的子孙——爱尔兰人——死去。[2] 真实比词藻更有力。"

10月26日，星期一。 我们聊到马斯特罗纳尔迪。比奥伊："或许：

一天我吹着口哨在林间穿行

是《外省之光》里唯一有魔力的一句了。诗人望向了自己。"博尔赫斯："这句很荒谬可笑，还有很强的虚荣心。我们远远看到他——最糟糕的就是他自己看到了自己——小小一个，像查理·卓别林似的。我忘了谁常跟我说：'*虚荣的*卓别林？怎么可能？他可总是扮演可怜人的角色……'是啊：可怜人*总是*他……"

我提到：

疲惫忠于她的声音。[3]

博尔赫斯："为了表达她的声音很疲惫或是疲惫的声音，他这用的是什么说法。为什么要这样说？"比奥伊："因为每句都必须用别人没说过的说法来说。必须发明新的表达方式，必须要从平庸的句子中逃离出来。"博尔赫斯："沃利谈到马斯特罗纳尔迪诗歌的简约。简约是因为他的诗歌都是铭文式的，但……"比奥伊："我更喜欢雷加（莫利纳）：他写诗简洁明了（román paladino）[4]。"博尔赫斯："他的诗更好。

---

1 "他穿越过千百次的山川溪流都在哭泣：夸拉伊河、内格罗河、科多韦斯河、塔拉利亚斯河，还有其他百余条河。"【《阿帕里西奥·萨拉维亚传》（*Vida de Aparicio Saravia*，1942），XXX】。
2 《1916年复活节》（*Easter 1916*）【《迈克尔·罗巴茨与舞蹈家》（*Michael Robartes and the Dancer*，1921）】。
3 《近日午后》（*Últimas tardes*）【《夜思》（1937）】。
4 这个短语出自贡萨洛·德·贝尔赛奥的《圣多明戈·德·西洛斯》（*Vida de Santo Domingo de Silos*, c. 1230）："我想用简洁明了的语言写一篇散文，/用那种老百姓邻里间聊天时使用的语言［...］"（Quiero fer una prosa en román paladino, /En qual suele el pueblo fablar á su vecino［...］）。

能让人回想起更多东西。马斯特罗纳尔迪的诗让人什么也回想不起来。大概他的诗能引发他自己的回忆吧,像丝巾上打的结。"比奥伊:"也许雷加能写出某种马斯特罗纳尔迪达不到的市井气吧……而且所有文字都更加流畅。"

我们提到《省城赞歌》中的诗句:

我在一座桥中央看到
一场小冲突中的散兵枪决了
一个在衬衫怀里快乐地
揣着一只小鸟的男孩。

提到《礼拜天的连祷》:

礼拜天是烦闷与闲适的演出,
是一根用丝带和串铃装饰的棍子。
我想以一桌台球和一副纸牌
开始一桩马德里的生意。

提到《礼拜天被创造出来》:

礼拜天被创造出来是为了让我想起
某个车站慵懒的自助餐。

提到《致卑微礼拜天的信》:

你是一间杂货店的顾客
——宽阔肩膀上顶着个婴儿样的大脑袋——
在一家干净的乳制品小店里研究着
经济实惠的价目单。

[...]

但我或许永远也记不起你
你的节日满是谎言。
就像药房那些陶罐里
唬人的绿色药水你把我欺骗。

博尔赫斯:"他诗中的元素非常阿根廷:'药房里的陶罐'。不像卢贡内斯。"比奥伊:"有时候像,但不总像他。"

他提起马丁·布伯:"关于'我就是我'他曾说:'这是一种隐瞒信息的沟通。'"

10月27日,星期二。 我跟他讲,萨默塞特·毛姆(《总结:毛姆写作生活回忆》)认为,"英国小说的半生是九十天。"[1] 博尔赫斯:"太奇怪了。持续的时间似乎应该比这更短或者更长。"比奥伊:"或许在每年出版那么多小说的国家会发生这种情况。"博尔赫斯:"克罗宁的确重写了《绿色百叶窗之屋》,当时没人发现这件事。"比奥伊:"一位叫戈伊蒂索洛的西班牙作家认为,巴罗哈之后西班牙就没有伟大的小说家了。"博尔赫斯:"在他之前也没有,在他当时也没有。"

他提起奥尔特加,说他谈到类似金发色泽的一种光。"不过——他补充道——最糟糕的都在卢贡内斯的诗里:太阳像个满头金黄发卷的孩子。"

11月3日,星期二。 博尔赫斯:"德国使馆的一个人跟我说,他觉得德国最好的作品是巴赫的《马太受难曲》,比《浮士德》还要好。我跟他说,切斯特顿认为,格林兄弟的童话比《浮士德》好;不过他已经不喜欢了。实际上,歌德一生的伙伴……"比奥伊:"《浮士德》的神话很蠢。"博尔赫斯:"蠢得很彻底。你觉得这算什么:浮士德建了一座水坝后,在最后一刻感到了美,并希望那一刻就停在那里。这并不像利他主义者能产生出的自然情感。这种情感属于吃喝的快感,或是属于那种希望爱情的欢愉能持久下去的渴望……对,它属于爱情。为了证明歌德当时执迷于爱情而写这种注释实在太奇怪了。"他想起歌德曾写过:"如果不做雕刻的话,住在印度多好啊。"

我们聊到印度。博尔赫斯说起一些极度崇尚英国的印度人可悲的命运,他们被其他印度人视为叛徒,又被英国人看作倒霉的穷鬼:

他想起贵格会教徒是不起誓的,也不致辞:"你们的话,是就说是,不是,就说不是。"[2]

11月8日,星期日。 他明天要做一个关于席勒的小讲座。博尔赫斯:"我非常想知道我会讲什么。我现在什么也想不出来。"

---

1 《总结:毛姆写作生活回忆》(1938),XLIX。
2 出自《马太福音》5:37。——译者注

他谈到爱德华·菲茨杰拉德的生平，说他一度无所事事，生活压抑，而把东方人和塞万提斯、莎士比亚作比较时，他觉得他们都很蠢。博尔赫斯："他翻译的卡尔德隆很好[1]，有莎士比亚式的优美句子。"他朗诵了几行，有关塞西斯蒙多想搞清楚自己是醒着还是在做梦时侍从回复他的话：

> 但请相信你已然清醒的良好感觉
> 以及这些能够确认以上感觉的证明
> 直到整个故事完全展现
> 而我只带来了其中一个章节
> 届时你会肯定你的所有所闻所见
> 不是出于嘲弄也不是由于疯癫［...］。[2]

他说他怀疑这几句并不在卡尔德隆的原作里。博尔赫斯："菲茨杰拉德非常喜欢威尔基·柯林斯。他曾多次说过福斯科伯爵比简·奥斯汀创作的任何人物都要高级……"比奥伊："这是当然，福斯科伯爵是个非凡的人物。你还记得女孩们的父亲、那位自认为身体残疾还收集奖章的庄园主吗？在这两个人物之间有一个我以前从未在文学作品里碰到过的情况。福斯科伯爵是小说里的恶人，一个可怕的人物。他拜访了庄园主，而庄园主很快就对他厌倦了。[3]在小说中的其他人物眼里、在读者眼里他是一个可怕的人，而在某一章里的一个人物眼里他又显得很荒诞，之后又重新回到可怖的形象，期间没有失去任何力量感。你觉得吉拉尔德斯能在某一章里把堂塞贡多写得荒唐可笑又不失人物形象吗？"博尔赫斯："不能。吉拉尔德斯就像一个抛三个橙子杂耍的人，非常专注于不让橙子掉下来。"比奥伊："而威尔基·柯林斯可以同时耍二十个橙子，就算你当中拿走两三个，他还能继续玩得出神入化。像格雷夫斯对《伊利亚特》的评价一样，不如说《堂塞贡多》是一部讽刺作品？"

博尔赫斯："今天米格尔给我读了伊瓦拉翻译的《海滨墓园》。哎呀：这首我之前非常欣赏的诗歌如今听来竟然十分松散无力。我觉得有几句格律不太对。他肯定

---

1 《卡尔德隆的六个剧本》(*Six Dramas of Calderón*, 1853)。
2 《人生如梦》(1853), II, vv.242—7。菲茨杰拉德的这段翻译非常自由，实际对应的是原作第二幕第283—8行，克罗塔尔多回应惊讶的塞西斯蒙多道："这几天发生的种种情景, / 一定会使你产生巨大疑问, / 你在进行思索、探究, / 到底发生了什么样的变更. / 你头脑中产生的千百个疑虑, / 若有可能, / 我来对你一一澄清。"（屠孟超译）
3 《白衣女人》(1860), II, 20。

会说原诗就是如此。但我认为不是所有十一音节的句子都算十一音节的诗句，否则随便一篇散文的段落都能成为一首自由体诗了……"他朗诵道：

芝诺！残忍的芝诺！埃利亚的芝诺！

博尔赫斯："他要想用呼语做结尾的话，就不应该在前面放那么多'芝诺'。在结尾处放上姓名好像要专门澄清他在写谁似的：

埃斯特拉！残忍的埃斯特拉！埃斯特拉·坎托！

看，这么写比用芝诺的效果更好吧。而且不会有人因为芝诺生前留下了几条悖论就觉得他残忍的。人们不会把一个去世多年的人看作残忍之人。"比奥伊："最糟糕的文学才说他残忍。"博尔赫斯："我不知道为什么这首诗那么好……看得出来瓦雷里写的时候并不轻松，像是在一边写一边自杀。所以他不能把

芝诺！残忍的芝诺！埃利亚的芝诺！

归结为灵感冲动之下写出的句子。芝诺和这句：

阿克琉斯停滞不前，尽管迈着巨人的步伐。

伊瓦拉都觉得是一种格雷戈里阿风格的句子。全诗因笨拙而显得阴暗……"

他说："荷马史诗最糟糕、丑陋百出的译本或许是卢贡内斯的那版，最好的西语版大概是埃莫西利亚翻译的那版。维克多·贝拉德那版不如大家说的那么好。塞加拉很欣赏卢贡内斯的译本。"比奥伊："塞加拉的译本每次再版都会发现更多糟糕的译文。[1] 可能把'阿克琉斯'和'尤利西斯'译成'阿克琉'和'奥德赛'是出于必要，但把'埃阿斯'译成'阿扬特'看上去就相当不舒服了。"

一个美国人跟博尔赫斯称赞马列亚（他总是很乐于重复这句话）："马列亚并不寻求描摹非同一般的人，他试图展现的是普通人、市井俗人，不过自然是以失败告终了。"美国人确信《恰维斯》里的那句"不"堪称文学史上的英雄时刻之一。

关于那个美国人和其他学者，博尔赫斯说："是一群读了——且很郑重其事地读了阿方西娜·斯托尼、贝纳德斯、莫利纳里和马列亚的人。阿方西娜·斯托尼写鸟：

---

[1] 何塞·戈麦斯·德·埃莫西利亚，《伊利亚特》（1831）；维克多·贝拉德，《奥德赛》（1924）；路易斯·塞加拉·伊·埃斯塔莱利亚，《伊利亚特》（1908）。

> 甜美的笛音如长了翅膀的租户。[1]

把鸟叫做'租户'太奇怪了。'房客'一词会显得更高贵一点，竟然用'租户'！而且因为鸟还是鸟，说它们变成了长笛就很荒谬了。"而他觉得这句给人带来的惊喜应该值得一番赞扬：

> 枝条上的房客，婉转啼鸣。[2]

还是那群学者，曾跟他说现在的小说里已经不能再创造更多人物了。博尔赫斯："这不是很奇怪吗？为什么就没有这种可能了呢？我当时特别想让他们去读读布斯托斯·多梅克系列。他们确信陀思妥耶夫斯基创造了数百个人物。但我不这么认为。他创造的人物一定很少：因为所有人都一样。他们还跟我说《老人与海》是个很有虚荣心的标题：我没看出来。"

他认为巴比塞的《炮火》被人遗忘很不公平，那是一本比过著名的《西线无战事》高级得多的书。他给我讲了《地狱》一书的情节：一个人通过一家旅馆房间墙壁上的小孔窥视到了隔壁房间发生的一切。他看到了人类最本质、最共通的场面：性交、死亡……博尔赫斯："巴比塞当时以为这些内容足以让《地狱》成为一部普世性的小说，成为第一部……但他忘了那部小说是用二十世纪初的法语写成的，带有当时的特色和怪癖。"

博尔赫斯："费利佩·特里戈的作品比其他作家好。不偷奸耍滑。比华金·贝尔达的好……情欲饱满又伤感落寞。我读了《纯真女人》。"

我发现我唯一能想象出的神是一个对我们的个体命运无动于衷的存在（因此他不对恶负责）。博尔赫斯："那些信教的人接受不了这种观点。会把他们逼疯的。"

博尔赫斯："我们对幽默的认识发生了变化。乌拉圭总统桑托斯上将曾经想和一位芭蕾舞者上床。舞者不同意，他便在她的最后一场演出上命人给舞台上下了一场安全套雨。这在当时无疑是件滑稽事。而如今看来是件蠢事……"比奥伊："必须要承认维柯的历史循环论。我觉得如果是吉本或是伏尔泰的话，并不会觉得这种事可笑。我们的层次想必在庇隆主义时期就已经降低了……"博尔赫斯："肯定不会让吉本或者伏尔泰觉得好笑的。想要逗笑他们，得搞清楚他们当时看的都是什么样的喜

---

[1] 《致一位陌生人》(*A un desconocido*)【《赭石》(*Ocre*, 1925)】。
[2] 恩里克·班奇斯，《盒子》(*La urna*, 1911)，十四行诗 XIII。

剧……不要忘了他们写作的时候都在自己的最佳状态里。"

11月11日，星期三。 我们谈到西班牙当代诗歌：胡安·拉蒙·希梅内斯、豪尔赫·纪廉、赫拉尔多·迭戈、阿尔贝蒂等人。博尔赫斯："这一代诗歌婉转含蓄。摒弃了情节和主题。就像在贝蒂娜·埃德尔伯格身上发生的那样：这一代诗人因为人们的顾虑被弃置在最里面的一个小角落里；他们的成就都很消极。好在他们的诗都写得很简短。那种不知道从哪入手的诗，要是再写得冗长的话，一定很难读。诗人会随时停笔并以自认为充分的理由做个结尾。他们尤其独断，随心所欲。读了所有这些诗人的作品之后，你会发现洛尔迦也没那么糟糕。洛尔迦诗歌的所有要素都在那里；是洛尔迦的全部'家当'；但那些并不是他诗歌的魅力所在，也不是他诗歌的力量感。甚至赫拉尔多·迭戈也没有创造出他的精华。你看他出版了一本名为《精华册》的诗集。不过因为除了诗人身份，他还是个很精明的政客，所以第二年就出版了《人类的诗》。真是太蠢了！赫拉尔多·迭戈和阿尔贝蒂都写不出什么东西，他们不可爱……这些蹩脚诗人并不会去欣赏克维多和路易斯·德·莱昂神甫，或者说他们可能欣赏他们，只因为他们也是西班牙人。他们给予自己彻底的自由，这迫使他们写出了一些东西，但他们似乎又并没有感觉到那份责任的重量。"他尤其看不上阿尔贝蒂，觉得他像个无趣的小丑：穿着一身水手服，手里拿着一个马戏的圆环（参见关于加尔西拉索的那首诗）[1]在逗他开心。

他把贡戈拉那首写瓜达尔维基尔河的诗[2]和赫拉尔多·迭戈那首写杜埃罗河的诗[3]作比较。博尔赫斯："那本谣曲集竟然没有达到任何效果，真是太奇怪了。那个集子里有很多凄楚的画面。唯一达到的就是装饰性的效果。一首诗里能有装饰性的部分是很不错的，但还得有更多东西才行。安东尼奥·马查多的诗比这些都好。他的诗里从来没有过度的情绪波动。在那首写瓜达尔维基尔河和科尔多瓦的诗中，作者是带着一种冲动写下一些提及河流和城市的诗句的。贡戈拉比这帮诗人都好得多。把他和马拉美放在一起比较是一种侮辱。他们唯一的共同点是阴暗的性格。但贡戈拉好得多：贡戈拉最好的诗要比马拉美最好的诗厉害得多。"比奥伊："品质也更可

---

[1] "倘若加尔西拉索复活，/ 我将做他的持盾随从；/ [...] 我的一套水手服 / 会换成一身军装。"《倘若加尔西拉索复活》(*Si Garcilaso volviera*)【《陆地上的水手》(*Marinero en tierra*, 1924)】。参见诗人安格拉达的描述【《斗牛之神》(1942)】："他像孩子似的穿着一身水手服，手拿圆环，脚下踩着玩具滑板车。"

[2] 十四行诗《咏科尔多瓦》(*A Córdoba*, c.1585)。

[3] 《杜埃罗河谣曲》(*Romance del río Duero*)【《索里亚》(*Soria*, 1941)】。

靠。马拉美会随时落入俗套和做作。"博尔赫斯:"马拉美的散文就是一堆垃圾,但他的诗比现在这些西班牙诗人的都好,这些诗人写不出这样单纯的句子:

今夜,我为明天准备的裹尸布已织好!

阴森的死亡,请用它将我包裹。我不知如何在孤独中过活![1]

当然了,马拉美也有像这种相当荒谬可笑的诗句:

我要出发!轮船,摇晃起桅杆,

向着异域的水土起锚!

[...]

然而,我的心啊,听到了水手的歌![2]

竟然把船叫做'轮船'!还有所谓'水手的歌'!"

他说布莱克要比史威登堡低级许多。博尔赫斯:"我觉得布莱克并不能真的看见幻象;但史威登堡可以。你会觉得布莱克看到的那些幻象应该去适应他诗歌韵律的需要。他一会儿是能看见幻象的人,一会儿又是诗人,但都做不到很厉害。"

他背诵了西蒙斯的一首诗,诗中把一名妓女形容为"一夜的朱丽叶":

在我认识的众多女人中

为何仍记得你,

仿佛遇到了街头的露水情缘

随意游走,

一夜的朱丽叶?我知晓

你的心里锁着无数罗密欧。[3]

11月13日,星期五。 他说:"好的作品总是能被人发现,即使读的是它的某个糟糕的译本,也总有什么能被保留下来。好的作品总是可译的。那些不可译的作品无足轻重:它们就是玩具而已,只是为了读着高兴……"

11月14日,星期六。 博尔赫斯:"苏珊娜·奇卡·萨拉斯跟我提到过艾略特的一个

---

1 《这口井封上了》(*Sa fosse est fermée*,1859)。
2 《海风》(*Brise marine*,1865)。
3 《斯黛拉·玛里斯》(*Stella Maris*)【《伦敦夜》(*London Nights*,1895)】。

非常美的句子：

> 我们忍受不了太多的现实。[1]

这句话很美，因为说得很准确。我不知道他是在哪儿说的这话。这句话想必会淹没在艾略特的那些无韵体诗里，淹没在《家庭聚会》那出剧的愚蠢台词里。为什么艾略特的剧本里会有那种冷漠、肤浅的口吻呢？他在生活中听到过那种口气吗？"比奥伊："也可能是在某个文学流派里出现过。得搞清楚到底是谁开始用这种腔调写作的，是格林（小说《爱》的作者）、康普顿-伯内特还是艾略特。"博尔赫斯："苏珊娜还跟我提了一句非常有艾略特特点的话（一个给自己拿了只桃子的人说的）：

> 好吧，我肯定敢吃下一个桃子。[2]"

他开心地朗诵起格伦伯格那首诗里的副歌部分：

> 敬伟大的阿根廷人民，再会！[3]

博尔赫斯："这比说'干杯！'还糟糕：看得出来格伦伯格[4]很怕被杀。为了能被原谅，他还写了一首关于圣马丁的诗[5]。为了被谅解，为了自己的阿根廷人身份被接受，外国人总会写那种明显就是出自外国人之手的诗。"

我们谈到丁尼生。博尔赫斯说，他的诗作里最喜欢《悼念集》《尤利西斯》《圣徒高柱修士西蒙》和《忒瑞西阿斯》，说或许《圣徒高柱修士西蒙》算得上丁尼生最好的诗，而《悼念集》大概是唯一一部用悲痛写下的挽歌集。比奥伊："悲痛过头了。有时候会一下子让人产生反感，写得像一则讣告似的。"博尔赫斯："有关忒瑞西阿斯的神话传说很吊诡。他碰到了两条正要交配的蛇，他把蛇分开并杀死了其中一条；因此受到了惩罚，变成了女人；结婚，生子；十年后，一次散步途中，他又碰到了两条正要交配的蛇，他把蛇分开了，因此又变成了男人。一次，宙斯与赫拉对在性爱中到底是男人还是女人更享受一事争执不休，便去求助曾做过女人如今又

1　准确的原文是："人类／忍受不了太多的现实。"【《焚毁的诺顿》(*Burnt Nordon*)，I，《四个四重奏》(1944)】。

2　准确的原文是："我敢吃下一只桃子吗？"《J·阿尔弗瑞德·普鲁弗洛克的情歌》(*The love song of J. Alfred Pruforck*)【《普鲁弗洛克及其他》(*Prufrock and other Observations*，1917)】。

3　《1916》【《犹太诗》(1940)】。

4　格伦伯格是在阿根廷出生的犹太人，是阿根廷最重要的犹太作家之一。——译者注

5　《梅斯蒂索人》(*Mestizo*)【出处同上】。

成了男人的忒瑞西阿斯。忒瑞西阿斯答道：'如果性爱之乐有十分，那么女人享受九分，男人只享受一分。'而一直认为男人更享受的赫拉很不悦，把他变成了瞎子作为惩戒。"还说他读到丁尼生痛恨法国人，而对哈罗德·尼克尔森的那本书[1]大加赞赏。他说，如今的西班牙诗人里肯定没有一个人能写出像卢贡内斯的那个句子，他把落日比作：

一只暴躁的绿孔雀，在黄金里迷醉。[2]

博尔赫斯："赫拉尔多·迭戈对于自己是极端派[3]仍不觉得丢人，你怎么看。那真是个可耻的年代。"比奥伊："法国很重视超现实主义。"博尔赫斯："英国呢？或许英国不是这样。尽管英国作家肯定不会直说这是什么'该死的愚蠢'，但他们肯定会这么想，或者肯定会这么觉得。乔伊斯是整场运动的'替罪羊'。他尽其所能将其推向了极致。用一种可怕的审美写出了他的书，那些书——比如像《尤利西斯》——有时读起来令人愉悦。"

我跟他提起卡塔鲁扎在见到一位昨天容光焕发今天却形容憔悴的女人后发表的评论："想想一个人曾被牵连其中。她就像一个业已灭绝的种族的幸存者。"博尔赫斯："就像坎波阿莫尔的诗中写的一样：

我曾深爱过的那些母亲的女儿，
如今吻我如同吻一位圣徒。[4]

不过他写的比卡塔鲁扎说的好那么一点儿。"

11月15日，星期日。 他提到克拉肯（kraken）——一种传说中在海底沉睡的巨型怪兽——在丁尼生的一首诗[5]中有相关描述。

博尔赫斯："有理由为丁尼生《尤利西斯》里的这句正名

会见伟大的阿喀琉斯，我们熟知的那个人。

---

1 《丁尼生传》（*Tennyson*，1923）。
2 《午后》（*La tarde*）【《黄金时刻》（*Las horas doradas*，1922）】。
3 极端主义是1918年于西班牙兴起的一场文学改革运动，对抗19世纪末以来在西班牙语诗歌中占主导地位的现代主义和新派主义。——译者注
4 《戏言集》（*Humoradas*，1886—8），II。
5 《克拉肯》（*The Kraken*）【《年少之作》（*Juvenilia*，1830）】。博尔赫斯翻译了该诗并将其收录于《幻想动物学教科书》（1957）中。

但这句读上去还是有点傻。"比奥伊:"说'我们熟知的那个人'似乎平添了诗意,但阿喀琉斯还是离我们太远了。"博尔赫斯:"但诗里说这话的是尤利西斯,所以用'我们熟知的那个人'就显得不太合适了,为其正名的理由也失去了意义。而且当要为一行诗寻求维护它的理由时,反而会让人觉得那句本身应该不怎么样。尼克尔森倒很欣赏这句'我们熟知的那个人'。[1]"

他评论说,狄更斯被所有人、甚至被那些最好的作家所喜爱。

11月17日,星期二。 博尔赫斯:"现实主义是被残酷、淫秽和污浊所定义的。可是诸位到底生活在怎样一种现实当中啊?在我的现实世界里不会出现这种东西。"

11月22日,星期日。 博尔赫斯很肯定地说:"在很长一段时间里,人们一定会因为《马丁·菲耶罗》里的这句:

该唱时就会尽情,
尽情地吐露清音。[2]

以为巴雅多尔行吟诗人都像唱美声的意大利人一样高声吟唱。高声吟唱有点荒唐可笑,对歌者来说也是一种挑战。人们通常更喜欢巴雅多尔歌者游丝一般的轻柔声线。"他承认,听到歌剧唱腔时会感到尴尬羞愧,而对我来说,这种技艺让我感到明显不适。

博尔赫斯:"让一个诗人平添魅力的东西也是让他令人生厌的东西。洛尔迦用词质朴简约、让人想起民间诗歌的时候是个好人;而用比喻写诗时又变得不堪不纯了。'叹息在河上划桨'[3]是怎么回事?为什么'划桨'?'诗人在纽约'无非是'蠢货在纽约'罢了。"

他回忆说:"我曾被要求在洛马斯德萨莫拉的几场花神节上讲几句,我当时的表现很糟糕,我说,诗人应回避两种风险:想要成为现代人以及想要成为阿根廷人。那位功成名就的诗人曾很肯定地说,不应看向巴黎,而应背对巴黎,看向潘帕斯大草原。这算什么方案。"

---

1 尼克尔森(同上,X,4)称赞这句为"点睛之笔"。
2 《马丁·菲耶罗归来》,vv.131—2。(赵振江译)
3 "[...] 格拉纳达的水面上 / 唯有叹息在划桨"【《三水谣》(*Baladilla de los tres ríos*)】。出自《深歌》(*Poema del Cante Jondo*,1931)。

他说，忘了是哪位神父说，亚特兰蒂斯之神塞提柏斯[1]或许也是巴塔哥尼亚人的神。博尔赫斯："凯列班（Calibán）自然是野蛮人（caníbal）的代名词，而'野蛮人'这个词可能源自加勒比（caribe）一词。"

11月24日，星期二。 他观察到："所有批评家都认为那句

我走过我们人生的一半旅程[2]

精准暗示了但丁当时三十五岁，而慢慢熟悉但丁以后，这似乎是一种合理解读：我觉得他不会用这句话去表达含糊不清的信息。七十岁在当时就是生命的尺度，所有在这个年纪之后来临的东西都可能带来苦难和不幸。引用像'我走过我们人生的一半旅程'（或是'生存还是毁灭''空话，空话，空话'[3]）这种级别的句子近乎于一种无知的表现。正如伊瓦拉会说的，大师的毛病就是：引用一句看起来不错的话，看起来不错。"

11月29日，星期日。 博尔赫斯："在我的记忆里，《时间试验》[4]一书就意味着失败：我把它反复送给过多位女士，而她们每次都不读。"

12月1日，星期二。 他说托雷斯·阿玛特的《圣经》译本（1823—1825）很糟糕。博尔赫斯："它保留了内涵，但形式很糟糕，根本就没有形式可言。最著名的译本是马丁·路德的版本（1522）[5]，但我认为那是最糟糕的一版。马丁·路德的版本里随处可见现代社会的迷信，就是要听取民众的声音才能讲好话。我不知道为什么德国农民会和他们这位帕尔多[6]同胞如此不同，他可是说过'不应取缔人民的乡村娱乐活动'这样的话。或许这话他只说过一次就没再说过了，他们没有如何讲话的意识。圣经《传道书》末尾写道：'著书多，没有穷尽；读书多，身体疲倦。'[7]而托雷

---

1 根据麦哲伦航行带回的消息，塞提柏斯是巴塔哥尼亚人所崇拜的神或魔。莎士比亚将其作为恶女巫西考克拉斯礼拜的神写进了戏剧《暴风雨》（I，2）。勃朗宁为其创作了一首《塞提柏斯背上的凯列班》（*Caliban upon Setebos*）【*剧中人*》（*Dramatis personae*，1864）】。

2 《神曲》地狱篇第一歌的第一句。——译者注

3 出自《哈姆雷特》。——译者注

4 博尔赫斯总是对 J·W·邓恩（1875—1949）的作品特别感兴趣：他给《新的不朽》（*The New Immortality*，1938）写过书评，还写过《时间与 J·W·邓恩》（*El tiempo y J. W. Dunne*，1952）一文。

5 马丁·路德生于农民家庭。他用平民惯用的德意志方言翻译了《圣经》。——译者注

6 pardo 指欧洲人与美洲土著、西非人三族混血的后裔。——译者注

7 《传道书》12：12。——译者注

斯·阿玛特译为：'著书倍增。'"

我们还对比了西普里亚诺·德·巴莱拉（1602）和西奥·德·圣米格尔（1791—1793）的译本：二者都很不错。后者翻译的《传道书》部分要比前者更好。而关于《约伯记》中约伯说"我会在你身旁，而你看不见我"和谈及衰老与困扰他的痛苦的章节[1]，我们觉得后者的译文更胜一筹。

12月4日，星期五。 我聊起皮拉内西的系列蚀刻画《想象中的监狱》。博尔赫斯："画中的奇幻色彩反而不如他的那些《罗马景观图》。"

12月11日，星期五。 他提起有关英格兰古代居民凯尔特人的诗歌：

他们的神明，必将被歌颂，
他们的语言，必将被留存，
他们的领土，必将丢失，
除了那野性的威尔士。[2]

他评价说："翻译得很好，就是不知道原诗是不是也这么好。"

比奥伊："梦里的一切都带有象征意义。我们惊叹于一个别人给我们讲的精妙的情节；或许我们彻夜审视这个情节的时候会觉得它愚蠢至极，但在梦里我们会觉得它精彩巧妙并啧啧称奇。这就好像我们同时梦到了好几种情形：我们梦到了那个精妙的情节，也梦到了我们发出赞叹，而这些情形都具有即时有效的象征意义：比如其中一些是为了让我们赞叹不已，一些是为了让我们胆战心惊。"博尔赫斯："弗洛伊德已经被奉为真理了。一名叫特诺里奥的女学生在今天的考试中对福克纳大加赞扬，说他的小说里发生的很多故事都符合弗洛伊德体系中的各种情结。要是这位小姐的祖上听到她的这番言论，大概会很恼火吧。"

博尔赫斯："文学作品中最经久不衰的部分肯定是情节。整个作品自然都会被人遗忘，但最后被遗忘的那部分一定是情节。文风的美感肯定会因品味的改变和语言的消亡而随之散去。一篇梵文文本还会给我们留下怎样的风格美呢？背景故事也一

---

1 《约伯记》9：11 和 7，各处。
2 凯尔特诗人塔利埃辛曾预言（s.VI）说，凯尔特布立吞人将被撒克逊人征服和统治。博尔赫斯背诵的版本可能出自乔治·博罗【《野性威尔士》(*Wild Wales*，1862)，V】："布立吞人 / 必被俘虏 / 被来自撒克逊海滨的陌生人抓捕；他们必将歌颂他们的神，并将 / 他们的古语留存，/ 而除了野性的威尔士，他们的领土必将丢失。"

定会留下来，但背景故事就属于情节。文字或许会比形式美流传更久，但不会有情节流传的时间长。因此可以预见，评判文学作品的标准从统计学得来的，并不符合我的品味。"

12月16日，星期三。 他建议写跑过来又跑走消失在视线里的一匹马的诗句可以这样写：

一匹马、一匹与、一匹一。

写一只飞过的蚊子：

一只蚊子、一只蚊、一只虫。

写云层里慢慢露出来大放光彩的月亮：

月、月几、月冗、月亮。

博尔赫斯："就像乔伊斯写的书似的，其实蠢得不知所云，但还是可以被批评家评论一番。"

我们谈到苏珊娜·邦巴尔的短篇故事[1]，他认为那些故事对于短篇和长篇小说家来说也都很有启发。博尔赫斯："为什么堆积了这么多丑态呢？为什么是肥胖的人和抵在玻璃上被压扁了的鼻子呢？"比奥伊："她没发现丑态叠加的结果也是丑陋的。很多女性都没有发现连续不断的抱怨——即便这些抱怨并不是针对谁——也会引起不适和伤感。她发觉作家写丑要比写美冒的风险少，因为读者明白作者知道他笔下的东西是丑的，但作者认为美的东西读者可能不觉得美，就会因此将作者视为被蒙骗了的蠢货。苏珊娜急于描写无用的琐碎细节，让故事变得有些笨拙无力，什么都有点说不清道不明。她总是问：'读者能看懂不是从第一道门出去而是从第二道门吗？能看懂是从地面、椅背的视角望向某人的脸吗？'一个小说——而且不是侦探小说——只需要让人觉得作者在想象就够了（或者说：让人觉得作者想象出的东西看上去真实可信就够了）。"

12月20日，星期日。 博尔赫斯："吉卜林曾避开了一次跟萧伯纳对话的机会。虽然吉卜林喜欢把自己的理论强加于人，但他并不善长论战。他对王尔德就表现得很糟糕。"比奥伊："真想看看当代作家对王尔德事件怎么看。不过这可能会是一件让大

---

[1] 《三个星期天》（1957）。

家都疲于讨论的事。他对于我们来说可能比萨瓦托来的更加可感可见。一切最终都随时间变得纯粹了。"

12月22日，星期二。 博尔赫斯："昨晚我惊讶地发现弗朗西斯科·罗梅罗的确对文学抱有极大热情，还能背诵诗歌。"[1] 比奥伊："我之前就一直跟你讲弗朗西斯科·罗梅罗要比何塞·路易斯强太多了。要记得，这家伙可是研究了一辈子黑格尔和其他德国哲学家都没有变痴呆呢。"

我们读了安东尼奥·马查多的诗。博尔赫斯："对于诗人来说，看起来有智慧比看起来聪明更重要。安东尼奥·马查多像一位智者；而卢贡内斯，像个聪明人。"关于马查多的几首短诗，他说："那是辞旧迎新的诗歌。在一切即将开始之时。"

他跟我讲，在西班牙内战最残酷的那段时期，海明威在马德里的时候曾开玩笑地在沃尔多·弗兰克[2]房间的门上写下"法西斯分子"几个字。但这个玩笑可能把弗兰克的命都搭进去。一位抹去了那行字的西班牙共产主义作家跟博尔赫斯讲了这个故事，还补充说，海明威是个坏家伙。博尔赫斯："从他的书里能看得出来。他那么崇拜恶棍，想必他本人也是个恶棍。"

他说："要是法国只有拉伯雷、莱昂·布洛伊、和雨果，或许会以天才众多而著称，但因为那里也有过几位称得上作家但资质平平的人，便可以断定这个国家出产不了天才了。"

他读了《英国的西班牙女人》一书，非常愉快，同时也惊异于这种愉悦感。博尔赫斯："塞万提斯小说的进程非常奇特。他会引导读者做出应有的反应。要是接下来有什么不好的情节发生，他会预告出来，有所防备。正因为堂吉诃德关于文武两行的高论接在一个荒诞情节[3]之后，所以塞万提斯执意让所有听到这番言论的人表现出惊讶的神色，纷纷说堂吉诃德能说出如此有理有据的话简直不可思议。塞万提斯

---

1 在安东尼奥·卡里索的《博闻强记的博尔赫斯》（墨西哥城：文化经济基金会，1982：285—6）一书中，博尔赫斯回忆说罗梅罗能背出他的诗《探戈》（*El tango*，1958）。参见古斯塔沃·科沃·博尔达的证明【内斯托尔·蒙特内格罗，阿德里安娜·比安科，《博尔赫斯及其他人》(*Borges y los otros*)，星球出版社，1990：70】。

2 Waldo David Frank（1889—1967）美国小说家、历史学家、政治活动家和文学批评家。二十世纪二三十年代为《纽约客》和《新共和》大量撰稿。以其对西班牙和拉美文学和文化研究闻名，他的作品为两大洲之间架起了一座智识的桥梁。——译者注

3 《堂吉诃德》上卷，第38章。接在米科米科娜公主的故事之后。

继续自夸，说那么写是'在这样那样的谨慎考量之后'。他让人物做出这样的思考，但他知道这些考量都是他写的。"比奥伊："也许他那个时代更容易'搁置怀疑'。"博尔赫斯："但要是换作是但丁或者维吉尔的话，他们不会犯这种错误。他谈论新教徒，就好像他认为他们不是基督徒一样。如今在他身上已经看不到一丝仇恨也看不到爱国主义热情了。《英国的西班牙女人》中对伦敦进行了一番浓墨重彩的描写：各种波折变故令读者眼花缭乱……"

12月23日，星期三。 他聊起汉尼拔的大象部队翻越阿尔卑斯山的事迹，说要想让大象穿越过去，大概只能用醋把山溶掉了。[1]

12月25日，星期五。 博尔赫斯问我一首题为《哦，孤独》的诗是不是丁尼生的，开头几句写到拒绝与'孤独'这位同伴住在城里成堆的灰暗建筑里。我在丁尼生、柯勒律治、华兹华斯、拜伦、雪莱、戈德史密斯的诗集里都没有找到这首诗。

12月26日，星期六。 我在济慈诗集（牛津大学出版社）里找到了《哦，孤独》等几首诗：它是其中第七首十四行诗。[2]

博尔赫斯："很多人——比如我奶奶——多年里都买同一个彩票号码，可一旦不买这个号的时候，这个号就中奖了。我跟他们讲：'不要为此感到遗憾。如果人们做出的每个行为都以整个世界史为前提，就没有理由想象，如果你们买了彩票，彩票就会中奖；要是中奖的话，那就是另外一部世界史了，而它也没必要在最后一次中奖的奖金上与现在这段历史相吻合。'"

大家聊起美国出版的那些百部著名小说或百部著名戏剧梗概。比奥伊："人们读这种书是为了找话题。很多人都有不知道聊天聊什么的问题。我认识一位小姐，去美国旅行前，她为了准备鸡尾酒会上聊天的话题，硬是把美国好几个港口往来的交通情况以及农牧产品进出口和生产序列号都背了下来。"博尔赫斯："什么时候才会有日记出版呢？每天都有值得人们去了解的趣事发生，基于这种想法才出现了日

---

[1] 老普林尼在其《自然史》(*Historia naturalis*, XXIII 和 XXXII) 以及维特鲁威在《建筑十书》(*De Architectura*, VIII) 一书中均有提及，迦太基人当初应该用火和醋来溶解山石。可参见尤维纳利斯【《讽刺集》(*Satirae*, X, 152—3]："他对抗阿尔卑斯山的天然属性，对抗雪：/ 将醋倒入山石间。"托马斯·布朗【《密封博物馆》(*Musaeum Clausum*, 1683)】在他列举的多部已失传的书籍中也提到："汉尼拔从西班牙行军进入意大利[…]；他用的是什么醋，以及他从哪里得到如此大量的醋来击碎并煅烧用火烧热的山石。"
[2] 原诗为："哦，孤独！假如我必须与你同住，/ 可别在这层层叠叠的一堆，/ 灰暗建筑里。"

记。或许人们领悟到了问题所在，就再也不读日记了。"比奥伊："并非如此。日记的存在正是建立在人们的阅读需求之上。毛姆说，他可以饶有兴致地阅读任何东西：比如陆海军百货商店的产品目录。[1] 大众想要阅读任何读起来不费力气的东西，仅仅一本日记都不够他们读的，他们甚至要买分别记录上下午的日记来看。"博尔赫斯："但你早晚要承认这种阅读没什么用……一个知识社会本就应该禁止日记这种东西。未来还长，或许我的假设对了呢。"比奥伊："这是当然。肯定会有没有日记的那天，会有没有雨伞的那天；一切都会消失、被遗忘又被再次发现，直到彻底解体为止。"

博尔赫斯："我最近一直在整理我口述的诗句和还未成型的文稿，写完就堆在那里，看看后面我还会不会去删改校对。我写英式十四行诗，像莎士比亚写的那种诗歌：三段十一音节的四行诗，每段押不同的韵，最后两句押同一个韵，变换一下语气，就变成格言式的句子了。这种诗比其他类型更好写……其他类型的诗看上去似乎都不可能写成。大概正因为容易写，所以读起来没有那么令人舒服：虽然这么说，不过我也不知道，但班奇斯的《镜子》就是一首非常完美的十四行诗，我们以前一直以为它是意式的，现在才知道是英式的。英国人在第二次发现意大利之后，便开始写意式十四行诗了。"

1960 年

1月2日，星期六。 博尔赫斯："既闻名世界又神秘莫测的人当属歌德。他不仅是伟大的诗人，还是一位智者，类似孔子或佛陀一样的人物。他用法语和英语写的诗都很糟糕。他身上有点省城人的特质。像一个没有灵魂的伏尔泰，尽管跟伏尔泰相比他经历了更多转变。他性格里无疑有强有力的一面，但这一面并没有体现在他的书里：人们对他了解越深就越发觉得他是个天才。"比奥伊："瓦雷里崇拜歌德吗？"博尔赫斯："瓦雷里的事，从来没人知道；甚至不知道他是否读过歌德……一切放在他身上就变得遥远疏离、冷漠死寂，成了石膏像、格言警句和讽喻故事。"随后他评论说，坎西诺斯–阿森斯翻译的歌德全集[2] "似乎有些心急火燎，没有字斟句酌"。

他想起海涅曾称赞过歌德那些波澜壮阔的句子，那些句子仅仅为了表达一种理

---

[1] 《总结：毛姆写作生活回忆》(*The Summing Up*, 1938)，XXIV。

[2] 《歌德全集》(*Obras completes*, 1950, 马德里)。

念而已，但字里行间仿佛跑着一辆仅有一人搭乘却被众多随从簇拥前行的华丽马车。他引述了海涅那句话："我正在死去，但明明曾向上帝请求将我变作希腊神明，现在却变成一个犹太老头了。"

4月2日，星期六。 博尔赫斯谈到丁尼生翻译的一首盎格鲁萨克逊民谣："丁尼生用日耳曼语的形式翻译过一首关于太阳的歌谣。用合成词译出了非常精妙的句子：

> 手戴臂铠之人
> 是男爵中的男爵，
> 他与他的兄弟
> [...]
> 用他们的刀刃
> 拼杀于布鲁南博尔，
> 冲破盾墙，
> 夷平椴林……
> [...]
> 随晨晖升起的太阳星，
> 是上帝的灯火，
> 不朽的主，
> 于大地之上滑行直到那璀璨的生灵
> 沉入西方。[1]

伟大的作家改造语言形态的手段令人叹服。这种效果在那首诗里如此恰到好处，但他在处理其他诗作时就再没有尝试过这种方式。在他的译本之前，这首歌谣的字面意思是：

> 那束著名的光，太阳。

这么写的话，这首诗恐怕要归到十七世纪了。但诗人是多么慷慨激昂啊！"

博尔赫斯："批评家都瞧不起朗费罗，但他是一个非常有底蕴的人。他翻译过《神曲》，从西班牙语版本译成英语，翻译过北欧传说故事，从古英语译成现代英语。

---

[1]《布鲁南博尔之战》(*Battle of Brunanburh*)【《歌谣集》(*Balads and Other Poems*，1880)】。

他即将写出伟大的诗歌,因为他几乎从未失手过。他当时马上就要成为一位伟大的诗人了:他对诗歌主题一直有很不错的感觉,但对词语的敏感度还不够极致。"比奥伊:"可能是因为写诗对他来说很容易吧。能轻松写出东西的人并没有时间去打磨语感。作者想要真正在文风上精益求精,必须要与先天的表达困难抗争过。"博尔赫斯:"或者说,为语言敏感度挣扎过。时不时就能感受到好与坏、真实与虚假之间的差异。要是他把他的诗拿给爱默生修改的话……"他让我大声朗读朗费罗翻译的一首古英语诗歌,《坟墓》:

在你出生之前
它是一座为你盖好的房屋,
在你从母亲腹中出来之前
它是一块为你定制的模具。
但它仍未造完,
其深仍未测算……［...］

他说:"这首诗似乎不可避免地要被写出来。西班牙人一直在无限接近这一主题……这是一首绝妙的诗,它只建立在一个比喻之上:把坟墓比作房屋。"

4月4日,星期一。 我们聊到吉拉尔德斯的诗歌。博尔赫斯:"他沿袭的是一种下定义的写作方式,这种方式看上去和诗歌背道而驰。他把月亮叫做'内裤上干净的纽扣'和'悬崖上的胖夫人'。[1]"他背诵了诗集《玻璃铃铛》和《神秘又神圣的诗》里的几首诗。比奥伊:"他的诗不透气。像是用木头、马口铁或是纸壳做的。"博尔赫斯大笑,表示赞同又补充道:"像是出自一个男孩子之手。没感觉、不温柔、没情绪。他把高乔作为创作主题真是太奇怪了。他跟高乔人没有半点关系,高乔人通常会引发人们对于卑微、谨慎和思乡之情的联想。吉拉尔德斯大概以为自己已经远远超过卢贡内斯了,已经到了卢贡内斯不敢达到的高度:'胖夫人''内裤扣'。啊呀,胆子太大了。"

比奥伊:"有一次,在维多利亚那儿,圣-琼·佩斯说:'我讨厌月亮'。他边说边望着月亮,你能想象有多蠢吗。否定月亮就是在否定文学:世上有一半诗歌都是和月亮联系在一起的。而且月亮、世界、天空这三四种最本质的东西怎么能被驳斥呢。"博尔赫斯:"如果他当时真是望着月亮说的,那看上去就更傻了。圣-琼·佩斯

---

[1] 《月》(*Luna*)【《玻璃铃铛》(1915)】。

想必是安格拉达¹那样的人，更喜欢电灯，还要带线的。"

4月6日，星期三。 博尔赫斯："人应该写书，没有任何借口不去写。说什么有这样那样的事耽搁了都没有意义。还是要写一个人必须写的东西。这是唯一应尽的义务，是无法用借口去替代的责任。"

他说，在黑斯廷斯战役后，英格兰与斯堪的纳维亚世界的所有关联都消失不见了，从那时起，由于诺曼底人称王，英格兰开始望向了法国。他还补充说，或许最后维系英格兰与斯堪的纳维亚关系的就属君士坦丁堡的卫队了，多年间来自英国和斯堪的纳维亚的雇佣兵仍在继续为其效力。

4月7日，星期四。 我们聊到《阴影线》的开篇。博尔赫斯："这是个很自然的开头。康拉德的语言明确直接，马上就跟读者建立起了私密关系。这种开门见山的方式要比亨利·詹姆斯或福克纳来的没那么突兀。不过这种自然很可能会害了康拉德——他这种方式终归不是个人化的，不是他自己创造出来的，是每个人都会做出的精益求精之举；而詹姆斯或福克纳的刻意为之反而具有个性色彩，不易让他们与别人混为一谈，是属于他们自己的发明，也让批评家们有话可说。"

4月10日，星期日。 他观察到乔叟叙事的典型特征是在讲述严肃故事的时候先打断叙事，插入一个简短的笑话，再重新来讲那个严肃的故事。我们提到那句"Ars longa, vita brevis"（生命短暂，艺术长远）²，以及乔叟精彩的译文：

*The lyf so short, the craft so long to lerne.*³

博尔赫斯说，书商科恩斯曾套用了席勒的一句话送给他：

生命严肃，艺术欢乐。⁴

比奥伊："我认为此话千真万确。我们在艺术里寻求庇护，逃避终将一死的生命，回避死亡做出的不能令我们满意的回答。"博尔赫斯："这句格言似乎来自于一

---

1 布斯托斯·多梅克系列小说中的人物【参见《斗牛之神》(*El dios de los toros*, 1942)】，诗人、马里内蒂的崇拜者。
2 古希腊医师希波克拉底的警句。——译者注
3 "生命如此短暂，而学艺之路如此长远。"《序章》(*Proem*)【《众鸟之会》(*The Parlement of the Foules*, 1380)】。
4 他这句引用大概出自席勒为《华伦斯坦》(*Wallenstein*, 1799) 作的序："艺术艰辛，其代价转瞬即逝。"

种比'介入性艺术'（art engagé）更高级的艺术理论。显然从那里也能抵达（虽然席勒当时无法预见到）达达主义以及一切现代的愚蠢之处。"比奥伊："这就是理论的弊端所在了。"

4月11日，星期一。 博尔赫斯："正如切斯特顿所说，人这辈子会慢慢发现别人说的都对。今天，和我从前一贯的观点相反，我觉得塞万提斯、洛佩，甚至贡戈拉，都比克维多更胜一筹。谁知道别人说的都不对而西班牙最好的诗人是路易斯神甫呢。克维多像个反派人物，一个好勇斗狠的人。即便他博览群书，读书对他也没起任何作用。他像个纸糊的空壳子，没有灵魂；与塞万提斯不同，他做不到情感丰富，也无法细腻温柔。他喜欢咬文嚼字，但他的修辞并不怎么样，因为他的诚意还不够打动我们。要是谁跟我们说克维多其实一点都没把奥苏纳公爵当回事的话[1]，我们也不会感到意外，我们可能会说：'这之间没什么关系'。而若是他的十四行诗使人信服的话，我们想必会觉得不可思议。因为在我们看来，他只考虑词汇、句子、对称性的问题。这样开头的一首诗你会怎么看？

> 哪怕用手指示意我也定不会沉默不语……

那个手指用的并不怎么恰当。这手指可能是某个古罗马人的吧。克维多的诗句总是写得很草率，完全不担心限制他的每个韵脚。克维多最好的作品会是哪部呢？《梦幻集》满篇蠢话。《马尔库斯·布鲁图斯传》算吗？"比奥伊："都不是。是他的十四行诗。当然，其中的一部分成就要归功于他诗歌的形式。"博尔赫斯："是的，的确要数他的十四行诗最好。在《骗子外传》中，一开始所有人都在拿主人公取笑，但随后主人公就成了一个讥讽别人的混混了。克维多并不关心故事的真实性或统一性。他唯一关注的就是他的笑话讲得好不好。"比奥伊："克维多要是今天还活着，他很可能支持佛朗哥，拥护他的政府。"博尔赫斯："吉列尔莫曾跟我说，不应该把作家放在他们的时代之外去评判，在克维多那个时代，所有人都跟克维多一样。为了不提及国外的作家，我没有告诉他蒙田就不是如此，但我还是提醒他说，塞万提斯就没有任何狂热到不理智的地方：去看看《英国的西班牙女人》就知道了。吉列尔莫说过，克维多并没有很深的哲学底蕴。当然了，他能有什么呢……"比奥伊："我觉得克维多的散文作品里一点有趣的想法都没有。"

---

1 克维多曾是奥苏纳公爵的好友、参谋和文士。——译者注

4月14日，星期四。 他谈到美国的现实主义、硬汉风（以凯恩的《邮差总按两次铃》为例）。博尔赫斯："这种现实主义展现的是暴力、粗率、世俗的人。这种手法不带讽刺：会让人感觉作者就是他们中的一员。而法国的现实主义不同。总是带有讽刺意味。左拉好像总是在说：'人就是这样。'西班牙的现实主义又是另一回事。在美国的现实主义当中似乎不存在批判这回事。"比奥伊："有意思的是，在这种粗暴之外，它还会与感伤主义相融合：比如斯坦贝克的《人鼠之间》里，他们弄死了那只小狗的时候[1]。"博尔赫斯："这种现实主义大概会把歌德惹恼吧。他想要体现的是艺术的人为性：因此他认为戏剧演员之间不应面对面讲话，而应面对观众。他本可以把这种方法延伸开去：就是用说其他台词的语气来讲最戏剧化的台词，以及在作品中对于波澜不惊和激情四射的段落使用同样的手法来推进。"

我们聊到帕罗勒斯，他赞同我的看法，觉得帕罗勒斯的那段台词是莎士比亚戏剧里最具形而上意义的片段，远比"空话，空话，空话"以及《哈姆雷特》里的其他蠢话"都高级得多。他说，帕罗勒斯没有被看作长官，也没有被当作勇士，而是甘愿做自己——"我会因我就是我而活下去"[2]，他认同生命神秘的价值所在。博尔赫斯："还好莎士比亚没有去解释，没有提及泛神论……当时那么崇拜莎士比亚的歌德很可能用 sch 开头来写他的名字：Schakespeare und kein Ende（莎士比亚与无尽）。多好的题目，多么充满激情的表达……"

博尔赫斯："我梦到过 transferred epithet，真有所谓'transferred epithet'吗？"比奥伊："的确有：就是移位修辞[3]。"他于是想起：

于孤寂夜里，穿越黑暗，摸索前行（维吉尔）。[4]
田野上静默的绿（卡尔杜齐）。[5]

我们在埃斯帕萨词典、《牛津英语大词典》和《大拉鲁斯百科词典》里随便查了查"epíteto"（表述形容词）和"transferido"（转换的）或"traslaticio"（转义的），

---

1 《人鼠之间》（*Of Mice and Men*，1937），V。
2 这句引用的原话是："我之所以能活下去是因为我就是我。"（The thing I am/Shall make me live）《皆大欢喜》（*All's Well That Ends Well*），IV，3。
3 将描写甲事物性状的词语移来描写乙事物的性状。使语言简洁凝练，达到形象生动的效果。——译者注
4 "Ibant obscure sola sub nocte per umbram"（《埃涅阿斯纪》，VI，v.268）。
5 "Il divino del pian silenzio verde"【牛（Il Bove），出自《新韵集》（*Rime Nuove*，1887）】。

在最后一本词典里看到了关于"epíteto"的一个非常有深度的词条，其中特别解释了荷马史诗中的表述形容词。拉鲁斯词典中写到，很多人都非常佩服荷马史诗中表述形容词运用之精准，尽管仔细阅读后会发现其实荷马在意的是诗句中"数"的体现。当狄俄墨得斯、墨涅拉俄斯这两个名字做主语时，他用"valientes en la pelea"（作战英勇）来修饰他们二人，即使墨涅拉俄斯很怯懦，而狄俄墨得斯才是勇敢的那个。荷马甚至在墨涅拉俄斯想要逃跑时仍称其"valiente en la pelea"，因为他关注的重点在于，在语法数量方面，狄俄墨得斯和墨涅拉俄斯这两个主语要保持一致。表述形容词的性和数根据其修饰的格（主格、呼格、属格、宾格）来变化。此外，所有城邦都"或坚固、或繁华、或建立在崇山峻岭之间"（所有希腊城邦都建立在群山之间，而其他两个形容词可以用来形容任何城市）。整个半岛都林木葱郁。诸如此类。我们继续在布莱尔的讲义和利特雷词典[1]里查找，一无所获。后来我终于在一本《文学术语词典》[2]（博尔赫斯问："这是一本真实存在的书还是你编的？"）里找到了："transferred epithet 或 hypallage。在西班牙语中称为，hipálage（fem.）。"我们又回去翻查埃斯帕萨词典（无果，没有例句）、拉鲁萨百科词典。而拉鲁萨词典语带讽刺地评论说，法兰西学院给出了两个有关移位修辞的"绝佳"示例：把帽子沉在头上，双脚戴鞋。博尔赫斯："贡戈拉的诗歌里肯定有很多移位修辞。他一定会去解释每个黑暗的诗句。"

给风梳头，[3]

算移位修辞吗？他想说的是：被风吹乱了头发，还是仅仅没搞明白这种修辞手法？"

4月16日，星期六。 博尔赫斯讲起："一天下午，我拜访了《永远的琥珀》的女作者，凯瑟琳·温索。我问她最喜欢什么书？她沉默不语，就在那时发生了极其诡异的一幕：她身边的一位男助理马上插话进来，很肯定地说：'温索小姐非常喜欢……不过她也喜欢……'总而言之，这想必是一个已经被问了成百上千次的问题吧。"比奥伊："以后，这位助理肯定永远要替她说话了。甚至会说：'温索小姐有点饿了，

---

1 H·布莱尔，《修辞演讲录》（*Lectures on Rhetoric*，1783）；M.P.É. 利特雷《法语词典》（*Dictionnaire de la langue française*，1863—1872）。
2 H·L·耶兰，S·C·琼斯，K·S·W·伊斯顿，《文学术语手册》（*A Handbook of Literary Terms*，纽约：哲学书店，1950）。
3 "[...]给风梳头，让森林困顿"【《波利菲摩斯与伽拉提亚的故事》（*Fábula de Polifemo y Galatea*，1613），octava 1ª】。在故事《圣贾科莫的预见》（*Las previsiones de Sangiácomo*，1942）里，里卡多·圣贾科莫这一人物写了诗集《梳风》。

她此刻想吃一个加了很多芥末酱的热狗……现在温索小姐的一只手肘麻了。'"博尔赫斯:"当然会如此,她就像个透明人。他们甚至会融为一体,每次她起身时,助理就会说:'我站起来了。'"

我们聊到世界语、沃拉普克语[1](volapük)和中立语。博尔赫斯:"我认为沃拉普克语之所以消亡是因为这种语言寻求的不是简便的语法,过于复杂了。vol 指世界,apük 指言语。一位不是很信任我的先生曾告诉我,希伯来语里的动词也有阴阳性;比方说,corre,它的词尾会根据主语的阴阳性而变化;还有比如,曾经存在的房子、现在的房子、未来的房子,它们也会有不同的词尾变化。"我们在《不列颠百科全书》里读到了有关沃拉普克语的词条解释:德国一位路德教牧师发明了该语言;这个语言有过时运,1890 年前为了传播该语言,成立了两百多个社会团体和一个语言学会,学会里有一百万学习者。连议院里的小工都会讲沃拉普克语。但学会内部起了争执,他们出于商贸目的想简化语法,但该语言的发明者没有打算让步。学会便与发明者断绝了关系,不久之后开始推广中立语。博尔赫斯评论道:"关于此事可以写出一篇故事了。"

我们谈及《沉船营救者》。博尔赫斯说这是一本让人一读再读的书,书后可以加一个附录,里面汇集读这本书时经过的各个城市:蒙得维的亚、布兰卡港、罗萨里奥。《阴影线》他也读了好几遍。他很赞同我说的,觉得《沉船营救者》一书写得很好,值得钦佩。

4 月 17 日,星期日。 我们听了迪克西兰爵士和布鲁斯音乐的老唱片。当他得知最老的那几首是本世纪初写的时,说:"因为我们有《黑发黑美人》,所以会把这些音乐视为垃圾。"他还说,爵士乐里有些米隆加和探戈里都没有的奇怪音调,不知道从什么音乐里来的,也难怪欧洲人第一次听这种音乐时会惊诧。

博尔赫斯:"史蒂文森的朋友奎勒-库奇主编的《牛津英国诗选》里,对有些诗的处理不大合适。他随意删减了乔叟的一首诗,而且舍弃的是里面写得最好的句子。"

4 月 20 日,星期三。 他谈到像斯基亚沃那种失败的作家,作品未能出版,也未被任何人邀请出席过活动,他们搁笔退休后成了一群真正的隐士。博尔赫斯:"正是因

---

[1] 首个较为成功的人造语言,是世界语的先驱。——译者注

为有这样的作家存在,当有人说自己也一样不顾凡尘时,他会被视为一个冒牌货。"

博尔赫斯:"格雷夫斯非常喜欢说假话:他喜欢提出假设,而这些假设建立在另一些假设和假定的事情之上,没人能反驳,也没人能验证。他说,那些诗句是为了刻在那些人物的杯子上而写的:但没人见过那个杯子。他还评价说《伊利亚特》是一部讽刺作品——他没有引述巴特勒的话——而荷马最想讽刺的对象是阿喀琉斯。[1] 那就奇怪了,为什么没有一个古代作家——与我们相比,他们的年代离荷马更近——发现过这部作品的讽刺性呢?"

4月23日,星期六。 比奥伊:"当你想到吉拉尔德斯的其他作品的时候,人们都说,要是没有《堂塞贡多·松布拉》的话,他完全无足轻重;而当你想到《堂塞贡多》的时候,才会想起他还写过别的作品。《堂塞贡多》如今仍然声名在外,真是奇怪。没人发现其形式与内涵之间不协调吗?没人发现它的形式属于那个被诋毁、'被超越'、属于极端主义的年代吗?"博尔赫斯:"我不知道那个年代和那种风格有没有被诋毁到如此夸张的地步。"比奥伊:"或许没有。从某种程度上来说,那个关于极端派的预言成真了,就是有一天极端派会进入官方语境,走进政府,走进商业宣传中去。可能这样的成功反而导致了它在文学领域的死亡。巴西利亚是极端主义的胜利,是二七一代的胜利……《堂塞贡多》是阿根廷最享誉世界的三四本书之一。"博尔赫斯:"比题材相同也更高级的《巴雅多尔》一书出名得多。吉拉尔德斯甚至在《堂塞贡多》里写过这样的句子:'被剧烈空气炙烤的脸庞。'[2] 他难道不知道所谓'剧烈的空气'(el gran aire)其实是法语'户外'(le grand air)一词的直译吗?有人曾跟我说,堂塞贡多就像吉拉尔德斯一样,在该书出版后,明显高乔化了。里卡多(吉拉尔德斯)变得令人无法忍受。从前的他是个极其普通的人,但那以后他便一直满口粗话,一口一个'这有什么办法''婊子养的'。"

我们聊起为国家图书馆计划修建的新楼。博尔赫斯:"我们的的确确在经历建筑史上最糟糕的时代。这栋楼可以凭借它越发难看的阳台成为建筑演化的标志。在那些形似浴缸的阳台之后,接替它们的是那些好像大敞四开的抽屉的阳台。每隔几年就会有比过去更粗陋的形制被发明出来。我宁愿国图大楼盖得尽可能小。因为越大就可能越难看。要是未来一年里我追捧抽象艺术去了,你可别惊讶。因为我觉得一

---

[1] 《阿喀琉斯的愤怒》(*The Anger of Achilles*,1959),序言。
[2] "[…]二人被剧烈的空气炙烤"(《堂塞贡多·松布拉》,1926,XIII)。

栋运用抽象艺术——线条和圆圈,都是充满寓意的图形——建筑的大楼,难看的可能性会更小一点。"比奥伊:"我对此表示怀疑。这样的楼看上去肯定像艘华丽的船。没有比现代建筑更难看的了。而且你还会得到两样东西:抽象艺术和充满寓意的图形。"博尔赫斯:"万一我们走运呢。我们肯定会走运,因为他们肯定会因为缺钱的问题把我们留在旧楼里,旧楼多漂亮啊。"

关于卡尔文·霍夫曼写莎士比亚的那本书[1],我说:"他的论点和论据要比他的写作风格强很多。那本书有些廉价感。但不应让劣质的文风影响了我们对其论点的看法,他认为马洛就是莎士比亚。"博尔赫斯:"同意。这一观点比认为培根是莎士比亚让人更能接受。"他谈到马洛和他那些称为"夜的诗人"(The Poets of the Night)的朋友们。博尔赫斯:"这一命名听上去不那么浪漫主义……那帮人是些无神论者、运动员、间谍、同性恋……他们并不像十九世纪的同性恋者;同性恋在他们身上的体现并不是缺少阳刚之气。马洛身上总有些令人不舒服的东西。在描写一位少年的时候,他说,有东西——我不知道是一块粗布还是几片树叶——遮住了所有令人愉悦的部分[2]……这里的'人'就是他自己。"

博尔赫斯说,艾略特写吉卜林的那篇文章[3]的确极其糟糕,但也是有好处的,因为它让人们对吉卜林产生了崇敬之情:"你看多虚伪:吉卜林写他最后几年那些绝妙的短篇故事期间,没有一个批评家在谈及文学体裁时想到那些故事;然而当时所有人都在追捧蠢话连篇的《都柏林人》。"

4月25日,星期一。 博尔赫斯尝试对人们反感吉卜林做出解释:"这种拒绝不仅仅是由于政见不同造成的;通过那些故事,人们可能会察觉到——因为这种东西是能被察觉到的——一个令人不适的人。我发现卢贡内斯身上也发生了类似的情况。"比奥伊:"他们是超凡的、充满创造力的或是充满智慧、有文才的机器……"博尔赫斯:"……却没能拥有像怜悯和温柔这样单纯的情感……"

4月26日,星期二。 他评论道:"每次讲座后我都觉得自己像个年迈的小丑;但每次课后,并没有这种感觉。讲座就像课堂戏剧表演退化的一种形式。但我现在正逐

---

[1] 卡尔文·霍夫曼,《谋杀那个后来成为莎士比亚的人》(The Murder of the Man who was Shakespeare,1956)。

[2] 参见《希罗与利安德》(Hero and Leander, p.1598)中对利安德的描写,他写道(v.84):"他的外在皆乃人之所欲。"。

[3] 《吉卜林》【《诗歌与诗人》(Poetry and Poets,1957)】。

渐从这种衰退中好起来。"

我提到，新浪潮时期（Nouvelle Vague），法国人称四十五岁以上的人为"衰败之人"（croulant）。博尔赫斯："这帮拿衰老开玩笑的人真可悲，自认为可以永远年轻不死。我记得有几个女孩子曾跟我保证，她们永远不会有年老的朋友。"

4月27日，星期三。 我问他，他在系里上课时，在讲英国文学史的时候，是否对某个时期有所偏好。博尔赫斯："我对盎格鲁撒克逊人很痴狂，但我没有任何偏好：我对每个时期都很感兴趣。我喜欢谈萧伯纳。当然，人并不总是喜欢谈自己喜欢读的东西。我这辈子都在读吉本，但我更愿意谈（弗朗西斯）培根。"关于培根，他说："他有一种现代人的智慧，比莎士比亚的智慧更加现代。莎士比亚一定想不到给错误分门别类。培根发现了只关照君王和战争的世界史的缺陷所在；还预见到了知识脉络中每一分支的历史。他那个年代没有文学史真是太奇怪了……不管有没有培根，当时都应该出于术业专攻的考虑把文学史创造出来，但他的成就在于发现了当时历史所欠缺之处。"

4月28日，星期四。 今天我们经过了弗洛里达大街上卖玩偶服饰的玛丽露之家[1]。博尔赫斯："他们怎么知道卖玩偶服装会是个赚钱的生意呢？真怪了。好像贩卖食品或出租房屋是自然而然的事。但一个卖旧邮票的大活人——他付房租、买衣服、买食物——就让人觉得很奇怪，你说呢？"

博尔赫斯："范·威克·布鲁克斯曾观察到，现代人都很欣赏邓恩，因为他们已经习惯了读自由体诗，早就失去了分辨音律的听力，所以如今什么都能读进去了。邓恩同时代的诗人都批评他的诗音律难听。不光是他同时代的诗人：德·昆西也说，邓恩在听到自己那音韵不和谐的名字 John Donne 时天赋大增[2]，而柯勒律治则称其为'强健的诗歌瘸子'[3]。人们还常说，比如，邓恩想用他刺耳的诗句（harsh verse）来回应斯宾塞诗歌中过度的甜美。或许他不能用其他方式写诗，不过能不能写已经不重要了。尚德和希里翻译的邓恩诗歌漏洞百出。这是自然，他们其中一人会提出一种译法，另一个——尚德——会去修改，但很多时候为了不干活，他会说，那种译法

---

[1] 位于弗洛里达大街774号。商店于1919年开业，售卖著名玩偶玛丽露以及该玩偶的服饰配件。1933年商店扩大了经营业务，开始销售女童服装，而那些穿过玛丽露童装的女孩长大成人后，他们又开始制作成人女性服装。
[2] 《湖畔杂忆 1807—1830》(1839)。
[3] "强健的韵律瘸子"【《论邓恩的诗歌》，出自《文学遗存》(Literary Remains, p.1836)】。

挺好。太奇怪了：他们竟然不把最美的诗歌拿来翻译。也不去翻译那些最不像样的诗，那些诗看上去肯定会最具现代性。他有一首诗里这样写一位女子，说她是一位没有让人头发竖起而是让肉翘起的复活圣母[1]。这是怎样一幅又丑又荒唐的画面。不过现在看他写情妇的丈夫

> 囚于他的藤椅之笼[2]

就觉得还好。"他对邓恩确信自己能上天堂这点表示欣赏。

博尔赫斯："安赫莉卡（奥坎波）说，汤姆·琼斯跟所有男人一样。《汤姆·琼斯》我一直读不进去。安德鲁·朗格则坚持认为这部小说的情节完美无缺。"我们看了《牛津英国文学指南》里的小说梗概。博尔赫斯："没有激起读这本书的欲望。他靠一个女人活着，又跟另一个女人结了婚，这自然不是个寻常的人生：肯定会让人感兴趣。而且，现实主义文学本来就很讨喜。"比奥伊："摩尔评论说：'一本空洞的小说，语言轻松。'[3]"

5月1日，星期日。 博尔赫斯："一块下落的石头想：'我想成为一块下落的石头。'我们都是一块掉落的石头。"[4]

5月2日，星期一。 关于人类的疯狂，博尔赫斯："批评家们认为是马里内蒂，而非康拉德，使文学具有实验性。"

5月4日，星期三。 博尔赫斯和胡安·何塞·埃尔南德斯在家吃饭。博尔赫斯："有一次我想跟穆勒探讨——但最后还是没有说，因为他总是摆出惊讶又伤感的样子（别人又不能因此指责我是排犹分子）——有一种针对犹太人的说法认为，他们是引起普遍仇恨的源头。有犹太少数族裔的地方，就会有针对犹太人的仇恨。为什么？因为他们没有自卫能力，而人天生的冲动就是消灭他人吗？别的种族无法使人激发冲动，但犹太人可以，因为针对他们没有风险吗？苏尔站在希特勒一边，他过

---

1 "发没竖，只有肉翘起"《致他床上的情妇》（*To his Mistress Going to Bed*），出自《哀歌集》（*Elegies*, p.1633），第19首。
2 《妒》（*Jealousy*）【出处同上，第一首】。
3 乔治·摩尔，《再会》（*Vale*，1914）。
4 斯宾诺莎，《书信集》（p.1677），LVIII。参见博尔赫斯和比奥伊在《布宜诺斯艾利斯年鉴》1946年第10期的"博物馆"版块刊登的版本。（斯宾诺莎认为意志自由不是完全的自由，他把自由意志的幻觉比作一块石头的思想，这块石头在空中飞行，就以为自己可以决定飞行的轨迹和落点。——译者注）

去常说：'这里的克里奥尔人总是说犹太人的坏话，但从不付诸行动，而希特勒真的给了犹太人当头一棒。'（一边说还一边做出打人的表情）"埃尔南德斯："所有少数族裔都是仇恨的对象。"比奥伊："不能这么说。我们这里的人都非常喜爱巴斯克人。应该调查一下其他地方的人（比如智利人）是否也喜欢他们。"我们讨论起是否所有种族都会被仇视。博尔赫斯："人们都想消灭身边的法国人，但热爱法国。"比奥伊："对英国、西班牙、意大利，有人仇视也有人喜爱。"博尔赫斯："德国人不该如此迫害犹太人，因为说到底，他们自己并不招人喜欢。"比奥伊："巴斯克人为人类文明贡献过什么？"博尔赫斯："巴罗哈、乌纳穆诺、某个画家、几位政治人物，比如，祖马拉卡雷吉。真是太奇怪了：贡戈拉·伊·阿尔戈特竟然是安达卢西亚人，这个姓名竟然不是巴斯克地区的。皮奥·巴罗哈这个名字真动听：前者柔，后者刚。"

5月6日，星期五。　　我们谈起吉卜林。博尔赫斯："你觉得必须得把故事写得像吉卜林的一样，那么短小精悍又五脏俱全吗？"比奥伊："我觉得这不是必须的。我估计吉卜林小说对话中的俚语和令人熟悉的说话方式是为了使故事结构松散些，让字里行间通风透气，看上去更自然一点。当然，随着时代变化，这种方式产生的效果肯定会与写作初衷相反：那种俚语感的对话形式会被忘掉，而故事的黑暗调性会加强。"他提到《丛林男孩》的情节[1]。博尔赫斯："这个故事里的梦境都很好，但那些梦让这个故事变得令人不适。那些梦里发生的事情就像真实梦境中的一样：无非是表象而已，且随时会变成梦魇。"他坚持这一观点：在梦中，事物无非是表象，而人们却真实感受到了。他又补充说："在一座花园里有几个食花的蜡人，惨绝人寰；另外，《丛林男孩》的故事里还有一种对童贞的迷恋，令人作呕。"

5月8日，星期日。　　博尔赫斯："阿尔韦托·吉拉尔德斯说过，菲加里的素描值得欣赏，他有几幅素描真的是……那样一幅优秀的素描草稿竟然没有画成画，真是太奇怪了。"

5月11日，星期三。　　他说有一次在街上碰到一位先生问他："您既然什么都知道，难道不知道这两句诗是谁写的吗？"然后他给他背诵了伊丽莎白·巴雷特·勃朗宁

---

1 乔治·科塔尔从小就和一个他幻想出来的梦幻世界生活在一起，每晚他都和一个想象出来的"丛林女孩"（Brushwood Girl）一起在梦境里游玩。成年后，他成了一名英军军官，在返回印度的途中认识了一位来自牛津的寡妇，竟然就是他梦中的女孩，而他也是这个女人梦中的"丛林男孩"（Brushwood Boy）。

非常容易被人忘记的两句诗。"我跟他说我不知道是谁写的,然后搂着母亲上了一辆出租车逃走了。记得这种句子就好像能背诵这种诗一样:

向前,向前,向前,她说。

或是:

羊群走过草场。

为什么要记得这种句子?"

我们谈到弥尔顿。他引述了《利西达斯》的两句诗:

更有那双手持握的工具立在门边,
准备致命一击,无需第二下。[1]

博尔赫斯:"这样挺好,因为他写的是:无需第二下(and smite no more)。我一直以为动词应该是 strike。因为 strike 听上去更合适。现在几乎不说 smite 了,不过当然了,smite 显得更坚决。蒂利亚德认为,那个'双手持握的工具'(two-handed engine)其实是耶稣的手杖。但我想象中的这个工具是一个带着两只手的复杂又神秘的机器,一种机器人(robot)……我之前忘了其实'双手的'(two-handed)过去常用来形容那些非常沉重、需用双手持握劈斩的剑:双手大剑(two-handed swords)(苏格兰有一把非常著名的双手大剑)[2]。这个立于门边的双手持握的工具在人们还不理解其内涵时才是最妙的。所有文字都是在不解时才最妙……"我们在《牛津英语大词典》里看到了 two-handed 这一词条。在例句里找到了一句有关泰勒佛的话。博尔赫斯:"他是个非常可亲的人。是位来自诺曼底的游吟诗人,参与了那场黑斯廷战役,高唱《罗兰之歌》,激励士兵们拿起刀剑……他是第一位深入英国的法国人。几乎我的每场讲座里都会提到他。我认为法国文化因他而输入英格兰,两个世界因他得以融汇。"

关于弥尔顿在致斯凯纳那首十四行诗中的一句,有关其失明一事的,他说:"我曾在一个十九世纪的版本里读过这句,显然被那位'编者'改过。弥尔顿

---

[1] 《利西达斯》(*Lycidas*,1637),vv.129—30。
[2] 据传该剑为苏格兰民族英雄华莱士所持,其雕像多为右手持握苏格兰大剑。其实苏格兰高地大剑由苏格兰高地人独创于 16 世纪,其出现的年代比华莱士在世的年代晚 3—4 个世纪。——译者注

写的是：

Of which all Europe talks from side to side,[1]

我那个版本写的是：

Of which all Europe rings from side to side.

如果要我编辑弥尔顿的诗歌的话，我会保留 rings（回响）。当然，要是这样做的话，《泰晤士报文学增刊》上很可能会登载针对我的检举信吧……"比奥伊："用了 rings，无疑就成了弥尔顿一直在寻求的那句诗了。"

本该看看博尔赫斯是不是真的在一个十九世纪的版本里读到了 rings 一词，还是说那一版出自本特利眼中的另一位"编者"[2]，而 rings 一词其实来自博尔赫斯的智慧……[3]

5月12日，星期四。 博尔赫斯："为什么野女人反而有吸引力？"比奥伊："一个野女人、脏女人、坏女人、贱女人之所以有吸引力是因为她有些让人无法捉摸，神秘莫测。"博尔赫斯："这是当然。一个聪明的人往往合乎逻辑、易于理解。"比奥伊："你无法想象认识这辈子第一个妓女时我有多激动。'是个妓女啊！'，我当时的语气像是在讲什么超凡脱俗的东西似的，比如一只传说中的动物。"博尔赫斯："这就是人认识异国女性时的感觉。一个匈牙利女人可以因此拥有很大声望。"

他在读约翰逊为其《英语词典》写的序。博尔赫斯："值得钦佩。他当时竟然能意识到一切都会被人遗忘以及如何像看一个疯子一样看自己。应该要像看一个疯子一样看自己。每个人的生活、我们生命中的每一天，都比《尤利西斯》还要奇特。那是一条极其狭窄、由重复的记忆组成的小径……约翰逊在筹备编纂《英语词典》之前，在他即将沉迷的、编纂字典的巨大欢乐中，思索着该如何解决知识来源的问题……之后当真的开始编辑词典的时候，这项工作又成了束缚他的枷锁，因为要给

---

1 "欧洲南北皆以此为谈"《致西里亚克·斯凯纳关于其失明》(*To Mr. Cyriack Skinner Upon his Blindness*，1645)。

2 指射理查德·本特利（1662—1742）有关弥尔顿"编者"的观点。本特利一直坚信《失乐园》的手稿错误百出是因其抄写员的疏忽，是一位所谓的"编者"动了手脚。他认为很多词语甚至诗句的变动都是出自这位"编者"之手。而乔布（Jebb）【《本特利传》(*Bentley*，1882)】认为，这位"编者"的存在"归功于本特利强大的想象力"。

3 德·昆西【《约翰逊的〈弥尔顿传〉后记》(*Postscript respecting Johnson's Life of Milton*，1859)】引用的这句则为"Whereof all Europe rang from side to side"。

他手边的所有权威来源作注……"

我们谈到萧伯纳。博尔赫斯："我不是很想看萧伯纳最后的几出剧目。他的佳作里，我最不喜欢的是《圣女贞德》。我想看的有《安德鲁斯克里斯与狮子》《华伦夫人的职业》《布兰科·波斯纳的露面》《布拉斯·庞德上尉的转变》《康蒂妲》和《武器与人》。我最喜欢的大概要数《凯撒和克莉奥佩特拉》。萧伯纳作品的题材都太奇怪了！《布拉斯·庞德上尉的转变》：一个人说服自己复仇无用的故事。"

有天他看了这里的一个剧团上演的《凯撒和克莉奥佩特拉》。博尔赫斯："那些演员并不理解他们饰演的角色。他们完全没有意识到自己所念台词的重要性。可能是导演指导或是演员自身愚蠢的原因，凯撒看上去像一尊雕像，他的嗓音丢失了所有细节色彩。萧伯纳笔下的凯撒是一个近乎神的人，但他仍带有一丝对衰老可悲的恐惧，同时心怀柔情：演员一点儿都没演出来……里面的纨绔子弟和老士兵说起话来腔调都一样。"

5月14日，星期六。 博尔赫斯："葛兰言是所有汉学家里最有智慧的。《中国人的思维》是一本极美的书，处处是惊喜。艾田蒲曾跟我说，葛兰言不会中文，要么就是他不会讲中文，说总之他不敢贸然研究未被翻译的书。这大概是艾田蒲耳聋了吧。韦利是犹太人。太奇怪了不是吗？他竟然舍弃了犹太哲学的卡巴拉，转而去了更遥远的东方。他来自克伦威尔那个年代一个著名的犹太家族。有一个做音乐家的祖父。我觉得他从未去过中国。"

5月15日，星期日。 我们聊起在最惨烈的时刻说出的名言（比如，被处决时）。博尔赫斯想到了那句"赦免他们，因为他们所做的，他们不晓得"[1]以及胡斯对那位向他受刑的火堆添柴的老妇人做出的奇论："神圣的单纯。"我认为这些名言里最能表现大丈夫气概的要数拉提默的那句（"振作，黎德利大人"）；最崇高的，要数胡斯那句，因其无比高尚的品德。博尔赫斯："当然：他在一切之上，已经是个旁观者了。这证明了道德品质在文学中的重要性。因此那些像波德莱尔一样致力于成为邪恶天才的人，只能留下次等文学作品……人类身上有一种崇高性，几乎在每个人身上都有。即使即将坠机的机组人员高唱着那首可笑的颂歌《庇隆主义者进行曲》赴死，他们也不失为一群值得被尊敬的人。英雄主义想变得荒唐可

---

1 出自《路加福音》23：34。——译者注

笑很难。"

他聊到词源："真有意思：grammatical 竟然和 glamorous 同源[1]。那语法学家和魔法师在过去可就混为一谈了。"他引述了斯威夫特得知贝克莱要在美国建大学的想法[2]时说的话："这是个'浪漫'的计划。"

5月16日，星期一。 博尔赫斯："政治史的偶然性决定了各国文学史，也证明了分门别类的虚假。因为政治史是独立存在的，乌拉圭有自己的文学史和文集，因为他们的文学史是跟阿根廷连在一起的，但却没有跟恩特雷里奥斯[3]的连在一起。各国政治都是虚假的迷信；各国海关、不同的货币、国旗促成了他们的政治发展。而政治腐蚀了文学研究。人们都在研究乌拉圭的文学，但要是（弗朗西斯科）拉米雷斯[4]得了奖，他们想必都跑去研究恩特雷里奥斯的文学史了。布宜诺斯艾利斯文学与蒙得维的亚文学之间要比萨尔塔[5]文学之间有更多共性。或许与我们相比，有些乌拉圭作家的文笔更多彩华丽一些，会写到更多树木花草……"

他背诵了克维多的十四行诗：

我望见祖国的城墙
曾坚固一时，如今已成断壁残垣，
疲于和岁月赛跑，
它的勇气已到期限。

我走去田间，看见太阳在汲取
倾泻而出的冰冷溪水，
山上的羊群也在抱怨，
山峦用阴影把天光盗取。

1　grammatical 源自希腊语的 grammatiké tekné（写作的艺术）。中世纪时，grammar（语法）包括所有知识，甚至包含魔法，因此在苏格兰方言中出现了 gramarye 一词，意为"使着魔的"；从那里产生了 glamer，最终在十九世纪产生了英语词汇 glamourous（意为拥有使人着魔的天赋）。
2　贝克莱在美国游历时产生了在百慕大群岛建立一所大学的计划【《论美洲的艺术和学术培育前景》(*On the Prospect of Planting Arts and Learning in America*，1726)】，随后旅居（1728—1731）罗德岛州。但最终还是返回了大不列颠。
3　阿根廷东北部省。——译者注
4　阿根廷独立战争期间恩特雷里奥斯当地的一位执政者。——译者注
5　阿根廷西北部省。——译者注

走进我家；看见，被糟践的，

老屋的破碎残渣；

我的拐杖，愈发弯曲，不再有力。

感到我的佩剑已被岁月折损

找不到可以安放我双目

又不会带来死亡回忆之物。[1]

博尔赫斯："第二节我不是很理解，不知道为什么我明明读过上百遍，一辈子都在背诵，却一直没发现我其实并不明白这节写的是什么。完全是一种照单全收的被动阅读……发现溪水被太阳晒干的羊群是在对山峦的阴影表示不满吗？还是各种搭配在一起但并不协调的死亡意象？还是指一天当中连续的时辰？第三节里，你觉得写一只拐杖和一把佩剑合适吗？这两样东西不会太类似吗？对克维多，我们可以用华兹华斯评价蒲柏的那句话来评价他：'写作时没有把双眼放在事物的本质上。'[2] 他由着自己的性子创造了一个世界。不过或许这样要比现代诗人犯下的那些相反的错误强。约翰逊说，要用一种笼统的方式写作，不要连郁金香的花瓣上有多少条纹路都写出来。"

他谈到词典："最初的词典要比现在的更讲逻辑，收录的都是难懂的词汇。约翰逊的那本词典里收录了所有弥尔顿诗歌里用过的词语。在英国，通过词典来设定语言规范是很奇怪的，他们把词典定义为常用词汇的汇总。而西班牙还在坚持旧传统，认为词典是用来裁定什么词该用什么词不该用的。"

5月18日，星期三。 我们伤感地聊起昨天逝世的苏佩维埃尔。比奥伊："他是个老傻帽。"博尔赫斯："是个老傻帽。那位写过弥尔顿和布莱克相关著作的教授，很聪明的一个人，叫什么来着？斯图尔特[3]，说他是法国最伟大的诗人。但我从来没在他的诗歌里读出任何东西。"比奥伊："我还记得他朗诵自己诗歌时的样子：一双长手画着圈，手指纤长无力。他虚荣心很强，随时准备听别人赞美自己、谈论自己、朗诵自己的诗歌，但他还是善良的，像一条好狗。你还记得那首写马的诗吗？"我们

---

1 "展现每个事物如何通报死亡"【《西班牙的帕尔纳索斯峰》(p.1648)，第四缪斯】。

2 《补序》(Essay Supplementary to the Preface)【《诗选》(1815)】。

3 丹尼斯·斯图尔特 (1890—1958)，《布莱克与现代思想》(Blake and Modern Thought, 1929) 和《弥尔顿：人与思想者》(Milton: Man and Thinker, 1944) 的作者。

背诵起来：

> 与其说是一匹马，
> 不如说是一艘船；（我们学着他自我陶醉的样子）
> 与其说是一艘船，
> 不如说是一种欲念，
> 曾有这样一匹
> 好像永远也看不见的马，
> 有着骏马的头颅，
> 癫狂的鬃毛。[1]

博尔赫斯："《不列颠百科全书》上说《约翰逊传》并不是世界上阅读量最大的书，因为它是一个连续的整体，不能被分割成章节：一旦你读进去就放不下，但要读进去很费功夫。约翰逊当时知道包斯威尔在写他的传记吗？书里这么说了吗？我觉得克鲁奇[2]没有说明这一点。对此本应好好调查一下的……我认为约翰逊是知道的。这就解释了他晚年的不作为：他不写作不仅是因为怠惰，也是为了确保他说的话没有一句被错过。他对包斯威尔正在做的事、对他在书里如何写他感到好奇吗？或许不好奇。不过无论如何，我认为约翰逊不会对传记做出任何修改：花精力去修改那本书不像约翰逊的风格（因为偷懒，因为心胸宽广，因为无所谓）。而包斯威尔自然是校对过的，还对约翰逊的名言和轶事做了润色和风格化处理。他做得很好。"而我过去一直想搞清楚约翰逊是否会怀疑那本传记的存在，是否会好奇想读一读，是否修改过，他晚年产出甚少是否不仅出于视力衰微和懒惰，也出于对那本书的认知。

5月26日，星期四。 我们聊起拉蒙·戈麦斯·德拉·塞尔纳。比奥伊："他对佛朗哥和对庇隆的拥护没有像其他佛朗哥和庇隆主义者那么招人恨，因为那种拥护源于恐惧，源于一种近乎疯狂的恐惧。有一次在圣伊西德罗，在维多利亚家的一次午餐席间，他提到了他在智利期间的那种恐惧，如同身在一只捕鼠器里，被夹在大山与大海之间，暴露在地震当中。"博尔赫斯："在西班牙内战期间，他在马德里的屋内是用很多床垫和埃斯帕萨百科全书围起来的。他曾对那些非现代派的作家如此刻

---

1 《满天》(*Plein ciel*)【《天与地》(*Ciel at Terre*，1942)】。
2 约瑟夫·伍德·克鲁奇，《萨缪尔·约翰逊传》(*Samuel Johnson*，1944)。

薄,还瞧不起那些崇拜皮兰德娄的人,因为他觉得自己可以在十分钟内写出皮兰德娄那样的戏剧本子,后来却狂热地崇拜所有支持佛朗哥的作家,甚至包括何塞·玛利亚·佩曼。各种形式的恐惧把他逼疯了:比如,拉蒙直到今天还很害怕他可怕的妻子欺骗他,但路易莎·索福维奇明明很和善。"他们如果在电影院里找不到一个四脚的座椅,就不在那里看电影了。拉蒙和他的妻子多年前拜访过博尔赫斯一家,住在安德罗格的一家酒店。因为拜访的时候还是得做点什么,诺拉就像想让他们看看自家的房间。路易莎起身要跟上,拉蒙却叫住了她说:"你留下。"一天下午,博尔赫斯的母亲在一栋别墅前碰到了拉蒙,他正紧张地看着她。"我正等我妻子从裁缝家里出来呢。"他解释说。"为了避免她跟其他幻想出来的男人碰面。"博尔赫斯把他的话补全了。比奥伊:"西尔维娜有天见到了路易莎,跟她说相信她很快就会来看我们的。'这太不容易了。'路易莎答道,'您知道拉蒙的为人,他从不出门,也不让我出来。我唯一能出来散步的时间就是必须要去某个商店买东西的时候。'"博尔赫斯:"拉蒙是个好作家。但住在一个堆满明信片的房子里,在'庞博的神圣地窖'搞聚会,还带着那个蜡像娃娃[1],简直太恐怖了。"

博尔赫斯:"我父亲认为海涅写过这句诗:

我会爱你直到永远甚至到永远以后

但我从没见过这句。英语里到是有一个类似的但有些奇怪的固定短语来表达'永远':for ever and a day。"他玩笑似的即兴创作了一句:"我统治了你的乡愁,永远。"

5月29日,星期日。 我们讨论了很长时间奥维德被流放到托弥城的原因。我们都觉得勃朗宁和德·昆西都没有探讨过这件事实在很奇怪。

5月31日,星期二。 我跟博尔赫斯一起查阅了赫伯特·保尔的《马修·阿诺德传》书后关于《英国文人传》的附录,我们讨论了其中多本书,给它们标出了好坏。其中,我们颇为欣赏的有:莱斯利·斯蒂芬写的那几部(《霍布斯传》《约翰逊传》《蒲柏传》《斯威夫特传》《乔治·艾略特传》)、诺伊斯的《莫里斯传》、本森的《罗塞蒂传》、哈里森的《罗斯金传》、尼克尔森的《斯温伯恩传》、乔布的《本特利传》、马森的《德·昆西传》、勃朗宁的《切斯特顿传》。我们说,把其中一本传记作为主线,做一期有关英国文学的课程应该不错,不用被迫去讲萨克雷或者特罗洛普。

---

[1] "庞博的神圣地窖"指拉蒙·戈麦斯·德拉·塞尔纳在马德里与其友人经常光顾的庞博咖啡馆,他们经常在那里举办茶话会。"蜡像娃娃"指他在巴黎订购的蜡像玩偶。——译者注

博尔赫斯提到一个故事，故事的主人公得到了一个神奇线团，如果他想加速时间——比如他想马上就到星期六，这样就会见到他的女性朋友了——就从线团里抽线出来。他就这样一直抽一直抽，结果短短几天时间就耗尽了命运给予他多年的生命。

6月1日，星期三。 我们谈到，我们会很自然地倾向于认为柯勒律治作品中体现出的诗歌天赋，也是作品中最重要的部分，要比华兹华斯更大，不过还是有三四首除外：《老水手之歌》《忽必烈汗》，《克里斯塔贝尔》大概也算，可能还有《悒赋》。柯勒律治那些上百页的诗歌都是连篇的废话，而华兹华斯还是有很多值得欣赏的作品的。比奥伊："是诗歌风格的问题：人们会很自然、很天真地认为华兹华斯的诗歌就是散文式的，而觉得柯勒律治不受任何束缚，有成为崇高诗人的自由。"博尔赫斯："有人曾指出，卡莱尔的语言天赋替代了他的洞察力。或许正是由于这种语言天赋，让他能够对华兹华斯进行一番生动描绘，但完全不准确。"

博尔赫斯："母亲的一位朋友曾回忆起一个几岁小女孩口中的诗意画面：'天上曾挂着裹着奶油的星星。'奶油想必是云了。但你注意到这里容易让人引发不纯洁的联想吗？格雷夫斯说的对，文集就是编纂者的书而已，他们会把自己的个性强加进去。"

6月2日，星期四。 他讲起，格龙多纳夫人有一次在巴黎从街头小贩那里买了几个木偶，小贩用几乎看不见的线一边操控木偶一边喊"跳起来！舞起来！"。有一天，女儿们撞见她们的母亲大喊"跳起来！舞起来！"，冲着瘫在地上的木偶。

他很激动地讲起瑞士意大利语区里几个有着绝美风景的地方：锡尔斯玛利亚、阿罗萨和库尔。"我通常看不清什么，但那里纯净的空气让我感觉自己好像能看得很远很远。"那是极少几次我听到他满怀激情地赞颂自然之美。

他习惯套用威尔斯的那句话去形容别人称赞同行们的方式，威尔斯曾说，霍尔丹经常以一种"小心地避免举具体例子"的方式被夸。

6月6日，星期一。 博尔赫斯和胡安·何塞·埃尔南德斯在家吃饭。博尔赫斯（对西尔维娜说）："来了一封信，是美国一所大学的一位女老师写的，西班牙名字。她说她的专业是拉丁美洲女性文学，准备做一个关于你和诺拉·朗厄的讲座。以女性文学为专业可不怎么样。为什么一定要是女性的呢？为什么不是有关蓝眼睛作家的文学？"埃尔南德斯："这位女老师叫什么名字？是哪所大学的？"博尔赫斯："不知道,这不重要。干嘛偏要迷信具体的名字就能给出确切信息呢?现在知道她叫这个那个,来自明尼苏达或者阿肯色大学,会改变什么吗?"

博尔赫斯想起二三十年前在布宜诺斯艾利斯出版的一本《女性诗集》:"当时那家出版社办了场比赛,把获奖诗歌出版作为比赛奖励。但结果是所有参赛诗歌都得了奖。那些女诗人看到自己不过是众多获奖女作家中的一个便大失所望,不过自己能出现在一部重要作品中也算是一种安慰……那本诗集就像一本电话号码指南、一册年鉴、一部词典。而最后因为每位女作家都买了三四本作纪念或送人,编辑们大赚了一笔。"

博尔赫斯:"要是《都柏林人》来参加《国家报》文学奖的评选[1],我们有充分理由拒绝它参赛。或许对乔伊斯最好的评价就是他代表了一个糟糕的理想中最好的那部分吧。他做了别人都想做的事,每个人都想成为乔伊斯,苏佩维埃尔就想成为他,而他好像披了一张乔伊斯的皮。文学界是乔伊斯,美术界是毕加索……能够证明乔伊斯心态有问题的证据是他想把《尤利西斯》当作一部小说。他似乎必须在艺术性的作品中做一些筛选,我不认为为了筛选而写出成堆的东西是个好办法。除非他的的确确非常享受回忆都柏林的那些事,可能就像我们追忆布宜诺斯艾利斯一样。他乐于事无巨细地把一切都写进那本书里……"

6月7日,星期二。 博尔赫斯:"所有文学性的句子(我没说是诗意的句子)都应该出自法国。雨果写莎士比亚在无垠之境里经常缺席,用来指射他创作中的疏漏。[2]"

他谈到一位瑞士作家,萧伯纳的门生,迪伦马特。说或许是因为他的写作属于他很喜欢的那类文学传统,所以他觉得"自然比田纳西·威廉姆斯、萨洛扬、米勒和《我们的小镇》的作者桑顿·怀尔德写的那些垃圾好得多。"

博尔赫斯:"马列亚没有对《世界报》的那篇报道做出回应,因为他说,他一直以来的观点是,作家要表达的东西都在他的书里。从本质上来说,他说的有道理:那篇报道是一篇没有得到稿酬的稿子,他们很不讲道义,以为用这种方式给作者做了宣传就可以抵稿费了。而且那篇报道没那么重要,也没有任何根据。"

---

1 自1960年起,《国家报》每年都举办一次文学奖评选,评委会由博尔赫斯、比奥伊·卡萨雷斯、马列亚、莱奥尼达斯·德·贝迪亚和卡门·甘达拉组成。
2 《莎士比亚传》(*William Shakespeare*, 1864), I, 2。

他说:"一部文学作品写得糟糕的话,从文字就能看得出来,无需其他。'空话,空话,空话。'而如果是一部好作品,不管语言好不好,你会觉得总有一种力量在推着你……"

博尔赫斯:"莱奥尼达斯·德·贝迪亚说拉莱塔肯定已经康复了,说他又回归自我了。看来那场病对他一点用也没有……"

6月13日,星期一。 博尔赫斯:"有些人抱怨我们的说话方式很糟糕,特别希望我们能像西班牙人那样讲话。我跟他们说,西班牙人没有语言,他们有的都是方言。"比奥伊:"他们想像马德里人那样什么代词都用la吗?我并不是什么民族主义者,但我觉得放弃我们的说话方式而用西班牙人的方式取而代之则是走到另一个极端去了……要是西班牙的西班牙语像英语或法语那样鲜活且具有渗透性还有可能……但并非如此,他们对语言的纯洁性有一种错误的观念,还想把以前的语言拿到今天来让大家用。西班牙语的文化中心在布宜诺斯艾利斯,我认为虽然我们的历史很短,但我们要比西班牙人在他们上百年的历史里都思考得更多。甚至我们自己,都几乎没怎么用西班牙语思考过……那我们为什么还要使用一种乡下人的语言呢?"博尔赫斯:"而且西班牙文学从十七世纪开始就走向没落了。"

他谈到(带着称赞的口吻)勃朗宁诗歌《克里昂》中的情节[1]。博尔赫斯:"当然,这是一首写给基督徒的诗。在他那个年代,他妻子比他更有名。应该读读《葡萄牙人的十四行诗》。诗里没有一个葡萄牙本地人:是杜撰的。我之前想试着读来着,那首诗的语言抽象。它是个相当罕见的例子:赞美伉俪之情的诗,还是妻子写给丈夫的。"

我们谈到作家们热衷的某些文字游戏,就像马列亚有一次说的那种话:"写小说不是无业者的职业,也不是从业者的闲业,而是从业者的职业。"比奥伊:"当一个作家隐约见到这种左右摇摆的可能性时,就会感到一种无法抗拒的眩晕。他会觉得或许他不是个好作家,但也会觉得文学就是如此。"博尔赫斯:"这属于思想吗?"比奥伊:"属于,但属于被语言过度包裹的思想,好像被帘子罩着似的。"博尔赫斯:"你不要以为乌纳穆诺就没有这种思维习惯了……萧伯纳也批评切斯特顿有同样的问题。"比奥伊:"说得在理。"

---

[1] 诗人克里昂,回复他的国王也是他的保护者普鲁图斯的一封信,信中普鲁图斯问他是否可能永生不死。克里昂于是对艺术与生命以及艺术的不朽发表了一番长篇大论,在阐释了柏拉图式的理论后,最后用一句"他们的教义不能由任何理智的人持有"作结尾,暗指保禄有关耶稣的说教有误。勃朗宁这样带有讽刺性的暗示已经离真相很近了,但他自己并未察觉。

6月14日，星期二。 我们读了雷耶斯为其翻译的《伊利亚特》写的序[1]，并读了里面的头几句诗。"不是很激动人心"，他评价说。

6月15日，星期三。 博尔赫斯："你要是读了雷耶斯写歌德的那本书[2]的话，直观感觉就是那本书只是其他书的总结而已。一旦产生了这种感觉，就无法对手头那本书有多少崇敬之情了。雷耶斯最伟大的作品是哪部呢？《划清界限》吗？我是没读进去。他无疑有很强的好奇心，但久居马德里让他变质了。他身上一半粗俗一半土气。你还记得马丁·菲耶罗说起高乔人在好年代吃什么东西那段吗？那段里的每一句都写得简洁干净。要是让雷耶斯来写的话，他得用整段来写各种意大利白奶酪，写各种味道和油脂。"

我问他"与君主和谋士"这句话是不是出自《圣经》。博尔赫斯："应该是。要么就是出自莎士比亚？"比奥伊："我觉得是出自《圣经》。但那句开头是怎么说的来着？'与君主和谋士同睡'（sleeps with Kings and Counsellors）？我觉得不是。"博尔赫斯："不对：'同睡'有歧义。不知道是指那人死了还是指他光荣地献出了自己的身体去卖淫。应该用'安歇'（rests）。"后来我在《约伯记》第三章13—14行找到了那句。英文版用的是 rests；西班牙语版写的是 reposaría con reyes y consejeros。[3]

博尔赫斯："你还记得那个短语'加入大多数'吗？[4] 多伤感的表述，不是吗？"

他说，西班牙语版《作为意志和表象的世界》的序言作者说，叔本华的西班牙语想必学得没那么好，因为他在自己收藏的格拉西安的书上亲笔写的是："教会会长赠予我（意大利语：Mi lo dato il general）"。博尔赫斯："那位序言作者继续往下写，一本正经。"

---

1 《伊利亚特：第一卷 阿喀琉斯的愤怒》（*Ilíada: Primera Parte: Aquiles agraviado*，1951）。
2 《歌德的轨迹》（*Trayectoria de Goethe*，1951）。
3 汤·布朗在《瓮葬》（*Urn Burial*，1658）第五章引用的是 "slept with Princes and Counsellors"；博尔赫斯和比奥伊把这章的这句译为"与王子和谋士"（《南方》，1944年第11期）。也可参见梅尔维尔《抄写员巴特尔比》（*Bartleby, the Scrivener*，1853）的结尾，叙述者宣告巴特尔比之死时，说他已"与君主和谋士"入眠。博尔赫斯1943年的译本【《巴特尔比》（*Bartleby*）。埃梅塞出版社，《奇美拉笔记》（*Cuadernos de la Quimera*）】处理为："——哎？他睡着了，是吗？——与君主和谋士一起——我说。"
4 to join the majority；引申义为，死，"因为我们活着的人都是少数，一群暂时的少数"【博尔赫斯在奥斯瓦尔多·费拉里所著的《最后的对话II》（*Borges en diálogo II*，南美出版社，1999）中的阐述】。参见《萨蒂利孔》（*Satyricon*），XLII，"还是有很多人去了"。

6月16日，星期四。 我给博尔赫斯大声朗读了《国家报》奖参赛的短篇故事。博尔赫斯（笑出眼泪）："像小孩儿写出来的。"比奥伊（语带伤感）："好像完全没可能用别的方式去写。"

6月20日，星期一。 我们读了雷耶斯的《旁注》。博尔赫斯："我在想雷耶斯这部作品的标题为什么不叫《纸屑与尘絮》呢？他写这些东西是为了什么呢？写出来以后又为什么要出版呢？那篇《致何塞·奥尔特加·伊·加塞特的挽歌》没有给人留下任何印象，甚至一则轶事都没留下。他为什么这么枯燥无趣，总是夸夸其谈，不大令人信服呢？要显得私密，得袒露心声，甚至需要咒骂。你想象一下威尔斯要是这么写东西会怎么样。在一个文明国家，人们只会出于戏仿的目的这样写作。我们曾经觉得他写得好吗？我们提名过他得诺贝尔奖吗？[1] 要是提过的话，那我们真的是疯了。不过，或许任何作家经过仔细阅读后都会暴露出他们的愚蠢吧。我们也暴露了我们的愚蠢。雷耶斯写乌雷尼亚的那篇文章你怎么看？[2] 你看看他是不是认识乌雷尼亚却什么都没写出来。甚至还在文章里撒谎。我记得我曾经跟他说过：'佩德罗，我担心你已经把每天写一页的习惯丢掉了。'如今他把乌雷尼亚写得像个极其勤奋的人似的。"他又补充说："他甚至不建议读者相信他写的东西。他想成为可亲的人。这些文章像书信一样，可能对收信人来说更感兴趣。"

他谈到歌德："没人会喜爱他。他生命里的那些女人和多次改变的住址让他的传记变得很难写。歌德的女人们起了什么作用呢？对他来说或许她们都是生动鲜活的，但对于我们来说，她们的面目就像我们友人爱上的女人一样模糊。他说：'并不是一切思维都有助于思想。'[3] 这话什么意思？意思是人的意志，比如眉头紧锁，对思考无用？席勒随时准备娶一个他不认识的女人为妻，随时都做出崇拜歌德的架势。我不知道为什么雷耶斯要写那本有关歌德的书：那书糟糕得像别人写的。看得出来他不懂德语：他把某个 ung 结尾的词当成了阳性。[4] 要知道德语里的 ung 就像西班牙语里的 ción，是阴性名词的词尾。"

我跟他说，吉卜林的某些故事，比如《许愿屋》，或许也包括《外行》，虽然值

1　参见问卷调查"谁应是下一位诺贝尔文学奖得主？"《莱奥普兰》（*Leoplán*），n°51，1955]，在该问卷中比奥伊和佩罗提名了雷耶斯。
2　为恩里克斯·乌雷尼亚作的序，《文稿选编》（*Páginas escogidas*，1946）。
3　由埃克曼引述【《歌德谈话录》（1836），1824年2月24日】。
4　"[...]el Aufklärung"【《歌德的轨迹》（*Trayectoria de Goethe*，1951），VI，5】。

得钦佩，但我觉得令人不适。我们把这几个故事和《螺丝在拧紧》做了一番比较。博尔赫斯："它的情节里或许有恐怖的成分，可能是一则病态且残忍的故事，但故事里的一切在视觉上都是美的。对于读者来说，这里无疑存在很大争议。"

之前，美国一位出访布宜诺斯艾利斯的议员与博尔赫斯碰了一面。他们当时谈到了马克·吐温。后来，博尔赫斯收到了一封美国寄来的信，信中说他们会给他寄一套《不列颠百科全书》作为议员的赠礼。还特地对百科全书的查阅技巧做了一番解释，因为他们确信，由于索引体量巨大，已经让很多人无从下手了。该索引是用来查找成百上千个主题词条的，这些词条由于不值得单独成章，如果按字母顺序查找，将无法在百科全书的正文中找到它们。除了这些由议员秘书用打字机打出来的说明之外，还随信寄了一本百科全书出版社编写的小册子，册子里又把之前的百科查阅说明事无巨细地写了一遍。博尔赫斯："这些说明也相当于对美国人做了一番极其怪异的解释。"

6月27日，星期一。 我们谈到王尔德。我们读了《斯芬克斯》和《里丁监狱之歌》。博尔赫斯："道格拉斯勋爵曾批评《斯芬克斯》是一首虚伪的诗。它是一首故意虚伪的诗。这样作诗，把风格推向极致，是不错的。"他朗诵道：

> 白皮肤的阿蒙神是你的床伴！蒸腾的尼罗河是你的寝殿！
> 带着嘴角弯弯的古老微笑，你望着他的激情来又去了。

他说这首诗非常清楚明晰，值得欣赏，说它像一首法国诗："与兰格伦相去甚远。"

关于《里丁监狱之歌》，他观察到："这首更严肃，更英国。王尔德把死囚的所有心境都细致地想到了。这样一首诗是对死刑最好的辩驳。"

我朗读了：

> 他没有穿他的猩红色外套，
> 因为血和酒都是同样的红……[1]

他评论道："这里的'酒'（wine），应该不是葡萄酒，而是啤酒，但'葡萄酒'一词用的很好。"

---

[1] 《里丁监狱之歌》(1898), I。

当我读到：

我们没有什么话对彼此说；
因为我们不是在圣夜相见，
而是在那深感耻辱的白天。[1]

的时候，他感叹道："一首伟大的诗啊！为什么吉卜林看不上这首诗？因为他是从诗歌背后来看王尔德的，看那个把什么都不当回事的不知羞耻的娘娘腔……"

我们谈到史蒂文森的《挽歌》。博尔赫斯："这是一首有金属质感的诗。让人联想起挥舞刀剑的姿势。"他背诵起那几句：

在宽广高朗的星空下，
挖一个墓坑让我躺下。
我生也欢乐死也欢洽，
　　躺下的时候有个遗愿。

几句诗行请替我刻上：
　"他躺在他向往的地方；
大海的水手，已返故乡，
　　高山的猎人已回家园。[2]

博尔赫斯："这句头韵押得很完美，不过度也不生硬。

躺下的时候有个遗愿。（And I laid down with a will）

不像英国诗。伟大的作家总会给语言赋予新的声响。"

他赞同我的观点，认为魏尔伦要比波德莱尔高超很多，甚至好过马拉美："作为诗人，他肯定也比王尔德要好很多。"我跟他说，这点我也不是很肯定，尽管王尔德作为诗人来说，我也没觉得他有多好。

6月30日，星期四。 他看了一出舞台剧，费利西安·玛索的《廿载风流梦》。博尔赫斯："美式现实主义的问题在于总是落入感伤主义中去；而法式现实主义则过于文学性。在《廿载风流梦》这部戏中，一切都想做到真实，当提到一家类似圣皮埃尔

---

1 《里丁监狱之歌》（1898），II。
2 《挽歌》（Requiem）【《矮树丛》（Underwoods，1887）】。

289

酒店[1]的破酒店时,文中说那里的身体都在静静地互相找寻,如同缸底的鱼一般。你能看懂吗?你一下子就置身于一首散文诗里了。"

7月2日,星期六。 我们读了参赛的那些短篇故事。博尔赫斯:"出错的方式真是千奇百怪。"关于其中一则:"作者对无关紧要的东西的描写无比细致繁复。"

比奥伊:"我偶尔会想,哪怕我们遗忘了法国文学,它仍在我们身上产生着影响。或许它是对我们判断和趣味的形成影响最大的文学。"博尔赫斯:"当然:我们一直在读英国文学,但我们阅读英国文学的方式并不像英国人,而像法国人;英国人并不重视作家这个行当,也不注重写作技巧。济慈的所有诗里有哪八行能与史蒂文森的《挽歌》相提并论的吗?即便如此,在英国诗歌史上没有一行有关《挽歌》的诗。或许他们重视用情写出的东西。应该写一部文学审美史或是佳作鉴赏史。英国人喜欢什么呢?爱默生,他们不喜欢,因为他是个聪明的诗人。雨果在英国也不招人喜欢。每个国家挑选出来代表自身的诗人或作家或许跟人们对该国人的印象并不一致。既不爱好音乐也无法进行抽象思维的歌德竟然说,阅读康德的作品没有一刻对自己有所助益。(人们自然对智力上的成就不那么重视,他们只重视道德上的成绩:所以巴斯克人有威望。)莎士比亚因其不负责的文才,完全不像英国人,倒像个心思复杂的意大利裔犹太人;没有任何低调陈述(understatement),没有任何英国人对大海的那种激情:他要还活着,想必是个庇隆主义者。和严肃、对宗教狂热的克维多相比,塞万提斯不怎么像西班牙人。但丁的观念与意大利人的普遍观念并不相符。那谁更英国呢?大概是塞缪尔·巴特勒、约翰逊、华兹华斯吧。人们都认为法国人的一大弱势是他们没有一位高于所有人的作家,没有一个莎士比亚、但丁或是塞万提斯。是他们不想而已:他们想的是,最好有很多个那样的作家,如果他们真想选出一位的话,他们早就选了。"比奥伊:"我们的话,埃尔南德斯代表了我们。"博尔赫斯:"是的,问题已经解决了。卢贡内斯可以吗?不行,他错过这班车了。"比奥伊:"不过对于我们这种国家来说,名人政要更重要……我们这儿谁能跟圣马丁相提并论呢?在乌拉圭又有谁能跟阿蒂加斯[2]相比呢?"博尔赫斯:"不过在英国,和莎士比亚相比,纳尔逊将军并没有更被人爱戴。"

---

1 指梅·辛克莱的故事《当他们的火从未熄灭》(*When their Fire is Never Quenched*)【《离奇故事》(*Uncanny Stories*, 1923)】中的酒店,该故事被博尔赫斯、比奥伊·卡萨雷斯和西尔维娜·奥坎波收录在《幻想文学作品选》(1940)中,题为《他们的火从不熄灭的地方》。
2 乌拉圭民族英雄,乌拉圭独立运动领袖。——译者注

他认为斯科特·菲茨杰拉德不是个重要的作家，还因此责怪过助教把他作为研究课题。博尔赫斯："这些年轻人很可能对爱默生、惠特曼和梅尔维尔都一无所知，却都分析过《了不起的盖茨比》了。"

7月3日，星期日。 我读了几页他很喜欢的巴罗哈回忆录。他说，巴罗哈没有陷入那种幻想的迷思中，想象他的青春时光曾无比美妙。然后又补充道："但要写这样一本书的话，得有点虚荣心。必须相信所有有关那个人的事都有其魅力所在。或许有吧，或许所有有关一个人的事都吸引人吧，或许写这样一本书是正当的吧……巴罗哈认为；他没有编造什么理论也没有想论证什么。他给自己塑造了一个很戏剧化的形象——一个总是喃喃自语、脾气不太好但说真话的老头儿——并进一步夸大了这一形象。这种事放在一个作家身上并不妥。萧伯纳就犯了这个毛病。"比奥伊："吉卜林没有。"博尔赫斯："他没有这个问题。他有太多创作要做。一直在写故事。而且，他的私生活就是他的私生活。吉卜林在今天可能终于得到了读者对他应有的认可：如今人们喜欢那些难看丑陋的东西，而吉卜林满手都是这样的故事。巴罗哈会喜欢卢贡内斯吗？不会。卢贡内斯对他来说大概是个谎话连篇的人。"

博尔赫斯："人们都崇拜田纳西·威廉姆斯、萨洛扬和贝克特那个蠢货，就是写《等待戈多》的那个。而萧伯纳竟然无人问津，真是太奇怪了，除了那个瑞士人迪伦马特。"

7月5日，星期二。 明天他得在一场纪念苏佩维埃尔的活动上讲话。博尔赫斯："我要讲什么呢？他是个糟糕透顶的诗人。他早期的诗歌很明显，非常平庸；晚期的作品又令人费解。"我们读了1919年一本诗集上的几段[1]；然后读了四九年的诗集《被遗忘的回忆》。后一本书里有写得更好的诗。比奥伊："诗人似乎从来没有准确表达过自己的想法，说个大概意思他就满足了。而其他人的诗讲的都是自己所想。"博尔赫斯："或者说看上去像是表达了他们自己所想。"比奥伊："都是一回事。"博尔赫斯："这些诗就像第一稿写的。而初稿写的诗该多糟啊。费尔南德斯·莫雷诺在这方面更胜一筹。"比奥伊："你没有发现他押的韵都很难听吗？把诗句的韵律感都打破了。我不懂他们是怎么把诗写得这么平庸又愚蠢的。"博尔赫斯："他喜欢非常难听的词。他写遗忘有一双'天鹅绒做的脚'。他要是用狗来比喻静默，那他看到的一定是狗身上最丑的部分，它那张突出的嘴。而且他还不甘心用一只常见的狗作比。一

---

[1] 《悲歌集》(*Les Poèmes de l'humour triste*)，由保尔·福尔作序。

定是一种特定的狗,比如猎狐狸。猎狐狸的静默。要么就是一只穿衣服的狗、一只耷拉着大耳朵的卷毛水犬。"

我朗读了参赛的短篇故事。博尔赫斯:"我们干嘛要掺和这种事?明年我退出。多亏歌德不是我们同事。他对各种类似的蠢事都抱有极大热情!那一定会让人很不舒服。"

他背了几句诗的英文版,问我是谁写的。过了一会儿,我告诉他是:圣胡安·德拉·克鲁斯的《心灵的黑夜》。"很显然嘛,"他说"是罗伊·坎贝尔翻译的。看起来不错。明晚我把这本诗集带过来,我们把它跟阿瑟·西蒙斯的版本比较一下。[1]"

7月7日,星期四。 博尔赫斯:"在一个国家诞生了一位用另一种语言写作、带着另一种传统的外国诗人,没有多大意义。要不是因为我们知道哈德森在这儿住了那么多年,还把他在这儿的回忆作为他写作的母题,我们可能不会把他当作阿根廷作家来看待。而对于苏佩维埃尔来说,乌拉圭唯一给予他的,时常是赋予那些可笑的豆腐块诗一种装饰性的、带有异国情调的元素,就像他写到被忧伤压弯的树商陆时,或许想着的是一棵杨柳。"

博尔赫斯:"随着时间推移,所有文学中常规的东西都会显得荒唐可笑:我想说的是,每种文学都一定会有看上去荒唐的一刻。有一天,惠特曼创造出的那种给人物和地点赋予专有名词的手法会显得很可笑。到时候人们会说,当初那些为了唤起思念之情而取的名字,已经完全失去现实意义了,它们把小说和故事变成了旅游指南和地图。"

我们谈到巴罗哈,我之前一直在读他的几本回忆录,我给博尔赫斯读过其中几段。他想着没事给他母亲看看,就买了《作家:他与批评家眼中的自己》,昨晚和母亲读了几章。比奥伊:"你们还在读巴罗哈吗?"博尔赫斯:"不读了。不能读。你去阅读,读的还是一本这样的书,毫无收获。这本书的贡献还不如一块砖头。巴罗哈就是式微了的蒙田或惠特曼。这本书基于一种假设之上,它设想所有发生在一个人身上的

---

[1] 罗伊·坎贝尔,《圣胡安·德拉·克鲁斯诗选》(*Poems of St. John of the Cross*,1951)。阿瑟·西蒙斯翻译的《心灵的黑夜》收录在了他编辑的《诗选》里(*Collected Poems*,1902)以及《城市和海岸和岛屿》(*Cities and Seacoasts and Islands*,1919)一书中,艾芙琳·安德希尔在其撰写的《神秘主义》(*Mysticism*,1911)一书中引用了收录于《诗选》中的版本,博尔赫斯颇为欣赏安德希尔的这本书。

事都令人着迷。但蒙田、惠特曼或者布洛伊跟巴罗哈相比，是更加被美化过的形象。"比奥伊："正如韦伯-理查德对吕克·杜尔丹的评价一样，巴罗哈'就在那里'。像块铁叉上的烤肉一样待在那里。"博尔赫斯："他在这个空间与我们共生共存。却像个死物一样待在那里。没错，像块铁叉上的烤肉。你不要以为他的思维很严谨。他说木匠的一生可以比军人的一生更有意思，'后者的传记像是用一种陈旧的修辞手法写出来一样'。'用陈旧的修辞'那里没必要说出来，本来就多余，这么一说反而不利于论证他的观点。如果他想说的是朴素的传记比复杂的更有意思，他没必要加'陈旧的修辞'那句。我认为他想说的是，若是用同一种记录方式来写，朴素的传记往往更有趣。或者他想说的是军旅生涯只能用一种陈旧的修辞手法来书写？为什么呢？劳伦斯在《智慧的七柱》一书中记录下的自己的一生，充满了各种辞藻，但并不陈腐过时。看来巴罗哈读书太少。一直以来人们都认为那句话出自某个注解、某句诗或某段话，大家都等着揭晓答案呢，巴罗哈离答案很近了，但他走过头了。"

7月9日，星期六。 博尔赫斯："《一千零一夜》的故事机制建立在一个错误之上。没人想听别人给自己讲故事。那个苏丹王不想让舍赫拉查德给他讲故事，实际上是他把故事讲给了舍赫拉查德。"

7月14日，星期四。 博尔赫斯："当西班牙人不力求成为天才，不自视为伟大作家的时候，他们才算杰出的人。"我同意：在西班牙街头偶遇的那些人要比我们在这碰到的人优秀得多，甚至可能比任何其他地方的人都要好。不应该因为某个阿尔贝蒂或是什么莱昂·费利佩就指责西班牙有问题。

7月19日，星期二。 博尔赫斯："展示本身就是一种乐趣。别人不给我们展示就不存在乐趣。对于展示的人来说，他所展示的东西是真实的；而对于被展示的人来说，他所见的展示出来的东西是不真实的，相当于一种他想象出来的东西。当一个人向一个外地人展示他的城市时，除了被展示的东西对他有意义外——对于那个外地人来说则没有，他知道他总有一天会忘记这个东西，那现在就把它忘掉也一样——还有其他乐趣：比如表现出对自己所在的城市、所居住的街道了如指掌，就能让人乐在其中。因此，导游实际上应该付给游客钱，因为游客给了他们指引自己的权利。人们旅行，烦了就把家安在舒服的地方来攒点钱。"

比奥伊："如今没有女人喜欢《马丁·菲耶罗》。以前还会有喜欢《浮士德》（埃斯塔尼斯劳·德尔·坎波著）的妇人。"博尔赫斯："马塞多尼奥也更喜欢《浮士德》

一点。关于《马丁·菲耶罗》，他曾跟我说：'我哀叹着，跟那个一心想要报仇的卡拉布里亚[1]人一起走了出来。'每次我在讲座上提到这句话时，听众都会不高兴。他们没发现这话尽管有些偏颇，但说得还是很精妙的。虽然实际上，马丁·菲耶罗符合卡拉布里亚人的民间思想。"

7月21日，星期四。 博尔赫斯："我们有种制造痛苦的魔力，在我们浑身上下制造各种大小的疼痛。"

8月1日，星期一。 关于查尔斯·摩根，博尔赫斯："对于非精英阶层的读者来说，他是位精英作家。"

8月7日，星期日。 今天，我们跟博尔赫斯与国际笔会[2]研讨会上的印度代表罗奇·因戈拉尼、澳大利亚代表、大力士一样的匈牙利代表多西在兰卡斯特酒店喝了下午茶。他们在里约热内卢相识，如今加深了友谊，一同旅行，来到了布宜诺斯艾利斯，还在酒店拼了同一间房。因戈拉尼跟我们说："我之前特别郁闷。我在里约被人偷了美金。不过当时，我一个钱包里装着美金，一个里面装了一点里拉，还有一个装着克鲁赛罗[3]。上帝给我派了一个相当聪明的小偷，因为他只偷了我的美金，连钱包都没拿走；他把美金抽走了，把钱包留下了，好让我还能摸到钱包，以为什么都没少；所以我过了好久才发现被偷了。的确有人因此指责我的朋友（他手指向多西）：真的只有他知道我的钱是怎么放在各个钱包里的，他可以动我的钱包。但我完全没有责怪他。我认为那个小偷是上帝对付我的一种手段，因为我最近犯的某个错误来惩罚我的——可能是因为我最近的祷告不够诚恳——我现在还跟他一道出游。他是个非常狡猾的小偷，还非常唯物主义，因为我曾多次当面说过上帝会惩罚偷我钱的人，但我并没有注意到他表现出害怕的神色……（转而对我说）如果成立我们文化合作协会附属机构这件事我没跟您谈成的话，我不会认为是您的错，也不会认为是别人的问题，那就是我自己的问题，是我没能说服他们，或是因为我的祷告不够诚恳所以失去了上帝的恩宠……"博尔赫斯之后评论道："他没去质问多西是因为如果他去质问的话，是因为那个匈牙利人会把他踹飞或者再也不跟他同住了。"

---

1 意大利南部大区（Calabria），这里指代阿根廷文学中的意大利移民文学色彩。——译者注
2 国际笔会（PEN Club）是一个世界性的非政治、非政府作家组织。旨在促进世界各国作家间的友谊与智力合作，为言论自由而奋斗，并积极保护作家免受政治压迫。——译者注
3 巴西货币。——译者注

8月13日，星期六。 我们谈到短篇和长篇小说的写作技巧。博尔赫斯："这是一种非常难的技巧。要么必须写得像艾萨·德·克罗兹一样迷人；要么像史蒂文森一样有光怪陆离的画面感；要么像贝内特在《老妇谭》里一样具备令人信服的写实能力；要么活色生香；要么异乎寻常；要么像连载小说家或那些个二流作家一样懂得如何吊人胃口：最高超的技艺就是要表现得对读者的注意力毫不在意，但这样也容易失去读者。"

比奥伊："勒维尔认为，像普鲁斯特对小玛德莱娜蛋糕的那种体验是一种误导，因为那种体验就像我们在某个女人身上体会到的激情一样，无法言传。[1]"博尔赫斯："我们没有必要对那种刺激产生相同的联想。被描述出来的过程可以趣味横生且诗意盎然。"比奥伊："总之，几乎整部小说都是关于某个人在一个女人身上体会到的激情的故事。"

博尔赫斯："我发现，尽管电影里存在不可避免的现实主义成分（比如你会见到现实生活中的事物；不需要过多描写等等。），但给很多影片赋予不真实色彩的办法就是辨认出角色里的经典人物形象：比如第一女主角、英俊小生、恶人、老妇等等。"

8月17日，星期三。 博尔赫斯："塞万提斯惯于向我们展示吉诃德和桑丘的所作所为是如何受到在场所有人鼓掌叫好的，我认为这种惯用手段是小说的一种缺陷，尽管可能也算一种优点——这种事是对是错，在其过程中我们是不知道的。这种惯用的写作方式符合电影的手法，第一男主角出现，弹着琴或唱着歌，其他人驻足聆听，然后鼓掌喝彩。但因为所有人物都是作者本人创作出来的，所以其实最后成了他为自己鼓掌叫好。吉诃德和桑丘在整本书里被呈现出来的感觉都像明星一样。"

8月20日，星期六。 博尔赫斯说，一则故事里一旦一只鸟有了名字，就会立刻出现别的鸟的名字。一只海鸥会带出一群海鸥；一提到时间就会马上带出空间。

8月21日，星期日。 博尔赫斯："德·昆西指出的柯勒律治的抄袭行为[2]开始引起批评家的重视了。我发现，沃尔特·佩特有关柯勒律治的文章竟然写得还不赖。佩特写到柯勒律治把一些事情看得太重，说十八世纪的人更持重，还说柏拉图从未想过他说的那些话有一天会被人如此严肃地对待，因此他的话有时前后不一致，有时这

---

1 让-F·勒维尔，《论普鲁斯特》(*Sur Proust*, 1960)。
2 德·昆西，《湖畔杂忆 1807—1830》(1839)。

样说，有时那样说。"¹

8月22日，星期一。 博尔赫斯："普鲁斯特用表性质的形容词'心脏的'来修饰作为感觉器官的心脏的事物。但我认为这是语病：'我在狗背上做了一下手的抚摸。'"

博尔赫斯："睡得一年比一年少了。太难过了。"之后又说："不睡觉的人会有负罪感，还被其他人厌弃。"

8月27日，星期六。 博尔赫斯："如今人们已经不再嘲笑任何一部艺术作品了。他们知道那些嘲笑过印象派的人最后是什么下场，害怕在后辈面前出丑。为什么害怕后辈呢？正如王尔德所说，到目前为止，后人还没有替我们做过任何事。"他补充道："王尔德玩的是邓南遮和其他同时代作家玩的游戏，但带着一丝怀疑的态度。人们看不到这一点。不相信作家是最聪明的人。而且在后辈当中，我们是最不会沉下去的一辈。"

他说（念着一个标题）："《大学文化》：这是矛盾修辞。"

8月28日，星期日。 他说，对于那些不是"非常沉迷"英国文学的人来说，约翰逊并不存在，而包斯威尔很难让人读进去："我认识很多没看进《约翰逊传》的人。"我问他这个观点他是否觉得假：约翰逊属于十八世纪而包斯威尔属于十九世纪。他很肯定地跟我说他不觉得假。或许我会写点关于这一观点的东西。

8月29日，星期一。 他说斯特拉文斯基的音乐非常奇特（优秀的意思），有一些极其怪异的音，像来自爵士乐，非常欢快。"但最好还是不要把这点告诉斯特拉文斯基，"他补充说，"因为或许他的音乐表达的是现代世界所有的悲伤。"

博尔赫斯："普拉查特拉教授（还是王子？）认为，泰国文学，或者说暹罗文学，的确就是精英文学。从十八世纪这一文学的开端至今，多数作家都是国王，尽管也有大臣写作，还有王子。"²

9月3日，星期六。 聊到图书管理员，他说："他们算什么样的知识分子？他们就是

---

1 "柯勒律治犯下的主要错误是过度严肃，这种严肃不是源于任何道德原则，而是出于对完美态度的误解。[...]被柯勒律治称为第一精神先辈的柏拉图，[...]轻巧地抱持着自己的理论，带着些许轻率而天真的不经意从一种观点瞟到另一种观点，没有料到这些观点有一天会成为人们身上举足轻重的负担。"【《柯勒律治的写作》(*Coleridge's Writing*, 1866)】。
2 普拉查特拉王子（1915—1981），泰国著名批评家、翻译家，1960年8月8日在阿根廷作家协会开了一场题为《泰国文学概览》的讲座。

分类员、定位员而已。"

9月5日，星期一。 博尔赫斯："一般来说，用历史的眼光去看待作家有助于理解他们，但这种方法在华兹华斯身上不适用。历史上，他是一位浪漫主义诗人，但与雪莱或柯勒律治相比，他是个古典主义诗人；跟乔伊斯比，也是。人们都在谈论《尤利西斯》的故事架构，谈它与《奥德赛》的相似之处。但这种结构、这些相似毫无用处，或者说只对要写这本书书评的批评家有用；而在那个阿拉伯人的梦里[1]，一切都是为了让读者做好思想准备而建构的。华兹华斯比艾略特更古典主义，比他少了很多浪漫主义。"

南方杂志社寄出的《天堂与地狱之书》的样稿到了。博尔赫斯："我喜欢'为了让我爱你，这不能使我动容，我的上帝'这里，当时我还没有读到杰瑞米·泰勒写的那个故事（'国王圣路易斯派沙尔特的主教伊沃……'）、阿塔尔笔下那位穆斯林女圣徒的祷告，也没有读到萧伯纳《芭芭拉少校》中的那段（'我已摆脱了用天堂去收买……'）。"[2] 关于"不能使我动容"："这里应该加个注，说佚名作者从头到尾都在牺牲每一次诗意的飞扬来教给大家动词时态的正确处理方式，着实令人钦佩。"关于《芭芭拉少校》中的那段："当然了，读者肯定会嘀咕：'讽刺、滑稽。'一种印象一旦被接纳，就会一直存在……"

9月10日，星期六。 博尔赫斯讲他在系里和两位精神分析学者聊起莎士比亚，那两位简直一派胡言。他们说哈姆雷特想要弑父（博尔赫斯："不是的，先生，他是要为父报仇；他杀死了他的叔父。"）。说麦克白夫人变性了，因为她说："去除我的性别吧。（unsex me ...）[3]"（博尔赫斯："不是的，她想说的是她已忘却了她女性的柔弱。"）说麦克白夫人对麦克白说他是个阉人，因为她责备他说："你不是个男人。"[4]

---

1 指射华兹华斯的诗歌《书》【《序曲》(p.1850)，V】。诗人梦见沙漠之中来了一个贝都因人，骑着单峰骆驼，他带来一块石头和一只号角，分别代表他要守护的科学与艺术：石头是欧几里德的《几何原本》；而从号角里可以听到预言了即将到来的大洪水的诗歌。当洪水涌入时，贝都因人变成了堂吉诃德，而诗人"从恐惧中惊醒"。参见《梦魇》(La pesadilla, 1977)。
2 分别摘自泰勒（柯勒律治的引述）、阿塔尔的《圣徒传》(Memorias de los santos, s.XII) 和《芭芭拉少校》(Major Barbara, 1905) 的第三幕。那段祷告的内容为："主啊，若我敬你是因为惧怕下地狱，请在地狱处以我火刑，若我敬你是因为盼着上天堂，请把我从天堂驱逐出去；但若我敬你是因为你自己，请不要拒绝我你的不朽之美。"萧伯纳的那段写道："我摆脱了用天堂去收买。等我死的那天，应该是上帝欠我的债，而不是我欠他的。"
3 《麦克白》，I，5。
4 《麦克白》，II，4。原文为："你是个男人吗？"

（博尔赫斯："不对，她跟他这么说是想骂他懦夫，因为他软弱无能。"）他最后评论道："我当时没有反驳他们，但我发现不能忘了史蒂文森给我们上的一课：小说人物不过是一串词语[1]，不应像诠释人一样去诠释他们。之前有人觉得这种说法很荒谬。比如，沃纳·博克。如今竟然还有人能驳斥那些胡言乱语，真是幸事。"

我们探讨了现代艺术与文学。西尔维娜认为具象绘画已经没有理由存在下去了。博尔赫斯："太奇怪了，画家们的史观都不可理喻。我不会去想我要写的故事应该如何去融入文学史。一幅抽象画里有的一切——色彩和线条——一般的画里都有，但一般的画里还有更多东西。得鼓起勇气去抨击乔伊斯、毕加索，抨击那些主要责任人。"他随后又说："现代艺术与趣闻轶事的对抗到了怪异的地步。如今很多人凭借'轶事'一词拒绝文学和艺术中各种可以被允许的形式。'轶事'一词如讽刺语录式的轻浮内涵蒙住了他们的眼睛，他们看不出自己是在攻击叙事，而叙事是人永恒的乐趣之一。轶事有什么不好呢？所有文学都是轶事。谁看趣闻轶事不开心呢？我肯定那些批判轶事的画家自己看了也开心。虽然他们不知道：他们太蠢了！当然，奥尔特加也是，他也反对轶事。奥尔特加是个粗人：关于普鲁斯特，他很严肃地评论说，普鲁斯特的文字到了人可以接受的缓慢的极限。翻开一本普鲁斯特的书时首先让人想到的就是这一点，而开始阅读以后，还是不认识他。奥尔特加认为这是一个值得给一本书提出的批评意见。"

9月16日，星期五。 他说，马塞多尼奥·费尔南德斯发现，许多关于日常行为的记忆都不存在了，比如，穿衣服的过程："马塞多尼奥认为，唯一能够证明我们穿过衣服的证据就是发现自己穿着衣服。"

9月20日，星期二。 博尔赫斯："所有在印度做的事都很丑陋。你想象一下印度的现代艺术家会是什么样子。他们赢得了所有人的喜爱。有些国家天然尚丑：比如印度、墨西哥。比里维拉壁画上的漫画人物——阿兹特克人的魔鬼还要丑。"

9月25日，星期日。 读了《国家报》奖参赛故事中的其中一篇后，他告诉我："作者意识到冒失是普遍存在的，这点很好。那个故事里的人物首先做的就是把秘密泄露给了朋友。要是写这么一个故事，应该会很有趣，讲一个人去看木匠约瑟的儿子，告诉了他那个让他灵魂受难的秘密，第二天全村人都知道了，故事继续，但不再讲关于耶稣的事了。没错，就应该创作这样的故事，故事里有著名人物出现，然后有

---

1 《虚构故事里的一些先生们》（*Some Gentlemen in Fiction*，1888）。

人做出了一个出乎意料的举动,故事继续,但已经不关那些著名人物什么事了。"

博尔赫斯:"一个女学生,是那个叫巴雷内切亚的学生,去做了人口普查志愿者,她跟我说很多人都不理解为什么要做人口普查。你怎么看?令人无法理解的人口普查、一类乔伊斯或马拉美式的人、一位风雅的诗人、吕哥弗隆。我跟她说,人口普查还会产生一种新的社会学理论。她说会的,如果好好研究的话……像灾难一样令我害怕的东西对她来说是一种希望。我当时觉得最好还是不要跟她开玩笑。怎么能开人口普查的玩笑!她会生气的,就像王尔德笔下的那种人,会被嘲讽赤道或太平洋的话激怒。[1] 不过,在我们这儿如果开南极洲的玩笑可能会进监狱,或者被当作叛徒……但也没什么危险的:没人有勇气去讽刺南极洲。"他又补充说可以写一篇跟人口普查有关的故事:"那个穷苦人家盼着人口普查。'人口普查的人什么时候会来呀?',穷苦的小女孩急切地问道。'他们应该不会迟到的',父亲安慰她,说话时看见人口普查的工作人员进了那户富人家。'他们应该不会迟到的',父亲强调说,但入夜了他们都没去这个穷人家。"

我对里顿·斯特拉奇在《微型人像》中的一句话"他(弗劳德)的哥哥继续引领新风尚,认真对待基督教"[2] 做了一番评论,问他像这样一句话能否写在阿根廷出版的书里。博尔赫斯:"谁知道呢。在这儿即便不触及圣马丁,也得小心行事……"他说圣马丁学院曾明令禁止拿圣马丁本人或其相关事迹开玩笑。

博尔赫斯:"马塞多尼奥曾经非常迷恋诺拉,但她对他毫不理会。肮脏在这种时候想必是一个会被考虑进去的因素。马塞多尼奥当时习惯不洗澡:只是稍微擦一下,干擦;他常说接触水很危险,因为会引起一阵极度的寒冷,可能导致牙痛。他非常怕冷。穿着外套睡觉,头用毛巾裹着。白天有时头上还盖着毛巾,再在毛巾上戴帽子。要么就点两个暖炉,把肚子贴过去,好让身体暖起来。他曾在波西托斯海滨浴场的沙滩上被浪打翻过。他后来解释说,溺水的人都对呼吸的原理发自内心地感兴趣,即便他们以前从未想过这个问题。"

10月16日,星期日。 博尔赫斯:"朗费罗的命运和卡普德维拉很相似。他诗作颇多,博览群书,谈吐文雅,却在众人面前名誉扫地。他比爱伦·坡儒雅得多。爱

---

[1] 《面具的真相》(*The Truth of Masks*)【《意图集》(*Intentions*,1891)】:"[...] 用任何理由去攻击考古学都很愚蠢;人们可能会不屑一顾地谈论赤道。"
[2] "他的长兄赫瑞尔,是认真对待基督教这一新风尚的带头人之一 [...]"《弗劳德》。出自《微型人像》(1931)。

伦·坡一直觉得朗费罗身在一个专门针对他的阴谋组织里,这完全是子虚乌有。失败的作家总是幻想有组织在暗地里算计他们。他们认为那些更幸运的作家们组成了一个黑社会。他们觉得那些作家一旦有作品发表,他们自己就会被组织剔除……爱伦·坡指责朗费罗抄袭,而朗费罗对此没有任何回应。如果有人认为爱伦·坡的短篇故事丰富多样,会把他看作一个天才;可是一旦读过他其中某个故事,这种幻想就会破灭。带着全然不负责的态度写爱伦·坡的人是萧伯纳。他说爱伦·坡没有缺点可言,说他超越了对爱国主义和爱情的庸俗迷信。说超越了爱国主义的迷信,那是因为他从未想过要爱国,但说超越了对爱情的迷信嘛,看他笔下那些病态可怖的女人,那些丽姬娅和贝蕾妮丝……你看爱伦·坡能不能成为一个多愁善感的人;要是别人的话,可能已经沦陷在他诗中的安娜贝尔·李和他'海边的王国'[1]里了。对爱伦·坡做过更为精准评价的是爱默生,他在读过那首《铃声》后称爱伦·坡为'顺口溜诗人'。爱伦·坡身上有种很像埃雷拉(·伊·雷希格)的感觉。"比奥伊:"我们这代人身上流淌着的浮华与衰败并存的家族血脉在穆希卡·莱内斯那里终结了。"博尔赫斯:"不知道哪样更糟糕:腰缠万贯、无所顾忌又残酷无情的年轻人的天堂,还是因老迈而无法犯罪的老年人的地狱。"

他母亲对约翰逊做过的疯狂行径很是生气。比如,她受不了约翰逊竟然在一次社会集会上突然下跪祷告。他无疑对当时的一切、对周遭的人、他们的对话和他们强调突出的东西感到不真实。他当时可能在想:"他们怎么不知道自己会死呢。"博尔赫斯:"丹纳对约翰逊的那次举动很恼火,他常说,法国沙龙上可不容许发生那种事。但随着时间流逝,那种事还是被接受了。那种疯狂行经传到了布洛伊等人的身上。"

10月18日,星期二。 关于不知名的某个人,他说:"那个可怜的女人已经到了人生的那种时刻,就是当你发现所有人都令你厌倦、你也令所有人厌倦的时候。"[2]

博尔赫斯:"麦考利竟然能写出带有那种想法的一篇长文,就是他觉得正因为包斯威尔的愚蠢,他才能写出最好的传记之一……[3] 这类观点可以在一段对话中留存片刻,但它是怎么在写长篇大论的反复思考中存活下来的呢?"

---

1 出自爱伦·坡的诗《安娜贝尔·李》。——译者注
2 参见保·瓦雷里,《其他方向》(*Autres rhumbs*,1927)。
3 《塞缪尔·约翰逊》(*Samuel Johnson*)【《批评与历史散论》(*Critical and Historical Essays*,1843)】。

11月1日，星期二。 博尔赫斯："我发现马塞多尼奥那句话有问题：'如果快乐产自玩具店，痛苦一定不会来自五金店。'"

11月5日，星期六。 博尔赫斯说，这几句诗：

> 他在水波回荡的湖里划啊划，
> 在那里睡梦等着惆怅的人来到，
> 在那里候着一只金色的贡多拉
> 来接巴伐利亚路德维希的新娘……[1]

有种超脱于诗歌解析之外的魅力，无法被合理解析的文采。博尔赫斯："'划啊划''水波回荡的湖'，一行里的动词是'等'，下一行的动词是'候'……任何诗人在写这种句子时都可能会说：'不行，不行，这么写行不通'，但达里奥却写得优美至极。"比奥伊："达里奥的诗句，总得来说，称得上是为灵感辩护的最佳辩手。"博尔赫斯："那些不过是灵感，纯粹的灵感。鲁文同样轻松写出了悦耳的诗行，他还热衷于傻傻的意象。"

11月6日，星期日。 我们聊到法国那个新流派，那个流派里的小说家会连篇累牍地描写物体或身体运动。博尔赫斯模仿一个假想出的作者的口气，嘲讽说："那些描写既没有美感也没有科学价值。"

博尔赫斯："斯特林堡糟糕透顶。怎么能把他和易卜生相提并论呢？有一次，斯特林堡发表了一篇关于一顿午餐的文章。请他吃那顿饭的人被文中有关自己的描写折磨到绝望，自杀了。因为一个艺术家并不甘于讲述资产阶级家中的一顿午餐到底是什么样子。他会杜撰一些东西进去。"

奥克塔维奥·帕斯曾给《南方》杂志寄过一首情诗，里面有一句：

> 你的屁崩了出来，然后消散了。[2]

博尔赫斯："他一定自认为是诗歌新领域的征服者……什么新领域啊。"比奥伊："幸亏那些屁最终消散了。"博尔赫斯："否则很可能成为小孩子口中的闷屁，没响儿也没味儿；那种抽象的印象……克维多的这几句更妙：

---

1 鲁文·达里奥，《徽记》(*Blasón*)【《世俗的圣歌》(1894)】。
2 《水与风》【《水与风》(1959)】。

屁股的声音，我们称之为屁

（男同性恋的夜莺），止住不发，

让最自以为是的健康死亡

连祭司王约翰都对它闻风丧胆。[1]

教科书般的诗歌。用阐释的语气写出的诗句。把屁称为'男同性恋的夜莺'你怎么看？你真的认为克维多对男同性恋知之甚少，所以想象他们眼中的屁类似一种用于互相呼唤的鸟鸣吗？或者街上能听到放出响屁的步枪声，能听到那种男同性恋互相呼唤的鸟叫声？还是说他想表述的是，屁是一种极其甜美、由男同性恋最感兴趣的部位发出来的声音……不能在庸俗的路上走得更远了：一个像'夜莺'这样高雅的词竟然淹没在'屁'和'男同性恋'之间。这句是带着很大的怒气写出来的，为了讽刺某个人。可能男同性恋令他恼火吧……一个事物因其丑陋反而受到了赞美，多好啊。那句诗的内涵无疑超出了那段上下文想表达的内容了。克维多管屁股叫'长胡子的坑'[2]。"他随口翻译了一下：the bearded pit, the hairy pit, l'abîme à barbe。

11月11日，星期五。 我们聊起电影。我说和黑帮片相比，我更喜欢牛仔片；牛仔片里有一种更纯粹的史诗元素，这种片子会让每个人都怀念一种在外、在马匹之间拥有的广阔人生。博尔赫斯："看到了吧？《堂塞贡多》里完全没有这种东西。它就像一场村里办的民俗集市。而《马丁·菲耶罗》富有那种史诗元素，读者能感受到你说的那种人生。"

他说："有天我在读一本勒南的书，里面都是有关政治问题的杂文，标题愚蠢至极，结果突然看到一句让我打了一个寒颤的话。大概是这么说的：'幸福，对人类处境的短暂遗忘'。"

11月14日，星期一。 博尔赫斯："马塞多尼奥坚称一切都不会消失。他一直把他的文稿随意放在任何地方，一点儿都不担心。你能理解么？他总是说他是那么的穷，身上的东西是那样的少，以至于可以毫不费力地重新写出之前已经写过的东西。这

---

1 十四行诗"眼睛的声音，我们称之为屁"（La voz del ojo, que llamamos pedo, p.1943）。第一行诗的原文应为"眼睛"，而不是"屁股"。
2 博尔赫斯把'山峰'（cima）读作了'坑'（sima），这两句诗的意思也因此发生了变化："长着络腮胡的小缝；/这座罪恶与谩骂的山峰"【《驳堂路易斯·德·贡戈拉极其诗歌》（*Contra don Luis de Góngora y su poesía*, c. 1613）】。博尔赫斯随口翻译的话都源自'坑'而非'山峰'这个词。《莫雷尔的发明》（1940）第一版中，那个遭遇海难的人在一次恼羞成怒的争吵中管莫雷尔叫"络腮胡屁股"。

不是真的：如果一个人写下了某些东西，那么他就已经解决了一系列小问题，接下来就不会再有重新掺和到相同的问题中去的意愿。因为存在那种'似曾相识（*déjà vu*）'的感觉，它会让人气馁。"

他发现："每隔若干年，单调而富有规律性地，一些在职业生涯上尚为年轻的作家，会发现，所谓的'写得好'已经过时了，如今应该写得差，然而却又在页面的字里行间全力以赴，诸如此类云云。年长的马里亚诺·德·贝迪亚·伊·米特雷在三几年的时候，在一封写给马列亚的信中说，在他的某本书中（具体哪一本我也不知道）写了很多真事，然而他原本可以用更少的篇幅把它们给讲述出来。马列亚则回复说——因为，请你注意，他确实回复那些信件——写得好实则是一种已被克服的恶习，现代作家得要写得差，同时却又全身心投入云云。'写得好'，在其晦涩思绪里混杂难辨的深处，应该意味着'洁版写作，乏善可陈地'，就像是一位淑女或是一位厨师所说的那样。这话有点糙，但还不至于如此。正如多纳图斯所说的那样，'人人为己'（Chacum pour soi）[1]。"

11月19日，星期六。 博尔赫斯给我讲了"夜间骑士团"[2]的故事。为了惩罚阿塞韦多先生，也就是博尔赫斯的外祖父，参加了某次革命，他们把他从农副产品管理委员[3]降职为警察局长，于是，他正好赶上负责查处那群从尸体身上盗窃贵重物品的"夜间骑士团"。这一团伙的所有成员几乎全都是刚刚抵达不久的西班牙人和土耳其人，十分无知。相反，那位将他们口头招募进来的人头脑却比较聪明，因为尽管总共才十四人，他却给了每个人一个数字极大的身份号码，一千零几，两千零几，导致那些成员们都相信自己属于一个人数多到数不清的、势力庞大的组织，并因此有

---

[1] 此处暗指语法学家多纳图斯的那句："Pereant qui ante nos nostra dixerunt（让那些在我们之前说出同样的话的人去死吧）"，依据圣热罗尼莫（San Jerónimo，又译圣杰罗姆，或圣哲罗姆）的《传道书评注》（*Comentarios dobre el Eclesiastés*，I）。

[2] 在1881年8月，伊内斯·德·多雷戈（Inés de Dorrego）的尸体从拉雷科莱塔墓地被神秘组织"夜间骑士团"偷走，并要求赎金。这个团伙是由一个比利时贵族阿方索·克丘文·德·佩尼亚兰达（Alfonso Kerchowen de Peñaranda）领导的。他们几乎立刻被逮捕，但却无法给他们判刑，因为这一罪行尚未入法【参阅 J·E·卡尼亚斯，"夜间骑士团：未被惩戒的罪犯"，《一切皆传奇》（*Todo es Historia*），1968年第11期：84—92】。

[3] 在南美的许多国家，"frutos del país"在被用来表示本国出产的蔬菜水果等农副产品。据查证，在博尔赫斯为其祖父写过的一首同名诗《伊西多罗·阿塞韦多》【"Isidoro Acevedo"，《圣马丁札记》（*Cuaderno San Martín*），巴塞罗那：埃梅塞出版社，vol.1，p.86】中提及阿塞韦多曾是第十一区老市场的农副产品管理员。——译者注

着那种法不责众的逍遥法外之感。当他们在警察局聚首并被告知所有人均已落网，再没有其他成员的时候，都感到不可置信。

11月22日，星期二。 关于《外省之光》："时间仿佛停滞了。一首这样的诗应该让人觉得，时间过了很久，有过很多人，且发生过很多的事情。形容词的运用的缺点在于，如果用得不对，会被查觉到不妥，而如果使用得恰如其分，则意味着灵活的文学素养。然而，到了卢贡内斯那里：

> 花园，伴着它那些隐秘的僻静之处，
> 给你那带翼的梦想一个听话的牢笼……[1]

也许'带翼的梦想'和'听话的牢笼'尚能容纳反对意见，但是'隐秘的僻静之处'用得很好，诗句的音乐感把这种感觉带了出来。"比奥伊："为了打破那种音乐感，他又补充了：

> 在月亮为你挥洒月光之处，
> 我将成为你的叹息之师。

他有点用力过猛。"

博尔赫斯："那两句诗歌：

> 我已穿越过它那极为枝繁叶茂的、一里又一里的土地
> 并记住了一种迷失在幸福之中的平静状态。[2]

写得很好，弊端在于读者把'在幸福之中'诠释为'在憎恶之中'……马斯特罗纳尔迪，每隔个多少年，发现自己正面对一个新的版本的'乡土之光'，将会如何做出反应呢？"

11月23日，星期三。 我向他讲述了迪伦马特的《抛锚》[3]的情节设定，他对此感到

---

[1]《晓月》(*Luna Crepuscular*)，《伤感的月历》(1909)。

[2]《外省之光》，《夜思》(1937)。

[3]《抛锚》(*Die Panne: Eine noch mögliche Geschichte*, 1956)。情节如下：成功的商人特拉普斯的车子在路上出了故障，这迫使他在一家乡间旅馆留宿。他在那里认识了三位老人，他们是退休的法官，每晚都玩"破案"游戏。他们已经用这个游戏"审判"了苏格拉底、圣女贞德等人，并说服特拉普斯以被告的身份参加当天晚上的游戏。通过这场"审讯"，他们得知特拉普斯的财源自被他所取代的前上司的死亡，而那场由心脏骤停导致的死亡正是由其一手策划。故事以悲剧告终：在被送到另外一个房间去等待"裁决"的时候，特拉普斯上吊了。

喜欢。他准备了一篇关于马塞多尼奥·费尔南德斯[1]的序言,讲述了所有他能想起来的逸闻趣事。博尔赫斯:"一旦被写下来,它们就变得很不一样了。那个其实只讲了一遍的人,就像是一直在讲述这些逸闻趣事,宛如一个有执念的人。"

11月25日,星期五。 我们聊了聊《金驴记》,就是我正在阅读的格雷夫斯的版本[2]。博尔赫斯:"源自这本书的作品是如此之多!……从这本书中诞生了奇幻小说和流浪汉小说。以下的情节多棒呀:卢齐伊像是疯了一般认定自己是住在一位女巫的家中,相信自己将能够学会魔法,当然,得是在经历了重重可怕的冒险之后,以及,出于人类天性般的言行不一,当他在那栋房子里的时候,他一心只想着和弗缇斯,那个女奴隶,尽可能一直待在一起……这本书的主角卢齐伊·阿普列尤斯,正是作者本人,这一点也十分现代。"比奥伊:"此外还有另外一层精妙的设计,让卢齐伊陷入爱河的弗缇斯首次出场的时候,并未强调她长得美极了;而当潘菲拉,那位可怕的女巫第一次出现的时候,她就像是个可怜的女人,臣服于丈夫的脚下。"博尔赫斯:"相反,我不知道为什么《爱情神话》[3]会那么有名。那是一本令人生厌的书。"

博尔赫斯:"每个人的妻子,并不是他们自己,而是生活为他们挑选的。一个人一辈子都在说着反感那些罗圈腿的黑头发黑皮肤女性,然后却爱上了那么一个人。陷入爱河中的人可能知道他的心上人丑陋、俗气,等等。他在她身上发现了一些其他人看不到或是无法轻易察觉到,但却使他喜欢的东西。"

他朗诵道:

若是不加节制,你可曾见过某物趋近完美?
哦,死神,请你静静地来吧,
如同你往往伴着短祈文一起到来一般[4]

然后他评论说:"在此处,这位经典作家的思想与一种神秘的逻辑共同运作。在为了得到完美所需的节制性,以及对一场沉默的死亡的呼唤,'如同你往往伴着短祈

---

1 《马塞多尼奥·费尔南德斯》(*Macedonia Fernández*,ECA出版社,1961)

2 《阿普列尤斯的金驴记》(*The Golden ass of Apuleius*,1950)。

3 *El Satiricón*(*las Satyrica* 或 *Satyricon*)是一部讽刺小说,用拉丁文写成,结合了诗歌和散文的形式,相传为佩托尼奥(Petronio)所做。被认为是西方世界文学中的第一部小说。——译者注

4 安德烈斯·费尔南德斯·德安德拉达(Andrés Fernández de Andrada),《致法维奥的道德书简》(1626)。

文一起到来'，这两者之间，存在着某种关联么？"

11月26日，星期六。 博尔赫斯："围绕着一本书进行工作，不管它是好是坏，对于幸福都很重要。如同卡莱尔所言，任何作品在被它完成之后都是微不足道的；至少对于作者而言，它已不再重要。"[1]

11月28日，星期一。 博尔赫斯："我之前觉得写一篇关于马塞多尼奥的序言会让我有活可干。结果很轻松就完成了。相反，文选集则……我不知道要从哪里去找材料。那些诗歌都很差劲。对于马塞多尼奥本人，在他的诗歌中一切都十分合理；然而对于读者而言，他的诗歌很混乱，缺乏音律感，沉重而又可怕。这样的诗歌只能让创作它们的人感到喜欢；他懂得它们所影射的情境，对他而言是有意义的。一首诗最次也得是可阐释的，能够说明白问题的。不能比

> 请您记住那沉睡的灵魂[2]

还要走得更远。"

比奥伊："现在则阐释得过于明白了。感叹句会更好一些。'怎么？您原先就认识雪莱？'"[3] 博尔赫斯："马塞多尼奥，在那些关于他的妻子过世[4]的诗歌中，挑起了一个无法解决的问题：他想要削减这一死亡——更确切地说，那是一种团聚，一种最大程度上的完美——作为死亡的全部重要性，并为这桩并不重要的事件献上了整整一本书……马塞多尼奥当初在写那本书的时候，在他身上都发生了些什么？好吧，做评论家，一个旁观的评注者是一回事，而写作、创作出一些东西，则是另一回事。如果马塞多尼奥是一个别的什么人的话，他对自己的那些书，得嘲笑得多厉害呀！或许他真的嘲笑过。马塞多尼奥的那些趣闻轶事可要比他的作品好上太多了……好

---

1 "所有的人类作品都是转瞬即逝的，它们本身十分微小，微不足道。只有其创造者以及他内心的精神才是有意义的。"【《回忆录》（*Reminiscenses*，1881），《詹姆斯·卡莱尔》（*James Carlyle*）】。

2 豪尔赫·曼里克，《为亡父而作的挽歌》（1476）。

3 此处暗指罗伯特·勃朗宁的诗句："*Ah, did you once see Shelley plain?*"【出自《男人和女人》（*Men and Women*），《难忘的记忆》（*Memorabilia*，1855）】。

4 马塞多尼奥的妻子艾蕾娜·德·奥维塔（Elena de Obieta）于1920年去世，为了纪念亡妻，马塞多尼奥写了《艾蕾娜·美丽的死亡》（*Elena Bella Muerte*）、《我想成为你已凋零的含羞草，艾蕾娜·美丽的死亡》（*Muerta mimosa tuya quiero ser Elena Bellamuerte*）、《当我们的痛苦假装是属于别人的》（*Cuando nuestro dolor fingese ajeno*）等等，均被收录在《诗集》（*Poemas*，1953）中。

吧，这也是很自然的……"

他引用了几句马塞多尼奥的诗（《致一位朋友的儿子》），那些诗句是因为当时他看到博尔赫斯向一位女士打招呼而写成的：

> 我当时逐渐明白了打招呼意味着什么，
> 那就是伴着如此之大的活力承认另外一个人的存在，
> 当上帝邀请一个灵魂存在于世间的时候也注入了同等的活力，
> 而这一点，原先我并不知晓。[1]

关于贝纳德斯，他发现："他并不像他的诗歌那般乏味。他的问题在于他陷入到一种'可怕'的写作方式中。好吧，每个人写作的方式，是和他所采取的决定相一致的。一个人无法以很多种方式写作，除非他不怎么写东西。然而当一个人有了一定的熟练度，他会习得一些'小技巧'，变成某些癖好的'库存'，且会一直重复这些癖好。"

博尔赫斯："萨巴特·埃尔卡斯蒂没有那么糟糕：他用修辞丰富的诗句歌颂大海……[2] 好吧，要歌颂大海确实得用点修辞学，用些祈祷性的口吻。确实，萨巴特·埃尔卡斯蒂比较狡猾：他是海洋的诗人，拒绝了来自巡游陆地的诱惑。他只歌颂海洋。要歌颂大海都不需要任何特殊的知识，无需像吉卜林[3]那样，懂得船只及航海，也不需要懂得鱼类学。诗人甚至不需要进入到海里，否则他就被淹死了。"

12月7日，星期三。 博尔赫斯："画家们并不会轻蔑地说：'这是纯绘画。'雕塑家们或是建筑家们也不会说：'这是纯雕塑或者这是纯建筑。'相反，作家们会说'这只不过就是纯文学'或者'其它的才是文学'[4]……"

关于布托尔以及其它作者的那种无限翔实的描述手法，他表示："文学并不是为了这个。文学不能超越感官的天然能力属性。读者会分心并感到无趣。也许现在在这条

---

[1] 博尔赫斯在他的诗选及评述文章"当代阿根廷抒情诗"（La lírica argentina contemporánea）一文中发表了此诗。【出自：《大都会》（Cosmopólis），马德里，1921年第36期。】
[2] 《人类的诗歌：海洋卷》（Poemas del hombre: Libro del mar，1922）
[3] 1889年，吉卜林从印度乘船出发，取道缅甸、新加坡、中国、日本、美国，经历了一次"征服世界"的旅行，在途中写了许多札记，收录于游记集《从大海到大海》（From sea to sea）；1896年，他又出版了一本诗集，名为《七海》（The Seven Seas）。——译者注
[4] "Et tout le reste est littérature"【魏尔伦，"诗歌艺术"（Art poétique），诗集《今与昔》（Jadis et naguère，1884）】。

马路上存在着无限种颜色,随着我们不断走近,逐渐变换着色调。也许那抹绿色,挨着那片黄色的,会带上一丝蓝色。但是我们聊着天从那里经过,却几乎不会注意到药店的招牌上的绿色,连那一栋栋的房子、路面还有天空也只是依稀瞥见。对颜色和色调进行过于详细的描述,就是构造出某些与现实不太相似的东西,不会很有趣。"

他引用了《查泰莱夫人》一书中守林人的那句:"禁欲是性爱的激情散退后,留驻在心间的巨大平静。"[1] 他又补充道:"《查泰莱夫人的情人》当初可以用《柔情》作为标题。任何人都可能犯错,知错能改就是一项功德。"

12月8日,星期四。 他问自己说:"只属于单独一个人的回忆,最终在被忘却后,是否还存在着?它们是否已经存在过?"

12月26日,星期一。 博尔赫斯:"作者是否了解他所讲述的事件并不重要;重要的是让别人相信他是了解的。当读者怀疑作者不熟悉这一主题,怀疑小说家对情节构想得不好,'搁置怀疑'就终结了。"

12月31日,星期六。 我们喝香槟干杯。"多么奇怪啊!"博尔赫斯评论道,"在我活着的这么多年里,从没有任何一刻,像现在这样更靠近未来。"

1961 年

1月1日,星期日。 马斯特罗纳尔迪对他说:"事实上我之前见过一次圣地亚哥·甘杜利亚,他是个胖子,喝着啤酒,从他的某句诗中:

一切都过去了而我的日子依然不算走运[2]

得出了我的作品。"博尔赫斯评论道:"不错。甘杜利亚是一位平庸的作家,这一点也没啥问题。能在一位如此平庸的作家的作品中,看到那句诗也是一项长处:甘杜利亚没能看到它,并继续写着一如既往的鸡皮蒜毛;他没能够从命运送到他眼

---

[1] "守贞是我们在交媾后内心所感受到的巨大平静",《查泰莱夫人的情人》(*Lady Chatterley's Lover*,1928)XIX。

[2] 出自诗歌《远方》(*Lejania*),被收录在 P·J·比尼亚尔和 C·廷波所作的《现代阿根廷诗歌博览(1922—1927)》【*Exposición de la actual poesia argentina*(1922—1927),密涅瓦出版社,1927】:138·4。诗句原文:"一切都走了,而当时我的日子依旧不算走运。"博尔赫斯在发表于 1985 年 8 月 25 日《国家报》上的一次座谈文章里,再次引用了本句的这一变体。

前的那句如此高尚的诗句中,把握住它的调子。'一切都过去了'不太像是马斯特罗纳尔迪写的;但是其余部分的确是马斯特罗纳尔迪的最佳诗调。然而,'一切都过去了',如此迅速又如此直接,紧接着后面的句子,就显得很棒。在写出了如此高尚的诗句后,甘杜利亚马上成为了庇隆主义者。"

比奥伊:"桑塔耶拿说:'*幸福是人生唯一的制裁*。'[1]"博尔赫斯:"比起因愚蠢的言行而感到快乐,处于适度的悲伤之中会更好一些。"

1月2日,星期一。 我们聊到了神经机械学。博尔赫斯:"那些机器能回答些什么呢?如果它们能够回答新事物,那它们的内部有什么?螺丝钉?一匹死马?"比奥伊:"应该是内存。"

4月19日,星期三。 博尔赫斯:"《神曲》中最粗俗的那一句就是

他就把自己的屁股当做喇叭。[2]"

4月27日,星期四。 他认为,针对所有那些把自己的作品寄去参加《国家报》[3]奖评选的短篇和长篇小说家们,应该要写点什么,关于他们那种显得几乎不可避免的故事开场方式:"过了整整半页、一页或是好几页,既不知道动词的主语是谁(即便是在最好的情况下,也只是能够通过代词'他'或'她'得以区分),也不知道他们在什么地方,他们的想法指的是谁或者是什么。"他补充说:"事实上,所知的信息从来没有那么少过。所有人都是福克纳的门生。"

4月28日,星期五。 博尔赫斯:"随着时间流逝,将来人们不会再去参加宴请:他们会给某一家代办处打电话,让他们派自己的员工去。请客的东家们也会做出其他类似的安排。在那些小报上会评论说:'一个不太令人信服的博尔赫斯,和一个谨慎寡言的比奥伊……'再然后,人们就会明白,更实惠的做法是不去参加宴会,只要继续编造饭局的消息就好。会传出张三请了李四吃饭,但大家都知道这样的宴请并未发生,只是出于礼节,作为表现双方友谊或崇拜之情的一种姿态。[4]"

---

1 随笔集《人性与价值》(*Little Essays*,1920)。
2 《地狱篇》,XXI,139。在这一歌中所提及的几个魔鬼的名字被用在博尔赫斯和比奥伊所写的以下两则故事的人物身上:《怪物的狂宴》(*La fiesta del Monstruo*)使用了格拉费阿根(Graffiacane)和卡格纳左(Cagnazzo),《他朋友的儿子》(*El hijo de su amigo*)使用了路别根脱(Rubicante)和法法来洛(Farfarello)。
3 1961年阿根廷国家报文学奖,评选"未曾发表的最佳短篇小说"。
4 参阅《存在就是被感知》(*Esse est percipi*,1967)。

4月29日，星期六。 佩罗和博尔赫斯在我家吃饭。佩罗有点难过，因为他在某一位意大利人身上发现了优点：任何能使对意大利的否定变得不再完美无瑕的事情，都会使他心痛。后来，和博尔赫斯一起，我们聊到了佩罗的这种态度。博尔赫斯说："这一切都是为了什么？可能是有一天某个奥尔泰利[1]惹恼了他。他必定是认为，对于世界而言，美国要比意大利更有地位。但丁和阿里奥斯托可能会遭受牵连。"

4月30日，星期天。 他说，早年间罗马剧场的日子很不好过，因为当时人们偏爱更为刺激的竞技场。为了生存下去，剧场不得不发展到了现实主义的极端：角色们在舞台上性交；要是悲剧剧目里有一场谋杀，他们就让死刑犯来扮演被谋害的角色；观众能看到刀子是怎么扎进去的，血又是怎么涌出来的，最后人是怎么死透的。尽管如此，这些手段比起竞技场的热血激情还是显得弱了些，剧场依然继续走着下坡路。

他带着钦佩的口气谈到了《斐多篇》，关于对永生的信念，"一场美丽的冒险"，正如苏格拉底对它的称呼那样[2]。

5月7日，星期日。 博尔赫斯："东方人应该发现他们在创造比喻上缺乏天赋；然而他们坚持这么做：这首诗就是一连串不太恰当的比喻。在《斐多篇》中，苏格拉底提及诗人应该讲述神话或传说而非进行推理论证[3]，他说的很有道理。"

5月18日，星期四。 我们聊到罗丹。博尔赫斯说："格鲁萨克曾说罗丹的作品是：'核桃袋子里的雕塑。'[4]"我们说，他是一位设想着一个不可能的雕塑作品的雕塑家[5]。我们编造了一个极端的例子。比奥伊："他成就最高的作品是《雨》。"博尔赫斯："是的，然而当他发表《海绵》的时候，其伟大的艺术成就已隐约可见。《群像》则是他

---

1 此处的 Ortelli 为常见意大利姓氏，应是泛指意大利人。——译者注
2 《斐多篇》，114d。
3 《斐多篇》，61b。
4 "'罗丹的作品'并非某种表达，尽管他那种"邋遢风格"的手法以及那种'核桃袋子里的'造型。"（"罗丹的作品"，《文艺之旅》（*El viaje intelectual*），1904）
5 参见建筑师安塔尔提多·加雷（Antártido Garay）的凹陷雕塑【博尔赫斯和比奥伊合著的《布斯托斯·多梅克纪事》出版于1967年，加雷是其中的一则故事《好眼光》（*El ojo selectivo*）中的人物】。在博尔赫斯对理查德·斯坦顿·兰伯特（R.S.Lambert）的《英格兰艺术》（*Art in England*）所做的书评【发表于《家庭》杂志，1938年第1522期】中，博尔赫斯强调了亨利·摩尔的文章，后者表示："他证明了，在造型艺术上，孔洞也可以像实体一样重要，并正视了打造'空气般的雕像'或是凹陷的、带孔洞的雕塑的可能性，这些雕塑限定并囊括了所想要表现出来的诸多形态。"

的另一项名作。之后他去了伦敦，为了能够雕刻出《雾》，但是他死了，这一作品也未能完结。一位弟子把它给完成了，然而那并不一样：少了大师的手感。"

5月24日，星期三。 博尔赫斯："错误都是一次性犯下的，因此要十分小心，不要搞错。因为没有时间思考，一个人在犯下一个错误以后，就总会重复这个错误。"

5月26日，星期五。 他跟我说："与艺术的普遍演变发展理念，也就是印象画派的崛起将会不可避免这一点相逆的证据在于，欣赏那一画派的同一批人，同时也创作并阅读现实主义的小说，并且在电影艺术上，是意大利现实主义的拥护者。可见这一切都很滑稽。"

博尔赫斯："马科斯·维多利亚，眼神中闪动着其全部的智慧，谈到了被他如此崇拜的圣-琼·佩斯的那首诗，他是如何'粗暴地'打破了通常的句式，以及他深深崇拜的这位诗人写给他的题词'致那位我永远保持微笑的人'（*De qui je garde toujours le sourire*）。正如期望的那样，诗人用的是'微笑'（*le sourire*）而不是'记忆'（*le souvenir*）一词。多么值得赞美啊！" 比奥伊："像是一个玩笑。" 博尔赫斯："看得出来，他当时不知道要和他说什么。他给了他一点少得可怜的打赏。所有那帮人都认为文学在于取而代之。那是拉蒙·柳利的观点，关于思维机器的观点。为什么比起思考事物的自然之路，他们更偏爱冷酷的机械替代和轮盘赌呢？"

他引用了雷耶斯的话："我缺少吸烟者那种郑重又坚决的神情。"

6月1日，星期四。 我们为《看与读》杂志的比赛[1]阅读了一个故事，讲的是一个女孩子，一个端庄拘谨的孤儿，因为《歌唱心灵》杂志上的一则广告，和一个德国男人通信的故事。读者为主角的命运提心吊胆，直到最后才发现其实他并不是一个女孩，而是个男的，一个囚犯，在监狱里欺诈与他通信的人。[2]作者似乎没能预见到自己笔下故事里可能的悲惨下场；他的精心设计最后成了一个"笑话"。博

---

[1] 成立于1946年的杂志《看与读》（*Vea y Lea*）组织过三届侦探小说比赛。第一届（1950年）的评委是莱昂尼达斯·巴列塔（Lónidas Barletta）、博尔赫斯和比奥伊。第二届（1961年）是佩罗、博尔赫斯和比奥伊。第三届（1964年）则是阿道夫·佩雷斯·泽拉斯奇（Adolfo Pérez Zelaschi）、罗多尔福·沃尔什（Rodolfo Walsh）、玛利亚·安赫丽卡·博斯科（María Angélica Bosco）、唐纳德·耶茨。

[2] 卡罗维乌斯（Carovius）的《德国青年，觅年轻姑娘》。杂志《歌唱心灵》（*El Alma que canta*）创立于1917年，主要致力于对探戈歌词的传播，在1920年前后加入了名为"牢笼里的诗句"的板块，用来刊登囚犯们所写的诗。

尔赫斯说，这类在结尾处挑明叙事者处于意外又或是可怕境遇下的故事，在那一时期很典型，或许还是那一时期所特有的。他想起最终被发现是连体双胞胎其中一位的那个故事[1]；他自己写的牛头怪的故事[2]；马钦的一个故事，关于一个疯子和他看护（当然，这一身份是在故事最后才被揭露出来的）之间的对话；还有那么多的故事，那些人身处疯人院或是监狱之中，却表现得像是国王或是重要人物那样；以及格雷厄姆·格林的某个故事，描述幻想出来的人物；最后，还有皮兰德娄的《亨利四世》[3]。

6月11日，星期日。　博尔赫斯："据说——当然是假的——当初维京海盗用被他们杀害的人的头颅骨喝啤酒。这一传闻在浪漫主义者那里广为流传，他们在诗歌和画作中对其加以利用；有位德国人发现，它确实唤醒了那种总是能够被虚假信息所激发的热情。"

6月13日，星期二。　博尔赫斯："马塞多尼奥曾经对一个无趣的人说：'当你在等有轨电车的时候，请不要在我家等。'"

6月16日，星期五。　博尔赫斯："我喜欢朗诵用英语写成的诗歌。其理由应该也是为人所熟知的。那是由于：在诗句中，音律是最重要的；在一个人熟悉的那种语言中，他几乎听不到单词的发音，一个个单词只表示它们的含义；而在一个人通过学习掌握的那门语言里，每个单词的发音都是一桩新鲜事，听起来就不同了。"

6月25日，星期日。　博尔赫斯："一切接触到埃雷拉·伊·雷希格的东西都会变成次品。你不会相信他的金子，而会相信斯温伯恩的金子。卢贡内斯和埃雷拉都喜欢像'麦斯林纱''麻纱''兽医学'和'金子'那样的词。"

6月26日，星期一。　他谈到"安格利安野兽"[4]："英国浮雕上的被植物环绕着的奇

1　弗里尼维·坦尼森·杰西·哈伍德（Jesse F. Tennyson），《他们至死才被分开》（*In Death They Were Divided*）【《埃勒里·奎因推理杂志》（*Ellery Queen's Mystery Magazine*），纽约，第57期，1948年】。
2　《阿斯特里昂的家》（*La Casa de Asterión*，1947）。
3　该剧创作于1921年，并于1922年2月24日在米兰的曼佐尼剧院（Teatro Manzoni）首映。该剧带有喜剧和悲剧元素的疯狂，主角是一个幻想自己是神圣罗马帝国皇帝亨利四世的人。——译者注
4　"The Anglian-beasts"：这些动物形象的浮雕位于英国莱斯特郡丘上布利登（Breedon on the Hill）教堂，风格上受凯尔特及地中海艺术的影响，身体像狮子而脸像猫头鹰。这些石砌块最初是那座建于公元9世纪的教堂建筑的一部分，现已被嵌入教堂内墙。——译者注

妙小兽们：它们并不是真的动物，也不是神话传说中的动物；它们就是它们，一个浮雕作品的一部分。"

博尔赫斯："一个白人，弗拉迪的先祖，在林肯市的郊外被印第安人俘虏，在土著人的营地里生活了12年。印第安人很喜欢他，后来他又回到了文明社会。用这个故事倒是可以写出一个很美的故事：他是如何等到，已然可以有惊无险地离开的那一刻。那不应该是一种执念。对于今日的作家而言，一个缺乏执念的人是一个几乎难以想象的英雄。更像是尤利西斯[1]而不是一个当代的英雄。"

6月30日，星期五。 雨下得很大。他评论道："'雨在下雨。'从这句话里诞生了一个新的文学流派。我们第一次读到这句话的时候，会惊呼：'我们正面对着一位作家！'但是一旦读完两行，'雷在打雷'，我们就会明白，这只是一种手段，当然很巧妙，然而最终只是一种手段。"

7月12日，星期三。 博尔赫斯说，他在欧洲的时候，买了马扬斯·伊·西斯卡尔的《修辞学》，"一本很美的书"，并说有个令人高兴的情节让他感到开心，一位从事文学这一行当的专家，毫无疑问就是此书的作者，竟然会犯下以下错误：塞万提斯说杜尔西内娅是"全世界乃至托博索最美的女子"，西斯卡尔非常较真地进行了纠正："塞万提斯当初应该是想写'整个托博索乃至全世界'[2]，没发觉原文的喜剧意图。"

7月15日，星期六。 他送给我一本《新英文圣经》[3]。比奥伊："我在《泰晤士报文学增刊》上读到了关于《新英文圣经》的论战。艾略特说，一旦变得不再晦涩难懂，有一些章节甚至使整本圣经所拥有的魅力下降了，所具备的超自然的信服力也变小了。"博尔赫斯有着一种乐观的先入之见。博尔赫斯："这本书是基于一个新的原则而作的。"我为他读了《四福音书》里与彼拉多相关的片段以及耶稣受难的场景。博尔赫斯："我肯定一切都是真的。我不是说那些奇迹，当然不……但是当初谁会去编

---

1 荷马笔下的，而非乔伊斯笔下的尤利西斯（比奥伊注）。
2 《修辞学》（*Rhetorica*，1757），III，xvii，62，对《堂吉诃德》II，32做了一番评论。参阅《〈堂吉诃德〉的作者皮埃尔·门纳德》（*Pierre Menard, autor del Quijote*，1939），在那个故事中，白露里治奥女公爵（la duquesa de Bagnoregio）每年都会出版一个册子，以便"'向世界并向意大利'展示她本人的真实模样"。（博尔赫斯的这一短篇小说首发于《南方》杂志，后被收录在《小径分叉的花园》中。不过原著应为"白露里治奥女伯爵（la condesa de Bagnoregio）"，本条注释可能将"伯爵"和"公爵"搞混了——译者注）
3 《新英文圣经》（*The New English Bible* 简称NEB）是圣经的英文译本，苏格兰教会于1946年提出从事这新译本的建议，于1961年出版了《新约圣经》。——译者注

造这一切呢？肯定不是一个无知的门徒。哪位小说家能把耶稣和彼拉多之间的对话，这位犹太人和那位罗马人之间的对话[1]写得更好？每个人都在自己的世界里——带着与对方相反的意图说话——不会去借助服饰化妆的蠢把戏，或是借助福楼拜又或者是沃尔特·司各特的费劲的意图。不同之处是从内部决定的。还有什么能比彼拉多妻子的梦、洗手、那个认罪悔改的贼，还有那句'我的上帝啊，我的上帝啊，你为什么抛弃我？'写得更好？一读到这些，那些情节再次感动了我；在任何一种写作中，它们都会让人感动。"

我们又聊到了那个回头的浪子的寓言[2]，还有那些愚蠢的处女的故事，在《新英文圣经》用的词是"女孩（girls）"而不是"处女（virgins）"，这一点让T·S·艾略特很恼火。博尔赫斯："显然在那个时代，在那个语境中，'处女（virgins）'一词指的是'女孩子（muchachas）'。"我们谈到了那个得到了一个塔兰同[3]的人的故事。博尔赫斯："那个故事的寓意在于，耶稣让人们看到，他归根结底是个犹太人。也许在这里，'塔兰同'一词，金属做的货币，第一次被用来表示'天赋'，聪明或机敏的特质。"

7月19日，星期三。 他谈到了勒南，他对德国人的尊敬及好感。博尔赫斯："这一点，在70年代他们一定会使其感到吃惊的。有位英国作家说过，当初倘若不是因为俾斯麦的话，他们大概只会成为戴着眼镜的教授；俾斯麦教了他们另外一种行当。对日耳曼的研究会导致对德国人的轻视。"

7月25日，星期二。 博尔赫斯："马列亚的作品之所以能够存在，只是由于一个单词接着另一个单词组成了一个句子，然后很多句子在一起就形成了一本书。他的作品，就是像那种，如果一个人把《大不列颠百科全书》中的句子的第三个和第七个

---

1 这里的罗马人指的就是彼拉多（？—41年），罗马帝国犹太行省总督（26年—36年）。根据《新约》所述，彼拉多曾多次审问耶稣，虽然他并不认为耶稣犯了罪，然而却在仇视耶稣的犹太宗教领袖的压力下，判处耶稣钉死在十字架上。彼拉多曾当众用清水洗手，表示杀害耶稣的罪与他无关。——译者注

2 回头的浪子通常指年轻人在挥霍浪费了从父亲继承的财富以后又回到家中。这个故事记载在路加福音15章11—32节，是这一章耶稣的比喻"三部曲"中的最后一个。基督教许多比较传统的教派，通常在大斋期第三主日，要诵读这个经课。——译者注

3 塔兰同（拉丁语：talentum，古希腊语：τάλαντον，含义为"秤，天平"；西班牙语：talento）又译"塔冷通"或"他连得"，是古代中东和希腊—罗马世界使用的质量单位。当它作为货币单位时指等重的黄金或白银，币值相当大。在《马太福音》25章14节到30节中，耶稣讲述了一则寓言，提到一位主人分别给了他的三个仆人不同数量的塔兰同让他们对其加以利用的故事。如今，在西班牙语中，talento一词多用来表示"天赋"、"才能、才智"。——译者注

单词全都给抄下来所可能出现的书。最终，人们会发现，那些书不会比马列亚的小说更有意义。"

7月27日，星期四。 我去了国家图书馆，去参加国际笔会的聚会。后来，博尔赫斯对我说，作家们的会议是无用的，甚至还有害，因为之后人们会认为作家和政客一样虚伪无用；会把他们看成是公众人物，"神圣的怪物"[1]，作家们就再也不能抵达任何人的心间了。

博尔赫斯："这些天，我在不知哪个关于《约伯记》的评注本那里读到了一些非常有意思的内容。在第二章，在所有的苦难和不幸把他压得喘不过气来之后，妻子对约伯说：'你就祝福上帝，去死吧。'事实上这里应该读成'诅咒'，但是没人敢写'诅咒上帝'，害怕会被天打雷劈。谁知道将会发生些什么呢……因此也并不直接点出他的名字，而是称呼他为'我主'（el Señor）[2]。"耶和华"（Jehová）一词则源自于对"雅赫维"（Yahvé）的一种不准确的读法。[3] 当初，那些塞法迪犹太人[4]，出于敬畏，不使用 cielo 一词，而是说 techo[5]。随着时间的推移，最后连 techo 也不能说了。"

他提到了吉卜林那首关于"方块状处女"[6]（母牛）的诗。

他说希特勒的伟大发明，那些政治家的伟大发明，与陀思妥耶夫斯基当初试图证明的相反，在于人们没有了私生活："男人们没有了心上人，不会待着读上一本书，也不希望能有时间来睡个午觉：他们时刻准备好去参加庆典、集会、阅兵等活动。"

---

1 "Monstruos sagrados（神圣的怪物）"一词通常被用来指著名人物，他们的人生和作品带上了传奇色彩，以至于对大多数崇拜者而言，他们作为偶像，像是神话一般难以接近。——译者注
2 在西班牙语中，"señor"一词的意思是"主人"、"先生"、"老爷"，而首字母大写时特指上帝。——译者注
3 "耶和华"一词来源于希伯来语的希伯来圣经，乃是古希伯来人崇拜的独一真神。出于敬畏，古希伯来人不敢直呼其名，在经卷中把它的名字写作 JHWH（四字神名），只记辅音，不记元音，无法拼读，读经或祈祷时，就用 adhonay（阿特乃，意为"吾主"）来代替。后来基督教神学家把 adhonay 一词中的元音嵌入其中，拼写成 Jehovah，并沿用至今。近代学者相信其正确读音应为 Jahvé（汉语音译为雅赫维、雅威等）。——译者注
4 Sefaradita 指 15 世纪被驱逐前那些居住在阿拉伯化的伊比利亚半岛上，遵守西班牙语裔生活习惯的犹太人及其后裔，是犹太人的分支之一，约占犹太人总数的两成。——译者注
5 在西班牙语中 cielo 一词表示"天空"、"天花板"，也可以表示"天堂"、"上帝"、"福气"等含义，techo 则是"屋顶"、"天花板"、"顶棚"。——译者注
6 原句"*He shall mate with block-square virgins — kings shall seek his like in vain*,"出自诗歌《阿尔奈沙尔和牛》（*Alnaschar and the Oxen*）【《借记与贷记》（*Debits and Credits*，1926）】。

他观察到，对于一位作家来说，先于书籍出版的、通过考试获得的博士学位，是带贬义的；与之相反，对于某些作家而言，"名誉博士"，总统们的障眼法，反而是一个值得尊敬的荣誉头衔：约翰逊可是约翰逊博士[1]。

8月3日，星期四。　　比奥伊："之前我一直没能鼓起勇气去扔掉那些题名赠书，但很明显，人不能在家中堆积无用之物。"博尔赫斯："应该把这些书的题词页给撕掉。"比奥伊："见鬼了！原先我都不曾有过这层顾虑。之后它们会出现在书店里，人们会以为是我给送过去的。"博尔赫斯："也许它们还会重新出现在你家中。有一天早上，我扔掉了一大堆书，放在一个地下室用的那种金属筐里，然后到了下午，有个十分腼腆又很穷的男孩子，带着那些书到我家来。我给了他五个比索并向他表示感谢，没敢要求他把它们重新拿走。"

8月4日，星期五。　　我们为《国家报》的评选阅读小说。在淘汰了8份或是10份手稿之后，夜里12点，博尔赫斯评论道："这些小说都是些啥呀！无论如何，读这些小说还是比一场会议要好一些。"比奥伊："那是显而易见的。这些小说更有情节。在这方面我们很懂游戏规则。然而没有人知道会议是什么。"在其中一本小说里，作者写了这么一个人物："他咯咯哒地叫出了（不用"说出"一词）某些话。"博尔赫斯，笑得眼泪都要出来了，模仿着母鸡咯咯哒的叫声。"现在马上就要下蛋了，"他评论道，"应该要富有表达能力，但不至于到如此地步。这一切都是克罗齐的过错。文学会因为过分冗余而出错，不会因为缺乏表述而出错。应该对文本加以节制。而文章糟糕难看的另外一个根由，就是你之前指出过的：对精确性的渴望，追求'贴切的字眼（*mot juste*）'。"

博尔赫斯："康德说永远都不要撒谎。他举的例子就是，如果有个人要杀一个人，当杀手询问被追杀的人是否从这里经过，应照实回答，即便结果是死[2]。出于从不撒谎的执念，会死人也没有关系。康德要求诚实作为一种坚决的命令，每一项行为的准则，在任何行为上都能被执行；他否认条件，认为说真话是无条件。很明显：

---

[1] 据查证，这里应该是指美国第36任总统林登·贝恩斯·约翰逊（Lyndon Baines Johnson, 1908—1973）。1961年1月当肯尼迪宣誓就任美国第35任总统时，约翰逊就任副总统。1962年，约翰逊获得得克萨斯州立大学颁发的荣誉法学博士学位。尽管本文写于1961年8月，相关信息应该已被预先公布。——译者注

[2] 《论假定的从善意的动机中撒谎的权利》(*Über ein vermeintes Recht aus Menschenliebe zu lügen*, 1797)。博尔赫斯很可能是通过德·昆西了解到的这篇文章，德昆西在《被看成是一种高等艺术的谋杀》(*On Murder Considered as one of the Fine Arts*, 1822) 中概述过该文。

（十分不屑地）他是世界上最聪明的人，最敏锐的人，诸如此类云云。"

8月9日，星期三。　　博尔赫斯："'这不是幸福，只不过是获得了胜利'。这句话出自萧伯纳，在《凡人与超人》的结尾。他没有使用'大获全胜（triumphant）'一词是对的，因为 triumphant 还含有一层得意的意味。在埃兹拉·庞德的那部作品中是否充满了这类细微差别？"在引用过程当中，博尔赫斯突然向我们提出了一个疑问。我们找到了那本书并查阅了这一章节，然而出乎我们的意料，书中的人物说的是："Ann looks happy; but she is only triumphant, successful, victorious.[1]"博尔赫斯："如今看来一切都和萧伯纳本人相悖了。倘若我们写文章，一边称颂萧伯纳用词精妙，一边又把他写得像个不经琢磨的作家，这太奇怪了！"

博尔赫斯："埃兹拉·庞德对古英语的诠释是字面上的，尤其是通过语音完成的，用英语的同一个单词去替换古英语的一个单词，尽管如今单词的词义已经有了变化：例如，to reckon 一词，在这两种语言中有着不同的词义，但是在古英语中某一段带有 reckon 的章节，在庞德的现代英语版中还是保留着 reckon。[2]"博尔赫斯谈到这一点时，把它说成是一种创造。比奥伊："不，并非是一种创造。我还记得当初我们在学校里所做的拉丁文翻译。老师要求，第一遍的初稿就得是那样的。我还记得那种显得如此古怪的西班牙语译文，十分吸引我（正如英语版的译文很可能十分吸引庞德一样），并且以16岁（庞德依然还是）的文学评判标准，当时我觉得自己已经发现了一个值得赞美的宝矿。"博尔赫斯："为什么庞德要把 Kulchur 一词写进他的作品的标题里[3]？也许是为了找到那个有点奇怪的单词用来表达他的轻蔑之情。"

博尔赫斯："毛特纳说现在所有那些不好的词语都是旧有的婉词。Puttino 指的是小男孩，putta 则是女孩子。Idiota（白痴）难道不是指领年金的老人吗？而在表示贬义时则用来表达一种广为传播的憎恶感，不是吗？"

1　"安看似幸福，但她也只不过是胜利了，成功了，达成了目的而已。"《人与超人》（1901），IV，结尾处。

2　"May I for my own self song's truth reckon/Journey's jargon ..."【出自诗集《埃兹拉·庞德的传言》(*Ripostes of Ezra Pound*，1912）中的《水手》(*The Seafarer*）一诗】，其对应的古英语原文为："Mæg ic be me sylfum soðgied wrecan, siþas secgan ..."。庞德对《水手》一诗的称颂，参见《阅读 ABC》(*The ABC of Reading*，1934，V，2）

3　《文化指南》(*Guide to Kulchur*，1938）

8月15日,星期二。 博尔赫斯:"纳莱·罗斯洛把鲁文·达里奥和洛尔迦联系到了一起,并说:'正如昔日没有人能不模仿达里奥就写作,如今所有人都在模仿洛尔迦。'我否认这一推断的大前提。"

阿莫林,在一首关于走私犯[1]的诗歌中,出于想要模仿洛尔迦的欲望,提到了'走私影子'。博尔赫斯对他说:"那就不是走私了。对你来说不合适。可以是走私烟草叶,或者别的什么你喜欢的东西都行,但是不能是影子。""我就是如此体会的。"阿莫林回答说。

一位名为加德纳[2]的教授发现,在古英语诗句里,普遍存在停顿,两句半行诗加上语调合成一行诗。他从中得出用来评判英国诗歌的标准,并指出了弥尔顿和莎士比亚的缺点(他想象中的)。他不容许在一行诗的当中出现句号或是冒号。他表示:"诗人们可以以英国方式写诗,或是像外国人一样写诗,但是不能把不同的体系混为一体。"博尔赫斯:"多么愚蠢!他们这样写诗的话,不是出于经过深思熟虑的诗格,而是因为那是最简单的办法。此外,《贝奥武甫》开头的那几行诗还违背了这种不合理的体系呢。"

博尔赫斯:"马钦为《地毯上的图案》设计了一个结尾,比亨利·詹姆斯的要好,还把它归在詹姆斯名下[3]。多奇怪呀,亨利·詹姆斯习惯对自己进行戏仿。他笔下的人物和场景显得不够真实,都是为情节服务的。吉卜林笔下的人物在虚构作品之外具有真实性。假如当初能用上詹姆斯的情节,吉卜林会写出更好的故事。"

我们谈到了吉卜林作品的标题。博尔赫斯:"《借记与贷记》,真是让人害臊!《作用与反作用》相当糟糕,《限制与更新》稍微要好上一点,因为它已经能够表达出一些意思了。好吧,《作用与反作用》也表达了一些意思,毕竟所有的词句都意味着一些内容。这就是父亲以往对冈萨雷斯·兰努萨所说的:要创作出一句没有任何含义的句子是非常困难的。父亲驳斥了兰努萨所给出的那些例子,它们都算不上什

---

1 《悲苦的地下走私犯》(*El contrabandista negro*)【《乌拉圭诗歌五首》(*Cinco poemas uruguayos*),1935】。

2 此处是指约翰·尚普林·加德纳(John Champlin Gardner Jr.,1933—1982),美国小说家、散文家、文学评论家和大学教授。他从大胆的角度探讨了盎格鲁-撒克逊人的文学传统,以史诗《贝奥武甫》为参考发表了代表作《格伦德尔》(*Grendel*)。——译者注

3 《伦敦探险记》(*The London Adventure*,1924)。博尔赫斯和比奥伊把它收录于《布宜诺斯艾利斯年鉴》1946年第4期的"博物馆"版块中,取名为《地毯上的图案》(*El dibujo del tapiz*)。

么了不起的创造：*有毒的踩踏*。'为何不可？'父亲对他说：'一次踩踏可以传染一种毒素。'*衬衫袖管里的巧克力*。'为何不可？'父亲对他说：'某个人，从衬衫的袖管里，吃巧克力，又有何难？'"

8月17日，星期四。 我们为斯托克出版社的文集[1]《吉卜林最佳短篇小说选》选书。因为篇幅过长，我们撤掉了《友好的书》《玛丽·波斯特盖特》《他祖先的坟墓》《男士的品行》《莫罗比·朱克斯的奇异旅程》《迷失的军团》。我们没有把《长城之上》包含进去，因为它属于同一个系列。最终，目录包括了以下篇目：《百愁门》《出格》《事实》《小狗赫维》《无线电》《许愿屋》《战壕里的圣母》《处理失当的黎明》《一场白人老爷的战争》《安提阿的教堂》《园丁》《世界上最棒的故事》。

8月20日，星期日。 我们聊到了新词。"月光照耀着的（moonlit）"一词是丁尼生创造的（1817年）；"国际的（international）"是边沁发明的（1780年）；"同心的（centripetal）"和"离心的（centrifugal）"则出自牛顿（1709年和1727年）；"昏暗（gloom）"（表示"幽暗、隐晦"的意思），在一定程度上，是弥尔顿创造出来的（当初在古英语中存在着相似的写法）；"大量的（multitudinous）"和"无根据的（baseless）"则是莎士比亚。"平房（bungalow）"表示"孟加拉（bengalí）"（孟加拉风格的房屋）。比奥伊："所有这些词语之中，我最喜欢 moonlit，它看上去像是一直以来就存在着的样子。Centripetal 和 centrifugal 这两个词很实用，然而并不是特别优美。"

他引用了莎士比亚笔下带有 multitudinous 和 baseless 的诗句：

这段幻景的虚妄的构成……[2]
大洋里所有的水，能够洗净我手上的血迹吗？
不，恐怕我这一手的血，
倒要把一碧无垠的海水
染成一片殷红呢。[3]

博尔赫斯："当一个人知道了那些词是作者当初编造出来的，那些诗句就显得不

---

[1] 六月的时候，斯托克（Stocker）出版社向他们提议策划一套世界文学选集，由他们作为负责人并由百夫长出版社出版。这套选集未获成功。

[2] "The baseless fabric of this vision"，《暴风雨》，IV，1。

[3] "This my hand will rather the multitudinous seas in incarnadine, making the green, one red." 《麦克白》，II，2。

那么令人钦佩了……他识破了那个'扯谎者'。"比奥伊:"那些诗句可能会显得比现在更蹩脚一些。"

他在想,米隆加这种音乐形式是否能让阿根廷人以外的人喜欢:"它既不热情也不缠绵:这种音乐是为感情内敛的人,为过去的阿根廷人那样的群体所准备的。无疑如今的民族性格已经发生了改变。阿斯卡苏比要是还在的话,他会喜欢现在的阿根廷人吗?毫无疑问,他会喜欢的。太奇怪了,当初对阿斯卡苏比而言,'米隆加'和'探戈'竟然并不算什么。当时那位布宜诺斯艾利斯人钟爱的音乐是谢利托[1]。它怎么唱来着?"

8月27日,星期天。 我们手上已经没有《国家报》奖的参赛小说了:我们已经把它们全给读完了。我们要做一本由奇怪的短篇小说组成的选集吗?出现在埃勒里·奎因一本选集中的那个美国短篇小说,关于一家餐厅的,那里吃的羊羔肉其实是人肉[2],它的作者是谁?另外那个短篇小说的作者又是谁?就是那个我去年读的故事,讲的是一个沦陷于魔鬼的力量之中的人,这一点因其日益狂妄而被逐渐揭开,具体表现在他对自己的藏书中那些最负盛名的作品所做的不逊评论,尽管那些评论既精准又有趣。一个人并不只会失去力量,失去身边的人和事物,他还会遗忘。

9月1日,星期五。 博尔赫斯:"在文学院纪念贡戈拉的活动里[3],唯有我发表了批评的意见:当时我说,由于西班牙文学鲜少有怪诞的风格——他们谈论着法国文学的庄重,说法国文学缺乏原创性,然而哪一位才是西班牙的拉伯雷呢?——西班牙人竭尽所能地紧紧抓住贡戈拉的怪诞,抓住他的作品不放。怪诞是一种文学手法,一种风格:如果一篇文章在过了好几个世纪以后依旧因为古怪而令人惊奇,这就意味着它的作者没能够树立起个人风格,他失败了……我觉得那天我说得过了一点。当时我说,在所有贡戈拉的作品中连一个视觉上的意象都没有。他点到了诸多色彩,于是乎,人们就说当初他看见了那些事物。然而他见得如此之少,以至于他可以把雪的白色和一位女性的白皙肤色同题并论。由于语言上的欠缺,同一个词语'白色'

---

1 在阿根廷方言中,谢利托(cielito)或谢洛(cielo),表示起源于布宜诺斯艾利斯地区的一种民间歌舞,在阿根廷曾盛行一时。——译者注
2 史丹利·艾林(Stanley Ellin),《本店招牌菜》(*The Speciality of the House*,1948)【出自《神秘故事集》(*Mystery Stories*,1956)】。
3 《阿根廷文学院学报》(*Boletín de la Academia Argentina de Letras*,1961年7—12月版)发表了"博尔赫斯为纪念贡戈拉所做的讲话"。——译者注

被用来修饰雪的颜色以及女性的肤色。西班牙语言学院从语法上对贡戈拉所做的批评是正确的。雷耶斯谈到过贡戈拉的那些'令人讨厌的小把戏'。"

博尔赫斯:"玛利亚·罗莎·莉达是个蠢蛋。你知道她为一门要上一整年的课程选了什么书么?《贝尔西雷斯和西希斯蒙达历险记》[1]!那是一本关于一个令人毛骨悚然的洞穴的探险记,从洞穴深处还不断传来支离破碎的吼叫声,而贝尔西雷斯则用这样或者类似的理由回应这些吼叫声。整本书情节之混乱,进展之缓慢,令人难以置信。任何一位作家都不能免于写出糟糕的作品。很多时候秘诀在于节奏感:如果一位作家给出了合适的节奏感,小说或短篇小说的最终效果就会不错,纵使其情节不太具备价值;相反,错误的节奏感会毁掉最好的情节。《贝尔西雷斯》这本书从一开始就注定糟糕透顶。故事的开头就很差劲。相反,《堂吉诃德》的开篇很棒:'在拉曼却的某处'云云。毫无疑问,塞万提斯喜欢冒险小说。和堂吉诃德一样,他本可以读着骑士小说度过一生。最终他尽到责任,以其智慧的审慎,在《堂吉诃德》中对骑士小说进行了批判;此后,在良心已经获得平静的情况下,他屈从于'做自己真正想做的事情'的诱惑,并创作了《贝尔西雷斯》。"

他说:"那些让读者明白其作者当初是从目录开始写起的书都很糟糕。如果冈萨雷斯·兰努萨为小刀写一首诗,那么他会为勺子另写一首,又给叉子写上一首。这样就会使所有的菜蔬和家禽感到倦怠。没有比那些叙述性的诗歌更悲伤的事物了……它们就是彻头彻尾的修辞法练习;对于任何一种东西,西蓝花也好,洋蓟也罢,作者写得都一样。而由于他很蠢,他并不会在写完小刀或是小勺之后就停止。他还会包揽关于叉子的诗歌。让人明白,对他而言,一切的一切实则都无关紧要。"

9月2日,星期六。 佩罗和博尔赫斯在我家吃饭。博尔赫斯引用了他叔叔路易斯·梅利安·拉菲努尔("我们的农民在行为举止上的唯一差异就是乱伦")和马塞多尼奥·费尔南德斯("高乔人是马儿们在牧场上的消遣")的话。

佩罗(指着我在扣眼里插着的两朵花)问道:"这花是怎么回事?"比奥伊:"它们是我在几个女孩子那里买来的,她们当时正在一个阳台上玩着卖花的游戏。"佩罗:"多美的情节啊!"博尔赫斯:"在文学作品的章节末尾,买那种花的人最后会被杀害。出于美学上的因果定律。"比奥伊:"和物理上的因果定律同样不可避免。"

---

[1]《贝尔西雷斯和西希斯蒙达历险记》(*Los Trabajos de Persiles y Sigismunda, 1617*), I, 1。(塞万提斯的最后一部作品——译者注)

9月3日，星期天。 他说："见鬼！在维多利亚的委托下，我正在写一首关于萨米恩托的诗[1]。我正写得毫无灵感（*invita Minerva*）[2]，因为我现在没有意愿去写萨米恩托（尽管我一点反对他的意思都没有，而且还很钦佩他）。很显然，为了不让人察觉到我缺乏热情，我正'夸张地、过火地写这首诗'。夸张正是冷漠的一种形式：因为不能或是不愿意涉及到细节之中，就只能依靠极端手段。"

博尔赫斯："我们应该要出版与贡戈拉同时代文人的文学评论。那些评论并非充满火药味，也不天真愚蠢，就像是对达马索·阿隆索的评论那样。它们是逐行进行的评论。在《贡戈拉问题》一书中，雷耶斯抄录了一页或是两页。"博尔赫斯引用了玛利亚·罗莎·莉达的观点："西班牙的诗人，一直到路易斯·德·莱昂修士及贡戈拉之前，都不太注意押韵。贡戈拉的伟大创新在于注重韵律。"博尔赫斯："那么，那些西班牙诗人身上都有些什么呢？极其丰富的思想？（会有人这样认为吗？）信息的密集度？有趣的人格？"比奥伊："难道克维多不注重韵律吗？"博尔赫斯："他还不曾达到那种，一旦给出了某个韵脚，继续往下，这一韵脚一定会出现的程度。"比奥伊："那么阿亨索拉兄弟呢？"博尔赫斯："好吧，或许他俩确实注重押韵，因为如同格鲁萨克所说，他俩是'相对来说的艺术大师'。"比奥伊："'相对而言'一词用得不错，因为它承认了一些东西又否定了一些东西。"

我们为百夫长出版社的选集阅读了巴特勒的《笔记集》。巴特勒引用了布封的话："风格即其人（*le style est l'homme même*）"[3]，并说那种风格，和幸福差不多的风格，"来自于心灵的温柔（*vient de la douceur de l'âme*）"。博尔赫斯："在格拉西安、贡戈拉和克维多身上，存在'心灵的温柔'吗？诗歌背后的那位作者是否也该引发兴趣？有一些诗歌是生搬硬造的，比如说冈萨雷斯·兰努萨的诗。"他引用了克罗齐的话："巴洛克诗人中'为数不多富有巧思的作家（*la poco ingeniosa ingeniosità*）'"[4]。博尔赫斯："他当时说的是马里诺；也可以用来指格拉西安。"

9月4日，星期一。 我们连着第二个晚上读塞缪尔·巴特勒的《笔记集》了。博尔赫斯："这些书很有意思。"比奥伊："无疑它们是独立写成的。如果一位有才智的作

1　《萨米恩托》（*Sarmiento*，1961）。
2　拉丁文"Invita Minerva"，意思是"缺乏灵感"。Minerva 译为弥涅尔瓦（又译密涅瓦），是古罗马神话中的智慧、艺术和记忆女神，希腊名为雅典娜（Athena）。——译者注
3　《意大利巴洛克时期史》（*Storia dell'età barocca in Italia*，1929）。
4　出自其在法兰西学士院为他举行的入院典礼上所做的演讲（1753）。

家日复一日地记录下自己的见解，其成果，在稍加修整以后，将会是一本充满智慧的书。"博尔赫斯（开玩笑）说："它们和瓦雷里的那些名为《方向》的笔记集，以及其它诸如此类的书是一样的。瓦雷里的那些书的缺点在于它们着眼于读者。"比奥伊："它们有些僵硬，缺乏风范。这些书意味着一位缺乏'心灵的甜蜜'的作家，正如你评述某些西班牙作家一样（比方说，格拉西安）。"博尔赫斯："这很明显。相反，塞缪尔·巴特勒的作品，是属于蒙田和普鲁塔克一派的。他的创作程序，是把一切事物——感情也是如此——都看作是会诞生、成长并死亡的生命机体。"而关于更早的那位塞缪尔·巴特勒[1]，博尔赫斯说，《胡迪布拉斯》会让人联想到《伤感的月历》，充满大量奇怪的韵脚。

博尔赫斯："巴特勒如此喜欢莎士比亚，这太古怪了。"比奥伊："那位祖先不喜欢莎士比亚。从那一点上而言，那位祖先比塞缪尔·巴特勒更像塞缪尔·巴特勒。"博尔赫斯："莎士比亚不好的地方在于，一个人无法在不做出让步的情况下阅读他。一个人只能告诉自己：好吧，应该要考虑到时代，当时的喜好，等等。当一个人阅读但丁或是塞万提斯的时候，他无需做出让步。莎士比亚有点不负责任：在任何时刻，读者都无法确定，某个角色不会杀掉所有其他人。"比奥伊："在约翰逊之后，开始了对莎士比亚的造神运动。他就是他们那里所拥有的的圣马丁。"博尔赫斯："第一个应受谴责的是柯勒律治，他把莎士比亚比作是一位天神[2]。他并不喜欢李尔王被人挖掉眼睛的情节设定，但是他认为某一天，等到他有所改善的时候（因为当时他已经犯了好几次错误了），他会喜欢上这一情节，既然莎士比亚（他从未犯错）就是如此对其进行创作的。"博尔赫斯记得切斯特顿曾说斯温伯恩："他原先是个革命者。然而他现在体面地在普特尼[3]生活着，成为一个害怕莎士比亚的人。"

9月5日，星期二。　　博尔赫斯："'经过必要的变通'（*Mutatis Mutandis*）是一句很有

1　Samuel Butler，英国诗人，代表作是长诗《胡迪布拉斯》（*Hudibras*）。——译者注
2　"莎士比亚用内在的自然天性塑造了其作品人物；然而我们不能就这样肯定地说，融入了他作为一个独立的个体的自我本性。不！这一个体本身就是被自然所创造的自然——是一种结果，一种产物，而不是一种力量。"【柯勒律治，《一门关于讲座的课程》（*A course of Lectures*），第三章。收录于1836年出版的《文学传世》（*Literary Remains*）】。
3　普特尼（Putney），英国伦敦西南部旺兹沃思区的一个地方。斯温伯恩因健康问题，自1879年开始搬到那里居住，在友人西奥多·沃茨-邓顿（Theodore Watts-Dunton）的照看下生活直至逝世。——译者注

用的话，但是我不知道它是否十分正当。'经过必要的变通'，一份配着炸薯条的牛排就是卡尔德隆的《人生如梦》。"

博尔赫斯："王妃[1]说的那句话，'非常现代，非常保罗·布尔热（très moderne, très Paul Bourget）'，应该把这句话里面的名字用空白的形式印出来，这样就可以根据每一代人的具体情况给填进去。如今已经有一些人会觉得这个句子一点都不滑稽了，因为保罗·布尔热太古老了，以至于他们都识别不出他是谁。"比奥伊："从来都没有人断言过'非常现代，非常卡普德维拉'。"

9月6日，星期三。 弗拉迪·科奇安希奇和博尔赫斯在我家吃饭。弗拉迪朗读了沃尔特·惠特曼的一首关于德克萨斯和阿拉莫[2]的诗[3]。博尔赫斯："他从没去过德克萨斯，但是他又什么地方都去过。多美的诗啊！"

博尔赫斯："王尔德的一个错误观点在于他认为，如果一个人在某件事情上说服了另外一个人，他本人就不会继续相信那件事情。然而，这种情况，只有当这个人最初是唯一那位持有这一信念并最终拥有了其他支持者的时候，才是真的。此后，他会对他所信奉的事物感到厌倦，转而相信其它事物。我和比奥伊对侦探小说的态度转变就是如此。那样的事情也会发生在传教士身上吗？难道当他们说服班图土著皈依基督教之后，他们自己就不再相信基督教，并开始用支持的眼光去看待班图人的偶像崇拜吗？"

9月7日，星期四。 我们读了巴特勒的《笔记集》。博尔赫斯："有时候能获得一些还不错的陈腔滥调。没有人会喜欢这本书。不如说：它会有适合用来教育的领域。"比奥伊："如果对巴特勒进行解读的话，可以说同性恋是反对社会分工的。"博尔赫斯："在一本关于威廉·贝克福德[4]的传记中，我有一次读到，他和他的一位男性朋友

---

1 玛利亚·利迪娅·略韦拉斯（María Lidia Lloveras, 1898—？），阿根廷人，因曾嫁给伯特兰德·德·福西尼-卢辛格王子（Bertrand de Faucigny-Lucinge, 1898—1943）而获得王妃头衔。是博尔赫斯的朋友，出现在他的多部小说中。——译者注
2 阿拉莫（El Álamo）是位于美国得克萨斯州圣安东尼奥市区的一座由传教站扩建成的要塞。著名的"阿拉莫之战"发生在德克萨斯独立战争期间（1835—1836），在美国历史中具有重要地位与象征意义。——译者注
3 "歌唱自我（Song to Myself）"《草叶集》（Leaves of Grass, 1856）。
4 据查证，贝克福德是双性恋。他于1783年娶妻，然而在1784年，他写给当时年仅10岁的威廉·考特尼（William Courtenay，未来的德文郡九世伯爵）的信被考特尼的叔叔截获并登报公诸于世。——译者注

被指控'犯了一个语法错误,搞错了性别'。"[1]

博尔赫斯:"作为一个人,洛尔迦让我觉得很讨厌。作为诗人……我记得是埃丝特·德·卡塞雷斯,一个乌拉圭女诗人,用洛尔迦的风格,写了一首献给阿蒂加斯的诗。倘若阿蒂加斯当年能够读到这首诗的话,他会感到多么惊骇呀:为了以防万一,他应该会对她行刑。"

根据莱恩·恩特拉戈,那位途经布宜诺斯艾利斯的西班牙医生所言,出于国家元首对死者的敌意,去巴罗哈葬礼的人很少。博尔赫斯:"这些消息——就好比当年奥尔特加·伊·加塞特逝世[2]的时候,那些报纸只能给写他的简讯留出适度的版面一样——揭露出了弗朗哥的卑劣小气。"

博尔赫斯:"也许将来有一天,对于散文的写法,会有明确的规定,就好比如今针对诗歌体例的那些规定那样,而起初,诗歌的写法偶尔也是不确定的。然后人们就会说:'您瞧,这是什么样的蛮子呀!甚至连单数和双数的规则也不遵守!'或是说些其他体例上的问题。某一次我们想要无视那些个规则,简直就是不可能的。"

10月2日,星期一。 我收到博尔赫斯的信[3],信里给我讲了这个"巴西笑话":"士兵撩起那位囚犯长长的胡子,对他说:'先生您很虚弱。'然后砍掉了他的脑袋。"

10月16日,星期一。 据佩罗说,雷耶斯·奥里贝家族的那位,待产[4]的她,某一天告诉博尔赫斯:"我梦见了皮肤。"博尔赫斯回答:"那应该是个噩梦。"

11月3日,星期五。 根据博尔赫斯的来信,在奥斯汀[5]的一所福音堂的角落里,写着:"没有比激情更为热烈的火焰,没有比贪婪更为凶猛的鲨鱼。"

---

1 盖伊·查普曼(Guy Chapman),传记《贝克福德》(*Beckford*,1937)。
2 西班牙内战期间,加塞特因为反对佛朗哥政府,先后流亡法国和阿根廷。1949年他返回西班牙,并于1955年去世。其葬礼引爆了西班牙内战之后最激烈的学生示威,旨在反对西班牙长枪党对教育的政治控制。——译者注
3 从1961年9月到1962年2月,博尔赫斯以特克萨斯大学访问教授的身份在美国居住。
4 此处缺乏上下文,据推测,很可能是指玛利亚·阿玛丽亚·拉克罗兹·雷耶斯·奥里贝(María Amalia Lacroze Reyes Oribe,1921—2012),阿根廷著名艺术收藏家、慈善家。她出生贵族,一直活跃于上流阶层的文艺圈中。此处的 expectante 一词,可以指充满期待,也可以指女性待产。据查证,阿玛丽亚终生仅与其第一任丈夫在1944年生下一女,自其1947年嫁给阿根廷水泥大亨阿尔弗雷多·福塔巴特(Alfredo Fortabat)后并无生育记录,但也不排除期间曾有过妊娠过程。——译者注
5 奥斯汀(Austin)是美国得克萨斯州首府。——译者注

1962 年

2月26日，星期一。 博尔赫斯从美国回来后，打电话跟我说："你之前说的有道理，纽约，这是一个什么样的城市啊！这样的一座城市是全世界的荣耀：我不知道贡戈拉所说的'被冠以荣耀、庄严和优雅之态的城墙塔楼'[1] 这一描述是否确切，也不知道上述那些表示性质的形容词是否与科尔多瓦相符，但是用来描述纽约，这些词正是恰到好处。当年你爸爸说得很对：北美的城市是我们的城市所无法比拟的。奥斯汀就好比是布宜诺斯艾利斯省乡下的一个村子，有着低矮的房屋、空地、牧场，以及充满了蟋蟀的叫声的夜晚，然而它是个大城市，有一座大学图书馆，其馆藏书目的'体量'比我们位于墨西哥街上的那座'古旧老屋'（蒙特内格罗会这么说）[2] 要多好几倍。我向德克萨斯人提到了马丁·菲耶罗和卢贡内斯，他们对前者比对后者更感兴趣，我觉得这很好。在新英格兰，在爱默生和朗费罗的故居里我像个游客一样激动。在西部，旧金山由于对史蒂文森和马克·吐温的回忆而出众，璀璨夺目，绽放异彩。在洛杉矶，我和安东尼·鲍彻进行了一场技术性的对话：他是一个非常有活力，十分亲切又很接地气的人，对'密室推理'的机械解决方案的思路极为开放，此外他对佩罗和布斯托斯·多梅克系列的作品有细致入微的了解。"

他为一本侦探小说设想了标题：《（他/她）用复制的钥匙进来了》，看上去写的大概就不会是什么好事。

3月6日，星期二。 他说，这句话让他觉得很有意思："因其缺席而闪耀"[3]。我相信

---

1 出自贡戈拉的《咏科尔多瓦》（*A Córdoba*，1585）：¡*Oh excelso muro, oh torres coronadas de honor, de majestad, de gallardía!* ——译者注

2 此处暗指斯托斯·多梅克系列小说里《泰安的漫长寻找》（*La prolongada busca de Tai An*）中的人物赫尔瓦西奥·蒙特内格罗（Gervasio Montenegro）所说的话："德安富内斯街上的建筑是属于世纪初的有趣的古旧老屋。"

3 塔西佗，《罗马编年史》（*Anales*），III："事实上他们的同类并没有被注视到，因为卡西乌斯和布鲁图使其黯然失色。（*sed praefulgebant Cassius atque Brutus eo ipso quod effigies eorum non videbantur*）"。马里·约瑟夫·谢尼埃（Marie-Joseph Chénier）在《提比略：五幕悲剧》（*Tibère*, p.1844, I.1）中，赋予了这句话以新的表达方式："因布鲁图和卡西乌斯缺席而闪耀（*Brutus et Cassius brillaient par leur absence*）"。

这句话源自拉丁文学的辉煌时期，黄金时代[1]，如果我没记错的话。

3月17日，星期六。 谈到十七世纪起西班牙文学的衰败，博尔赫斯说："他们不仅不会写作，还不会阅读。他们读《堂吉诃德》是为了找谚语。"比奥伊："参见罗德里格斯·马林版[2]。"

博尔赫斯："人们喜欢想象那些精明、复杂、精致的马基雅维利主义者。可这些人并没有什么了不起。任何马基雅维利主义者都应该是个傻瓜。"

3月19日，星期一。 在博尔赫斯家吃饭，博尔赫斯谈到了他的旅行。他对几个反对极刑的卫理公会教徒说："耶稣本人是认可极刑的。他自己死在了十字架上。他没有选择——他是上帝，其实可以——在狱中服刑。""可我没有说服他们"，博尔赫斯补充道。我提醒他，对于约翰·多恩而言，耶稣是自杀的[3]。

4月2日，星期一。 博尔赫斯："我从没有读过圣-琼·佩斯什么好作品。"比奥伊："据我所知，他一事无成。"博尔赫斯："他最大的优点——唯一的优点——是摈弃了其他诗人的所有优点。其他诗人因为悦耳的诗句受人赞誉，又或者是因为隐喻、情节、讥讽。而圣-琼·佩斯则鄙视这一切。他认为悦耳无异于空洞。隐喻，我的好朋友，已经过时了。至于情节，如今谁会在创作中顾忌情节？而讥讽呢，众所周知，是最不值钱的了。"

关于卡尔德隆，博尔赫斯认为："他属于天资平平的那类作家。精妙的巧思有限，正如克罗齐所言。他追求巧思，他确实尝试过，却又力不能及。"他朗诵道：

活像是一具僵尸，
是活人却已半死

[...]

见了我，你会感到震惊，

---

1 "黄金时代"即拉丁语和广义的拉丁文学（包括修辞、历史和哲学）发展史上的古典或辉煌时期，涵盖两位著名人物的活动年代，即"西塞罗时期"（前70—前30）和"奥古斯都时期"（前31—14）。这一时期的罗马进入前所未有的繁荣时期，拉丁语文学和艺术也出现了空前的繁荣。——译者注
2 八卷本（马德里，1911—1913）。
3 《双重永生：关于自我谋杀并不自然有罪，但又从来不会无罪的悖论或命题的论说》（p.1644）。博尔赫斯曾经就此撰写了一篇文章（《双重永生》，出自《南方》杂志，1948年第159期）。

你将我，看成鬼怪妖孽，

我就是，兽中的人，

我也是，人中的兽[1]。

博尔赫斯："太机械化了。这是一个很简单的结构。一个周而复始的图案。那一刻他热衷于在于自相矛盾和对称的对立。"

贡戈拉、洛佩、卡尔德隆、格拉西安：这些钟情于逻辑形式的诗人，却没有能力为某种目的去思考。"活像是一具僵尸，是活人却已半死"，"在很少大理石上却容得下许多菲尼克斯[2]"，这些是经院哲学最后的残余了。同代人会认为这些概念里有思想吗？格拉西安或许会觉得有。对他来说，前人都黯淡无光。

4月6日，星期五。 晚上，玛利亚·埃丝特·巴斯克斯、西尔维娜、博尔赫斯和我一起去剧院看了西亚诺的《莫蕾伊拉》[3]。剧中一个人物说："这三年里我们变笨了。"博尔赫斯跟我低声说："这三幕里我们变笨了。"后来在评论这部作品时，博尔赫斯说里面克里奥尔人的风格化过于极端，用不了多久演员们就会放弃这些角色，演起来不假也很难。

我们聊到美国的"俚语"。博尔赫斯说："Jazz（爵士）这个词本来（1870年左右）是指性行为，相当于动词'copular'（性交），比如：He jazzed her（他与她性交）；激烈的动作过后，以音乐收尾。"他还说"the pussy"是"女人的性器官"，"a glamour-puss"指"长相英俊的青年"。

阿纳托尔·法郎士去世后，他在法兰西学院的位置被瓦乐希取代，但后者在席位授予仪式的演讲中居然一次都没有提及前辈的名字。这点有人注意到了，甚至为之喝彩。即便如此，但还是有失风度。博尔赫斯："阿纳托尔·法郎士本来可能会找到一种更加巧妙的戏弄敌人的方式。莱昂·布洛伊戏称他为阿纳托尔·普鲁士：太蠢了。这样的攻击连攻击对象的名字都没提到"。

4月13日，星期四。 有人说，美国最受尊敬的诗人是罗伯特·李·弗罗斯特和卡尔·桑德堡，如果一个人表现出自己对弗罗斯特的偏爱，会被认为很有品味。

1　《人生如梦》(1636)，I，2。
2　路易斯·德·贡戈拉，《〈路易斯·德·卡布雷拉之费利佩二世故事〉的开头》(1614)。
3　1962年3月29日于阿尔维阿尔总统剧院首演，舞台布景和全剧导演埃德尔多·库伊蒂尼奥。

博尔赫斯:"埃兹拉·庞德的《诗章》以长达三四页的《奥德赛》第十一章翻译开始,这是要寻找什么效果?讽刺的效果吗?"

4月23日,星期一。 博尔赫斯问了马塞多尼奥·费尔南德斯为什么表格上有以下问题:出生日期和地点、身高、肤色、身上的特殊印记、是否文盲等等。马塞多尼奥答道:"可能是为了找话题吧"。博尔赫斯说,马塞多尼奥在这则带有他标志性的不确定的玩笑中复活了。博尔赫斯忘了,是贝纳德斯告诉他的("我几年前跟他说了,好像是,但我自己完全忘了。"):"马塞多尼奥的所有笑话我跟人分享过无数次了,已经不新鲜了。而这一个,还是历历在目,就仿佛人在现场一样。"他补充说,马塞多尼奥的很多笑话属于特里斯坦·项迪式的:特点是偏离话题,语义未尽。

谈及拉蒙·戈麦斯·德·拉·塞尔纳时,我们说他有很多事情是可以原谅的,但也不见得因为他写出过一些美丽的篇章,就把他太当一回事。博尔赫斯:"或许,像拉蒙这样一辈子都致力于写'格雷戈里阿文体',以创作出诸如'最难钓的鱼是浴缸里的肥皂[1]'之类的句子为目的去观察这个世界,对于知识分子来这个习惯糟透了。很自然,这么忙碌的头脑早晚会热衷于庇隆或者佛朗哥。此外,这对心灵也有害无利。每每有新的发现,都会拍拍后背感叹道:'我真的太牛了。'这是年轻人的文学,如果一把年纪了还做这种傻事……就显得昏庸了。'嘉奖和死亡携手而来',有人告知他得了什么奖的时候,他是这么说的。"

4月24日,星期二。 我们读克维多,雷耶斯选编的版本[2]。博尔赫斯评论道:"雷耶斯喜欢这首诗吗?不,他一点也不喜欢。放这首纯粹是出于无聊。"

4月28日,星期六。 尽管已经是多年的朋友,塞萨尔·达沃韦的怪癖仍然会时不时惹恼佩罗,其实他自己的怪癖也不少。当然,最让佩罗生气的怪癖莫过于朋友的贪财了。有几天晚上,两位针锋相对的朋友在拉普兰萨餐厅吃饭。"你不知道达沃韦点了什么吗?"佩罗气呼呼地问,"三颗水煮蛋!"博尔赫斯解释道:"他点菜的时候也挺绝望的,因为他不知道是太多还是太少。对于一顿饭来说,三个鸡蛋少得可怜,但同时,三个鸡蛋又有点夸张了。"达沃韦点了三个鸡蛋的故事本身并没有什么大不了的,但他的举动惹怒佩罗一事就有些喜剧色彩了。才点了这么点东西,有人就可能因此丧命。"

---

[1] 《格雷戈里阿之花:1910—1985》(洛萨达出版社,1958):136。
[2] 《克维多选集》(马德里:塞列哈出版社,1917)。

4月29日，星期日。　　我们一起读色诺芬的《回忆苏格拉底》（"他并不是一位很出彩的作家"，博尔赫斯评价道）和《斐多篇》的最后几页，博尔赫斯为后者叫绝。

4月20日，星期一。　　博尔赫斯谈论起图书馆员培训班上的女生："她们太笨了。我得跟她们把什么都说得一清二楚。"比如她们对苏格拉底明知即将喝下毒酒，却仍在被松开镣铐那一刻感到喜悦感到非常奇怪。另外，她们奋力做笔记的时候，就什么也听不进去，理解不了。我跟她们说："现在听我讲。等下再读《斐多篇》，一本绝妙的书。"但她们认为读不了柏拉图。看完一本书还要来上课又有些多余。（他停顿了一下）其实她们读不了任何一本原著，因为他们已经发展出一种抑制她们的敬畏。她们可以读批评家的笔记或评论，但读不了原书，永远。"

博尔赫斯说卡西诺斯的真名是卡西诺，著名演员丽塔·海华斯[1]是他的侄女："他的处境已经到了这般田地，以至于这层亲戚关系成了作家最引以为傲的东西，他最大的荣耀。"

5月1日，星期二。　　博尔赫斯回忆起马塞多尼奥曾经用温柔、沙哑的声音说："杂烩肉菜锅就个博物馆，老兄。有些人家里是当冷菜上的。"

5月3日，星期四。　　关于斯宾塞，博尔赫斯说："他读《疯狂奥兰多》的时候太天真了，没有体会到其中的讽刺。"

5月5日，星期六。　　博尔赫斯："人们因为欣赏《马丁·菲耶罗》这本书，就欣赏主人公的性格，其实他十分嗜血。但类似的情况就没有发生在其他书身上，比如人们并不欣赏堂吉诃德的理智。"

博尔赫斯谈到他短篇故事的一个英语译本[2]，该译本由美国新方向出版社出版："出于省力原则，译者总会把西语单词译成与之最相似的英语单词。如果我写的是'habitación'（房间），他就译成'habitation'（住所），而非'room'（房间）。这

---

[1] 她的真名是马尔格丽塔·卡门·卡西诺："很多年前丽塔的一个叔叔写信到布宜诺斯艾利斯，据理力争地想要证明卡西诺这一姓氏对他侄女的重要性。但最后还是海华斯占了上风，她的叔叔就没再坚持。"（曼努埃尔·佩罗，《这不是一部论文式的电影》，出自《什么》杂志，第3期，1946）据坎西诺思-阿森斯说："当她以马尔格丽塔·卡门·卡西诺的名字出现在海报上时，还有可能沾亲带故，当然关系比较远。但丽塔·海华斯跟我扯不上半点关系，即便会有记者幻想她是我女儿"（《坎西诺思-阿森斯三十问》，出自《亚特兰蒂斯》杂志，1957年第1087期）。
[2] 《迷宫：精选短篇及其他》（纽约：新方向出版社）。全书由唐纳德·耶茨、詹姆士·厄比、约翰·费恩、哈里特·德·奥尼斯、朱利安·帕利、达德利·菲茨以及安通尼·克里根合译。

导致文风非常怪异，语言读起来又很不像英语。我说过英语的一个优势在于它一半源自盎格鲁撒克逊语，一半源自拉丁语。好了，现在他们用这句话来惩罚我。看起来与其说是优势，还不如说是危险，或者灾难。新方向出的这本书的外观也糟糕透顶：根本不像一本书，更像巧克力包装盒，而且是那种已经失去吸引力的巧克力包装盒，因为看起来让人感觉里面已经没有内容了。我认为书的外观还是很重要的，因为它会影响读者的心情，从某种意义上事先给这本书打了分。美国人喜欢做一些看起来昂贵但实则便宜的东西。我的书的封面上又是金又是银的：简直就是一种羞辱。还有那个翻译，很没文化。我们西班牙语说'El Quijote'（《堂吉诃德》西班牙语原文），但英语里不说'The Quixote'，而是'Don Quixote'。好吧，这样一来有个标题上就自然出现了'The Quixote'。"

5月6日，星期六。 我们读托马斯·格雷为村庄墓地写的挽歌，米拉亚翻译的[1]。奥尤埃拉对这个译本赞誉有加，他认为翻译的简洁程度取决于需要用多少"do"（而非"donde"）。最滑稽的是奥尤埃拉为米拉亚翻译所做的注解。当然他的文字可能基于可信度不一的信息来源，米拉亚在波哥大跟一个当地女孩子结了婚，又在去墨西哥的旅行中葬身墨西哥湾，也并非他的过错。博尔赫斯："他的话几乎没有一句有道理。他大概想证明，并不是一定要有句法才可以让读者理解。在同一句话里，持续多年的动作和转瞬即逝的动作以同样的时态出现；在一句话里主语转变了两到三次。"他说翻译格雷这样的诗很有难度，里面每一个诗句读来都那么美。

博尔赫斯："如果有人鄙视摩尔或者包斯威尔的虚荣或卑劣，代表他不理解两位作者已将自己也视为喜剧中的人物。"

有位柯莱姆布里特先生发明了或者说找到了一个词：unicaule，意思可能是"独芽"，还写了本关于奥利瓦里的书，名为《尼古拉斯·奥利瓦里——独芽诗人》。过了一阵，他又给丽莎·兰森寄了一本书，赠言写的是：给丽莎·兰森——独芽短篇小说家。博尔赫斯："当一个作家发现诸如此类的词时，只能用一次。显然"unicaule"这个词不该再去用它了……我可以想象奥利瓦里复杂的心情：一方面为

---

1 托马斯·格雷，《墓畔挽歌》(*Elegy written in a Country Church-Yard*, 1751)；何塞·安东尼亚·米拉亚（1789—1825），《墓畔挽歌》。里卡多·罗哈斯认为（《阿根廷文学史：殖民时期》，1918，XIV，5）："米拉亚最好的作品是他翻译的格雷的著名挽歌：《墓畔挽歌》。这个译本高度简洁，梅内德斯·伊·佩拉约对其给予了公正的评价和称赞，同时也认可了古铁雷斯的观点。

有人为他写了一本书而高兴，另一方面对书名中的形容词感到茫然。"诗人有时成了语言的囚徒。一位拙劣的作者最大的不幸莫过于发现一个奇怪的词以后，在每一页都要把它用上一两遍。

5月12日，星期六。 博尔赫斯："我读了一本粗俗至极的书，'著名的哈里·戈尔登'写的，关于桑德伯格[1]，"继马克·吐温后美国唯一一位世界级作家，同时也是一位国家级名人"。就是用这种思维风格写的……书中对桑德伯格的评价尚待探讨，且本质上含糊不清，这类不容置疑的警句句式对此没有任何帮助。这么一个人来写桑德伯格，无异于一条对他本人不利的论证。很多时候我会想，那些最糟糕的写萧伯纳的书，也就好比对他不利的论证。或许，只有赫斯基思·皮尔森的那本[2]是例外。从这种意义上来说，叶芝的传记则首屈一指[3]。比奥伊："论证对萨缪尔·约翰逊有利，不仅詹姆斯·包斯威尔写他的书很棒，亚瑟·墨菲的书也不错，甚至霍金斯[4]的那本也可以一读。"博尔赫斯："那些最近写的不错。"比奥伊："你说的对，约瑟夫·伍德·克鲁奇[5]的那本非常优秀。"博尔赫斯："温德姆·刘易斯写的关于包斯威尔[6]的也不赖。论证同样对苏格拉底和耶稣有利。"

博尔赫斯说费边运动的历史是复杂、冗长和枯燥的。萧伯纳（或是威尔斯？）试图为社会主义吸纳支持者的时候遇到了一个几乎无法逾越的障碍，就是人们认为理论会以一种严格到愚蠢、甚至是极端的方式来执行："如果取消所有制，那我刚才在店里买的橡皮糖就不是我的了吗？凭什么？"

博尔赫斯："对那些认为离婚会威胁家庭这一概念的人，萧伯纳反驳道：'恰恰相反，离婚让家庭成倍增长。人们离婚以后会组成新的家庭。'"

5月15日，星期二。 博尔赫斯："如果卢贡内斯想要攻击基督教，那就请便吧；但不要说是基督教终结了骑士和女爵士的世界；用"paladín"（圣骑士）[7]这个指中世纪

---

[1] 哈里·路易斯·戈尔登，《卡尔·桑德伯格》(1961)。
[2] 《萧伯纳》(1942)。
[3] 非常欣赏萧伯纳的博尔赫斯可能指的是约瑟夫·洪恩写的叶芝的传记（卡萨雷斯注），比奥伊指的是：约瑟夫·洪恩，《威廉·巴特勒·叶芝传》(1942)。
[4] 詹姆斯·包斯威尔，《约翰逊传》(1791)；亚瑟·墨菲《论萨缪尔·约翰逊的一生和天赋》(1792)；约翰·霍金斯《法学博士萨缪尔·约翰逊的一生》(1787)。
[5] 约瑟夫·伍德·克鲁奇，《萨缪尔·约翰逊》(1944)。
[6] 温德姆·刘易斯，《戴帽子的鹰或包斯威尔的案例》(1947)。
[7] 《伊利亚特里的圣骑士》(1923)。

骑士的词，套在《荷马史诗》里的男性人物头上，简直太荒唐了；而'dama'（女爵士）也不能用在古希腊的女性人物身上；不管是荷马，还是任何当时的人，都对这样一种罗曼蒂克的女性概念一无所知。骑士、女爵士和荣耀的世界属于中世纪；而这些如果不是因为基督教，就不可能产生；这个世界或许不完全是基督教的，而是基督和异教两种精神的碰撞。但不管怎么说，在基督教诞生之前，这些都不存在。卢贡内斯在翻译荷马作品的时候，没有参照法国模式，尤其是勒贡特·德·李勒的做法；而是追随了加泰罗尼亚人路易斯·赛加拉·依·埃斯特雷拉的脚步，用糟糕的、诸如'佩琉斯'的阿喀琉斯之类的修饰词。卢贡内斯获得了加泰罗尼亚人的支持。他怎么可能不获得支持呢？他都把散文的形式翻译成诗歌了。比起赛加拉的翻译，我更喜欢埃尔莫斯亚的。卢贡内斯翻译的糟糕透了。虽然他反对他的西班牙同行们，但写东西的时候很多时候活像个西班牙人：他会说'de suyo'（他的），或者说高乔人'por festejo'（因为庆祝）喝得酩酊大醉。他对基督教的憎恶致使他将《马丁·菲耶罗》赞颂成一首不带宗教色彩的经典史诗。怎么可能呢？整首诗充满了向上天各路神灵的祈求。"

博尔赫斯说文学中最幸运的两个主题是特洛伊屠城和耶稣之死。博尔赫斯："我更喜欢《奥德赛》，或许《奥德赛》背后的计划，或者说想法，比《伊利亚特》更胜一筹。但真的阅读两部作品，又会觉得《伊利亚特》更胜一筹。特洛伊被神判了极刑，阿喀琉斯也难免一死，而且一切都已经预先揭晓，这让《伊利亚特》更加伟大。在冒险类题材的范畴之内，《一千零一夜》——当然它诞生的时间要晚许多——较之《奥德赛》更佳。"在博尔赫斯看来，苏格拉底的道德观比起《荷马史诗》中人物的高出许多，那些都是些虚张声势之辈。但柏拉图并不承认这一点。博尔赫斯补充道，尽管如此，所有苏格拉底之前的作者都反对荷马[1]。

博尔赫斯："从叙述的角度来看，苏格拉底之死比耶稣之死更加令人同情。"比奥伊："对耶稣之死的叙述太简练了，而对前者之死的叙述则更全面。"博尔赫斯："对耶稣之死的叙述十分谨慎，每一笔都精巧万分，但相比之下，对苏格拉底之死的叙述则留有更多施展空间。里面一些冗长的段落其实也不坏，在这些段落里我们看到苏格拉底在临死当天与人交谈，与往常没有任何不同。"

---

[1] 毕达哥拉斯（第欧根尼·拉尔修，VIII）；色诺芬尼（片段11，迪尔斯）；赫拉克利特（片段42，迪尔斯）；但德谟克利特（片段21，迪尔斯）除外。

博尔赫斯回忆起马洛奇奇怪怪的玩笑话：比如耶稣是同性恋，又比如圣餐礼的道具可以换成烟斗，至于摩西的神迹，他认识的一个魔术师也可以完成。博尔赫斯说虽然卡尔文·霍夫曼在文风上有所缺陷，但他关于莎士比亚署名马洛作品的观点非常可信。

我读了萧伯纳的那句："在表达和风格上，没有人能够超越莎士比亚。先不论他的粗心，他已经做到了人类能力范围内的极致了[1]"。博尔赫斯从"他已经做到"这里开始重复了一遍，评论说："太好了。看起来像是巴特勒的风格。巴特勒的风格好得多，比起萧伯纳的更加沉稳、理智、谦虚，萧伯纳经常过于激烈和坚定。

博尔赫斯记起萧伯纳说过："尽管我曾经可能这么做过，但一个作者不应该谈论剧院里舞台背后发生的事。"博尔赫斯问："凭什么？这肯定是萧伯纳不假思索就从别人那里听来的二手观点。"

5月18日，星期五。 博尔赫斯说很多当时同时代的作家，尤其是柯勒律治自己，认为德·昆西是他的门徒。博尔赫斯："读他们两个人的任意一段作品，会感受到同一种语气，同一种节奏，同一种句子结构。当然德·昆西将这一风格融进了更多题材中，达到的精湛程度和取得的效果是柯勒律治不能企及的。"

据博尔赫斯的观察，作家在创新的过程中会遇到瓶颈，在那里止步不前。艾略特和其他一些作家在某种程度上都继承了威廉·华兹华斯的衣钵，但后者却不愿接受他们。博尔赫斯："华兹华斯出《抒情歌谣集》第二版的时候，写了一篇很有争议的前言。柯勒律治发现这是一个错误，因为批评家们会去评判前言里的观点，而非诗歌本身（比照适用，任何带有前言的书皆是如此）。"华兹华斯则意识到，一个创新者应该让读者去适应他的创新，让他们接受评判作品的标准；所有书都是作者和读者达成的一种共识；在这一共识中，作者承诺尽可能做到最好；同时也预先告知读者，如果他们没有在自己的书里读出别的作者能够企及的诗歌风格，那不是因为他不努力，而是因为他将努力用在避免风格重复上。"博尔赫斯补充说，所以那些对华兹华斯的戏仿看起来就是华兹华斯的东西，他的暗淡和琐细是致命的，因为自然而然地，他对诗歌的理念就会时不时将他带到那个境地。

5月20日，星期日。 博尔赫斯："在艾玛看来，学日语比较容易的地方在于日语单

---

[1] 《信仰》(1905)。

词不会让你想到任何你已经掌握的单词:'如果你看到一样很奇怪的东西,一定忘不了。'难以让人信服。这些词也没有奇怪到在你的记忆中留下不可磨灭痕迹的地步;而且学习语言也不单单是学习单词。一条龙可能令人无法忘记,但数千条形形色色的龙会留下一堆混淆的记忆。"

博尔赫斯提到一些老师上课会带卡片,上课的时候就照着念:"他想让学生们考试也带卡片。我不想这么做:我又不考他们阅读,阅读照理他们应该都会了。"

博尔赫斯:"不应该自我欺骗。乔伊斯再怎么聪明,不过和特里斯唐·查拉和菲利波·托马索·马里内蒂水平相当。你怎么评价那些谈论英格玛·伯格曼哲学的人?"

博尔赫斯:"埃德瓦尔多·马利阿向我解释了他的《小说家笔记》的多重写作意图。博尔赫斯:"这些意图不是写作之前就定下来的;而是后来才有的……我想象不出来马利阿能有这样的文学构想。"

5月20日,星期二。 博尔赫斯赞赏贝洛克的《目击者》、他关于弥尔顿的书和他的玩笑诗歌。[1] 他的浪漫诗歌不怎么样,而小说里只有切斯特顿的插画是好的。博尔赫斯:看起来贝洛克影响了切斯特顿。很明显,切斯特顿更有天赋。但他的才华没有带来什么好处:人们会觉得贝洛克更加有哲学气质,更严肃。"

5月23日,星期三。 博尔赫斯:"叔本华认为有三类作家:最糟糕的,他们从不思考;边写边思考的;以及在写作前思考的。叔本华说最后这类是最好的。在哲学散文里这条很有道理,但如果是短篇小说或者诗歌,那最好的作家是那些边写边思考的,作家不应该成为自己记忆的记录员。即便切斯特顿的诗歌非常精湛,但它们有这个缺点。可以看到,即使具备各类优越的条件,他还是会遵循一个既定的框架。"比奥伊:"所以对于很多人来说他不是诗人。奥登的诗可能差一点,但他创作时的自由度是切斯特顿所不具备的。"博尔赫斯:"在每首诗里,你投下所有赌注,结果不是极好就是极坏。"比奥伊:"所以在这么多人看来,奥登是诗人,而切斯特顿不是。或者至少,说起诗歌,他们不会想起切斯特顿。也出于同样的原因,一个情节不怎么样的故事,写出来会比一个情节完美无缺的故事好。当作者脑海中已经有一个情节完美的故事,他仅仅是把它写出来。有时候还挺无聊的,就跟写作业一样;但当

---

[1] 《目击者》(*The Eye Witness*,1911),《弥尔顿》(1938),《坏孩子的野兽故事书》(1895),《给更坏孩子的更多野兽》,1897)。

一个人,对能够把一个想法写成故事没有太大信心,他就会拿出全部的说服力,很多时候,也会产生更加丰富的创造力。"博尔赫斯:"我原本以为切斯特顿之所以用他预先构思的创作方法,是因为他已经习惯了写侦探小说——除此以外别无他法。后来我得知在成为侦探小说家之前,他就已经是诗人了。"

博尔赫斯说起在一张照片里看到艾萨·德·克罗兹所属的十九世纪末葡萄牙作家群体"生活中的失败者"。照片中,他们西装笔挺,佩戴襟花,夹着雪茄烟,戴着独目镜,蓄着小胡子,留着额发,有的坐在沙发上,有的从高高的楼梯上款款走下(暗示在较高的楼层有更多这类"衣冠楚楚"的先生)。

5月24日,星期三。 博尔赫斯:"较之他的其他作品,《圣堂》里福克纳的风格非常适合故事本身。福克纳是这个时代唯一一位莎士比亚式的作家,就强度和语句的雄辩和华丽程度而言。"比奥伊:"康拉德呢?"博尔赫斯:"不是:在康拉德身上有很多'精致写作',但没有莎士比亚这样的强度,就好像涨潮的海水一般。但我更喜欢康拉德;我觉得他是更加上乘的作家。但如果莎士比亚的文风代表了文学创造的巅峰,那福克纳或许是我们这个时代最伟大的作家。"我们又试着寻找还有没有其他人。博尔赫斯:"或许雨果也算吧。"比奥伊:"乔伊斯的一些段落也不错,但总是带着讽刺的底色,削弱了文字的强度。"博尔赫斯:"毫无疑问乔伊斯影响了福克纳。"比奥伊:"我对邓南遮知之甚少。"博尔赫斯:"邓南遮更像拉莱塔,或者说他拥有王尔德身上最糟糕的部分。为了给人精致的印象他会加入各种复杂和贵重的物件。"比奥伊:"于斯曼在《逆流》里也犯了同样的问题。巴雷斯或许也是如此。"博尔赫斯:"巴比塞属于风格强烈的一类吗?"我们和乔治·摩尔都认为,能够用尽全部的声音写作是一件很难的事情,当然也很幸运[1]。

博尔赫斯:"阿索林一开始对西班牙语经典文学很不屑,巴罗哈则是一向如此。"比奥伊:"克维多很像一副自己会动的空铠甲,行走的甲胄。"博尔赫斯:"他是个奇特的好斗者,有一点军人,又有一点传教士的味道。在道德层面上,塞万提斯是他们几个里面最好的。但他会对盗版《堂吉诃德》的作者动气,这点对我来说是个谜。即便这位作者在前言里攻击了他,估计也有些莽撞。但其实塞万提斯应该在盗版《堂吉诃德》中看出对他自己的致敬。如果他对现实和虚构之间的关系这么着迷,

---

[1] 在文学品质里,热度是最难能可贵的(《与艾伯利街的对话》,1824)。"用尽全部的声音"这一表述出自《马丁·菲耶罗归来》vv, 131—2。

应该让堂吉诃德读一读盗版《堂吉诃德》[1]，让他回忆一下那些事件，指出不确切的地方。如果堂吉诃德的愤怒不是出于商业原因，那会还有什么别的呢？盗版《堂吉诃德》的作者同样憎恨塞万提斯。或许他能够理解其中我们无法理解的原因。"比奥伊："堂吉诃德生活的那个年代，人们如果买了一本书，就不会买另外一本书。"

5月26日，星期六。 我们聊到史丹利和利文斯通的会面："利文斯通先生，我猜。"博尔赫斯："这是两个英国人的会面，形势不明。"

5月27日，星期日。 我跟他讲了柯林·腾博的《森林中的人》里，一些能够反映俾格米族人性格的逸事。作者给了一个俾格米族人一些钱让他在市场里买点东西，他却把钱花在买醉上；他一整天都不回草屋，在作者已经睡着的时候才回来；他小心翼翼地从作者身下把床垫抽出来；作者第二天醒来的时候发现自己在地上，而俾格米族人在床垫上；当作者指责他这一行为时，俾格米族人给出的嘲讽回答逗笑了一群同族人。他们极富表现力，爱开玩笑，爱奉承人，缺乏责任感。他们喜欢跳舞和音乐。他们任凭自己被黑人统治，但同时又嘲弄他们、欺骗他们，偷他们的钱，最后舍弃了他们回到森林。他们还愤世嫉俗。他们参加黑人的宗教仪式，纯粹出于娱乐；这以后还要讽刺他们。博尔赫斯："要想想或许他们是这个世界的希望……说不定其余的神灵都会灭绝，而他们将会成为'美丽新世界'。这是他们应得的，因为他们太可爱了。"我跟博尔赫斯说他们不会生火；女人们负责传递点燃的火种，从来不让它熄灭："所以从几千年以来，用的就一直是同一团火，大概吧。"

在评论玛利亚娜·格龙多纳发表在《国家报》上的一篇文章时，博尔赫斯说："至少她没有'紫色的补丁'[2]……好吧，她在风格上的资本还不够。"

他走后，给我打电话讲述了他和苏珊娜·邦巴尔在电话里的聊天：苏珊娜跟他的妹夫打包票说独眼巨人叫波吕斐摩斯。她查了一本英语的《奥德赛》，在里面找到了一个叫波吕斐摩斯的巨人。迷惑不解的两人又查了百科词典，因为她坚信除了这个波吕斐摩斯，还有另外一个叫波吕斐摩。她属于那种在弗朗西斯·培根眼里能够发现差异，却看不到相似之处的。这样的人忙于博学查证，大老晚为了弄清疑惑打电话给别人，太好笑了。当然了，这之后我又给你打电话说这件事，但是我给你的

---

1 参见《堂吉诃德》，II，62。
2 紫色的补丁（purple patches）：据博尔赫斯回忆（《关于奥斯卡·王尔德》，1946），这个表述来自贺拉斯的《诗艺》："有人认为它是王尔德发明的，但其实早在《诗艺》的序言中就已经出现。这件事也说明人们总习惯把装饰性的段落和王尔德的名字联系起来"。

是'一颗重价的珠子'[1]……。"

5月29日，星期二。 有人给博尔赫斯提议做个关于作为剧作家的洛佩·德·维加或者有关他的私生活又或者作为诗人的洛佩·德·维加的讲座："鉴于我对作为剧作家的洛佩·德·维加以及他的私生活一无所知，作为诗人的洛佩·德·维加对我而言是个棒极了的题目。"还有人提议他讲讲《神曲》里《天堂篇》的一段："我在索引里查了贝达，选了一首里面有贝达的诗。"

关于词源："由于人们一种不彻底思考一件事情的倾向——想着想着，不是因为不耐烦就是怠惰便放弃了，于是得到了一个缺乏论证的假结论：我觉得英语词'feud'，和拉丁语词'feudo'有关系。"博尔赫斯还说'walkiria'的意思是'死者选择的那个'，而'wahlen'是'选择'。而在'walkiria'里，'wal'是'死者'，'kiria'是'选择'，正因为诸如此类的困难，词源里经常不乏错误。

关于玛利亚·路易莎·邦巴尔，她的《被裹之尸》和她的名声："写了一本薄薄的书，在很多年以前，就稳固了自己的地位，坚如磐石。还有一招就是留下很多本书，这样就不让人家仅以一本书评价自己，例如歌德。当然这中间也有一定风险：书太多，话题太庞杂有可能会毁誉，就比如在卡普德维拉身上发生的。"

欧赫尼奥·多尔斯说："我们多希望有伏尔泰的理智，但我们也希望像歌德那样[2]。"我们聊起歌德的个人名声，这明显与他的作品无关。博尔赫斯："歌德与埃克曼的谈话是两个白痴之间的对话。歌德收到一套由大卫·德·安格尔制作的珍藏版法国名人纪念章，就和埃克曼一起研究，认出了几张脸，还说要去查一下另外几张脸是谁，表示看到这些天才们表情愉悦多么令人欣慰。[3]第二天他们去了自然史博物馆。看着几具骷髅的牙齿，歌德发现它们的主人曾经是道德之人。两个人就慷慨地用了形容词"深刻的"。歌德最好的作品是《罗马挽歌》。而《浮士德》糟透了。比奥伊：《浮士德》的传奇其实是走了运，并没有那么名副其实。当然，到了某个年纪，我们就会想要找到一个梅菲斯托费勒斯来修复破损的东西。

1　参见《马太福音》，13：46。
2　《约沙法谷》（1921）："我们多希望像德摩斯梯尼一样言谈，像薄伽丘一样写作，像达·芬奇一样绘画，像莱布尼茨一样知晓，像拿破仑一样拥有广袤的帝国，或者像鲁埃尔贝克一样拥有植物园……我们多希望像歌德"。何塞·贝尔加明（《马德里先驱报》，1932年3月24日）。博尔赫斯称之为"假加泰罗尼亚歌德"。
3　《与上帝的对话》（1836，1830年3月7日至14日）。

一开始略施小计就足够了。"博尔赫斯:"'faust'是'拳头'的意思,和英语里的'fist'是同一个词。"

5月31日,星期四。 我们聊起阿提拉,又名"上帝之鞭"(匈奴人,五世纪)、成吉思汗(蒙古人,十二世纪)、忽必烈(前者的孙子,艺术和文学的守护者)和帖木儿(十四世纪)。博尔赫斯:"要了解他们得读读吉本,吉本读了《奥托统治纪事》。他说'哥特'其实是'野蛮'的贬义代称。"

博尔赫斯:"一个国家没有必要在文化上花大钱。"比奥伊:"因为必须在其他事情上花钱,就会觉得如果不在文化上花一样的钱就是低估了文化。"博尔赫斯:"或许书籍、中学、大学确实是文化机构,我还是坚信讲座、研讨会、奖学金起到的作用并不大。如果一个人对某个题目感兴趣,你根本阻止不了他谈论这个题目。我就免费做了好多讲座。我不觉得比那些收费的差。"

博尔赫斯:"伯顿说假装自己是阿拉伯人的难点不仅是口音或者说话的方式,而是阿拉伯人在生活的方方面面都有仪式(同样的,美国人识破了在最近一场战争中假冒美国人的阿拉伯人,因为他们在咀嚼的时候没有把叉放下;而一个美国人总会把叉放下)。在麦加朝圣途中,伯顿冒充自己是波斯人。但后来却后悔了自己的选择,因为他发现波斯人受人歧视,有懦夫的名声,正如一句人们熟知的谚语所言:伊斯法罕的狮子,麦地那的羊。大概是这样(参见《一次麦加朝圣》)。"

6月3日,星期六。 博尔赫斯谈及佩德罗·博尼法西奥。他说他要是看到自己写的东西要大吃一惊的,不过他还是会继续写。博尔赫斯朗诵了他的诗:

我是更好的基督,我是爱你的人[1]。

博尔赫斯:"没有人会说'我是更好的基督',或者:

我曾经唾弃幸福的人,有权势的人,
诚实的人,和谐的人、强壮的人……
因为我觉得是幸运降临到他们的头上,
就好像幸运眷顾任何一个赌徒。[2]"

这些都是很奇怪的想法,没有人会想到把它们写成诗。当然这已经属于日子过得还

---

[1] 《传教士》(出自《诗歌》,1916),XVI。
[2] 出处同上,VI。

不错时候的创作，其他时日里写出的诗句更糟糕。当年一个克里奥尔人如此赞美意大利，这太奇怪了。他想搬去弗洛伦萨住，把自己的作品翻译成意大利语，并参与诺贝尔奖的角逐。他能够摆脱的普遍的偏见，以及他倾慕意大利人，我觉得这两点是博尼法西奥性格里美好的特征。

6月14日，星期四。 博尔赫斯和我一直认为，弥尔顿是因缺乏小说创作才能而著称的。他以一场和天使关于天文系统的争论[1]为例，觉得这十分荒谬。博尔赫斯："弥尔顿有个缺点，在写到原始世界，或者创世纪的时候，会使用充斥着后世才出现的概念的语言，那些生活在十七世纪、并知晓希腊、罗马、以色列以及一些科学知识的人的语言。莎士比亚也没那么谨慎，但在他身上就不那么要紧。一个类似但不严重的错误出现在《麦克白》里，里面提及了一头犀牛[2]，十一世纪的苏格兰人肯定是不认识的；除非有谁读过普林尼。"比奥伊："戏剧上的雄辩和演员们的演技帮了莎士比亚；相反，在一篇写给一位读者的文章里不应该犯此类错误。"博尔赫斯："《白马歌》就给人感觉置身在古代：切斯特顿就很小心，没有犯时代错误。"

6月15日，星期五。 我们聊了足球。博尔赫斯："你最近听到过一个叫'被选中者'的词吗，阿根廷足球被选中者……精选的蠢货。"比奥伊："足球的过错在于它摒弃了体育最大的优点：教人如何做一个失败者。足球将激情强加于大批观众，而大英雄们却太容易被收买；于是帮派之风席卷赛场。"我跟他讲了前些天看到的一则新闻：巴西队和智利队比赛的同时，恰巧在巴西举行了一场由巴西总统和其他领导人参加的弥撒。仪式从头至尾都有人踮脚进来，在总统、部长、甚至神甫耳边轻声汇报球场战况。所有人都清楚，这句句耳语汇报着比赛的动态。突然，神甫中断了弥撒。此后的事实证明，不是因为别的，恰恰是因为巴西队攻入了一球。他请求信徒们通过祈祷来感谢阿帕雷西达圣母——巴西的守护女神。所有人情绪大振，这以后弥撒的过程则平缓了很多。

6月16日，星期六。 比奥伊："一个人身上如果具有最高级别的美德，会让我们将其他美德也同样归到他身上。如果一个人勇敢，我们会认为他善良、慷慨、无私、谨慎和忠诚；或许他并不是这样。"博尔赫斯："在缺点这件事上也是如此。爱伦·坡说一位伟大的象棋手仅仅是一位伟大的象棋手；然而一位伟大的跳棋手则

---

[1] 《失乐园》(1677), VII 及各处。

[2] 《麦克白》, III, 4。

是个聪明的人。"博尔赫斯认为，其实没有什么例外，这句话可以应用在任何活动上："一个伟大的作家仅仅是一位伟大的作家。一个人在象棋、跳棋或者机械等方面有天生的才能，可能会让人们以为象棋、跳棋或者机械这些领域包含一些上天为他们预先设计好的想法。"他说作家让全世界认为他们是真正的知识分子，而且还得逞了；其实，大部分作家都跟知识没有什么关系。

比奥伊："有些人在知识、道德或敏感度方面没有任何优点，只是在观察别人的弱点方面小有天赋，或者嘲讽人起来挺有口才。我们的弱点和虚荣丝毫逃不过他们的严谨。但这样的人其实很可怜。"博尔赫斯："在格拉西安看来这种人有邪恶的天赋。"博尔赫斯又补充道："要避免让语言的形式引导思维，好比'庞隆只精于邪恶之事'，因为形式把作者变成结构的俘虏。"

6月17日，星期六。 博尔赫斯说比起盎格鲁撒克逊的语言，斯堪的纳维亚的语言是一种节奏更快、更加精确的语言；英语比德语和西班牙语节奏更快、更加精确。他确信盎格鲁撒克逊诗歌几乎无法翻译成西班牙语；用英语和德语倒是勉强可以翻一点，比如尝试翻成每行两三个叠韵的自由诗，但结果会非常不自然。

博尔赫斯："盎格鲁撒克逊的世界是一个渺小和有些迷失的世界。但让人着实吃惊的是斯堪的纳维亚人的优越感。但后来他们身上发生了什么呢？他们人比较少，或许……德国人只是日耳曼人的一面，迟缓和笨拙的那一面。马修·阿诺德在论文里谈论凯尔特文学时，可能出于方便起见，将日耳曼的和德国的等同起来，在：

坚韧和阴郁的日耳曼，[1]

这句里，'日耳曼'指的就是德国。"有人说阿诺德是反托马斯·卡莱尔的。

6月18日，星期一。 博尔赫斯说，在古巴战争中率军舰突围，最终被美军击沉的塞尔维拉少将以及他的西班牙军人，比起那些缴械投降后暗中自毁舰队的德国人要光荣得多。他说第一次世界大战中德国舰队的命运有些奇怪。之前他们已经无数次为摧毁英国舰队的那一刻预先举杯庆祝了；两军就交锋了一次，在斯卡格拉克，英国人痛击了他们，结果他们就再也没有出过海，除了和一些商船打潜水艇战以外，"实在有点可怜"。

博尔赫斯说意大利人跟墨索里尼不像，前者的智慧给人一种犹太人的感觉；而

---

[1] 《凯尔特文学研究》(1866)。

犹太德国人对他来说则不像德国人，他们更像犹太人。

博尔赫斯："'法兰西斯卡'（Francisca），法兰克人的战斧。至于'法兰克'（franco）这个词，看起来更和他们使用的投枪有关。这群攻城拔寨的游牧民族被人用他们使用的武器来命名，倒也一点都不奇怪；所以或许丘吉尔说日耳曼人如此残忍以至于人们用他们的杀敌之剑给他们起名，这句话有失公平。"

博尔赫斯说恐怖主义是一种可怕的存在，它破坏了人的理智。博尔赫斯："我看了一部犹太影片，里面将一名恐怖分子的行径渲染成了英雄事迹。你看犹太人很聪明，但他们被蒙蔽了。"

比奥伊问："乌纳穆诺最好的作品是哪些？"博尔赫斯："《生命的悲剧意识》和他的散文。"他说喜欢他的人能够在他所有的作品中找到这种声音。

6月21日，星期四。　　博尔赫斯："莎士比亚能成名很奇怪。归根结底，他受到对文字并不敏感的人喜爱，这点让人难以置信。有一种贡戈拉主义的感觉。莎士比亚可能并不把自己视为作家。他写作是因为那里有演员和剧场，还有赚钱的可能。喜剧是一种能让人想到"迷人的"这个形容词的蠢事。约翰·邓恩从来都没有提及这一点。在保尔·格鲁萨克看来，我们喜欢一些作家可能都是出于某种义务，或者惯例，除了莎士比亚以外[1]。他恰恰相反：在读莎士比亚的时候，随着时间的推移，需要不停做出让步。"

博尔赫斯："作家们都是从与传统和经典抗争起步的，希望能够通过这种抗争，成为传统的一部分；所以此后，我们就会稍稍妥协。如今的青年作家发现这点以后，就开始参考文学史写作以及行事了。由于所有人都在效仿法国，各类运动众多，人们将自己归于某某代作家云云。"

7月1日，星期日。　　我们读《批评家》，笑声不断。博尔赫斯："格拉西安本不应该写小说。为什么？他在海里快淹死了，另一个人在岸边弯下身拯救他[2]？格拉西安不给人留任何想象空间。在他身上，这种空洞和演说式的风格达到了极致。看起来他的文字有思想的形状，但其中完全不包含任何思想。这种风格给西班牙语文学造成了伤害。格拉西安读了很多书，也应该很聪明，但拿起笔的时候就疯了：写出类似

---

1 《"莎士比亚"问题》（1919），II。

2 《批评家》（1651—7），I。

"智者云：Comedia，因为 come días。[1]"

7月6日，星期五。 博尔赫斯："一个法国人告诉我，对于原始人、黑人、柏柏尔人来说，性快感根本就不存在。性爱和快感没有任何联系，后者只是持续时间极短的一件事罢了。他还说原始人，其中也包括中国人和日本人，统统对疼痛和快感麻木。比如一个西方人根本忍不了用竹板打两下脚底，疼痛会穿过脊柱直击大脑。而一个中国人可以挨个十五下。"

7月13日，星期五。 博尔赫斯："用社会学诠释文学的成功秘诀在于，对于那些看完作品没有任何想法的人来说，有了它以后，现在就可以谈论看过的书籍了。拉蒙·多尔批评《堂塞贡多·松布拉》，说里面的农村是以工头视角描写的，我觉得愚蠢至极。他说的是什么意思？没有任何意思。难道里卡多·吉拉尔德斯将小工们写成英雄，而事实上他们只是些狗娘养的？"

博尔赫斯在系里给学生考试。女考生："简·奥斯汀的小说很重要，因为它们描绘了十八世纪乡绅的生活。"博尔赫斯："还有别的原因，小姐。"女考生："关于小说研究的问题。"另一个女考生："萨缪尔·约翰逊真的出生在利奇菲尔德。"博尔赫斯问："什么叫'真的'，这点有人怀疑吗？"

我们一起读西班牙语黄金世纪的十四行诗。博尔赫斯："在读了洛佩·德·维加很多十四行诗以后，读者会说：'胡言乱语，太奇怪了。[2]'它们就像是音乐。几句以后就可以写'等等'了。因为没有人在乎其中的含义。毫无疑问它们跟毒品的效果相似。这么多概念、机智的句子和对比：把两样不相关的东西扯到一起，读者简直在中间迷失了自己。这些十四行诗不是用来评论的。不是说它们不好，有好的，但所有要说的已经都表达在字里行间了。展示自己聪明才智的企图会糟蹋这些诗人们。

> 洒出的巴克斯[3]

看起来像个玩笑，但更糟糕的是它出现在一首痛苦、呐喊的诗里。母亲认为，同样，洒出的牛奶也可以说洒出的奶牛。"

---

1 一个深沉和严肃的人对喜剧在西班牙偷走的时间发出思考：人们称其为喜剧（Comedia），因为它吞噬岁月（come días）(《诗之才艺》，1647，XXXII）。
2 指洛佩·德·维加，《圣韵诗集》，第 XVIII 首。
3 "洒出的巴克斯沾污了盔甲 / 酒杯和打翻的桌子"【十四行诗《致友弟的胜利》，出自《韵诗集》(1609)】。

我们读了洛佩·德·维加的十四行诗：

> 我不烦扰天空、大海
> 和风，请求它们的帮助，也不期待船队
>
> 安全驶过百慕大
> 尼普顿的蓝色三叉戟。
>
> [...]
>
> 卢辛达，如果你了解我的心愿，
> 你会在怀中遇见年老的我，
> 我们一同走向遗忘河。[1]

博尔赫斯："这些诗句令人赞叹。流畅程度和笔调都不错。是田园诗和基督教诗的融合。归根结底也没有那么奇怪，就是把手头有的资源整合起来。有意思的是，洛佩·德·维加倒是恰恰由于词汇的原因批评贡戈拉主义。"我们还愉快地读了《放开我的手》[2]和《我又有什么》[3]。

博尔赫斯说克维多在指责贡戈拉为犹太人[4]时调动了一些低级的本能，就好像福楼拜在回应一位诟病《萨朗波》的德国批评家时，以称其为"外国人"开篇一样。博尔赫斯："这种行为有些卑鄙。更加无法原谅的是在那场争议中福楼拜其实是有理的。"

7月15日，星期日。 我们读了洛佩·德·维加创作的歌谣：

> 三叶草，啊，耶稣，多好闻
> 三叶草，啊，耶稣，太香了
> 夫人的三叶草
> 深爱着她的丈夫。[5]

博尔赫斯："洛尔迦太前卫了。他有点不负责任。不知道。"比奥伊："我几乎

---

1 "我不等候船队，也不烦扰……"（《韵诗集》1604）。
2 "放开我的手，古怪的牧工头"（出处同上）。
3 《圣韵诗集》，第XVIII首。
4 《反对堂路易斯·德·贡戈拉》（p.1843）。
5 《佩利巴涅斯和奥卡尼亚的骑士团长》（1614），II，3，esc. viii。

觉得他的歌谣比十四行诗好。没有这种来来回回的感觉。"博尔赫斯:"是的,来来回回的感觉。一只手给,另一只手又拿回去。用嘴说出来的撑不住,用皮囊来收回……[1]但洛佩·德·维加则是很精致的诗人,不像克维多跟一头动物似的。他并不激烈,笔调总感觉要低沉一些。《放开我的手》是一首很奇怪的诗,很难模仿。加西亚·洛尔迦肯定读过洛佩·德·维加,但他更尖利,东西写出来总感觉更硬气。洛佩·德·维加更加自然、更加简单,他的诗句很美,流畅度令人赞叹,使人愉悦。他似乎并不觉得自己要写一部伟大的作品。而这便是他的又一吸引人之处……我会把克维多和卢贡内斯放在一边,把洛佩·德·维加和达里奥放在另外一边。"

7月28日,星期六。 我们热烈地读了鲁文·达里奥的诗:《为魏尔伦超度》《致法兰西》和《转世》。博尔赫斯:"读了这些诗句以后,给人感觉早先的诗歌统统不存在。"我们赞美了诗中的强度,诗句难度之大,格律组合之精妙,词汇运用之细腻,一切都是那么流畅。

7月30日,星期一。 博尔赫斯:"我当时在想谁攻击了弗朗索瓦·拉伯雷。没有人。克维多倒是想吧,不过他不够丰富。或许格拉西安不会。你们怎么说:我们和格拉西安观点一致,'我的同类,我的兄弟。'[2]"

8月2日,星期四。 我给博尔赫斯看最新版次利昂·埃德尔的《亨利·詹姆斯全集》,没有采用最新的修正版,而是第一版,他出离愤怒(这个词有点过了)。博尔赫斯:"真是对作者标准的极度不尊重。对于詹姆斯来说却着实是件好事,能有人对他最后的作品感兴趣。他从写平淡乏味——造作娇气的——小故事起家,一直到写出令我们钦佩的故事。詹姆斯的命运如今看来也挺有意思的:现在按照最初的版本再版他的作品,而没有纳入他自己认为必要的改动,即便他深思和清醒的名声在外。人们没有将其视为一位地位已经确立的作家,他更像福楼拜。但后者运气更好一些:没有人敢舍弃修订版,而选择最早的版本。"

8月4日,星期六。 博尔赫斯:"人们谈论到幽默的时候总会引用康德和黑格尔的观点。关于幽默,康德和黑格尔知道些什么?"

8月5日,星期日。 博尔赫斯说盎格鲁撒克逊人把大海想象或描述成一名手拿三叉戟的战士。博尔赫斯:"你怎么认为?这是他们发明的,就好像希腊人发明了尼普

---

1 指歌谣"我是蒙塞拉特区来的,那里的街沿被照得透亮,我用嘴说出的事情,用皮囊撑住。"
2 指波德莱尔的《恶之花》(1817):"虚伪的读者,我的同类,我的兄弟。"

顿，还是希腊人的意象通过某种方式传到了他们那里？"比奥伊："是通过某种方式，我也不知道具体是什么，从希腊传到了他们那里。"博尔赫斯："这时候，就好像在很多我们不了解过去的情况下，我们只能大致推测，如果我们不想编出个小说的话，我们知道一些事情以某种特殊的方式发生了。"他指出真实发生的事和我们的假设之间不相称，正是因此假设总那么不尽如人意："我们知道乔叟曾经去过法国，但我们不知道在八世纪一条消息是如何从希腊去到英格兰。"他还补充道："阿尔弗雷德大帝建立英格兰时会是什么样。谁又能在当时预言帝国的命运呢……"

　　博尔赫斯说道："过去是无害的。过去的战争是不流血的战争。"

8月6日，星期一。　　我们读了《国家报》散文比赛的参赛作品。[1] 其中有一位作者写道："问题的周围……"博尔赫斯问："为什么不是问题的上面、下面或者右手边？"他说如果风格抽象，那就要对隐喻保持谨慎态度，感觉已经有些过了。

8月8日，星期三。　　博尔赫斯："有人找我参加学院组织的纪念莱奥波尔多·迪亚斯的活动。鉴于根本没有人关心莱奥波尔多·迪亚斯，满耳朵皆是'杰出的'和'优秀的'这两个形容词。贝纳德斯发表演讲称莱奥波尔多·迪亚斯为'杰出的诗人'。但这之后私下里却跟每个人说他就是一头畜生。这很阿根廷。当然不是什么好事。"比奥伊："不是什么好事，但可以理解：他不想被人视为傻子。"博尔赫斯："但在别的国家就不是这样，一个德国人永远不会这么做。"比奥伊："一个法国人也不会。一个法国人会把他放在当代，解释他产生的影响。我比较喜欢我们的处事方式，不够文明，却更尊重事实。绝对尊重文学。"

　　博尔赫斯："人们谈了那么多洛佩·德·维加的才华，这太奇怪了。我不会说他是个出色的、雄辩的作家。有人会记得洛佩·德·维加喜剧里哪句话，哪个人物或者哪个场景吗？贡戈拉已经用了'次酒'[2] 来形容洛佩·德·维加，看起来他没有说服任何人。那洛佩·德·维加又有什么呢？有很多。还有一件事情很奇怪，如果有人看到他的人物名叫克罗塔尔多或杜尔塞尼亚，就知道'不能抱任何希望了'。为什么？或许是因为在事物中存在一种和谐，一种秩序。"比奥伊："这让我想到了约翰逊对弥尔顿田园诗的批评[3]。"博尔赫斯："如果人物都这样，那人们会觉得一

1　1962年《国家报》文学奖，最佳文学、历史、哲学散文（未出版）奖。
2　"用卡斯蒂利亚的次酒浇灌鸭子"（《致热衷于洛佩·德·维加的人》）。
3　弥尔顿的生活【《英国诗人列传》（1779—1781），约翰逊在其中攻击了《利西达斯》】。

切都是虚假的。只要读一读洛佩·德·维加喜剧里的人物表[1]，你就知道一块砖能出什么油了。"

8月10日，星期五。 博尔赫斯聊起了赫尔曼·黑塞，昨天刚去世："在《东方之旅》，或者《玻璃球游戏》里，可能有一个有趣的想法，但想法的实施不尽如人意。《荒原狼》写得太随意了。黑塞的这些书，或者查尔斯·摩根的书，都在刻意让人想起十八世纪的书，给读者一种希望：终于遇到了一本伟大的书，那本伟大的书……在文学里，每个人的真实面目都早晚会被揭开。赫尔曼·黑塞和查尔斯·摩根骗子身份揭晓的那天也早晚会来临。黑塞喜欢歌德提及的'教育省'[2]。一个体会不到"教育"这个词中间"冷水效果"的作家，应该缺乏灵敏度吧……"

8月12日，星期日。 人们给了马列亚一个政治宣言让他签署，而他抗议说自己是个作家，不是什么粉刷匠，去签署别人写好拿给他的东西。博尔赫斯："真是对他同行的工作太不尊重了。他想自己起草宣言，让别人像粉刷匠一样签署他写好的东西。他说他不会随随便便给什么东西署名。但是，他给自己的小说署名。"

8月18日，星期六。 博尔赫斯："《埃涅阿斯纪》很美。里面有很美的诗句。但可惜更倾向于歌剧，如果带一点瓦格纳风格，或者邓南遮风格就好了。当然了，就好像维吉尔写他无法感受到的事情一样，他会夸张，使用一些最高级形式。地狱散发着肮脏的味道。暴风雨来临时，海浪会冲上云霄，留下一片空旷的海底。人们扔了一块掺了催眠药的糕给三头狗；狗睡着以后，勇敢的埃涅阿斯就得意地进场了……"

9月10日，星期一。 博尔赫斯告诉我，有个叫罗伯特·洛威尔的美国作家，拿着美国的钱，到这里来给菲德尔·卡斯特罗说好话，真是个白痴。这个洛威尔，当着博尔赫斯母亲的面问："布宜诺斯艾利斯最美的女性是谁？"博尔赫斯："我不太习惯这种带有竞争意味的谈话。我不感兴趣。他的问题一点意义也没有。就好像问他美国最好的诗人是谁一样没有意义。"洛威尔："但是，我亲爱的同行，我知道答案：我，比如说。"博尔赫斯："可能没有人会同意您的观点。您的观点属于极少数中的。"洛威尔问博尔赫斯在法国是否能找到一个可以和贡戈拉拿来比较的诗

---

[1] 列举《塞拉乌洛的谎言》（1614）中的牧人，III，11：佩洛罗，萨李西奥，内莫罗索，阿尔费斯贝奥，费里帕尔多，波利莱奥，班菲洛，埃尔加斯托和克拉里西奥。
[2] 《威廉·迈斯特的学徒年代》（1821），II，威廉·迈斯特将"教育省"托付给了他的儿子菲利克斯。

人。博尔赫斯回答道;"贡戈拉只能和他自己比。您无法欣赏贡戈拉,因为他的优点在于风格和语言。"洛威尔送了博尔赫斯一幅版画;为了挂起它,愣是摘下了诺拉的一幅油画,还说:"这幅不好。"博尔赫斯的母亲不解地目睹这一切。博尔赫斯:"不能跟屋子主人说他们的什么东西很糟糕……既然一样东西在那里,肯定是因为有人赞赏过它。"

9月12日,星期三。 博尔赫斯讲述了罗伯特·洛威尔身上发生的事。好像他在不知道什么会上,肆无忌惮地用下流的句子向丽莎·兰森求爱,结果凯利博士——一个爱尔兰医生——带着一群壮汉适时出现:"我通知诸位,这位先生(手指洛威尔)已经失去理智,我是来把他带走的。""不,为什么?为什么?"洛威尔用英语问道,又微笑着用结巴的西班牙语继续背诵浪漫诗歌。"我们要把他送回纽约去,送给那个照顾他的……女人。"凯利说。"回到那个女同性恋身边?凭什么?"洛威尔质问。"我们回酒店吧,"丽莎求他。洛威尔和凯利同意了。可洛威尔在酒店里继续纠缠丽莎,无疑是在寻求她的保护。"您会喝下这碗汤。"凯利说。洛威尔一开始还抵抗,但后来还是喝了。医生跟其他人挤了下眼睛,让他们不要喝。汤见效不快,洛威尔还在喋喋不休,打着手势;他可能想反抗;但最后还是一头栽倒在沙发上睡着了。

博尔赫斯对我说:"如果你认识他肯定不会可怜他。他让人无法忍受。"无疑博尔赫斯有点可怜他。为了给自己的同情辩护,博尔赫斯还补充道:"他说卡斯特罗是个有意思的家伙。好蠢啊!"

9月14日,星期五。 博尔赫斯承认,柏拉图主义虽然否定个人,但还是能给人一些力量:"当一个人读到'节制对抗淫荡;慷慨对抗贪婪',他会觉得只是读到了太过普通的表述;但对于作者来说,淫荡和节制的存在就如同激情一样,它们为了控制宿主互相厮杀,这样一来句子就有意义了。"

博尔赫斯:"有句话很难听:'我不在乎那些事,但毫无疑问,某某是犹太人,或者娘娘腔,或者别的什么。'"

9月15日,星期六。 比奥伊:"在我的记忆里,《温柔的故乡》是一首自由体诗。"博尔赫斯:"确实,这是洛佩斯·贝拉尔德在十一音节诗的基础上创造出多样性的明证。"比奥伊:"可能'邮递员丘安'稍微有点不合适罢了:

我在历史中航行
划着没有重量的桨,因为它们

就像邮递员丘安的双臂

划着步枪经过拉曼却。

或许到了那个当口儿,诗人也不知道诗会写成什么样,或者他预料到的是另一个样子。"博尔赫斯:"尽管诗人承诺要'取恢弘史诗中的一篇',但结果史诗效果没了,反而给人家长里短的感觉。这是一首衬词都还不错的诗。"

谁,没有在吓到青蛙的夜晚,

没有窥视过,在堕落之前,

他女友臂膀上,那美丽

的烟花火药。

'吓到青蛙'就是衬词。

博尔赫斯说歌德和埃克曼之间的对话就像两个傻瓜之间的对话,他举了个例子,歌德在对话里描述了他在马里昂巴德买的篮子[1]:"应该加个篮子的插画。否则对话占的半页都毫无用处,因为读者什么都想象不出。人家也不愿意想象。"

9月18日,星期二。　　博尔赫斯:"奥尔特加·伊·加塞特说表达明确是哲学的礼节。从这句话中可以看出作者的傲慢:他是一个伟大的思想家,为了便于读者理解迁就地表达明确。但这个想法太糟糕了。他好像不知道精确是什么……他不理解其实康德和黑格尔留下的模糊词句恰恰反映了他们脑海中的模糊思想。"

9月19日,星期三。　　比奥伊:"阿莉西亚·胡拉多关于你那本书[2]里传记的部分并不坏。但批评的部分里则充满了错误和常见的迷信。她说你的故事是一种游戏,所以把你最喜爱的话题称作'玩具'。鉴于所有美学观点和判断都基于上下文,或许你某一次说过你的文学作品是一种游戏……可能所有的文学作品都是游戏,甚至一切都是游戏,但当有人说:'博尔赫斯的作品是游戏'时,听者会理解成别人的作品不是游戏。但谁的作品不是呢?'严肃文学吗?'"博尔赫斯:"里面有陷阱,不遵循法规,这就是游戏。"比奥伊:"嗯,但为什么福克纳、巴罗哈、朱利安·格林不玩游戏,而你可以呢?为什么你能写出超自然事件,而你本身不太相信超自然事件呢。"博尔赫斯:"休谟说只要一个人哲思就是哲学家,哲思后他不过和别人一样。"

---

[1] 《与上帝的对话》(1836),1827年9月24日。
[2] 《豪尔赫·路易斯·博尔赫斯其人其才》(EUDEBA出版社,1964)。

9月20日，星期四。　　博尔赫斯："如果我们的语言学院里人再多一些，我们就和西班牙皇家语言学院断交了。不是因为我们反对他们，也不是要创造阿根廷语，而是为了一个独立的阿根廷语言学院，让它不再是西班牙皇家语言学院的分院。还有，他们终究是搞政治的，即便他们不承认：我不觉得他们会反对佛朗哥。如果我们和西班牙皇家语言学院断交，我们就可以出一本自己的词典了。"

> 博尔赫斯喜欢这段：
>
> 在野蛮民族当权的时代，
> 小偷被钉在十字架上。
> 在当今这个启蒙的时代，
> 小偷胸前挂着十字架。[1]

9月21日，星期五。　　我们聊起那个英语短语"使人忘记"（to live down）。比奥伊："'使人忘记'已经是一种普遍趋势了，因为我们所有人都在年轻的时候做过傻事。"博尔赫斯："只有作家做的傻事不会被抹掉。他们的书是永恒的标签。"

我们聊起了博尔赫斯最早的几部作品。比奥伊："可能在欣赏这些作品的时候我有一种特别的麻木，如果当时作品里的诗句和现在作品里的出现在一篇批评文章的同一页里，我会觉得它们出自两位作者之手。在一个人年轻时候的作品里，想法总表达得不到位，还有很多不合时宜的想法。或许大部分批评家们什么都不懂。在文学中，也有一种'小学二年级'。"博尔赫斯："我觉得我有点像玛丽安·穆尔，刚开始写出的东西很荒唐，但后来进步了。当然穆尔达到的卓越程度高出我很多……我最初的作品已经无可救药了。就好像如果要从戈德尔或巴尔托洛梅·加林德斯的诗里去掉动词"镶嵌"、天鹅或者圣餐，那就什么都不剩了。"比奥伊："比较是不公平的，因为你的诗里，不管想法表达得怎么样，但想法总是好的；你关于诗歌上的好想法会让人喜欢。人们对表达并不是特别敏感，会忽略你自己讨厌的一些形式。"

---

[1] 何塞·安东尼奥·米拉亚翻译的乌戈·福斯科洛针对维琴佐·蒙蒂的讽刺短诗。在被授予德国联邦十字勋章勋章时，博尔赫斯引用了诗中的句子，说这是巴尔特里纳的诗，还给出了另一个版本：平民的胸前挂着十字架（玛利亚·埃丝特·巴斯克斯，《博尔赫斯：荣耀与失败》，巴塞罗那，图斯盖兹出版社，1996：304）在玛利亚·埃丝特·巴斯克斯的《博尔赫斯回忆与歧途》（出自《国家报》，1987年8月19日）中，作者基于一份读者来信纠正了博尔赫斯。

博尔赫斯说《省城的赞歌》比《外省之光》好："莱加在诗歌方面更舒服自在些。浮夸风格比较适合闪光的调调，马斯特罗纳尔迪为了成为浮夸风格主义者，却选择了一种节制的调调，无法让人信服：应该用呐喊的方式。"博尔赫斯朗诵道：

两人对视以后就互相理解了，
我看到他们模糊的背影上了路，默不作声，
为了给彼此铁的解释：两人决一死战。
留下其中一个：甜蜜的下午，晴朗的天气[1]。

博尔赫斯："'铁的解释'不好，因为调调改变了。马斯特罗纳尔迪的诗歌是一个变化的系统。即便是《国家现实的形状》，换作别的作者可能会是一首破诗，但在马斯特罗纳尔迪身上就是浮夸风，巴洛克风；在这首诗背后有一种复杂的舍弃：这类诗能够产生的特有的效果或者包含的细腻，当读者不了解他，或者没有坚持读他它的情况下就消失了。马斯特罗纳尔迪有的想法，或者他没有的想法，都不怎么有趣；他的灵感就想一条水线；他孤僻的、乡下人的调调有些让人厌烦。

博尔赫斯寻思吉卜林是否会修改他的故事，"他是个很有觉悟的作家，"博尔赫斯说。

9月30日，星期日。 比奥伊："雷诺阿的有些画并不怎么样。"博尔赫斯："确实。他们好像是为了反对什么而画的。艺术不应该是引起争议的。"

我们读了《堂塞贡多·松布拉》和《弗洛里达的卡拉卡拉鹰》的开头和最后几页。我们读到《堂塞贡多·松布拉》的背影出现在了门框中。[2] 博尔赫斯："写得不好。这句以后一切都像是戏剧一般。"比奥伊："在读这一遍之前，我觉得《弗洛里达的卡拉卡拉鹰》应该比《堂塞贡多·松布拉》好。但其实这风格就跟贝尼托·林奇的一样草率、笨拙和杂乱。作者连人们怎么说话都不知道；让人物说出了类似'东西真好吃'之类的话，活像个娘娘腔。"博尔赫斯："真是个无知的粗人。吉拉尔德斯好像也有些低能：他违反了缪斯的旨意，致力于将1924年的隐喻现代文学——连文学都谈不上——和克里奥尔主题融合到一起。他说起既平行又垂直的街道，小伙子对小镇有棋盘布局感到惊讶[3]，就好像他曾经去过其他城市，比如说欧洲城市一

---

1 《外省之光》（出自《夜思》，1937）。
2 《堂塞贡多·松布拉》（1926），II。
3 出处同上，I。

般；棋盘状对于他来说应该很自然的。关于印第安人的那一段还不错，尽管小伙子的焦虑有些荒唐，但更荒唐是印第安人居然会去撞墙。"[1] 比奥伊："比起《堂拉米罗的荣耀》，《堂塞贡多·松布拉》的地位还是很牢固和持久的，尽管不如有些人认为的那么牢固。"博尔赫斯："它赞美了民族情绪。"比奥伊："《堂塞贡多·松布拉》是两具木乃伊的史诗。他们身上什么都没发生，因为吉拉尔德斯什么都构思不出来。"博尔赫斯："他没有能力写一本有很多动作的书。尽管他一直在说辽阔，但哈克贝利·芬的世界似乎更加宽广。"比奥伊："这本书更好，更加自然。"

10月1日，星期一。 我们继续只读开头和最后几页的试验。今天看了《索戈伊比》，《救赎》（安赫尔·德·埃斯特拉达），《证券市场》，《唐娜芭芭拉》，《深渊》，《在底层的人》，《愤怒的玩偶》。

博尔赫斯："当一个人知道老师课上教这些是伟大的作品时，会觉得文学就像一场骗局。我们读的任何一本书的开头和结尾，都可以在一刻钟内修改得更好。阿德拉·格龙多纳就可以改好……应该承认《深渊》和《唐娜芭芭拉》里有更多的动物、植物和昆虫。对提及动物这件事要特别小心，因为提及一种动物就可能带出另一种。"比奥伊："《证券市场》的开头写得还挺仔细，但胡里安·马尔特尔在拟人化上有点过头了。"

《索戈伊比》在所有其他作品之下。博尔赫斯："拉莱塔最后累了，想怎么写就怎么写了。比如在快动作上用了慢节奏的句子。"

《深渊》的风格很不稳定，从极度模糊到极度精确。《唐娜芭芭拉》的开头描写太多，有些无趣，但《救赎》则更甚。《愤怒的玩偶》没那么糟糕。但有些叙述者的部分——我指的不是安达卢西亚鞋匠的对话——而是那位来自弗洛雷斯区的老兄，他把"los"说成了"les"，还用了几个不恰当的西班牙西语词汇。博尔赫斯："全世界都像拉莱塔一样想让自己更像西班牙人。"

10月7日，星期日。 我们去马丁内斯区参加弗朗西斯科·罗梅罗的守灵仪式。路上我们聊起了罗梅罗：博尔赫斯觉得他是个可爱的人，但不怎么聪明。博尔赫斯："现在，终于，他要开窍了。真奇怪，有人会觉得一个人死了以后会开窍。斯皮勒已经告诉我们，如果一个人被打晕以后没法得到知识上的提升，那在一次彻彻底

---

[1] 《堂塞贡多·松布拉》(1926)，II。

底地打晕,也就是死亡以后,怎么能够获得什么启蒙。"

房子被一个近似热带雨林的花园环绕,空气里飘散着柑橘的香味。正如博尔赫斯这之后说的,去了一趟花园,感觉还挺幸运的,因为守灵仪式实在不敢恭维。博尔赫斯:"我们不能说,就像故事里写的那样,'他的守灵仪式取得了圆满成功。希望再来一次……'我以为会跟何塞·因赫涅罗斯的仪式一样。罗梅罗是有国际知名度的人。好吧,在国际上的名声胜过国内的。危地马拉哲学界,如果它存在的话,今天应该为之哀悼。"比奥伊:"可怜的弗朗西斯科·罗梅罗脸色好差。"博尔赫斯记起了埃德瓦尔多·怀尔德的一个故事:有人说一个死人像是睡着了;"我发现——怀尔德说——他好像是死了"[1],此后他继续讲故事。

我们接着又去了赫苏斯·埃斯皮涅拉的守灵仪式,他是布宜诺斯艾利斯罗恩网球俱乐部的场地主管。博尔赫斯:"不应该被丧葬排场的宣传震慑到,今晚的守灵仪式已经够多了。"

10月9日,星期二。 史蒂夫·斯潘德[2],弗拉迪·科奇安希奇和恩里克·佩索尼在博尔赫斯家吃饭。饭前,维多利亚也待了一会儿。斯潘德温柔而言词小心地跟她说了些傻话,喋喋不休。可能这些话里最好的是他对萧伯纳的回忆了:"有人问萧伯纳,那时候他已经老了,问他是否想念他的朋友。他说他想念的是他自己。"博尔赫斯:"萧伯纳说一个人应该一百岁以后才死,老死,而不是一百岁之前。因为这之前都是病死的,算作事故。"斯潘德转述一个英国医生——国王的医生的话,人的死要么出于基因遗传(他会死在祖父母和外祖父母去世时的平均年龄,死于他们得的某种疾病),要么是因为某种生物类目比其他类目衰老得更快,由于某种先天或后天的缺陷。

饭后博尔赫斯走到我跟前对我说:"我们好久不见了。"意思是我们俩分头忙于招呼不招人待见的史蒂夫·斯潘德。

博尔赫斯:"马达里亚加说宗教裁判所都比我们这个时代的共产主义独裁强,至少它允许伟大讽刺作家的存在,比如戈维多。不过,作为讽刺作家的戈维多很奇怪。他不愿冒太大的风险:在西班牙,他讽刺法国人、英国国王……他一直让自己身处

---

1 "一个临死的人看起来像一个死人,那真是对他太有利了"(《墓地的第一夜》,1888)。
2 1962年,斯潘德在伦敦的《文汇》杂志上,出版了博尔赫斯的《巴比伦彩票》(6月);《环形废墟》和《巴别图书馆》(7月)。

安全地带。他什么时候针对过西班牙国王,或者天主教吗?讽刺胖子、戴绿帽子的、裁缝、医生根本不算什么讽刺。关于戈维多,坎西诺斯-阿森斯说:琉善才是真正的讽刺作家。"

10月10日,星期三。   比奥伊:"今天维多利亚和法国小说家布托尔在家里吃了午饭。他有点像某种猛禽,愚蠢而笨拙。他反对美国,尽管他在那里的大学里教书,他和我一致认为那里'人是好人(les gens du peuple sont des braves gens)',但他坚称只要跟政府有任何联系的人都非常恐怖,内心多少有什么被腐化了。"博尔赫斯:"还有军队里的人,他们为法国牺牲了两次;人们用一种欧洲大陆根本不会有的礼节,把他们首先迎进了巴黎?见了什么鬼。"

10月12日,星期五。   博尔赫斯解释说,中国古典诗歌的形式是一节四句,每句四字,也就是一句四个音节。第一和第三句押韵,第二和第四句押韵。他用西班牙语即兴创作了一节中国古典诗:

> 我不识己,
>
> 无光无盐。
>
> 君王今日,
>
> 由盛及衰。

我们聊了法国和英格兰的当代作家。博尔赫斯:"那些英国作家,沉迷于赞美现代,谈论辈分,我觉得他们比他们的法国同行们更加让人无法忍受。归根结底,人们期待法国人做的只不过是……玩一个游戏。"比奥伊:"但一个谈情说爱的英国人仿佛一个恋爱中的女人、法国娼妓。斯潘德就是其中之一。他甚至还高谈阔论绘画和音乐,好让自己变成阿波利奈尔一类的人。"

10月14日,星期日。   博尔赫斯:"为什么一个只在语言上有天赋的人,比如乔伊斯,无法明白自己不应该写小说。真希望他的名声可以赶紧消退,因为这真是一场灾难:它不但让作家变得愚昧,甚至诱导他们拙劣地去模仿。很多时候我根本无法跟对方沟通,他们除了自己颂扬《尤利西斯》和《芬尼根的守灵夜》以外,还想当然地觉得我和他们有共同的热爱……为什么这些欣赏《尤利西斯》的人,也同样欣赏《都柏林人》里伤感而愚蠢的短篇呢?"

麦考利希望在印度只教授英语。博尔赫斯:"阿拉伯语和印地语,据他说,是一种荒唐的历史学、神学、物理学和形而上学的关键。"他还谈到了克里奥语,它源自英语,是弗里敦牙买加奴隶后裔的通用语(也是其中一部分人的母语)。

博尔赫斯观察到阿根廷人的一个缺点是缺乏信念:"我们的作品糟糕,不是因为别人这么评价,是因为作者创作时表现出的冷漠。萧伯纳说每个人的风格都在他信仰的力量允许的范围之内。所以,有人批评卢贡内斯,说他写作就像习作,也挺合理的;也正是因此,反倒是佩德罗·博尼法西奥更加值得某种尊重:他可能是粗糙了一点,但这是一种有生机的粗糙(不带反讽地说)。"

博尔赫斯:"阿兰·罗布-格里耶和米歇尔·布托尔,他们几个法国作家断言我影响了他们,这没有任何意义。我怎么可能对如此冗长的作品产生过影响?有些小说不是发生在现实中,而是在地图里,绘制地图的作家分不清东西南北迷失了方向。还有的时候,作家太想精确描述人物或物体的动作和位置,以至于丢失了自己。一部小说,讲述发生在一片红坚木林[1]里的故事,却以描绘主人公出发的城市开始。为什么要花这么多笔墨呢?主人公接下去根本就不会再回去……太愚蠢了。在另外这本里面,物体比人物看起来更重要:描写物体放在首位,这以后有的没的、随随便便地在这里或者那里放置几个人物……还有的作者似乎因为担心没法把句子里的所有成分安排停当而束手束脚。于是乎如果他们写'la escupidera',后面不加'que',而要加'la cual'。这点在康拉德的身上异常明显。"博尔赫斯认为康拉德会比亨利·詹姆斯有更持久的生命力。

10月17日,星期三。　我们聊到了康拉德的主题:尊严。主人公与其他人之间愚蠢地对抗,他们仿佛被一种大自然的看不见的力量驱动(《胜利》里绍姆贝格的敌意,就因为主人公不懂得赏识他的餐馆;在《决斗》里,拿破仑两位士兵第二次对决时,其中一人表现出的仇恨;《黑暗的心》里,主人公来到刚果后,那里的人与物与他的对立)。他说康拉德和吉卜林一样,喜欢描绘远离文学的环境。

10月19日,星期五。　关于《福尔摩斯》,博尔赫斯寻思写它的时候作者是否抱着'可怕和滑稽'的意图。"可能还挺有意思的,因为他(柯南·道尔)并不真的这么打算。否则一切会失去控制。"

博尔赫斯:"评价一个民族的时候,应该看它欣赏别的民族什么。"

10月22日,星期一。　博尔赫斯:"一切以事情关乎我们还是第三方而改变。某某是

---

[1] 红坚木为阿根廷国树。——译者注

埃尔南德斯和阿斯卡苏比的后代。如果我是就好了。不过我不会因为他是而觉得他更好。有些人喜欢炫耀自己的法国血统，但不会因为别人也有法国血统而认为他好。在奖项、头衔或者其他很多东西上也是如此。这些东西已经轻浮到如此地步，到需要靠个人虚荣才能相信了吗？还是有什么更重要的东西？"

10月24日，星期三。 关于贝纳德斯，博尔赫斯说："如果一个人很聪明，那他冷淡的话就算了；但贝纳德斯什么想法都没有，还这么冷淡：这是双倍的恐怖。他散文的风格让他说出了自己不想表达的东西。他很自然而然地使用诸如'极好''极大'之类的词，印证了一个失去精确表达能力的人的绝望。"

10月25日，星期四。 关于精神分析，博尔赫斯说："有人用未经证实的、甚至可能无法证实的假设去诠释文学文本或者人类行为，这真是太奇怪了。"他更加鄙视地跟我说起有人对侦探小说的精神分析阐释："侦探代表了我们曾经是的那个窥探父母性关系的孩子。""可怜、下流的疯话"，博尔赫斯评论道。他同样鄙视用统计方法开展心理学研究，他也不信此类研究的结论："比起以科学之名、恭顺回答任何问题的美国人的诚实，我更欣赏克里奥尔人不愿意管别人闲事的抵抗。"

10月27日，星期六。 博尔赫斯："爱德华·菲茨杰拉德没有讲故事的天赋。除了《鲁拜集》以外，他的运气都不怎么样……那首关于鸟的波斯语诗太美了，它在《东方智慧》[1]系列里的散文版更好。菲茨杰拉德翻译了《百鸟朝凤》和其他文本[2]，但效果平平；可他还是一如既往地翻译，突然间就出了一本杰作。他还翻译了卡尔德隆，但我不觉得他懂很多西班牙语。可能他也不会多少波斯语。"

博尔赫斯引用了塔西佗："才华会束缚那个献身于它的人，而非欣然接受它的人。"他评论道："说得很好，想得也很好。"

10月28日，星期日。 我们读了《一千零一夜》里《盲人巴巴·阿卜杜拉》的故事，主人公要求别人打他巴掌。我们先读了理查德·弗朗西斯·伯顿的版本，之后又读了坎西诺斯-阿森斯的。后者的版本里提到了"交错的层面"。博尔赫斯："我不

---

1 菲茨杰拉德翻译了一个缩减版的法里德·阿尔丁·阿塔尔的《百鸟朝凤》(*Mantiq al Tayr*, p.1887)。玛格丽特·史密斯将其翻译成《百鸟会议》(伦敦：约翰·默里出版公司，《东方智慧》系列，1932)。
2 还包括拉赫曼·雅米的《萨拉曼和阿巴斯》(1856)；《阿迦门农》(1865)；《俄狄浦斯王》和《俄狄浦斯在科罗诺斯》(1880-1)。

觉得阿拉伯原文，乃至中世纪的任何文本里，会出现'交错的层面'这个说法。不管怎么说，坎西诺斯的改写总体而言比较侧重心理；如果抱着拉莱塔修饰一切的精神来改，可能更糟糕。"

关于阿兰·罗伯-格里耶的小说《在迷宫里》，它看起来写得非常精确，是物质上的精确，而非譬喻的或者含义上的，博尔赫斯说："所有这些小说都源自《尤利西斯》里的问答章节[1]。他们的作者想要达成什么目的呢？表现一种让人喘不过气来的现实？这种写作系统不够有吸引力……又或者它纯属与众不同而已。他们确实也提醒过了：这是与众不同的。在法国，人们不会评价一本书好或者坏，无聊或者有趣。不会：人们会将它们按照趋势、流派、年代分类。没有人敢因为罗伯-格里耶的书无聊而拒绝它，这点太明显了。"

10月29日，星期一。 我们读了瞎子乞丐的故事，这次是嘉兰的版本。博尔赫斯："可以拿这个故事来做一个关于小说的讲座。如果我来写这个故事，我会屈服于将主人公是瞎子作为意外之笔留到最后揭晓的诱惑。这会比目前这个样子好很多，因为一开始我们就知道叙述者是瞎子。这相当于知道了整个结尾，可以说是整个故事。最后揭晓会让我们更加享受故事。整个故事如此之好，以至于不像是这本书里的，而是出于嘉兰之手。在伯顿的版本里，故事看起来比坎西诺斯的版本里古老。而在坎西诺斯的版本里，那个苦行僧的形象更好：他几乎不行事；只是看着或笑笑，也不在骆驼身上放东西。有人会觉得他是个魔鬼。除此以外，在叙述者失明以后，就把那段有些无用的对话去掉了……只听到苦行僧带领着所有骆驼出发，仅此而已。所有这些都可能只是巴巴·阿卜杜拉的幻觉，就像《螺丝在拧紧》里面一样，但会更加有依据一些。用第一人称写给故事增添了不少力量，因为读者会觉得自己就像主人公一样。假设这个故事到头来也是嘉兰创作的，那我们会发现《一千零一夜》里我们最喜欢的故事其实是西方的故事。这点也不奇怪，仔细想想的话。《一千零一夜》里最好的故事——阿拉丁，阿里巴巴——应该都是嘉兰写的。从来没有人说过是他写的，反倒对他更有利。如果嘉兰创作了所有这些故事——瞎子乞丐的故事、阿拉丁的故事、阿里巴巴的故事——那他就是他那个时代最好的短篇小说家。你不会拿这个故事和伏尔泰的故事比……伏尔泰的故事很让人敬佩，里面充满了戏谑。而这个故事却更深刻。还有：我觉得《一千零一夜》之所以成名是因为嘉兰将它展现在众人面前。如果它是

---

[1] 《尤利西斯》（1922），III。

通过伯顿的版本为人所知,可能会仅仅停留在轶事的层面。嘉兰的版本里,故事的推进更加流畅。他去掉了贯穿整个故事的人物对话,这点做得很对:对话打断了叙述,十分糟糕。一切都对嘉兰有利:甚至里面十八世纪的礼节也是如此。很明显,不能要求他用一种十八世纪人们不熟悉的方式来写故事。故事的寓意很简单,这样更好,这样就不会分散读者对故事本身的注意力。寓意读者一下子就能理解,不会一直想着它。比奥伊:"这点你错了。我认识一些人,从社会角度来看很有文化,但实质上却头脑简单,他们听到这个故事的时候问:'这是什么意思?'"

10月31日,星期三。 我们读了一半嘉兰版的《阿布哈珊,醒着做梦的人》。博尔赫斯:"这是个冗长的故事,本来没有告诉我们的东西嘉兰告诉我们了,什么细枝末节都没有放过,"

我们聊起了阿索林。比奥伊:"就我个人而言,1930年左右的时候,我很喜欢他,毫无疑问时至今日还是有人喜欢他。喜欢的原因是什么呢?"博尔赫斯:"阿索林代表了一种法国的倾向,在风格上;反对长句、反对咬文嚼字的风格,反对那些姓西恩富戈斯的西班牙作家。他以攻击经典的、已经被大众接受的作家,比如克维多等人起步。"比奥伊:"从文学史角度而言,阿索林在他的年代非常重要;但我并不是因为他反对什么而欣赏他,而是在那个年代出于对文学的激情而欣赏他,当年我以同样的热忱仰慕着风格和倾向相反的作家。"博尔赫斯:"戈麦斯·德·拉·塞尔纳关于阿索林写了一句话很好:'我们不应该忘记阿索林教我们拼写出了现实。'很明显阿索林仍然继续在拼写现实,但也仅仅是拼写现实。[1]"比奥伊:"我想象中阿索林让人产生的是一种对秩序的喜爱,简单而克制的质朴和端庄体面。他很有品味,但不是时尚堆积的品味,而是由简陋、贫穷成就的品味:一堵白墙,一张铺着桌布、放着面包、干净、简单的桌子。在我的记忆中,阿索林总讲着同一个故事:一位旅人来到旅店的房间,从那里可以看到村庄里家家户户的屋顶;他的随身物品很少,行李箱放在椅子上,纸和笔在窗前的桌上。"博尔赫斯:"他发现了一种程式,一种写文学批评的程式:先看书的白书皮、封面和开本,再从描述书的本身开始。如果批评的是一部戏剧作品,我们能够看到阿索林到来,坐下,等待幕布升起。"

为了确认以上所有观点,我们决定读几页阿索林的作品。我们打开《幻想与谵妄》。让我们惊讶的是,我们首先察觉到句子并不短;由于同义词堆积,加上随意且

---

[1] 《阿索林》(1923)。

不合理的列举，句子被拉长。作者的用词十分随便："异乎寻常的"、"极好的"、"非凡的"，还用了"在……中间之类"的表述。他基本不思考，扣不住任何主题，也无法做到精确。我们读了关于拉腊的《纪念日》。博尔赫斯："他不应该坚持把他写成这样：身材矮小、头发梳得服服帖帖，留了额发，衣装整齐[1]；看起来像个洋娃娃。对他来说，拉腊应该比对我们来说更加真实。读了阿索林对他的描写以后，我们对拉腊的印象反而比先前更虚假了。他看着就像个傀儡。阿索林伟大的虚构是什么？写在拉腊自杀前一个女人去探望他？这个虚构太差劲了。阿索林应该把自己的虚构舍弃掉，他应该知道自己构思不出任何东西。这篇文章里唯一还不错的是他只写了：'枪声响起'，而没有去描写自杀的过程；但既然是这样，他又为什么要去写之前的那部分呢？前面那部分可能可以带出凄惨的自杀描写（他本可以这么写的！），但他意识到那个场景超出了他的能力范围，就避开了。（语带讽刺地）阿索林在纪念拉腊演讲里的一句话根本就配不上回忆的殊荣："马里亚诺·何塞·德·拉腊是一个凡人以及一位艺术家……"啊，太好了。我觉得如果把拉腊的自杀出成考题，没有人会比阿索林答得更糟糕了。阿索林那篇关于西班牙赞成禁令的趋势的文章[2]还不错；但除了描述现象还挺好以外，文章本身一文不值。"当我读到阿索林写拉腊在自杀前最后阶段表现出愉悦的'症状'时，博尔赫斯评论："就差写'他没勃起'。"他说有一篇阿索林写自己陪一个美国人去看卡斯蒂亚农村的文章[3]也不坏；因为他笔下美国人的赞叹其实是他自己的赞叹："一个人会羞于为布尔萨科区唱赞歌，只能将明显的赞美自己国家的愿望转移到外国人身上。"

博尔赫斯："阿索林可能是唯一一个因为消极的品质而成功的例子。阿索林相当于其他国家文学中的谁呢？可能没有任何人。他的写作对象是疲惫的读者吗？我不觉得；他不属于讽刺诗人，比如兰多和图莱，他们是典型的为疲惫的读者写作的人。"比奥伊："查尔斯·兰姆呢？"博尔赫斯："我刚才就在想他。但兰姆没那么差。阿索林写不出那篇关于衰老和死亡的、里面有'讽刺本身'的文章来[4]。"

1　"他矮小、冲动、紧张，新长出的胡子浓黑，柔软，留成一撮；大眼睛——有些天真，有些忧郁——；头发在额头前梳出了高高的额发，还时不时用手轻轻整理"（《幻想与谵妄》，1920）
2　出处同上，《纯正》。
3　出处同上《卡斯蒂亚的土地》。
4　指《新年前夕》（出自《伊利亚随笔集》，1923）。比奥伊引用并翻译：《英国散文家》（1948）前言里的一段：太阳，天空，微风，孤独的行者，夏日假期，绿色的农田，美食，友人，令人振奋的酒杯，蜡烛的微光，炉火边的谈话，无辜的虚荣，玩笑和讽刺本身，生命就此结束了吗？

我们继续读《阿布哈珊,醒着做梦的人》。博尔赫斯:"很明显这已经离阿索林很远了。虽然有缺点,但故事还挺有意思。开玩笑的人对被开玩笑的人有好感也不错。只要玩笑不要太有敌意。比桑丘的管理方法好多了:找个乡巴佬来管事,让他什么都不要做。阿布哈珊很聪明,读者可以认同他。但不太好的是他想实施自己小小的复仇计划。可以理解,但不值得把它写到故事里。他应该理解,在那个时刻,不值得复仇,一个管理者还有其他事情应该做。"

关于那句"最好的作家荷马也要休息"[1],博尔赫斯说它揭示了一个大城市的文明:"希伯来人说不出这样一句话。我不知道阿根廷人怎么样:我们只会赞同或反对……"

我们聊起了拉法埃尔·奥布里加多的《桑托斯·维加》。博尔赫斯:"《桑托斯·维加》的第一段有不少错误:

当午后哭泣着
倾向西方……

'哭泣着'?为什么是'哭泣着'?不管怎么说,都看起来是非同寻常的现象,但后来我们理解了,原来不过是日落而已。对于每天常规的日落,'哭泣'这个动词不够恰当。

苦痛的影子奔跑在
阿根廷潘帕斯草原上。

有人会认为影子是指傍晚的影子。不:是鬼魂的影子。

当太阳照亮
用它耀眼和静谧的光
广阔田野的舞台,

'广阔田野'和'舞台',正如奥卡姆注意到的,说的其实是一回事。

忧伤的影子
吻着地毯逃开
渴望着痛苦。

'吻着'你觉得好吗?诗人没法想象出他写的内容;如果可以,那他一定不会把哥萨

---

[1] 贺拉斯,《诗艺》,v.359。

克人的杂技强加在那个影子的身上（因为影子是骑着马的；即便是走路，一边逃一遍亲吻大地也一点都不舒服和优雅）。至于铺着地毯的田野，也不怎么取悦我。那块田野上的地毯，真的不怎么样……当民间歌手出现，他沉醉于

> 他用吻将她唤醒[1]，

于是所有的真实都被破坏了，我们面前的人物就如同道具一般。当一位作者描写高乔人或其他年代的人时，很容易掉进虚假的陷阱，感觉一切都像是戏剧里的。埃尔南德斯不会去冒险犯这个错误。"

11月3日，星期六。 博尔赫斯说佩德罗·穆尼奥斯·塞卡开始写《堂门多的复仇》的时候，抱着完成一部严肃作品的初衷。他说："他应该在过程中意识到写不出好的严肃作品，或者他让自己被玩笑话所裹挟，总之他写了一部滑稽的作品。"试问他自己有没有因为没有达成最初目标而感到某种遗憾。博尔赫斯用赞美的口吻补充道："但他意识到了，他明白了……换作是拉莱塔就意识不到。他根本没意识到！"

11月4日，星期日。 我们看完了《阿布哈珊，醒着做梦的人》。下半部分一直在讲一个愚蠢的笑话，没什么价值。

　　博尔赫斯："共产主义兑现地狱，承诺天堂。而资本主义坚称，不会跌入共产主义的地狱，但保持一如既往艰苦的生活。而人们呢，自然而然会偏爱共产主义。"

11月7日，星期三。 我去博尔赫斯那里，上将罗哈斯也在他那里喝茶。米列雷特——那个著名的"吹牛军人"也在，他算得上真正的英雄，尽管他好吹嘘、虚荣心强、爱讲话，还是十分可爱。他滔滔不绝，一刻不停。阿伊塔也在那里，好像正忧伤、阴郁地计划着什么。那副模样让博尔赫斯将他和十四行诗里的英雄联系在一起：

> 我是阴暗的——鳏夫——悲痛的
> 荒废城堡里的阿基坦王子
>
> 我唯一的星星已死，——我布满星辰的鲁特琴
> 带着忧郁、暗淡的太阳。[2]

1　《桑托斯·维加》（1885），II。
2　*Je suis le Ténébreux, — le Veuf — l'Inconsolé, Le prince d'Aquitaine à la tour abolie: Ma seule étoile est morte, — et mon luth constellé Porte le Soleil noir de la Mélancolie.* 热拉尔·德·内瓦尔，《不幸的人》，（出自《幻想》，1854）。

关于十四行诗，博尔赫斯评论道："'小摆件'。令人愉悦的小摆件，但也不过是个小摆件而已。如果这首诗是全世界最著名的诗歌之一，意味着人们承认诗歌不严肃。没有比这首诗更虚假的了，里面的元素都像道具一般。"

后来我把博尔赫斯请来家里吃饭。我们读了《英国西班牙人》。博尔赫斯："他们说话仿佛在演讲，几乎不能好好地讲故事。就好像在不停用手比划。他倒是也没有拒绝连载小说常用的伎俩：貌美如花的女人，不可思议的巧合。看起来像个单纯的故事。很糟糕的是，人们发现里面人物的态度不是为了体现他们的性格，而是为了推动情节发展（克罗塔尔多无视雷斯蒂伯爵的命令，拐走了西班牙女孩，为的是后面有故事发生；皇后呢，推迟了婚礼，差里卡雷多去办事，为的是让他遇到女孩子的父母）。花在描写伊萨贝拉衣服上的笔墨比花在人物本身上的都多，这点不对。你发现他谨慎到要保证所有人都怀有善意吗？《一千零一夜》里的故事写得更加自由和有智慧。"塞万提斯在写《堂吉诃德》的时候也更加松弛。他写得更加松弛，因为他以前是开玩笑的写法，而在这本书里他就严肃了起来，出于对人物、读者和警察局长[1]的尊重，就笨手笨脚起来。对英国的描述很模糊，但不如对西班牙的描述模糊。为了表现尽管年纪很轻，但谨慎让伊萨贝拉和里卡雷多变得成熟，塞万提斯说："让他们衰老"。他像是中国人……布拉玛笔下的中国人[2]。

11月12日，星期一。 博尔赫斯和弗拉迪·科奇安希奇来家里吃饭。我们读了《虚伪的姑母》。读完以后，博尔赫斯说有个好消息："我记起了格鲁萨克的一句话：'除了《虚伪的姑母》，它是别人冒名写的。'[3] 幸好塞万提斯没写出这种东西来。"博尔赫斯对故事情节不自觉生出反感。比奥伊："故事情节[4]虽然非常简陋，但比起《英国西班牙人》更有力量，更加真实，更加完整；一开始对人物的描述虽然一点也不'模范'，但在我看来因为具体而值得钦佩。反观《英国西班牙人》，里面什么都看不

---

1 指马塞多尼奥·费尔南德斯的话："或许是吧，但塞万提斯这么写是为了讨好警察局长"（博尔赫斯在《马塞多尼奥·费尔南德斯》一书的序中引用了这句话，ECA出版社，1961）。
2 指欧内斯特·布拉玛·史密斯（1969？—1942）的《凯朗》（1900—1940）系列，这套"戏谑性质的书"：假装是从中文翻译而来（《欧内斯特·布拉玛》，《家庭》第1497期，1938）博尔赫斯和比奥伊写了《致凯朗》：《寻泰安漫漫路》（1942），向布拉玛致敬。
3 关于《塞万提斯和堂吉诃德》的第二次讲座。
4 两个拉曼却的学生途径萨拉曼卡，他们试图勾引埃斯佩兰萨——一个涉世未深的姑娘。他们请求菲利克斯的帮助。菲利克斯告诉他们，尽管人们觉得姑娘是处女，但事实上她已经被她所谓的姑母克劳迪亚卖过三次了。菲利克斯夜访埃斯佩兰萨，企图用钱收买她未果。两人陷入激烈的争吵，双双被地方长官抓走。两位学生得知此事以后解救了埃斯佩兰萨。

出来。"博尔赫斯:"你说得有道理。很有意思:如果有人把两个故事里的任意一个寄到《家庭》杂志社,根本不会得到发表;但如果有人寄关于这两个故事的研究文章,倒是能发。"弗拉迪寻思这两本书值得赞誉的神话可以持续多久——这就是博尔赫斯所谓的文学骗局吧——博尔赫斯补充说,没有比落得跟只会破坏和否定的批评家一个下场更加悲哀的了。

11月19日,星期一。　　博尔赫斯:"对于所有人,不管怎么说,从来都只有一种伦理。纳粹分子,不谈他们的行径,也不例外。希特勒称丘吉尔为'名誉扫地的好战分子'。他没有说:'我想打仗,我侵略成性,英国人是和平及人类互相理解的肮脏支持者。'不应该忘记阿提拉的意思是'小神父'"。

11月20日,星期二。　　关于贝纳德斯,博尔赫斯认为:"他麻木至极。他能够涉猎各种文体、宗教诗歌、淫秽故事、官僚演说、黑话暗语,但都失败了。或许这句话放在歌德身上也不错。"

11月21日,星期三。　　我们读了梅里美:《查理九世时代轶事》(不屑地)和《高龙巴》的前四十页(热烈而愉快地)。博尔赫斯觉得我们读的《查理九世时代轶事》的那个章节里,语言完全没有任何美感。比奥伊:"《高龙巴》读起来兴致盎然。那些令人警觉和引人入胜的预兆以很舒服的方式搭配在一起,比例也很调和,外加主人公日常生活的片段。在最令人愉悦的小说故事里需要一定剂量的真实和日常的生活。"博尔赫斯:"这就是马塞多尼奥·费尔南德斯所说的:'诺拉喜欢看哈德逊·某某生活。'"

11月25日,星期日。　　我们读了《高龙巴》的第五章。博尔赫斯:"一开始我们挺喜欢,因为我们以为故事情节是假的情节,作者会在不经意间将其弃置一旁,用真实的情节给我们惊喜。"我读了高龙巴出现的章节:一位身着黑衣的少女,骑着一批瘦小却有力的马进了城。博尔赫斯:"这匹马是后来加上去的。就好像作者出于此要考虑才把它放进去。对于作者而言马比高龙巴更重要。"梅里美说内维尔小姐——一位目击者——最惊叹于高龙巴的美丽。博尔赫斯:"作者和内维尔小姐走的不是一条道。"我读了作者让高龙巴去上厕所的片段:"高龙巴匆忙地料理个人卫生,在风沙日晒下骑马赶路不得不这样"。博尔赫斯:"这里作者水平低下,不知所云。这个段落起连接作用,有必要,但不应该被读者注意到。"

我们在《牛津版法国文学指南》读到高龙巴是个怎么怎么样的女孩,绝顶美貌。博尔赫斯；"真奇怪，形容一个在书本文字以外就不存在的人物时，还要强调她的美貌。好吧，可能就应该是这样的。"

11月26日，星期一。 我们读了《高龙巴》。我们思忖作者是如何构思人物周围的环境的。我们读到八十页。博尔赫斯评论道："高龙巴会死。她没有男朋友。除了忘我和英勇的死以外，她没有别的未来可言。"

11月28日，星期三。 我和博尔赫斯转述了昨天跟奥迪莱·巴伦·苏佩维列关于音乐和文学中"随机"流派的对话：可以由读者自行调整章节次序的小说，很多环节任演奏者决定的音乐，每晚由观众投票主人公最后和哪个女孩子在一起的话剧。博尔赫斯："他们怎么知道观众对这种愚蠢的活动感兴趣，愿意去投票呢？所有的文学从来都是随机的，这无可避免。但这不能成为骄傲的理由，或者创新和发明的目的。奥迪莱抵制现代元素。"比奥伊："不，我记得他脸上闪着光，眼睛里充满梦想，评论道：'真有趣。'发明出这类不合时宜的东西能多有趣呢。"博尔赫斯："这类发明一点实验属性都没有。吉卜林和康拉德实验了小说艺术。"我补充道："还有卡夫卡。"

我们读了《高龙巴》。博尔赫斯："出现了一些意想不到的复杂局面。故事有所提升。很多人错把作者名字说成梅罗斯佩·普里美。梅罗斯佩比普里美（Périmée，意为'过时的'）好。"

博尔赫斯评论道："不应该用慢节奏的句子叙述快节奏的动作。正面例证：马丁·菲耶罗和黑人打斗那一幕[1]，诗句的节奏紧跟刀子的运动。反面例证：《高龙巴》里，奥朗杜岂沃和奥索·安东尼奥在后者家里的发生的冲突[2]。"比奥伊："要在有很多动作的片段里顺利过关，需要以某种视觉和风格的美感来自救。正面例子：史蒂文森；错误和糟糕的例子：《高龙巴》里，化名奥索·安东尼奥的奥索杀死巴里岂尼兄弟的片段[3]。"

纪德回答了谁是法国最好的诗人的问题："雨果，真不幸。"博尔赫斯："他想说：'他更希望这位热衷于修辞和墨守成规的诗人不是最好的；但事实上他就是最好的。'"

---

1 《马丁·菲耶罗》, vv., 1199—1238。
2 《高龙巴》(1840), XV。
3 出处同上，XVII。

我们谈到了法国大使。比奥伊:"我觉得他是个粗人。"博尔赫斯:"是的。作为人可能粗了些,但作为熊我就不会这么说了。"

11月30日,星期五。 我们读到了《高龙巴》第一百八十页。故事情节变得厚重起来。我们进行了预测,并一致认为作者应该为他的最爱高龙巴预留了一场悲情的死亡。

关于鲁文·达里奥,博尔赫斯说他攻击美国这件事很有意思,他更喜欢"西班牙语美洲这些可笑的国家"。比奥伊:"你要记得这个句子:'想法生时甜,老得快'。时代不同了,已经无法预测美国前行的航向,也不知道这种心理和态度会将其带到多么可恨和可怜的结局:罗斯福时期人们视美国为一个好斗商人的狂热帝国。他们还没有在两场捍卫自由的战争中死伤惨重。"

博尔赫斯:"帝国的概念是属于拉丁民族的:罗马人、西班牙人和拿破仑都创立了帝国。相反,日耳曼人从来都没有理解过这个概念:维京人可以成为世界的主人,但他们更愿意让被自己攻占的城市交钱赎回他们的自由,结果遭人怨恨。英国人曾经羞愧地拥有了一个帝国。吉卜林致力于颂扬帝国的想法,但因此遭受了不应得的惩罚,名声扫地。带着外来人的热诚,德国人学习了帝国的想法,却不懂如何实施,所到之处都被人憎恨。如今美国人拥有建立帝国的一切条件,但他们谨慎地排除了这个可能性,实行了贸易帝国主义,同样受到所有人的唾弃,因为大家都不理解这是什么(武器的威力倒是理解)。"

关于罗伯特·格雷夫斯,博尔赫斯说:"在我读的二十首他的诗里,我只能看懂五首。但这五首我觉得值得赞美。我推断如果别人能看懂,也会有同样的感受。"但至于埃内斯托·萨瓦托,博尔赫斯说:"除了糟透了的品味、放纵的自负情绪、对自己持续成功的真切关注,还要加上因为成功不够巨大而生出的忧郁,以及拥抱他活跃却平庸大脑产物时的热情。"

12月2日,星期日。 我们读完了《高龙巴》。博尔赫斯:"回过头看,读者会发现所有人物决定的背后都有高龙巴;她掌控了其他人的命运;但很明显在那些事件中也夹杂了偶然的因素。回溯故事会引发以下思考:'所以,写这本书是为了向我们展现一个有性格的姑娘如何⋯⋯(以及梅里美是怎么知道科西嘉岛传统的)。'即便你发现了作者的这一意图,也始终得不到一丝启发;读者也不会突然觉得自己在读另一本与自己想象中不一样的书。"

12月6日，星期四。 我们读了几页巴罗哈的《最后的浪漫主义者》。糟糕，无聊，写得很随便。读了司汤达的《犹太人》：故事讲得太棒了，写法很直接；情节挺新奇，很有趣。主人公只对钱感兴趣；经他手的钱数量不大，所以每一笔都记得住。博尔赫斯："主人公说自己曾经外表极为英俊。也行，他自己说这话也不要紧：还是有人相信的，因为他不是个虚荣的人；长得丑或者好看对他来说不重要；他的脑子里只有钱。所以《意大利遗事》是抄袭来的？《米娜·德·旺格尔》也是吗？好吧，这是一种怀疑论罢了。"博尔赫斯说司汤达由于过度描写无法塑造出可以想象的人物，同样，因为他一直在解释和分析，所以没法与读者建立亲密的关系："一切都是从远处讲述。这些故事不像他自己看到的，而像听来的。故事有八卦的感觉，他人呢，也很八卦。"

我们还聊了荣誉债务。博尔赫斯："荣誉债务一定要在二十四小时之内偿还这个想法真奇怪啊。我母亲告诉我一个男人在进步俱乐部里一晚上输了很大一笔钱；后来有一天他解释说，不能因为一晚上的任性让妻儿破产，所以不会支付债务。我觉得他做得对。但人们惊恐地看着他，就像看一个麻风病人一样。没有人想到比他更糟糕的是那个赢钱的人。他怎么没马上对他说，我也没准备因为一晚上的疯狂和任性，让别人和他的妻儿破产呢？没有想到这点。他们会觉得不信守荣誉债务的话会跌入无政府主义。"

12月8日，星期六。 我们读了《人生如梦》。博尔赫斯观察到在西班牙古典戏剧中，作者有一种急着要过渡到另一件事感觉。听了前几幕以后，博尔赫斯评论道："当时的观众能看懂这个，是有多聪明啊。还是没什么可看懂的。很明显，这些句子没有任何意思，漫无目的。"他说鲁文·达里奥欣赏法国的二等诗人："只要是他想要的东西，就对他有用。在他们身上他找到了象征主义，而在魏尔伦或马拉美身上，除了象征主义以外，他可以找到魏尔伦或马拉美。"

12月10日，星期一。 我们读了阿纳托尔·法郎士的《企鹅岛》。博尔赫斯："最最糟糕的书了。现在知道了：整本书都'过誉'了。最让我们惊讶的是《企鹅岛》里作者的缓慢推进速度，段落写得很小心，但不怎么出彩，有时候以讥讽的口吻收尾。他的风格装饰感十足，因为这些段落本身没有多重要的含义，只是为了借助对比效果，让读者准备好在这里或那里和某种垂死的讽刺相遇。"比奥伊："他的做法基于阅读原则，也就是说任何阅读都是令人愉悦的。可以说他的风格非常谨慎：不出众，不成功，但很谨慎。"博尔赫斯："他同样坚信企鹅世界很有趣，就好像苍蝇打架或者猫打架¹也曾经被人觉得有趣。又或者有人觉得中国人不吉利：参见《傅满洲》²。这个解释降低了书的等级，让它失去了神秘感，因为在人物中当代人可以认出某个政治家或作家来。就让它关乎热门话题吧……母亲说这是法郎士最差的一本书。最好的是《波纳尔之罪》。"比奥伊："我父亲以前也一直说法郎士最好的小说是《波纳尔之罪》。"博尔赫斯："法郎士被引进过来的时候，人们视他为全世界最好的作家。但这给他造成了不良的影响。后来他身上发生了什么？萧伯纳很欣赏他。"比奥伊："他没能从《企鹅岛》开启他的名声。"博尔赫斯："没有：一位作家因这样一部作品成名，他还不变得胆大妄为起来。"

博尔赫斯："你和我跟布瓦尔和佩库歇不像。我们可以最后读一读《布瓦尔和贝居榭》。"

博尔赫斯："很奇怪，一个人可以欣赏一位作家，并预料和接受对话方的反对意见。我欣赏卢贡内斯，但我同意他是个写诗时品味很差的阿根廷人……你也和我一样。但这不利于制造论战。人们往往抱团褒贬一位作家。"

博尔赫斯："对于任何一个人来说，要以与他生活的环境不同的方式思考很难。有人指出一位伟大的诗人在他的语言提供的可能性之内创作。当然，在一位伟大的诗人之后语言已经不再是原来的语言，这点也不错。相反，也有诗人根本没有影响到语言，甚至我们都想不起这门语言，比如何塞·埃尔南德斯。"

伊瓦拉说史蒂文森优于图莱，博尔赫斯注意到："我甚至不知道他们是否有可比性。一首包含这样句子的诗：

看他躺在自己曾经渴望的地方（Here he lies where he longed to be）

无法用法语或者西班牙语写出来。这需要英语中的单音节词。我觉得德语的沉重也不允许。我的希望或者幻想就是，斯堪的纳维亚的语言、尤其是爱尔兰语，可以像这首诗里的英语一样听起来有一种持续的感觉。比奥伊："或许比较图莱的爱情诗和史蒂文森写给孩子的诗不够合理：但如果真这么比，我倾向于史蒂文森。"

---

1 指何塞·德·维亚西奥萨的《莫斯克亚》（1615）和洛佩·德·维加的《加多马基亚》中的讽刺叙事诗。
2 指《傅满洲》系列，由萨克斯·罗默于1912年创作。通过里面的人物，作者开创了基于"黄祸"的惊悚小说。

博尔赫斯:"可能有一天《温柔的祖国》会像格拉西安那首'天鸡'的诗。"[1] 比奥伊:"洛佩斯·贝拉尔德最让人敬佩的地方,就是能够在《温柔的祖国》里,借助如此巴洛克式的、充满隐喻的现代主义风格,形成强烈和流畅的诗风。通常他的诗风要比卢贡内斯的更加强烈和流畅。"博尔赫斯:"是的,他胜于卢贡内斯。"比奥伊:"但不如达里奥。"比奥伊:"很明显,他比达里奥差远了。"在墨西哥人们会怎么评价洛佩斯·贝拉尔德呢?比奥伊:"在整个美洲,唯一一个瞧不起自己国家东西的就是阿根廷了。一个聪明的巴西或墨西哥知识分子可以毫不费力地理解你针对阿根廷开的非常规玩笑,但如果你跟他说巴西或者墨西哥的坏话,他的反应会像一个被侮辱了球衣颜色的博卡青年队球迷,或者像一个听说雷梅蒂奥斯·德·埃斯卡拉达[2]给圣马丁戴了绿帽子的圣马丁学院成员。"

12月12日,星期三。　　博尔赫斯:"不能根据一个人在数人参与的对话中说的话来判断他的智商。"比奥伊:"就我自己而言,我知道我在那些对话里就是个白痴,因为害怕说错话,或者为了顾及众多听众的观点。"

12月13日,星期四。　　我和西尔维娜去找博尔赫斯,后来又去找波兰裔美国人,麦格劳-希尔出版社代理人巴拉。我们在圣伊西德罗与维多利亚和佩索尼一起吃了饭。

巴拉告诉我们,美国作家不经过编辑的仔细审阅就不能出版任何东西。编辑是这么一个人物,他不仅仅修改天才的语法和句法,还时不时让你在这里加一个老渔女,在那里加一段阴森的文字,也有可能是色情片段,当然还会让你换个结局。博尔赫斯:"那这里情况要好得多。没有人对文学感兴趣,在你们那里一位作者拿着自己的十四行诗给编辑,了解市场的他,有可能把它出成历史小说,有可能出成菜谱。"

巴拉说起他有一次坐的飞机差点失事,因为一个发动机熄了火,但最后时刻机长拉直了飞机成功降落。他祝贺了飞行员,但其他的乘客对此表示抗议,因为他们把得救一事归功于一位女乘客从行李箱里拿出的某地圣母像的神迹。博尔赫斯评论:"也就是说上帝命令发动机失灵,让他们死掉;而在某女士的求助下,上帝的下属(那位圣母)出面调停,让他改变了原先的计划。怎么会有人这么想呢?"

1　指《夏天的丛林》;《年度丛林》里的一首,这首诗其实出自一位希诺维斯姓人之手,却被错误地收进了1700年格拉西安的《全集》。尤其是其中一首中,把星星比喻成"天野种的母鸡"。

2　圣马丁的妻子。——译者注

巴拉说在美国纯洁的理想压抑了众人。一个被指控挪用公款的人会依照民法被判处死刑，一个离婚的人在美国南部被视为弃子。作为清教徒的博尔赫斯回应："至少比这里好。所有事情当下就被忘却了。小偷、懦夫、叛徒的名声不会伤害到任何人。"

巴拉赞扬了一个叫爱德华·阿尔比的人的喜剧，题为《谁害怕弗吉尼亚·伍尔夫》(Who's afraid of Virginia Woolf)，也是剧中人物齐声重复的句子（他们围成一圈呐喊，整剧中这一场景出现了两到三次）。因为带有口音，这句话听起来像：谁害怕凶恶的大灰狼？（Who's afraid of the big, bad Wolf?）博尔赫斯："这位作家的创作中一切是多么随意，在想出如此差劲的戏谑句子以后，居然还拿它做了书名。"

回去的路上，巴拉和佩索尼陶醉地称颂了一个叫罗尔德·达尔的人的故事："那个女主人公丈夫宣布要抛弃她的故事。"佩索尼快乐地喊出声，紧握双手。巴拉是这么说的："那个女人从冰柜里取出一根冻得跟石头一样硬的羊腿，从她坐在沙发上的丈夫的背后走近，举起羊腿朝他头上猛地一击，杀死了他。接着她把羊腿放进烤箱，自己去了警察局，宣称发现他丈夫死在家里。警察去搜查她的家，她还请他们留下来吃午饭。他们一边吃着羊腿，一边透露说等找到杀人工具，杀人犯的身份也就水落石出了。"这故事很棒，极好云云。博尔赫斯："但你们觉得用这种情节能写出好故事吗？"巴拉："罗尔德·达尔，那位作者，是世界上最好的短篇小说家，带一点爱伦·坡，带一点欧亨利，带一点卡夫卡，也有一点您的味道，堂豪尔赫·路易斯。""天哪，"博尔赫斯评论道："我不会说爱伦·坡是最好的短篇小说家之一，拿欧亨利和卡夫卡相提并论我觉得是一种侮辱。我觉得有更好的短篇小说家。就更别提吉卜林和亨利·詹姆斯了。"

博尔赫斯或许会事后跟我说，像达尔写的这么一个阴森可怕的故事可能是真事；至少作者应该相信它是真的；这么一个故事的作者应该和里面的人物有些相似；应该以全然不知人物有多恐怖的口吻讲述故事。对他来说，这个故事就和阿波利奈尔的故事一样做作。

12月16日，星期日。 我们聊起了阿纳托尔·法郎士。我们读了《波纳尔之罪》。博尔赫斯："开头不错。比《企鹅岛》的好很多。但是：我觉得这种殷勤的调调更适合一个故事，而不是整本书。殷勤，讽刺，伤感。会让人想起谁呢？想起乔治·摩尔，查尔斯·兰姆，蒙田。这本书能给人留下深刻印象挺奇怪的，因为看起来一点都不像一部重要的作品。"比奥伊："这样一本书能给人留下深刻印象其实是在肯定它产生的时代。它面对的是有精致品味的读者。"博尔赫斯:"像《波纳尔之罪》这样一本用讨人喜爱的成分堆积起来的书,一开始我还挺喜欢,但马上就腻了。读者会有点生作家的气,因为他看起来虚荣心很重,对能够用他的魅力取悦我们信心十足……这本书让我想起马克斯·比尔博姆的《牛津情事》,一本名不副实的书。好吧,《不可儿戏》也是本讨人喜欢的书,但水平要高出很多。我们被他吸引是因为里面满是笑话以及荒诞的片段。"王尔德让我们惊喜不断。你不会拿王尔德和法郎士作比较。马塞多尼奥·费尔南德斯说比法郎士更讽刺的是说他讽刺的读者们[1]。博尔赫斯补充说,他推测法郎士擅长写好几位参与者都展露愚蠢的对话。

博尔赫斯提到了他在读的用冰岛语写的一个女预言家的预言[2]:"天啊,也不是什么大事儿。诗歌应该时不时带着感叹,用来呐喊——但要避免洛尔迦和阿尔贝蒂的极端——那是说明文了。"

博尔赫斯:"读爱伦·坡的时候会觉得所有的故事都来自一本书;读他是因为已经读了他很多遍;但如果是第一次拿到手,可能不会继续读下去。"

12月21日,星期五。　　我们继续读《波纳尔之罪》,有些沮丧。没有比第一部分末尾出现的紫罗兰更矫揉造作的了。

12月28日,星期五。　　博尔赫斯说,最无法忍受的,就是那些得了我们自身已经治愈的怪癖的人。

博尔赫斯:"在这个国家(以及所有地方),人们需要一个在事情不顺利的时候可以责怪的人,一只替罪羊:犹太人,或者我们中间意大利人的后裔,我们总将灾难归咎于他们。(讽刺地)如果不是因为他们,这个国家可能是另一个样子。"

博尔赫斯评论了一本马格达莱纳·哈瑞雅格诗集的名字,《手和它的旅行》:"选得不好。使人产生不太体面的联想。'它的'给人感觉已经知道指的是那次旅行。这个书名很奇怪,与其说恰当,更让人觉得奇怪。没有比一个奇怪而愚蠢的标题更糟糕的了;平庸而愚蠢都比这好,没那么显眼。"

---

1 有趣而深刻的法郎士,你如此平易近人,以至于仓库管理员在读你的时候都不想换工作。我一边读,一边试着笑,好不在深刻的段落中泄气,或许正是因此我遭人诟病……因为……他严肃的段落让我觉得这是我希望他为我写的,而滑稽的段落他则不公之于众,由于刻意的幽默。(马塞多尼奥·费尔南德斯;《揭开序幕的小说》,出自《新来者的笔记》,EUDEBA 出版社,1966)。
2 《沃卢普萨》,或《西比拉的显灵》(《老埃达》,或《诗体埃达》,或《塞蒙恩德埃达》)。

我们读了都德的《不朽者》。博尔赫斯:"是我们读到现在最好的了。你看到他是怎么展开想象的了吗?这是个经济的作家;在前几页就已经给你呈现了好几个重要的任务以及有趣的情景。或许你不喜欢他描述的世界,但必须承认还是不错的。和都德比起来,梅里美就像个孩子。为什么他不讨人喜欢呢?因为他太勤奋了?看起来他诗意不够,全无史诗之感。也达不到漫画的程度。但每一句写得都很好。"

12月29日,星期六。 说起比约翰·斯坦贝克(他最后获了奖)更好的诺贝尔奖候选人,博尔赫斯说:"随便谁。"我们马上达成了共识:埃里克·林克莱特。

12月30日,星期日。 我们读了艾米莉·狄金森的几首诗。博尔赫斯:"我几乎不认识她。"我们将她和图莱进行了对比。博尔赫斯:"难以想象,另一个很像图莱的人——不是在主题上——是爱默生。"他说在波德莱尔关于旅行的愿望的诗里,少了一点优雅和灵感。"这是在全世界范围内最受推崇的一首诗",他嘲讽地指出。他记起了约阿希姆·杜·贝莱的诗《像尤利西斯那样展开过美好旅行的人是幸福的》:

> 像尤利西斯那样展开过美好旅行的人是幸福的,
> 抢到金羊皮的人也懂得其中的乐趣,
> 然后他回到故乡,满怀知识和经验
> 和父母一起共享天伦……
>
> [...]
>
> 比起张扬的罗马宫殿,
> 我更喜欢祖先打造的茅屋,
> 更喜欢我家房顶上薄薄的石板,而不是豪华的大理石。
>
> 更喜欢高卢的卢瓦尔河,而不是拉丁台博河,
> 更喜欢我的小里尔村,而不是巴拉丁山丘,
> 更喜欢昂热的柔风,而不是海边大风。[1]

---

[1] *Heureux qui, comme Ulysse, a fait un beau voyage, ou comme cestuy-là qui conquit la toison, et puis est retourné, plein d'usage et raison, vivre entre ses parents le reste de son âge! [...] Plus me plaît le séjour qu'ont bâti mes aïeux, que des palais Romains le front audacieux; plus que le marbre dur me plaît l'ardoise fine, Plus mon Loire Gaulois que le Tibre Latin, Plus mon petit Liré que le mont Palatin, et plus que l'air marin la douceur Angevine.* (《悔恨》,1588,XXXI)

博尔赫斯指出:"好奇怪啊,明明是'美好的旅行',偏偏下意识要给它改成'漫长的旅行'。这个关于尤利西斯旅行的想法太肤浅了,完全没有对尤利西斯产生认同感,反倒将其视为读者:一次经历了怪物、卡律布狄斯和斯库拉的旅行,怎么可以称为'美好的旅行'?'满怀知识'相比之下好多了,已经很不错了,尽管'满怀知识'这句在当时比在现在更平常一些。另外,在他身处的如此保守的年代,比起罗马的大理石,更喜欢'房顶上薄薄的石板',或者比起'海边大风',更喜欢'昂热的柔风'也还好。埃雷迪亚说过:

> 那让他成为昂热的柔风的东西[1]

就像个女人,秘密的影射,抑或玩笑:很有可能是杜·贝莱开的玩笑,也没什么不好。"

12月31日,星期一。 博尔赫斯:"不应该过度考量书中出自主人公之手的画作、雕塑或者纪念碑:读者们会发现它们其实一无是处。"

1963 年

1月1日,星期二。 我们在《不朽者》的第四章里找到了这样一句话:"核桃袋子里的雕塑";所以格鲁萨克从都德那里借了这个句子(用在罗丹身上)。我们读了第五章(在帕多瓦尼女士家的聚会)。

博尔赫斯:"随着我们阅读的推进,感觉这本书越来越糟糕。它就是不怎么出彩,就是一堆没什么灵感的巴黎风情画堆在一起。伟大的作品不是这么写出来的。不管是《堂吉诃德》还是《罪与罚》都不是。它们更加和谐。或许《不朽者》的一个缺点是它关注了好几个人的命运,而非一个人的。"比奥伊:"狄更斯的作品里也一样。但狄更斯有更强的助推力。"博尔赫斯:"不止多一点。"比奥伊:"或许《不朽者》向我们证明了写现实主义小说不可能。"博尔赫斯:"小说写得不错,但无法让人满意。当然,作者描写破旧的、被遗弃的审计院时有点魔怔了:他给每种花草都找到了名字,展示自己词汇量之丰富[2]。想必是个真实存在的地方;都德应该也参照了他的笔记。否则怎么可能叫出这么多植物的名称?"比奥伊:"韦德里纳对书来说

---

[1] 何塞·玛利亚·埃雷迪亚,《美丽的古提琴》(出自《战利品》,1893)。
[2] 《不朽者》(1888,IV)。

就是场灾难：他是个值得尊敬的人物，尤其受到作者的尊敬……"博尔赫斯（关于这本小说）："没什么诗意。"比奥伊："也没有冒险将至时的晕眩，就像康拉德的小说里那样。"博尔赫斯："是的，都德描述的内容既不美，他的风格——艺术家的写作，大概——本身也不令人愉悦。"比奥伊："有讽刺，但比较节制。"博尔赫斯："不会让人疯狂大笑。主题……都是些作者想出的八卦、女人的闲话，但还挺可信。"

1月8日，星期二。　　我们试着读了米尔博的《生意就是生意》。又读了《拉米雷斯的光辉之家》。关于书的开头，博尔赫斯说："很不错。福楼拜弟子的体系比绘画体系要好多了。"

1月9日，星期三。　　我们读了《拉米雷斯的光辉之家》的第二章。关于书里对拉米雷斯怀恨卡瓦雷罗作出的历史解释，博尔赫斯说："比起小说，这更像写小说前做的笔记：就直接搬进了小说里。"关于拉米雷斯出发以后做的梦："太糟糕了。假装梦的样子，但一点不像梦。"关于小说的大背景："很不错。比如拉米雷斯和出身卑微人群的友谊。大家都不怎么欣赏他。可以看得出他们不喜欢他写的东西，但会鼓励他，因为他走在正轨上……他虚荣心重。放出消息来说自己先前身体不好，但现在好了，并想和大家分享水果盐。"

1月12日，星期六。　　博尔赫斯和胡安·何塞·埃尔南德斯在家吃饭。博尔赫斯："与这里的美国人或者很多地方的犹太人不同，美国的黑人是个确实存在的问题，而非虚构出来的。黑人身上有些很明显的东西让我们感到排斥。所以我们阿根廷人把巴西人当猕猴来看。"埃尔南德斯："黑人和猴子之间没有一点相似之处。厚实的嘴唇是人类自己的特征；猴子几乎没有嘴唇，它们的嘴巴就像被切开的口。"博尔赫斯："您指出的这些区别适得其反，很值得怀疑。您指出这些是因为您觉得黑人和猴子之间有些相似之处。您不会去列举希腊人和猴子，或者米洛的维纳斯和猴子之间的区别吧。"我们这里曾经有黑人，但后来已经没有了。"太遗憾了！"埃尔南德斯感叹道。（"这个小伙儿是彻彻底底的傻瓜"，博尔赫斯事后想起这句感叹的时候说。）

3月28日，星期四。　　关于他住过的肯辛顿街区[1]，博尔赫斯对我说："这是个善良的迷宫。整个伦敦都是个善良的迷宫。"

1　1962年1月31日至1962年3月12日期间，博尔赫斯和他的母亲在欧洲。

4月1日，星期一。　　我们聊到了康拉德。博尔赫斯说："比起《走投无路》，我更喜欢《阴影线》。《走投无路》里面作者的问题很简单：讲述的情节有些奇怪[1]；《阴影线》里的问题就复杂很多，在于如何传递情感：第一手的情绪，只有康拉德能够办到。"

4月7日，星期日。　　博尔赫斯说："从某种意义上印刷术的发明是有害的。你意识到了吗？手写稿已经很少见，很难获取了。能够看懂它们变得很重要。另外，阅读时也需要花实际的功夫：手写体有时候不好看，有时候很难辨认；也会有错误。阅读的时候要聚精会神。"博尔赫斯聊到了杰弗里·乔叟，他带着《神曲》的手稿来到英格兰；关于彼得拉克和薄伽丘，"我一直在读《特洛伊罗斯与克丽西达》：这是乔叟最好的作品。我对他有些不公平。所有的反面评价都是事先设定的。我们憎恶一位作家，因为我们没读过他的作品；我们没读过他的作品，因为我们憎恶他。总是这样。或许洛佩·德·维加是位好作家。他应该不错，如果他写出那些十四行诗的话。有一天我们会发现卡利斯托·奥尤埃拉也值得欣赏？不，我们的欣赏能力不至于落到这种地步。

4月16日，星期二。　　博尔赫斯说起兰格伦的《农夫皮尔斯》："有个很美的想法，我在其他地方都没见过：上帝创造人类不单单是为了清洗世界的罪恶，还是为了了解伤痛。创造人类对于神来说不亚于一场冒险。"比奥伊："很奇怪，一个这么吸引人的想法在一本十四世纪的书里，居然到现在都没有被人拾起。"博尔赫斯："森茨伯里把诗比作万花筒。万物无时无刻不在变化：农夫皮尔斯时而是农夫皮尔斯，时而是上帝。一位骑手在一次赛马中出场与死亡对决，但他骑着一头驴，还赤着脚：这分明是进耶路撒冷城的耶稣；后来他经历了苦路，被送上十字架，作者已经忘记了骑手。我觉得写成这样是因为兰格伦想以现实主义描绘梦境。在那个年代，人们会写梦和显灵。《神曲》本身就是一次显灵。兰格伦或许想过：这些梦太对称，太有逻辑，不像是梦。梦里的东西会变成别的东西。一个人一开始的时候在一个情景中，后来又转到了另一个情景里，忘记了前面那个。"

博尔赫斯坚称自己从来没有说过"法语"（langue française），但说过"发语"（francoese）。法国大革命时期，可以分辨出，普通百姓说的是"车论"（le roi），而

---

[1] 一位已经退休的老海军长官被迫重新出海，带领一个小船队每个月走同样的路线。这样的周而复始允许他掩盖自己在慢慢变瞎的事实。

贵族则说"车轮"（le roué），或者差不多的发音。约翰逊说"拳打"（punch）[1]，和我们一样。莎士比亚说"生存还是毁灭"（To be or not to be），就像一个不会说英语的阿根廷人一样。

博尔赫斯："我们国家的爱书癖已经发展到了极度奇怪的地步。埃斯塔尼斯劳·德尔·坎波的《浮士德》初版比歌德的《浮士德》初版卖得还要贵，当然我们暗自知道这是公平的。一些无人问津的书的初版，比如莫利纳里的书，价值数千比索。一个人可以在布宜诺斯艾利斯买到，就比如我就买到了，《萨朗波》的初版，但买不到《堂塞贡多·松布拉》的初版。为了买《世界》，一本卢贡内斯觉得丢人想要毁掉的书，人们愿意出比其他书更多的钱……作者没必要厌恶自己的某本书，因为这反倒让书更珍贵了。"比奥伊："不过既然爱书癖们都不读书，所以也没关系。"博尔赫斯："这倒是。他们从来不读书。"

4月24日，星期三。 博尔赫斯说："可怜的坎西诺斯在翻译弗里德里希·席勒。你发现了吗？一位如此乏味的作者……"

博尔赫斯："马丁·布伯读万卷书[2]，非常有文化，写得也很不错。他给中国的故事、给庄子[3]、给波斯的书写过前言。"关于哈西迪[4]的故事也很好。但他的哲学思想一文不值。他哲学体系的背景就是"我—你"和"我—它"的关系。"我—你"（Ich-du, I-thou）是对话；"我—它"（Ich-es, I-it）是不对话。罪人可以获得救赎因为他身处对话中；而恶棍无法获得救赎，因为他从属于"我—它"的关系。上帝创造了人类因为他需要"我—你"的关系。而神学家们失去了上帝因为他们身处"我—它"的关系。（鄙视地）这是哲学吗？这难道不纯粹是文字游戏吗？"比奥伊："我觉得区分罪人和恶棍倒也不坏。马丁·布伯说上帝的重大错误是：'把属于上帝的给上帝，把属于恺撒的给恺撒，'因为世界只有一个，而宗教应该总和生活交织在一起，就像它在犹太人中间一样；基督徒由于将现实生活和宗教生活分开而错误地行事。"博尔赫斯评论："马丁·布伯，多么得意的名字。你觉得马丁·波波（Bobo）[5]这个名词给

---

1 詹姆斯·包斯威尔惊讶地评论说约翰逊说"劝打"（poonsh）。（《约翰逊传》，1776年3月23日）
2 指斯特凡·马拉美，《海风》（1865）；"肉体真可悲，唉！万卷书也读累"。
3 《庄子语录与寓意》（1910）。
4 《哈西迪的故事》（1949）。
5 西班牙语中有"蠢货"的意思。——译者注

人什么暗示吗？我觉得没有。"

4月29日，星期一。　　我们读了几页《贝尔西雷斯和西希斯蒙达历险记》。读了开头几段以后，博尔赫斯评论道："一个忧伤的解释：塞万提斯用他饱受赞誉又深沉庄重的语言写了《堂吉诃德》里的喜剧片段，因为没有其他选择。全世界各国的教授想必花了很大功夫来清楚地翻译这些段落，避免丢掉塞万提斯的轻盈。"

5月1日，星期三。　　我们读了《贝尔西雷斯和西希斯蒙达历险记》。博尔赫斯："塞万提斯理解了人与人之间的核心共同点。他让所有人都以同样的方式说话：叙述者，佩里安特罗，塔乌里萨。"我们读了前言和献词。博尔赫斯："还不错。有一些鲜活的东西。但《贝尔西雷斯和西希斯蒙达历险记》这本书已经死了。前面几个章节是蠢话的狂欢。"

5月5日，星期日。　　我们读了苏亚雷斯·菲格罗亚的《旅人》。博尔赫斯："西班牙语怎么了。感觉变成了另外一种语言。要听懂你给我读的东西非常费劲。"我们读了《贝尔西雷斯和西希斯蒙达历险记》。博尔赫斯："或许所有这些是'精致写作'，但却给人杂草丛生的印象。"比奥伊："看起来像草稿。"博尔赫斯："或许可以用来给学生考试。让他们任何修改一段，不丢失其中的含义……《堂吉诃德》的第一章就写得很不一样。这本书里都是些诸如此类的句子：'用手展示了帽子，毡毛做的；野蛮人来了，念头也来了……'不，我不觉得《堂吉诃德》也是写成这样的，《训诫小说集》也不是。你看，马尔科·布鲁托可能造作了一点，但也比这强。"

我们读了塞萨尔·巴尔哈的《经典作品及作者》、詹姆斯·菲茨莫里斯-凯利的《西班牙文学史》、以及格鲁萨克写的涉及《贝尔西雷斯和西希斯蒙达历险记》的内容。除了格鲁萨克，他提到了[1]令人厌烦的《贝尔西雷斯和西希斯蒙达历险记》，而其他几个人都赞扬了作者的想象和风格。博尔赫斯："这里根本没有想象：纯属不负责任。谈什么想象。如果一个学生给他们中的任何一个人交一份这样的习作，一定会挂的。但如果一个人想到衰老贫穷的塞万提斯，住在一个散发着恶臭的茅草屋里，想象着这些冒险……他或许可以写一本，又一本书。当然，要赞扬《贝尔西雷斯和西希斯蒙达历险记》是容易的，只是引用里面任何一句话的时候都要谨慎，因为读者会发现这就是场骗局。就好像威尔斯评价霍尔丹时说的，别人称赞他'小心地避免了举具体例子'。可以和谁谈《贝尔西雷斯和西希斯蒙达历险记》呢？和卢贡内

1　关于《塞万提斯和堂吉诃德》的第一次讲座。

斯，是的。我不觉得可以和乌雷尼亚谈。可能和雷耶斯也不行。"我们重新考虑了这本书只是草稿的可能性。博尔赫斯："或许原本不准备这么出版的。不过既然我们不知道塞万提斯的写作方式，我们也不能妄加评价；但我真的觉得是份草稿。塞万提斯有想过他在《贝尔西雷斯和西希斯蒙达历险记》里叙述的事件可能发生在什么年代吗？没有。他从来没想过。他没读过《萨朗波》和沃尔特·司各特。"

5月6日，星期一。 博尔赫斯说："很难讲苏尔·索拉的逸事：需要苏尔·索拉的形象、声音，以及他本人。（悲伤地）他不会像吉拉尔德斯一样成为我国文学的经典。"比奥伊："我们不该把苏尔·索拉作为作家来写。应该写一部小说的章节，他在里面担任主人公。他就是个虚构作品中的人物，丰富了布宜诺斯艾利斯；有了他布宜诺斯艾利斯比原来丰富了。当然这个城市也曾经拥有过马塞多尼奥·费尔南德斯。"博尔赫斯："我们曾经非常期待两位天才的相遇，马塞多尼奥·费尔南德斯和苏尔·索拉。但结果不怎么样……苏尔·索拉说马塞多尼奥·费尔南德斯老掉牙，马塞多尼奥·费尔南德斯坚称苏尔·索拉值得所有的尊敬和同情。[1]"

博尔赫斯说埃内斯托·帕拉西奥把苏尔·索拉介绍给他，说要带他去见一位魔术师。苏尔·索拉和博尔赫斯在国会附近沿街的一家咖啡馆喝了啤酒。博尔赫斯："我一开始不怎么喜欢他。突然，他模仿西班牙人的说话方式，对我说：'我们喝着我们的咖啡，在周围行人的羡慕之下。'那是个冒失的玩笑，因为他不知道对方会怎么看待他说的话……但那个玩笑征服了我，或许是因为我觉得一个能够发现西班牙人喜欢让人羡慕的人，肯定还能观察到无数有趣和相似的现象：我拍了他一下，对他颇有好感。他是一位参与了拉斯埃拉街[2]监狱建造工程的德国人的儿子。关于他的母亲和姐姐，他说：'两个老女人看着我，歪着头，学我的动作，朝天看，做出一

---

[1] 1928年我急着写《并非一切都是睁眼的不眠》[…]一位优雅的天国和语言的粉碎者、苏尔·索拉的来访，将我置于深深的焦虑。我对他说我在写世界上最不好懂的一本书，他来跟我宣布他的抑制沟通系统、难以理解的新克里奥尔语会在这本急着强行写就的经久不衰的佳作之前准备停当，这本书我在科里恩特斯·苏伊帕查街酝酿了四年。于是会有人说一旦世上有了苏尔·索拉发明的语言，那么任何人都可以写出看不懂的书了。我加快了我的写作步伐，因为我已经证明我自己不需要苏尔·索拉的语言：一个思想者可以把任何目前为止看起来难的东西变得无法理解。"（马塞多尼奥·费尔南德斯，《缺席的干杯》出自《新来者的笔记》，1929）。

[2] 苏尔·索拉是埃米利·舒尔茨·里加（1853—1925）和亚古斯蒂娜·索拉里（1865—1959）的儿子。他的父亲来自里加，母亲来自圣伯多禄罗维雷托。他的父亲1873年来到布宜诺斯艾利斯，曾担任国家监狱（1877年启用）的机械工程师。苏尔·索拉于1905年到1906年初在那里工作。

副很严肃的样子：她们模仿我。''她们不说话吗？'我问。'不，不讲话。'有一天天气很热，我对他说：'太热了，什么都做不了。''确实。今天我只创造了十种或者十二种宗教。'某种程度上这是一句反宗教的嘲讽。他提到他去意大利拜访的一位姨姥姥，他说那人非常无知，只有一段回忆，就翻来覆去地讲，说的是一趟载着马戏团的火车：'车头（原文为拼写错误的意大利语 el vapur）先开过来，接着是大象（原文为拼写错误的意大利语 lonimale ... lulefante）'，她就这样一列列车厢数过来。'她是个文盲，'苏尔·索拉解释道，'她的脑海里只留下了这么一个画面。'另一个同村的意大利人只记得'他在布宜诺斯艾利斯的小蛋糕店里拉小提琴'；就好像是个梦一样，别的都不记得了：连小蛋糕店所在的街道也不记得了……苏尔·索拉将语言视为一种逻辑机制。在选择词汇的时候，他缺乏敏感度。所以只能生造。用他真诚的、感觉含在嘴里的调调说出来，还挺有喜剧效果的。主要是他也不刻意逗你笑。苏尔·索拉只用西班牙语写作：他不觉得有用德语写作的必要。他对文学没有太好的鉴别能力。如果不用隐喻，他就不觉得这风格有多好了。关于《化身博士》，他说感觉像柯南·道尔写的，关于夏尔·皮埃尔·波德莱尔，他说比但丁更胜一筹。他是个书虫，很好学，有个巨大的图书馆：他收藏了全世界各国的德语版童话故事；各种宗教的历史；保尔·杜森的《哲学的历史》；有关语言的源头的书；关于他很喜欢的苏格兰花呢格纹的书。他很明确，会一点点完善他的馆藏。在他家，晚上我们会经常读斯温伯格。绘画方面他的喜好令人难以捉摸。他不欣赏毕加索和布拉克，而是喜爱保罗·克利——保罗·克利如何？——还有不属于附庸风雅一派的画家；或者至少属于其他派别的，比如透纳。他有皮拉奈奇的版画，还有丢勒版画的复制品。新画上题词的语言既不是"泛语"（panlingua）又不是新克里奥尔语。这是一种新的语言，西班牙语、葡萄牙语和英语的混合，在美洲使用。所以他请求上帝让他充分清醒。

5月7日，星期二。 比奥伊："我今天读了格鲁萨克关于塞万提斯的第一次讲座稿。我觉得棒极了，写得很好。"博尔赫斯："这是一种跟你父亲风格很接近的讽刺。比如：'他的喜剧里面，八部散失了，只能想那些都是最好的作品聊以自慰[1]。'而赞美呢，写得精致而自觉，有理有据。对于男性，还有塞万提斯，格鲁萨克描绘出了一种惹人喜爱的形象。"比奥伊："充满嫉妒的偶像崇拜容不下对一些人物（莎士比亚、塞万提斯、圣马丁）的任何反对声音，随着时间的推移这种情绪愈演愈烈。蒲柏可

---

1 "关于喜剧，我们知之甚少（剩下一种资源：认为散失的那些都是最好的作品）[...]"【《关于塞万提斯和堂吉诃德的第一次讲座》(1919) III】。

以几近诚实地反对莎士比亚;而约翰逊则不够谨慎[1];而如今恐怕都要力排众议了。当然,在西班牙国内攻击塞万提斯要更危险一些,虽然不如在我们温顺的阿根廷质疑圣马丁来得危险。"博尔赫斯:"对诸如约翰逊或格鲁萨克之类作家的反对会更有力量,更容易激怒神殿的守卫者,如果反对出自在写作上极具攻击性的作家之手的话,比如孟肯或莱昂·布洛伊;他们攻击别人的时候甚至不需要勇气,因为众人会将他们的攻击视为性格特征或者有趣的抽搐。"

5月15日,星期三。 我们读了参加比赛的诗歌[2]。博尔赫斯说:"很难相信会突然间出现一首好的。"

5月16日,星期四。 博尔赫斯背诵了海梅斯·弗雷伊雷的诗句:

朝圣的想象白鸽
近日的爱恋;
光芒、音乐和花朵的灵魂,
朝圣的想象白鸽。[3]

博尔赫斯评论道:"虽然单纯是文字游戏,但仍然值得欣赏。至于作者,他会怎么说呢?'我写了几句没有任何含义的诗句吗?'还是我认为里面充满了含义、劝解,还有……确实值得欣赏,但要发表他们得具有很大的勇气。我想说:作为作者,我倒挺喜欢自己创作了它们,但不敢就这么把它们随随便便发表出来,在一个周日的《国家报》上,署上作者的名字。宁愿将其记到一位小说人物头上。"

5月20日,星期一。 比奥伊:"我在《中国诗歌艺术》中读到,在中文作品中被经常提及的文学典故对于翻译者来说是十分危险的陷阱;比如,'我有志于学习'是一句让人想起孔子'吾十有五而志于学'的话,因此事实上,这句话是指说话者十五岁[4]。"这引发了我的思考,但不肯定是否确切:学习欧洲语言就是掌握一定的

---

1 在给莎士比亚作品写的序言中,蒲柏虽然总体上赞美了莎士比亚,但同时也谈及了他的错误和缺点。在《约翰逊传》序言里(1786),作者写道:'如果说我们的一切都归功于他(莎士比亚),那也有些东西要归功于我们;如果我们的赞赏有很大一部分出自感知和判断,同样道理,也有很大一部分出于传统和尊敬。'在包斯威尔看来(《约翰逊传》,1769年10月19日),约翰逊认为,"莎士比亚写六行就一定会犯错。可能你会数出七行来,但这并不反驳我总体的主张。"
2 1936年《国家报》的文学奖,"不超过150行——未发表的最佳诗歌或诗歌系列"。
3 《永恒》(《野蛮的卡斯塔利亚》,1899)。
4 詹姆斯·刘《中国诗歌艺术》,伦敦:劳特利厅及根·保罗公司出版社,1962:6—7。

概念的同义词；而中文最大的困难在于他们的概念和我们的并不一致。比如，在几乎所有的欧洲语言中都有一个概念，叫'base'，在中文里是'根基'；在欧洲语言里，与之相反的，是'tope, cima, cúspide'（顶端、巅峰、顶峰），而中国人用'冠'（类似树冠）。"博尔赫斯："在英语诗歌中出现了一些我以为是博览群书作者原创的句子，但结果发现只不过是拾人牙慧。不是因为押韵，而是叠韵，盎格鲁撒克逊诗歌里以前不存在'节'的概念。爱尔兰人和斯堪的纳维亚人编制出了如此复杂的诗学，以至于人们满足于写出一首诗，而并不追求它有多出色；诸如此类的情况如今也发生在了威尔士诗歌。一位德国学者认为，在语言进化方面不存在任何哲学规则：事情时而以一种方式，时而以另一种方式发展；这是没有广而推之规则的世界。"比奥伊："当别人给我解释格林定律的时候，我也产生了同样的疑问。"

博尔赫斯谈及马拉美："他经常俗气而甜腻：但考虑到他提倡的诗歌，没那么糟糕：

> 那是你第一次吻我的幸福的一天。
>
> [...]
>
> 我觉得看到了天使和他闪耀的帽子 [...][1]

就好像那些美国作家：他们想变得硬气一些，但结果只是俗气和多愁善感而已。

博尔赫斯说应该写一部世俗的小说，情节复杂，带有悬疑，里面的人物内心柔弱。在最后一个章节——为了展示受够一切的情绪，还有作者写书已经把自己写傻了——应该放出一群猴子把所有的人物都干掉。"

5月22日，星期三。　　我们读了魏尔伦的《绿》

> 这儿是果实、花朵、树叶和枝条，
> 这儿还有我的心，它只为你跳动。
> 请不要用你洁白的手把它撕裂了，
> 请用你美丽的眼睛看我的温柔顺从。
>
> 我来时，一切都还被露珠缀满，
> 清晨的风把我的额头吹得冰凉。
> 请宽容我的倦怠吧，憩息在你脚边，

---

[1] 《幻影》，1863。

这千金一刻的梦将消除我的疲惫。

让我的头在年轻的胸上得到栖息,
你最近的吻还在他上面留有印记;
让它栖息在猛烈的暴风雨后的宁静里,
让我微睡片刻,既然你也要小憩。

博尔赫斯将其和贡戈拉的一首十四行诗进行了对比(《致一位妇人,在她沉睡时,一只蜜蜂叮了她的嘴》):

靠在神圣月桂树的树干上,
她脖子上的凸起
在金色发浪中带着淫欲地
舔舐着暧昧的空气。

他说应该写一写被露水沾湿或者被蜜蜂叮了的爱人的优点和缺点。

比奥伊:"在《绿》里,所有画面都很近,太近了:

……一切都还被露珠缀满,
清晨的风把我的额头吹得冰凉。

不管是'缀满'还是'冰凉'都无法给出合理的解释。'让我的头得到栖息'给人感觉头松开了。"博尔赫斯:"可拆卸头。"比奥伊:

"你最近的吻还在他上面留有印记

也夸张得很滑稽。

让它 [...]
让我微睡片刻,既然你也要小憩

性爱前的睡眠。"博尔赫斯:"虽然画面很夸张,但出于诗歌的节奏的原因,整体效果还是很平缓的,几乎有点无力。"

我们读了魏尔伦的其他几首诗:

玫瑰全是血红色的,
常春藤全是黑色的。

爱人，因你不为所动，
我所有的绝望重生。

天空太蓝，太过温柔，
大海太绿，而那天空也太过甜蜜。

我总是害怕，——这等候！——
一次你残忍的逃避。

自有漆色叶的冬青
困倦我的闪亮黄杨。

自那片无尽的原野
自一切，却没你在，唉！

博尔赫斯："这首好多了。"他补充道："太奇怪了：像是图莱的诗。一位伟大作家给我们带来的东西是独一无二，无法替代的。魏尔伦给我们的愉悦在其他诗人身上找不到。"

我们读了贡戈拉。博尔赫斯："他更加硬气，有男性气概。不过，有时候硬得像是用胶水糊过，衬了硬板纸：又硬又干。"

啊，大河，安达卢西亚的伟大国王
尊贵的黄沙，但不是金的！[1]

比奥伊："之所以出现例外应该是因为他喜欢用'但不是'，因为惯性思维。他们喜欢极了辩证往复。"博尔赫斯："是的：出于思维的定式，而非行动[2]。"

5月27日，星期一。 博尔赫斯对基罗加的评价糟糕透了。我们读了《羽毛枕头》，非常薄弱。博尔赫斯："读这个短篇很不健康；这是在让读者相信写作的不可能性。每写三个词就要换一个主语。有时候会用代词'他'；有时候会给人感觉进门的那个

---

1 《忧郁》（《无词浪漫曲》，1874）。
2 不同于杜埃罗河，瓜达基维尔河的河水里没有金子。参考费拉里·奥斯瓦尔多在《最后的对话》里的话（南美出版社，1987年）：p.173："和比奥伊·卡萨雷斯我们讨论了那句'啊，大河，安达卢西亚的伟大国王，尊贵的黄沙，但不是金的！'比奥伊对我说贡戈拉喜欢的思维方式正是'是这样，但不是那样。'"

是地毯。故事写作的结果也不佳。很多开头的细节最后发现其实没有存在的意义；结构很复杂，但里面的人物感觉在世上独行，没有家人也没有朋友。最后出现的仆人，在这之前都没有提到过。作者有一种把主语放在句子最后的怪癖，有时候会造成一种并不让人兴奋的悬疑，你不知道正在读的部分对应的是谁。最后有一段，不像是故事里的，而是报纸里给家庭主妇看的推荐[1]。"

读了两篇《流放者》里的故事：《死去的人》和《漫漫长夜》。第一篇的情节不像是短篇，而像是诗歌里的[2]；第二篇呢，虽然有一些两可的成分，但很贫乏；不过事实上这两篇写得都还不错，尤其是和《羽毛枕头》相比。比奥伊："我觉得后面两篇的发表已经和这篇相隔了一段时间；在这段时间里基罗加学会了如何写作。"博尔赫斯："可以看到写作短篇的意愿。但仅仅是写作，没有想法，没有情节，什么都没有的写作。"

6月2日，星期日。 我们读了参加《国家报》诗歌比赛的作品；有一些可以接受。接着，感觉像是为了净化自己的眼睛，博尔赫斯提议："我们读一首魏尔伦的诗吧。"博尔赫斯："天哪，这么细微的诗。他只关心他的命运。不，不是他的命运：是他的现在，转瞬即逝的瞬间。没有人会因为这样的诗歌得到什么改善。但，

　　这是我没有劳作过的手[3]

这是诗集里很出彩的一首诗。我们需要看看到底哪个更重要：一位诗人在我们记忆中留下的印象，还是我们在重读他时给我们的印象。或许——但愿如此——更重要的是记忆中的。"比奥伊："还有，如果认为书是为了被人读存在的就太天真了，书是为了已经被人读过存在的。"

我们愉快地读了《卡斯帕·豪泽尔》。博尔赫斯解释道："我要在拉普拉塔谈魏尔伦。关于魏尔伦能说些什么呢？他的诗很出色，但不适合分析。我得选一个我没那么喜欢的、但有更多东西可以分析的作家。尼科尔森有一本不错的关于魏尔伦的书[4]。最后他讨厌极了法国人，称他们为'我们严肃的邻居'，还说居然有法国批评家

1　"这种鸟类的寄生虫，在平常的环境中是很小的；但在特定的条件下，它的体积会增大。人血似乎对它特别有营养，所以在羽毛枕头里找到它，并不是什么罕见的事。"
2　丛林里，一个男人脚下一滑，跌倒在了他的看到上。故事简单描写了他的弥留和死亡。
3　出自《噢，我的主，你用爱伤害了我》（《智慧集》，1880）。
4　《魏尔伦》，1921年。

自认为有能力理解莎士比亚，甚至是歌德。"比奥伊："很奇怪，因为他写了不止一本关于法国作家的书。我记得有一本写贡斯当的[1]。"博尔赫斯："好吧，可能他自己也憎恨自己写了这些书，在这么长时间里把他们当真。"他请我读《我熟悉的梦》：

> 我常做这个梦，奇特而印象深刻
> 梦见一个陌生女郎，我爱她，她爱我，
> 每一次并不完全都是同样的一个
> 也不完全是另一个，她爱我又知我。
>
> 因为她知我，而且只是对于她来说
> 我的心是透明的，唉，不再是个疑惑
> 只是对于她来说，只有她知道如何
> 用泪水来冷却我湿热铁青的前额。
>
> 我不知道她的头发是褐、是金、还是红。
> 她的名字？我记得那是甜蜜而动听
> 正如那些被人生放逐的情人。
>
> 她的凝望就如同雕像的凝望。
> 她的声音遥远、平静而深沉
> 有着那些沉默了的珍贵声音的抑扬。

博尔赫斯很喜欢这首诗。我觉得最后几句有些可笑：让我感到不舒服，不愉快。比奥伊："我记得布吕内蒂埃还是法盖说过：'魏尔伦的声音不在那些沉默的声音之列，真的太可惜了。'对于那些不喜欢他的人来说，这该是多让人难以忍受的诗歌啊。"博尔赫斯说："很少有人可以欣赏魏尔伦的诗以及他作为批评家的话里的优雅。公平还是不公平不重要：他的诗歌就是为了优雅而生……似乎托尔斯泰读魏尔伦的时候什么也没读懂。在一首诗里，魏尔伦先写了小鸟，又在下一行提到了'微弱的声音'[2]。托尔斯泰因为没理解声音出自小鸟，生气地问它们是从哪里来的，这些微弱的声音是什么。是不是，魏尔伦会给人感觉像图莱。我觉得你说所有人写的都

---

1 《本杰明·贡斯当》，1949 年。
2 "听，靠近灰色的树枝，传来微弱的声音。"出自《被遗忘的小咏叹调》，I。（《无词浪漫曲》，1874 年）

是探戈诗歌的时候，有失公平。不管怎么说，这印证了探戈的没落。"比奥伊："很明显，魏尔伦是柔和版的迪斯塞波罗。"我们读了《誓约》：

啊！这些 oaristys！这些最早的情人！
金色的头发，蔚蓝的眸，裸露的花，
然而，在柔嫩娇体散发的香气间，
羞涩而自发的爱抚！

博尔赫斯："胡安·巴莱拉把'oaristys'翻译成'闲谈'，他应该会希腊语。我以为是类似'情妇'的概念"。我查了希腊语词典；通过字母顺序查询，我推测大致是这样的，因为 οαριοτίς 指和我们有亲密关系的人。博尔赫斯评论道："能提到姑娘酮体的香气真的太好了。"我们读了《三年以后》：

推开这摇摇欲坠的窄门，
我徜徉在小小的花园里。
花园里闪动着晨光温嫩，
遍撒在花瓣上晶莹欲滴。

眼前一切如旧：葡萄藤蔓
缠满凉棚，棚里数把藤椅。
泉水低语，银光清亮依然，
老杨树的悲怨永不停息。

蔷薇轻颤，犹同往日；犹同
往日，百合傲然，随风摇动。
往来的云雀，都与我相熟。

甚至，还有薇莉达的雕塑。
石膏剥落，散落走道尽处。
纤影，伫立木犀的暗香中。

比奥伊："最后没有明说只缺她一个，这点很好：一切不言而喻，没有必要说出来。"博尔赫斯："但最好的还是《忧郁》"：

玫瑰全是血红色的，
常春藤全是黑色的。

"疯狂边缘的快意",正如切斯特顿和罗塞蒂写的。比奥伊:"在最好的时期,魏尔伦使用散文式的笔调创作,只运用简单的词语,他的诗歌,不同于其他诗人的作品,不过是更改一下词语正常的顺序,或者是用一个不常见的,甚至是不应该用的词,亦或逻辑上的歪曲。他的诗歌合法度,而非很容易察觉的舞台道具。"博尔赫斯:"他的诗歌不是让你很快读完,或者一下读很多的。而是让你一次就读一首,慢慢体会它的余味,感受其中的忧郁。在诗歌以外,魏尔伦就是普普通通的法国人,并不太有趣。"

我们还聊了兰波和马拉美。比奥伊:"兰波写了最灵感迸发的诗[1],但他的成功十分短暂。"博尔赫斯:"确实短暂。"比奥伊:"马拉美也有些令人赏心悦目的诗。"博尔赫斯:"但通常都很荒唐。"

博尔赫斯:"维多利亚鄙视了不知道谁,因为那人写了'必须过我的生活(il faut vivre ma vie)',而非瓦雷里的原文'必须试着生活(il faut tenter de vivre)'。她鄙视那个人,因为她站在瓦雷里一边,觉得错不可能在瓦雷里[2]。还有,我感觉那个人好像是百万富翁。尽管如此,'必须过我的生活'是个比'必须试着生活'更有趣的句子。不管怎么说,就好像雷·德·古尔蒙批注阿巴雷给大作家们做的修改时,用了些嘲讽的句子,例如:'芬乃伦创作过程中没有获得 M·阿巴雷的帮助,实在可惜。'不应该这么说,而应该看修改是否合理。"我提醒他乌纳穆诺关于克莱蒙辛说过:"我们的克莱蒙辛来改或许会更好。"等等。博尔赫斯认为,乌纳穆诺说这话的时候没什么恶意,不过是愚蠢的愤慨罢了。

博尔赫斯:"我给维多利亚翻译纪德几句伤感的诗句时[3],故意省掉了几处很傻的重复。维多利亚说:'不,不应该这么做,纪德的精神就丢失了。'事情是一旦文字付梓成书,哈,它就是神圣、不可篡改的,只能保持原来的样子……就好像我们写东西的时候毫不犹豫,而最终犹豫随随便便就解决了。正如前些天晚上我们聊到的假想的《贝尔西雷斯和西希斯蒙达历险记》的可能译者,他们尽了力,却无法把握原文的味道和流畅。可原文根本就没有什么流畅和味道;只要一个人伸手拿书来读,一切都清晰展现在他眼前;不过这不重要,因为反正也没有人读书。他们要在

---

1 《醉舟》,1871 年。
2 维多利亚·奥坎波在《莎士比亚,还是随心所欲》(《南方》1964 年 289—290 期)里,抨击了戈德肖上校在他那本奇特的《法语诗歌试译》中翻译的《海滨墓园》。
3 《珀耳塞福涅》(《南方》,1936)。

德克萨斯出版《造物主》的译本[1]。书名保持了西班牙语原文。我建议他们用'The Maker'。他们说不行，因为'El hacedor'里有些东西翻译成'The Maker'以后就丢失了。事实上，我当时首先想到的是英语题目'The Maker'，后来才把它翻译成'El hacedor'。他们没有想到《悼念制造者》吗？大家都那么无知。"

博尔赫斯："可怕的是，有一天突然发现有精致品味的作家们变得品味糟糕了起来。看看爱伦·坡、王尔德、马拉美。那些不追求精致的作家，比如马克·吐温，反而更经得起考验。爱伦·坡的糟糕品味在他的几首诗里特别明显。当他对故事的情节有足够的兴趣时，品味不会差。弥尔顿和歌德有一种写出高级蠢话的趋势。尽管伊瓦拉说歌德想用魔鬼来吓人也有失公平。拜伦或许也被人选为品味糟糕的作家之一，但如果他人生经历再丰富些，可能成为另一类作家。在《唐璜》里他很讽刺。"比奥伊："在《唐璜》里，他远远超出了好与坏的范畴……"博尔赫斯："他的表达能力如此之强……偶尔的糟糕品味也不重要了，因为马上就过渡到另一件事了。但是没有人的品味比埃雷拉·伊·雷希格更差劲了。"

博尔赫斯在街上遇到一位高大、黝黑的女生，十分粗鲁，她对博尔赫斯说自己曾经是他的学生，马上要出版一部小说，"书稿已经在负责修改风格的人手上了"。比奥伊："太奇怪了，这真是个专业化的世界。我们那个时代根本没有干这活儿的人。我当时还真挺需要这么一个修改风格的人呢。不过我觉得我可能会往坏里想。"博尔赫斯："真遗憾拉莱塔和罗哈斯的书没有经人修改过。要是这些修改的人也是天才就好了……可惜不是，别指望他们是天才，他们只不过是'从业者'罢了，有专业知识的人。我跟姑娘说让他特别注意隐喻的使用。她说是的，已经把所有的隐喻替换成神话和寓言了。你能想象她写出了什么奇怪的小说吗？全文上下穿插着动物之间的对话。告别的时候我对她说时间的暗号是'回到伊索'；她表示同意。我一直想要把布宜诺斯艾利斯的这一刻讲给你听。"

6月3日，星期一。 博尔赫斯提到："最后几年，魏尔伦为了隐瞒自己同性恋的身份，和各种妓女上床。警方照顾他，把有些地方写成：'他和迪朗的女儿上了床（等等）。'"

6月5日，星期三。 我们读了勒贡特·德·李勒的《美洲豹》：

---

[1] 由M·博耶和H·莫兰翻译，最后以《梦虎》作为书名出版（奥斯汀：德克萨斯大学出版社，1964）。

在阴森陡坡的遥远幕布下
光如同坠落在泡沫堆积的浪潮里；
忧郁的潘帕斯上影子拉长了身体，
在夜晚的凉意中慵懒地晃动。

博尔赫斯："他用了'幕布'，真遗憾。如果他想描述一个原始的世界，不应该用这样的词。在这个方面切斯特顿做得不错：当他描写原始世界的时候，就没有用文明社会的词语；弥尔顿则用了'戏剧'……'陡坡'暴露了一个即便有心也想象不出没有山的金色的欧洲人。他还在地图里看到了安第斯山脉，所以也没有舍弃它们。这段的最后两句不错。证明了格鲁萨克的观点，李勒直觉感知到了潘帕斯……但是……我继续往下读：

从沼泽，那里丛生高大粗壮的杂草，
从沙地，那里满眼树木和裸露的岩石，
从孤独深处杂乱地盘旋升起，
没有见过白天的邪恶叹息。

月亮，在白色的浓雾中闪耀，
于静默小溪的淤泥上方，
冷峻而坚硬，透过茂密的树枝，
照亮了凯门鳄粗糙的背脊。

有几只在水边迟缓地伸展弯曲的腿，
如饥似渴地开合铁颌并发出声响，
还有的，好似覆盖着粗糙树皮的枝干，
半张着嘴露出尖牙，趴在流动的空气中。

凯门鳄——它们是配角——显得有些多余。在这个画面里，植物和矿物过多：让人想起百科全书里关于一个地区动植物的内容；动物都朝着同一个方向看，排成一排，但根本没有察觉它们身边的是谁。"我继续往下读：

彼时（美洲豹）沉默了，如石板一般，
纹丝不动，沉在错综的枝条下：
潘帕斯的巨大公牛进入空地，
犄角高耸，鼻孔生出两道烟。

博尔赫斯:"这动物的'进场'实在不怎么样。好像它们是被人推出来的;根本没有生命:动物标本一般。"比奥伊:"另外,读者会感觉作者在就一个题目写作诗歌,题目是:美洲豹。诗人完全没有接受灵感的指引;读者甚至会希望他可以偶尔放纵自己大意一下。"博尔赫斯:"不,他在这首诗里搞砸了一切。他怎么就没意识到呢,花了这么大的功夫,但其实用这些形象什么效果都达不到。'一头巨大的潘帕斯公牛',美洲豹和凯门鳄,作为配角,在一副'百科全书般的'风景画中。连一块砖都比这更有内涵。但能够让人读到公牛的恐惧不错;美洲豹和美洲豹的眼睛也还行:

半闭的眼睛和朝前的嘴⋯⋯"

比奥伊:"糟糕的是人们把写得好的仅仅认为是写得对的片段。"博尔赫斯:"诗歌不可以这样。为什么格鲁萨克这么喜欢他呢。因为他是个严肃的作家,而不是个'忽悠人的'。"比奥伊:"严肃是严肃,这点没错,但严肃得没有生趣。"博尔赫斯:"乔治·摩尔把李勒比喻成一次参观法院之旅,那里能感受到一阵穿堂阴风。他有福楼拜的方法:先做充分研究再动笔。我觉得他追求的是不犯错误:即便给人留下虚假的印象他也不在乎。我觉得朗费罗的方法更好:他写关于红皮人的诗[1],就编造了些关于他们的神话故事。瓦伦西亚无疑模仿了李勒,不过太随便了,没下什么功夫。拉法埃尔·奥布里加多同样延续了这种类似作画的方法。"比奥伊:"画里堆满了动物标本,或者是事先列好的清单里的植物。"博尔赫斯:"卡列戈在我家读了佩雷斯·博纳尔德翻译的爱伦·坡的《乌鸦》。书里有几幅钢板画:其中一幅是一只乌鸦,一边听着诗,爱伦·坡的脸就浮现了出来。"比奥伊:"佩德罗·米盖尔·奥布里加多翻译了《致我的母亲》[2]。"博尔赫斯:"他的译本或许不比其他的译本差。也不比原文差。"

我们聊起伟大的法国诗人:雨果、魏尔伦、图莱,当然还有马拉美、波德莱尔,以及兰波。博尔赫斯:"拉辛或许也是个伟大的诗人。亨利·德·雷尼埃难道不好吗?每个美洲大陆上诗人的诞生可能都要归功于这些法国诗人中的一位。"比奥伊:"是的,是他们播撒了种子。"博尔赫斯:"为什么卢贡内斯那么喜欢萨曼。另外一个谜是艾吕雅。那天,不记得是谁了,聊到了图莱,很有研究,讲得也有理。后

---

[1] 《海华沙之歌》(1855)。
[2] 爱伦·坡《致我的母亲》(《家庭》,1934年1279期)。

来他承认说,当然,艾吕雅是位伟大的诗人。"比奥伊:"他像谁呢?像莫利纳里。更加甜腻的莫利纳里:莫利纳里不是因为品味好所以不甜腻,而是因为他整个人都是干巴巴的。"博尔赫斯:"不会有法国人写出像聂鲁达那么不理智的诗吧?你觉得那里也跟这里一样有假圣人吗?萨曼认为整个历史只剩下了画作,这想法太荒唐了。那首怪诞的关于牧师的诗,不好吗?(顿了一下)。虽然也不是特别好……至于波德莱尔,一切都是那么丑陋那么奢侈……王尔德,不是什么好诗人,也差不多,只不过稍带点戏谑。爱伦·坡,也不是好诗人,跟他非常像。好吧,或许爱伦·坡稍微好一点。"比奥伊:"我不这么认为。一切都太造作了。"

我们读了阿波利奈尔。博尔赫斯:"他很随性。韵可以把他带到任何方向。在巅峰时期他确实不错:在《红发美女》和《猎角》里,出现过几句让人很想模仿的句子。而且在读阿波利奈尔的时候,可以感受到,至少在一些时候,可以感受到他想表达什么,而且他的表达是出于自己的意愿。聂鲁达或许不会记得他自己写过的诗。没有人会记得它们。如果有个人给他读诗的时候跳过了一句,他根本不会发现……阿波利奈尔可能有些多愁善感。法国人不担心自己多愁善感,而且给人舒服的感觉。它们写诗的时候带点轻心,偶尔给人无所谓的感觉。这样很好。阿根廷人(和其他南美人)虽然模仿它们,但效果很生硬:写出来的诗就好像死了一样。阿波利奈尔是一个可以欣赏,但不够被尊重的诗人"比奥伊:"甚至会有一点点喜欢他。"博尔赫斯:"聂鲁达在同一首诗里会改变风格和笔调,他自己也毫无察觉。太粗糙了。在关于沃尔特·惠特曼的那首诗里开场还不错,因为无疑他的脑海里刻着他当时在读的惠特曼诗歌的节奏,但后来就开始胡言乱语了,突然间整首诗急转直下,成了另一首诗:一首反美国的诗[1]。他是洛尔迦的门徒,但比洛尔迦差很多。他以为什么都可以写成诗,尤其《纽约的诗人》里的那些自由体诗,简直太可怕了。这些诗人,某种程度上,是很聪明的诗人。不能批评他们说他们不理智,因为他们玩的就是不理智的游戏。不过不管怎么说'带着蝴蝶的络腮胡'或者'水手胡'之类[2]的意象都太可笑、太丑陋了。"比奥伊:"人们喜欢聂鲁达,因为有时候他虽然俗气,但不让人恶心。喜欢佩德罗·米格尔(比聂鲁达好得多)的人也会喜欢聂鲁达,但要知道佩德罗·米格尔被人毁誉了。在这里读者可以尽情放纵于俗气给人带来的愉悦,它来自于充满现代气息的丑陋而具体的意象,向人们保证这不是俗气,而是现代。"博

---

[1] 《沃尔特·惠特曼赞歌》(出自《元素的赞歌》,1956)。
[2] "[...]我已经看不见你停满蝴蝶的络腮胡"(《沃尔特·惠特曼赞歌》,出自《纽约的诗人》)。

尔赫斯："可是，他们怎么会喜欢呢？这些人难道从来就没有读过一首贝克尔的好诗？就如此无视一首好诗给人的快意吗？我不觉得聂鲁达在莫利纳里之下。莫利纳里连一点神秘感都没有。"比奥伊："奥克塔维奥·帕斯伤心地谴责聂鲁达这个人，却欣赏他作为诗人。他太难过了。"

　　我们读了聂鲁达和帕斯的诗。帕斯的诗，虽然不乏丑陋和愚蠢的成分，但似乎好一些。博尔赫斯："在《洛尔迦颂歌》里，聂鲁达在最后写到了他作为具有男性气概的男人的忧伤[1]。他在写的可是一个女人气的男人，你们别搞错了：真可怜。相比之下，马查多关于洛尔迦之死的那首诗好得太多：他有灵感。"

　　博尔赫斯："马修·阿诺德有一首诗，里面问：如果生命如此短暂，为何文字要如此绽放[2]？"博尔赫斯朗诵了诗句后评论道："这个想法不错，以前也没有被人说出来过。阿诺德写过一些极好的诗，比如令人钦佩的《多佛滩》，但也有很多诗太乏味了。"

6月7日，星期五。　　我们读了亨利·德·雷尼埃、兰波、卢贡内斯的诗。雷尼埃的我们读了《花瓶》和其他几首。博尔赫斯："感觉像法医的调调，或者是长篇大论。"兰波的，读了《醉舟》。博尔赫斯："单句来看似乎一点不美；但太有力了：真是首伟大的诗。"西尔维娜："魏尔伦没有任何作品能够与之相提并论。"卢贡内斯的，读了《乡间的月亮》。博尔赫斯："里面所有关于乡村的句子都是对的"。后来读了《金山》：

> 如果你也已经为那些值得带着
> 尊严和坚强饮泣的事情而落泪；
> 如果你足够坚定面对所有平民
> 已会用大理石砌的栏杆来阻隔；

博尔赫斯："点缀成分过多。不过'balaustrada'其实比'antepecho'好，卢贡内斯在奥布里加多的建议下做了修改。前者虽然是个装饰性的意象，但读者可以看到些什么；但后者我们都不知道是什么。"比奥伊："从上下文来看，在那个特定的时刻，栏杆也不对，给人感觉是说错了的'胸'。"我们最后读了《拜访》。比奥伊："笔调保持得真好。不像聂鲁达的《惠特曼赞歌》或者洛尔迦赞歌里笔调会在一首诗里改变。卢贡内斯知道自己在做什么。"博尔赫斯："即便活到五百岁，聂鲁达也写不出

---

[1] "这就是生活，费德里科，这里时 / 我的友谊可以给你的 / 作为忧伤的具有男性气概的男人"（《费德里科·加西亚·洛尔迦赞歌》，出自《大地上的居所》第二部分，1931—1935）。
[2] 《拉格比教堂》（《新诗》，1867）。

这样一首诗。聂鲁达要不是天才，要不就什么都不是。"比奥伊："这次拜访，如此真实，向我证明我在这方面的行为总是那么没有教养和不合时宜；我来到一个人家里，说的第一句话就是我来的理由是什么。"博尔赫斯："莱恩说[1]，在开罗，一个人走进一家店，会先和老板坐下来聊聊天，喝杯咖啡，又过了一会儿，就好像根本不想买东西一样，才会问起能不能看看这件或那件商品。"

博尔赫斯："夸夸其谈的人"与我们的认知相反，其实只有同样这么做的人才对他们感兴趣。人们对别人其实没那么感兴趣。他们不会整天都在评论别人身上发生的事情。如果一个人被老婆劈腿了，他会觉得很差耻；我们所有人都认识被老婆戴绿帽子的男人，但我们也不会对他们有什么负面想法。想到他们的时候，我们不会这么想：我们根本不在乎，生活已经够艰难了。"

星期日，6月9日。 我到他家去找他的时候，他母亲正在给他念亨利·詹姆斯的《格蕾薇尔·芬》。博尔赫斯对我说这是个凄美的故事。

我们读了《给法比奥的道德书》：

> 法比奥，殷勤的希望
> 是野心家死亡的监狱
> 最活跃者生白发之地。

博尔赫斯："一开始就不好：

> 最活跃者生白发之地。"

我一直读到了：

> 让她像野兽一样过去
> 伟大的贝蒂斯河的水流，汹涌之时
> 一直延伸到它沿岸的山脉。

博尔赫斯："太好了！

> 伟大的贝蒂斯河的水流，汹涌之时……

比克维多、洛佩、路易斯·德·莱昂神甫好多了。把他们甩在身后好远。"我继续读道：

---

[1] 《现代埃及人风俗习惯》（1836）。

来，到古罗慕列亚

母亲般的怀抱，那里的气候

会让你觉得无比人性和宁静。

那里，至少，当土地

挤压我们的身体，有人会说：

"让它柔软吧"，在上面撒土的时候。

博尔赫斯表达了他对这些诗句的欣赏之情。我继续读：

你别不进早餐就离开桌子

要是桌上没有稀有的鱼

或者朱诺不给我们孔雀。

博尔赫斯："这句真棒：

或者朱诺不给我们孔雀。

可以看出他会拉丁语。伊瓦拉说得很有道理：拉丁语是西班牙语犯下最好的错误。"
他马上补充道："是几乎所有语言的。"我继续读：

去寻找，甜蜜而昂贵的平和，

如同在爱琴海的黑夜

领航员寻找突出的灯塔［…］。

比奥伊："'突出'这个词很好。"博尔赫斯："这是唯一一次'突出'用得好的。"我继续念：

夜莺宁愿要他可怜的巢穴

里面只有羽毛和轻轻麦秆，还有他的呻吟

在幽深隐蔽的森林。

比起阿谀奉承地讨好

某位尊贵王子的耳朵，被囚禁在

金色铁窗的金属中。

悲伤啊，那个注定生活在

充满恶习的古老聚居地的人

预料到私下的脸孔。

博尔赫斯:"很不错:

 金色铁窗的金属中。

在'恶习的聚居地'里,'聚居地'用得真好。"我继续念:

 除了干草还有什么,清晨碧绿,
 午后干枯。哦,盲目的妄言!
 难道是记起了这个梦?

博尔赫斯:"这首诗最后以匿名的方式流传下来太好了。就好像命运满足了原作者的心愿。"我继续读:

 夏天的繁花已经过去,
 秋天带着花束过去,
 冬天带着白雪过去。

博尔赫斯:"太出彩的句子:

 秋天带着花束过去"

我继续念:

 你难道认为男人是为
 战争之光而生吗,
 为了渡过咸海,

 为了测量地球的周长
 还有太阳行走的路线
 如果您这样理解,那大错特错了!

博尔赫斯:"战争和科学对他来说简直微不足道。"我继续读:

 我们身上至高神圣的部分
 受到伟大行为的召唤
 止于更崇高的目的。

博尔赫斯:"这个想法真奇怪。这个作者比克维多、贡戈拉、洛佩,甚至是路易斯神甫本人都要更复杂。"我继续读：

> 悲哀啊那个奔跑和自我延伸的人
> 为探寻不同的气候和海洋，
> 金子和银子的追逐者！
>
> 在我的家里一个角度就已足够
> 一本书和一位挚友，一场短暂的梦
> 不被债务和悲伤惊扰。

博尔赫斯指出"角度"一词用得对。我继续读了剩下的部分，博尔赫斯称赞不已：

> 我拥有中等的生活
> 普通而节制的风格
> 没有人会注意到它。
>
> [……]
>
> 某个如此杰出和慷慨的人
> 把它当成纯银
> 透明和发光的晶体。
>
> 没有自我约束，你看到有什么
> 是完美的吗？哦，死亡，静默地来吧，
> 正如你常乘着箭降临，
>
> 而不在雷鸣般作响的机器，满是
> 火焰和声响；也不是我用
> 弯曲金属建造的门。
>
> [……]
>
> 贪婪在运气手中
> 被扔向大海，愤怒留给刀剑。

博尔赫斯："整首诗中出现的都是常见的地点，其实非常高雅。如果加入诗人的自身特点可能反而让诗更弱，质量变差。他大胆的时候，是真正的大胆。最后一句：

　　在时间死于我们怀中之前

在逻辑上可能讲不通，但不错。"

　　我们读了克维多的《讽刺谴责书》。博尔赫斯："这篇很差。我们有了双关语，有了对称的反衬游戏。而那些不合时宜的关于上帝即真理的论据呢？整首《给法比奥的道德书》的笔调都还行：有尊严，道德纯净。"一首道德书应该用一种道德的笔调来写。克维多的那首有一种令人不悦的笔调。能够读出来的就只有写作目的而已。坎西诺斯说得在理：克维多讽刺的那一面简直是场灾难。克维多非常保守，为他那个年代几乎政府所有的错误叫好。也不奇怪他婚姻不顺：他应该很爱指手画脚。"

　　博尔赫斯："比起其他语言，西班牙语有更纯粹的音。它没有法语的'ü'，也没有英语这么多辅音。这是一种极好的语言：只不过我发现它没有像法语或英语这样产出这么多优秀的作家。苏尔曾经说法语仅有的优点是'就是这样'（nous y sommes）和'滚'（va t'en）。西班牙语里我们没有'rêve'（梦）和'songe'（白日梦）的区别，而有'ser'（表性质的是）和'estar'（表状态的是）的区别。"

　　比奥伊："前几天我和人讨论了诗歌朗诵。我觉得把诗念得不像诗这样很不好。我想象法国人要为了观众将诗歌形式的话剧——亚历山大体诗对，及其单调——读得可以让人接受，让诗句不被人察觉。不过读话剧里的亚历山大体诗是一回事，读西班牙语的十四行诗又是另一回事。即便如此，我觉得一首韵诗，即便是拉辛的作品，即便它属于一部戏剧作品，但如果单独朗诵也不应该读得太过戏剧化：应该突出诗歌的属性。"博尔赫斯："有些演员朗诵诗句的时候，给人感觉在量度上出了问题。随心所欲地做停顿，就唯独不在句尾停顿。我了解我自己的和卢贡内斯的诗；有时候我也觉得在量度上出了问题。"比奥伊："他们这么读，是因为他们不喜欢亚历山大体诗。不喜欢亚历山大体诗，就糟蹋了所有的诗。"博尔赫斯："可能拉辛创作的时候，人们还是喜欢诗对的；但后来口味改变了。莎士比亚的诗同理：一方面是演员的问题，他们想让一部1600年写的悲剧变成一部现代剧；另一方面就是朗诵诗歌的问题。"

　　我们谈到了爱伦·坡。博尔赫斯："没有比文学这一奢侈的活动更复杂的了。所有金子写下来就变成了废铜烂铁，所有珍宝写下来就变成了贱货。爱伦·坡失败了；于斯曼也失败了。《丽姬娅》《莫雷娜》《贝蕾妮丝》……这些以女名为标题的短篇都挺荒唐的。没什么想象力……他用奇奇怪怪、比如被石棺包围的婚床之类的东西来弥补想象力的缺失。"比奥伊:"他是个拉斯塔法里支持者,应该很无知。我觉得不单单你提到的这些短篇很荒唐。《人群中的人》也是。"博尔赫斯:"它的结局吗?"比奥伊:"结局,中间,开头"。他写得最好的是《戈·皮姆》。构思得很棒。博尔赫斯:"或许所有的爱伦·坡都可以在霍桑里找到。"

6月10日,星期一。 我们读了参加《国家报》诗歌比赛参赛作品里我们觉得比其余作品好一些的诗。关于其中一首,博尔赫斯说:"这是一位不需要是阿根廷人也可以被欣赏的诗人。作为危地马拉人他把我们糊弄了。"

接着我们读了范·贝弗和雷奥托的《今日诗人》。博尔赫斯:"我们来看看朱尔·罗曼是个什么样的诗人。"我读了几段以后,博尔赫斯评论道:"这些糟糕的词句让人不禁要为西班牙语的纯净呼吁。为任何一首别的诗里的纯净呼吁。"我读了圣波尔·鲁,读了瓦雷里。博尔赫斯:"我理解不了这些诗的含义。怎么了?我们不懂法语吗?"

我们聊起了亨利·詹姆斯。比奥伊:"詹姆斯伤感的笔触,既惊悚又虚伪,让我想到一个我之前没有想到的解释——虽然我很憎恨按照国籍来文学批评:难道这不是美国派成功的原因吗?难道不是因为他们无法做到不伤感吗?你看看那些'硬派作家',那些现代作家:全跟裹了糖浆似的。"博尔赫斯:"詹姆斯为威尔斯的作品而痴狂,却又感到有些遗憾,因为这中间不遵循任何艺术规律。不知是在威尔斯的哪部小说里,一位飞行员坠了机,人们治愈了他,他和一个女孩子在小巷里相遇,半小时以后两个人就相爱了。詹姆斯问威尔斯这半小时里男女主人公聊了些什么。威尔斯回答他完全不知道,这让詹姆斯很难过。怎么回事?威尔斯难道不会想象他的小说中所有发生的事情吗?难道他不熟悉自己的任务吗?"比奥伊:"威尔斯应该回答他人们很容易就在短时间内相爱了,这个过程中两个人的对话只有相爱的两个人会觉得有意思。"博尔赫斯:"他们是因为肉体相爱的。"比奥伊:"有人说:'我不认识什么人费力写作,最后能写好的。詹姆斯是一个,写得还不错。'"博尔赫斯:"这句话是巴特勒的。詹姆斯有精湛的幽默感。他认为如果作者了解人物的性格,那情节就会自己发展。我不认为这是事实。一个人永远无法了解到别人到如此程度,以至于知道他接下去的将如何行动。最会骗人的是共产主义者和精神分析师。詹姆斯的做法恰恰和他所说的相反。我肯定他没有从人物出发,很明显他是从情景出发的。"比奥伊:"当然:他几乎所有的故事都是精心构思的趣闻。"

博尔赫斯说那些小国家的民众都是糟透了的民族主义者。比奥伊:"的确,我们阿根廷人本来不是民族主义者,因为我们原本会成为一个大国。如今我们沦为了二等国家,满眼都是民族主义者。"博尔赫斯:"是的,在这里人们失去了成为大国的希望。苏格兰人和爱尔兰人是民族主义者;而英格兰人则不是。所有的犹太人都是民族主义者。阿尔弗雷德大帝则不敢想象一个没有斯堪的纳维亚人的英格兰:他和他们打过仗;但他们还在那里,是英格兰的一部分。他从来没有想过一个英格兰的伦敦。"

课上他们读了《弗德马先生案例的真相》。博尔赫斯:"我们的翻译比科塔萨尔的[1]更好,更加易懂;而科塔萨尔的则更加忠实。他可能没有想到西班牙语对副词多样性的支持程度不如英语。"尽管这个故事有个恶心的结局,但博尔赫斯没有避开它。他会因为爱情中肉体上的放肆感到生气,却不会生一些阴森恶心场面的气。他对这类大胆似乎有几近幼稚的欣赏。他欣赏《弗德马先生》的结尾;欣赏那首关于坟墓的盎格鲁撒克逊诗[2],在诗里能够感受到死亡话题带来的"病态愉悦"[3]。

6月14日,星期五。 关于一部拍阿拉伯的劳伦斯的电影,还有维多利亚对其中主人公性格被歪曲的愤慨,博尔赫斯评论道:"这就是英雄的命运。他们要遵循最好的传统。关于他们,人们会随心所欲地写出各种评价,有一些根本就没想要尊重事实。"(可以参考希腊的英雄人物)

博尔赫斯聊起阿根廷作家协会纪念卢贡内斯的活动。博尔赫斯:"我说卢贡内斯作品里有一些东西已经僵化,或者说死掉了,就比如《高乔战争》。三位在我之后发言的诗人认为《高乔战争》是他的巅峰之作。因为发言稿已经写好,他们已经没法改变观点了。高乔战争这个想法可能还挺让人喜欢的。但他们不担心形容词会弱化名词吗?"比奥伊:"如果今天有人出版了一本用这种风格写出来的书,严肃的人可能会排斥它,会评价说它矫揉造作到让人受不了。但如今,因为这本书已经被人接受了,所有人都欣赏它。这一事实的解释:书就像森林,大家都在谈论,但没有人敢去冒险。"博尔赫斯:"卢贡内斯的散文风格在其他的一些故事,例如《奇怪的力

---

1 博尔赫斯和比奥伊将他们的译本《弗德马先生案例的真相》收入了《幻想文学作品选》(1940)。科塔萨尔在1956年翻译了这个故事(爱伦·坡,《散文作品集》,马德里:西方杂志)。
2 博尔赫斯翻译了两次这首诗:与M·E·巴斯克斯合作【《中世纪日耳曼文学》(*Literaturas germánicas medievales*, 1966)】;与玛利亚·儿玉合作【《盎格鲁撒克逊文学简选》(*Breve antología anglosajona*), 1978】。
3 暗指卢贡内斯的诗(《花园的黄昏》,1905)。

量》里更加平静一些，尽管他的隐喻就像短寓言一般。"

比奥伊："会有一天，有人会轻而易举地发现卡普德维拉的好；但今天，所有的努力都是白费；如果有人发表了《世界的节日》里最好的诗，也无法动摇不喜欢卡普德维拉读者的偏见。"

博尔赫斯："的确。因为有些作家专门致力于传播偏见：聪明的人，比如马斯特罗纳尔迪，当然，还有佩罗，因为他将卡普德维拉视为《媒体报》的恶棍。"比奥伊："即便卡普德维拉是《媒体报》的恶棍，佩罗仍然有义务更加青睐更好的诗作，而非这种看待人的视角……身为作家，一位优秀作家，应该首先对文学之美敏感。"

我们聊到了阿密尔。博尔赫斯："他一辈子都在抱怨自己在文学上的贫瘠，抱怨自己没有写出应该写出的伟大作品。"比奥伊："人们应该挺喜欢这个调调。因为所有人都觉得自己可以写出伟大的作品。"博尔赫斯："在克罗齐看来，人们认为自己有伟大的想法，但其实只是以为自己有伟大想法的错觉罢了。"比奥伊："如果一个人已经习惯去预想自己的想法付诸纸上后会怎么样，有时难免自我欺骗，觉得有了一个非同寻常的想法，可事实上根本不怎么样，也不合理。"博尔赫斯："是的，我们所有人都有过和比维洛尼女士相同的经历，梦见自己去了剧院，看了几出值得赞美的戏。她很遗憾已经把它们给忘了，但十分坚信它们值得赞美。但她不知道有一件事也只是她梦见的：她的赞美。她为了说服我，还对我说：'某某人也同意这是一部好戏。'很明显，这个某某人也是她梦里的。"比奥伊："她最好还加上一句：'某某可不是随随便便就感到满意的。'"

博尔赫斯："我给一群在美国俱乐部招待了我的美国太太们做了一场讲座。我很荣幸能够不用远离布宜诺斯艾利斯，就能够再次踏上美国的土地。"当博尔赫斯愉快地毁誉在奥斯汀市的生活时，好像是担心我怀疑他说的话，他还问我："你不相信吗？"比奥伊："恰恰相反。换作我我非常乐意在那里度过一段时间。甚至是在任何地方。我只是在想经过深思熟虑后厌恶一整个国家有多愚蠢。"博尔赫斯："很明显，那些厌恶一个国家的人，稍微靠近一点就会发现新的问题。讨厌意大利的人，是讨厌意大利北部呢还是意大利南部呢？两者太不一样了。在每个国家，你都会遇见厌恶同一个国家其他地区的人。那个厌恶国家的人，会部分同意那些厌恶地区的人吗？在美国人和英国人之间有明显的差异：和美国人建立不了长久或深沉的关系。一切都停留在那个层面：但就在那个层面，他们既礼貌又可爱。"

6月15日，星期六。 我们读了参加比赛的诗作；后来又读了亨利·詹姆斯的《科学之树》。博尔赫斯："没有人能够像亨利·詹姆斯那样看到文学生活的可笑之处和荒唐的一面。里面的主人公感觉像雕塑界里的奥拉西奥·斯基亚沃。故事很有意思，因为主人公是雕塑家。读者可以想象出越来越多的可怕雕塑被塑造出来。如果主人公致力于文学创作，这个故事就一文不值了。詹姆斯说重要的是人物。这里连情节都不重要了。这个短篇是用场景来讲述的。詹姆斯的对话不行。太文绉绉了。人物过于细腻。"比奥伊："是的，这种对精致的渴望让他有了一种自负的调调。"博尔赫斯："詹姆斯的作品里视觉的部分很薄弱。重要的是场景和人物关系。"比奥伊："除了《螺丝在拧紧》。"博尔赫斯："康拉德会怎么看待詹姆斯的短篇呢？"比奥伊："他会觉得抽象，而且有点虚伪。康拉德很重视视觉效果。"博尔赫斯："一种非刻意装饰性的视觉效果：一切都看起来真实且必须。"在《科学之树》里，詹姆斯是主人公，是大师，他给自己画了个自画像，嘲笑自己。里面的雕塑会是什么样的呢？微型骑马像和巨型半身像，或者还有迷你胳膊上长的巨型手掌？《中年时刻》这个短篇更加糟糕，感觉是件更微不足道的逸事；比起《科学之树》里和雕塑间距离更大的，是詹姆斯和他伟大作品之间的距离。

博尔赫斯："人到了已经变成机器人、或者傀儡这样一种状态，是多悲伤啊。对于行为主义者而言，我们从来不过如此，只不过其中的机制因为太复杂无人察觉罢了。"

博尔赫斯说他家里的所有人都对他对盎格鲁撒克逊的热情以及追溯词源的喜好感到生气。比奥伊："爱好（hobbies）里总有些疯狂的东西，而疯狂又有它不招人待见的一面。大家生气，不是因为词源，也不是因为盎格鲁撒克逊，而是因为事情都会让你想到词源或者盎格鲁撒克逊。"博尔赫斯："很明显，如果我能够一个人干活，那疯狂持续的时间会少很多。但我的工作取决于他人。我得让别人也为之疯狂。"

6月16日，星期日。 我们读了参加《国家报》比赛的诗作。博尔赫斯："你在跟我开玩笑吧。所有这些诗都是你写的。你编造了这些各种各样的疯子。你看吧：结果你会更惨。你要凭空编造他们，而我只负责听而已。"

（关于其中一首）博尔赫斯说："能编一首叙事诗正好，雨果和勃朗宁风格的。看起来像十九世纪的。"我给他读另外一首在蠢话中缓缓推进的诗，他评论道："如果作者现在就以'等等'结尾，虽然放弃了奖项，但至少证明他还是清醒的。"

谈及一些可能很疯狂的事，我们一直认为其中很诱人的一件是学中文。博尔赫斯："让人望而却步的是声调的多样性。"比奥伊："还有我们的年纪，对自己已经无法触及知识深处、只能止步外围的认知。"博尔赫斯："是的。没错。很多时候一个年轻人来找我——你看，年轻人——来自美国或者英国，想要投身于我们的文学的年轻人：'太遗憾了。花这么大工夫就只能知道这点，还要犯好多错误。'"

比如，如果他们来学习卢贡内斯，你肯定知道它们会搞错一些地方，及时纠正他们也没用。你看，我们讲的是卢贡内斯，他生活在昨天；而对于阿根廷文学，他已经有一个半世纪的历史。

读一段文章你很难不发现任何混淆或错误。你想想坎宁安·格雷厄姆犯的错，他之前在这里住过一段时间，还有些天赋……你发现一个人如果要研究中国文学会犯多少错吗？你不能指望谁了解中国文学，或者盎格鲁撒克逊人的，又或许是英国文学或法国近代文学。但他们有一样我们无法否认的东西：他们对西班牙语文化的喜好。就好像我们喜好中文作品的翻译一样。

他说不单单在马拉美身上，在其他诸如圣波尔·鲁和儒勒·梅里之类作家身上，法国诗歌很容易就读不懂了。博尔赫斯："这种风格的极致是《芬尼根的守灵》。"比奥伊："那些批评家严肃地将詹姆斯·乔伊斯定性为小说家，这点真奇怪。"博尔赫斯："《尤利西斯》缺乏一本小说应该具备的所有优点。"

6月17日，星期一。 我们去剧院看迪伦马特的《秋天的夜晚》、肖恩·奥凯西的《睡前故事》和尤内斯库的《老师》[1]。第一部不行。第二部在博尔赫斯看来比第三部好，因为"可以理解为模仿瓦卡雷扎的尝试。但换成瓦卡雷扎会写得更好。"关于第三部，他说："感觉像印刷出来的。你怎么认为？写出这么一部作品然后付梓印刷。那要有很强的自信。写出来比演出来没有那么令人不舒服。一页纸不会这么聒噪。"

6月18日，星期二。 我问他"永恒女性"是不是歌德用的表述。[2] 博尔赫斯："是的，在《浮士德》的最后，我不记得是第一部分还是第二部分。原文为'永恒女性'。他从哪里看来的呢？从希腊人那里，我不认为他能读到中国人的东西。歌德认为一切都行为都由永恒女性所驱使，萧伯纳说确实如此，所以我们一步都没法前行。

1　比奥伊写过一篇评述："叶尼斯剧团上演了三部外国作品。《媒体报》，1964年6月19日。署名为M.P.，向曼努埃尔·佩鲁（Manuel Peyrou）致敬。"
2　"永恒女性自如常，接引我们向上。"（《浮士德》，II）

这个表述不怎么样。为了谄媚爱情，人们总说某人的整部作品都出于对某人的爱。通常一部作品的创作是受到另一部作品的影响，而非那个我们深爱的人。"

他说："你记得加夫列拉·米斯特拉尔寄的短信吗？换成另一个人，报纸的编辑部肯定把它们退回去了。但是她就给发表了。"

6月20日，星期四。　　博尔赫斯："在电影《阿拉伯的劳伦斯》里，一个阿拉伯人对劳伦斯说伦敦还不存在的时候，科尔多瓦就已经是一座大城市了。有位先生认为这是批判英国的论据。他没有意识到说出这种话的阿拉伯人其实出自于一位英国剧作家之手，是英国电影中的人物。一条本应该有利于英国的论据成了不利于英国的论据。这里哪位剧作家会写出一个有损圣马丁的委内瑞拉人吗？可能会比较冒险……那位英国作家有公平竞争精神，以戏剧的角度看待人物（每个人物都道出他们眼中的事实），不希望他的作品出自一个在伯明翰工作的先生之手。爱德华·吉本说如果不是因为查理·马特，如今牛津的教授们大概在评论《古兰经》吧[1]。"当然大学不会这么叫，但保留它的名字，把里面的教授都想象成穆斯林应该更好笑吧。

他说："爱默生大概读过有关泛神论的书……但那个'他集万物于一身，他身上汇集了所有动物、植物、矿物的优点或精髓'的想法看起来是在一次神启中降临到他头上的。你知道在哪里吗？在巴黎的巴黎植物园，在动物的包围中。他曾经是唯一神教派牧师。他喜欢传教。对传教和布道的热爱驱使他做讲座和写文章。在道德上他胜过卡莱尔。南北战争中他从来没有支持过奴隶制度。卡莱尔身上有些疯子的特性。他欣赏一位统治者，因为他没有把某叛徒送上绞刑架，而是挖掉了他的眼睛。[2] 斯温伯恩批评卡莱尔的十四行诗不错。前面行文很平和，直到最后将他定性为'死蛇'。"

> 甜心（兰姆），请原谅我，为了你的甜，
> 你善良快乐的灵魂在忧伤的海洋中游荡，
> 为了我的虔诚，尽管我无能为力，
>
> 为了我赞美你的虔诚，或者像你一样准备好
> 谱写欢乐的乐章，能打破不够纯洁的心，

1　《罗马帝国衰亡史》（1788），LII。
2　指奥拉夫二世对实施拉耶克国王的行为（《古挪威的国王》，1875，X）。

不如你那么纯洁的心，我们无玷污的兰姆。

你无心谴责更可恨的事情，

你都不会用脚后跟踩那条死蛇[1]。

关于兰姆，卡莱尔说的还挺有道理。兰姆的双关让人受不了。

他评论道："人们赞扬俾斯麦，因为拿他和希特勒来比较。我不知道把他们放在一起比较是否合理。他们生活在不同的时代。俾斯麦的时代更加文明，可能不会容忍一些事情发生。俾斯麦的同代人视他为毫无顾忌的政客：这是我们应该了解的一种观点。"

6月21日，星期五。 博尔赫斯："很长时间里我以一个有过读十一音节诗和亚历山大体诗经验的人会用的方式给盎格鲁撒克逊诗歌判定重读。现在我发现这种朗诵方式有误；很有可能盎格鲁撒克逊人不会这么吟诵；对于他们来说，唯一重要的是每个诗行有三个头韵。这些诗行最奇妙的地方在于能够以我最初使用的方式来读：这似乎表明十一音节诗和亚历山大体诗的重读不常规；在被发现之前，它们就已经存在于诗中了。或许某一天人们会发现二十音节诗行的格律。又或许某天人们会发现无韵诗的格律规则，结果要在某个分号之前加上一个重音在最后一个音节的词……毫无疑问在意大利人和博斯坎之前，人们听不出十一音节诗来。英俊的帕雷德斯就是如此：卡列戈给他读十一音节诗时，帕雷德斯对他说应该再打磨一下。"

他说语言随着时间的推移会越来越不复杂——这点看起来很自相矛盾——变格会被丢弃，甚至性和数的区别也会消失："对于讽刺诗风格，拉丁语之类的语言会更合适一些。"

6月24日，星期一。 我们读了参加比赛的诗。此后我们读了爱默生的诗。博尔赫斯："很精雕细琢的诗。当然一首精雕细琢的诗通常不够轻盈。但也很不错。"

我读《命运》(*Destiny*)里的：

而另一个的诞生

会叫太阳被人忘却。

他惊呼道："这是什么？夸张吗？很好。"他引用了两个有关 fate（宿命）的例子。

---

[1] 《研究卡莱尔回忆录后》，II（《回旋诗的世纪》，1883）在"无瑕的兰姆"里有个文字游戏，作为姓的 Lamb 和羔羊 lamb 拼写相同：无玷污的羔羊指耶稣（《彼得前书》，1:19）。

在人的深处牢牢地扎根着他的宿命，
塑造他的命运，卑微或伟大。

因为预知与
预想的事物关联；
或者我们这么说，等待的远见
就是那个创造的精灵。

博尔赫斯："爱默生留下了一些并非隐喻的令人印象深刻的句子：或许算夸张。当初我们痴狂于隐喻时怎么没有发现它们呢。现在想想那会儿二十几岁的我们觉得光用隐喻就可以写出令人印象深刻的句子。"关于以下这句他也作了类似的评价：

（如果）你吩咐端上我的面包，用火温暖我。[1]

博尔赫斯："在英语和德语的诗句里是不是有一种别的语言没有的振动？有些词里辅音的声音，比如 cling（抓紧），lack（缺乏），vixen（雌狐），可以用在史诗里。或许西班牙语可以用来谈论这个世事的虚荣，比如在《道德书》里那样。"比奥伊："还有就是可以用在目前为止尚未出现的表现内心的诗歌里。"

我读了《日子》里的五个诗行：

在枝丫缠绕的花园里，我见此壮观，
忘掉了早晨的愿望，匆匆忙忙地
采了些香草和苹果，时日便已转过身，
静默地离去。在她黑色的发带下
我看出她的轻蔑，为时已晚。

他评论道："也很个人化。的确他觉得自己失去了机会……他诗歌的前辈有哪些呢？约翰·邓恩，玄学派诗人吗？或许吧，但他们不像。爱伦·坡的诗歌让他觉得平淡无奇这点很正常。他写了一封慷慨激昂的信给惠特曼：他认为惠特曼可以更容易、更多产地写出他想要的诗歌。"

我们读了图莱的诗：

巴约讷，只要在集市里走一步，

---

[1] 《命运》(《诗选》，1847)。

还需要什么别的吗，
让一个人粉碎他的遗产
和他的心。

这样的幻想，以福玻斯的方式，
喝着西班牙巧克力，
在吉约家里，帽子已经准备好，
波尔达吉布先生[1]。

博尔赫斯："什么意思？是说这点就够让人激动而死，还是说市集里充斥着漂亮女人……恐怕，我相信第二个假设是正确的，但不管怎么说，这首诗说得很好：差不多也说出了另一种意思。史蒂文森和图莱很像，但史蒂文森的作品更加灵动。图莱给人一种乡土气息和无聊的感觉。"比奥伊："已经是最好的图莱诗了。"博尔赫斯："是，最好的了。"比奥伊："图莱其他诗又坏又蠢的。"

他说但丁什么事都能做得很好；勃朗宁有他辉煌的时刻，但有点不负责任。他朗诵道：

当我们信心满满时，日落降临，
花冠的魅力，一个人的死亡，
欧里庇得斯的合唱尾声，——
都足以让五十种希望和恐惧，
它们既古老又崭新，如同大自然本身，
轻敲然后重击，穿透我们的灵魂[2]。

6月25日，星期二。 我们读了参加诗歌比赛的作品。还有图莱的三首诗。比奥伊："这几首不怎么样。"博尔赫斯："要么能发表，要么不能发。"

6月29日，星期六。 博尔赫斯："我被迫在一个精神分析学家协会发言，内容关于科幻小说和《隐形人》。我说从前人们试图通过魔法进入超自然世界。

---

[1] 正如阿道夫·格里埃科·巴维奥解释的："新拉丁语文学的戏谑拉丁语词尾"（巴勃罗·山顿（编），《纪念罗萨里奥·托雷斯》，利马：圣马尔科斯出版社，2002），"'福玻斯'是解释这首诗的关键词，揭示了整首诗所属的体裁。这是一串艰涩难懂的话，其中的术语保持其明显的含义，但当试图去理解整首诗时就失去了意义。"
[2] 《布鲁格拉姆主教的辩护》（《男人和女人》，1855）。

如今，人们以一种更胆怯的方式，通过奇幻文学和科幻小说。最古老的奇幻文学中的主人公，比如说，他们成功隐身以后，会变得所向披靡，甚至能娶国王的女人为妻；而现在，某个人物隐身之后，就像在威尔斯小说里那样，他非但没有获取能力，反而引了麻烦上身；如果他去到其他世界，迎接他的只能是同样的无趣。一个精神分析学家说，既然这类小说的主人公能够取得这么非同一般的成就，怎么可能继续受到困扰所有人的软弱及病痛的折磨呢？人们从来不会思考写一本书意味着什么；怎么去写。如果一切都完美而值得称赞，那就不存在故事了，小说也变得枯燥乏味。另外一个人说人类为防御核武器袭击制造的地下工事反映出他们回到母亲子宫的执念。我问他那如果原子弹真的爆炸起来他准备躲到哪里。您难道不会去地下工事避难吗？您会因为这是无用的隐喻而看不上它吗？你会提议建造桅杆，在高处等待爆炸发生吗？这样人的根本不会思考。"

6月30日，星期日。　　我们读了参加比赛的诗。我们找到一句：

一块巨石给了河流自由（Un gran risco daba libertad al río）

因为在一首十一音节诗里，所以应该这么读：

Un gran risco dabá libertá al río（博尔赫斯）

或者是这样：

Un gran riscó daba libertá al río（比奥伊）

博尔赫斯："最令人称道的，是在一番自由变换之后，什么意思都没表达出来。"

7月2日，星期二。　　博尔赫斯："我今天又一次证实了华兹华斯胜过柯勒律治……后者在一类借助了无数样事物的诗中还不错：比如一个有趣的故事加上陈旧的语言。而华兹华斯一首诗写得好，那是自然而然的好。"

7月7日，星期日。　　我们读了参加比赛的诗。博尔赫斯："以前人们拼命思考；现在拼命语无伦次。你能想象那些人的脑子在写出这种诗以后会变成什么样吗？估计连在餐厅点菜都不会了。你看，一个人独自关在房间里写诗的人什么事都做得出来。

把所有东西砸得稀巴烂，只为能想出几个点子，他已经分不清哪些是对的，哪些是胡言乱语，哪些还比较理智；他什么都不知道。和欣赏聂鲁达或者胡安·拉蒙·希梅内斯的人在一起真悲哀……到头来你会觉得自己又固执，嫉妒心又重。有一首胡安·拉蒙·希梅内斯的诗，讲一个院子和一株植物，在他死后也不会有什么变化。他补充道：

> 我的灵魂会继续注视他们。[1]

你发现吗？太粗糙了。他不懂这样就完全破坏了诗歌的所有意境。我给那些人念了一首雨果的诗，里面也说他会离去：

> 在欢庆中间，[2]

他们连听都没听，你知道的，雨果不是现代诗人。

博尔赫斯："我那天和法国文化随员聊了图莱。那人大概是个傻子：他不觉得图莱的诗构造精美，如同物件一般。'不'，他说，'诗里的句子很平常，就是平时口头对话里用的。'他还一句一句看下来。"比奥伊："就像那些差劲的翻译一样。"博尔赫斯："他没发现这样写出来的诗很难得也很值得赞美。关于一首最后一个诗节这么开始的反韵诗：

> "巴约讷，只要在集市里走一步"，

我提醒他在法语里通常不会把主语放在句子最后。好吧，他什么都没发现，也什么都发现不了……他还告诉我：'魏尔伦如果用西语写诗大概会这么做。'很明显，他把魏尔伦归为有声诗诗人，而西班牙语是优秀的有声语言。'那他就写不出他曾经写出过的作品了，'我告诉他：'他就不会在法语传统中汲取营养，而是成长于废话连篇的西语传统。那他永远也写不出黑草[3]来了。'"

7月9日，星期二。 我们读了参加比赛的诗。在一首名为《致布宜诺斯艾利斯的对话体颂歌》中，诗人提到了东河。比奥伊："这种不失恰当的精确出乎我的意料。博尔赫斯：'你说得有道理。这么多含糊的诗人，而就这一个人意识到河在东边……不过好像还不足以因此授予他奖项。'"

7月10日，星期三。 我们读了参赛诗歌。我们惊叹这个世界上包含"农夫""麦子""谷穗""土地""面包"等字眼的诗歌数量之多，多到跟谈爱情一样多。博尔赫

---

[1] 我将离去。鸟儿会留下歌唱；/ 我的院子也会留下，还有他的绿树，他的白井。(《最后的旅程》,《田野诗》, 1911 年）
[2] 《太阳门》(《秋天的树叶》, 1831).
[3] "为黑草 / 寇伯至。"(《沙勒罗瓦》, 于《无言的罗曼史》, 1875). 在日耳曼传统中，寇伯是守护家族财宝的精灵。

斯:"这是一个有很多杰出诗人写过的题目,从维吉尔到雨果。"对于博尔赫斯来说,"小庄园"和"小庄园主"带有嘲讽意味;"农业"和"畜牧业"互相对立;一面是农夫居家的场景,乡下人的喜剧;另一面是马上的勇士,具有史诗气质的世界,正是他所偏爱的。

7月13日,星期六。 博尔赫斯回忆道:"当所有人都为《圣女贞德的殉难》疯狂,我写了一篇文章,解释一部西方电影里没有使用全景,而是呈现更加合理的近景的妙处所在。[1]"关于《圣女贞德的殉难》以及里面的近景的运用,雷耶斯说:"脸庞可以,皮肤也不错,但为什么要把皮肤病拍出来呢?今天的电影怎么像皮肤病学博物馆一样。"

关于一本法国文学史:"它是一群专家写的……什么乱七八糟的专家。一个写卡图尔·芒戴斯,说尽管他的十四行诗并不像人们所说的那么完美,但时不时可以在里面感受到种马的嘶声……批评家不应该这么写;他们应该把这种傻话留给他们的作者。卡图尔·芒戴斯这些愚蠢的素描看起来出于哲学意图……但这让它们变得更糟。瓦雷里说得真好:'作家的可敬之处在于了解自己的错误。'每次有人攻击我,我就想:'太笨了。他们怎么就没指出这一点,或者那一点呢。'"

谈到教授或者历史学家因为酷爱分类——按照年代、地域等等,所导致的错误——"蒂博代堪称冠军,尽管他狡猾地说自己不相信分类。我在《南方》杂志里写了他的《法国文学史》,指出书的副标题与多么荒唐:'保罗·瓦雷里的后继之人','多学科技术人员'。[2]但人们什么都没注意到。贝蒂娜·埃德尔伯格非常重视作家的年代;会强调自己属于他那代人,显然她早晚会根本不想回忆起自己属于那代人……年代这东西,比起审美上的划分,在兵役划分上起着更重要的作用。然而有些作家除了出于某一代、或者也有人说某一届以外,就没有更加辉煌的称号了。"

7月14日,星期日。 博尔赫斯说:"我们的处境很奇怪:我们用一种我们不喜欢的语言写作;我们的风格趋于省略;我们避免使用令我们作呕的词语。后来就会有西班牙人惊讶地发现我们贫乏的用词。只有对于一位在语言中不自在的作家,比如康拉德,风格才是一种工具。"比奥伊:"那天,在《泰晤士文学副刊》里一篇关于卡夫卡的文章里,我读到了捷克犹太人的处境,他们用德语写作,和我们相似;即便

---

[1] 路易斯·撒斯拉夫斯基《逃亡》的影评(《南方》1937年第36期)。
[2] B·I·埃文斯《英国文学史》书评(《南方》杂志,第71期,1940年)。

是对于海涅（换言之，对于德国犹太人）而言，处境也大致相同。"

我们关于布斯托斯·多梅克的玩笑话让他的母亲十分不悦。那天博尔赫斯跟她解释说我们开始写一个故事了；那是严肃的写作，不允许任何玩笑话，"除了"——他补充道，"我们说博纳维纳先生[1]除了一件黑色光亮绸西装以外，就没有格子背心了。就这一句话，法国人是不会察觉到的，因为他们太天真了。""天什么真"——他的母亲抗议道："他们比你聪明多了。"当然，这都是博尔赫斯编给他母亲听的了。

7月16日，星期二。 我们重读了《韦克菲尔德》。博尔赫斯："故事里，霍桑认为所有人都比自己想象中更容易变成被社会遗弃的人。他本人很多年没有和任何人说话。他会在日落之后在镇子里散步。他的母亲会把食物放在他房间的门边。"

7月19日，星期五。 博尔赫斯、马格里尼和安赫利卡·奥坎波在家里吃饭。马格里尼："我们向布拉斯·冈萨雷斯提议，请演员表演一些文学片段，而非戏剧片段，从萨米恩托开始。"博尔赫斯（后来跟我单独说）："这真是绝妙的主意，冈萨雷斯肯定会喜欢。"比奥伊："我们可以建议他在戏剧文学上也试一试，绝对新颖。"博尔赫斯："马格里尼真是个人物。即便他的话并不错，但就凭他说话的方式，他那张脸，就可以让一切变成蠢话……当然也确实不假。好像他在庇隆当政时期好几次被捕入狱；他讲述自己被人用沙袋殴打的经历：也没什么用。有些人，即便类似的经历也无法提升他们的形象。"博尔赫斯将其和比赛中的一位（匿名）作者相比，那人在一条言辞模糊的"致评委会成员"的附注里，透露自己曾经被囚禁于日本人的集中营。博尔赫斯："用隐喻加以回避的惨痛经历，还有其他拙劣的文学手段。经历还不够，要描写地狱，光过过地狱是不够的。"

7月20日，星期六。 博尔赫斯："梅内德斯·伊·佩拉约有那种在西班牙历史中寻找伟大之证据的可怜想法。古斯梅尔辛多·拉维尔德·鲁伊斯坚信——出于信仰，因为他一无所知——西班牙在科学方面有辉煌的过往。这个念头令梅内德斯·伊·佩拉约痴迷，当然他对科学毫无概念。他们还聚在一起交谈：在我想象中他们一定脏兮兮的，臭气熏天。《西班牙科学》就由此中诞生。乌雷尼亚对我说这部作品在西班牙引发了普遍的沮丧情绪。在它出版之前，西班牙人将国家的衰败归因于哲学家、数学家、科学人士的缺失；但这之后，当这本书证明西班牙什么都有

---

[1] 那时博尔赫斯和比奥伊正在合写《和拉蒙·博纳维纳的一个下午》，此后于1964年在《埃尔纳》杂志（巴黎）第4期出版。

以后，打击十分巨大：如果在这种情形下还会落到如此田地，那还有什么可期待的呢？"[1] 比奥伊："人们天真地听信这些大师的言论，读他们著作的时候，自然会对一切失望，陷入虚无。这是一种危险的言论体系，把人带入怀疑论的深渊。博尔赫斯："他们会觉得，正如艾略特读到托洛茨基的一篇文章里宣称俄国革命诗歌中英才辈出时一样，当时的很多天鹅不过是白鹅罢了。雷伊·帕斯托尔，那位曾经旅居此地的数学家，对我表示梅内德斯·伊·佩拉约在《西班牙科学》一书中满怀恶意，肆意妄为；如果一个人发明了加减乘除四则运算，梅内德斯·伊·佩拉约就把他算作一位伟大的数学家，称其作品推动了科学进步：由于他对数学毫无知晓，提及的重要作品不过是区区短文、教科书，或者也有可能是乘法表……我不觉得梅内德斯·伊·佩拉约读过很多书。德·昆西引用的时候出错是因为他只凭记忆引用。而梅内德斯·伊·佩拉约不是，因为他书就拿在手里。真奇怪，他当时大概是喝醉了吧。"

博尔赫斯观察道："人们会选取每个国家最糟糕的事情，这点很奇怪。好像关于瓦格纳的音乐，斯特拉文斯基评价为'有注册商标的屎'，而关于俄国，他说是'鱼子酱拌屎'。说话带'屎'是法国最糟糕的事情了，为什么这个蠢货要养成那个坏习惯呢？"

比奥伊："我在福音书里读到'观察地里的百合花'。"博尔赫斯："意思是他曾经劝告别人不要想明天。他的这层意思被人舍弃了。人们肯定会坚称他劝告别人相信上帝。"

7月23日，星期二。 博尔赫斯说格鲁萨克对美国不怀好意。博尔赫斯："他赞颂卡莱尔，说爱默生就像月亮一样。[2] 他每次提到这两位，就要贬低爱默生，指出卡莱尔有多少优点。对于格鲁萨克而言，惠特曼就是野蛮的代言人，而马克·吐温活像个小丑。[3] 这根本算不上什么批评。"

他跟我讲了一个爱尔兰的故事：一个男人送了丹麦国王一只熊作为礼物；在途经挪威时——当时正和丹麦交战——挪威国王问他索要那只熊；男人说他的本意是将其送给丹麦国王；他把熊送了过去，丹麦国王也回赠给他一些礼物；回爱尔兰途

---

1 佩德罗·恩里克斯·乌雷尼亚（胡里奥·雷伊·帕斯托尔《十六世纪的西班牙数学家》）。见：《评价》杂志（拉普拉塔）1927年第11期。
2 《从普拉塔河到尼亚加拉》（1897），XIX。
3 前面引用的书，同一处位置。

中，男人再次经过挪威；他试图避开挪威国王未果。"丹麦国王送了你什么？""这啊那的。""我本来也可以给你这些的。""外加一枚戒指。""这我本来也可以给你。""你本可以杀了我，把熊占为己有：但你放我走了，那现在我将戒指赠与你。"博尔赫斯："故事里所有的人物都表现可嘉。马塞多尼奥曾经说：'在一个故事里，所有的人物都应该值得称颂；如果有个坏人，那实在太下贱了。'"说最后这句的时候，博尔赫斯模仿了马塞多尼奥的声音和语调。我从没见过马塞多尼奥：我曾和他通过电话，但并不记得他的声音；更确切地说，我在博尔赫斯的模仿中回忆并认出了他的声音。

博尔赫斯；"福斯特和其他几位认为，不单单是泰戈尔在他的《吉檀迦利》里，而是在所有印度人的日常对话中，都粗话连篇。"

7月24日，星期三。 博尔赫斯说，纳粹统治结束后，德国犹太人——他们一直视自己为德国人，例如出版家科恩斯，他在柏林度过了自己的青春时光——回溯过往，就已经不再是，也从来不曾是德国人了："想想在他们身上发生的一切，也确实如此。德国在他们眼中是一个陌生的国家。当然他们继续保持着对歌德的崇敬。他们非常鄙视波兰犹太人。真奇妙……（他停顿了一下）没有人攻击过埃克曼与歌德的对话。只有格鲁萨克，说不应该对由一个蠢货收录的歌德见解抱太大希望。[1] 在德国，所有人都视其为一本值得尊重的书。在那里，埃克曼是包斯威尔的同义词。在尼采看来，这是德国文学的最佳作品。或许是因为德国文学太抽象了，而这本书则非常具象，就是两个人促膝长谈：没人能够抵抗其中的魅力。这样一本书永远不会被人彻底诋毁，因为不管怎么说它都可以触发思考。"比奥伊："作为表达观点的书，包斯威尔的那本更加丰富和有力。很明显包斯威尔比埃克曼聪明多了，约翰逊也胜过歌德。"

8月8日，星期四。 博尔赫斯："诺拉欣赏埃雷拉·雷西格对吉列尔莫的忠诚。不过，有人倒是记得几句零散的诗句，忘记了其他……如果他记得：

远处游走着车马的低吟，
在乡间别墅身旁！[2]

很明显不像埃雷拉写的。得看看前面的部分，'游走'不好。"

我跟他说在一次欧洲之行的途中，我读了哈德森和坎宁安·格雷厄姆的书，产

---

1 《法国浪漫主义》（1920），V。
2 《闪亮的油画》【《废弃公园》（*Los parques abandonados*，1901）】。

生了后者经常会在使用我们的词语时犯错的印象（尽管因为我读的肯定是书的译本——那趟旅行是好几年前了——我的记忆已经模糊了，也有可能将翻译的过错归咎到了作者身上）。博尔赫斯评论说，在他看来，坎宁安·格雷厄姆是个比哈德森要精确很多的作家，级别也更高。博尔赫斯：" 《一位巴西神秘主义者》，坎宁安·格雷厄姆关于康塞尔希罗的书[1]，很令人愉悦，比达库尼亚的《荒蛮之地》可读性强。在一篇前言里，萧伯纳说窃取坎宁安·格雷厄姆书中本土色彩的做法足够聪明（或者他用了其他意思相近的话）。[2]"

博尔赫斯反对简·奥斯汀的小说。"《理智与情感》——这是什么题目！"而我喜欢简奥斯汀的风格。比奥伊："我不觉得那么糟糕。比起没头脑的混账东西菲尔丁，我更喜欢读简·奥斯汀。[3]"博尔赫斯："好吧，这不是什么赞许。马克·吐温说，要积累一屋好的藏书，得舍弃简·奥斯汀的作品。就因为这一舍弃，即便别的书一本都没有了，也是极好的。"他还评论："菲尔丁很自负。"

他跟我讲了发生在玛利亚·儿玉、一位他英美文学课学生身上的一件事。一天，一个几天前一声不吭就离开她家的女佣来访，并跟她解释："我偷了您的大衣、鞋、手提箱……（列举了玛利亚的好些东西）玛利亚说：'真遗憾。我对您的举动感到抱歉。'女佣走了。几个小时以后，玛利亚收到了女佣自杀的消息。伤心的玛利亚把事情告诉了他的男友，一位心理分析师。她的男友对她说：'你应该为她的死负责。那个女人把所作所为告诉你，是想让你对她发脾气。你的善良让她羞愧。你用你的善良杀死了她。'"

8月17日，星期六。 博尔赫斯观察到："人们无法接受一个故事。他们必须阐释一切。"电影《鸟群》讲述的是被一群鸟攻击的城市的故事。故事里允许这么一个假设，仅此而已。但愚蠢的人们会去用弗洛伊德理论寻找解释，说"鸟"，你知道的，象征了性。

吃完饭后，我读了参加比赛的诗歌作品。博尔赫斯听着，西尔维娜则睡着了。

---

1 安东尼奥·V·门德斯·马西埃尔，康塞尔希罗在卡努多斯（巴伊亚州）建立了一个信奉虔敬主义的社区，不承认天主教会和州政府的权威。在数次拒绝执行官方指令后，康塞尔希罗和他的追随者于1897年被巴西军队杀害。
2 萧伯纳从《莫格雷布-艾尔-阿克萨》（1898年）获取灵感创作了他的喜剧《布拉斯庞德上尉的转变》。
3 参见包斯威尔，《约翰逊传》（1772年4月6日）："（菲尔丁）是个不孕的流氓。"

博尔赫斯:"正如马塞多尼奥所言,一个醒着的人很难假装睡着,一个睡着的人很难假装醒着。"

博尔赫斯:"友谊,文学中最好的话题之一,已经不能再写了,因为有鸡奸之嫌。人们真是太恶心了……把一切都毁了。"

8月18日,星期日。　博尔赫斯:"我在想大概奥利韦里奥·希龙多从来没写过一句值得记住的句子。莫利纳里应该写过一句以上;我虽然不记得了,但他应该写过……但都没法和

我和玫瑰一起等待[1]

相提并论。这句德语的诗歌,即便不懂也能欣赏。但或许是上下文破坏了它。"

他说他读了霍桑的故事:"和《韦克菲尔德》相差太远。糟糕透顶。"

我历数了一位女性朋友偏爱的作家和导演:聂鲁达、洛尔迦、加夫列拉·米斯特拉尔、伯格曼等等。博尔赫斯:"那个人首先是个当代人。(他停顿了一下)她的疯狂实则无因(There's no method in her madness.)。[2]"

8月22日,星期四。　我们聊了各自书里我们没有发现的错误。博尔赫斯:"最令人不悦往往是事实性的:其实最不重要了。伏尔泰关于某人写过:'他说洛佩兹·德·维加;但应该写成洛佩。'我不会因为这个错误就把那个犯错的人想坏。重要的是逻辑和品位上的错误。"

8月24日,星期六。　他说了他感受到的好几种恐惧。他觉得晚上一切都很可怕,一切都在重复,无法理解:"突然,看到整个人生就好像一串渺小和重复的周期。你靠近窗户,接下去注定你要远离它,你在屋子里吃东西,然后去厕所把东西排出去,你说:'早上好,您怎么样?'你穿衣服,脱衣服,躺在床上,把自己盖起来,又掀开被子,起床……吉卜林在好几个故事里很好描述了这种感觉。好像在《手术屋》里,这种绝望感突然间降临。"还有一种:一下子感到被困在头颅里,张开手臂和腿脚,但无法破除对身体这座牢狱的恐惧。

8月28日,星期三。　博尔赫斯从蒙得维的亚回来在家吃饭。博尔赫斯:"蒙得维的

---

[1]　整首诗各诗段中多次重复的诗句(《新诗集》,德特勒夫·封·李利恩克龙,1892年)。
[2]　暗指《哈姆雷特》,II,2:"这看似疯狂,实则有因。"

亚的'一切都和当初一模一样'¹。那里的人当时都很和善。你过去,见了那群作家,他们忙着探讨地方性问题,就好像在现实中一样。他们其实在地狱里,自己却全然不知。而我们在另一个地狱里:我们知道他们在一个地狱里,但对此毫无意识,这点提醒我们自己应该也在一个相似却不完全一样的地狱里。我们想赶紧回国,好不要一直被这种不快的感受或直觉困扰。"

8月31日,星期六。 谈到英格兰,博尔赫斯说:"我见到利奇菲尔德的那一刻太兴奋了。我很喜欢。当然了,比起莎士比亚,我对约翰逊更有好感。估计你也是如此。在埃文河畔斯特拉特福,一切都让我觉得很假……就像在亨利·詹姆斯的故事里一样²。我说约翰逊比莎士比亚更加英国,英国人以开明的态度倾听我,回应说这是他们需要去适应的一个观点,他们从来没有想到过这一点,但如果这个观点是公正的,在接受它之前得花一段时间去适应它。"他还说:"苏格兰和英格兰怎么可能一样呢。一个是石头房子的镇子,另一个是砖头房子的镇子。两个镇子都很漂亮,但人们的性格却不同。苏格兰人和西班牙人更像,他们比英格兰人更开放,更主动。"

博尔赫斯:"隐喻和叠韵是诗歌修辞手法中比较低级的了。我曾经想过,萨克逊诗歌在发展过程中强化过这两种手法。但现在证实我错了:到后期比喻复合辞(kenningar³)和叠韵几乎被抛弃。这很自然。在英格兰,曼利·霍普金斯和其他诗人已经回归了古叠韵诗,但你读一首盎格鲁撒克逊诗歌和一首现代诗的效果是一样的。古盎格鲁撒克逊人预期会有叠韵,所以诗人也无需明示;但现在人没有这种预期,所以诗人得重点突出。有时候评论家会指出在某一首古诗中有叠韵,因为现在的读者意识不到。我们可以想象一位慷慨言辞的男士,把所有的标点符号都讲出来:你的言行,逗号,先生,不容原谅,分号;坦白说我有时候悲伤,逗号,有时候气愤,冒号:我克制住,逗号,尽我所能,逗号,我的冲动,逗号,我警告您,括号,因为我还相信您,括号,不要再骚扰白鹳,分读符号,逗号,倒感叹号,这高尚并有象征意义的动物,正感叹号。"⁴

---

1 暗指奥·维·安德拉德的《回归故里》(1887年)。
2 暗指《出声地》(1903年),故事中伟大作家故居的新馆长意识到一切都是虚假的,但仍被迫在纷至沓来的游客面前保持镇定。
3 博尔赫斯自创的西语单词,词根是英语 kenning(比喻)。——译者注
4 参见他在《已证实》杂志第240期(1970)的观点:"卡普德维拉说话带标调;[...]他几乎是在说:'亲爱的朋友,逗号,我想对您说,冒号,首先,逗号,我要指出几点,句号。但是,逗号,我不会……'"。

我们聊起鲁文·达里奥。我们读了《向乐观者致敬》和《致法兰西》。我们评论了十二个或者十五个音节的节律。博尔赫斯："很少人能给语言赋予如此的生命。魏尔伦是前辈，因为他引领了这一切，但他并不杰出。应该把《阿根廷之歌》从鲁文的作品集里去掉，还有所有那些受人之托写的。而谁的语言能达到如此的强度呢？圣胡安·德拉·克鲁斯，他胜过克维多，或许也强过路易斯·德·莱昂神甫？（安东尼奥·）马查多有这种强度吗？没有。"

博尔赫斯："当一个人无聊到一定程度，他的身体都会痛。我有时候看电影就会有这种感觉。我自己还觉得电影挺有意思，但我的大腿和膝盖已经知道电影让我无聊了。"

9月11日，星期三。 博尔赫斯说："我得向你请教个问题。"他带了一本书《短小的奇幻故事》，一个叫梅嫩·德斯莱亚尔的萨尔瓦多人写的，还有一封信，来自另一个危地马拉人，我记得，是他寄了这本书给博尔赫斯。这书名，很明显，让人想起我们的选集《短篇与奇异故事集》。作为引言，书用了博尔赫斯的一封信，信中对书中收录的故事大为赞赏。这封信毫无疑问是伪造的：草草拼接了一些博尔赫斯零散的句子了事。博尔赫斯评论："除非是母亲大人在没有告知我的情况下替我写的。"很快我们就排除了这个假设：这封信太长，他母亲不可能写这么长；他自己就更不用说了……他母亲不可能模仿博尔赫斯的风格。至于"浓密而卷曲胡子"，博尔赫斯坚信自己从来没写出过这种东西。

我们读了里面的几个故事。一个名叫《猪》，很滑稽。一个村子里，磨坊主在读一本在磨坊里发现的手稿时，变成了一头猪。后来他的妻子在读这本手稿的时候，也变成了猪。这件事也发生在男童、女童、牧师等人身上。故事最后，几个学者，不知道是什么大学的，他们隔开一段谨慎的距离观察磨坊。

书的后记里，作者请求博尔赫斯原谅他伪造了开头的信。那位寄来这本书的危地马拉人说他为萨尔瓦多乃至整个中美洲真正的文学价值代言，这次剽窃值得关注。就因为这份伪造的信，应该给德斯莱亚尔颁一个第二国家文学奖。博尔赫斯有些不知所措。他觉得书的作者比给他写信的人聪明一些，但后者也有点道理，因为如果要让伪造的信变成玩笑的一部分，它的作者不应该让它为自己的利益服务：信中慷慨的赞美否定了作品无私的属性。我跟博尔赫斯说："你不能反对这么一个还挺聪明可怜虫，他已经到除了把自己想象成你以外没有别的写作自由和可能性的田地了。"最后，博尔赫斯已经不想计较这事，回答说：我赞美这本书，更要赞美那封伪造的信。

9月19日，星期四。 博尔赫斯跟我说起了一位法国交响乐团指挥，莫里斯·勒鲁："要有对话，对话的参与者必须假装同意彼此的观点。而这种假装的虚伪在和莫里斯·勒鲁的对话中尤其明显。他叫莫里斯·勒鲁。你不觉得吗？没有比这更可疑的名字了：正确版本是加斯东·勒鲁和莫里斯·勒布朗。"

9月23日，星期一。 博尔赫斯："一件微小的事情经常会造成严重的后果；所以《创世纪》这本书不错：因为一对男女吃了树上的果子被惩罚变成人类。命运总是无度：他因一时的恍惚，随机选择走了左边而不是右边的路，就被命运用死亡的方式惩罚。[1] 可能是想炫耀，一个男孩子骑上马，摔了下来，撞得不巧伤到了脊椎，全身瘫痪。"

9月24日，星期二。 我问他是不是写故事比写散文更有乐趣。博尔赫斯："是的。除了有时会在散文里放一些故事的成分以外。"

9月27日，星期五。 博尔赫斯："如果波尔基亚生活在古代，一定是世界上最好的诗人之一。他会在赫拉克利特的领域胜过他。"比奥伊："我们能够背出他的诗。可能是沃利翻译并加注的。"博尔赫斯："可他并不生活在古代，就会被人遗忘。如果有人问你谁是阿根廷最好的文学家，名单里不会有波尔基亚。"

9月28日，星期六。 博尔赫斯和佩罗在家吃饭。在佩罗的支持下，西尔维娜坚持应该给作家提高待遇。博尔赫斯反说不行："世界上的文学已经超过他所需要的了。为什么还要助长这种过剩呢？人们需要食物、衣服和家具，而不是诗歌。优厚的报酬会加剧劣质文学的产生。我更喜欢犹太人的观念，他们认为人得有一个职业——泥水匠、铁匠、不管什么——如果您有什么想说的，那就写作吧。"比奥伊："我对你说的不是很确定。体面的金钱上的报酬让英格兰拥有了有用的、不怎么虚荣的文学；而丰厚的名声上的报酬，在我们国家习以为常，正因此我们身边有这么多只用来美化作者简历、却无法满足任何读者的书。"博尔赫斯："可能在英国永远不会产生虚荣的文学。"

谈到具有社会责任的文学，我对博尔赫斯说我总是忘记这个表述的含义，以及我不应犯一个错误，这个错误总诱惑着我，就是把这种文学和人们在俄罗斯创作的

1　参见《南方》(1953)。

文学混为一谈。博尔赫斯:"不。具有社会责任的文学意味着作者的自由,他拥有坚持捍卫一个政党、一种宗教的自由。在俄国,人们有加入任何党派的充分自由,在另一个国家则没有。没有人会为财阀集团创作文学。但为了天主教,倒是有这种可能性……如果我是基督教徒,我就相信新教。不要英格兰教会,长老会,苏格兰教会,一个没有主教的教会,这太抽象了。"

10月3日,星期四。 博尔赫斯:"我今天知道了关于牛津的一件事情,可以为亲英立场提供理由。在不知道在哪个学院有座战争纪念碑,一座大理石碑上刻了在战争中死去学生的名字。但其中也有德国学生,他们在与英国作战中阵亡,他们的名字也在上面,和其他学生分开:他们也是学院的一员,在为自己祖国而战时牺牲了生命。我不觉得德国人也会这么做。你记得吗?希特勒去掉了那些在第一次世界大战中为德国而战的犹太人的名字。法国人应该也不会这么做。我们国家也不会。"比奥伊:"不会。那些阿根廷青年的母亲一定会抗议的。你还记得伦敦的那次袭炸吗?这里我们肯定会因为感到受了屈辱而抗议。"博尔赫斯:"这是什么呢?是英国人天生对公平的热爱。他们有着平等的思想,站在狂热分子的对立面。"

我们听了玛莲娜·迪特里茜的歌。博尔赫斯:"这是妓院音乐。太下流了。应该查一查什么时候人们开始在艺术中崇尚下流。流浪汉小说就跟这个不一样。它宣扬的是悲惨处境下的狡黠:偷一根血肠什么的。但下流、放荡……"比奥伊:"可能是当下的一种发明,在歌唱和音乐中很常见,而非文学。"博尔赫斯:"阿斯卡苏比呢?"比奥伊:"是的,《雷法罗萨》[1]。"博尔赫斯:"与其说下流,还不如说残忍?不,是残忍和下流。"

10月9日,星期三。 博尔赫斯:"我的情况有点糟糕。有个姑娘,我本来跟她关系还挺确定的。我去德克萨斯、去英格兰的时候,我们都互相写信。我会把回程缩短一天,好早一天看到她。我在银行里还有一些钱,想我们可以结婚,就跟她提了。但她回答我说情况有变,她有了另一个人。这让我太不知所措了……她跟我解释说她太不好意思了,所以一直没和我说。我觉得我们最好还是别再见面了,以免陷入恶毒、嫉妒和互相责怪中;也不要糟蹋了两人的过往。我整个身体都伤心极了。膝

---

[1] "一部构思过程很诡异的作品,诗人为了表达自己对联邦派的憎恨,想象了联邦派对自己的憎恨"(博尔赫斯和比奥伊《高乔诗歌》序言,1955年)。诗中(收录于《保利诺·卢塞罗》,1872年),一个玉米棒子党徒描述了他们如何对待统一派,并最终将其斩首:斩首后,他们让被害者站着,在血泊中踉跄。博尔赫斯称(《高乔诗歌》,1957年),"表现了人在即将被斩首的临终时刻可以想见的惊恐。"

盖、脊背都能感受到。"西尔维娜之前是跟我说过:"博尔赫斯又不好了,很苍白。"

博尔赫斯:"我就好像注定要经历命运的循环往复。每隔几年,这种情况就要重演一遍。为了安慰自己,我对自己说其他那些我已经忘掉的女人,没有这个女人来得重要……想着还剩下友谊并不是一种安慰:还剩下塞西莉亚(塞西莉亚·因赫涅罗斯)的友谊,对我来说已经不重要了。我整天都想象和这个姑娘聊天,想她会对我说什么。这不对。"比奥伊:"你不要打算永远不见她,你可以想想几天不见她;你受不了的时候再去见她;就这样,以一种机械的方式,你就会慢慢疏远她。时间永恒存在,你会慢慢忘却一切:不管是想要忘却的还是不想忘却的。"博尔赫斯:"正如雷耶斯所言,时间的前行不需要我们配合。"

10月17日,星期四。　　比奥伊:"我今天去博物馆看了苏尔的画。他的遗孀抱怨纪念展组织过程中表现出的轻蔑和笨拙。作为苏尔生活中曾经美好的存在、稳定的基石,她如今对我说:'我肯定苏尔会觉得我有道理。他一定很生气;所以展览一开始天就一直在下雨,又阴又冷。'"博尔赫斯:"很难相信一个人已经死了。丁尼生说,如果能再次看到他的朋友从船的跳板上下来,他一点也不会感到奇怪。父亲去世后,母亲对我和诺拉坦白说,她抱着再次见到他的希望去了阿德罗格;她觉得他不可能不在那里。"

博尔赫斯:"今天我见了她男朋友。得知有人来找她,她给了我一个吻告别。我等了几分钟,让他们先走,但我出去的时候却遇到了他们。当我遇到了真人,一个平常人,我就释怀了。我就不会再胡思乱想了。我已经站在事实面前,事实不如想象中变幻的假设那么可怕。那位男士的脸已经有些模糊,他非常客气,努力让自己看起来礼貌、恭敬和友好。"

10月19日,星期六。　　博尔赫斯和我聊起让他痛苦的那个女人:"我见到她了。那就是个错误。每次我看到她,我就忘掉了我的执念。但那就只能持续一会儿。不久以后我又复发了。半夜里我会醒过来,演练想象中的对话,我对她说的话,她的回答:但其实我什么也说不了,而她也无法回答,这简直让人疯狂。"他又说:"我跟她在一起的时候也和以往一样。我很清楚我不能鲁莽行事,否则她会变得更强硬,或者改变主意。"我有一种直觉:和这个女人的关系应该是一种苍白的男女关系。苍白的男女关系让他只想留住那些女人……他无法理解现实,说自己陷入了重复的命运,出于某种宿命,总会出现一个男人夺走她的女人。(在一份苍白的爱情中,一个女人能持续一两年时间已经算久的了;博尔赫斯不该抱怨:他应该自夸。)

10月20日，星期日。 关于几天前去世的谷克多，博尔赫斯说他是位好诗人，尽管他心存不善。在别的环境或者别的年代，他都可能成为一位伟大的诗人。关于卡夫卡，博尔赫斯说他的朋友都是表现主义者，但他想成为经典，想远离表现主义；但卡夫卡的想法，在几乎所有人看来，都是表现主义的，可以用精神分析来诠释，等等。

说到不可思议地征服了几乎所有人的精神分析法，博尔赫斯说，一位马查多女孩埋怨他的女朋友玛利亚·儿玉性格太温柔，希望她能够揍自己几拳好释放内心的攻击性。博尔赫斯："这大概是历史上第一次有人因为别人不易怒而抱怨。史蒂文森那句描述一位只会整天微笑的可怜朋友的句子，人们又会怎么评价呢？在庸俗的媒体中，精神分析法推进的脚步就和在文哲系女生中一样，快得令人发指吗？"比奥伊："我觉得是。我估计这种推进是普遍的。很有可能会代替宗教：它拥有一种愚蠢的属性，需要形成一种学说来讨人喜欢。"

10月21日，星期一。 关于博纳维纳给《埃尔纳》写的短篇，博尔赫斯问："罗伯-格里耶和新小说的那些人会将此视为针对他们的一种讽刺吗？这种讽刺来自南美洲，而且是现代作家，这有趣了。"

10月23日，星期三。 博尔赫斯和利维奥·巴奇来家里吃饭。利维奥带来了一首诗，手写的，意大利语，名字叫《火》：

火，影子的亲密伙伴，
你燃烧，熄灭，我让你重新燃烧。
绝望中，你要烧掉全世界，
事实上你只吞没自己……[1]

博尔赫斯："你看完一首喜欢的诗以后的第一反应就是不久以后写一首一模一样的诗。"

和博尔赫斯一起继续念博纳维纳的短篇。我跟他说一个人悲伤的时候写得更好。博尔赫斯："或许他的生活更浓墨重彩。不管怎么说平静的幸福太庸常了。"比奥伊："你幸福的时候，就会慵懒，而悲伤的时候则不会。你会在工作中找到慰藉，不想离开你的工作。"博尔赫斯："这就是吉卜林所说的。工作消耗一个人，也挽救

---

[1]《火》(见《诗歌》，1980页)。在给1963年10月23日给胡·罗·威尔科克的信。

一个人。玛娜莱斯在关于伪造者的故事里[1]说她的敌人在解释乔叟的诗句时，变得可以忍受了，几乎可以说令人尊敬。"

10月25日，星期五。　　博尔赫斯和玛利亚·儿玉在家吃饭。他们说可能明年开始学冰岛语。博尔赫斯："你不觉得吗？这就好比抵达《奥德赛》的边际……冰岛语是日耳曼语言中文学最丰富的语言了。"接着他说起英语："英语就是它原来的样子，因为没有人呵护它。先是入侵，后是战争。粗人们放弃了复数，放弃了冠词的性数。这语言就像某种混杂出来的语言（cocoliche）[2]，有文化的人听到它，无疑会觉得很不愉悦（对于那些察觉到变化的人而言）。正因它混杂的特性，使它能够成为一种帝国语言。"

10月26日，星期六。　　博尔赫斯谈到句子、场景和诗歌，文学中最令他动情的段落是"六英尺英格兰的土地"。他重复了那段对话："使者：'托斯提公爵在吗？'托斯提：'我不否认自己在这里。'使者：'如果你是托斯提，那我是来对你说，你的哥哥原谅你了，并愿意给你王国的三分之一土地。'托斯提：'如果我接受，那国王给我的同盟哈拉尔·西居尔松什么？'使者：'他并没有忘记他，国王会给他六英尺英格兰的土地。他那么高，再给他加一尺。'托斯提：'那请对你的国王说，我们会为他拼命。'骑士们离开以后，哈拉尔问：'那位话说得么好听的是谁？'托斯提：'那是我哥哥。'哈拉尔：'他没那么高，但很扎实地坐在马上。'"这是《挪威列王传》的斯诺里·斯蒂德吕松英雄传奇里的。博尔赫斯说整个场景写得都很好；"相比之下，所有莎士比亚的作品好像都带着狂热。"比奥伊："狂热和甜蜜。"博尔赫斯："对，狂热和甜蜜。或许在《麦克白》里就有这种感觉……是莫里斯发现了这一切。他像发疯了一样。还不止这些，《亚瑟之死》和兰斯洛特之后，一切都变得可怕、病态一起来。可能是凯尔特人的那一面展现出来了。难怪他们总被人打败。印度人和波斯人做不到这一点，所有事情都像枕头一般柔软。在普鲁塔克的作品里有类似的东西。在《罗兰之歌》里也有。"比奥伊："在弗鲁瓦萨尔里呢？"博尔赫斯："也许有吧。我没有读过弗鲁瓦萨尔；我不知道为什么，可能因为它就在那里，在'每个人的图书馆'里。一个叫阿尔尼·布里斯克、外号'悲苦的阿尔尼'的人

1　《处置失当的黎明》（见《局限和更替》，1928）。
2　Cocoliche 是意大利语和西班牙的混合或混杂语言，在1870至1970年间由生活在阿根廷的意大利移民使用（尤其在大布宜诺斯艾利斯地区）。二十世纪最后几十年中逐渐演变为伦法多（Lunfardo）。

杀了斯诺里。一天有人烧了这个阿尔尼的家。他从窗户跳出来，被人团团围住。一个围住他的人问：'这里没有人记得斯诺里·斯蒂德吕松吗？'斯诺里的一个儿子拔剑刺穿了阿尔尼的身体。"关于'这里没有人……？'那个问题，博尔赫斯评论道："太克里奥尔了。"

比奥伊："《马丁·菲耶罗》的一开始很坚持使用歌的形式；感觉要给我们讲述的不是一个逃亡者，而是一个男高音的故事。或许一位作者以诗歌的方式讲述故事的时候，就应该这么随随便便地开始，热热身就开始，不去想太多什么比较适合故事，或者故事应该发展成什么样子。"博尔赫斯："可能后来作者觉得去掉诗句有些可惜，因为它们还挺美的。或许主人公对自己讲述人生经历时候的格律不该这么有意识。很明显埃尔南德斯想让他笔下的高乔人更严肃一些，不像埃斯塔尼斯劳·德尔·坎波，写出的诗如同玩笑。所有对《马丁·菲耶罗》过度的颂扬都出于想让我们国家变得伟大的愿望。在《马丁·菲耶罗》里，卢贡内斯看到了我国伟大的明证。很多人混淆了书的优秀和人物的性格。沿着同样的思路，有人居然认为麦克白和麦克白夫人是一对模范夫妇。"

10月28日，星期一。　博尔赫斯："对但丁的评论是有理由的，因为《神曲》是一部有机作品。而对莎士比亚的评论则通常比较荒唐，因为他们一定要给出诸如分心、任性或者错误之类的解释。我不觉得评价莎士比亚除了在当下引起兴趣以外还有什么别的标准。"他说克罗齐关于但丁的书[1]不太好，但对作品的评论却很全面并有用。

10月30日，星期三。　博尔赫斯："我越来越不欣赏莎士比亚了。我正在重读我写但丁的文章。我发现我犯了艾略特身上很令我讨厌的错误：我并没有给出自己的见解，而是通过别人的观点，带出我的假设。可能我这么做是出于羞涩；也可能我引用很多权威言论，是为了让别人承认我但丁研究学者的身份；又或者我沉浸在阅读他们的观点中，喜欢也乐于回忆起它们。结果是很陈杂，并不让人愉悦……我现在眼睛不好，也没有意愿做什么修改。我会按照原样发表这些文章。或许我可以在前言里解释一些事情；但前言的缺点是这之后所有的文学批评都会基于此。如果一个人在前言里说自己冷漠，即便他整本书都在抽泣，也会被人说冷漠。最好的办法是写一篇后记。"

---

[1] 《但丁的诗歌》（1921）。

11月2日，星期六。 博尔赫斯："明天《国家报》上刊登的那首十四行诗，会让所有人相信我不会英语。它的题目是《永恒》(Everness)。'永恒'和'永不'（neverness）是威尔金斯发明的词，但没有流行起来。我在想'永不'的意思没有任何一个词可以表达。"

博尔赫斯："马修·阿诺德举出了一些'宏大风格'的例子。但丁的那个一文不值：

> 我正在摆脱罪孽的苦水，去追寻
> 我那位言而有信的老师许诺我得到的甘果；
> 但事先我必须一直降到那地球中心。[1]

但丁身上有那么多东西……维吉尔的是一个临死士兵对一个男孩子说的话：'孩子，从我身上学习勇气和真正的坚定；而从别人那里，学习他们的成功。'[2] 这让我们想起卢坎关于小加图的话，德·昆西引用了他的话[3]，还补充说：'有人会想象一个天平，一边是整座奥林匹斯山，另一边只有一个人。'"

我们聊到雅典和罗马的鼎盛时期、两者的年表和两种文明。博尔赫斯："希腊文化和罗马文化并不太像。存在一种罗马式散文，去希腊是找不到例子的。"关于阿里斯托芬，他说："他这人太可怕了。你想想他的喜剧，粗俗至极。苏格拉底被审判，他可能就参与其中，跟他的《云》有关。"他还提到了不知道谁，他好像说了："特洛伊战争，是历史上第一个为了记事打的绳结。[4]"

比奥伊："尤维纳利斯总是攻击过去的人，从来不攻击当代的。"博尔赫斯："但当代人会读书：在过去的例子里他们看到了自己。尤维纳利斯有一些很优美的诗。很多时候克维多会把他的诗揉进自己的诗里。[5]"比奥伊："约翰逊也是。"博尔赫斯："是的。《浮华人心》。"

11月4日，星期一。 博尔赫斯谈到教会的团结，以及不强调教义的良好意愿。博尔赫斯："所有这些都证明了一件事：他们根本不在乎宗教。已经没人在乎宗教了：

---

1 《地狱》，XVI，vv. 61—63。
2 《埃涅阿斯纪》，XII，vv. 435—436。
3 见1959年11月23日的记录。
4 劳拉·莱汀《特洛伊式结局》（1937）前言。
5 "可悲的已婚者身上婚姻的风险"包含尤维纳利斯《讽刺诗第六首》115—131诗行的转写。

他们在乎的是政治。他们感到自己很微弱，就团结起来对抗共产主义。教会强大的时候他们没那么多人。"

11月12日，星期二。 博尔赫斯说："各种语言的作家都写过一些拉丁式的句子。'对于苏格兰人来说，裁判他复仇的法庭是他的剑'，这是萨维德拉·福尔哈多[1]的一句话，也是拉丁语的。托马斯·布朗爵士也常写拉丁式的句子。英国作家中最英国的一个也写拉丁式的句子，用拉丁语词汇，那就是：约翰逊。约翰逊几乎用拉丁语写作的时候，给我感觉比斟酌英语词句的莫里斯更加英国。这种用英语词汇写作的热诚看起来是法国文人特有的。当萨维德拉·福尔哈多谈到那些国家的时候，他知道自己在说什么：他用克维多的拉丁散文体写作，但写得远远胜过克维多。他不像格拉西安，那个放肆的文人：他是一类文人中的极致，对这类人来说所有问题都停留在字句上，好像书本以外就不存在任何现实了。"他提到格拉西安的经典例子，他认为有必要加形容词修饰，即使像疯子似的："怡人的莫斯科[2]"，并评论道："太蠢了。"他补充道："同样，达里奥、卢贡内斯和海梅斯·弗雷伊雷也用西班牙语写法国诗。"

想象中的鸽子斡旋

海梅斯·弗雷伊雷的这句不符合西班牙诗歌传统。加尔西拉索写意大利诗，结果很不错，因为别的语言的诗用什么语言写出来都好。前些天我在读曼利·霍普金斯的时候看到了这一句：

上帝！呼吸和面包的给予者[3]

有盎格鲁撒克逊人的厚度、语调和叠韵：我会把他定义为一首像古代英语诗的现代英语诗。用西班牙语写英国诗的人会掀起和鲁文那场革命一样重要的革命。方案我们有了，但只有方案不够。人们动笔写的时候，会感觉非常容易写。"

博尔赫斯提到了一位翻译盎格鲁撒克逊诗歌的英国译者，风格奔放自由。博尔赫斯说起我们女性朋友中不知哪一位，并评论道："她就像那些国王，如这位译者所言：

过去的国王更好看些。

---

1 《基督教政治王子的主张》（1640），LXXXI。
2 《谨慎者》（1645年，"谨慎者生活中的分配"）。
3 《德意志号沉船记》（1876）。

而原文是：

如今面包和戒指的给予者在哪里呢。[1]

解释得不错，但原文包含更多情绪。"

11月15日，星期五。 博尔赫斯解释说在盎格鲁撒克逊诗歌中没有对颜色的提及："绿色的草原"这个表述不可能出现在盎格鲁撒克逊诗歌中。不是因为表属性形容词"绿色的"对草原而言过于明显；他们从来都是明显、直白，重复到令人厌倦的。他们说"红海"因为本来就这么叫。他们只谈光亮和黑暗。最常见的情感是对上级的忠诚、孤独和哀伤。另外他们那里很冷。没有爱国主义情绪：他们谈起不列颠人的时候就像在聊外国人；而谈起其他地方的萨克逊人，则是在聊萨克逊人。而"英国"只作为语言的表属性形容词。他们看起来头脑简单，缺乏灵感，智力也比较缺乏。关于西哥特人，博尔赫斯评论说他们不明白关系词是什么："他们说'我父你在天'，因为没有学会用关系词。"

11月16日，星期六。 博尔赫斯："萨米恩托送了一本《法昆多》给伯顿，并留了以下赠言：'赠在途的旅人理查德·伯顿，来自休憩的旅人，福斯蒂诺·萨米恩托。'"[2]

11月20日，星期三。 博尔赫斯朗诵了梅瑞狄斯的诗：

直到火焰在炉栅中渐渐死去，
我们才会寻找和星星的亲属关系……[3]

博尔赫斯赞赏了这两句，并补充说事实并不总是这样。比奥伊："诗歌中的情感并不需要在理智上做到公正。"博尔赫斯："这不重要。列一张年轻哲学家的名单是一种美学上的错误，因为不懂诗歌。诗歌中的情感，如果用逻辑来权衡，自然是不好的情绪。但没有人写过这之间的分别。"比奥伊："可我不知道评价诗歌中情感的标准是什么。"博尔赫斯："我觉得它们应该符合真实的情绪。或许可以加上'和常见'，但我宁愿只留下'真实'"。

博尔赫斯讲："我在伦敦时一个先天失明的人来拜访我。我之前看过一整本书，

---

1 《流浪者》（四世纪？），诗行92。博尔赫斯和玛利亚·埃丝特·巴斯克斯（在1966年出版的《中世纪日耳曼文学》中）将其翻译为"宝藏的给予者去哪了？"。
2 参见理查德·伯顿《巴拉圭前线的来信》（1870）。
3 《现代爱情》（1862）。

一位德国教授写的，关于先天失明的人可以看到什么，但没有找到他们能否在黑暗中看到东西的答案。我问我的访客他是否能在黑暗中看到什么，以及它们是否身处一片漆黑之中。他说不是。你明白吗？我左眼失明以后，当我闭上左眼，能看到一片红红的黑暗。他们对黑暗完全没有意识。对于他们来说，他们的眼睛只能看到手掌；而手掌对黑暗没有意识。值得一提的是他们并不如人们想象的那样压抑。他们缺乏我们能够看见的人所拥有的触及远方的能力，但他们并没有并被任何黑暗所压迫。对他们来说桌子只不过是连续的。脸和身体也可能是连续的。"

11月21日，星期四。　　博尔赫斯说："在哥伦比亚大使馆，他们跟我解释说哥伦比亚是美洲唯一一个说西班牙的西班牙语的国家。我大概那时候心情很糟糕，因为我回答他们：'西班牙人从来没好好说过西班牙语。从两个世纪前到现在，西班牙语对他们来说有什么用呢？就拿来随随便便一说，写起来就更一塌糊涂。语言说得跟都没法用它来写出一本好书的人一样，有什么可夸赞的呢？'不，我对5月25日或者圣马丁一点也不感到后悔，你们也不应该为玻利瓦尔感到后悔。"人们只是重复别人的话，却从不思考。他们崇敬玻利瓦尔，但同时也为他几乎是西班牙人感到骄傲。他们在混乱中幸福地生活，就是些粗人罢了。

博尔赫斯："胡利奥·莫里纳·维蒂亚说：'胖子是一群犯错的人。'这句话因为一处微小的错误而出名，又或者说是因为常见用法的轻微偏离。"

博尔赫斯说安尼巴莱·卡罗的《埃涅阿斯记》[1]译本很悦耳，翻得很好，但调子过分浮夸了，容不下的细微或者轻柔的细节；谁读了卡罗翻译的维吉尔，一定会对《埃涅阿斯记》产生错误的想法："维吉尔有部分个性化的东西在卡罗译诗中高亢的调子里致命地丢失了。切斯特顿，好像是，曾经说过，维吉尔属于所有人。对于一位作家没有更高的赞誉了。"

博尔赫斯："母亲极其讨厌马塞多尼奥，说他是个毫无操守的律师，可以把他自己的朋友整垮。我不会因为他作为总统候选人名声四起就信任他。这应该是个玩笑吧。否则，更合适他的应该是在《国家报》发表点文章，而不是在有轨电车上留下印有他名字的卡片。"他补充道："母亲一定也很讨厌弗拉迪，因为他明知道我很敬重她，还坚持要叫她格拉迪斯。这是一种表达轻蔑的方式：懒得记住对方的名字，故意将其说错。"

---

[1] 译本（1563—1566）出版于1581年。

11 月 22 日，星期五。 博尔赫斯："乌纳穆诺说萨米恩托写出了十九世纪西班牙最好的散文。[1] 而关于拉莱塔，他却温柔地嘲讽了一下：他说我不记得哪本历史小说的作家试图让人物以他自己所处年代的方式说话和思考；他补充说'最后这点拉莱塔丝毫不担心'。[2] 他把卢贡内斯比作游乐园里的大力士，举木头杠铃的那个。这仅仅是个隐喻罢了。乌纳穆诺有卢贡内斯的作品：他应该指出木头杠铃具体指什么。"

博尔赫斯观察到："吉列尔莫和现在所有人，都用'歌德散文'代替'歌德的散文'，'拜伦精神'代替'拜伦的精神'……这些表属性的形容词应该用在他们崇拜者或弟子的作品或者方式上，而非作者自己的。我们说马尔萨斯用西塞罗散文体写了什么什么；[3] 但如果说西塞罗的西塞罗散文几乎总是很荒唐的。但将两者混淆的做法总更加盛行；而人们已经丢掉了区分两者的习惯。"

11 月 23 日，星期六。 博尔赫斯说："我有个把钱藏在标题很有暗示的书里的习惯。"比奥伊："比如《金碗》？"博尔赫斯："正是。《时间试验》里可以放张彩票。"

11 月 24 日，星期日。 博尔赫斯说对于佩罗来说，史蒂文森的作品可能是切斯特顿作品的草稿，并评论说："或许读译本有这种感觉，但史蒂文森的作品要细腻很多，有更多细微的差别。"比奥伊："切斯特顿写作时就像一位雄辩滔滔的演说家，即兴发挥的能力令人赞叹。史蒂文森是位伟大的作家。"博尔赫斯："即便史蒂文森的论据没有切斯特顿的那么充分，这也证明不了什么对史蒂文森不利的评价。史蒂文森不需要完美的论据来勉强取胜……"

11 月 27 日，星期三。 他看上去有点疲倦。"你还好吗？"我问他。他对我说实在不好，他跟"那个女孩子"出去了两次，前晚和昨晚。前天他混淆了友谊和爱情，昨晚就糟糕了，失望得很。"真奇怪，"他评论道，"人为了将来而活。而过去我身上发生了这一切，现在已经不再重要，我知道现在稍纵即逝，但我会为第二天担心，他说：'我要怎么才能撑到明天呢？'"比奥伊："在那种情况下，我就不担心晚上了，但我会自问晚上怎么做才能睡着觉。"博尔赫斯："今天我郁郁寡欢，突然间想

1　米格尔·乌纳穆诺《多明各·福斯蒂诺·萨米恩托》。出自《全集》，VIII：367—372。参见《关于西班牙语美洲文学的一些见解》(《阅读》，马德里，1905 年 11 月）。
2　《堂拉米罗的荣耀》(*La gloria de don Ramiro*，1908）(《为葡萄牙和西班牙的土地》，1911）。
3　拜伦勋爵《唐·利昂》（1866）诗行 753—754："来吧，马尔萨斯，用西塞罗散文体 / 说说……"。

起莎士比亚的话：'不幸也有它的用处'[1]，就觉得我应该以某种方式利用自己的不幸。你懂吗？后来我想起有一颗智齿让我很不舒服，于是就在街上找起门牌来。我看到一块门牌，就找人来念。结果那人住在同一个街区也认识我，因为他对我说：'您是找牙医，找罗德里格斯先生吗？'我回答他是的，并问他罗德里格斯先生的诊所在几楼。原来医生是我的远方亲戚。我问他那颗智齿怎么样了，他回答：'这颗牙要拔。''您不知道这是个多好的消息，'我对他说。他给我打了一针，我都没怎么疼，就解决了。多年来我一直以为拔一颗智齿有多了不起，最近几个星期一直在预演这痛苦的一刻……我走出诊所回到大街上，这番经历过后我十分满意。可突然间我想起了那个女人，智齿的魔力便骤然消失了。好吧，我告诉你这一切，不是为了炫耀什么，而是因为我觉得你或许某次你也跟我一样，因为要拔智齿而感到担心：你看，没什么的，小打小闹。我觉得最好是不认识牙医，也没去过诊所，这样既不会预先想象届时的情形，或者去提前预约时间。你就上街，看到哪里有牙医的门牌就进去。不管怎么说，牙医和牙医之间其实没什么太大区别……我和牙医聊了器械。他说最好的是法国的。他后来又说了一些话，证明任何概括都很危险：'很明显，很多人不用它，因为它太丑了……它很结实，却难看。而英国的则细长而脆弱。'如果有人问我，我会回答说：'法国的高雅，英国的坚固，但很丑。'或许这一切并不取决于国家，而取决于生产它们的犹太人，取决于法国的戈登伯格和英格兰的戈登伯格的品味。"比奥伊："又或许在同一个国家，品味和款式也会不尽相同。我感觉法国整个医学界都很保守，资产阶级做派；而英国的则更跟得上潮流。"

那天我抗议说："不戴眼镜看不见好烦。"博尔赫斯回答："戴了眼镜还看不见好烦。"

12月4日，星期三。 他今天对我倾诉说，他的不幸变本加厉了，因为他的对手是个精神病人："那个姑娘跟我说我别抱太大希望，但当然了，如果那个男孩子治不好，或者天知道要是真治好了，她或许会跟我结婚……我要说我就是个备胎……"我回复他（当他允许我发言的时候）说，让他别犯傻了。别献出自尊。也别太体贴或者忘我。其实最重要的还是他自己，在爱情当中人太好则运气不佳……可能会有点无聊，或者看起来爱卖弄。我让他不要对那个男孩子心软：命运将他放置到他的对立面，最自然、最健康的做法，是接受两人的对抗。也不要试图去了解他太多，

---

[1] "Sweet are the uses of adversity."《皆大欢喜》，II，1。

不要去想象他的样子，而应该把姑娘从他身边抢走。他目前的状况我觉得好些了；但只有一种危险：抱希望。希腊人很有道理，除了希望以外没别的会打扰安宁了。

博尔赫斯："迷信是消极的。正因为迷信，人们被危险包围。没有安全感。一个人撞了电线杆就觉得自己不会幸福。约翰逊有时候走很长一段距离，因为他不确定自己是不是撞了电线杆。"[1] 在我看来，没有比约翰逊博士请求上帝不要让他发疯更可悲的了[2]。

博尔赫斯认为："瓦格纳糟蹋了所有与日耳曼有关的文学。你大概发现了，我最近在这件事上十分痴狂。我现在觉得德国人糟蹋了所有的日耳曼文学；他们从来就没弄明白。他们身上总带着沉重和糟糕的品味。"

12月5日，星期四。 博尔赫斯："禁果的故事代表了一件总会发生的事：微小的起因造成了过于严重的后果。亚当和夏娃被告知：'你们不要去吃那些苹果。'他们吃了以后，人类受到了惩罚。埃内斯托·帕拉西奥身上也发生了同样的事。他坐公交车，下车时没有走一边的门，而是走了另一边的门。一场可怕的事故发生了。他被夹在了两辆公交车中间，落下终身残疾，智力也遭受损伤。"博尔赫斯引用了布莱克或者其他不知道谁，说耶稣没有权利拯救人类。"为了陌生人牺牲自己太荒唐了。"他表示，这时候他大概想到了自己的对手，并试图不要过分忘我，过分高贵，过分谨慎，过分温柔；维纳斯喜欢粗人——坏人，或者无赖——尽管如果一个人麻木不仁，也会导致失败。应该恰当好处。

博尔赫斯："我以为我这辈子最感兴趣的是日耳曼语；把那个姑娘视为词源与词源之间的娱乐……她第一次找借口不见我——她对我说头疼，我马上就明白那只是个借口——还挺高兴。你看，我一开始想：'真奇怪，这背后会是什么原因呢？'但我转念又开心起来，因为我们可以继续学习了，于是我又给女学生们讲起词源来。我需要那个姑娘对我说她喜欢别人，才能让我明白我生命中唯一重要的是她。"

他吃了镇静片。晚上我们写作的时候他睡着了。"你给我读读最后两句吧。"他说。我还没念完最后两句，他就睡着了。我大概读了一句，他已经闭上了眼睛，张着嘴，朝着天花板……我叫醒他。"你给我读那两句嘛。"他有点不满。"我读了，你睡着了。""啊，"他回答，"我有点困了。"

1　T·B·麦考利《塞缪尔·约翰逊》(《不列颠百科全书》，第11版，1910)。
2　包斯威尔《约翰逊传》:《1777年3月30日》。

他在一次肯尼迪的纪念活动中发言。博尔赫斯:"我觉得我的发言是最受欢迎的:人们知道我瞎了,我说什么他们都会感动。我是唯一一个毫无保留的,也没有利用那个场合来攻击美国。他们太可怜了,你意识到了吗,居然利用遇刺者的纪念活动攻击一个国家……"比奥伊:"他们是愤世嫉俗的人、煽动者、懦夫。在最近两次大战中死去了多少美国人?如果不是因为他们,这个世界可要恐怖多了。真不懂得感恩。圣马丁解放了智利和秘鲁,多少阿根廷人死在这两场解放运动中?"博尔赫斯:"很少。就算我们没有介入,结果可能也是一样的。既然美国人战胜了英国人,那一整片大陆上的人日后怎么不可能摆脱加利西亚人的统治?相反要是美国没有介入最近两次大战,德国人应该会赢吧。军事帝国主义,比起银行家、商人这类和战败者做生意的隐形人的帝国主义,要更单纯,也不那么遭人怨恨。前者可以理解,后者则不是。"博尔赫斯评论道:"墨西哥人有个'伤心之夜'的说法,当时科尔特斯和阿兹特克帝国对战……而这里,和印第安人的战争持续到1880年:这些人更勇猛……'记住阿拉莫',那些在圣哈辛托战胜墨西哥人的美国人说,而墨西哥人呢,在阿拉莫战役后,把所有的保卫者都送上了绞刑架。"

12月7日,星期六。 博尔赫斯和佩罗来家里吃饭。博尔赫斯称《航海者》是最好的罗曼蒂克诗:"我会歌唱或讲述我的旅行",诗人在诗歌开始说。他同别的讲述戒指给予者、国王故事的人如此不同!同史诗如此不同!作者意识到自己开创了新的诗篇吗?他的同行呢?或许他们对他说:"不,朋友,你这次错了。"我们什么都不知道。我们不知道当时的文学讨论是什么样。甚至都不知道当时有没有文学讨论。

博尔赫斯:"狄更斯杀死了——尽管很多读者写信请他不要这么做——那个不招人待见的男孩子,董贝。当时罗斯金评论道:'如有疑惑,杀死婴儿……'[1]当你不知道如何保持读者的注意力,就杀死一个男孩子。"佩罗:"当时的人比现在有文化多了;也更重视书籍。"博尔赫斯:"不,当时宣传册更重要。所有人都读,而且会评论。"关于罗斯金的话,可以说我和博尔赫斯的探讨持续了三十年。1933年或1934年的时候,博尔赫斯引用了这句话,我没有忘记,因为当时我觉得很滑稽,但有道理;但我没有问,因为忘记了,罗斯金什么时候以及为什么说了这句话;终于有一天我得到了答案。

12月9日,星期一。 我和西尔维娜还有玛尔塔在家吃饭。两点博尔赫斯打来电

---

[1] 原文为:When in doubt, kill a baby. ——译者注

话:"不好意思这个时间打电话给你……我只能跟你倾诉。那个姑娘又想和我谈结婚的可能性……我对她说在我出发之前[1]什么也别谈。你觉得怎么样?"等等。于是我终于知道"那个"姑娘[2]是谁了。西尔维娜早就有所怀疑了。

12月10日,星期二。 博尔赫斯很早就打电话来,跟我确认他三点半来访,跟我聊聊和"那个"姑娘的谈话。午饭过后他母亲打电话来,问我能不能送他去系里。好的,我这就去。雨下得挺大。博尔赫斯——订了婚的人——到了,他那顶贝雷帽的皮变外翻得很明显,颜色已经发白;裤子往下掉(裤脚折起来盖在鞋上)。贝雷帽下方露出几绺杂乱的灰白头发。我把他送到系里,过了一段时间去接他。他说起了女学生们的考试:"暴雨救了她们。她们懂的太少了。"到家之前,我在巴拉圭街停了车,和他继续聊。我说一切都会变好的,不要奢望;不要为爱痴狂(痴狂的爱人往往没什么吸引力);不要完美和过度忘我(否则便是愚昧、卖弄和虚伪,这一切都不自然);不要对另一个人表示太大的兴趣:他是你的敌人。我们把车停在那里,在雨中(但撑了我的伞)一直走到他家。在那里我亲了他母亲和西尔维娜;和诺拉和基卡打了招呼。博尔赫斯陪我下楼,送我到门口:"你知道我多么容易激动。这辈子都是这样。就像你说的,女人一连串。"我建议他,也不记得为什么了,如果那个姑娘犹豫了,也别把人家想太坏。一旦发现那个人疯了,她会更倾向他(指博尔赫斯)。"不,"他回答,"如果一个人还不算卑鄙,他会把所有的美德和优点都套到喜欢的人头上。"

博尔赫斯:"当我失去希望的时候,身体上的欲望就完全消失了;现在希望又回来了,欲望也一样,这让我厌烦。或许我身上总发生这样的事……我们可以两月份结婚……说实话,我们什么共同点也没有。她一直很有爱,但喜欢放声思考,这点令我绝望。她能够极其自然地说出叫人尴尬的话。这之后她又会说些自我矛盾的话,然后过来吻你;我不觉得她这么做是因为怜悯我,或者是为了改变之前留下的不良印象;她可能仅仅延续了她的摇摆不定。他对我很亲热,但从中我并不能得出什么结论,因为她对所有人都这样。她牵我的手,但也牵别人的手。她出奇地爱调情:这点让我想起艾玛。她言行不一。有时候她跟我出去:我跟你保证她表现出的一切就好像我们是男女朋友。"比奥伊:"如果一个女人的言行互相矛盾,请相信她的行为。你不要犯作家特有的错误,指望别人用语言来澄清这一矛盾,或者给你一个满

---

1 博尔赫斯正准备去哥伦比亚接受安第斯大学的荣誉博士称号。
2 玛利亚·埃丝特·巴斯克斯。

意的表白。有的女人到了上床那一刻还在说不；指出她们的自相矛盾太愚蠢了。"

关于埃斯特拉·坎托和西尔维娜·布尔瑞奇，博尔赫斯忧伤地评价道："我想我本可以爱她们，曾经一度我想带她们回家，和她们永远生活在一起。她们应该是这个国家最放荡的两个人了。"他情绪激动起来，正义感十足地说："西尔维娜·布尔瑞奇可能比埃斯特拉好很多。"他承认，"埃斯特拉已经跟妓女没什么差别，排在最末尾了。不过如果没有埃斯特拉，最末尾的大概是西尔维娜·布尔瑞奇。"

我们告别的时候，他给我了一个轻轻的拥抱，称呼我为："亲爱的（这辈子第一次？）。"他情绪激动，请求我不要去见"那个"姑娘，如果见到她，也要当作什么也不知道。比奥伊："当然；你知道我平时的生活作息。不太可能见到她。"博尔赫斯："告诉西尔维娜。或许她会想邀请她。我宁愿不去想我不在的时候她跟别人在一起，在我可以想象到的地方。"比奥伊："当然了……另外，如果我们在一起几分钟，就像昨天一样，周围还有别人，我可以什么都不表现出来：我人不在，也什么都不知道。不过，如果是在家里长谈就会比较困难。不应该让任何因素掺和到这件事情上来：就让一切照旧吧：她，那个疯子和你。让她发现你的价值，出于你自身，当然，也出于和那个家伙的比较。所有外界因素都有可能产生负面作用。"我觉得，但我没对他说，可怜的博尔赫斯在癫狂中如此害怕，以至于担心会发生什么惨烈的事情，比如他最好的朋友变成他的新情敌。

12月18日，星期三。 博尔赫斯旅行回来，给我打电话。他赞美了哥伦比亚："我们和一个小伙子在路上走。我问他广场上的雕塑是谁。'某个名人，'他说，'我们这里名人多，英雄少。'教授们为了给自己的地区争取最胆怯的名声而争论不休。那里的人讽刺却文明。他们憎恨委内瑞拉人；不仰慕西班牙人和墨西哥人。没有乌拉圭人、或者巴西人那种天然的迷信，我是这么认为。是的，哥伦比亚人很有修养，知道《马丁·菲耶罗》，知道卢贡内斯和吉拉尔德斯。是的，你看，他们很有一手……"

12月20日，星期五。 博尔赫斯谈到昨天和希腊的朋友们吃饭："布斯蒂略坚称真正有价值的是古希腊文化，而非当代的。当然，饭局上大使馆和旅居布宜诺斯艾利斯的希腊人都来自当代，而非古代。我认为我们都曾经是希腊人，而有两种文化影响到了我们：希腊文化——也曾是拉丁文化——和希伯来文化。"

我们听了特立尼·洛佩兹，达拉斯新人歌手的唱片。博尔赫斯："美国这个国家啊。我们国家出过加德尔，就数不出别人了。所有的探戈歌手都差不多。而那里歌唱界新人辈出，他们创造出一种新的风格。他们有意识在创新吗？或许没有。那里没有人看起来要别出心裁。相反，在俄罗斯，所有人都觉得自己别出心裁，但结果都平庸无奇。美国真是个奇怪的国家。"比奥伊："毫无疑问那里的音乐土壤极其肥沃。或许音乐比文学要更加丰富。即便单单十九世纪的美国文学就已经可圈可点了。"

博尔赫斯："范·威克·布鲁克斯的《新英格兰：花开时节》是本出色的书。就好像如果没有布宜诺斯艾利斯，就没有高乔文学——高乔人不可能自己写，写的人都是布宜诺斯艾利斯的绅士们；如果没有新英格兰，就没有西部传奇。新英格兰人觉得征服西部、加州淘金的历史很有诗意。北方人对南方人有一种深深的爱，而南方人则憎恨北方佬：战败会导致情绪产生，而胜利则不会。南方人不喜欢墨西哥人。当然了，没有人会对他的仆人或者厨子有多敬重……冈萨雷斯·兰努萨的思维如此奇怪，以至于问我德克萨斯人会不会希望他们的土地属于墨西哥。他怎么会认为一个伟大、繁荣国家的公民会愿意留在一个靠旅游和民俗为生的穷国里？美国人不喜欢英国人。他们觉得爱尔兰人很滑稽，很放荡不羁，但还挺可爱的。他们钦佩斯堪的纳维亚人和德国人。身为瑞典人可以和体面划等号。身为荷兰人相当于来自最好家庭的美国人。有红皮肤的基因是值得骄傲的理由。"

12与21日，星期六。 博尔赫斯和佩罗在家吃饭。我们谈到当地报纸不时接到通报，在某某地点有人看到外星飞船，释放出耀眼的光。还有人看到有生命体，类似机器人，他们追着人类跑，或者从飞船上下来，过了一会儿又回去飞走了。博尔赫斯表示他愿意相信："为什么不呢？为什么就不可能有游客从别的世界来？和公众想象的结果相同并不构成什么反对的证据；每个人根据早先形成的概念来阐释新事物和自己不理解的事物。"

关于忠诚、勇气和可靠是否为纯日耳曼民族的原则，博尔赫斯评论道："绝非他们发明。这些早在希腊和罗马就存在了。比如雷古鲁斯回到迦太基受刑，因为他曾经许下诺言，我觉得是最崇高的例证了，正是罗马的：

> 愿雷古鲁斯又一次抬起头，
> 愿忠贞的妻子给他一吻，
> 愿众人，愿他的脚步，
> 阻挡他面不改色地回去受刑。[1]"

---

[1] 马·梅内德斯·伊·佩拉约《致贺拉斯的信》(1876)。

博尔赫斯:"只要会一点意大利语,我们中的任何人就可以读《神曲》:注解澄清了一切。"比奥伊:"我不这么认为……如果只会一点意大利语,没有念过文学专业,没有读注释版的习惯,要快速眼动到页脚,在一片注释林中探险,又马上回到文本,重拾故事;谁能够在读诗之余跟上作者的思路和故事的情节呢?"博尔赫斯:"我在读《神曲》之前——当时还是个男孩子——我对这本书有一种敬畏——我读了朗费罗版的注释。我一直很喜爱读有诸多版本的书。我在那些注释里读到了有趣的观察,是意大利语版不具备的。或许朗费罗读了已经散失的意大利语版。他有深厚的文化修养:他翻译了斯诺里·斯蒂德吕松英雄传奇中的片段,翻译了盎格鲁撒克逊语的《贝奥武甫》(可能是片段),中古英语他翻译了乔叟,翻译了几种德语文本(高地德语,低地德语),《神曲》,维庸。他曾是文学教授。如今,因为有些诗不那么好,名声扫地。"西尔维娜:"我没读过其他诗。"博尔赫斯:"所有诗人都有写得不怎么样的诗。"

12月25日,星期三。 他跟我聊了他的"状况"。我不觉得他过得不好。比奥伊:"你应该更关心你自己的状况,而不是和那个姑娘的状况。你不应该变成一个偏执狂。和那个姑娘的状况自己会好转的……只要你自己别搞砸了。为此你必须保持冷静,耐心等待。也别做个忘我、耐心和温柔的楷模:她会发现这中间的欺骗,发现一个内在的让自己抑郁的疯子。"我对他说他现在就是从窗户进屋的小偷。他说他已经摆脱了这辈子折磨他的所有限制。他觉得我要送他回家了,就请求我:"再喝一轮。"我有些憔悴,视线已经模糊;我需要回家吃饭。一点半我就送他回了家。

12月26日,星期四。 我们聊了萨克逊人,"他们不是从莱比锡来的书商,而是从沿海"来到英格兰的;还聊了斯堪的纳维亚人,尤其是冰岛人。博尔赫斯:"正如我欣赏古斯堪的纳维亚人,我厌恶现在的斯堪的纳维亚人,他们有一点德国小庄园主的感觉,致力于一种现代艺术的现实主义分支。"

12月31日,星期二。 博尔赫斯:"如果爱不能带来幸福,那它永远不该成为不幸的源头。"

1964 年

1月2日,星期四。 博尔赫斯要去学冰岛语,虽然他更喜欢盎格鲁撒克逊语,但前者与丰富的文学有渊源:"我觉得冰岛散文可能比盎格鲁撒克逊散文好,但诗歌却比不上。冰岛诗歌的形式非常正式，里面充斥了术语。冰岛人没有副词。他们描述可怕或可悲的情景，却从来不去修饰它们。读者因为他们讲述的内容而感动，但场景的发展十分客观。我不觉得这意味着一种缺陷。这可能仅仅属于一种文学流派，但这种文学流派符合留在过去的人的品味。冰岛文学里没有盎格鲁撒克逊诗歌里对自然、贫穷、寒冷、孤独的感情。"比奥伊："就好像在展开一次旅行前，你热爱布宜诺斯艾利斯的优点，怨恨你要去的那个国家……但你没有察觉到，对于你来说，那个国家最糟糕的地方在于它不是布宜诺斯艾利斯，却要代替布宜诺斯艾利斯了。你对盎格鲁撒克逊语有一种已经由来已久的依恋，他让你对准备学习的语言产生了些许反感，即便那是冰岛语。"

2月12日，星期三。　　我在玛尔德普拉塔。博尔赫斯从布宜诺斯艾利斯打电话来。他解释说他的爱情现在处于复杂时期；宁愿让"那个姑娘自己来解决"：如果她打电话来，我们得跟她说家里已经有客人了，他们到月中才会离开。过了些天他又打电话来说："跟她说客人18号已经离开了。"他再打来的时候很开心，据西尔维娜说，姑娘在他身边。西尔维娜背了她的台词，他们回复说18号来。我们等着瞧吧。西尔维娜评论道："说不定他们会结婚。"

2月18日，星期二。　　在玛尔德普拉塔，博尔赫斯和玛利亚·埃丝特·巴斯克斯早上六点半到的。我们和博尔赫斯在街区走了一会儿。他对我说："看起来事情进展得不错。如果一切照现在这样下去，我们今年会结婚。你知道我以前有很多问题。好吧，只是我想象它们存在。但这些都消失不见了。我或许可以正常地生活了。我们会搬到图书馆。当然现在我们就像朋友一样。诺拉会持续祷告九天，为我们的婚事祈祷……母亲很强势……她确信我会和玛利亚·埃丝特结婚。好吧，母亲只喜欢那些她知道我不喜欢的。现在她喜欢阿莉西亚·胡拉多，但之前她发现阿莉西亚和我似乎在调情，又在我面前说她的坏话。"博尔赫斯和玛利亚·埃丝特来的路上整晚都坐着，那辆火车只有一种车厢。博尔赫斯："我们一直聊天，但也睡着了几次，还做梦了。在梦与梦之间，我们对彼此说了一些意味深长的话。那个姑娘事后评论：'那晚我们说了好多话啊。'乘务员告知玛尔德普拉塔到了，我都不敢相信。她对我说：'如果你愿意，今晚吃过晚饭，我们可以一起写作。'"他还说在英语里动词给语言风格增添了活力；法语里形容词扮演这个角色。

吃完午饭，所有人坐在通向花园的楼梯上聊天。博尔赫斯（对我）："你有没有写点什么？你想出很多情节了吗？"我跟他讲了我那个圣·豪尔赫·德尔·马尔[1]的故事，但没说结局。博尔赫斯："真奇怪，通常人家会从结尾开始。一个人写作的时候会朝着他已知的结果写。"比奥伊："我从一个场景开始写的。"博尔赫斯："这个故事有点亨利·詹姆斯的感觉。"西尔维娜："对詹姆斯来说一个场景就够了。"博尔赫斯："高尔斯华绥说每句话都有相应的未来，而他在写作时恰恰向着这些未来前进。他写出过一些很漂亮的故事。但我不觉得他是这么写出来的。（对我说）你这个故事是给巴哈尔利亚的短篇集[2]写的吗？玛利亚·埃丝特也要给他写。"

博尔赫斯让玛利亚·埃丝特和他一起朗诵诗。他背了一首关于斯宾诺莎的十四行诗，很值得赞美（发表于《达瓦尔》[3]）；玛利亚·埃丝特背了一首关于美洲豹的……她已经在博尔赫斯的敦促下，给西尔维娜背了不知道几首。博尔赫斯："我们这里都是作家。这种事可以不带任何虚荣心地做。"他问我是否写过诗，又提醒我一个我的亲戚念了我那首关于奥地利街[4]的诗以后诊断说："讨厌的东西。"我完全不记得有这样的事。"我是你的包斯威尔。"他说。他讲了些情节：巴利·佩洛恩的故事，写一个男人破解了密室杀人案[5]；三个丁尼生·杰西的故事：一个关于暹罗姐妹的，一个关于西藏羊的，还有一个关于三十元的。

我们听了爵士唱片。博尔赫斯评论："美国人真奇怪。其他国家唱的都是常规情形。而这里不是。不知道唱的什么，音乐似乎也和歌词不符。音乐很欢快，但男人唱得却悲伤至极……羞耻的悲伤。天哪，他们发明了一百万种声音的组合，歌唱的方式，新的风格……每一种都和其他的不同。我们致力于写作是不是错误的选择？音乐才独一无二。"

一天里博尔赫斯出去散步了起码三次；最后一次是和玛利亚·埃丝特一起，一直走到了托莱昂附近；那里他们下到了沙滩；突然间一个浪打过来，玛利亚·埃丝特带头，两人一起跑了起来。博尔赫斯问："那现在，我们为什么要跑？"回到家，玛利亚·埃丝特正换鞋，西尔维娜对博尔赫斯说："把草鞋穿上。"她遭遇了后者的反抗，但依旧坚持："你得学会穿草鞋走路。"博尔赫斯只好屈服，但表示穿起来好像不舒服，走路时能够感觉到花园里的每一颗小石子。"你的脚太敏感了。"她说。

---

1 《伟大的撒拉弗》（1967）。
2 胡安-雅各布·巴哈尔利亚《犯罪和神秘故事》（1964）。
3 《斯宾诺莎》（1964）。
4 《街道》（1954）。
5 巴利·佩洛恩（菲利普·阿奇），《盲点》（《埃勒里·奎因神秘杂志》，纽约，第25期，1945）。

谁知道有多敏感：就好像他不知道他们为什么要跑，他也不知道，直到后来玛利亚·埃丝特给他解释，为什么要让他换鞋：你没意识到自己穿了鞋和袜子，双脚湿透了。博尔赫斯说："我可能不够智慧，但很心不在焉。"还补充说："马塞多尼奥说了，鞋底让人回到往日的脚，回到'唯一的老茧。'[1]这唯一的老茧怎么这么粗俗，马塞多尼奥自我满足于这类丑陋的事物。你看，有圣地亚哥·达沃韦这样的朋友，推崇人们去敬重最愚蠢的人……"

我问他《绿色百叶窗的房子》的作者叫什么。博尔赫斯："署名的是乔治·道格拉斯。事实上他叫乔治·道格拉斯·布朗。他是记者，只写过这一本书。当时在英格兰和苏格兰，流行以伤感的笔调写苏格兰。他写这本小说是为了展现苏格兰生活的贫瘠和严酷。"比奥伊："很少有伟大的书是抱着写一部杰作的目的写出来的。相反，如果带着状况决定的目的……"博尔赫斯："事后就会被忘记，不再重要……埃尔南德斯将《马丁·菲耶罗》作为对抗国防部和征兵制度的辩词。"比奥伊："还有塞万提斯……"博尔赫斯："《堂吉诃德》是最著名的例子。"玛利亚·埃丝特："我不觉得会有人抱着写杰作的目的写作。"比奥伊："拉莱塔写《堂拉米罗的荣耀》就是这样。最后倒也写成了。反而……糟糕，那句话没讲完，还不是因为句法上的原因。帕皮尼也尝试过，写《宇宙审判》的时候。"

博尔赫斯说《三人同舟》和《三人漫游》的作者杰罗姆·克拉普卡·杰罗姆的回忆录[2]是一本有趣的书，"内容充实"。比奥伊："《三楼去又回》的故事情节我挺喜欢：一个类似圣人的人，住在客栈里，试着让所有的人变好，只因为相信他们，相信他们的善良，期待最好的情况会发生。一个骗子想跟他谈笔生意：'您要多少？'圣人问他。'他连我算的账都没看一眼。根本不能和这样的人合作。'骗子评论道，这使他已经不想把行骗继续下去。"博尔赫斯："陀思妥耶夫斯基的《白痴》也有一样的情节。"

2月20日，星期四。 在玛尔德普拉塔。早上我们去沙滩。博尔赫斯问人们什么时候开始养成在海里游泳、在沙滩晒太阳的习惯，并乐在其中。会不会是法国人的发明？十九世纪的？我们聊了温泉浴；罗马风、巴涅尔德吕雄、巴登-巴登、巴斯

---

[1] "……如果说老茧磨出了靴子，那后者则会产生更多的老茧，让我们回到最初唯一的老茧。这，或许就是，进步的轮回……（马塞多尼奥·费尔南德斯《不眠之夜》，《船头》第一阶段，1922年第1期）。

[2] 《我的人生和时光》（1926）。

等等。

玛利亚·埃丝特和博尔赫斯一起筹备新版的《日耳曼文学》教程，新版会由米勒雷特翻译成法语，出版在《我知道什么？》上。如果墨西哥版卖光了，他们会寄原本让他们出新版。

坐火车抵达以后博尔赫斯没有洗澡。后来别人给他准备浴室的时候，他托词避开："现在不洗。回头吧。"第二天，他的抵抗又胜利了。西尔维娜对我说："肯定会结婚。很快会结婚。五月份会结婚。"但她的担心在于："他爱得太深，太在意。连澡也不洗……他之前还挺愿意修饰自己。他现在坚信自己就算泳裤门禁开着，什么都露在外面，都魅力十足。门禁方面出过一次很丢人的状况。'你都开啦。'我对他说。'唉，天哪！'他说，没有生气。因为他自己拉不上，不得不请求帮助：向我和玛利亚·埃丝特。他根本不在乎。他有些虚荣，有些傲慢。"比奥伊："对他来说还挺合适的，在她面前他总是振振有词，乐于讨好的。"西尔维娜："即便婚礼持续十五天，也对他有利：能给他带来很多宣传。一个比他小三十岁的女人，长得可以算得上好看。所有的报纸都会报道。她的计划：住图书馆，去秘鲁旅行，和我们去西班牙。我尽可能鼓励她：她会帮他写出一部伟大的作品，他们会过上美妙的生活。关于去西班牙旅行，和我们一起一事，可怜的女人，真为她难过。她看起来像个陪客。你看到吗？她做作的肩膀。你看到她是怎么娇滴滴地缩着肩膀的吗？对她来说这是场权宜婚姻。至于博尔赫斯母亲呢，她知道莱昂诺尔不喜欢她。"比奥伊："博尔赫斯简直要害死她了：他曾把她关在房间里写作三个小时。又或者他让她在一个风大天冷的上午，让她在海边，海水及膝，陪他聊天。"

2月21日，星期五。 在玛尔德普拉塔。我从海边回到帐篷的时候，博尔赫斯和西尔维娜正在聊天；西尔维娜在一块用帆布隔开的更衣区域里；博尔赫斯在帐篷的中央，能够看到整片沙滩。他穿着一件T恤，外裤和内裤都没穿，睾丸和阴茎堆成黑乎乎的一团就露在外头。"你光着身子呐！"我在幕布后面催促他说。"唉，天呐！"他不失冷静地说。"他反正看不见，"西尔维娜后来评论道，"脸皮也厚。"

西尔维娜（表情和声调都气呼呼的）和博尔赫斯吵得很凶，争吵围绕埃斯特拉·坎托和弗拉迪·科奇安希奇的智商。西尔维娜："埃斯特拉聪明多了。"比奥伊："在埃斯特拉身上我总能感觉到智商的边界——如此之近。"博尔赫斯："不过，她写了一本伟大的书……"比奥伊:"你说的应该是弗拉迪吧,我不觉得埃斯特拉·坎托的任何一本书可以称得上伟大。"博尔赫斯:"弗拉迪认为一部有卑鄙人物的小说不能被视作一本伟大的小说。当然了,你不能否认,比起拉斯柯尔尼科夫,创作出像耶稣或者苏格拉底这样的人物,对于作者来说更具诱惑力,而在创作上也更难、更有趣。一个人很有可能更愿意创作出堂吉诃德,而非哈姆雷特:堂吉诃德,一千次都会选堂吉诃德。一个疯子,却是个可爱的人物。"比奥伊:"很难创造出可爱的、但同时不同寻常的人物,但又得可信、完整,是个好的人物,比如《为造物主忧伤》里的鞋匠。"西尔维娜:"我不否认很难。可我想说一本书更好并不因为里面的人物……"比奥伊:"应该这么回答你:世界上最重要和神秘的就是人了。我们为故事而痴狂,但人物更让我们为之痴狂。创造出一个看起来真实、但可爱的人物,对我们来说是最崇高的任务了。"

博尔赫斯讲了意大利国王奥多亚克和老特奥多里克的故事:"包围奥多亚克以后,老特奥多里克逼迫他接受和平条约,并一同执政。特奥多里克为他准备了一场宴会。当两人一同坐上王位时,两位请愿者在奥多亚克面前双膝跪地,并抓住了他的手。此时特奥多里克起身,将一把剑捅进了奥多亚克的身体。奥多亚克高呼:'上帝去哪了?'而特奥多里克,惊讶于剑这么容易就刺进去了:'这个可怜的家伙连骨头都没有。'特奥多里克本来打算摧毁罗马,但看到这座城市的时候决定保留它。我想说,他明白了什么才叫文明,于是改变了本来的计划:保留而非摧毁它。"

他又讲了"阿尔尼悲苦者"之死("没有人记得斯诺里·斯图鲁松吗?"),还讲了:"在萨迦的英雄传奇里,有个人试图进入他们正在围困的房子,却被长矛刺伤,倒在地上。'古纳尔在房子里吗?'伤者被人问道。'古纳尔我不知道,但他的矛在。'临死的人用他此生的最后一句玩笑话回答。"

博尔赫斯:"阿尔曼左尔进圣地亚哥城以后所向披靡。居民们纷纷逃亡。他遇到了一位坐着的老僧人,在圣地亚哥的墓前。'您在这里干什么?'摩尔人问。'我为圣地亚哥守灵,'僧人回答。于是阿尔曼左尔派一个守卫去保护僧人和墓地。他把圣地亚哥所有的钟都带走了,把铜做成了灯。后来费尔南多三世拿下科尔多瓦,把所有这些灯都带回了圣地亚哥,熔化以后重新做回钟[1]。"玛利亚·埃丝特:"铜反复被

---

[1] 轶事来自莱因哈特·多齐《西班牙穆斯林的故事》(711—1110),1861,III,11。

熔化以后，音高会非常高。这些钟音高太高了，以至于自从窗户装上玻璃以后，就再也没有人敢敲了。因为一敲，圣地亚哥所有的玻璃都会震碎。"博尔赫斯："旅行者伊本·白图泰讲过他第一次听到一个基督教城市钟声时的惊讶。[1]"

我们计划在博尔赫斯婚后去欧洲旅行，和他们一起：西班牙、德国（他会参加一个专业会议）、英格兰和苏格兰。他们先回来，我和西尔维娜会再到意大利和法国。我们七月出发，打算一路开车旅行。

晚上博尔赫斯带我去他的房间。他微笑着，眼睛望向远方，好像迷失在自己的幸福里了，他问我："西尔维娜跟你说什么了吗？"比奥伊："没有……是的……总之，她当时觉得挺确定的。"博尔赫斯："啊，只是'当时觉得。'"比奥伊："不，她百分之百确定。"博尔赫斯："她告诉你日期了吗？"比奥伊："我们为什么不问问她？"我们去了。博尔赫斯；"有没有说起过日期？"西尔维娜："日期，没有。"博尔赫斯："啊。"西尔维娜："不过，有说：五月份。"博尔赫斯的脸既闪亮又苍白。后来我们听到他下楼敲玛利亚·埃丝特房间的门。他又回来了。博尔赫斯："我就像个男孩子。你们一定会觉得很可笑。在我这个年纪。"比奥伊："我就说了。"博尔赫斯："确实，很好。所以你们已经知道了；我希望……好吧，你们比谁都早知道。西尔维娜第一个，阿道夫第二个。重要的事情可以这么说，带点笨拙、模糊。"比奥伊："我们得庆祝……我想用香槟酒来庆祝[2]，但我不敢。"博尔赫斯："仪式我觉得很好。不是那些没有任何意义的，比如新年；而是这些比较私密的，能够体现出事件对个人的重要性……"比奥伊："另外，我们也没那么习惯仪式。我们不是每天都主持弥撒的牧师。我们保留了对仪式的新鲜感。"

2月23日，星期六。 博尔赫斯提到了特纳，莎士比亚之前的剧作家中的一位，"诗写得不错，但情节很荒唐"，为了表示"沉溺于一分钟的迷糊"，他会写"把自己放

---

[1] 参见伊本·白图泰《游记》，其中描绘了他如何进入君士坦丁堡。博尔赫斯通过布兰奇·特拉皮尔的《中世纪阿拉伯行者》（1937）获知此轶事，并将其概述在《家庭》第1473期（1938）中。

[2] "那条震惊布宜诺斯艾利斯文学界的新闻伴着德尔松进行曲的节拍而来；没人确切知道它的出处，但大家都口口相传；有些人将其视为无可争辩的事实，另一些人把它当作单纯的流言。我们这里说的是作家豪尔赫·路易斯·博尔赫斯（六十四岁，单身）可能和记者玛利亚·埃丝特·巴斯克斯（三十五岁左右，目前城市广播合作者）结婚的消息。[…] 在小说家阿道夫·比奥伊·卡萨雷斯——博尔赫斯挚友——家中，他们用香槟酒庆祝。不过这个版本在布宜诺斯艾利斯圈子里兜兜转转了一圈以后，结婚计划最终宣告取消"（《调查》，《头版》杂志第77期，1964）。

在一位法官的唇间"。[1] 博尔赫斯提议,还不如写成"绞刑吏的索套里",但他又觉得"绞刑吏的索套"比法官的决定显得更奇怪。为了换个话题,他说作家的特点是总在着手做新的事情(书、小说,或者随便什么)。

2月24日,星期一。 在玛尔德普拉塔。我给今晚出发的博尔赫斯和玛利亚·埃丝特拍照。

玛利亚·埃丝特帮博尔赫斯收拾箱子。博尔赫斯:"我看到她做这些家务事的时候几乎要哭了。比起爱的对话,其实归根结底跟哪个女人在一起都差不多,我更为家常的事情而动容,可以用来写诗。你懂吗?我觉得自己在一种漫长的习惯、一段漫长的厌倦的边缘。为什么不呢?这才是真正的幸福。'因为,我的朋友啊,没有比甜蜜的习惯更美的了',卡西诺斯说的,很有道理。诗人只能涉及很少的话题:很愚蠢。就好像他们什么都感受不到,好像没有想象力。"

我们聊到年轻人的强硬。博尔赫斯:"确实,因为他们不会把自己想象成别人。这应该是所有残忍行径的缘由。所有残忍的行径都可能源自缺乏想象力。"

博尔赫斯:"我肯定不太正常。我总有邪恶的幻想。"比奥伊:"就因为你正常,才会有邪恶的幻想。如果你不正常,你会有邪恶的行为和天堂般的幻想。"他跟我坦白他现在遇到一个有点荒唐的问题。博尔赫斯:"我不想说母亲的一点坏话,但是……"但还是得鼓起勇气:"要跟她说我准备和玛利亚·埃丝特结婚。母亲已经站到了姑娘的对立面。她最近发现我更开心了。于是这么解释:'你更开心是因为你没见她了。'我不能说自己看到她的时候会开心。"比奥伊:"你应付你母亲的这些话要有耐心;要把婚事大事化小。归根结底你又不是个姑娘,而是一个真真正正的大男人。他们不会把你带走,像带走诺拉那样。你会一直在那里。但如果这一切都是个错误呢?——就承认吧,在对话中和解——有什么要紧呢?一切都会解决的。你要表现出精神振奋、心情不错的样子,给人感觉你能够驱散想象出来的恐怖。'没那么严重'应该成为座右铭。"

3月1日,星期日。 在玛尔德普拉塔。胡丽亚·佩罗打电话来。他说母亲大人已经首肯此事了。还有我们的朋友说:'一个月以后我会宣布我是否结婚。'我没有预料

---

[1] "卖掉领地来豢养贵妇,只是为了消魂一刻微不足道的好处吗?那家伙为什么要谎称道有劫匪,把他自己放在一位法官的唇间?"(西里儿·特纳,《复仇者的悲剧》,1607)。T·S·艾略特在《传统和个人才能》(1917)中引用了这几句诗。

到这个期限，有点不安。

3月23日，星期一。 在玛尔普拉塔。博尔赫斯和玛利亚·埃丝特·巴斯克斯来了。一切照旧：他本应该已经得到姑娘的"我愿意"。没有"不愿意"，也没有"我愿意"。她觉得我们抱太大希望，就不和我们说，这样可以不用承认这其中的缺陷。

3月24日，星期二。 在玛尔德普拉塔。博尔赫斯说在《萨朗波》的开头几个雇佣兵看到狮子被钉上了十字架；而故事的结尾处，他们自己被钉上了十字架。在行刑过程中，一个问另一个："你还记得那些狮子吗？"[1] 他说这种写法，也就是一样东西出现在故事的开头，在很后面被重新拾起，这是英雄传奇中非常典型的。他举了希斯阿兰迪的古纳尔为例，那个打他妻子巴掌的男人，很后面——隔了很多句子，里面充斥了各色人物和时间——他问妻子要一根鞭子来做他的弓。"你的命系于此吗？"他的妻子问。"是的。"男人回答。"那么，"——他的妻子说——"请记得当年那一记巴掌。"博尔赫斯："福楼拜是诺曼底人，维京人的后裔。他会读过英雄传奇吗？他生活的年代，在英国人们读英雄传奇，在法国则不多。他是否重新发现了这种手法呢？因为他身上的血统？不过，不管怎么说，雨果不是诺曼底人，但也写出了类似的东西。"

博尔赫斯评价说如果歌唱中表达出来的内涵和音乐能够和谐共存，那这种流行音乐的风格会更持久：像这种歌声忧郁、音乐却悠扬的新风格肯定很快就会走向尽头。同一种音乐可以用来表达所有情绪的米隆加太贫乏了。通常音乐比歌词更好，除了在一些杰出的作品里，它们真正达到了文学表达的高峰，比如《泥沼之花》。

3月25日，星期三。 博尔赫斯："诺拉说那个谁很迷人，是谁我不记得了，因为他相信仙女。后来她表示她自己也相信仙女。不过看起来她根本不相信；如果她相信，她会说：'谁谁很迷人，因为他不相信仙女。'没有人会因为他相信桌子或者椅子而迷人；但如果一个人不相信桌子也不相信椅子，那倒是可以说他迷人。正如瓦尔德所言：'如果一个人试图说服别人他确信的事，那他已经开始丢失信心了。'"

博尔赫斯讲了别人在奥斯汀告诉他的故事，关于一个美国大学生，苏格兰血统的小伙子。他的老师派他和美国不知道哪个印第安部落住在一起，学习他们的语言

---

1 《萨朗波》（1862），XIV。

和习俗。小伙子照做了；他最后被印第安人所接纳。他们忘记了"他脸上的肤色"，并开始启蒙他。他回去以后，老师让他把研究结果写成一篇论文。这个任务，小伙子拖了很久，最后他说他没法写出老师要求他写的东西；说他自己已经被启蒙了，接近了他们的重大秘密，不能再利用他的经历来开展民族志以及学术研究了。无疑这些东西值得尊敬，但他现在已经觉得肤浅了。[1]比奥伊："这个故事荣格可能会喜欢。"我困惑地讲述了荣格在生活中遇到困难的时候，是如何通过和他幻觉中的以利亚、莎乐美和腓利门交流来解决的。博尔赫斯："他应该想到这本书呈现的结果是苍白的，需要给它复苏一下。这书像十八世纪的。"

他们已经第二次（第一次是之前有一周他们来这里住的时候）去赌场了，现在博尔赫斯兴致没那么高。他讽刺地评论道："明天，如果你需要钱，跟我要就好了。"他补充说："不，我不需要柠檬马鞭草，也不需要镇静剂；我要去赌场，我需要兴奋剂，可以不要睡过去。"我把他拉到一边："你就同她们去吧。女人们很喜欢这个。她们的兴趣和我们不同；她们很不一样。你放心吧，她们是不会想带你去迪斯科舞厅的。"

关于好赌之徒，博尔赫斯说："他们愚蠢而可憎。乌雷尼亚听说维多利亚去赌场以后大惊失色。她很有名。不应该在这种堕落之地出现，她所做的一切都应该成为典范。维多利亚给我展示了一顶巴黎买的假发，就像披头士用的那种，更丢人的是，她试图让我戴上试试……卖这种东西可真够奇怪的。"比奥伊："买这种东西可真够奇怪的。"博尔赫斯；"那为什么她要带回来？"比奥伊："当作战利品。"博尔赫斯："证明她去过那里。现在不重要。"比奥伊："买这东西，不比让乌雷尼亚大惊失色地去赌场更糟糕吗？"

博尔赫斯带着怨恨谈论《亚瑟之死》以及那类文学："那时候连诗人都不相信他在写的东西。"他后来讲起亚瑟："一位强大的国王，被他的妻子欺骗——一个奇怪、但值得称赞的想法——死的时候说不列颠需要他的时候他会回去的，这倒也不错。"他讲了亚瑟临死前做的梦。"像一个真实的梦。"他承认。或许他对这类传奇的憎恶不如多年来他对乔叟的憎恨来得有理有据。还有对中世纪，"如今我还挺喜欢的。"据他自己说。

他引用了梅瑞狄斯的几句诗：

---

[1] 见《民族志学者》（1969）。

你如此渴望的爱，让她一成不变；

欣然扔掉网，欣然放她自由[1]

博尔赫斯："很难定义，很容易被视为荒唐可笑，但总让我动容。"

他说亨利·詹姆斯的语言有时候过于含糊，以至于让人无法理解；有时候又很粗糙："第二版拿不到。如今他们只重印了第一版。因为他们认为这版比较好，而詹姆斯所有花在修改上的功夫都白费了。"我们聊了作为故事起点的"场景"的重要性。《学生》里的场景是有这么个老师，他不敢问别人会付给他多少钱。比奥伊："我认为在一个故事里只表现一个场景也可以，如果作者觉得力度足够的话。汤姆林森的《大海和丛林》开头几页中的场景，不如《学生》里的故事性丰富，但我这辈子一直记着，是最让我感动的片段之一：一个下着大雨的晚上，故事讲述者来到英格兰北部的一个港口；他上了一艘老旧的货船；船在风浪中艰难起航：让我印象如此深刻的画面最后只剩船外的风暴和危险，和一个如家一般温馨的小船舱，一个庇护所。

比奥伊："你知道梅尔维尔如果不把作品先给他的姐妹们修改，就什么也发表不了吗？"博尔赫斯（边笑边坐在椅子上摇来摇去）："真的吗？他的姐妹！她们一点文学天赋都没有。她们大概就是普通的妇女，只不过懂点词法和拼写而已。"

博尔赫斯评论："要写出伏尔泰笔下那样的故事真难。如果想法不好，就什么都不剩了。"

他说很多时候比起坐牢，他更偏向死刑。我想知道他对涉嫌刺杀肯尼迪总统的杀人犯鲁比的罪行如何判定。除了"还是杀了他更好，可以免去监狱的种种恐怖"（更好是想表达更宽容的意思），什么也没有从他嘴里问出来。

博尔赫斯："不知道谁发现，我们会羞于在听到过我们做出断言或者讲述逸事的人面前再重复一遍。那如果那人是个老朋友呢？他听我们讲同样的话一百遍了：已经能够精准地预料到……你和我在谈话过程中会好奇地问自己，现在我们中的谁会说……？在那种时刻，我们不像人，而像一台用一些句子回复另一些句子的机器。"比奥伊："回复时还捎带强调，这比较少见，还挺高兴，心情不错。"

3月29日，星期日。 我们提了一些书名，博尔赫斯来评价。王尔德的：《道林·格

---

[1] 《山谷之恋》（《诗歌》，1851）。

雷的画像》("不坏。")。柯南·道尔的:《血字的研究》("看起来像王尔德的。不错。");《四签名》("不错。")。切斯特顿的:《格雷上校的沙拉》("不怎么太好,但让人想读下去。");《烟雾花园》("不错,但有点过了。")。黑塞:《玻璃球游戏》(博尔赫斯:"玻璃球不好。"比奥伊:"可以理解成一个象征。还可以。");《东方之旅》("还可以。")。

晚饭吃到一半,他站起来发了一段言,庄重而高贵。接着他请玛尔塔讲话,玛尔塔回答:"我可不是为这个存在的。"说着她钻到桌子底下。每个人都说了几句。我说的是:"那个……那个……"还有点别的。我们用香槟为爱情、婚礼、幸福、友谊、文学、以及我们今年的欧洲旅行计划干杯。

睡前,博尔赫斯出现在我的房间,问我的意见。博尔赫斯:"我不知道明天要不要剃胡子……到了布宜诺斯艾利斯,我总归要留胡子。"比奥伊:"你剃胡子不是为了布宜诺斯艾利斯,而是为了玛利亚·埃丝特。"比奥伊:"什么?你觉得这种事她会在乎吗?她根本不会察觉。"比奥伊:"这种事她会在乎,也会察觉,你相信我。我们生活中在女人身上能不能交好运就取决于是否注意这类细节。"博尔赫斯:"你说得有道理:有时候我没剃好,她会摸着我的脸,说你没剃好。我如果去了理发店,她也会发现。确实,我们不太注意这类细节。而女人们则不然。在女人写的小说里,比如弗吉尼亚·伍尔夫的,什么都会写进去,房间里的纸、各种物件。女人们会观察到某些人在生活环境中被可怕的物件包围着。我是不会知道朋友们家里有些什么家具的。"比奥伊:"你干什么呢?"博尔赫斯(手在身后往裤子里掏):"没什么。我看看我有没有忘记穿内裤。今天早上按照去沙滩的习惯,穿了游泳裤。"

3月30日,星期一。 博尔赫斯说雷耶斯年轻时,在墨西哥的生活因为他的姓氏而变得困难;他的父亲,伯尔纳德·雷耶斯,曾经支持过波费里奥·迪亚斯。后来他去了西班牙,在那里他不过是个美洲人。他在那里得到了帮助,并总是因此深表感激和尊重。博尔赫斯:"一天他跟我说奥尔特加评价歌德的文章不公平:魏玛不能跟西班牙一个省里的小村子相比,因此那句'几乎是绅士'等等不够合适。雷耶斯说有一次他想回复奥尔特加,就因为他攻击了歌德,可是:他凭什么和奥尔特加论战?[1] 他可以不担风险地这么做,因为支持歌德并不难,鉴于各类迷信都对他有

---

[1] 奥尔特加·伊·加塞特曾经写过《从歌德内部》(1932),在其中他表示"魏玛是德国文学史中最大的误解。"雷耶斯的回复可见《歌德的历程》(1954)。

利……我肯定他是个优秀得多的作家,任何一个读到他们之间论战的人都会意识到。奥尔特加品味糟糕,写的东西俗不可耐。'不,不是的'——雷耶斯反驳道——:'那是雅致的风格。'"

4月14日,星期二。 博尔赫斯:"目前对作家的崇敬不能再这样下去了。我想说,不能继续错误地认为作家是世界上最聪明的人,对历史最重要的人……我已经厌烦了做关于莎士比亚的讲座。讲座之后我就很讨厌他。仔细想,我会找到他身上有很多优点;但在赞誉过这些优点以后我又开始恨他,就好像责怪他逼我撒谎。"

说起莎士比亚批评家,他说赫兹利特只会清清楚楚地重复柯勒律治已经说过的话;至于真正的莎士比亚批评家,他提到了柯勒律治和布拉德雷[1]。

4月16日,星期四。 博尔赫斯:"和维吉尔的对话会是怎样的呢?他一定会觉得这么多对我们来说神秘的含沙射影都很好理解,那就不容易听懂他在说什么。跟荷马、赫西俄德,甚至和莎士比亚也是一样。相比之下,十八世纪的作家身上就不会有什么理解困难。何塞·埃尔南德斯像西班牙人吗?我不觉得。圣马丁,可能吧。就连我们现在说话也和三十年前不一样了。"

恋爱中的马列亚大概会向他的爱人提出不再写作。博尔赫斯:"这对文学而言会是一桩大好事。"

4月26日,星期日。 博尔赫斯:"一个人如果做了太多讲座真的会憎恶自己。你会惊叹于'在我看来,值得一提,或许,指出……'之类的辞藻。你会感受到事物内在的虚伪。"关于先前他一次成功的讲座,"人们因为我记性好向我道贺。"

博尔赫斯引用叔本华的话:"拥有一切不是幸福,但不拥有一切可能会带来不幸。"

4月27日,星期一。 我们谈到第六部《尤维纳利斯赞歌》和它的翻译,或者说转写,作者是克维多(《可悲的已婚者身上婚姻的风险》)。博尔赫斯称赞:

索多玛发生了多少无耻的行为
当看到沉睡的君王

---

[1] 亨利·赫兹利特《莎士比亚戏剧中的人物》(1817)等。塞缪尔·泰勒·柯勒律治《文学传记》(1817),XV;《桌谈话》(1835年);《文学依然存在》(1836);布拉德雷《莎士比亚悲剧的实质》(1904)。

他的权利统治并征服世界

而他的皇后,拿起另一件衣服

去了火热的妓院,

用了假名和假装的习惯。

[…]

讲着无耻卑鄙的价格

直至掌管妓女的流氓

敲门让人来拿钱。

[…]

这件事她的后悔了一百次

疲惫了就离开,但从不厌倦

于通奸和肮脏的运动。

博尔赫斯:"taita:流氓。"比奥伊:"这个词很久以前就传到这里,一直没变过?"博尔赫斯:"好像是的。"比奥伊:"类似'tatita','padrecito'。墨西哥人说'padrote'。"博尔赫斯:"'atila'解释为'padrecito'"。比奥伊:"就好像'bacán'转义成了富有、优雅的人,'taita'从流氓转义成了有权威和声誉的人。"博尔赫斯:"这就证明人们已经相信流氓可以飞黄腾达了。"比奥伊:"brutas:我觉得应该理解为'putas'(妓女)。押'utas'的韵,在这个上下文里,应该绝非偶然。我不觉得克维多会在这个问题上掉以轻心。"

4月28日,星期二。 博尔赫斯引用尼采的话:"如果认为莎士比亚是人类智慧的巅峰之一,那对巅峰的理解未免太持怀疑态度了。我相信莎士比亚也会微笑着赞同我的。"

博尔赫斯讲到在《尼伯龙根之歌》里是这么宣布齐格弗里德的死讯的:"花丛中克里姆希尔德的男人倒下了[1]。"关于垂死的奥丁,也有人用过:某个女人的快乐。博尔赫斯观察到,反过来就不会这么用,也没有可悲的效果了。在这些文本的时代,女人们属于某个男人;而英雄和众神如此自由和强大,以至于称他们为某个女人的男人听起来很可悲。

---

1 《尼伯龙根之歌》,XVI,选句988。

5月1日，星期五。 博尔赫斯：“萧伯纳评价马洛蠢。”比奥伊：“作为戏剧家的他，有可能，但作为诗人的他不蠢。”博尔赫斯：“对于诗人而言，不应该通过他们的想法去评价他们。写出以下诗句的人不蠢：

"就是那张无数船舶为之起航

焚毁了伊利昂通天巨塔的脸吗？

美艳绝伦的海伦啊，请给我一个吻，赐我永恒不朽[1]。"

他问：

"就是那张无数船舶为之起航"

是不是隐喻。比奥伊：“我觉得是转义。”博尔赫斯：“用事物的一部分代指全部。”我不知道为什么乌纳穆诺这么喜欢"*请给我一个吻，赐我永恒不朽*[2]"，这些诗句应该怎么评价呢？大概算是称颂海伦美貌的感叹吧。"

比奥伊：“或许马洛没有能力构思出像《麦克白》这样的情节。莎士比亚也只是偶尔为之……”博尔赫斯：“也没有能力创造出像哈姆雷特这样的人物：一种文艺型的风流公子，法国人，内斯托尔·伊瓦拉。但这样的人物应该早就有了。”比奥伊：“确实，关于拖延，要记得那个美国批评家说过：没有拖延，就没有作品。”博尔赫斯：“比起《哈姆雷特》我更喜欢麦克白，因为前后衔接更好。哈姆雷特在他身处的剧本里就像一个有些令人出乎意料的入侵者。麦克白和麦克白夫人就和整部作品很协调：你在一开始看到女巫，你就能接受。”《哈姆雷特》里讲了一个魂灵，但没人会信，你也不会。斯堪的纳维亚人做事更加细致：'你的命系于此吗？你要记得有次你给了我一巴掌，去死吧。'或许《李尔王》里有些什么，他死的时候。"比奥伊：“还有那个关于所有不幸都源自生了女儿的信仰。”博尔赫斯：“是的，有人会问：'他的女儿就把他逼到那般田地？'这种问题大概出自一个从没有生过女儿的人。他如此执迷以至于会觉得灾难只因女儿降临。”比奥伊：“看起来这人入戏很深。”

5月5日，星期二。 博尔赫斯没有告诉玛利亚·埃丝特我们已经回来了，因为他不喜欢她在我们面前还要演他们仍然是男女朋友的戏码。佩罗对玛利亚·埃丝特

---

1 《浮士德博士悲剧》(1604)，V，I。
2 "在马洛的《浮士德博士悲剧》里有一个比歌德的《浮士德》整个第二部分都更有价值的场景。"他对海伦说：'请给我一个吻，赐我永恒不朽'（《生命的悲剧意识》，1913，《结论》）。

说:"比奥伊夫妇两周前就回来了。"玛利亚·埃丝特给西尔维娜打电话,后者没告诉她更多细节。博尔赫斯评论道:"真相大白了(The cat is out of the bag.)。我可能做出的最糟糕的事就是跟她讲这事了。要是告诉她的话,就露出马脚了。"过了一会儿他说:"我来跟她说吧。即便事情再小,说出来就好了(out with it)。"他感觉就快哭了。但打完电话回来又兴高采烈。她一点都不在意,表现得通达事理。博尔赫斯:"她知道如果她指责我,我会更严厉地指责她。归根结底归咎起来,她是罪魁祸首。"过了一会他又沉思和痛苦了起来。

5月12日,星期二。 《埃尔纳》杂志关于博尔赫斯的那期里,伊瓦拉认定博尔赫斯有次说过"类人的意大利人[1]"。博尔赫斯:"我从来没说过。我说的是'类人的西班牙人',不知道为什么,这句话更适合'西班牙人',换成'意大利人'就没有诙谐的感觉了。"

5月27日,星期三。 博尔赫斯说:"那个看起来忧伤至极的是佩德罗·米格尔·奥布里加多。你想象下:一定是他看到什么对他诗作的评论,触动了他的神经。让他觉得自己是二流诗人。卡普德维拉也算,但他更有才华,也知道自己写过一些优秀的作品,他更有好奇心,也具备将一切处理妥当的能力,这些拯救了他。除此以外,卡普德维拉的家庭属于中产阶级:对他来说,成为一个俗气的诗人,几乎就是他的使命。但那另一个呢,来自一个大家庭,出了不少庄园主,还有一位文学上小有名气的祖辈……[2] 变成一个俗气的诗人,对他这样一个曾经自以为精致诗人的人……外加上,尤其是,衰老的原因。"

> 我们读了一个叫加雷的人的诗,在《国家报》副刊里:
>
> 一个人可以是一条淫荡的李子河
>
> 一个人可以是一棵萤火虫树
>
> 它自我侵蚀。[...]
>
> 一团沸腾的蜂蜜……
>
> 一篮子光[...]
>
> 一个人可以是一串分割的眼泪。

---

1 "一天博尔赫斯跟你说他接待了一位类人的意大利人的来访"(《博尔赫斯和博尔赫斯》,《埃尔纳》,巴黎,第4期,1964年:419)。

2 诗人拉法埃尔·奥布里加多。

呼喊的搅碎机 [...]

一个人可以是

与他呼喊齐高的孤岛 [...]

在白鸽的叫声中撕扯嗓音[1]

比奥伊:"总有一天所有的隐喻都会看起来很可笑。"博尔赫斯:"是的。只顾修辞。冷漠当先。"他觉得这首诗完全由一系列没有意义的辞藻堆砌起来。比奥伊:"女作者没有这般自如。她写诗就是在转写自己零星的思想,还将其理解为现代诗风。'一团沸腾的蜂蜜'是对'一团炙热的甜蜜'的尴尬转写。"博尔赫斯:"但她不自知。她不会区分美丑。也没有那么细腻。她努力将自己的思想转换成画面,使用具体的语言,越大胆越好。在她的天真中透露出一丝狡黠。她知道如果把这首诗在她脑海里原来的样子写下来寄出去,是不会被发表的。她清楚自己的想法很蠢。"博尔赫斯:"所以你觉得她想表达什么。"比奥伊:"我确定,这是在做某种转写,但并非从其他语言或其他作者那里。"博尔赫斯:"将简约变换成深奥和具体的诗歌写作。"

他赞赏了歌德的一首关于月亮的诗:

你又将雾霭之辉,

洒满这幽谷山林。[2]

6月3日,星期三。 关于他的感情:"和这个女孩子在一起的日子让我感觉到没有比和一个女人在一起的日常生活更令人愉悦的了。你看:在这里我们达不到完全的亲密。如果能达到,那就更好了。对这个女孩子的爱有可能会导致我和其他人结婚。"

6月7日,星期日。 他说他恋爱了;症状之一:只要一有人提起她的名字,他就会感到不幸;埃丝特·森博莱因的可爱之处是她不会跟他提起玛利亚·埃丝特;他说

---

1 玛利亚·孔苏埃洛·加雷《天空的扑满》(《国家报》,1964年5月24日,于:《所有的火焰》,1977)。

2 《对月》(1789)。据博尔赫斯评论【安东尼奥·卡里索,《博闻强记的博尔赫斯》(*Borges el memorioso*),墨西哥城:文化经济基金会,1982:70—1)】:"Nebelglanz,雾霭之辉,我觉得它完完全全相当于月光 [...] 歌德发明了这个极美的词,比 Mond 更恰如其分地定义了月亮,但此后他再也没有用过第二次。"博尔赫斯曾在一个脚注里引用过这个词,在第一版的《特隆,乌克巴尔,奥比斯·特蒂乌斯》(1949)后来被删减了。毛特纳(《语言批判论稿》,VI)也细致研究了这两句诗。

自己如何想和她待在一起。他总结道:"一种和邓恩很不同的爱的方式:

偷走我,但不要捆住我,放我走。

这是一种让自己看起来聪明的方式。像是出自萧伯纳的《凡人与超人》。不西班牙,也不阿根廷。"比奥伊:"我不觉得奇怪……我一直都这么觉得。不是我吹嘘。我觉得我已经失去了真正的爱情,我从来就没有全情地爱过。大概是出于我的某种缺陷……"博尔赫斯:"这是一种混血的方式。"比奥伊:"这对女人而言缺乏尊重。把女人当成消遣,仅此而已。"

我们聊回邓恩。博尔赫斯:"英国人的单音节诗句!一点不盎格鲁撒克逊。可能受到了丹麦诗歌的影响,又或许归因于英国人的懒惰。或者和语言本身无关,而关乎文学:大概盎格鲁撒克逊诗人没有想到这种效果……"比奥伊:"……锤子似的……"博尔赫斯:"把单音节词放在一行,读起来倒也挺舒服。邓恩的英语比莎士比亚的好。邓恩视莎士比亚为甜腻、品位低下的作家。真奇怪约翰逊居然没有察觉到邓恩和其他隐喻诗人的差别,他们全都糟糕透顶。不过,约翰逊可能是个很聪明的人,但诗歌方面缺乏造诣。此外他还生活在一个人们把隐喻当真的年代。"

我给他念了参加比赛的戏剧作品[1],期间必须跟困意、无聊和疲倦作斗争。当我读到一个觉得合适的奇数页——比如 65 页——我就说:"好吧,今天到此为止。"博尔赫斯:"再读一页。"比奥伊:"可你不都要睡着了嘛。"博尔赫斯:"但你要是中断的话我会醒的。"我就仿佛在一座酣睡的博尔赫斯塑像前朗读。博尔赫斯:"读这些作品让我理解了一个我以前不相信的道理。无聊催眠。"比奥伊:"这些作品的催眠程度不如去年的诗歌。"博尔赫斯:"但让它们变得更糟糕是它们很贴近当下,是现在发生的事情,而所有过往的一切都更美好。但不能否认,这些作者没有被任何文学流派污染。他们连现代派都称不上。而去年那些诗里倒还有点印象深刻的东西。"他朗诵道:

在诺曼底死去的士兵。

博尔赫斯:"小心:佩德罗·米盖尔(奥布里加多)特有的信念会时不时冒出头来:为什么要继续写作呢?就不应该读自己的作品。要写作、创作,尤其是出版,好让更多人看到:别人看过和评论过以后,自己的作品才会变得更加可信。阅读可

---

[1] 1964 年《国家报》奖,"最佳未出版一幕剧奖"。

以强化作品，你想想那些经典吧。你在鲁伊斯·德·阿拉尔贡和莫雷多身上还能指出什么优点呢？"

6月8日，星期一。 博尔赫斯说："我们一旦判定一个作者水平不济，由于我们不会经常重读作品，错误就会一直延续下去。很多时候我们并不公平。"

6月15日，星期一。 博尔赫斯引用托马斯·卡莱尔："我不以别人被杀为生[1]。"他评论道："这句话看起来像马塞多尼奥的。意思是有时候语言自己会思考。"

博尔赫斯："莎士比亚达到的效果不能用他聪明来解释。单纯凭借聪明是做不到的：

丹麦先王出征时的神武的雄威[2]

又或者马克·安东尼在临死前，称克莉奥佩特拉为'埃及'。[3]"

他记起了斯温伯恩的几句诗：

当魔鬼的谜语被解开

当教皇让苦役的长凳吱吱作响

我们会看到私生子波拿巴

脖上勒着绳索在空中猛踢[4]。

博尔赫斯："看起来像吉卜林或是勃朗宁的，而非斯温伯恩的。他写这些诗句大概为了证明自己什么都能写。"他说比起布瓦洛，蒲柏更值得尊敬，更拉丁。他背诵道：

不要做第一个试新的人，

也不要做最后一个弃旧的人[5]。

博尔赫斯："这不是诗，里面没有激情也没有感情；这是说理；但风格令人钦佩，超过布瓦洛。"

---

1 "M·拉莫特觉得［...］应该变成［...］一位公民，一位不以别人被杀为生的公民。"（《项链》，1837）。
2 《哈姆雷特》，I，1。
3 《安东尼与克莉奥佩特拉》，IV，14。
4 《有序年代的歌1852》（《诗歌与谣曲》，1866）。
5 《论批评》（1711年），II，135—136。

6月18日，星期四。 关于王尔德的诗歌："他大概写过三四页的好诗，仅此而已。真奇怪：他们创立了一个流派。可他们所做的事情，斯温伯恩和罗塞蒂早就已经做得更好了。《雷丁监狱之歌》？是的，还不错，开头不错，但也就那样。可音乐性和画面感：在斯温伯恩和罗塞蒂身上全部都能找到。马克思·诺尔道没有读懂《被祝福的少女》。他没有抓住重点。为什么她在天上那么忧伤，既然她只需要等待，她所爱的男人就会到来？他问道。恰恰因此：她在天上那么忧伤，是因为她已经被原谅，而他却没有得到原谅，而且他永远不会来。要理解并不这么难。但诺尔道不想理解，他只想控诉：去证明一切那么变态，那么愚蠢。从某种程度上说，他们是当时的极端主义者。（停顿）爱伦·坡因为尝试了王尔德和罗塞蒂已经达成的效果而享誉世界。王尔德的例子，比如有：

哀哉！噫吁兮！若是将这一切虚掷。[1]

或者罗塞蒂的：

唉！被呵护的希望尽是徒劳
在生活全能的怀中，
铸就得如此完美只为送她去死[2]？

半开玩笑地，博尔赫斯引用了查尔斯·奥古斯汀·圣伯夫关于高乃依没落时期的讽刺诗：

《阿热西拉》之后，哀哉……
但，《阿蒂拉》之后，止步哉！"

博尔赫斯："曼努乔，他这么聪明，但还是被骗了，他觉得有个美好年代，Belle Époque（滑稽模仿地）。"你没看见叫 'belle' 吗？应该很好吧……曼里克更聪明一些：

在我们看来……
一切过往的时光
都更好。[3]"

他知道国王堂胡安、阿拉贡王子和哥特贵族和所有人一样。（又开玩笑地）。例

1　《虚掷的光阴》（1877）。
2　《溪流的秘密》（《诗选》，1870）
3　《为亡父而作的挽歌》（1476）。

外是目前的时代：历史上最糟糕的时代。美好年代可能没那么好：社会主义兴起，现在折磨着我们的一切。为什么曼里克的诗歌这么美？不单单是因为诗句美，而是因为他的美学。美学在所有领域都很重要；文学中也是一样。"比奥伊："至于曼努乔的智慧……就好像某种动物的狡猾：狐狸，或者臭鼬。"

6月19日，星期五。 我们读了乌纳穆诺的诗，他会做个关于他的讲座（题为：乌纳穆诺，诗人）。博尔赫斯："如果我和你们说在读了乌纳穆诺的诗以后我决定讲随便别的什么人呢？"比奥伊："真笨拙，语言上又丑陋。为了押韵可以做出任何牺牲。在他几首最好的诗中的一首，他用了'eterno nido'，因为此处需要押韵。[1] 有时候不知道到底哪个才是衬词。比如在一行里他写了'silla'，另一行里则会写'cilla'。永远都不流畅。"博尔赫斯："还有谁像他那么笨拙呢？我在其他语言里没见过这样的。"比奥伊："可能吉拉尔德斯，在他写诗的时候吧。我在想，为什么这些人要写作呢，既然这么吃力？读这些东西有害：会让人觉得生活在一个缺陷和粗糙是常态、唯一可能性的世界里。你会担心被感染，一旦在自己身上发现，简单和美看起来无法企及，沮丧情绪袭来，只能跑去自杀。我今天读了《赫米斯顿的韦尔》。"博尔赫斯："不过，史蒂文森就大不同了。"比奥伊："还有马查多兄弟、达里奥、洛佩斯·贝拉尔德、卢贡内斯、班奇斯……太不一样了！"博尔赫斯："既然我已经答应人家了，那最好还是继续吧。我会聊聊高智力诗歌，他认为可以将其置于现代主义对立面的想法很吸引我。不管怎么说，即便我表扬他，也还是会透露出不屑。"

博尔赫斯说："意大利文化参赞给我指出过一件事，我以前意识到过这件事，后来忘了：在押韵方面游刃有余的但丁，会用'Cristo'（基督）来押'Cristo'的韵，因为他觉得用其他任何词来押韵都有失尊敬。"

6月20日，星期六。 我们聊了教学的艺术，特别是在语言方面。博尔赫斯："词源是我觉得能够让我们记住和我们所有认识的词都不像的词的唯一方法了。"比奥伊："作为一种帮助记忆的方法，对老师而言比对学生更有用：它让研究变得更有趣，但在学习语言方面，没有比记忆更可靠的了。"博尔赫斯："英语里的'waste'，是西语的'desierto'，德语里的'Wust'。在西班牙语里我们有同一个词'vasto'（辽阔的）：沙漠很辽阔。"比奥伊："是的，这很有趣；学生会记得一个或两个类似

---

[1] Días de ayer que en procesión de olvido/lleváis la las estrellas mi tesoro，/ ¿no formaréis en el celeste coro/que ha de cantar sobre mi eterno nido？【《我的天空》，见《抒情十四行诗系列》(1911)】。

的词源，会提起它们，永远也不会忘记。但你告诉他们很多，他们反而记不得几个。而如果你继续这么做，因为你觉得自己教过的东西他已经掌握了，那你就自我欺骗了；他会感到比例不平衡，直到有一天他会意识到已经无法收复失地，并拒绝追随你。"博尔赫斯："但你怎么记住很多新词呢？"比奥伊："凭记忆。记忆就是用来记东西的。聪明则容易背叛你：你理解的，就觉得已经吸收了；但事实上并没有吸收：吸收简单、丢失同样容易。你不应该混淆你和学生的处境。如果你整天想着词源，想着盎格鲁撒克逊，你会学到东西；但如果以一周一两次的频率触及这个话题，那局面就会不同。"博尔赫斯："所以说你支持中庸之道？"比奥伊："是的，好让过程更有意思。但经验证明我们凭记忆学习和我们认识的单词不同的单词；用记忆我们学习得更快：贝立兹法是学习语言最高效的方法。这是一种不怎么细腻的方法，词块记忆……"博尔赫斯："所以你觉得在不理解意思的情况下，可以凭记忆学习拉丁语变格？"比奥伊："不，我怎么可能主张凭记忆、分析式地学习一种语法？我可能当初很笨，但我很晚才领会到这些变格的含义。比如词是'musce'，翻译成'para la musa'，但我没搞明白原来在拉丁语里会省略'para la'，并修改词尾。"博尔赫斯："父亲讲起过几个学生于一次拉丁语考试后在咖啡馆里讨论：一个人坚持认为拉丁语是一种语言；另一个人却不赞同。马塞多尼奥读了一点拉丁语以后和我说：'你别欺骗自己了，朋友，德国人讲话的时候，我肯定，他们会忘记变格。'我试着跟他解释，当一个布宜诺斯艾利斯人想用动词'ir'的第一人称现在时，根本不会去考虑不规则动词的变位，而是脱口而出'Yo voy'，而非'Yo ir'。马塞多尼奥回应：'啊，但你说的是布宜诺斯艾利斯人，你别跟我讲德国人也这么聪明。'这证明了马塞多尼奥的文化和头脑里奇怪的一点：这文化至少是不平衡的。归根结底这里面有一种民族主义思想，别的不能和我们的差别太大，我们的即规范。诺拉看帕拉维奇尼，一个当时很火的喜剧演员，觉得他很糟糕。"比奥伊："确实很糟糕。"博尔赫斯："马塞多尼奥采纳了一点诺拉的意见，出于礼貌，也出于讨好女孩子欢心，但后来又问：'怎么可能整个阿根廷都判断失误呢？'他不像坎通，那个十足的成功主义者。我总在关于马塞多尼奥的讲座里忘了说他拥护希特勒。可不是嘛，当时希特勒快要赢了？关于丘吉尔，他说：'就是个杀人犯，朋友，他在投降前的两天，送那些可怜的英国小伙子去死。'"

我聊起一位秘鲁法官，他判了一桩在秘鲁球场发生的三百人死亡案件。当时的裁判，是乌拉圭人，他判定阿根廷进了秘鲁一个球；一个秘鲁黑人，属于那种秘鲁输球时候就对自己所作所为毫不自知的，闯进球场去惩罚裁判；警察保护了裁判；

而观众群起暴乱；那位法官认定裁判有罪，因为他没有考虑到秘鲁国民的情绪，但不会将他驱逐出境。博尔赫斯："那为什么还要踢球呢？应该直接算在主场作战的国家赢得比赛。这和公平竞赛和体育精神相去甚远。人们会觉得类似的情形可以合理解释攻击行为，那公平还有什么希望呢。"

他观察到，乌拉圭人民族主义情绪很重，这点令人难以置信。难以置信：因为他们的政治行为甚至比我们更加得体。

6月25日，星期四。 博尔赫斯对我说："我正在把我所有的诗都收进一本书，我会给它起名《诗作》，因为《诗歌全集》好像很模糊……"比奥伊："一本诗集是所有作品中最重要的一部。"博尔赫斯："我刚开始的时候修改了很多。现在不行了。类似《布宜诺斯艾利斯激情》的诗，离现在实在太遥远了……"比奥伊："我要是读以前写的东西会抑郁，会麻木。不过当然，你那会儿写得也不赖……"博尔赫斯："才不是呢！有时候整首诗都可以归结成一个错误，要是改了错误，那就什么都不剩了。这就是巴洛克诗歌的状况。如果我在一首诗里发现'lumbrerada'，会把它改成'lumbre'[1]。可我去词典里找'lumbre'，却只找到'lumbrerada'，这个词我不认识，又马上把它改回去。我想要一些看起来不像法语也不像拉丁语的词；与外界隔绝的，或者有些沉重和令人不适的词，如果可能的话。"比奥伊："有这么多人，尤其出于你最初的几首诗仰慕你，这点让我很沮丧。"博尔赫斯："或许一位年轻诗人的想法很难让人抗拒吧。"西尔维娜："最初的几首诗是被人模仿最多的。"比奥伊："也最容易模仿。要模仿现在的诗，得先学会写诗。"

6月29日，星期一。 博尔赫斯说："我发现要戒掉任何执念一点小小的努力就够了……但很明显我没有这种能力。"

7月1日，星期三。 说起我的下次旅行，我说带在身上最好的书是《苏格兰游记》和《游赫布里底诸岛日记》，分别是约翰逊和包斯威尔的。博尔赫斯回忆约翰逊曾经去过法国；他在那里智齿又疼，一个法国人对他说："你学习太用功了，先生。"而约翰逊的结论是："所有外国人都是傻子[2]。""所有人"：囊括了法国人、中国人、红种人，等等。博尔赫斯："法国人才不会相信智齿疼是因为学习过度。那不过是个礼

---

[1] 在《植物园》（1923年）曾经有一句"su vana lumbrerada de hojas ciegas"，这句诗后被删去了。
[2] 包斯威尔，《约翰逊传》，"1780年"。

貌的说法，仅此而已。"

7月4日，星期六。 博尔赫斯谈起克维多："真奇怪，他居然没有发现哈卡拉歌谣[1]里的人物和场景，比起流浪汉小说里的人物和场景更适合小说。凭借那些无赖和妓女，他本可以写出更好的小说，远胜过《骗子外传》里糟糕的元素。他的哈卡拉歌谣里有些类似探戈故事的成分。"

博尔赫斯："除了一个人半睡半醒的时候，现实和梦境是不会混淆的。福克纳时不时将两者混合在一起的做法我觉得很虚假。此外，这让一切都变得复杂。"比奥伊："对人物动作的描写放缓了……现实中瞬息即逝的东西，在那里停住了脚步，看起来好像充满了戏剧内涵。这是一种令人讨厌的风格。"博尔赫斯："它害了很多人，苏珊娜·邦巴尔的短篇就证明了这一点。"

7月7日，星期二。 比奥伊："之前有人问我有没有哪些作家如果不写书就会死。卡夫卡吗？"博尔赫斯："是的，卡夫卡。但那个问你问题的人是不会理解你的。他会将其视为一个标新立异的作家。"比奥伊："几乎所有的诗人——我不包括瓦雷里——和很少的小说家。小说通常不响应——或者看起来不响应——某种需要。但是，普鲁斯特却不然，贡斯当在《阿道尔夫》里也是，王尔德呢？"博尔赫斯："不，他写作是为了显摆。"比奥伊："还有威尔斯和切斯特顿……"博尔赫斯："我不觉得他们是为了响应某种需要，他们以写作为娱乐。"比奥伊："康拉德呢？不……"博尔赫斯："不是。"比奥伊："但他很乐于创造、建设、描述。"博尔赫斯："亨利·詹姆斯写小说，按照王尔德的话来说，就好像在履行'痛苦的职责'[2]。"比奥伊："《堂吉诃德》也算，但程度很轻。"博尔赫斯："是的，程度很轻。"

博尔赫斯："尼采写道：'德国帝国：又一桩蠢事[3]。'不过尼采不总那么走运。他发明了一种词源，宣称'bonus'出自不和谐这一概念[4]。或许他不会给好战者写一本廉价福音书，正如萧伯纳袒护他的时候所言[5]，但他也差不多要这么做了。"比奥

---

1 哈卡拉（jácara）是西班牙黄金时代喜剧中场休息时表演的讽刺歌谣，其形式为八音节谣曲。后来，整个西班牙语世界中类似类型的民间歌谣都被冠以这个名字。克维多奠定了这种歌谣体裁。——译者注
2 《谎言的衰朽》(《意图集》, 1891)。
3 《生成之无辜》(p.1931)。
4 《论道德的谱系》(1997), V。
5 《关于战争的常识》(1914)。

伊:"希特勒怎么可能喜欢别人说德国帝国是一桩蠢事？"博尔赫斯:"他可能没读到这句吧。他可能有个大致概念，如果这类畜生还能有概念的话。"

坎西诺斯-阿森斯去世了。博尔赫斯:"西班牙有多麻木：坎西诺斯不是什么伟大的作家。米罗、阿索林、奥尔特加才是伟大的作家。坎西诺斯写了些糟糕的东西，就像所有其他人一样，但也写了些优美的东西。他很敏锐。"

雷耶斯承认他在刚开始读贡戈拉的时候感到很困惑，因为他找不到任何一个导读人，直至他遇到了梅内德斯·伊·佩拉约，可以想象到的最好的导读人。[1] 博尔赫斯:"为什么开始读什么作品都需要导读人？梅内德斯·伊·佩拉约就有这么好吗？他把所有的都读了，但也没什么用。谁知道他是不是真的读了这么多。一个编辑必须出版贡戈拉作品早先的注释版。所有内容都作了解释：包括提及神话的部分，所有。"

博尔赫斯:"我年轻的时候，想要相信克维多比塞万提斯好。即便我再努力去欣赏克维多，还是会意识到追随他并不容易。比如，他说由于国王生病是不好的兆头，那些国王们一生病就想死。你这么说谁会相信呢？"比奥伊:"我还是更喜欢塞万提斯并不连贯的风格，比起克维多的雕花纸板墙面似的修饰风格。"博尔赫斯:"不管怎么说，在他之前塞涅卡也这么写过，而且比他好。这种风格更适合拉丁语。"

他说他愉快地得知写给贝哈尔公爵的知名赠言并非塞万提斯所写:"我知道他不擅长写这类文章，也不觉得找个人代笔有什么不便。我觉得这件事让人隐约看到了一个懒惰却可爱的人。塞万提斯总想着外国：意大利、英格兰、北欧。"

我们读了《海滨墓园》，发现"feux"前面的是"de"，而非"des"，所以

大海，大海，永不止息地新生

并不是一个纯粹的感叹：

那公正的中午火焰织成
大海，大海，永不止息地新生

"火焰织成大海"：这句承上启下。

---

[1] "[...] 我刚开始的几天，没有导读人也没有导师——可能我说错了，因为我身边有令人钦佩的梅内德斯·伊·佩拉约的书 [...]"（《关于贡戈拉的问题》，1927）。

博尔赫斯："真奇怪。你读了又读，年复一年，总会忽略类似的细节。这是一台庞大的机器……一首雄心勃勃的诗。好吧，为什么没人写修辞诗呢？这看起来更像布道，而非诗歌。我不知道用这么多抽象的词语能不能写出诗。看起来像木匠用的或者加工大理石的机器。一台静止的、死去的机器。他自己也意识到这一点，最后说：

人生不言弃！

曼里克比他强千百倍。你看，怎么能把他和曼里克比较呢？曼里克比他高级太多。"西尔维娜："那《沉醉的船》呢？"博尔赫斯："没法比。他有另一种力量，有灵感，是首伟大的诗歌。"比奥伊："瓦雷里，有多惊叹于大海。'我望向大海的眼神'：太浮夸了。"博尔赫斯："这是一片没有暴风雨也没有任何波澜的大海。我和伊瓦拉开玩笑说：'你没觉得他有多不习惯需要思考的人生吗？他让人在他每次思考时，都给他颁个奖。'他是个无聊的人，非常无聊，又缺乏灵感。"西尔维娜："也很松散。"博尔赫斯："格律也很让人讨厌，他选择错了。"

7月8日，星期三。 他说他大概会写写关于帕雷德斯、马塞多尼奥和苏尔的回忆。博尔赫斯："我想写些关于帕雷德斯的东西，不过因为他的几个亲戚还健在，我就考虑要不要改个名字，给他换个帕拉卡斯之类的，将其他美男子的事迹搬到他身上。我把所有这些告诉"瘸子"克罗纳多，他抗议道：'不，帕雷德斯不会喜欢的。'什么都不能改？为什么呢？谎言只对作者而言。不过这么改不合适。还是苏尔最好。"

7月9日，星期四。 他和我谈起我关于玛利亚·埃丝特的建议："你说得有理。这不是一个人可以忍很久的情形。有些事还是一次性做掉比较好。"

7月10日，星期五。 比奥伊："写作对于一个阿根廷人来说，是从一个词语逃避到另一个词语。我们必须使用同义词，结果导致风格牵强。"博尔赫斯："贡戈拉和克维多，他们写东西不也这样吗？他们难道也在逃避吗？他们不是在拉丁语词中寻找避难所吗？或许一切的文学语言，一切文学风格，皆是如此吧。西班牙人写东西更让人舒服一些，更松弛。在语言方面他们更加自然。"

博尔赫斯背诵了斯温伯恩的几句诗，并评论道："和我想象中的恰恰相反，单音节词给诗句增添力量。卡莱尔的解释不对：他说单音节词有特殊的力量，因为他们是人类孩童时、在家中最早听到的词。但我们最早听到的词不是单音节词。不管怎么说，单音节词的力量对我们来说是存在的。"

12月7日，星期一。　　博尔赫斯："由于没有总体性的概念，女人总不如男人道德。狄更斯的这个人物不错，他怀疑一切，因为总觉得别人会给他设套，于是可以不断欺骗自己。狄更斯能够发现这种天真很好，这类人永远相信邪恶。"

12月10日，星期四。　　我给他转述了摩尔关于作者强度的话：算一种优点，虽然不是主要的，但很少见。博尔赫斯举出查尔斯·兰姆的一句话，关于他想要的那种永生[1]，我在《英国散文家》一书的前言中引用了这句话，又在《天堂和地狱之书》里转写了它。博尔赫斯看不上兰姆，但欣赏这句话。

12月16日，星期三。　　我读了约瑟夫·布罗茨基案件的副本，那是个在列宁格勒被人指控为寄生虫的诗人兼翻译家：说他干活少，赚得也不够多。博尔赫斯："被告人倒也有种卡夫卡的意味：他和控告他的人挺像，很入世。如果不是这样的话，早被干掉了。"比奥伊："那个法官有点像检察官。很明显，那里的法官不应该表现出不偏不倚：否则会被人怀疑。"博尔赫斯："有可能布罗茨基的的诗歌和翻译一塌糊涂：他如果在文学上有所进步，大概整件事会有转机。"比奥伊："那里就像个白痴的国度：这一点应该给人一丝希望。"博尔赫斯："如果这里，出于工会的流行，最终采取一些监管你我职业的荒唐措施，那些措施一定会产生在阿根廷作家协会。"我提醒他："如果有人因为什么指责他，而他引证了别的什么有名作家的先例，一定会遭人恶言相向，因为他竟敢将自己和伟大的人物相提并论。真不知道一个不幸的人怎么自我辩护好。"

12月17日，星期四。　　记者："您的作品要传达什么信息？"博尔赫斯："我可不是信使。"

12月22日，星期二。　　博尔赫斯对我说："一个萨尔塔人跟我坚称萨尔塔是个无与伦比的地方；他告诉我一次发生了地震，当地人祈求上帝不要摧毁萨尔塔。后来又发生了第二次地震，没殃及萨尔塔，但破坏了周围的一些城镇。我问他有没有觉得那很不公平，问他如何看待一位用祈祷就能收买的神灵。那位先生回答说从来都没想过这些。"

博尔赫斯："看起来东柏林政府在效仿古巴。在柏林，和在古巴一样，资本家的儿女不能接受高中以上的教育；相反工人的儿女可以继续大学学业。太荒唐了：他

---

1 《除夕夜》(《伊利亚随笔》，1823年)。

们不懂这样反而会维持阶层的现状，维持阶层之间的差别。未来的资本家即便有个要饭的第四代孙子，还是会因此吹嘘。我原来以为共产主义者会吹嘘自己公平对待所有人。（我的侄子）路易斯对我说没有任何政府会考虑明天，他们只想着自己行为在即刻产生的效果。"比奥伊："那些不思考将来的人，才是塑造将来的人，我们看看以何种方式！人们坚持认为不能通过法令来影响社会的存在形式。这是不对的。"博尔赫斯："我一直很惊讶在俄国电影里穷人总以一种漂亮、勇敢、聪明的形象出现，而富人则像是垃圾。我本以为他们持贫穷是灾难的观点；但看起来并非这样：对人类而言这是最佳状况。但人们是不会思考的。"

他认为西班牙文学因罗曼采和德拉·克鲁斯，有了一个很好的开端。比奥伊："从来不乏伟大的诗人。但优秀散文却很稀缺。塞万提斯有几篇前言……"博尔赫斯："乌纳穆诺……"比奥伊："我觉得他身上有他前辈们所有的缺点。缺乏逻辑，对比和文字游戏对他有恐怖的吸引力。我更喜欢巴罗哈。"博尔赫斯："但一切在巴罗哈笔下都看起来很扁平……"比奥伊："但他不会因为文字变得干瘪。我钦佩乌纳穆诺的地方在于他不固守成规；他愿意研究一切。"博尔赫斯："就像马塞多尼奥。一切都由研究起步，就好像他会在所有人之前达到终点或触及某个概念。赫拉尔多·迭戈说了一句话，也体现出了这种有点：'应该修改语言学院的宗旨：清理、修复，并创造辉煌。它即不清理又不修复，因为这不可能；而至于辉煌，更是大错特错，应该由作家和诗人负责这项工作。'"

12月23日，星期三。 博尔赫斯："伊本·赫勒敦说人类历史是谱系学的一个分支。[1] 我想：这人和我们这儿的人很像。阿根廷以前就是这样。我们所有的历史都由具有亲属关系的人撰写。"比奥伊："关于亲属，支持亲属，或反对亲属。"

之前有天在罗萨里奥，有个小伙子很难过地对他说："我以为您作为一个重精神世界的人，应该是外省来的。结果您是首都人，太遗憾了！"博尔赫斯："罗萨里奥的很多人，《行星》杂志说什么，他们就信什么，照单全收。我告诉他们'主编保维尔斯[2]亲口跟我表示，他完全不信那些东西，把它们放进去是为了刺激民众，也给

---

1 见阿诺德·约瑟夫·汤因比《历史研究》III（伦敦：牛津大学出版社，1934）322："这些野蛮人（比如阿斯图里亚斯人、法兰克人和柏柏尔人）干过的破坏活动因其家族历史和个人经历被带回了伊本·卡尔敦的地盘。"

2 路易斯·保罗斯于1964年5月到布宜诺斯艾利斯，参加由南美洲出版社编辑出版的杂志当地版本发行仪式。

世界增添一丝神秘气息。'那里人听了惊恐万分，仿佛保维尔斯是个骗子，更糟糕的是，他觉得我满口谎言，要中伤保罗斯。"比奥伊："保维尔斯的说教，可以看出，没必要且有害。世界上有太多蠢货，什么胡言乱语都愿意相信。还不如刺激一下逻辑的提升。"博尔赫斯："你说的有道理。有人和我说：'您可是《阿莱夫》的作者，怎么可以说这样的话？'我回答他说《阿莱夫》是个奇幻故事。他告诉我那就应该是真实存在的，否则我也也根本不可能将它创造出来。"

12月24日，星期四。 他说："在纪念克莱门特的演讲中我坚定地表示：'我不相信人就是他所处的情况，就像某人所说的。'我没有指名道姓得说出奥尔特加的名字[1]，因为在一篇纪念演讲中攻击某人，我觉得不妥，也因为克莱门特很欣赏奥尔特加。那句话道出了一个显而易见的事实，我们是整个历史的结果，又或者与前人一直宣称的截然相反；他记起了贺拉斯，想起他说过：

> 但永无坚定男子的胸脯，[2]

我们不过是所处情况强加于我们的结果：这是一种很不高尚的妥协。我觉得奥尔特加口中出过很多这类人与情况相关站不住脚的句子。我讨厌所谓的情况：我认为，在可能的情况下，应该在生活中从永恒的观点来看每一件事情。"

我问他怎么解释苏格拉底的那句话："我们欠了埃斯库拉庇乌斯一只鸡[3]。"博尔赫斯："传统的解释：他因埃斯库拉庇乌斯治愈了生活这一疾病而心存感激。又或者因为他治好了他以前无关紧要的某种病痛。可能前面的解释更好。在临死前出于很多年前别人治好了他的风湿病感恩戴德，听起来很可悲。另外，我觉得这种解释更加符合苏格拉底的纯粹……弗拉迪宣称她认真读了《伊利亚特》，没有找到史诗的一点痕迹。荷马是一位伟大的诗人，但是，面对这些虚伪的人，他能做什么呢？显然，希腊人遥遥领先，从荷马那个年代到《苏格拉底的申辩》时期。"

12月25日，星期五。 他和我谈了这几天他读的特里维廉《英国史》的章节，关于国会和国王之间的战争、克伦威尔以及复辟。[4]当人们将死刑犯（弑君者，其中包括弥尔顿）名单交给卡洛斯二世时，他说："我不知道我的手怎么了，但我不能签署这

---

1 《关于〈堂吉诃德〉的思考》(1914)。
2 马・梅内德斯・伊・佩拉约《致贺拉斯的信》(1876)。
3 《斐多篇》，118c。
4 《英国通史》(1926)，IV，1—8。

份死刑判决。"

12月28日，星期一。 他说："埃尔·格列柯画里的线条、颜色都很美，却展现了一个恐怖和肮脏的世界：天上满是教士。或许因为他是外国人，能够看清西班牙的状况。又或许我执着于某种英雄和高尚的元素。"比奥伊："我小时候很抵触基督教肖像画，可能恰恰因为缺乏这种英雄的元素。感觉空气都是凝固的。我感到窒息，就像身在一个很让人憋屈的屋子里：一位流着血、垂死的耶稣，穿着沉重裙子的女人，静坐的圣人，所有人脸上都显现出一副虚伪的神情，翻着白眼望向天空……我喜欢马上的圣乔治，他手持长矛与龙对战；还有手握利剑的某个天使。我喜欢天使们；关于他们的现实感，我的导师并没有那么坚持，他们更坚持裹紧衣服的处女和隐忍的圣人的细枝末节中的现实感。此外，教堂葬礼的喧嚣总令我反感。"博尔赫斯："耶稣有他煽动者的一面。他说的某些话很可怕：富人入不了天堂，因为他在现世已经获得报偿。他不理解什么叫永恒吗？现世的生活和永恒相比是什么呢？一瞬间而已。这么执迷于报应做什么呢！在短若一瞬的生活中，罪责和奖赏不成正比：持续一秒的财富，换来无尽的惩罚。"比奥伊："神学家坚持强调来世的重要性，但他们一定相信重要的是现世。"

12月29日，星期二。 他说电影《高乔战争》拍得不好，电影中的恐怖场景里所有人物都在说话、尖叫和奔跑："在类似情况下更适合沉默、静谧、寥寥几个警句。就像在英雄传奇里一样。"

1965 年

3月30日，星期二。 我们聊起"搁置怀疑"，他坚持认为约翰逊在这方面是先行者。博尔赫斯："约翰逊主要的优点在于他看清事实的能力。布瓦洛觉得如果第一幕主人公在科林托，而第二幕在罗马，那观众什么都不会相信。[1] 约翰逊反驳说观众不会相信舞台上发生的事情；他知道这是一部戏剧作品，由演员出演，出于惯例他们会承认事件发生地为科林托或罗马：至于是哪个，无所谓。[2] 值得一提的是，约翰逊合理地，摆事实向布瓦洛提出异议，这点很难做到；他不像那些浪漫主义者，他们说观众会插上想象的翅膀穿越到另一个地方。"

---

1 《诗艺》（1676），III。
2 《印刷莎士比亚戏剧作品的提议》（1756）。

3月31日，星期三。 我说我们应该写一本《文学导论》，分成两部分，第一部分真正符合本书的标题，第二部分则为规定性的内容。他很喜欢第二部分的想法："比起阿尔巴拉特，要更契合浮龙·李的精神[1]。"

4月1日，星期四。 博尔赫斯："以前人们对意大利姓有些成见，但其他那些姓看着也不像西班牙的。一个姓洛佩兹的不会觉得自己的姓和街角商店那个加利西亚人的是同一个。他们是别的洛佩兹。我的家人在姓氏方面都很势利，比如说，他们谈起苏亚雷斯上校，说到他那里家族就完蛋了。影响力到独立战争就为止了。我们的祖国也是如此。"比奥伊："当时的阿根廷人为他们的崭新的、繁荣的国家感到自豪。人们不会执着于他们的欧洲血统；尤其是那些有西班牙或意大利血统的人。"

他说安索阿特吉因法国化而攻击达里奥[2]，还反对加尔西拉索的西班牙主义："他不知道加尔西拉索被现代人视为外国化吗[3]？一位叫纳巴希埃罗的外交人士建议博斯坎和加尔西拉索试着用西班牙语写古意大利语十一音节诗[4]。"

4月13日，星期二。 关于王尔德的那句"梅瑞狄斯是散文版的勃朗宁，勃朗宁同样如此"，他评论说："这不公平。但在这样一个句子里，公平已经不重要了。相反，在安索阿特吉说魏尔伦是一个老蠢货的观点里，只存在不公平。当贝洛克诟病威尔斯乡巴佬时，后者反驳道：'贝洛克先生，看起来，您出生在整个欧洲。'"

5月11日，星期二。 他评论到："正如乔治·摩尔所说，'多愁善感方为胜者。'别人可能会说'想要胜利则需多愁善感'。你记得有人跟他指出这样的观点不够确切吗？摩尔表示认同，但他还是为自己辩护说：'风格是关键。'"

我们正在筹备一本《爱情选集》。我读了一个给我留下最美好回忆的故事：亨利·邦纳的《一封信和一个段落》。在一封写给朋友的信中，一位记者形容自己和妻儿一起的幸福生活。在同一段里，读者会了解到在临死前，这位记者——他当时孤

---

1 比如，试着展示如何写作（给出"有用的建议"），而非仅限于批评写得不好的。请分别参见《文字的处理》（1923）和《如何成为作家》（1925）。
2 《亡者的生活》（1934），《鲁文·达里奥》多处。
3 克里斯托瓦尔·德·卡斯蒂略霍《对用古意大利语写诗的西班牙诗人的压制》（p.1574）。
4 据博斯坎说，卡洛斯五世时期的威尼斯外交人士安德烈·纳巴希埃罗对他说："为什么不用卡斯蒂亚语尝试一下意大利优秀作家使用过的十四行诗和其他诗歌艺术。"（《给索马公爵夫人的信》）。见《博斯坎诗歌选集》，p.1543，II。

寡一人——写了那封信，希望改观自己在朋友心中令人抑郁的形象，好让他看到自己本可以成为怎么样的人。这封信甜腻到令人作呕。博尔赫斯："有个心理学上的解释。人们想象自己幸福生活的画面通常是这样。但其实根本不需要什么解释。在读到'段落'之前，这就是一个甜腻的故事。"比奥伊："令人作呕。"在博尔赫斯的回忆中这个故事很甜腻，我觉得还挺令人称道的。

我们读了克拉林的《爱是聪明的》。还不赖。我们读了莫泊桑的短篇《伊迪勒》（博尔赫斯："多猥琐的故事啊。让我感到恶心。"比奥伊："我不觉得恶心。"），《女房东》（"什么都不是"），以及讲述与红发女郎同游乡下的短篇（《家长先生》）。博尔赫斯："他是轶事的敌人。（笑着说）你没发现吗？这些不过就是些轶事罢了。这些短篇一个晚上就能写出来。文学声誉这东西其实毫无根据。怎么可以说这些短篇写得好呢？人物就像傀儡一般。这些短篇不过是写梗概罢了……什么梗概！写作视角很远，作者即便杀了他也不肯拉近距离。怎么可能会想写这种故事呢？根本写得也不好。如果你想到他是世界上最好的作家之一的话。"我们读了《布瓦泰勒》：一名士兵爱上了一位黑人姑娘；他把她带到村里见他的爸妈，好由他们决定是不是同意这门婚事；他们不赞成，因为姑娘太黑了。博尔赫斯："没有任何惊喜。从他出发去征求意见的那一刻，就会有两种可能性：接受姑娘或者不接受。为了达到有故事的效果，作者应该想出第三种可能性，由于出乎意料的某种原因接受或者拒绝她。如果因为黑拒绝她，没有什么故事。"不管怎么说，我们觉得这个比其他那几个好。博尔赫斯："福楼拜会怎么看待这些故事呢？莫泊桑花的功夫不够。塞万提斯更有创造力些。他一直在发明各种复杂的、难懂的胡言乱语。《堂吉诃德》里包含的田园小说证明塞万提斯对《堂吉诃德》没有信心。要么他写堂吉诃德和桑丘已经有点无聊了。他觉得写另一种更复杂、更荒唐的故事更有意思。比起《堂吉诃德》，他可能更乐于写《贝尔西雷斯》。在秘鲁，有人跟我说：'有西班牙作家，但没有西班牙文学。'我觉得是事实：在西班牙，好书出现后就没有了延续。《堂吉诃德》以后有诞生什么流派吗？它不孕不育了。像头骡子。"

他说新诗里充满了一种被称为隐喻的转义，但它们并非隐喻，因为没有把一样东西比成另一样东西："河流的蓝色路径。"

博尔赫斯："要评价一个国家可以通过两种方式。它出产的人：但有失公平，我觉得，因为聪明人和受尊敬的人可以出生在任何一个国家；或者那里的生活：礼貌、理智、有序、没有暴虐的统治者，也没有乞丐（比如瑞士）。

5月27日，星期四。 他满怀好感地谈起乌拉圭，并为那里有一种对文学得不到回报的爱感到遗憾。他继续赞美乌拉圭；关于巴西，他说最好将其从地图上抹掉。

一位英国女士说她家里都是不可知论者。她有天听人说"以神之名"，就问她的母亲神是谁。她的母亲回答："你看，有些人认为他创造了世界。"

5月28日，星期五。 他需要做一个关于《塔木德》的讲座。一开始他拒绝了，因为不熟悉题目，但对方一再坚持。他一直在准备；刚开始在他的研究过程中运气不佳；后来他发现："诽谤者杀了三个人：听到他说话的人，被诽谤者和他自己。""上帝在所有乞丐的右边。""上帝在天上祈祷，为了让他的慈悲和爱胜过公正。"

5月29日，星期六。 他引用了一首基于历史事件的诗：讲述了伊迪丝·天鹅颈（一位圣人建议去寻找这位当时住在茅屋里的老女人）、阿罗德国王的旧（老）情人，在黑斯廷斯战役后辨认国王尸体的故事。海涅在他的《罗曼采罗》[1]里写过这个历史片段。还有一首关于一棵树的，在它的枝条上一只年轻夜莺为爱情高歌，而海涅，甚至在梦中都能听到：

> 我的床上长出一棵树，
>
> 树上一只年轻夜莺正在高歌；
>
> 为纯粹之爱高歌，
>
> 我甚至在梦中都能听到[2]。

博尔赫斯："这让我想起一位西班牙犹太神秘主义者的话；

> 一只慈悲的夜莺，它的玫瑰曾是上帝[3]。"

海涅说"年轻夜莺"。"年轻"，在这个上下文里不是一个变体，而是最完美的词。到了一定年纪以后，一位诗人就不能再玩变体的游戏了。

他表示，海涅让他想起王尔德。他说海涅在很长一段时间一直想去拜访歌德；终于他还是去了。他对他说了什么呢？"巴维耶拉的樱桃棒极了。"海涅写道："朱庇特微微一笑，说就是这样。"关于海涅："您可能会觉得我有点蠢。今天早上我和

---

[1] 《罗曼采罗》(1851)。

[2] 《回乡集》, 89 (《抒情诗集》, 1827)。

[3] 《罗曼采罗》(1851),《希伯来旋律》, IV。在《托雷斯·比利亚洛埃尔》(1924) 中，博尔赫斯将这句诗引用为"这只慈悲的马拉加夜莺，它的玫瑰曾是上帝。"

某某在一起时改变了主意。""来访的德国人（在巴黎）治好了我的思乡病。"有个女人对他说："请求上帝原谅你吧。"海涅回答："你别担心。他会这么做的。这是他的职业。[1]"博尔赫斯："海涅比歌德更富有灵感，也更强烈，他应该永远不会允许自己这么高高在上。"

我们听了阿玛莉亚·罗德里格斯唱的一首法朵。他评论道："每次我喜欢一样东西，都会觉得美会被耗尽。但坎西诺斯说的对，他请求上帝不要赐予这样的美丽[2]。"

他对艾米莉·狄金森的诗句赞赏有加：

关于天堂，我们只知道它意味着分离，
而分离，会把我们打入地狱[3]。

博尔赫斯反复翻译这句："离别中有我们所知的关于天堂的一切，还有为了地狱所需的一切。"现场翻译的话，我会把'为了'翻译成'关于'。

他还吟诵了：

这安静的尘埃是绅士和淑女。[4]

以及：

这是我写给世界的信，
虽然她从不写信给我[5]。

比奥伊："我们还是新手的时候有过一种粗暴的做法，就是以拉莱塔的方式，殖民式地占有科莱阿斯收录的固定用语[6]。我们这些人从前使用固定用语的方式我觉得毫无依据。"博尔赫斯："确实：不应该系统地去回避它们，就好像它们名声扫地一般。一个固定用语和一个变体，最好还是选用固定用语，因它让人感觉没那么虚荣。"

---

1 这些轶事出自路易斯·昂特迈耶的《海因里希·海涅：悖论和诗人》（1937）以及古斯塔夫·凯尔佩莱斯的《海涅与其同代人》（1888年）。
2 《神赐的失败》（1918年）。
3 《在死之前，我的生命已落幕了两次》（《诗集》，1893年）。（张文武译）
4 《安静的尘埃是绅士和淑女》（前面引用的书）。
5 《这是我写给世界的信》（前面引用的书）。
6 冈萨洛·科莱阿斯（1571—1631），《谚语格言词汇》（p.1906）。

关于睡眠，他说："夜复一夜，我都试着说服自己这是最真实的乐事之一，一点也不像死亡。这是活着最牢靠的一件乐事。"大概是唯一一件乐事了。每当晚上我开始想些荒唐的句子，我就会庆幸自己处在不错的境地，在安全的一边。"

我和他说起一个糟糕的故事，写得倒是值得钦佩，艾萨·德·克罗兹的《金发女孩的怪癖》。我说："你看，福楼拜的宏大叙事，供读者享用。为什么要写糟糕的故事呢？"博尔赫斯："对他来说写什么都一样。而且他大概觉得写故事不过如此。但《巴济里奥表兄》是本优美的小说。"

博尔赫斯："谈起克努特大帝将英格兰、苏格兰、丹麦、爱尔兰和挪威纳入自己王国的计划，有人说他没有预见到这个斯堪的纳维亚帝国的伟大。这可能会给我们相信他没有产生过建立帝国念头的理由，如果是这样的话那可能帝国现在也不存在了。"比奥伊："但在一个充斥着野蛮、彼此敌视和孤立的世界里，一个类似罗马帝国的社会或许会有助于进步和生活：文明、富饶的文字、艺术和思想世界会得以拓宽。此外，罗马帝国还意味着共存规则的建立。大概在波斯帝国，除了抢劫掠夺就不剩下什么了吧。"他表示同意。他坚持认为《远征记》是一本无聊的书。此后他驳斥了特里维廉认为英国历史中最重要的事件是萨克逊人和丹麦人到来的观点[1]；"怎么可能？诺曼底入侵难道就不算吗？大概整个帝国都源自于这场侵略吧。"

他谈起斯诺里·斯图鲁松："毫无疑问他是位值得钦佩的作家；但作为市民，他却是个叛徒。"

他告诉我了一个阿拉伯谚语："万物不过三日。"

6月16日，星期三。 为了我们正在筹备的《爱情选集》，我查了我们多年前编的、却没有出版的《西班牙诗歌选集》。我对他说："基本上已经完成了，也不坏。我们为什么不拿去出版呢？"博尔赫斯问："很薄吗？"比奥伊："超过五百页。我们可以把里瓦斯公爵和努涅斯·德·阿尔塞去掉，加上已经去世的曼努埃尔·马查多、胡安·拉蒙·希梅内斯和坎西诺斯–阿森斯。"（从编写完至今去世的；这本书不收录在世的诗人。）

6月23日，星期三。 "关于《贝奥武甫》的结尾，有人说：

---

1 《英国史》（1926），I，3。

没有更平和

也没有更渴望名声的人。"

在宣传行为问世之前，名声是令人向往的。切斯特顿说："如果一个不会希腊语的人说品达是位伟大的诗人，那这并不代表他不懂装懂，而是证明了他对人类理智的信心。"

我们读了西班牙浪漫主义诗人的作品。我们觉得金塔纳最差，接下去是里瓦斯公爵，他简直和文学互不兼容。关于里瓦斯公爵，博尔赫斯说："他喜欢火灾和大型的、不确切的场面。"他还表示："西班牙人那么仰慕贝克尔的同时，也给了我们不看好其他浪漫主义诗人的理由。他给人以亲密感。"比奥伊："因为这让人想起那些被辞藻和格律所支配的诗人，他们离人性和理智渐行渐远。"

他说贝克尔给人亲密感，还赞赏了坎波阿莫尔的几首《多洛拉斯》中的优雅。他朗诵道：

我记忆中的他如此深刻

以至于我仍然觉得在注视着他

看他如何摆放

手，脚，头。一切[1]。

博尔赫斯："我记得'他'里的'他'不错。不知道他说的是谁。'我仍然觉得'不好；'摆放'写出来大概他自己都不满意：太糟糕了。我希望'头'之后是一个句号，而不是逗号。这就好比图莱《反韵集》里最糟糕的几首。"比奥伊："为什么是最糟糕的那几首呢？我觉得很棒。"博尔赫斯："我认识的人当中很少几个会察觉到这首诗不错，是首爱情诗。人们大概什么都不懂。"

他评价了曼努埃尔·马查多："是位聪明的诗人，他总能够做自己想做的，也知道自己在做什么。但他的聪明却不像雷耶斯，迭斯·卡内多之类的聪明，他们聪明但轻浮；他富有灵感。"博尔赫斯说他比安东尼奥·马查多和卢贡内斯好多了。他表扬了安东尼奥·马查多关于达里奥的诗[2]："达里奥如果读到或许会喜欢的。这首诗用达里奥惯用的元素写成。"比奥伊："类似梅内德斯·伊·佩拉约的《致贺拉斯的

---

[1] 《幽默集》（1887）。最后一句正确的版本是："手，脚，头和一切。"
[2] 《致敬大师鲁文·达里奥》（1914）和《悼念鲁文·达里奥》（1916）。

信》。"博尔赫斯:"胡安·拉蒙·希梅内斯的读者感受不到一点安全感。诗人很随心所欲:可以朝任何方向走偏。有人把他想成一位精致、现代的诗人,总是借助诸如'绝妙的'之类的词语,真太可笑了。"

7月1日,星期四。 博尔赫斯:"不厚道的布伯说基督教将耶稣和圣母置于人和上帝的对话中间。怎么?难道他无视了我们的天父吗?"

他说歌德最好的书是《罗马哀歌》;因为对应了亲身经历(在床上,爱人赤裸的背上,吟诵六韵步诗)[1];他发现自己的处境——他身为男人对一个自己花钱支付且因此过上更好生活的女人的爱——是一种诗意的处境,这表现出歌德令人惊叹的敏感。他向我透露那句歌德关于思想的句子,他怀疑可能错译了,因为在歌德语料库里没有找到[2];或许他写的是他没有想过思想这个问题,或者思想算不上什么值得思考的主题。比奥伊:"为什么?应该否定逻辑吗?那句话是:思想不用来思考。""我们总将其诠释为一种抗议——幸福的抗议——当一个人刻意去思考,却失败了之后,发现他的大脑只有在突发奇想时才能产生好的结果,也就是它不刻意工作的时候。"

我们想起苏尔曾说过:"两个相爱的人会觉得他们生命中的一切源于那次奇妙的相遇。为什么呢?与其给出众所周知的冗长的解释,不如说点七七八八的?"

7月19日,星期一。 他说在哥伦比亚时,人们请他给将要开启文学生涯的年轻人一些建议,他给的建议是:"只读自己喜欢的东西。在自己喜欢的范围内,倾向于经典作家或者其他时代的作家。避免西班牙语经典。读译作:或许文风有点差劲,但其中的思想应该不错。对翻译作品而言,重要的是读者知道去欣赏谁。如果译成诗歌,或许会感觉在读品达,但其实在读译者鲁道夫·德·普加。所以不如译成散文。"

博尔赫斯:"人们不知道懒惰和妥协在写作中起什么作用。有个乌拉圭女孩居然在我的诗歌中寻找象征、形而上和宗教解释。'我是不会抱着这种念头写作的……否则我写不出什么东西。我可不是写带有寓意的寓言的作者。您什么时候写过吗?没有?所以在您想象中作者都这么复杂和刻意。'我写'我的人肉'[3],因为在这之前试了其他形容词,但它们都说服不了我。我恰好想起这个,我感觉有些奇怪,那听起

---

1 《罗马哀歌》(1788),V。
2 参见1960年6月20日的脚注。
3 "在我的人肉里,不断归来的是永恒"(《循环的夜》,1940)。

来还行,也挺有意思的,因为一般说'人肉'都和'吃'搭配在一起。为什么我说我被散步和夜晚带到郊外[1]?因为我从转瞬过渡到了永恒?绝对不是。因为那会儿我们朋友一块儿出去散步,和马斯特罗纳尔迪或者多纳多一起。由于我们不想待在市中心,就决定去探索城市的角落,不知不觉就走到了很远的地方。"

我不吝赞美地提到了毛姆。博尔赫斯(不悦地绷紧了脸):"我挺反感他的。他居然在一篇前言里攻击吉卜林。他怎么不说:'我是谁?有资格评判一位伟大的作家。'"比奥伊:"好吧。我跟你说点别的,好让你少许原谅他一些。你知道他为什么想去太平洋上的群岛吗?因为他想去见识下《沉船营救者》和《退潮》里描写的地方。"博尔赫斯(微笑着,放下戒备):"可以看到史蒂文森在和劳埃德·奥斯本[2]合作的时候比任何时候写得都好,因为后者逼迫他紧紧围绕情节。"

他说在中世纪,剑、戒指和旗帜都有自己的名字:罗兰的剑叫杜兰德尔;查理曼的剑叫昝瓦尤斯。

他认为英雄传说中的名句不过是盎格鲁撒克逊人放置于临死者口中的演说,经过时间的洗礼变得简短精练了而已:"在最紧要的关头,他们会让人物抛出这类演说;英雄传说的作者将其缩成一句话。"

博尔赫斯:"独裁政权的重大发现是人们没有私生活。而人们没有私生活与十九世纪小说家教给人们的恰恰相反。"

7月30日,星期五。 他给我讲了个罗马来的修道士的故事,他跟英国人描述地狱,还有那团不灭的火焰,想要说服他们皈依基督教。那些英国人受够了寒冷,对地狱表现出极大的兴趣,因为它的吸引力不亚于一个常年燃烧的壁炉。对他们来说有必要发明一种严寒的地狱。

玛格丽特·本赫对他说:"聂鲁达是个胆小鬼。他知道你要去智利,就去了乡下,避免和你正面交锋。"博尔赫斯:"如果他真的这么做了,那他的做法很绅士。他是无产主义者,他知道我是反无产主义者;我们俩都是诺贝尔奖候选人;他会被问及如何看待我被提名:如果攻击此事,会显得粗鲁,而为之喝彩又有失诚恳。最有可能发生的情况是我们用'垃圾式表扬'损对方。(停顿了一下)但我不觉得是我

---

1 "但我知道有一个晦暗的毕达哥拉斯轮回/夜复一夜把我留在世上某处。/那地方在郊外……"(《循环的夜》,1940。)
2 他们共同创作了《不是这个盒子》(1889)、《沉船营救者》(1892)和《退潮》(1894)。

的到来导致他去了乡下。肯定是别的什么和我无关的情况。"

8月1日，星期日。 他说："在英格兰他们将哈德森排在汤姆林森之后，认为他是个并不怎么重要的作家：在他该在的位置。他有点喜欢夸张：你记得那片一夜长高、遮住了一个军队的草吗？"比奥伊："或者被一声从远处传来的嘶吼吓死的公牛。"[1] 博尔赫斯："他是个可爱的作家。不像马丁内斯·埃斯特拉达认为的是世界上最好的作家：太扯了，这句话没法用在任何人身上。"

8月3日，星期二。 我们开始读《国家报》有关卢贡内斯散文比赛的参赛作品[2]。他说这次比赛的作用是让我们讨厌卢贡内斯："那么热切，那么教条。有点机械化。你没发现吗？将他的书命名为《我的交战》，而与此同时在另一场交战——欧战中——数百万人正在冲突中死去……那才是文人愚蠢的失明所在。他的观点总是那么极端。"比奥伊："多变，但总是那么的狂热。除了他修辞上的技巧，这个人没有任何可敬或可爱之处。"

8月10日，星期二。 我们读了参赛的两三篇关于卢贡内斯的散文。所有人都用了形容词"lugoneano"来表示"卢贡内斯的"。博尔赫斯："可以说'在他的遗孀家中，保存了两根卢贡内斯式的拐杖'吗？'lugoneano'的意思是卢贡内斯式的。一本卢贡内斯式的书，不是一本卢贡内斯的书，是以他的写作方式写出来的书。"他补充道："几乎所有这些文章的作者都将卢贡内斯视为一位深刻和杰出的思想家。可他的思想既浅薄又错误：比如，他认为这是一个伟大的国家。"

我第一次发现形容词"文雅的"修饰"细查"这个名词有点怪。但正如博尔赫斯所说，这表示塞万提斯想要鼓励读者做到"文雅的细查"。

8月14日，星期六。 我们和博尔赫斯谈起美国的黑人；说到现在有黑人和白人的地方，总会发生令人不悦的状况，可能要过很长时间，他们才能不带偏见地共存。

8月24日，星期二。 博尔赫斯表示："没有比翻看旧杂志更让人感到沮丧的了。"

8月25日，星期三。 他想起有位美国批评家这么评价爱伦·坡："他发现了犯罪小说。了不起的发明！"[3] 博尔赫斯："如今新来的从业者也的确能超越大师……波

---

1 哈德森（《里士满公园的一头雄鹿》，1923）写到了克里奥尔人布拉斯·埃斯科巴，他吼一声就可以杀死一头牛：所以一直很害怕会因为跟人说话时声音太响而伤到对方。
2 1965年《国家报》文学奖，有关莱奥波尔多·卢贡内斯的最佳批评类散文。
3 参见埃德蒙·威尔逊的《谁在乎是谁杀了罗杰·艾克罗伊德？》（《经典与商业作品》，1950）。

德莱尔被爱伦·坡欺骗到这种程度，以至于这件事本身构成了对波德莱尔不利的论据。"

8月28日，星期六。 博尔赫斯："最好的探戈是那些我们没记住的，因为他们不容易记住；那些让我们有些吃惊的。当我们吹口哨或者哼唱一首探戈旋律的时候，那是在降低它的身价。"

博尔赫斯："毫无疑问我们的敏感度提高了。但丁比普里斯特利好得太多，无法比较，但普里斯特利笔下的地狱更加逼真。在他之前没有人想到通过营造这样一种'神秘'的氛围去描述地狱。他们只是堆积各种刑罚，仅此而已。"比奥伊："更糟糕的是，他们让这些身处地狱的人以一种平静的口吻说话，从某种程度上否定了那些刑罚。"博尔赫斯："作家们一点点发现了我们如今习以为常的事情。"他补充道："欧洲很糟糕。这里的文学，可能外加绘画，要好得多。我们处在我们的伯利克里时代[1]。真荒谬。一个拥有出色作家和画家的国家，却在其他方面如此沉沦。"

9月3日，星期五。 博尔赫斯评价了一个奥地利人的诗，诗中他悉数了新兵艰难一日过后的各种疲倦，接下来写道：

晚上还梦见士官。

9月6日，星期一。 博尔赫斯："在一次会议上，关于谁应该先进门的问题产生了争论，是巴列-因克兰还是贝纳文特。气急败坏的巴列-因克兰抢先一步进门并宣称：'我绝不允许一个同性恋先进！'把s发成c音的贝纳文特说：'我会。'后来有一次在马德里的一个咖啡馆里，一个好事者问贝纳文特：'您就是同性恋贝纳文特吗？''是的，您是狗娘养的，而且没人认识您。'西班牙作家被问及阿根廷作家的轶事时，总会感到很失落。他们通常的回答是：'没有轶事。'或许这里的作家不因他们的幽默或挖苦而突出。在那里却很流行。这个习惯是从法国来的还是他们本土的？"

关于埃兹拉·庞德，他表示："如果要赞扬他，那么史蒂文森的观点就显得自相矛盾了。叶芝、乔伊斯和艾略特认为他是更好的诗人，最好的手艺人[2]。可没人读他的作品。他们称颂他，是因为他不屈就自己写读者感兴趣的主题或者他们能够感同

---

1 古希腊政治家，在波希战争后的废墟中重建雅典，扶植文化艺术。其民主政治带来了雅典手工艺品和商业的繁荣，使得雅典进入黄金时期。其任期被称为"伯利克里时代"。——译者注
2 T·S·艾略特，《荒原》，献词。

身受的情景；无法给他们精神上的发泄。这和史蒂文森的论调很不一样，他说：'魅力没这么重要，但没有了它别的美德都一文不值。'他给庞德归纳出了很多美德，我不觉得他具有这些美德。"

9月14日，星期二。 他说《一个青年艺术家的肖像》是很多部"要不是因为乔伊斯写了《尤利西斯》，否则没人会记得"的自传体小说中的一部。这证明了乔伊斯不会写小说：他没有想象人物形象和创作情节的能力。关于《芬尼根的守灵夜》："这是一本可能很多人会买，但之后读不了几页的书。给人感觉应该整本书一起念，在同一个时刻。怎么做到这一点的无从解释。大概只有上帝做得到。"

9月15日，星期三。 他说："有人想让图书馆购入吉拉尔德斯的手稿。图书馆既没有钱，也没有手稿。所有的手稿都在国家档案馆里。再说它们有什么价值呢？可以看到毁掉整本书的修改吗？我请求母亲万一我发生什么不测，摧毁她能找到的我的所有手稿。它们有什么用？让人写论文、文体学作业，或是诸如此类的蠢话吗？"

博尔赫斯："一位关于埃兹拉·庞德研究文章的作者说艾略特是一位大师，但没有发明任何东西；而庞德发明了一种写作方式。这重要吗？一点都不。读者在乎的是文本背后的激情，被传达出来的激情。如果在《三个来自东方的高乔人》里，能读到《马丁·菲耶罗》中的一切，那前者有什么重要性呢？在文学史上会有吧；或者一位教授会说明出处；但读者在《三个来自东方的高乔人》里读不到任何感动他们的东西。如果有人和我说卢斯奇发现了这些主题，我其实更能坚实感受到的是他的笨拙，或者至少是他在诗歌方面技不如人。为什么呢？既然有同样的计划，他是怎么写出一本比《马丁·菲耶罗》差得这么多的书呢？"

博尔赫斯："聪明的首要症状是愚蠢。或者错误……那些不了解文学流派、在极端主义、超现实主义、达达主义中幸免的作家，例如柯南·道尔或者赖德·哈格德，突然就沉迷在荒唐的句子中了，如果他们也犯过和我们一样的错误，这些句子绝对骗不了他们。诺斯底主义者：'应该犯错。我们身上带着没有犯的错。'"

10月3日，星期日。 有人在门多萨向他问及萨瓦托。他回答道："他是个极好的人，据我所知他出版过几本书；如果我错了请纠正我，或许我消息不够灵通。"

博尔赫斯："我正在助长马塞多尼奥、苏尔和佩德罗·恩里克斯·乌雷尼亚虚假形象的产生。如果有人和使徒谈起耶稣，和包斯威尔谈起约翰逊……大概不应该写关于耶稣的东西。可能会挺难看的。但可以写一个假想出来的对话……"。

10月19日，星期二。　　博尔赫斯："把全部的西班牙文学当成我们的文学来教是错误的；我们是继承者，就好像西班牙人自己也是1810年之前文学的继承者，但这个年份之后的文学，与其说是我们的，不如说是法国的。即便我们不得不忍耐十八世纪贫瘠的西班牙文学，我们也没有理由背负它十九世纪的没落。在衰败时期，西班牙没有人写得出能与《马丁·菲耶罗》《屠场》《法昆多》媲美的作品，就算阿斯卡苏比的诗也比不上。"

他说最近艾略特为了"证明自己比英国人更英国人"，宣称莎士比亚胜过但丁。西尔维娜："你不这么认为吗？"博尔赫斯："我认为没有人可以胜过但丁。我觉得把莎士比亚放在这样的高度有点不负责任。我不认为他有能力写出像《神曲》这样的作品。他雄辩滔滔，祝贺他，但这点但丁也不缺。"西尔维娜："那十四行诗呢？即便你不喜欢，也不能否认它们很美。"博尔赫斯："但丁的也不差。莎士比亚诗的主题有点怪得……"西尔维娜："这重要吗？难道因为一个主题怪就写不出一部伟大的作品吗？"博尔赫斯："我不知道。这主题真的很奇怪——请一位漂亮朋友结婚生子，好延续他的美貌[1]——大概是真事吧，谁会想得出来？不利于莎士比亚的论据是，读者并不一直有意愿去读他的东西，他有作品不为人所知。"比奥伊："你把《神曲》排在所有作品之上吗？"博尔赫斯："在文学性上，仅次于《福音书》了。或许荷马是伟大的作家，但和但丁以及《福音书》的作者没法比。在整本《伊利亚特》能找到什么史诗般的时刻吗？我不觉得。"他提到了维吉尔："他选择了一种体裁——史诗——不适合他，但写得很精妙。"他提到了伏尔泰："谁会读那七十卷呢？"我对他说在普鲁塔克和蒙田之间，我倾向普鲁塔克；我觉得他更丰富，更有趣。他表示同意。博尔赫斯："有位知名作家，受到包括马钦在内的一些人喜爱，但对我来说他不存在：他就是拉伯雷。"

10月26日，星期二。　　我和博尔赫斯通了电话。他刚从智利回来，和埃丝特·森博莱因一起去的。看起来在智利流传着这样的说法：只存在两个政治党派，一个乐观党，一个悲观党。乐观党相信我们将来以吃屎为生；悲观党认为屎不够我们所有人吃。

一位智利记者告诉他，在南美太平洋战争中，为了攻下一座被玻利维亚人和秘鲁人占领的小山头，会先用一杯朗姆酒加某种效用持续一个半小时的泻药药粉来刺

---

[1] "是怕伊人孤伤泪，宁耗诞生你为何？"（十四行诗，第九首）。

激智利士兵。士兵们知道这点以后，就英勇而迫切地战斗，好将敌人赶下山，在泻药发挥作用之前登上山顶。

一位严肃的消息人士告诉博尔赫斯："巴黎的探戈先驱是比安科和巴奇查；其他人跟随他们之后，比如卡纳罗，他和阿根廷人和乌拉圭人组成的乐队合作；但最早的那两个人是比安科和巴奇查；他们只身离开阿根廷，去教法国音乐家演奏探戈。"博尔赫斯表示这条消息尚可，评论道："他们叫比安科和巴奇查挺好的，听起来像喜剧组合的名字：比鲁塔与奇查隆，劳莱与哈代，堂吉诃德与桑丘。"

他说在智利管所有意大利人叫"bachicha"；不像这里，"bachicha"只用在热那亚人身上，"napoles"指那不勒斯人。"gringo"对智利人来说是个亲切的称呼。"他们挑衅地管西班牙人叫'coños'[1]。我没敢问他们怎么称呼阿根廷人……他们挺恨我们的。就好像我们觉得如果马尔维纳斯群岛归我们所有，我们会更开心，他们要是拥有巴塔哥尼亚，也会更开心的。"

博尔赫斯："人们把对难以置信的犯罪或者无法实施的乱伦的描写称为'现实主义'；总之，尽是些可能在千百年的历史中发生不超过一次的事件。相反，一旦不小心冒出一个隐形人，我们就好像到达了奇幻文学巅峰。"

他说应该去研究一下"主权"这个词的出现频率是不是在所有国家一样，还是在某些国家，因为是严肃的概念而被污名化。博尔赫斯："不知道为什么，我怀疑在英国和美国，这个这个词用得不如在非洲黑人区和布宜诺斯艾利斯那么频繁。或许在法国，提及这个词不见得会败坏名声。很有可能俄罗斯人和中国人会很慷慨地使用它。真奇怪啊：发明了类似电视机（或者留声机，我觉得是最难理解的）这种难以理解的东西的人类，居然为了主权互相残杀。"

11月1日，星期一。 他说德国人之所以恨犹太人，因为他们能在后者身上看到自己的缺点："他们很像。很殷勤，可一旦拥有掌控权又会变成暴君。另外，犹太人这么聪明，怎么能不叫人恼火呢。"

11月16日，星期二。 关于衬词，他说："雷加（·莫利纳）的做法是把它们放在一开始：因为后面有好句子，读者自然就能原谅作者，将其抛之脑后。比如：

我从没见过那道令人目眩的光

---

[1] Coño 在西班牙语里指女性外阴，通常用于脏话。——译者注

伴着仙女洁白的骏马而来
我小时候听到的那个故事
是所有故事里最不美丽的[1]。

"令人炫目的光"和"洁白的"明显是衬词。但在最后两行诗诚恳的基调面前，会被忘得一干二净。还有一种厚颜无耻的衬词，就像在《牙汉鱼配土豆》里的那样：

牙汉鱼配土豆
炸灌肠，
我的那颗小卵石呐
没人可以夺走她。

衬词不重要；能够支撑起这首四行诗带有攻击性的粗俗感：这就够了。"

11月20日，星期六。 我说莱德斯马病得很重。博尔赫斯："他写过一些好诗。想到我们欣赏的很多欧洲诗人之间的关系就像莱德斯马和认识他的人之间的关系。"

他宣称自己从没有这么坚信诗歌中"声音"的重要性："马塞多尼奥这话没说对：'我不是声音的读者。'语言的力量蕴藏在声音之中。那些留下来的句子没法对照现实；它们通常是以坚定的、有说服力的方式表达出来的错误。马塞多尼奥曾经朗诵过《隐居生活》里的诗句，那句：

……金光灿烂的房顶 [...]
就算那是摩尔人的巧手制成，配以碧玉的房梁"

并评价说："我同意德·莱昂。没有比装嵌板的那种更危险的了，早晚要塌下来。[2] 我觉得马塞多尼奥说'德·莱昂'是出于无知，而不是开玩笑。就好像那些英国作家肯定会说'德·莫泊桑'。为什么呢？没有人会法语吗？"

比奥伊："我年轻时候在一些书中注意到，有些作者对自己提出的计划都不理解。比如，一位被警察制服的伟大魔术师。我发现一切都是作者自己都不怎么相信的套路。"博尔赫斯："歌德在某处描述了身处黑暗的一个人，写得如此细致就好像他能看见一样。乌雷尼亚为歌德辩护，理由为作者是无处不在的。"

---

1 《童年》(《美好爱情之前》，1925)
2 《新来者的笔记》(1929)，I。

11月25日，星期四。 我给他念了玛利亚·埃琳娜·沃尔什的《手工制作》。博尔赫斯："所有这些诗人都有他们的物品库存，这里放一点，那里放一点。在某段时间是些奢侈物件，现在就比较普通了：但这件事本身没有改变。它们一出现，就给人一种虚假的感觉。"比奥伊："诗人们任凭梳子或者水果摆布，就好像疯子一样。"博尔赫斯："雷加也会用类似的物件，但他选得更合适一点，给人感觉是必要的。有一种悲伤的气息，随处可见。"比奥伊："他的意象是所有人的回忆：词典里的小幅插图，站台，从行驶的列车看出去一晃而过的人群，药房里的瓶瓶罐罐。"

博尔赫斯："所有的韵脚都是衬词。在赞美了《蟋蟀》之后，卢贡内斯对纳莱说：'您不是一位好诗人……您回避了衬词。'"比奥伊："有两种可能性：弱化衬词以至于明显排除它；或者接受它，但要付出诗歌被偶然性支配的代价。卢贡内斯结合了两种做法。"博尔赫斯："卢贡内斯的读者知道，在任何时刻会发生任何事情。而发生的事情完完全全是虚假的，比如：

> 布满蝙蝠，那弧形的
> 天空，宛若中式屏风。[1]"

为什么有这么多蝙蝠？这种恐怖一定让人难以忘怀。作者深爱着丑陋的事物。你觉得他是想象着那些麦斯林纱、丝网眼纱、绿宝石，还是只考虑押韵呢？可能他所有是诗集里最差的一本是《风景之书》。我可以感受到其中的意图：诗人从目录出发，问自己可以表达些什么。在这几句里，以及《花园的黄昏》的十四行诗里，卢贡内斯无时无刻不在告知读者他现在所处诗的具体位置。读者很清楚，他现在已经读到第二首四行诗了，或者已经读到第一首三行诗第三句了。太缺乏灵感了。"比奥伊："这些诗联系不到亲身经历。"博尔赫斯："很多时候是迷你故事，表面上是故事。发生的事情有一种'金绿宝石的调调'[2]。你知道什么事都不会发生。《乡情》是首好诗（感觉自己受理发师女儿的吸引，但同时能够注意到她的缺点也不坏），但《花园的黄昏》里的最后一首诗显然应该属于下一本诗集《感伤的月历》。大概卢贡内斯在读了一首崭新风格的诗以后，马上吸收了它的影响，着手创作起类似的诗作来。"我向博尔赫斯指出形容词"金发的"用作转义时的缺陷。博尔赫斯："卢贡内斯不嫌弃它。"

---

1 《闲情》(《花园的黄昏》，1905)。
2 暗指《闲情》中的诗句"以金绿宝石的调调指出"。

博尔赫斯说:"我这辈子,一直到那天晚上你给我念了这么多《风景之书》和《花园的黄昏》里的诗,之前都以为我在诗歌领域所做的,我能够做的,只不过是对卢贡内斯的效仿。现在我觉得我们并没有这么像。"

12月9日,星期四。 我们聊到了圣-琼·佩斯。比奥伊:"他比任何人都糟糕。"博尔赫斯:"他比贝纳德斯糟糕。想到艾略特翻译了他的作品[1]。"比奥伊:"你说艾略特不行,但和圣-琼·佩斯比起来,不在一个水平上。问题是我们的言语无法区分细微的差别,所以我们批评很不一样的人的时候说一样的话。圣-琼·佩斯对应的是谁呢?斯基亚沃吗?你看谁选了这么一个笔名……"博尔赫斯:"在欧洲,人们意识到自己文学的贫乏。在德国、法国,我觉得他们知道,情况比我们这里还糟糕。"

12月22日,星期三。 我们读了《马尔库斯·布鲁图斯传》,他说:"克维多玩了一个游戏。他知道自己在做什么。"比奥伊:"还不如不玩。读起来真让人无法忍受。"

我给他念了马龙·德·查依德的《马格达莱纳的对话》。博尔赫斯:"这更糟糕。"比奥伊:"给人感觉文学是用来写的,而不是用来读的。"博尔赫斯:"或许类似传道士相信别人不会打断他吧。不过人们多少总会读的。这真是一种神秘的文学:不费吹灰之力,不用任何手段去引起读者的兴趣。"比奥伊:"离犯罪小说相差甚远。应该做个想法调查。你不要觉得克维多的结果会好到哪里去。"前言指出马龙·德·查依德值得欣赏,不单单因为他证明了西班牙语是一块丰富多彩才的语句画布,等等,它可以用来表达任何想法。比奥伊:"我们年轻时候的写作如此拙劣绝非奇迹。你看有人会相信写作是为了展示词汇、谚语、习语……"博尔赫斯:"如果我们写文学导论,我们得告诉年轻人别去读西班牙经典。"在同一篇前言里,有句话我们觉得好笑:马龙说亚里士多德写得如此晦涩,以至于给人感觉什么都没写。博尔赫斯:"这话像是马塞多尼奥说的。不过这么说很不公平。亚里士多德留下了很多充满想法的梗概:是梗概,但写得一点不晦涩。"我和他说起鲁伊斯·德·阿拉尔孔、莫雷托、蒂尔索·德·莫利纳、洛佩·德·维加和卡尔德隆:"太肤浅了。"他评论道。

12月28日,星期二。 他引用拜伦的话:"比起莎士比亚的垃圾堆,我更愿意要教皇的大理石庙堂。"对于有些文学来说,我说如果垃圾堆很大,会永远看起来像一座山。当然我和博尔赫斯都没有拜伦这么鄙视莎士比亚。

---

1 他在1926至1930年之间翻译了《阿那巴斯》。

博尔赫斯："应该避免使用括号。"比奥伊："只给人一种复杂的表象。很抽象的样子。人们看到它，也没法更清楚地理解句子。"博尔赫斯："还应该去掉破折号。它们就好像是一个人不知道怎么点标点的证明。用括号的地方，应该用逗号代替。"

1966 年

4月11日，星期一。 博尔赫斯："之前我看了一部美国人的戏剧，那人有个意大利语名字[1]，所有人都很追捧她。一栋房子里住着两个男人，一位受人爱戴的性艺术家和一个不幸的家伙。此后来了个姑娘，不出意外地爱上了那个不幸的家伙。你知道另一个有什么壮举吗？在最短时间达到了高潮。人们欣赏这出剧目，觉得它很粗暴，但道出了生活的真谛。怎么可能？难道真的有人会去缩短高潮吗？这违反了所有传统。难道人们不追求去除痛苦，让快感成为永恒吗？有几个在那里的老女人评价说：'这部剧肯定是个老处女写的。'"

5月4日，星期三。 他说莱曼-尼采被没收了一本满是民间污言秽语的书[2]。而（胡安·阿方索）卡里索丢弃了别人给他的所有色情民谣，理由是这与他的民间艺术理论不符。史蒂文森说他其实很想写情色小说，但之所以没这么做，是因为他平时写作会先想象出一切，再把画面描述出来；而那个时代照例不会允许出版这么露骨的情色小说。罗斯金买了几幅透纳描绘性交场面的画作，后将其摧毁：他认为后者是最好的画家，不想把他最糟糕的瞬间留给后世。博尔赫斯评论道："透纳有两个擅长的领域；左拉也是。在那个时代可能更容易些。"

5月18日，星期三。 他告诉我和埃丝特闹了场"很大的不愉快"："我们和那位女士聊起（德里厄·）拉罗谢勒。我说我对他很有好感，认为他是法国作家里最不虚荣的一个。我记得伊瓦拉问他为什么在一本小说里写了一样什么东西。'您看，您知道的，这是本小说而已，我写这样东西，就跟我原本可以写其他任何东西一样。'我曾和他在巴拉卡斯逛了很久。关于他和德国人的合作，我更愿意接受伊瓦拉的解释：他出于懒惰、冷漠和缺乏意愿留在了巴黎，因为去伦敦对他意味着习惯的改变。他后来以自杀的方式偿清了债务。埃丝特一直很关注维多利亚时期的作家们，因为她

---

1 安·杰力科的《特殊技艺》(1961)。被翻译成《应该有的东西》，于1965年底至1966年初在布宜诺斯艾利斯上演。
2 《拉普拉塔地区民间西班牙语和黑话文本》(莱比锡：民族志出版社，1923)。

讨厌维多利亚,她对我说她读过一本占领军德国军官写的日记,饶有趣味[1]。作者对法国上层人士、贵族欢迎他的方式感到满意,还提到了很多经常光顾为占领军举办的聚会的人士,在这些人的名字里,——有谷克多和蒙泰朗——但没有德里厄。我说希特勒才不会上当,他想要的是德国的胜利,而那些支持暴力、赞成自己祖国屈服于宿敌的法国纳粹们的观点并不符合逻辑。她谈到'墨索里尼执政意大利那美妙的时刻',还表示美国介入战争是受到共产主义致使。我感到很不愉快。已经有人给我打过预防针了。不应该经常和那些和自己完全没有干系的人来往。"

我们听了《一个美国人在巴黎》——里面的布鲁斯我们在二十年前执着地听了一遍又一遍——和《蓝色狂想曲》。"开头有点让人绝望——那个美国人说——布鲁斯好一些,但不如其他流行布鲁斯好。"比奥伊:"其他的流行布鲁斯,差不多就是在复制。"博尔赫斯:"这和米隆加差不多。如今我们最好的音乐家写的米隆加其实是在抄袭从前有轨电车售票员或者卖报人写的东西。"关于《蓝色狂想曲》,他说:"好一点。"

我们谈到向魔鬼出卖灵魂的话题;后来聊到托马斯·莫尔,他的一生以及他的《乌托邦》。博尔赫斯:"拉丁语作为一种文雅的语言散失了很可惜。伊拉斯谟一来就能和托马斯·莫尔通过拉丁语相互沟通理解。为什么要去学荷兰语呢?为什么一位哲学家要浪费时间学习现代语言呢?以前只要会拉丁语就能彼此沟通。这种散失是民族主义者干的好事。"过了一会儿他想起《蓝色狂想曲》还在留声机里播放:"这种音乐没法吸引人的注意。"他说;"太毕恭毕敬。"我说。

5月24日,星期二。 在一所新闻学院里,他说:"我知道这么说点冒险,但阿尔马富尔特读这么多报纸,读书却读这么少,真的很令人遗憾。他诗歌里很多丑陋的东西都源于这些报纸。"他后来评论道:"先读报纸,后写作:庸俗就是这么来的。"

5月26日,星期四。 关于尤金·奥尼尔他说:"很强烈。而且强度不会减弱。他有时候会写出一些粗糙的东西;我以前觉得他在舞台艺术不会失手。与易卜生和萧伯纳不一样的是,他的人物在戏剧之外没有真实性。他们为故事情节而生,为作者的意图服务。他从关于情节的想法出发,创造出合适的人物来。这些人物和狄更斯笔下的人物不像。他更接近希腊作家,而非现代作家。和贝克特或者尤内斯库全然不同。"他说没有人会把对一个题目的兴趣和着手写书这件事联系起来。

6月20日,星期一。 他说:"切斯特顿认为,在报纸的犯罪实录读到自己社区的新

---

[1] 恩斯特·荣格尔的《光辉》(1949)。

闻时，邻居们几乎变得真实起来。"

博尔赫斯："'他令人敬佩的言谈，尤其是在记忆中。'亨利·詹姆斯在他关于柯勒律治的短篇[1]里这么说。我觉得这是一种准确的直觉。一位伟大谈话者的席间闲谈给我们留下的并不出彩。柯勒律治想必给听众带来了精神上的提升。在柯勒律治看来，一个人可以因为一本书里的内容赞誉或批判一本书，但不能因为外在的知识这么做。"比奥伊："农村人，比如说我的外祖父文森特·卡萨雷斯，或许会说：'何塞·埃尔南德斯凭什么可以写农村呢？一个记者知道农村什么事？难道还有什么比记者和农村更不搭调的吗？'"博尔赫斯："写坏人的坏人会被其他坏人视为一个假冒的或者不得志的坏人。布勒特·哈特在加利福尼亚的时候人缘不怎么样，甚至是个边缘人物：他跟别人合不来，也不合群。他不是那群人中的一员。"

他说，将《马丁·菲耶罗》和《法昆多》视为最重要的作品对诠释这个国家非常有意义。他又补充说，出于文学或者审美原因，他也更喜欢这两本书。

6月29日，星期三。 博尔赫斯："你说的有道理：乌纳穆诺没那么好。他就像一个不幽默的布洛伊。另外，为什么要指出生活的可悲之处呢？"比奥伊："约翰逊博士一定会很生气，会对他说：'别傻了，先生。'"博尔赫斯："《堂吉诃德》比《堂吉诃德和桑丘的生活》好太多了，拿塞万提斯和乌纳穆诺比也是同样。前者是更好的一类人：塞万提斯可能根本看不懂乌纳穆诺的解释，还有生命的悲剧意识。"

他说作为批评家的克维多很胆怯："关于《约伯记》，路易斯·德·莱昂神甫[2]说得更在理，比克维多更恰当。你知道克维多觉得谁写了关于《约伯记》那本书吗？约伯自己[3]。"

博尔赫斯："曾有人讨论过文学产出的最佳句子是哪句。你知道吉列尔莫选的哪句吗？哪一句，是所有由文学产生的句子中最好的？阿波利奈尔的一句话：

舌头，
红鱼在你声音
的水池里[4]。"

---

1 《科克森基金》(1894)，其中柯勒律治被塑造成演讲者弗兰克·索莱。
2 《约伯记导言》(P.1779)。
3 "关于神学、伦理学及政治学的早先论述"(《圣人约伯在损失、疾病和迫害中的恒心和耐心》，1961)。
4 《烟火信号弹》，见《有》(p.1925)。

舌头这个意象无法引发什么深刻的情绪，以至于让这句话成为文学中的最佳句子。饱读诗书的阿波利奈尔本人，也把这句话视为一个微不足道的笑话。为了让自己显得更笨拙，吉列尔莫还把这句话翻译成'在你声音的鱼缸里'。可能阿波利奈尔首先想的是'在你嘴巴的水池里'，为了不要那么明显，把'嘴巴'换成了'声音'。不管怎么说这都不是什么绝妙的句子。可能这么写就够了：'你的舌头，红鱼。'很显然一点都不重要。天哪，你知道这句话还震撼到谁了吗？坎西诺斯。我不知道用舌头这个意象能达到什么非凡的效果。"

他引用了弥尔顿的诗句：

哪怕跌倒在险恶的时日里，

哪怕在险恶的时日里跌倒，哪怕唇枪舌剑[1]。

比奥伊："这里的舌头并没有用它表身体部分的含义。前面的句子似乎已经完结了，弥尔顿又加了'唇枪舌剑'；恰恰因此这句话很棒。"博尔赫斯："可能是拉丁语里的一种修辞。"

他赞美了吉卜林的《营房谣》和一首讲三个猎海豹人打架的诗：

我会对你的寡妇好的[2]

其中一个凶残地对正死在他手下的另一个人许诺。同一首诗，博尔赫斯也提到：

告诉吉原的姑娘们为他烧一根棍子。

他赞赏了亨利·詹姆斯的《科克森基金》。他说詹姆斯很有幽默感，但却偏好虚情假意的场景，他的人物也缺乏真实性。

6月30日，星期四。 博尔赫斯对我说："我们觉得未来和当下会是一样的，因为要想象一个不同的场景，得把导致变化的情形也想象出来。我们在这个过程中就失去了信心。"

他说："约伯的朋友们没有帮他，在那个由上帝严格掌控的世界，灾难不被认为是偶然的；那是神的惩罚。对于冒犯之举，最好的武器是忘却。忘却中同时包含了

---

1 《失乐园》（1667），VII，vv.26—7。约翰逊认为（《英国诗人列传》，1779—1781）在大赦令中获得赦免的弥尔顿只想过平静的生活；然后却发现自己"身处险境，在险恶的时日和唇枪舌战中跌倒……"。包斯威尔在《约翰逊传》中引用了这段话。
2 《三个海豹狩猎者的韵诗》（1893）。

复仇和原谅¹。"

7月6日，星期三。 他去了学院。博尔赫斯："莱奥尼达斯（德·贝迪亚）致辞对巴蒂斯特萨表示欢迎，后者发表了他的第一次演说。欢迎致辞持续了半个多小时。听的过程让我感到惊讶，因为莱奥尼达斯从头至尾就没有一点思考的意愿。他坐下来的时候，为自己的简短道了歉。我对自己说那天晚上我们不是要一起吃饭吗，我是不会相信的……这就好像一个人说自己会变成不死的灵魂。他的致辞好几次让人觉得要结束了，但其实并没有。有一次他重复了那一长串开场白用的呼语'部长先生，什么什么先生……'我想：'要结束了。'不，这之后又讲了十几分钟。关于《阿根廷抒情诗集》他只字不提。真奇怪他没讲这个话题。埃丝特·森博莱因说：'大家已经知道了，巴蒂斯特萨从来不会谈已经宣称要说的话题。'她就这么打发了反对意见。他简直就是动物。别人说她很有文化。她能多有文化啊。"

7月8日，星期五。 他记起约翰逊曾指出过戈德史密斯的一个错误。后者说熊生性凶残。"众所周知，约翰逊断言，它们不袭击人类。"吉本听到这话——他管约翰逊叫"大熊座"——在一旁评论道："我不相信熊。"²博尔赫斯还想起马特奥·阿莱曼在什么地方宣称犀牛可以被驯化³。博尔赫斯："吉本写了'教堂里可以得利的昏睡'⁴。写得很好。那个修辞手法叫什么呢？看起来不像出自十八世纪作家之手。"

他说："歌德认为在《威克菲德的牧师》里出现了卓越的现代英雄：牧师和一家之主的父亲形象。⁵可以看出他谈论的是自己根本没看过的书。牧师的形象一点都不值得敬佩。那是一本讽刺意味很重的书，很有喜剧色彩。"比奥伊："很有分寸。我曾经问自己作者有没有注意到这点。"博尔赫斯："他这么写的时候其实挺自我放任的。"

他说："我读了《威廉·迈斯特的学习时代》，因为我以为在德语中找到了另一个卡莱尔。我吃了一惊。歌德一点都不像卡莱尔。卡莱尔读了李希特，就开始用英

---

1 参见《经外福音书片段》(1969)。
2 包斯威尔，《约翰逊传》，1775年4月7日。
3 "[...]所有生物都受制于人类；我们每天都会看到被刺的公牛、死去的蛇、脱臼的狮子、被驯化的犀牛"(《圣安东尼·德·帕多瓦传》，1604, I, 4)。
4 "[...]我感叹在合适的年龄没有去追求有利可图的法律或贸易[...]或者甚至是教堂里可以得利的昏睡。"(《写给亚历山大·蒲柏的信，1771年2月12日》，见《吉本自传》，p.1796)。
5 埃克曼，《歌德谈话录》(1836), II, 1831年2月9日。

语以李希特的德语风格写作。"

8月29日,星期一。 比奥伊:"你知道西班牙人是怎么说的吗?'Esparadrapo'(橡皮膏)。"博尔赫斯:"这类西班牙人用的诋毁人的词语是他们对现实的看法:证明他们坚信一切都令人厌恶,肮脏不堪。一个用阴暗词语写作的西班牙人,我们不认为他是什么语言的神秘教士,不过是个乡下人罢了。"

8月30日,星期二。 我们聊了《涵盖一切》,罗塞蒂那首值得称赞的十四行诗[1]:诗中一位父亲看着他熟睡的儿子,思考道:"我死的时候,我的儿子会这么看着我"。他还问自己,他的儿子是不是会在母亲亲吻他的时候,想到她怀上他那会儿给出的(或收到的)吻:

> 什么男人会倚在他熟睡儿子的身旁,忧伤地想
> 那张脸会如何在他死去的时候看他?
> 或者会不会想?当母亲亲吻他的双眸,
> 在他父亲追求母亲的时候,她的吻该有多柔?

比奥伊:"说出所有这些话真容易啊。"博尔赫斯:"这样的一首诗不可能是即兴写就。首先他要有一个想法,然后用诗化的语言表达出来。"比奥伊:"写作能力真强。"博尔赫斯:"关于斯温伯恩,罗塞蒂说:'这个小人不会思考。'很明显,斯温伯恩的诗是由感叹堆砌而成的。"他说不知道哪部电影里一个壮男向一个个子小一些的发号施令:"现在像一个小绅士那样道歉。"

8月31日,星期三。 不久前一个叫梅嫩·德斯雷亚尔的人在萨尔瓦多发表了一本短篇集,一位批评家发现里面好几篇类似《短篇与奇异故事集》的故事(比如关于砍柴人和乌鸦的那篇)。我记得书寄到这里的时候,还附了一封自称是博尔赫斯的信暨前言,结果这好像是书里唯一原创的部分。因为这本书梅嫩·德斯雷亚尔得了一个奖;后来凭借一出戏剧,又得了另一个奖。一位参赛者在苦涩的失望中写了一封信给评委会,指出这部作品其实是莎士比亚的某部剧作的第三幕。梅嫩·德斯雷亚尔如今成了阶下囚徒,但尚有效仿者。他是所谓再创作学派的掌门人,这些人让文学气息十足的萨尔瓦多评委会成员们惶惶不安:他们永远不知道是不是在给《爱的教育》《海上劳工》或者《威克菲德的牧师》的新化身颁奖。这个学派的诞生不靠

---

[1] 《生灵的府邸》(1881),十四行诗第二十九首。

理论（正如莫里斯所说："所有的故事都已经讲过了；我把它们重新讲一遍，用诗歌的方式。"）；而是先发表作品，在被指控抄袭后，再用理论来为自己辩护。昨天一个萨尔瓦多男人，"极度阴暗和矮胖"，送了博尔赫斯一本他自己的小书，名为《再创作的再创作主义》，里面又把砍柴人和乌鸦的故事讲了一遍之类的。博尔赫斯对他说："您得当心了。可别以坐牢收场。""不会的，"来访者坚称，"我已经在前言里解释了一切。"博尔赫斯跟我评论说："现实在每个转角将你打败。"比奥伊："他们怎么能下决心发表抄袭的作品？"博尔赫斯："是成果来得那么容易的诱惑。这种诱惑——我现在发现了——和抽象艺术的一模一样。再创作主义者会找些有点被人遗忘的文本呢，还是恰恰相反，会发表《三个火枪手》？"

9月4日，星期日。　　"那个一塌糊涂的美国作家约翰·多斯·帕索斯，他拥抱了我，感谢我为他所做的一切。我把他所有的书都翻译成了西班牙语。当然，我对他说：'恐怕你认错老虎了（you got the wrong tiger）。'"比奥伊："骗子比扫兴者好。"

9月11日，星期日。　　博尔赫斯："萧伯纳让我太印象深刻了：在他之后写作的人在我看来像在他之前写作的。我以前认为，在萧伯纳之后的戏剧会有一个大的飞跃。但显然，一切就好像萧伯纳从来没有存在过一样。"比奥伊："所有后来的人就好像从来没有看过他的作品一样写作。"博尔赫斯："确实，'戏剧好似一声吼'，沃利曾经说过。在英国，人们谈论起诺埃尔·考沃德的时候会满怀敬意吗？在萧伯纳最好的作品里有'血和雷'"。关于尤金·奥尼尔的作品，引用萧伯纳的话，里面唯一的新东西就是所谓的"新意"了。"我不认为能持续多久"，他补充道。

9月15日，星期四。　　博尔赫斯："当出现有性格的人物时，情节就能自然地推进。"

9月17日，星期六。　　关于博尔赫斯在情节方面的喜好，我举了两个例子："第一个引起他的兴趣，第二个招致他的鄙视。"

一：一个有虐待狂倾向的强奸犯从监狱出逃；电台里告知他正开着一辆车；一个开车的男人邀请一位女子与他兜风。女子接受了邀请：你会为她的安危担忧。他们共同度过了一晚。早上那位女子偷了男人的东西，那个男人不是虐待狂，只是想找找乐子。警方逮捕了虐待狂。

二：一位美国老陆军上校战后回到了自己最喜爱的城市：威尼斯。那里有他的爱人——他的此生之爱——一位年轻女孩。他知道自己时日不多。两人作了告别。陆军上校去世。

第一个情节(《心悬一线》)是一台制造悬疑的机器;而第二个(《过河入林》)是一种编织评论的方式,关于爱情,在生命将尽之时回到最爱的地方:那时只剩记忆而没有未来。

9月27日,星期二。　　他跟我讲了一则报上的新闻:一个团伙的头脑——一位着实出众的头脑(当然,在邪恶范畴内)——是个德国人,活得战战兢兢,几乎受制于团伙里鲁莽好斗的年轻人;他们虽然服从他,但也给他带来恐惧。我们说说另一个团伙的头领,一个姓奥尔德内斯的小孩,才十五岁。团伙被警方取缔的时候,所有其他成员——他们都是年轻人——一致表示:"自己必须服那个孩子。要不就倒霉了。"在招供的时候,他们会评论之前的抢劫行为,互相纠正当时犯下的错误:"不,那枪是在五金店开的。在银行里你杀了一个平静的男人,你记得吗?在出去的时候。"等等。姓奥尔德内斯的小孩被问起是否记恨逮捕他们的警方。"为什么要记恨呢?他们做他们的工作,我们做我们的。"他回答。

10月4日,星期二。　　他问马尔维纳斯群岛秃鹰登岛事件[1]和其他历史上的类似事件是否有可比性:比如诺曼底登陆,以及三十三东方人事件[2]。那些秃鹰们没有离开飞机,他们冷得不行,需要为他们中间患有肺炎的一员寻求帮助,最后向一位教士投降。所有人回去的时候毫发未损。为什么他们没胡乱开枪,他们中的一个,哪怕就一个,都没去送死呢?这个国家怎么了?就像吉卜林诗里说的那样:

这群人里有什么东西变小了[3]。

10月9日,星期日。　　博尔赫斯:"我一直在读克维多。我发现:克维多为西班牙忧心忡忡。他说:'做印第安人要比拥有它好。成为一个繁荣的国家要比拥有繁荣的殖民地好。[4]'毫无疑问他有自己的想法。但是,尽管他写得不错,但他写出来句子的发音、形式,或者说'光彩'让他的思想黯然失色。还有,对称太多。给人感觉克维多的散文诗在画图。读的时候注意力会跟着这些图走,就无暇顾及含义了。我觉

1　1966年9月28日,十八名阿根廷人在达尔多·卡沃的指挥下将一家商业飞机驶离预定航线,降落在史丹利港。30日他们向英国当局投降,后被交至阿根廷当局。

2　由拉瓦耶哈和德·里维拉率领的远征军(1825)代表乌拉圭反抗巴西统治。

3　《咏唱异教徒》(《五国集,1903》)。

4　《所有人的时刻》(p.1650),XXVIII:"(荷兰人)想在我们的舰队寻找黄金白银,因为我们的舰队去印度洋寻找黄金白银。从带来它们的人这里获取省事快捷,省去了从生产它们的人那里掠夺。"

得他是一位没落时代的伟大作家。他没有发现自己的风格在含义和注意力之间形成干扰了吗？我认为他传递想法的方式选择得不恰当。可能如果是激情事件，比如死亡，用一个句子表达倒也能带来震撼；但对于说理而言，读者应该心无旁骛地追随着他的思维。"

比奥伊："前些天谈起《坦克大决战》[1]，一部关于二战的美国大片，一位女士称赞了里面德国战士的行为，正如电影里展示的那样。'什么？'我说，'这些德国人完全是编剧塑造出来的。'她不理解一切都出自一本小小的台本。"博尔赫斯："人们就像《浮士德》里的阿纳斯塔西奥·埃尔波洛。[2] 当时的卢贡内斯错了……人们和阿纳斯塔西奥觉得一切都是真实发生过的，他们什么都没看懂就走了。"

10月12日，星期三。 比奥伊："书里的对话要比现实生活里的来得精彩一些。"博尔赫斯："是的，否则就无聊透了。"比奥伊："但对于书的读者而言，它们也应该可信，并让他们觉得是真实的。我们期待一本书里的对话者比真实世界中更有序，更有才一点。"博尔赫斯："如果他们像在现实生活中那样语无伦次，那肯定什么都看不懂。据说萧伯纳会修改新闻报道。有一次采访中他做出回复只用了几秒钟。但在审阅样稿的时候他却把'萧伯纳立即回复了'改掉了。那个人保留了样稿，这样就不会存疑了。为什么要这么做呢？因为他觉得这一切很重要。我才不会这么做呢：因为懒惰或者担心出丑。"

他引用了切斯特顿的几句诗。比奥伊："切斯特顿的诗风真流畅。"博尔赫斯："比较口语化。应该去掉非口语化的部分[3]。"他说他听了一张 CD，里面贝洛克朗诵了自己的诗，令人赞叹。

他记起威尔逊的一篇文章《谁在乎是谁杀了罗杰·艾克罗伊德？》："文章以一个问题开篇：爱伦·坡发明了犯罪小说吗？接下去马上自问自答：这算哪门子发明！还补充在这个门类里他所有的徒弟都能超越他。布朗神父的故事，摩尔、贝内特和威尔斯读来会怎么评价呢？他们能看到他的才华吗？或许他们（尤其是威尔斯）会有不同意见吧。"比奥伊："他们会觉得他沉迷于天主教。"博尔赫斯："贝内特也会

1　*The Battle of the Bulge*（1965），肯·安纳金指导。——译者注
2　暗指主人公的性格，他沉醉于古诺谱的《浮士德》歌剧中的"戏剧幻觉"（ilusion comique），"并给他的朋友转述剧情，好像是真实事件一样"（博尔赫斯和比奥伊·卡萨雷斯，《高乔诗歌》前言，1955）。
3　上下文中的"口语化"：只可以在口头对话中出现的（阿道夫·比奥伊·卡萨雷斯注）。

这么想吗？可能吧。很明显头几个故事里不至于……但之后可以预感即将发生。"

他说《关于多洛雷斯》是一本侦探小说。博尔赫斯："威尔斯不喜欢看这类小说，但他可能读过几本。他大概有写这类小说的朋友。但他自己真的写了一本《关于多洛雷斯》的时候，结果非常好。很明显读者直到书的最后一刻还不知道自己正在读一本侦探小说；但这点不重要。书名不怎么样，但问题在于给人感觉简单，但不虚荣。"比奥伊："我觉得还不坏。"他说糟糕的书名有《献给网》（贝蒂娜·埃德尔伯格著）、《无知的挽歌》（艾玛·德·卡尔托西奥著）以及更差劲的，比如《阅历》（安娜·玛利亚·马查多著）。

10月16日，星期日。 写作的时候，人们会想出一些句子，然后额外指出："意思是这样的。应该把它转写成一句更好听的句子。"可能有人会写："这栋房子长满了眼睛。耳朵和眼睛。"这样就避免了"oído（耳朵）"和往前一点某个句子结尾的"ido（去）"押韵。比奥伊："真奇怪，连这些小问题都没有规则可循。"博尔赫斯："有还是有一点的。"比奥伊："有一点。但我们试探性地寻找规则，互相询问；我们不像一台机器一样说：这或者那。一个人说'ojos（眼睛）'。很清楚前面我们有'todo（一切）'。另外那个人说："我还希望你没注意到呢。"博尔赫斯："一切都应该看起来口语化。"他对句子很有耳力：这句好，这句不行，可以一下子道出哪句诗没有押韵或者押韵不当了。

11月9日，星期三。 他说他今天在法国文化协会做了一个关于维克多·雨果的讲座。博尔赫斯："一位来自法国文化协会的罗格朗先生做了开场白：他谈了雨果，也谈了何塞·路易斯·博尔赫斯，讲了太久以至于我开始的时候，众人应该已经累了。这位先生攻击了摩尔，因为他赞赏了有玫瑰般手指的曙光的意象，还由于《光与影》表扬了雨果——我没对他说：这个意象让我觉得恶心；另外那个则虚假极了——他因为以下意象称赞雨果：

七头蛇宇宙身披星辰为鳞[1]

还坚称瓦雷里一首诗里将宇宙比喻成一条蛇的意象[2]差一些。我没有指出雨果的虚伪，被他变成随便什么的人物名单无穷无尽。他本可以举一个例子；但却给了一个名单；有一种刻意编造的感觉。有人在结束后的小规模讨论里，指出艾吕雅胜过瓦

---

1 《阴影之口如是说》，见《静观集》（1856）。
2 《蛇之草图》（《幻魅集》，1922）。

雷里；我对他说我们同意。在这种断言之后所有的争论都失去了意义。你没发现吗？艾吕雅胜过瓦雷里。真傻。当然瓦雷里也不是什么大不了的。在他关于大海的诗里感觉空气都不流通了。"

博尔赫斯说麦克白是一位苏格兰好国王。莎士比亚把他变成了杀人犯，因为当政的雅各比是邓肯一世的后代；莎士比亚考虑到了这类事情。博尔赫斯："他不是什么狂热分子。但也不是文人，马拉美或者沃尔特·惠特曼第二。"比奥伊："他就是个大街上的普通青年。"博尔赫斯："如果他读过惠特曼的诗，应该也能写出类似的。那塞万提斯是怎样一个人呢？随机应变的人。更加和善，和克维多比起来，更适合请他吃饭。克维多大概很可怕。如果活到现在，塞万提斯肯定会在阿根廷作协，会对著作权之类的话题很感兴趣。否则他怎么对假《堂吉诃德》如此愤慨？明显他当时很穷。或许有些读不下去的书的作者本人并不坏，比如马特奥·阿莱曼。毫无疑问那个和善无比又很有文化的人是路易斯·德·莱昂神甫。贡戈拉则更像一个法国文人。"

11月11日，星期五。 我七点到《国家报》报社，碰见评审委员会济济一堂，卡门·甘达拉情绪激动。似乎博尔赫斯之前跟他们说："有两件事情可以确定：第一件，阿道夫（比奥伊）会来的；第二件，他会迟到。越晚到，他就越可能来；如果他现在到，他可能就不来了。"那些没耐心的人对这种自相矛盾不以为然。

晚上他在我家。他说："写作最好表达和思想同步到达。不像叔本华认为的，思想先到，然后才是表达。"

11月15日，星期二。 博尔赫斯："有人因为萨洛扬表达的信息里有希望而赞美他。信息有什么重要的呢？什么信息？在肩上轻轻拍一下吗？这和文学有什么关系？"比奥伊："海明威过说：'当我要传递信息的时候，我会去邮局。'或者类似的话。"博尔赫斯："你没发现教皇运气很好吗？他不管说什么，都会被散播到世界各地，人们重复他的话，评论他的话。"他想起唐纳德·耶茨出发去墨西哥前，殷勤地问佩罗："你给墨西哥年轻诗人们的信息是什么？"后者厌倦地怼他说："告诉他们去找他们的婊子吧。"博尔赫斯："切斯特顿说过，所谓的雄辩其实都只是语气改变了而已。很多玩笑的有趣之处在于出其不意地使用了固定短语。"（我大概会补充说佩罗的不当语言并不针对墨西哥，而是针对那个傻甜傻甜的问题。这个问题让信息的重要性大打折扣，也淡化了他对年轻诗人的满腔热情，他不想挑拨他们之间的关系。）

他讲有次德·昆西和多萝茜一块儿散步。在他们前面华兹华斯正在构思一首诗。多萝茜指给他哥哥看,评论说:"他看起来真是个小人[1]。卡莱尔会这么说他:'身材高大的男人,长着鳄鱼的下巴。'"爱默生有次因为华斯华兹在一次诗歌漫谈中只讲了技巧批评了他。

11月20日,星期日。 我们列举了一些好的戏剧作品:《麦克白》、萧伯纳的《魔鬼的门徒》《滑稽的幻觉》、皮兰德娄的《亨利四世》、邓萨尼的《旅馆中的一夜》、切斯特顿的《魔法》、《不可儿戏》、尤金·奥尼尔的《划十字的地方》。关于易卜生我们没有达成共识;博尔赫斯比我更欣赏他。在当代作品里,我提议迪伦马特的《罗慕路斯大帝》。我说比起艾略特的散文,我更喜欢他的诗。博尔赫斯:"我喜欢诗人艾略特胜过批评家艾略特。除了关于但丁的那篇[2]以外,他其他的文学批评我觉得价值不大。在他的作品里,我更喜欢《家庭聚会》。"比奥伊:"《鸡尾酒会》我觉得还不坏。"博尔赫斯:"也不怎么好。艾略特作品的实体是他的人物在现实中不存在。"比奥伊:"普里斯特利的作品也不赖。"博尔赫斯:"嗯。"比奥伊:"'时代喜剧'很出色:《时间和康威一家》《巡官登门》。"博尔赫斯:"这些作品中显然人物也不存在。在《亨利四世》里,皮兰德娄随心所欲地和观众玩游戏:他先让他们相信一件事,后又让他们相信另一件事。"他对这部作品赞赏有加。他想起萧伯纳想让威尔斯写些戏剧,后者说:"戏院里什么都发生不了。"

他注意到:"有人会觉得所有近代文学都是现代文学。不是这样的。这种异常是什么时候开始出现的呢?马丁内斯·埃斯特拉达的诗不是现代文学。而至于我们呢,很奇怪:我觉得如果说'我们是',是因为评价我们的人信息有误。"

博尔赫斯:"你看到吗?纳粹党在巴伐利亚赢得了选举。德国人会重蹈覆辙吗?直到被人打破脑袋为止。他们为什么就不下决心变成像意大利人或者阿根廷人,从此安静地生活呢?"

12月2日,星期五。 他在学院和卡普德维拉聊了聊。博尔赫斯:"有一个时期人们不觉得书名应该有意思。世界上最差的书名或许应该是《聪明的绅士堂吉诃德·德·拉曼恰》?"卡普德维拉:"你别这么说。"博尔赫斯:"您认为《林孔内特和科尔塔迪略》更糟糕吗?您说得有道理。后来人们开始觉得只要书名奇怪、或

---

1 托马斯·德·昆西,《湖畔回忆录 1807—1830》(1839)。
2 《但丁》(《艾略特随笔集》,1932)。

者有诗意就够了:《流浪的宫殿》,居斯塔夫·卡恩的书。书名应该让人想去读这本书。"

博尔赫斯:"我不觉得在整个西班牙的文学史中有过任何一次慷慨的行为,类似切斯特顿为勒班陀战役写赞美诗[1]的行为,他歌颂了一次外国人的胜利。即便他们在惋惜葡萄牙战败非洲大陆时,都沾沾自喜地吹嘘还有西班牙替他们报仇:看起来他们为这场失利感到高兴。这点很糟糕。表现出邪恶的感情。"他举了一个矛盾修辞的例子:格鲁萨克说"西班牙科学"。在其他方面也可以应用,他说:"西班牙文学,如果真有的话……"

12月7日,星期三。 他说:"马修·阿诺德指出莫里哀缺少'高度严肃'。安德鲁·朗格让人们发现,在莫里哀的风格里,'高度严肃'即便有也是用来讽刺的。"

12月8日,星期四。 比奥伊:"两百年以后没有人会把教会和来世联系在一起。这个过程可能人们不太能察觉,但趋势坚定。"博尔赫斯:"两百年?早很多才是。教会正在变成一个类似联合国的机构。"比奥伊:"宽厚证明了冷漠和怀疑。在我们认为重要的事情上我们很狂热。在文学上,比如说……"博尔赫斯:"很明显。我们知道,尽管我们没法给出理由,《花园的黄昏》是一个好书名,我们不会接受《花园的伏天》,虽然同样是重音在倒数第三个音节的词,两个题目不能等同。神学中视为有差别的东西只有人们相信的时候才作数。很快神学就要消失了。"比奥伊:"在他们的宗教里,我觉得托尔克马达比保罗六世更前后如一。我觉得他们已经关停了地狱,让魔鬼退了休,这两样曾经是可信的东西;他们保留了天堂,但没有人能够想象出它的样子。他们作为不想犯傻的世人,转身背离了魔法;很多个世纪以来,他们一直是无所作为的魔法师;如今他们不用假装了——那些要求他们假装的人,他们会指责他天真——他们现在的身份是政治或官僚集团。那傻瓜们的信仰呢?(基本)保持完好无损,就像在博卡青年队或者任何一个球队可以看到的信仰一样。球队的球员不属于某个社区,他们连俱乐部都不属于,俱乐部可以将他们买进卖出。但你看这几点有削弱了球迷的支持吗?丝毫没有。信徒们为演变喝彩,因为这证明教会还存活着,并是现代的。"博尔赫斯:"如今教会这么自由派了,他们会允许一部人物死时嘴里念叨着'托克里斯'的戏剧上演吗?"他提出变体:"人很垃圾。但死时却念着加德尔、默罕默德、奥丁、朱庇特、尼普顿、Express饼干"(参见塞缪

---

[1] 《勒班陀》(《诗集》,1915)。博尔赫斯于1938年进行了翻译(《日与月》,第1期)。

尔·巴特勒的作品里那请人给他演奏原始波尔卡的绅士）[1]。

12月12日，星期一。 他带了个两页的故事——《心与我同在》——波兰犹太裔作家、诺贝尔奖获得者阿格农的作品，让我念给他听。听完他从椅子上站起来，身体剧烈晃动，笑着吼了两声，评论道："比伊索还差。谁能写出这样的故事？那个写《驴与车》的？不：华金·V·冈萨雷斯没这么甜腻，没这么机械，也没这么愚蠢。或许一个德国浪漫主义作家可以吧。或者泰戈尔。诺贝尔奖的的命运会是怎样？想想阿格农可是这个时代最好的作家之一。我本人今天下午就这么说的。虚荣可以把人带到如此极端。我可不想到头来被人看做卑鄙小人。或许聂鲁达的态度更合适，当得知诺贝尔奖不会颁给他，而是颁给阿格农时，他写了一封谴责信。"

他告诉我十七世纪罗伯特·柯克牧师一本书的书名：《精灵、牧神、仙女的秘密联盟》，这人大概会被仙女绑架吧。

12月18日，星期六。 一首盎格鲁撒克逊诗里说一位国王，活着的时候坐拥广袤领土，但最后时刻只剩下七英尺地：这句话引发了我们的讨论。博尔赫斯："这表明当时的人很矮小。他们的脚很小；七英尺相当于一个矮小男人的身高。"比奥伊："我希望你不要将这种逻辑推广到其他话题上。如果我们不能确定当时的英尺比现在短，那这句话表明那会儿的墓还是挺长的：七英尺，可能要两米多了。"博尔赫斯："如今，人们管高大的人叫六英尺人。众所周知过去的人比较矮小。"他提到有人说卡尔十二世很高，在他那个年代是个巨人。比奥伊："这些都是事实，但我没看出来你在我们讨论的那句话里的推断逻辑。在我看来，这句话的意思是当时的墓很宽敞。"博尔赫斯："但对于诗人来说，长度越小越合适，可以展现反差。"比奥伊："但有可能'七英尺地'是表示墓的固定说法。如果他说五英尺或者六英尺，当时的读者，他们大概比现在的读者还蠢，或许就理解不了吧。"

一架飞机飞过。博尔赫斯："你发现了吗？飞机的轰鸣让人想到农村，慵懒和厌倦。在一段田园式的描写中，你可以写：鸟儿的歌唱，飞机的轰鸣……这些机械轰鸣声很快就变成了威尔吉利奥的牧歌元素。一辆在远处驶过的火车，夜晚的狗叫声……"

---

1 巴特勒（《极端情形》，见《笔记本》（p.1912）注意到"人很少比在极端情形下更平庸了"。比如他提到了一位绅士在临死时坚持请人为他演奏"原始波尔卡"。他评论道："除非某个情形只是稍稍超出普通人的局限，否则期望人们临危不乱是一种错误。"

他说系里的一位女生认为电话号码的数字和它对应的人一模一样。另外一个女生听到她的话以后欣然接受，表示这显而易见。

12月20日，星期二。 我朗诵道：

我的父亲和兄弟们谈论脚。[1]

博尔赫斯："能找到带原始版本的手稿真是太好了；比如：

谈论那只脚……

又或者：

边走边谈论……

让人联想到一栋满是动物的屋子；要表扬诗人标准正确，最后选择了最佳方案"。我朗诵道：

意志从我身上偷走了

一段如我的爱情这般不幸的爱情……[2]

博尔赫斯："一段如我的爱情这般不幸的爱情是另一段爱情？他在说一段还是两段爱情？我认为恐怕是一段吧。是让神甫替他写信的那个人写的吗？[3]"比奥伊："不，是这个人写的：

重拾平静与理智，

坐特快回巴黎。"

我对他说叙述者遇到了一位美人，黝黑皮肤的西班牙女子，或者黝黑皮肤的塞维利亚女子：

当我放下戒备，

像一个疲惫的可怜旅人，

为了舒舒服服过夜

躺在柔软的地方，

1　文森特·W·克罗尔，《圣诞夜，致我年迈的父母》(《诗韵集》，1891)。
2　拉蒙·德·坎波阿莫尔，《特快列车》(《小诗》，1879)。
3　拉蒙·德·坎波阿莫尔，《谁会写诗》(《哲理诗》，1846)。

火车发动，有人走进我的车厢
一位美丽的年轻女子
高挑，金发，苗条，妩媚
配得上一位黝黑皮肤的塞维利亚女子。

"你看到吗"，他评论道："对于西班牙人来说，一位西班牙女子是很有名望的，几乎是很稀奇的。"

他跟我解释吉列尔莫·德·托雷对坎西诺斯的怒气源于后者在等待一些校样（《诗人的罢工》，也可能是《真诗人运动》）出版时，写了一本小说，在里面嘲笑极端主义，甚至写了一个说话像吉列尔莫的人物，让他赞扬'机械帕伽索斯（摩托车）的放屁声'。谁会预知这位极端主义者和达达主义者今天会是加尔多斯和佩雷达的忠实仰慕者呢。似乎吉列尔莫曾经写过，我觉得是写给她妻子的，当时他们还是男女朋友，说他只有手握一台性能强大的汽车的方向盘前才感到幸福。顺便提一下，他不会开车。关于吉列尔莫，他还说："菲利普·苏波给他寄（写）了这首诗：

风扇向你问好
我对你说去吃屎。

吉列尔莫深感自豪，拿给人看。'风扇想你问好是一句幽默的句子'"，他说。当他翻译并发表这首诗的时候——确实有些表达从一种语言转换到另一种语言后会失去意义——将最后这句改成：

我对你说早安。"

我们评论了谷克多《同志》里的诗句：

那记大理石拳[...]
在经过时迅速将美丽传递给内心。

博尔赫斯："跟他自己太像了。"比奥伊："'迅速'还不错：看起来表达让人透不过气，忧伤不已的感觉。"博尔赫斯："你的解释比原作好。勃朗宁的难道不更好吗？"

就在我们最安全的时刻，日落降临
花铃的幻想，一个人的死亡
来自欧里庇得斯的合唱结尾。

西尔维娜："不，谷克多的更好。"博尔赫斯："谷克多的诗充斥着最糟糕的文学。"西尔维娜："勃朗宁的更甚。"博尔赫斯："相比谷克多作品里的文学，我对勃朗宁作品里的文学更有好感一些。那些句子哪能叫文学？话题之外添加的情绪？华兹华斯说过他会忘记添加。不过是装饰而已。"比奥伊："或者在对话里不会说的东西？"博尔赫斯："嗯，或许吧。"比奥伊："'就在我们最安全的时刻，日落降临'还过得去……但可能'大理石拳'就不行了。但谷克多胸部被击打那一下选对了：和真实可以感受到的情绪相符。"博尔赫斯："坎西诺斯的不坏：'哦，上帝，别让世界这般美丽！'马克·吐温说诱惑'在八分音符之前化成碎片'；他说他试着去喜欢音乐，但他的存在了'污染了歌剧'。'污染'才是文学。"比奥伊："但很快就被遗忘了。"博尔赫斯："福楼拜说得有道理：'一句好诗会失去它的风格'"。

12月24日，星期六。 博尔赫斯："复活节，也叫 Pascua，和一位女神的节日正好重合，女神的名字我记不准确了，和那个词挺像的。我们知道的关于女神的事情都在圣比德的书里[1]。"

12月28日，星期三。 博尔赫斯说最好的情色诗是圣胡安·德拉·克鲁斯写的，那首有关漆黑的夜晚的：

> 在一个漆黑的夜晚
> 焦急的心中燃烧着爱情，
> 这是多么幸运[2]

博尔赫斯："如果这几句诗被作为神秘主义诗来读也不会失去价值。最好的情色诗其实并不淫秽。最好的例子是罗塞蒂的细腻和诗歌方面的智慧。圣胡安·德拉·克鲁斯的个案真是奇特，他写了两首令人称道的诗，但花了一辈子的时间去'解释它们'。惠特曼最一目了然的诗不是他最好的诗。为什么他要粗鲁地把自己曾经说对的事情再说一遍？因为他陷入了一种列举的程式中。"

我们聊了罗什福尔的《斗士的休憩》。博尔赫斯："《斗士的休憩》是个好题目，在西语里比在法语里更好。法语里只不过是休息的意思，而在西语里则更显庄，'斗士的休憩'就是女人吗？"

---

1 古萨克逊在春天的伊始庆祝条顿女神奥斯塔拉节。见圣比德《论计时法》，I，5。
2 "心灵的黑夜；在精神自我否定的道路上，达到最高的完美境界、即与上帝结合时的心灵之歌"（p.1618）。

我们谈起沉溺酒精的美国作家。博尔赫斯："就好比他们沉迷于多米诺，一种更可怕的多米诺。为什么那里有那么多醉鬼？为什么他们不觉得酗酒很丢人呢？"比奥伊："或许酒精没有给他们带来那么多快感；大概他们很依赖他们身边的文学，口头或笔头的。"博尔赫斯："从这种意义上说，我对文学不太敏感……我不觉得会有很多奶咖文学或者煎蛋文学。我也不会去做这方面的先驱。"

我跟他讲了下午在床上想出来的一个情节（我透过床头柜看到房间里茶几的一个轮子，有那么一瞬间我觉得它很神秘，就像在另一个地方，不知道什么地方）：一个男人每天透过自己房间墙壁的一个小孔（墙壁面向一面荒地）看到另一个房间的角落，为此他感到幸福，过着平静而居家的生活；随着时间的推移，经过大量观察，男人弄清楚了住在那栋房子里人们之间的关系："这人是儿子，这个是姑姑……"。他的幸福源于这种特权，或者环境的平静，或者视角的神秘。博尔赫斯："可以写一个很优美也很忧伤的故事。"比奥伊："一个类似《阿莱夫》的故事，但视角不怎么有意义。"博尔赫斯："我读过威尔斯的那个故事，叫《水晶蛋》。故事里一个水晶蛋能和整个星球连通，人们可以通过它看到星球上的生活场景。"比奥伊："是的，但我觉得这个故事的端庄和美丽之处在于这些场景看起来很生活化，一点也不戏剧化。"博尔赫斯："对于一部戏剧作品来说，证人目睹了犯罪的准备过程，但无法避免其发生。这是戏剧的弱点：应该去震撼观众。"

12月29日，星期四。 我给他念了一个故事，是一位女士给我带过来、让我在出版之前帮她修改的。博尔赫斯："糟糕之处在于她犯的错误并不是因为美学方面有问题。我不能认为：如果她摒弃让读者感到惊讶或者让自己看起来疯狂奇怪的意图，就可以写好。不，问题在于她自己。这个故事解释性太强。她要求每个动词为她罗列的诸多动作服务。她如果写'他的'，我们不知道具体指谁。太多副动词，太多系动词。这是一种很邋遢、浑浊的风格。（停顿）可是这女孩子怎么了？"比奥伊："没什么。她很聪明。可弹吉他是另一回事。写作不那么简单……"博尔赫斯："她也没什么激情。不过有一点倒是真的：她很在意自己要讲的故事。"比奥伊："轶事价值不大：一位丈夫突然有天看不见他妻子的手了；之后眼睛也消失了；后来整个人都没了，除了头发以外；再后来全都不见了。最后他看到了她。但她说她要离开他了，因为爱上了另一个人。这是个有自传属性的小故事。妻子对一位女朋友说：'我丈夫对我视而不见。我换了个发型，他没注意到。我觉得他大概连我眼睛长什么样都不知道。我对他来说越来越隐形了……'"

1967 年

1月3日,星期二。 博尔赫斯:"莎士比亚有一种能力,他可以找到一个并不合理的、别人也不会选的、但结果更好的词……

> 人生如
> 痴人说梦,充满着喧哗与骚动,
> 却没有任何意义。[1]

'骚动'并不是一个很显而易见的词。但确实给句子增添了力量。通过逻辑可以解释为什么要使用它。莎士比亚有找到这类词的直觉。我对莎士比亚的印象他不像伏尔泰对他的印象:一个野蛮人[2];在我的印象中他是个'公子哥',能灵巧地使用他的天赋。

> 从我这厌恶人生的躯体上,
> 挣脱厄运的奴役。[3]

这一切都太出色了……他简直在词语中如痴如醉。"当我表现出对十四行诗的热情时,他承认在某些诗句里有一种警句主义。"这是那个年代的喜好。"他解释道。"看起来像西班牙人写的。"我说。

博尔赫斯:"维克多·雨果列出过他年轻时渴望的事情;那张短小清单上的最后一条是:我愿成为夏多布里昂![4] 那个写《急转弯》[5]的人将这个句子释义为'成为歌德'。谁会希望成为歌德?雨果很慷慨,他对所有有价值的诗人的评价都以褒奖为主,也通常很正确。他拍着兰波对他说:'未成年的莎士比亚'!关于波德莱尔,他认为作家给艺术带来了'新感情'。然而很欣赏荷马、莎士比亚和雨果的卢贡内斯,却觉得波德莱尔一点也不重要。"

---

1 《麦克白》,V,4。
2 《哲学通信》(1734),XVIII。
3 《罗密欧与朱丽叶》,V,3。
4 "我愿成为夏多布里昂或者什么都不是"(维克多·雨果的笔记于1816年7月在一本学校作业本上写的笔记)。
5 欧吉尼奥·道尔斯,《急转弯》(1923)的作者。句子的释义见《约沙法平原》(1921)。

1月4日，星期三。　　他告诉我认识一个叫韦伯斯特的先生，英国人，南方（我觉得是潘帕斯草原）庄园主，他拥有荷尔拜因画的自己祖先的画像。有一天这位先生的儿子高呼："我会做的，Jingo！"[1] 父亲对他说："查理，我的儿，请把'Jingo'省略掉。"博尔赫斯还想起来有次他的母亲为了向韦伯斯特先生示好，对他说："我的儿子刚写了一篇关于托马斯·布朗爵士的文章。"[2] "从来没听说过他。"韦伯斯特先生回答。博尔赫斯："如果他认识，可能更让我觉得他是英国人。"

博尔赫斯："如果把克维多和蒙田混合一下，可以得到托马斯·布朗爵士吗？他的聪明与可爱像蒙田，比克维多可爱。克维多可能很有文化，读了很多书……不对的书？路易斯·德·莱昂神甫诗歌的出版要归功于克维多[3]。尽管当时夸饰文风盛行，他还是出版了这些诗。"他说路易斯·德·莱昂修士的形象可能好过他所有的诗作，"也远远优于克维多的形象"。关于蒙田的译者约翰·弗洛里奥，他觉得他是个风格华丽的意大利人。

1月8日，星期日。　　博尔赫斯："几个墨西哥作家来看我。'亲爱的大师'，他们这样叫我。都是些很不成熟、很粗糙的人。他们想要设立一个比诺贝尔奖更重要的奖项，因为瑞典人不把奖颁给这里的作家。而这个新的奖项只颁发给拉丁美洲作家。我说那如果是这样就不会比诺贝尔奖重要了。他们应该向全世界的作家开放，此外为了给瑞典人好好上一课，还要连续三四年将奖项授予瑞典作家。我的想法他们不怎么喜欢。"比奥伊："你应该告诉他们，应该会有瑞典人不比加夫列拉·米斯特拉尔、米格尔·安赫尔·阿斯图里亚斯或者巴勃罗·聂鲁达差。"

4月25日，星期二。　　他跟我宣布九月份要和艾尔莎·阿斯泰特、伊瓦拉的小姨子结婚，然后会和她一起去美国。他请我做见证人。他连在哪个教堂都知道：拉斯维克多利亚斯教堂。

4月26日，星期三。　　关于马塞多尼奥，他表示如果他的读者没有亲眼见过他，就无法相信他的才华："他很会骗人。他说自己和威廉·詹姆斯有书信往来，因为后者写信给他，说正在筹备一本关于他的书，并请他寄照片过去；他寄了照片。这不叫有书信往来。在哲学方面，他发明了唯心主义，最古老的学说之一，已经被柏拉图、

1　类似于"天哪"，从巴斯克语"Jainko（神）"而来。
2　《托马斯·布朗爵士》（1925）。
3　《个人作品和拉丁、希腊、意大利传统，附几篇赞美诗和部分〈约伯书〉章节释义》（1631）。

贝克莱以及其他很多人发明过了。他谈论 Belarte（美术）[1]。如果他写了 bellas artes（美术），那人们可以看到最平凡无奇不过了。马塞多尼奥应该没完全理解唯心主义——他说是他发明的——因为他曾写过：'我和宇宙出生在布宜诺斯艾利斯……[2]' 为什么是布宜诺斯艾利斯呢？出于民族主义吗？马塞多尼奥是个十足的民族主义者。还是想通过提及一个家常的概念软化句子？大概就能归结为这两种原因。"

博尔赫斯："吉卜林在他的自传里说他最好的短篇中（最早期的作品）有几篇是他父亲给他的：他没说具体是那几篇，很有他一贯的风格。他会在自传里叙述父母让他在儿时吃的苦，这点真奇怪。他似乎没有意识到他们的过错。他有没有意识到呢？她母亲去学校看他，俯下身想亲吻他。但半睡半醒的他下意识抬起手臂作抵挡攻击状，因为对此他早就习以为常了。她母亲终于理解了他经历的痛苦，给他退了学。"

博尔赫斯的母亲对西尔维娜评论道，据我们的朋友说，我们不够欢迎他要结婚的消息。他这么觉得我很难过，但事实是在前几次的经历之后——不说别的，就说在玛尔德普拉塔，和最后那个、今天看来是倒数第二个女人的订婚仪式上的干杯——我在开始这类庆祝活动时总会迷信地担心，恐怕日后会成为痛苦的回忆。

关于新娘，他的母亲说："不是知识分子……大概这会是优势所在吧。不像他已经习惯交往的那些姑娘。我放心了：我觉得她会照顾他的。她已经不年轻了。过去还挺漂亮的，但你现在看吧……但他看不到。对于他来说还是原来的那个她。"别人给我介绍她的时候：她人老珠黄，皮肤发灰；一副陷入爱情的奴仆的态度，拜倒在可能难以驾驭的偶像面前；资产阶级下游，中产阶级最下层；无知，但尊重知识，愿意受教育；对自己美好的感情抱有自信；决心要将男人环抱在家庭的照顾中，并说服他接纳居家的乐趣；容易受冒犯，被嫉妒冲昏头脑；多疑；深情，亲昵，乐观；表情丰富，喜欢噘嘴。母亲大人（因她自己的骄傲和势利而痛苦）只能接受，尤其因为新娘不是小姑娘了。即便是世界上最好的小姑娘，她也不会原谅她的年轻。当新娘说出"小片火腿"，对于他母亲来说简直是最苦涩的时刻。有人提起拥趸众多的盎格鲁撒克逊语，引发了新娘的不信任。当得知弗拉迪和博尔赫斯在合作写一本书

---

[1] "对于小说理论而言"（《理论》，p.1741）美术——或者简单地说'艺术'——应该在表达中摒弃现实主义，应该避免读者与人物的自我认同，激发他们的主动参与。
[2] "宇宙或者显示和我出生于1874年6月1日，简单地补充一下两者的诞生都发生在这里附近，在布宜诺斯艾利斯市"（《自传》，见《新来者的笔记》，1929）。

时，她怀疑地表示："什么？难道这就是学习安格鲁撒克逊语的方式吗？"除去个别例外，看起来是个"勇敢的女人"，毫无疑问好过他曾经爱上的其他女人。

5月8日，星期一。　　他称赞了一个叫弗洛伦西亚·摩尔塔格或是蒙塔格的姑娘在系里要求填写的一份问卷里的回答：a）为什么阿根廷不盛产好的戏剧作家？因为数据上的原因。我们还没有时间，也没有人。不列颠岛产出了稀少的半打戏剧家；法国，四五个；斯堪的纳维亚，一个（不是斯特林堡）；德国，一个（既不是席勒也不是歌德）；意大利大概一两个；西班牙和俄罗斯一个也没有；美国，一个（不是特别好，尤金·奥尼尔）。b）如何补救这种缺失？时间和偶然性，可能当前这种对戏剧的投入（比我们近代历史里的大）会有所助益。另外，要记得惠斯勒说过："艺术自然发生"。[1] c）总结性评价。诸如前面这类问题有益，因为可以引发思考，但也让准备不足的学生暴露在了有争议的话题之下。

5月1日，星期四。　　他说他从来没搞懂过法语的"par example"——用作感叹词——也不懂英语的"here you are"（付钱的时候说"here you are"）。关于"忧郁"，他发现这个词运气很好：从黑胆汁质演化出一种高贵的忧伤的含义来。

5月13日，星期六。　　博尔赫斯："奥特尔加·伊·加塞特还在糊弄半个世界的人。俗气对他没什么损害。而换作在卢贡内斯身上，人们就无法原谅他。"

5月15日，星期一。　　博尔赫斯："写十四行诗的时候，我验证过要放尽量少的形容词。"比奥伊："因为它们是可以被替换的。"博尔赫斯："读者会觉得这句诗本可以写成另一种样子；而作者则满足于这些表属性的形容词，或者为找到它们而沾沾自喜。"他补充说在哪里读到过，说英语诗歌里动词一度很重要，而在法语诗歌里，重要的则是形容词。比奥伊："不过，你看这句：

盲目地，在加沙，水车上，和奴隶们。[2]

这里面没有一个动词。"

他说他起先支持俄国革命，但关于革命的俄国电影使他产生了最初的怀疑。博尔赫斯："里面完完全全看不到对战败方的宽容。卑贱至极……切斯特顿认为胜利不可能是彻底的，因为胜利中总有失败。"我们聊了《亚历山大·涅夫斯基》。博尔赫

---

[1] 詹姆斯·惠斯勒，《十点钟的演说》（1888）。
[2] 约翰·弥尔顿，《力士参孙》（1671），v.41。

斯："你从来没有特别喜欢过这个片子吗？"比奥伊："从来没有。"博尔赫斯："伊瓦拉说看起来像国产电影。可是条顿骑士进击那一幕呢？"比奥伊："进击那一幕或许吧，但那场战役简直就是灾难。打斗场面完全像舞台剧里的，用的是木头或硬板纸做的剑，可以猜到马背上有个洞，好让骑士钻进去用双脚走路。你怎么看资产阶级商人和他们贪婪的眼神呢？"博尔赫斯："据说这部电影文盲农夫也能看懂。"比奥伊："谁说是大师级作品呢？才不是，这是给文盲农夫看的电影。另外，那场战役和电影本身粗糙到毫无现实主义可言。他们渴望现实主义，但计划泡了汤。"博尔赫斯："最差的是《战舰波将金号》。"

5月19日，星期五。 他说卡莱尔、莱昂·勃罗亚、门肯和不知哪个中了邪的文人各创造出一个角色，就是他们自己，还让每个人以特有的方式写作。伊格纳西奥·安索阿特吉就是这个人物最差和最弱的一个版本，但他有一个特点：他本人非常礼貌。比奥伊："这种礼貌为他在生活中的举止和他的作品抹上了一种奇特的色彩。在这种双重性中，每一种处事方式都疑点重重。为什么在面对面交往中他那么礼貌？为什么他认为一个寻衅者违背了礼貌和教养？但是，为什么在笔头上他又不礼貌，没教养呢？或者说他欣赏没礼貌或粗鲁的举止，但没有胆量用在与人面对面的交往中。他是不是相信礼貌和教养已经在他的读者心中根深蒂固，所以他们不会鞭笞他？或许他可以有理有据、也谦虚地相信他们不应该读他的作品。"

他觉得亚里士多德应该很聪明。毛特纳写，亚里士多德因为确信鲸不是一种鱼而受人敬重，还补充道："应该看看对于亚里士多德来说鱼是什么。"就好像在说："这是歪打正着。"博尔赫斯："当我过去沉浸在超现实主义中时，我想：'亚里士多德把用雅典对抗波斯替换掉雅典军队对抗波斯军队视为隐喻的例子多蠢啊。[1]'我现在觉得他是个聪明人；他能在一个其他人只体会到直接意思的句子里看出隐喻。他在诗歌中接受隐喻，却认为这在散文中无法忍受。"

他想起卢贡内斯对正在有轨电车上读阿索林的书的加尔维斯说："您读什么呢？怎么不读点黑山人写的书？您应该读些伟大的文学。西班牙文学不过是渺小的地方文学，就像保加利亚文学一样。"博尔赫斯："但他们欺骗了半个世界的人。"比奥伊："有一小部分原因在于它的地方色彩和独特性。因为夸张体现出西班牙特点的作品。人们不会只觉得有关玛丽安的俗语是法国的，或者有关约翰牛（John Bull）的

---

1 《修辞学》，III。

短语就是英国的。"博尔赫斯:"让我讨厌的是他们的虚荣心,没什么功绩哪来这么大的虚荣心。你看看他们的愤怒和暴力:最近三个世纪以来他们尽被人打脑袋了。一次失败接着一次失败。佛兰德斯方阵:几个荷兰胖子就打败了他们。连我们阿根廷人都战胜了他们。(停顿)他们在语言上比我们舒服很多。尽管,我不知道……尽管达里奥拍了他们马屁:他们的种族之类。卢贡内斯却没有这么做:所以他被西班牙人打入冷宫。卢贡内斯告诉我他在因古巴而起的美西战争期间送出了不止一次杖击,他解释道:'这是唯一能够让一个西班牙明理的方法。'"

5月21日,星期日。 博尔赫斯:"人们不敢拿当下的和过去的比较。从某种意义上来说,他们总觉得当下的是另一回事。有人曾说:'贝纳德斯是数个世纪以来我们的语言里最伟大的诗人。'当我和那个人解释《脱胎换骨》的构思来自《浮士德》时,他抗议道:'不,《浮士德》是一部经典。'"

博尔赫斯:"格鲁萨克——暗示——梅内德斯·伊·佩拉约从阅读到写作完全没有过渡,也没有吸收任何东西。[1]"他称道了格鲁萨克对梅内德斯·伊·佩拉约一句变酸了的赞美:"他纯正的风格让我们想起维尔曼的风格,后者已经被我们完全遗忘了,外加某种教会气息[2]。"

他表示英国只以文学自我表达。博尔赫斯:"在英国和法国文学有具体的人存在。你会想到约翰逊、斯威夫特、斯温伯恩、勃朗宁、蒙田、波德莱尔、福楼拜、魏尔伦、左拉、普鲁斯特。而在西班牙文学里只有书和书名,但没有作家。除了塞万提斯、克维多和几个近代的(巴罗哈、乌纳穆诺),你会想到洛佩·德·维加吗?会想到马特奥·阿莱曼吗?"比奥伊:"也不会想到提尔索、莫雷托和鲁伊斯·德·阿拉尔孔。大概错在我们,没有走得足够近。尽管曾经的确走近过西班牙文学。"博尔赫斯:"西班牙文学里的《英国名人传》在那里?如果有类似传记,我们肯定会了解。我只知道塔西亚写克维多的传记[3]。"

我们聊了但丁·加百利·罗塞蒂的画。博尔赫斯:"我看见它们的时候,和你

---

1 "身体中长期淤积着庞大的没有消化的阅读"【《关于塞万提斯和〈堂吉诃德〉的第一次讲座》,1919】。
2 "我欣赏那几乎完美的准确度,这是学术优雅的典范;可以和我们享誉盛名却被人遗忘的魏莱曼争锋,如果不和欢快的风格那么相抵触,就能摆脱某种学术修饰、学院派腐朽,甚至是宗教亵渎了"(同上)。
3 巴勃罗·A·塔西亚,《弗朗西斯科·克维多·伊·维列加斯传》(1663)。

的感受一样。我大概会请他们在闭馆以后,给我几支画笔和几罐颜料,好让我来修改一下。为什么他画的人物这么矮小?和埃尔·格列柯的完全相反。他的素描挺漂亮的,但一上色就都一塌糊涂。"比奥伊:"尽管他叫这么个名字,但作为画家,罗塞蒂是英国人。"博尔赫斯:"这点显而易见。关于切斯特顿的那句真是离谱:什么对于画家而言他太'诗人',对于诗人而言他太'画家'。很难相信这些画出自这些十四行诗的作者之手。"比奥伊:"他怎么就没懂放弃绘画更合适呢?"博尔赫斯:"布列塔尼周期给英国人造成了很多伤害。当我得知马洛礼在现实生活中是个醉鬼时一点也不吃惊。他老是谈纯洁、贞洁、荣誉这类的话题……"

他举了一个"明显的虚假"的例子,作者的写作强才能使其变得极为有效:"'如果不是有人告诉我这是爱情,我会以为那是一把光秃秃的剑。'吉卜林觉得那句话出自不精确的印度人或波斯人之口。博尔赫斯说那也是形式和语序的力量的证明。'如果不是有人告诉我'给句子增添了一种口头袒露心声特有的魅力。"

博尔赫斯:"当德·昆西和普鲁斯特写'辞藻华丽的段落'时,好像很注重精确,这让他们免于被人诟病爱炫耀、虚荣心重。"他引用了德·昆西的"黄金时刻的迷宫……"

我们拿莫泊桑和吉卜林做比较:我们一直认为前者永远写不出类似《山中故事》里的短篇:《苏多的房子》《出格》《百愁门》《尘埃沙暴》。

5月29日,星期一。 他告诉我,每做完一次关于卢贡内斯的讲座就越发不相信他:"他是个致力于取得立竿见影效果的诗人。"他引用了阿尔马富尔特的话:"卢贡内斯想要咆哮,但他没做到。他是个适合女士的阿尔马富尔特。"关于阿尔马富尔特,博尔赫斯赞同地回忆起他的诗:

没有哪份职业

比生活更加干净了[1]。

6月8日,星期四。 他说:"毫无疑问,塞万提斯意识到不能再继续让堂吉诃德被人拳打脚踢下去了……在《堂吉诃德》第二部里他开始写一个更加高贵的故事。"

他认为德国文学盛产法国人所谓"有缺陷的杰作"。有两个杰出的例子:《浮士德》和《查拉图斯特拉如是说》。歌德和埃克曼的《歌德谈话录》可能是另一个。关

---

1 《经典米隆加》,VI(《诗选》,1916)。

于歌德，他发现：" 他应该很聪明，但不了解自己聪明的边界。他觉得自己有能力创造人物。没有比《浮士德》的结尾更愚蠢的了。《威廉·迈斯特》里关于教育共和国的想法证明有些腐朽的东西：'丹麦有腐朽之事发生。'"比奥伊："史蒂文森多不一样。你记得《赫米斯顿的韦尔》的一幕里上诉法院法官压倒死刑犯的气势吗？最让那个可怕法官的儿子触动的（他参加了审判）是可怜的死刑犯还戴了一条围巾，用来保护他那天不舒服的嗓子。[1]这一切真奇怪，世界文学的价值观等级就是这样建立起来的。想到没有人会认为史蒂文森胜过歌德。不是说不胜过：两人没有可比性。对于所有的对话者，歌德是最伟大的天才之一，而另一个呢……"博尔赫斯："或许写了本给青少年的书损害了他的形象。"比奥伊："但你不觉得《金银岛》好过《浮士德》吗？"博尔赫斯："是的，当然了！我怎么会不这么觉得？"比奥伊："史蒂文森多细腻啊。"

6月11日，星期日。 博尔赫斯："格拉西安对所有变体感到痴迷。他的标准就是聪明，可他一点都不聪明。对他来说聪明意味着什么呢？一种对称吧。"比奥伊："绕圈子。"博尔赫斯："类似王尔德，但是……"比奥伊："王尔德的作品里可以看到风趣，而格拉西安呢，则只有绕圈子。"博尔赫斯："格拉西安的作品里首音互换不少，但从来就不风趣。你记得我们读《批评家》吗？作为小说它糟透了。就因为读了叔本华的前言，吉列尔莫在《批评家》里发现了深邃的思想。"

我们聊到卡普德维拉。博尔赫斯："卡普德维拉写东西太容易了，但结果很糟。他也有能力做对的决定，比如《节日般的世界》和《格利乌斯》，也有智慧的地方。"比奥伊："但他的缺点是动笔的时候毫无方向。一切都取决于最开始的几个念头。"博尔赫斯："他如果想出一个花与花之间对话的戏剧，他就写下来，而没有预见到结果可能很不牢靠。像卡普德维拉这样行事的大概只能是上帝了，在创世纪的时候：想到蚂蚁，就造出上百万个，没有道理……我觉得即便在卡普德维拉的作品的确里有些优秀的片段章节，至少现在也没人能发掘出来。人们还是宁可不欣赏他。"比奥伊："就好像消息传了开来：保险起见应该鄙视卡普德维拉。"博尔赫斯："不过，怎么对待他写过的许多值得称赞的诗呢？"比奥伊："没人懂。很多人不懂诗歌。他们没发现一本诗集对于疲倦的人和懒惰的人来说是一种休闲。"博尔赫斯："维克多利亚有次给我带了一首不知道谁给《南方》写的诗。她问我：'怎

---

[1] 《赫米斯顿的韦尔》（p.1894），III。

么样?'我对她说:'您呢,您怎么觉得?''我看不懂西语诗歌。'她这么回答我。"比奥伊:"别的语言也一样。"博尔赫斯:"确实,我应该跟她说:'为什么这么谦虚呢?为什么要限制自我呢?您的不懂是百科书式的。'"比奥伊:"而且,要看懂一首诗,并不需要很深入地掌握一门语言。如果你看得懂你在读的东西,你就知道这首诗的好坏。"博尔赫斯:"我不是很懂葡语,但我觉得我知道一首诗有什么突出之处。你知道维克多利亚说什么吗?说她以前很看不起西班牙语,直到读了'你不知道那是谁吗?'的东西。"比奥伊:"奥尔特加。"博尔赫斯:"对,奥尔特加。他说奥尔特加让她相信西语之美。奥尔特加有很多想法,但我不觉得维克多利亚看重这一点。我从来没想到奥尔特加可以骗到一个阿根廷小姑娘。归根结底,你不觉得维克多利亚不过是个阿根廷小姑娘吗?"比奥伊:"她们一辈子都在嘲笑俗气的事物。"比奥伊:"为什么没有注意到奥尔特加风格中俗气的成分?对于傻乎乎的姑娘来说,比如那个姓金特罗斯的,只要出现些诸如'大理石、富丽、奢华'之类的词就足以让她们觉得自己在读的东西很俗气。那所有古代诗歌就全军覆灭了。"

我们聊了阿拉伯人和以色列人之间的战争。他说所有人都自觉站在野蛮那一边,文明的对立面:"都是些什么破烂。卑鄙令人着迷。如果有一场瑞士人和拉普尼亚人之间的战争,那所有人都会是拉普尼亚人的支持者。在一场野蛮国家和文明国家之间的战争中,即便野蛮国家有理,也应该希望文明国家胜利,这是为了全世界好。幸运的是西班牙人、英国人和法国人征服了美洲,而不是潘帕斯人或者红皮肤人征服了欧洲。在这场阿拉伯人和犹太人的战争中,所有的庇隆主义者和共产主义者都在准确直觉的驱使下选择了不好的一方,邪恶的一方。当然了,如今的阿拉伯人已经不是当初建造阿尔罕布拉宫的那些了。埃及人也不是法老时代竖起金字塔的埃及人:他们是战胜埃及人的游牧民族;烧毁图书馆,如果有机会甚至会推倒金字塔的奥马尔的臣民。就好像先后住在同一幢公寓楼的人叫同一个名字。在我们看来,犹太人也不是《塔木德》的犹太人。他们来自德国、波兰、法国、意大利和阿根廷。他们是西方人:所以他们战胜了亚洲人和非洲人。"

他评论说安德森·因伯特的《西班牙语美洲文学史》没有任何价值:"就是本目录。开始使用这种方式的是乌雷尼亚。安德森·因伯特就是个傻子。玛尔塔·莫斯克拉会怎么说呢,对于一个曾经的老师是朱斯蒂的作家还能指望什么呢?他尽写些愚书。模仿所有人,但从不在任何人身上改进点什么。不像约翰逊对格雷的评价:'以一种新的方式迟钝'¹。马修·阿诺德仿照他在一篇批评里说：'这就是一种新的错误。'不过还是约翰逊的那句更好。"关于安德森·因伯特、乌雷尼亚和梅内德斯·伊·佩拉约本可以写却没写的书："应该让他们用另一种方式表明思想和观点。"

6月13日，星期二。 他这么定义音乐："音乐是一系列不安的音符，无从解释地表达了某些没有人知道是什么的心绪。"

博尔赫斯："艾略特写过：'威尔斯思考……不知道是否可以把这个动词用在他身上。'真不要脸。当然，思考是'细微的差别'的一种。"比奥伊："威尔斯没有写什么文学评论，这让我很吃惊。英国文学中的作家他写得很少。关于詹姆斯，他的同代人，倒是讽刺过[2]；在他的自传里他提到了其他同代人，比如康拉德；但他从来就没有写莎士比亚、约翰逊或吉本的需要。"博尔赫斯："是他理科的一面所致。何塞·路易斯·罗梅罗的那一面。他认为萧伯纳没有文化，因为他没有接受过科学教育。威尔斯的最近几本书水平有所下降。《世界史纲》更像百科全书，而不像威尔斯的作品。"相反，他赞许了切斯特顿的《十九世纪英国文学史》，称其为范式[3]："编辑们觉得有必要为这本书道歉。"

听了皮肤老得跟鞭子似的苏珊娜·邦巴尔的建议，新娘子去做了个脸部焕肤：很疼，博尔赫斯不赞成。

6月19日，星期一。 博尔赫斯："达里奥给什么事情都配乐：无论是挪威王子驾到，米特雷去世，还是宗祖国母亲[4]。那些研究达里奥想法的人太荒唐了。他曾经用西班牙语写法语诗：

> 如果空间中充满
> 了一阵金色的颤动，
> 那是因为看到了裸体的从海面升起的维纳斯。[5]"

卢贡内斯写这类宏大画面就没那么好了。

---

1 包斯威尔，《约翰逊传》(1775年3月28日)。
2 "关于艺术，关于文学，关于亨利·詹姆斯先生"(《恩典》，1915)。
3 《维多利亚时期的英国文学》(1913)。
4 《致奥斯卡王》(《生命与希望之歌》，1905)；《米特雷赞歌》(《漂泊之歌》，1905)，《西班牙语》(1912)。
5 《肉体，女人的天蓝色肉体》(《生命与希望之歌》，1905)。

他表示，如果在系里他解释说罗塞蒂影响了勃朗宁（反之亦然），女学生们就会在考试里说其中一人抄袭了另一人。在开始讲一位作家之前他会对她们说："鉴于（比如）德·昆西的名字对你们其中一些人可能就是个发音，我会给你们讲讲他的生平。"

他想起王尔德引用的不存在的书，《和最差作家的半小时》[1]，说这个想法来自菲茨杰拉德。关于最差作家他提了克维多，说他的东西除了几首诗以外完全不可读。比奥伊："谁能读《马尔库斯·尤利乌斯·布鲁图斯传》《梦》和《上帝的政策》？"

看起来以色列天生的盟友正准备金盆洗手弃之而去了，这样以色列就会丢失胜利，一切回到过去，另一场战争蓄势待发。博尔赫斯："为什么以色列的英雄主义就没有鼓励他们有英雄气概一点呢？"

6月22日，星期四。 博尔赫斯："勒南评价——有他的道理——说那些象征主义者就像吮手指的小孩（le pouce）[2]。他们中领头的魏尔伦，根本就没拿'运动'当一回事。当有人问他怎么看待（或者什么是）象征主义时，他回答：'我不说德语'。"博尔赫斯愉快地回忆起下面这些诗句：

> 所有可怕的过去跳跃，发出鸟叫，猫叫，尖叫
> 在粉色、黄色、肮脏的苏豪的薄雾中
> 和那些"其实"、"好吧"和"哈哈"。[3]

博尔赫斯："在那里，在苏豪区[4]，魏尔伦和兰波一起逛过。韵脚是卢贡内斯喜欢的类型，但是写得好的那种。"

他说理查德·伯顿用多种语言的词汇写作，但他的英语读起来很不舒服："他这个人大概很爱说大话，遭所有人恨总有他的理由。《一千零一夜》的翻译风格不如莱恩的，很有可能他翻译的贾梅士[5]的作品也不行。"

马斯特罗纳尔迪有一天问他："你和你小舅子处得怎么样？""目前很不错。"博

---

[1] 以这个标题王尔德于1886年概述了森茨伯里的一篇文章。
[2] "[...]自然主义之、高蹈派、心理学家和颓废派，'吮手指的小孩'，据勒南的表述"（保罗·格鲁萨克，《阿尔方斯·都德》，1898）。
[3] 保尔·魏尔伦，《跛脚十四行诗》（《今与昔》，1884）。
[4] 伦敦西部。——译者注
[5] 《卢济塔尼亚人之歌》（1880和1884）。

尔赫斯回答,"因为我看不见他,他听不见我。"

6月26日,星期一。 他说除了王尔德,颓废派不如拉斐尔前派。博尔赫斯:"在《道林·格雷的画像》的前言里,我找到了可以修改的一段话。我觉得可能是王尔德身上唯一能找到的一处。真奇怪他没注意到这个地方。他说在英国,对现实主义的憎恨是凯列班在镜中看到自己的脸后的愤怒,而对浪漫主义的憎恨是凯列班没能在镜中看到自己脸时的愤怒。可能把句子改一下会更有效,以现实主义和凯列班在镜中看到自己的脸、恐怖的脸后的愤怒结尾。而且以短一些的句子结尾总会恰当一些。王尔德的形象比他的任何作品——《不可儿戏》(又译《认真的重要性》)可能除外——都要好一些。但作为诗人他就属于二流了。雷耶斯建议把人名翻译成严肃,而整个书名翻译成《严肃的重要性》。"

他评价说约翰逊的写法不符合逻辑,先讲述作者生平,后检视作品,最后涉及个人特点:"应该让读者想象和进一步修改他对作者的印象。"

6月30日,星期五。 他说一句好诗和一句坏诗之间的差别是无限小的。他记起艾米莉·狄金森的诗:

> 这安静的尘埃
>
> 是绅士和淑女

并评论说生活教他一直以来人们都说着同样的话:但重要的是怎么说。在艺术领域积累了多年经验后,人就会习得一些技巧:比如什么时候应该写"他的",什么时候用阴性单数定冠词。博尔赫斯:"对于伊瓦拉来说,用隐喻的可能性证明了语言的不完美。完美的语言不允许隐喻的存在。"

关于他的女朋友,在他看来她嫉妒心强得很可笑,对奢华和地位有着一种天真的贪婪:"她希望拥有在林格雷特的贫穷岁月被剥夺的所有东西。贫穷的缺点在于对奢华的过分看重。"他补充道:"那些低贱杂志的出版,你大概不会相信,对她和她的家庭而言意味着多大的荣耀。到了一种无法想象的地步……能够将名字印在白纸黑字上超越其他所有抱负。"博尔赫斯要和一位女性朋友出去,仅仅是为了不要一门心思扑在女朋友身上:自由需要声张。但之后又得说谎掩盖。

7月3日,星期一。 谈及植物学(作为小学课程),他说:"对于小孩子来说太静止不动了,和一本冒险小说相差甚远。"

7月5日，星期五。　　我们聊到一个基于"水牛打响鼻"这类句子的崭新（想象中）的文学流派，他提议的。他想起吉卜林归功于一位美国女士的句子：我是水牛（她想表达的是：我是水牛城来的）。[1]

他说大学里的女生觉得艾略特作为诗人比吉卜林好，他表示惊讶："她们和所有人一样有同样的错误观点。"

7月6日，星期四。　　博尔赫斯："在林肯写的东西里我发现一个想法，让我意识到或许他这个人并不如我之前想象的那么好。他说如果你想要说服一个人，先要赢得他的心。这或许有用，但从道德角度而言我觉得不合适。"比奥伊："以这种方式交到的朋友都是些什么狐朋狗友啊。"博尔赫斯："政治家身上都有些可怕的东西。"

他说在《塞勒斯的花园》的结尾提到了玫瑰幽灵[2]。和乌雷尼亚在一起的时候他们问自己施特劳斯[3]有没有读过托马斯·布朗爵士，或者两个人（布朗和施特劳斯）是否都在写作时想到了之前读的的一篇文章。

他表示桑普森（在《简明剑桥英国文学史》）有时候很不公正，比如他批判了切斯特顿的《狄更斯传》，理由是感谢上帝，狄更斯受欢迎程度已经足够了，不需要什么书去重振它[4]。"这两者有什么关系吗？这本书是好是坏？老是写这类批评。你要是写一篇关于《罗兰之歌》的文章，人们会说：'他现在发现了《罗兰之歌》。'在桑普森看来，切斯特顿在生命的最后几年被他的美学怪癖所支配。"比奥伊："这个观点我觉得挺公正的。"

7月8日，星期六。　　他说老作家比年轻作家写得好，因为他们知道自己能力的极限在哪儿。

7月9日，星期日。　　博尔赫斯对我说："门肯认为，他——或者所有男人，我不太确定这个句子怎么说的了——都认识半打可以成家并过上幸福生活的女人。"比奥伊："我对这个观点感到惊讶。我认识很多吸引我、使我愉悦、令我陶醉、或者给我

1　(《夜晚的边缘》)(《生物的多样性》，1917)。

2　"[...]尽管在埃及艳后的床上，也几乎无法愉悦地举起玫瑰幽灵"(托马斯·布朗《塞勒斯的花园》，1658，V)。

3　可能暗指胡戈·冯·霍夫曼史塔给《玫瑰骑士》写的剧本，尤其是第二幕中男爵将银玫瑰交给公爵夫人。

4　《简明剑桥英国文学史》(1941)，XV，5。

带来痛苦的女人，但我还没遇上一个让我觉得完完全全适合结婚的女人。"博尔赫斯："所有相反的意见也都很可信。"

西尔维娜："地狱有了很大进步。"博尔赫斯："噩梦的痛苦在十九世纪之前没人感受过吗？至少在文学中没有相关记录。但丁的地狱不如罗塞蒂在《被祝福的少女》里描绘的天堂恐怖。看起来当时的人们不了解这种恐怖，恐怖的原因可能是阴暗和模糊的，但令人窒息。洛夫克拉夫特曾经感受过，但由于笨拙没有表达出来。爱伦·坡的许多故事挺蠢的，但却刻意传递了恐惧。还有德·昆西噩梦中的长了脸的桌腿。[1]"他不带任何赞赏地提起波德莱尔的诗，并承认相关情绪在很多他的作品里都能找到，尽管波德莱尔表达什么都磕磕绊绊。但丁努力描绘惊悚的地狱，但没能营造出萦绕在噩梦中的事物周围、那令人毛骨悚然的邪恶光环的效果。博尔赫斯："你怎么看？我们是不是又将这个概念简单化了？"比奥伊："道德上确实丢失了某些东西，一种更好的精神状态，但文学上却增添了新的色彩。我觉得最后还是获益的。"

7月14日，星期五。 我们谈论了人们制造困境并解决它们的能力。博尔赫斯记起阿纳托尔·法朗士将他的灵感比喻成一个小火加热的锅。

7月16日，星期日。 博尔赫斯："林·拉德纳和弗来伊·莫乔很像。他的故事确实更完善和精巧，但可能这种差异取决于同他合作的杂志的形式。如果弗来伊·莫乔要写一页纸给《真面和假面》，那复杂性（以及它所需的长度）就被排除在外了。"我们提到了林·拉德纳的故事：《有人喜欢冷冰冰》《金色的蜜月》和《理发》。他认为林·拉德纳胜出欧·亨利许多。"归根结底欧·亨利只写把戏故事。"他说。

我们谈到（路易斯·）格尔登的《追赶者》以及（休·）沃尔波尔的《杀手和杀戮》和《逃离黑暗马戏团》。比奥伊："我开始觉得亚瑟·马钦又无足轻重，又令人讨厌。"博尔赫斯："脑子里没有一点想法。"比奥伊："只有在我们的文明中幸存下来的既陈旧又仇视的人的想法。他被视为史蒂文森的徒弟，但比他逊色很多：对名声而言极其不利的形象。"博尔赫斯："史蒂文森创造出了那个奇妙的、神秘的、但对他来说是玩笑的伦敦，波西米亚王子弗罗利泽和自杀俱乐部[2]。马钦重拾了这个点子，但用它来制造恐惧，使之变得廉价而荒谬。"比奥伊："或许这个点子最初来自

---

[1] 《瘾君子自白》(1821)。

[2] 《自杀俱乐部》(《新天方夜谭》, 1882)。

德·昆西。和德·昆西一样，马钦爱说题外话，又很浪漫。不过他的题外话让人觉得无聊，而他的浪漫主义又质量低下。或许所有的浪漫主义都质量低下吧。但马钦的质量低下太明显了。"

他说在一些盎格鲁撒克逊诗歌（或者零散的诗句）中，在节奏缓慢和有理有据的解释过后，会断然以一个总览的句子收尾。他很纳闷，不知这是一位诗人还是一种修辞的发明创造，不知其他文学中是否有类似先例，或者这一做法有没有什么命名："就好像是之前所言一切的概括，迅速明了。"

7月17日，星期一。 他对我说："福楼拜听说在左拉的一本小说里会出现一个叫佩库歇的人物。警觉起来的他写信给左拉，让他把名字改掉。太蠢了。他居然不知道他的小说会比左拉的更经久不衰。"

7月20日，星期四。 他说："母亲之前在读马钦的《三个骗子》。他扮演了史蒂文森'勤奋的猿猴'[1]，但效果很不错。"

7月24日，星期一。 在艾萨·德·克罗兹全集中我们看到了生活失败者团体的照片。我大声朗读了《城与山》和《圣遗物》的前几个章节。他听我念的时候评论道："作者写作的时候带着微笑。"过了一会儿："我在想小说已经死了。我指的是描述性的小说，构想中一幅画接着另一幅画的样子。史蒂文森说沃尔特·司各特发明了这种小说。以司各特描绘中世纪城堡的方式，左拉描绘了一套公寓。这是高蹈派的美学：勒贡特·德·李勒或者埃雷迪亚把每首诗当做一系列明信片来写。有些书以目录开始。我年轻的时候很欣赏席尔瓦·巴尔德斯，直到我看了他几本书的目录，才意识到他写作的流程是这样的：'我们来看下，与高乔人相关的主题有哪些？吉他，斗篷，农庄。'然后作者就机械地用隐喻来涵盖这些主题。乔治·摩尔意识到这种方法有些无聊，说在创作《战争与和平》的时候，托尔斯泰估计会在半夜惊醒并大喊：'划船比赛。我忘了在书里放划船比赛了！'要避免在作品中进行系统规划：一首关于学校的诗，另一首关于系的诗，还有一首关于律师事务所的诗……这种流程显示出创作中一种刻意而机械的意图。"比奥伊："看起来小说家有两种可能性：实施一项严苛的连续描写计划（《萨朗波》《圣遗物》）或者一项严苛的智力讽刺计划（《布瓦尔和佩库歇》《城与山》）；在《布瓦尔和佩库歇》里因为二元对话手法需

---

[1] 暗指罗伯特·路易斯·史蒂文森，《回忆与肖像》(1887)，IV："所以我扮演了勤奋的猿猴，模仿哈兹里特、兰姆、托马斯·布朗爵、笛福、霍桑、蒙田、波德莱尔、奥贝曼。"

要制造虚假对立，比如：布瓦尔这么说，佩库歇那么说……作者自己定的规则变得很难遵循。"博尔赫斯："大概可以通过写篇幅长、情景和人物丰富的故事，或者压缩的、类似吉卜林的故事来解决问题。或许塞万提斯缺乏想象长远未来情形的能力，这点反到成了他的优点并救了他，相反其他小说家因为令读者疲倦而最终销声匿迹了。"

7月25日，星期二。 我朗诵了：

只有在您美丽的眼中我的谦卑顺从才显得温柔[1]

他评价道："法国诗歌被这种优雅毁了。"他说魏尔伦最出彩的地方是对话的口吻。就好像在讲话一样，以他的十四行诗为例：

我常常做这个梦，奇怪而悲切：
一个陌生的女人，我爱她，她也爱我[2]

他说魏尔伦身上也有一种情感上的做作（马虎的一面），在德彪西配乐并演唱的作品中这一面特别突出。比奥伊："给魏尔伦的诗配乐？为什么？怎么不配上歌词呢？诗本身就有音乐。"他说在留声机里听到魏尔伦的诗，配了德彪西的音乐，一位大嗓门女人演唱的，这种体验在许多方面很不令人愉悦。西尔维娜生气了，怪他是只猴子，重复我说的话。

我们提及了几位无可争议的伟大诗人：但丁、路易斯·德·莱昂神甫、维克多·雨果、魏尔伦。他也讲到了不那么重要的诗人："在他们身上可以个感觉到一种机械性。某种形式上的完美……我们那么喜欢的图莱，可能是最好的例子。埃兹拉·庞德也是不那么重要的诗人，虽然他写过很多首《诗章》；王尔德同样；爱伦坡最次。而诸如马修·阿诺德之类的不那么重要的诗人，还是挺有保障的；他们的诗虽然不出色，但也从来不会最差；相反，读莎士比亚就感觉深陷沼泽：作者突然就累了，让人物被熊追着跑[3]。卢贡内斯不是，他是更重要的诗人，如同史蒂文森，或者切斯特顿、吉卜林。"关于丁尼生他有些疑惑。他说虽然作品的数量不重要，但数量给人留下更重要的诗人的印象。西尔维娜不同意史蒂文森和切斯特顿是更重要的

---

1 保尔·魏尔伦，《绿》(《无言心区》，1874）。
2 《熟悉的梦》(《忧郁的诗篇》，1886）。
3 暗指《冬天的故事》，III，3 里老安蒂冈努斯的死："安蒂冈努斯被熊驱逐退场"。沃尔特·雷利在他的《莎士比亚》(1907) 中认为"这是熊第一次出场"。

诗人的观点。博尔赫斯："你觉得谁是？"西尔维娜："华兹华斯。"

7月26日，星期三。 他朗诵了阿斯卡苏比题词中的几句诗：

> 我曾是一支步枪
> 他们拿着我打靶；
> 我从步枪变成通条
> 从通条变成填塞物取除器[1]

博尔赫斯："写得好的是'他们用我打靶'。实质上，这是托马斯·曼最喜欢的题目；而穆希卡·莱内斯最喜欢的题目：家族衰亡。在《布登勃洛克一家》里，作者痴迷于用头发的颜色刻画人物：典型的俾斯麦时代年轻运动员：金色头发蓝眼睛；知识分子：深色头发黑眼睛。《威尼斯之死》里，讲了一个五十多岁的教授，做好了只经历这最后一次的准备，爱上一位年轻男子的故事。我觉得托马斯·曼是个傻子。埃斯特拉·坎托很喜欢他：他最爱的作家是托马斯·曼和萧伯纳。这组合真奇怪。"

西尔维娜（对博尔赫斯）："你有段时间喜欢俗气的东西。出于对那段时期的忠诚你对易卜生保持了欣赏。"博尔赫斯征询我的意见。比奥伊："我不觉得你有过这么一段俗气时期。但我确实认为你对易卜生的欣赏没什么道理。我在允许一个法语译本读者相信和评价的范围内这么觉得。"博尔赫斯："我们为什么不学挪威语呢？这样我们就能读易卜生的原作了。学挪威语应该比学古挪威语好吧。"后来他又开玩笑地补充道："你难道不更喜欢斯特林堡吗？"比奥伊："当然不了。但斯特林堡的愚钝并没有让易卜生变好。"

我们聊了《波马索》的案例：市长禁止这部作品在科隆剧院上演[2]。博尔赫斯："我对此不会有任何行动，因为我是曼努乔的朋友，不会攻击他；如果他们把我的名字放到禁止令的抗议书上，我就要投诉了。我会写封信到《国家报》：我有权利为自己辩护。我是审查的支持者。我觉得有的东西不应该发表。我认为审查对于作家而言是一种激励。如果没有审查，就不存在爱德华·吉本或伏尔泰的讽刺。"看我

---

1 《告别》(《启德雄鸡》, 1872年第10期)。
2 歌剧《波马索》由穆希卡·莱内斯转写剧本，并由阿尔贝托·希纳斯特拉谱曲，于1967年5月在华盛顿首次上演。7月19日，市长欧亨尼奥·斯凯蒂尼上校下令将其从科隆剧院安排表中撤下。这一决定基于名誉戏剧顾问委员会的意见，该委员会援引了在美国发表的故事梗概中描绘的剧中的"性，暴力和幻觉场景"。该歌剧刚刚于1972年在科隆剧院上演。

保持沉默,他问:"你觉得我的想法很不忠诚吗?"

7月28日,星期五。 博尔赫斯:"我对火冒三丈的母亲说,比起穆希卡·莱内斯的作品,或许马斯特罗纳尔迪和莫利纳里这类作品更适合成名。"比奥伊:"如果能成名,那一定会坚不可摧。"博尔赫斯:"我不觉得从长远的角度来看,一个作家适合谈论它。"比奥伊:"当然。我以为你指的是一位作家出版的作品数量和厚度。一位小说家或许可以在当下流行,但无法长久。为什么没人重读老小说呢?我觉得短小文章的作者更不容易被遗忘。"博尔赫斯:"诸如马斯特罗纳尔迪或马拉美这样的作者给他们的崇拜者一种属于'快乐少数派'的虚荣满足感。"比奥伊:"就像图莱给我们的。"博尔赫斯:"就像图莱给我们的。"

我们列了个值得喜爱的作家名单——不一定是值得欣赏的——我们一致同意约翰逊、德·昆西、史蒂文森、海涅、路易斯·德·莱昂神甫、艾萨·德·克罗兹入榜。当我提到卡夫卡和普鲁斯特时,他不置可否。他添加了蒙田(我同意),并问自己王尔德是不是太虚荣了。比奥伊:"如果不认识他会喜欢他;但我不知道认识他以后我们还会不会这么喜欢他。"关于约翰逊、德·昆西和史蒂文森,他的观点是:"除此以外他们人也不错。"

他想起一个建议——单纯商业上的——一位书商给他的:毁掉菲加里两百幅画,好让其余的画升值。博尔赫斯:"家里人很愤慨。"比奥伊:"即便这个建议还过得去,对于喜爱作者和作品的人来说是无法接受的。"博尔赫斯:"是的,但在文学中这样合适吗?文集呢?是另一回事吗?"比奥伊:"我们大概希望可以摧毁德·昆西或者史蒂文森的作品。至少不用事先和我们商量摧毁哪些。"博尔赫斯:"切斯特顿说想到那些史蒂文森散失的作品,脑海中便浮现出香槟瓶漂浮在海上的画面。画面不错,不过一个香槟瓶可能和另一个香槟瓶一模一样,但史蒂文森的作品每部都不同。"

7月30日,星期日。 他说格鲁萨克把美国比喻成不做梦的人[1]。"做这样的比喻难以避免。"他嘲讽地补充道。博尔赫斯:"埃尔南德斯和阿斯卡苏比的优点在于他们写作是为了取得即时的效果,没有什么进一步的文学上的意图。他们写作就好像当时的人说话一样。"比奥伊:"也有别人这么做,比如伊达尔戈和卢斯奇,可效果没这么好。"

---

[1] 《从普拉塔到尼亚加拉》(1897),XIX。格鲁萨克去了希罗多德描绘的亚特兰蒂斯,IV,184。

他指出 perdonare、perdonar、perdonner、forgive，甚至德语和英语里相应的词都包含"给"和"送"的意思："原谅这个概念是从罗马传到日耳曼人那里的。他们当时只有惩罚和报复的概念，但没有原谅的概念。这是一个复杂的概念。即便是今天，很多使用这个词的人也不理解其中的含义。"他说 sad（忧伤）和 satis（饱，满足）原本是一个词。

8月1日，星期二。 他对我说："我星期五四点半结婚。路易斯会做证婚人。我要将命运交到一个陌生女人手里了。一个我爱的女人，却还是个陌生人。"比奥伊："你的决定会是个错误吗？"博尔赫斯："希望不会吧。母亲说会尽快过来陪我。她对此很焦虑。很少有儿女会和母亲待在一起六十七年……这次之所以去美国是因为她这么建议我的。分开七个月时间很长。"比奥伊："1967年，真是奇怪的一年。"为了减轻我不能参加他结婚仪式的重要性[1]，他表示："这是生活中不真实的部分。"比奥伊："生活由真实和不真实的部分组成，两者结合得如此微妙，以至于我们分不清哪些是真实的哪些是不真实的。"博尔赫斯："真实的和不真实的。你说得有道理。"

8月2日，星期三。 我们读了吉卜林的两首诗：《英格兰的回答》和一首关于维京女性的诗[2]。他对第一首的最后一句感到遗憾：

谁不是孩子或是神，而是人的世界里的人。

关于第二首他说："可能表达了这么多世纪前那些女人们的感受。你看：没有考古学，连维京都没提到。和《萨朗波》的重构，完全修辞上的，有多不一样。在吉卜林的诗里没有任何埃雷迪亚的影子，没有任何枯燥乏味的感觉。吉卜林重现了当时人们的精神状态，已经散失了那么久……你看：诗句、复合词、奇怪的韵脚，感觉像古挪威语。多么灵巧，多么智慧。"比奥伊："想想对于所有人来说福楼拜多么出类拔萃。"博尔赫斯："或许对于吉卜林本人也是如此吧。"

8月3日，星期四。 博尔赫斯："每天听学生们在考试中做的作品梗概以及巴林的称赞，我真是越来越讨厌托马斯·曼了。他说托马斯·曼企图通过《浮士德博士》（模仿巴林的声音）写出我们这个时代的小说。真傻啊。"

他和我聊起瑞士："一些州出于想要过上理智生活的奇特理由加入了进来：瑞士

---

[1] 8月4日比奥伊·卡萨雷斯前往欧洲，12月才回国。参见《旅途》（1967）（诺尔马出版社，1996）各处。
[2] 《丹麦妇人的幽怨之歌》（《普克山的帕克》，1906，《欢乐冒险骑士》）。

由此诞生。真希望有一天法国、意大利、英国、德国、俄罗斯、阿根廷之类也能加入……到那时候瑞士就不存在了，但世界因为瑞士变得更好了。"

1968 年

4月14日，星期日。 我和博尔赫斯的母亲通电话。她告诉我："他到了[1]，瘦了，不过还不错，挺开心。他很开心，对我来说是个令人愉快的惊喜。他走的时候不怎么开心，现在好了。我不觉得自己老；我听人说了那么多遍'她这个年纪'，都有年纪大的心理阴影了，我以前可没有。我现在觉得自己老了，或许事情本应该是这样。我已经九十二岁了，亲爱的。我感到孤独。现在小豪尔赫回来了，我反倒比他在那里更觉得孤独：他来我这里，吃个午饭，洗个澡，睡个午觉，喝个下午茶，七点一到对我说：'好了，母亲，我回去了。'于是我觉得他要离开我了，我要一个人了。不过我会习惯的。"

5月3日，星期五。 博尔赫斯说："记忆里没有星期一、星期二、星期三……如果一个人每天都去了同一个地方喝咖啡，记忆中只存有一次记录。"

5月5日，星期日。 博尔赫斯说《知识竞赛》[2]，那个经常在电台里放的知识问答竞赛害人不浅，因为它鼓励人们去掌握一堆杂七杂八的无用知识，这是不去思考的借口。"柯勒律治会怎么说呢？"他补充道，"他大概会问：'好吧，先生们，你们得出什么结论了吗？什么都没有。'"

5月9日，星期四。 我们一致认为理想主义哲学的作用在于让我们不过分相信现实。博尔赫斯："吉卜林什么时候去世的？"比奥伊："1930年到1935年之间吧。三十多年前了。"博尔赫斯："我们太不注意了。"

5月12日，星期日。 在博尔赫斯和艾尔莎家吃饭。我和博尔赫斯制订吉卜林和亨利·詹姆斯选集目录，还有部分《史蒂文森其余作品》的目录。以下是我们计划的选集和作品：

a.《吉卜林》：《出格》《百愁门》《丛林男孩》《长城之上》《安提阿的教堂》《处理失当的黎明》《一场白人老爷的战争》《小狗赫维》《玛丽·波斯特盖特》《安拉之

---

1. 1967年9月至1968年4月间，博尔赫斯与妻子艾尔莎·阿斯泰特一同居住在美国。
2. Splendid 电台（1958—1971）播出的问答节目，由胡里奥·布林格·阿亚拉制作兼主持。

眼》《许愿屋》《世界上最棒的故事》。

b.《亨利·詹姆斯》：《人间乐土》《地毯上的图案》《科克森基金》《霍尔本因》《真品》《朋友的朋友》《出生地》《诺思莫的屈尊》。

c.《史蒂文森其余作品》：《职业选择》《圣诞说道》《绅士》《传奇小说刍议》《谦恭的争辩》《关于梦的一章》和两三个寓言（《信仰、半信仰和无信仰》）。（我们在这里打住。）

博尔赫斯："人们觉得他们脑海中有一个无穷尽的图书馆。事实上一个人只拥有三四本书，其中一本忘了一半。别人给你推荐一本，你随便什么时候都会读。比奥伊："还有一本一个陌生人二十年前给你推荐的，你当时就读了。"博尔赫斯："作家说什么人们就信什么。应该要小心。我曾经说过我的一本小说《玫瑰角的汉子》基于卡列戈（我的）某本自传。后来我就读到有批评家认为这个故事的灵感来源于卡列戈的一生。他们没有问问自己这怎么可能。他们不懂隐喻也不懂夸张。有一次我开玩笑说我的一首诗——那首关于拉普里达之死的——是从勃朗宁那里翻译过来的[1]。那是在美国，大家觉得很好笑。但后来这里就有人说我抄袭了勃朗宁的诗。我在系里讲过史蒂文森影响了切斯特顿，于是我不知道在考试时听到多少次女学生们回答说：由于切斯特顿抄袭了史蒂文森……"

我们聊到了复仇的主题：我说我不喜欢，毁掉了我读《诺思莫的屈尊》和《处理失当的黎明》之类故事的乐趣。

有人提到一个叫《下午好，很高兴认识你》的电视节目。博尔赫斯评论道："'下午好，很高兴认识你'。太粗俗了。"艾尔莎："看这个节目对女性来说很有益处。"博尔赫斯："我们还在延续典型：女性。"艾尔莎（嗔怒地）："是的，我的心肝。对于女性。对于那些没有渠道让人帮她们做事的女性。对于家中不工作的贫穷的女性。"艾尔莎半小时没说话，愣愣地看着装面包的盘子。之后她痛心地评论："这种冷漠，这种鄙视和无视，让我非常难过。今天小豪尔赫对他母亲说：'帕里托·奥尔特加？真丢人。太傻了。'为什么呢？很多干活的、卑贱的人、听着都挺开心的。他们不会听我们喜欢听的。他们不会听歌剧、巴赫或贝多芬。"女佣人听到"卑贱的人"这几个字火冒三丈。

---

[1] 参阅他为《另一个，同一个》（1969）写的前言："在《猜测的诗》中可以发现罗伯特·勃朗戏剧独白的影响。"

西尔维娜:"我需要睡八小时才行。"艾尔莎:"啊,我不是。就算我睡不到两小时,还是会一样起来,准备干活。如果有面包我就吃面包,没有面包我就不吃。怪癖没有。"艾尔莎说,在博尔赫斯不知情的情况下她正在破坏他的纪念品、信件和照片。

5月16日,星期四。　　博尔赫斯:"桑普森在那本《牛津英国文学史》里认为由于安德鲁·朗格的散文、历史、批评、短篇、诗歌写得都相当不错,所以什么都写不精湛[1]。真奇怪一个人可以如此表达他的想法,却没有名声扫地。"

6月9日,星期日。　　他说不知道能不能继续研究《创造之书》。一个犹太教法典研究者跟他解释说,在创世纪之前,神和托拉讨论这件事的合理性。托拉提出国王们应该有一座宫殿以及服从和称颂他的臣民。博尔赫斯:"在创世纪之前谈论国王和宫殿,难道时间上没有一点问题吗?这不就好像谈论自行车一样吗?"犹太教法典研究者:"啊,那您不理解希伯来人的思维。这里没有希腊式逻辑,只有诗歌逻辑。"

6月12日,星期三。　　我告诉他我在读贾斯汀·卡普兰的《克莱门斯先生与马克·吐温》:马克·吐温对布勒特·哈特怀着无法平息的怨恨,面目相当可憎。博尔赫斯:"然而有人写过,布勒特·哈特给他人增添光彩。"他补充说自己很喜欢《扑克滩放逐的人们》。我说我在读马克·吐温的时候没这么好的运气,而卡普兰的传记印证了我的印象。博尔赫斯于是称赞了《加州的富裕时光》[2]和《艰苦岁月》。

6月19日,星期三。　　唐纳德·耶茨和他的妻子在博尔赫斯家吃饭。博尔赫斯对我讲给他听的亨利·詹姆斯在感受到死亡那一刻(当他因偏瘫摔倒在地时)说的那句"所以那就是最后,那件高贵的事情(So this is it at last, the distinguished thing.)"。他时不时问我形容词是哪个,句子怎么开始的。我回答:"'distinguido'写得挺好,看起来不太可能。伊瓦拉可能会说:'挑战来了:造一个'distinguido'一词在里面合适的句子。'"(就好像另一个挑战,人们错把它归到伊瓦拉头上:"写一个包含'polichinela(傀儡)'的体面的句子。")在博尔赫斯看来,亨利·詹姆斯即便在死的时候也保持了自己的风格,这点很值得钦佩。

至于耶茨,他给犯罪小说提出的无数解决方案使我们疲倦和茫然。博尔赫斯后

---

1 《简明牛津英国文学史》(*The Concise Cambridge History of English Literature*,1941),XIV,3。

2 原文如此。参阅《自传随笔》(*An Autobiographical Eassy*,1970)。

来好像评论说："他就像个了解魔术师历史的人。记得所有魔术师的把戏。马丁·菲耶罗说得有道理：忘却是记忆的一种。[1] 记得所有这些蠢事等同于健忘。"

我们谈及弗罗斯特的《雪夜林边驻脚》这首诗。博尔赫斯评论说，在前几句里冒出了一个故事，给诗歌增添了现实感。故事在那里让读者去猜测，去感知它的存在，但并不希望读者去理解它，因为本来也不怎么有趣（但不影响这首诗的优秀）。他说弗罗斯特让人联想到他在一个朋友家门口，之前因为某些争执疏远了这位朋友。但耶茨完全不接受这种解：他觉得诗人眼前的房子是死亡的屋子；幽暗的森林是死亡的森林。大概他每次读前四句的时候都把它们当做缺乏含义的句子来读吧（却也没有因此觉得这首诗不好）：

我认识这片林子的主人，
不过他的房子却在邻村，
他不会想到我在此逗留，
伫望着白雪灌满了树林。[2]

博尔赫斯："'我熟悉了夜晚'[3] 不等于'我晚上出门'。不：他熟悉的这些地方，可能是妓院吧。"

耶茨满怀尊敬地谈起安德森·因伯特和雷斯特。比奥伊："他们有教授最糟糕的毛病。对于他们来说，一本好书和一本坏书毫无二致。他们就是文学界的昆虫学家。"我们列举了少数博览群书的人。比奥伊："梅内德斯·佩拉约。"博尔赫斯："但白读了：没有人因为他最好的作品——《致贺拉斯的信》记住他。"其他读书颇多的还有：雷耶斯、格鲁萨克。

6月21日，星期五。 马塞多尼奥意识到基罗加不会理解他，就自娱自乐地跟他评论罗多："他的全部相当于爱默生的一页纸。"他说提及读者几乎理解，又理解不了的诗之外或之前的情形，在诗歌领域还挺让人喜欢的。

6月23日，星期日。 我们说给一部关于《死亡和指南针》的电影创作情节不应该这么难（在我们看来很难）。博尔赫斯："我写东西的时候会对自己说这已经有人写

---

1 "……要知道忘却糟糕的事情／也是一种记忆"（《马丁·菲耶罗归来》，vv. 4887—4888）。
2 赵毅衡译。
3 R·弗罗斯特，《熟悉夜晚》（*Acquainted with the night*）【《小河西流》（*West Running Brook*, 1928）】。

过了。一位作家到了我这个年纪，除了重复自己能做什么呢？如果这么做，就会沦为极端派，或者像科塔萨尔一样。到头来，写作文学，甚至一个句子，就好像给乌龟或老鼠设计的迷宫：只有两个出口。"

7月1日，星期一。 他说他关于诗歌翻译的见解很简单，但也很公正：只要读过诗歌的原作，就没办法以同一种方式看待原作和翻译；会照着前者去读后者。博尔赫斯："即便假设罗伊·坎贝尔[1]的翻译和圣胡安·德拉·克鲁斯的原诗一样好，也达不到原作的高度。要以'无偏见的精神'读两首作品，必须无视哪一篇是翻译哪一篇是原作。"比奥伊："阅读时秉持的精神很重要。对《莪相》原创性深信不疑的歌德觉得它和《伊利亚特》以及《奥德赛》一样重要[2]；由于如今人们知道了麦克弗森在原著的创作中起到的作用，没有人会记得《莪相》，但这并不意味着麦克弗森的功劳不被承认。但奇怪的是歌德忽略了约翰逊很早以前说明过这一点。"

他说《国家报》邀请他写自传。他表示这样就可以维护一下秩序，决绝一些预先设定的想法。他可以攻击极端派、骗子。比奥伊："还有迷宫和镜子。所有那些非核心的。"博尔赫斯："我要避免把自传写成像切斯特顿那样的，满眼都是象征和寓言。梅西·沃德[3]的自传要好得多。"比奥伊："你也不应该写成像吉卜林那样的，很出色但又很多话没说。吉卜林非常保守。你不怎么谨慎，但结果倒也还不错。如果你写一本像吉卜林这样的书，那你就是在模仿吉卜林，而不是你自己了。"博尔赫斯："我一直在重读《谈谈我自己》；甚至有些段落已经背出来了。"

7月9日，星期二。 关于塞西利奥·马达内斯的堂弟，博尔赫斯说："他和阿根廷人一样理解原创是什么。原创就是模仿这里那里的最新样式，没有先例的不行，因为那是不负责任的。"

他觉得在圣地亚哥参加的作家大会的一位演讲者很好笑，那人为了赞美自己的苏维埃青春，说自己当时的偶像是切格瓦拉和叶夫图申科："真意外，真新奇：欣赏一位拿了他们的钱为扩张苏维埃帝国杀人抢劫的家伙，还有一位因著名的《娘子谷》被人记住的诗人，在诗里他勇敢地管一个犹太人叫'兄弟'。他这么做很好，但一段在这么多诗人里选择那么一位诗人的青春是什么样的呢？"比奥伊："如果他们

---

1 《圣十字若望》（1951）中的诗歌。
2 歌德让维特写：欧西安在我的心中已经代替了荷马（《少年维特之烦恼》，1774，II）。
3 《G·K·切斯特顿》（1944）和《回归切斯特顿》（1952）。

认识斯迈尔斯，肯定会嘲笑他，但比照适用，他们自己也变成了斯迈尔斯。"博尔赫斯："我本来想象他会说自己欣赏肯尼迪。也没有那么偏激，但至少也不是他们那群人里特有的。但事实并非如此。他们很自由，但没那么自由。他不觉得所有人都同时在谈论俄罗斯已经终结个人崇拜这点很可疑吗？他们什么开始谈论的？从之前的独裁者去世以后吗？现在的那位被视作废物，成为报纸上讽刺漫画和笑话的攻击对象吗？不，他们没走得这么远。"我向他指出俄罗斯政府对捷克斯洛伐克的威胁：不要实行多党制度，不要自由过度；否则军队马上就到。这些事倒很容易忘。

他相信犹太人还活在恐惧中。博尔赫斯："我以前说基督教和伊斯兰教是犹太教的分支。但一个犹太人不敢这么说。如果一个犹太人说犹太文化和阿根廷文化，那这两个表述是同义词。"他补充道，历史证明，一个少数族群永远都不缺保护自己的理由。

他告诉我喜剧演员劳莱和哈代被人问起如何做到合作二十多年来（酬劳很不错；难度加剧）一直友谊稳固时，他们解释说：因为不允许彼此的妻子互相认识。如此一来她们就不会有关于次序的争执，类似"我觉得你干了所有的活。你被低估了。他占了不该占的便宜"。

他说："关于'我'的存在，我知道，值得怀疑，但没有人会质疑社会的存在更加可疑。"

7月14日，星期日。 博尔赫斯："《马丁·菲耶罗》教给我们一件事：民众参与历史，但不理解历史也感受不到历史。马丁·费耶罗是征服荒漠的一名士兵；他参与其中，却从来没有对一次有过疑义。《马丁·菲耶罗》最显著的特点就是人物游离于阿根廷历史之外。由于埃尔南德斯是联邦派，他笔下的高乔人也在阿根廷历史之外。他反对政府，因为对他而言唯一可敬的政府是罗萨斯的政府。唯一反印第安人的运动是罗萨斯的假想远征。他憎恨印第安人，但对同他们之间的战争不感兴趣。马丁·菲耶罗没有历史背景。但人物这样也好：还是可信的。阿斯卡苏比笔下的高乔人在道德上优越一些：他们歌唱着同暴政抗争[1]。马丁·菲耶罗看起来更真实，更粗糙；对人物比较好的品质对作者不好。马丁·菲耶罗做了很多坏事。我们国家最好的作品之一主张野蛮。"

---

[1] 暗指阿斯卡苏比《保利诺·卢塞罗》的副标题："……拉普拉塔河的高乔人歌唱着与阿根廷共和国与乌拉圭东岸共和国的暴君对抗。"

他说老普林尼的《自然史》之所以这么叫因为当时的"历史"不解释为年代学研究或编年史研究，而仅仅是研究的意思；"自然"因为动物属于大自然，属于世界。他观察到现在这一命名仍然在使用，没有人会想到年代顺序。

7月20日，星期六。　比奥伊："莫泊桑的情况比较奇怪：他的纯轶事性的故事被人当成杰出短篇欣赏。"博尔赫斯："奇怪的是人们责怪欧·亨利写不出像莫泊桑那样的故事，只能写出些轶事而已。好吧，人们认为莫泊桑很会写。"比奥伊："所有事情的关键在这里；当一个人一旦认准一件事，那什么都形不成反对意见，证据也不行。如今的理解是基罗加很会写。要醒悟过来可以读他的作品。"博尔赫斯："不过这不重要。"

博尔赫斯解释道："出于愚蠢，莎士比亚让尤利乌斯·恺撒用拉丁语说出'还有你吗，布鲁图斯'[1]。作品的其余部分都用英语写的，'还有你吗，布鲁图斯'听起来像个引用。如果不是莎士比亚犯的，这个错误可以送任何一个作家入地狱，单纯被人鄙视的结果。"

他说"蠢货"这次在普通人的嘴里是个含义模糊的词。那个不停下来的司机是蠢货，在售票处抢在我们前面的人是蠢货（但落在后面的更是蠢货）。他同意我说的，人们说话随心所欲，今天以一种方式说话，明天又换一种方式。博尔赫斯："或许词典真的是用来固定语言的。"比奥伊："当然。在这个层面上它们非常有用；但西班牙人走歪了。"

博尔赫斯："在乌拉圭人将奥拉西奥·基罗加占为己有时，可以指出他们犯了两个错误：道德为其一，出于贪婪。奥拉西奥·基罗加只不过碰巧出生在乌拉圭的领土，他是当时阿根廷领事的儿子；美学为其二，因为要把他占为己有，最好还得表现出一副满不在乎的样子。"博尔赫斯的一切反感都针对基罗加，而非乌拉圭。

7月23日，星期二。　博尔赫斯："我父亲的一句话：'如果我们能够不死，就会有时间讨论所有这些问题（上帝是否存在，等等）。'上帝因为不相信他的存在就去谴责一个人，那这种上帝的想法是可悲的。亚里士多德说过：'我宁可人们相信我没有存在过，也不想他们相信我是个坏人。'上帝不这么想。如果有人说：'在圣路易斯有人不相信您的存在。'好吧。那又怎样呢？对于我们是否信上帝，上帝又能从中得到

1　《尤利乌斯·恺撒》，III，1。

什么好处呢？何人得益呢？（Cui bono）"

8月4日，星期日。　　博尔赫斯："我很难相信贪食这个概念。是什么呢？味蕾上舒服的挠痒痒吗。禁欲一点，不沉溺于此，看起来也没那么值得赞扬。搞得好像一个人因为闻了里巴德内伊拉图书馆里书封皮上的苹果或者西班牙面的味道死了。味道很好闻，但还有更重要的东西。"

8月7日，星期三。　　博尔赫斯说："所有的精神病医生（和精神分析医生）都应该有点魔术大师的感觉。和后者一样，他们什么都不懂。不比死人知道得多。[1] 我觉得这样的医生会造成很多伤害。他们应该都是些傻子。那些满怀崇敬从他们那里引用的话愚蠢难耐。他们大概都是魔术大师。你看，所有的精神病医生……"（从头反复）

博尔赫斯："如此欣赏布拉克的克莱门特却那么鄙视抽象派，太奇怪了。他怎么就没有注意到两者之间的某种相似之处呢。这就好像一个人很欣赏迪克森·卡尔却鄙视卡特·狄克森[2]。布拉克画的形态很难看：可以是愚蠢却美丽的物件。比如一条领带。或者石块。"

8月14日，星期三。　　早上他给我打电话："我想告诉你一件事，可以证明我们生活在笨蛋、也同时是魔鬼中间。埃尔米尼亚·布鲁马纳去世的时候，奥利韦拉让人在她常去的阿根廷作协图书馆里挂了一块大理石牌子：埃尔米尼亚·布鲁马纳住在这里。好像皮尼奥尔发现牌子已经被摘掉了。调查结果是在某一次管理层变更后，诗人加尔蒂让人把它撤掉了。皮尼奥尔问加尔蒂什么这么做，后者回答：'我们不能生活在幽灵中间''我们要是真的能生活在像埃尔米尼亚·布鲁马纳之类的幽灵中间就好了。'皮尼奥尔说。你对加尔蒂麻木和卑鄙的特点怎么看？这样一件事情昭显出一颗残忍的心灵，不比发明毒气室的好到哪里去。当然，我这么说不是因为造成了什么后果，而是促使他卑鄙的动力。"我觉得他说得有道理，但后来我想或许加尔蒂（我也是）害怕死亡有关的东西，而那块给图书馆带来墓地气息的牌子也让他不寒而栗。不管怎么说，要摘下牌子需要勇气，而这种勇气我没有。换作我，早就因为恐惧迷信和厌恶殡葬动弹不得了。

8月20日，星期二。　　博尔赫斯："这里没有人会攻击自己的作品。"比奥伊："在其他地方也不常见。在法国我是没见过有作家嘲讽自己写的东西。"博尔赫斯："德里厄

---

[1] 暗指斯特芳·马拉美，《不安》（《诗集》，1887）："自会声言，你比死人更一无所知。"
[2] 约翰·迪克森·卡尔（1906—1977）常在作品上签自己的名字或笔名"卡特·狄克森"。

曾经这么做过。雷耶斯也很谦虚。不过，在西班牙多年来人们对他很严苛，就因为他不是西班牙人。"

9月1日，星期日。 我引用了罗素的话，他说最好的政体是一种温和的社会主义，他也对马克思主义的胜利表示遗憾，他认为这很尼采[1]。博尔赫斯："拙劣文学的胜利。"

比奥伊："麦克卢汉坚称在任何清楚的句子里都有对探究事实的放弃。"博尔赫斯："应该想到这个世界的复杂性，而任何试图表达它的句子也应该是复杂的：应该玩个游戏。所有清楚的句子都是一种简单化。"

9月7日，星期六。 他说："同性恋爱玷污了全部文学。而现在友谊又成了被禁的话题。"西尔维娜严正抗议。博尔赫斯："现在已经不能给死去的朋友写挽歌了。"

9月8日，星期日。 博尔赫斯："名著可以经受住各种阐释。有人将《堂吉诃德》作为一个临床案例来研究，认为小说里疾病的演变值得惊叹。而在对医学和精神病学很感兴趣的格鲁萨克看来，不存在这种疯狂。"比奥伊："最有可能的是作为临床故事，小说不那么可信；但这不重要。糟糕的地方在于从书里找一些荒唐的优点。"

关于亚里士多德对历史和诗歌的之间区别的论述[2]，他观察到："那么，一匹身体里藏了士兵的木马导致一个城市的陷落，这是一件普遍和不变的事件。"

9月14日，星期六。 博尔赫斯："没有人在意愚蠢。难道没人注意到里维拉壁画里那些明显长着一张蠢脸的印第安人吗？人们觉得这些画对印第安人不利？里维拉本人几乎没感受到这种愚蠢，还觉得自己的画有利于他们。关于那些描绘头戴礼帽手拿美钞的美国佬的画，你又怎么看？太粗俗了。尽管如此，里维拉毫无争议。没有人敢攻击他。另一个不容争议的是埃尔·格列柯。他的画里一张聪明的脸也没有。他画官僚主义的天空，满是教士和达官贵人，有点跳芭蕾的感觉。"

9月16日，星期一。 关于洛佩·德·维加和贡戈拉，他说："洛佩署自己名字的时候赞美贡戈拉，署假名的时候则诋毁他。在这件事上他表现出了丑陋表里不一；不过，他写他尊重贡戈拉，因为他凭借一己之力创立了夸饰主义，但不尊重他的模仿

---

1 《自传》(1968)，XIII："马克思是尼采颠覆论的门徒，但不幸的是，马克思主义在社会主义者中占了上风。"
2 《诗论》，III，7（1451b）。

者，从他自己开始，这点倒还不错[1]。同样的批评适用于所有模仿奇怪大师的徒弟；所有那些想终结传统，采纳新风尚的人。洛佩也写过：'因为我欣赏贡戈拉写的我可以看懂的东西，我不批判我看不懂的。'你大概会想那个时代的论战如此激烈，不至于会产生这类细腻的观点。"比奥伊："或许洛佩是当时西班牙作家中最聪明的，他有能力写出任何东西。他很多诗句中展现出的质量可以和鲁文·达里奥相媲美。"博尔赫斯："不应该从戏剧的角度来评价他，戏剧在当时是一种产业。克维多和贡戈拉看起来更生动一些。但或许不应该这么生动。"

他注意到："如果有人对我说他崇拜塞万提斯，我会觉得他有他的道理；如果有人对我说他否定塞万提斯，我也会这么觉得。基本所有作家都可以这么说，尤其是经典作家。取决于怎么看待他，稍微低下一点头，将视线聚焦在这里或者那里。"

关于纳莱·罗斯洛一次演讲："为了不要太庄重，他使出幽默的拿手好戏。幽默在演讲里是一种表现庄重的方式。"

博尔赫斯："贫穷还是富有不重要，重要的是体面地贫穷或者体面地富裕。一个忿忿不平的穷人和一个到处显摆的富人都不好。"

他谈起了流行语："一对男女路过。街角的小混混对那个女孩子说：'小孤女。'完美的说法。谁发明的？一开始肯定是见到女孩子一个人时候说的，后来人们发现可以用它来侮辱女孩子的同伴。是谁发明的呢？永远没人知道；不过有件事很清楚：不是那些使用它的人发明的。发明者可能和他们差不多，很像，但是其他人。"

9月17日，星期二。 他说在英语版的《我们在天上的父》里，据他所知，那句话是"国度、权柄、荣耀，全是你的（thine is the Kingdom, the Power and the Glory）"，但有人提出正确的版本可能是"thine are the Kingdom, the Power and the Glory"。博尔赫斯："单数动词形式尽管没那么有逻辑性，但可以说得通，甚至更好，因为表现出一种自发的用词风格，可能对一个句子来说最合适。"

9月28日，星期六。 博尔赫斯："我怀疑阿斯卡苏比或者埃尔南德斯有没有在《阿根廷阿的帕切人》里感受到什么我们的东西，他们的和我们的。如果他们听过探戈，他们或许会说：'这跟我们没有任何关系。应该是保加利亚音乐吧。'（停顿）但他们

---

1 "那些模仿这位绅士（也就是贡戈拉）在迭代中创造出了畸形的产物，他们认为模仿他的风格就可以企及他的才华。"【《对此地一位先生就新诗歌所写文章的回应》（*Respuesta a un papel que escribió un señor de estos reinos en razón de la nueva poesía*），1621】。

可能多多少少对这种音乐有所认同感。"

我们聊了安德鲁·朗格。博尔赫斯:"朗格说史蒂文森对沃尔特·司各特爵士的粗心和迟缓没有表现出每个苏格兰人都应该有的忍耐。这句评价是他带着笑写出来的吗?他说他年轻的时候,有一次遇见过鲍勃·史蒂文森,但他说关于那次采访,什么都不记得了,除了他给史蒂文森解释说巴尔贝·多尔维利不是英国运动员。毫无疑问他提起那件轶事是开自己玩笑。"

10月3日,星期四。 博尔赫斯:"你知道系里让老师教学生什么吗?风俗主义,费尔南·卡瓦列罗的那些作品。应该把那些教授送进监狱。"

10月5日,星期六。 博尔赫斯注意到:"独裁政权受益于没有人敢承认自己害怕的局面。你怕得要命的时候,装出一副兴致勃勃的样子,还热情参与到伟大的公共事业中。后来你会说你错了,没那么不齿了……你骗谁呢?"

博尔赫斯:"在这个国家,烧烤我们已经尝试了两百年了,但每次烤出来质地都和皮一样干。我们应该放弃尝试。"

10月17日,星期四。 他说:"斯温伯恩把语言的力量发挥到了极致。"我们列举了有这种能力的作家:梅瑞狄斯、丁尼生、莎士比亚、维克多·雨果、达里奥。博尔赫斯:"阿尔马富尔特也勉强能算。"比奥伊:"非常勉强。"西尔维娜:"波德莱尔呢?"比奥伊:"我不这么认为。不如说兰波吧,有那么很短的一段时间。"

10月20日,星期日。 博尔赫斯:"在贺拉斯笔下可以不断发现他是个好相处的人的迹象。克维多的作品里缺乏这类迹象。"比奥伊:"所以人们这么喜爱贺拉斯。卢贡内斯的作品里同样缺乏这类迹象。"博尔赫斯:"在剑桥(美国)有人跟我说在贺拉斯歌颂隐居生活的第二个阶段可以归纳为以下诗句:'高利贷者阿尔菲奥是这么说的……'似乎贺拉斯想把他所有的建议都当作玩笑一笔带过[1]。这些建议如此之好,如此合适,所有人都受用,而最后关于玩笑的那句却被人忘却:我们也忘了。"

11月1日,星期五。 比奥伊:"在《泰晤士报文学增刊》上有一个法国学生和其他文化人群体在谈话中最常被提及的英语作家名单。被提名最多的好像是海明威;斯坦贝克紧随其后;弗罗斯特排在史蒂文森之前,华特·迪士尼领先于吉卜林。"博尔赫斯:"我想象中系里的所有女生都知道埃兹拉·庞德,但并非如此。我以为他和

---

[1] 贺拉斯,《长短句》,II。

毕加索和弗洛伊德一样有名。我觉得切斯特顿在我们中间比埃兹拉·庞德更为人所知。"比奥伊:"在欧洲,切斯特顿的名字几乎不会在谈话中出现。在英国,他被视为无足轻重的作家,比较像记者。"博尔赫斯:"这种不公要归罪于桑普森在《剑桥英国文学史》里的那几行字。"他补充道:"我找到了埃兹拉·庞德还不坏的译本。"

博尔赫斯:"巴罗哈在《知善恶树》里说英国哲学家比德国哲学家更值得一读;他说后者就好像酒精,醉人却没什么营养[1]。海涅写过:'我年轻的时候把猪和黑格尔学派的人放在一起喂养。[2]' 说得真好。一切都清楚了:他犯了个错误,现在后悔了。海涅是个出色的作家。"比奥伊:"很有天赋。"

博尔赫斯:"以下诗节:

那天午后过半
我一如往常和你告别
是那因你要离开时的模糊哀伤
让我知道我爱你。[3]

最大的特点之一是提醒那些喜欢卖弄学问的人在诗歌里没有不可动摇的规则。'Tarde de, cuando iba mi habitual adiós a darte, de dejarte, hizo saber',这还不够,外加'día-quería, darte-dejarte'的韵。很明显他对下面这诗的欣赏有点过了:

花园,以它亲密的静谧,
轻松笼住你插上翅膀的梦境,
月亮为你打开他的教室
而我会是你叹气的老师。[4]

什么意思?花园给梦境罩上了一个笼子,里面月亮给一位小姐打开了他学校里的一间教室,卢贡内斯教这位小姐如何叹气。"

他断言人们会记住戈麦斯·德拉·塞尔纳,我对此表示怀疑。博尔赫斯:"格雷

---

[1] 《知善恶树》(1911),IV,1。
[2] 在《罗曼采罗》(1851)的跋里,海涅说他浪子回头,回归了上帝。
[3] "Al promediar la tarde de aquel día, /cuando iba mi habitual adiós a darte, /fue una vaga congoja de dejarte/lo que me hizo saber que te quería。" L·卢贡内斯,《幸福的心》(*Alma venturosa*)【《金色时光》(*Las horas doradas*),1922】。
[4] 《黄昏的月亮》(《伤感的月历》,1909)。

戈里阿是一种奇特而无用的想法,如歌德所言,对继续思考没有任何帮助。"

11月10日,星期日。 有位来自波兰的先生告诉博尔赫斯,康拉德对日内瓦的反感可以用他对这个城市不愉快的回忆来解释:在那里他大概跟人搏斗过,然后杀掉了对手(关于反感,请参考《在西方的注视下》)。

11月14日,星期四。 今天博尔赫斯的母亲接受了手术:从三天前开始,这位老太太(九十二岁高龄)无法吞咽,甚至连水都不能喝。与此同时,博尔赫斯和他的妻子去埃塞伊萨找从美国来的朋友(蒂·乔凡尼)。医生们担心会查出什么不好的东西来;结果发现她的食道里卡了一颗鹰嘴豆。看起来老太太会完全恢复。

11月18日,星期一。 博尔赫斯(携妻)和莱达·巴利亚达雷斯在家里吃饭。博尔赫斯:"在犯罪小说、奇幻小说,或者单纯的悬疑小说中,给出的假线索应该是常见地点;否则读者理解不了。"

博尔赫斯的妻子让我吃了一惊:她比我想象的更蠢。我每次看到他们在他人面前毫无顾忌地秀恩爱,就会对自己说:"真是瞎了眼了。"莱达:"为什么他要在做讲座或者授课之类的活动里如此消耗自己,它们在身体上摧毁他,让他离写作渐行渐远。"艾尔莎:"为了赚钱呗,很多钱,可以好好活好好死。"博尔赫斯背诵道:

—给我牛犊肉。
—我跟你说了没有。
—给我五比索
我好坐有轨电车。[1]

他评论道:"我跟你说了没有:从中可以看出当事人的性格。还有另外那个女的,欲求不少:她要一样东西,别人给了她,她又会要一样完全不相干的东西。对话里的句子应该起到反映人物性格的作用。"

11月23日,星期六。 为了表示友好,博尔赫斯对玻利维亚大使的妻子说海梅斯·弗雷伊雷和达里奥一样好。"我们在玻利维亚都这么说。"那个女人天真地回答;后来她又评论说天太热(这是事实),玻利维亚常年气候宜人。博尔赫斯求她:"夫人,您别坚持谈论天气了。我们很惭愧。这天热得很不高尚,一个不高尚的印第安

---

[1] 图略·卡雷亚(Tulio Carrella)在《布宜诺斯艾利斯式狡猾》(*Picaresca porteña*)【《二十世纪》(*Siglo Veinte*),1966:111】中认为"这些诗句被赋予了放肆无理的含义"。

人国家的特色。"

克维多写过："过去一直这么做的就会一直做下去。从来没做过的永远也不会做。这条规则总结得不错，拒所有新鲜事物于我们的门外。"博尔赫斯："挺有趣的。结论在前提里。一点惊喜也没有。奇怪之处在于它的内容虽然很明显，但和世界上的任何一个句子都不像；能够明智地达到如此稀奇的程度真不容易。克维多是个聪明的人。为什么他要写这句呢？'新鲜事物'在此是'肤浅新闻'的意思吗？"

博尔赫斯说："我们需要有一个标准应用于当年，或许还需要另一个用于永恒。从永恒的角度来看，我们可以原谅埃尔南德斯身上的很多问题，但我们现在还有庇隆主义，萨米恩托是我们的救星。我们已经原谅埃尔南德斯很多了；如果他和我们同时代，我们是不会喜欢他的。在英国，弥尔顿遇到的情况也差不多。"

他想起了萨克雷对想要采访他的记者说的那句："先生，我是个不公开的绅士。"他还引用了一位演员的墓志铭，《希腊选集》里收录的：

我死了很多次，但这样从来没有过。[1]

11月25日，星期一。 比奥伊："昨天晚上我在读《知善恶树》。"博尔赫斯："我年轻的时候读巴罗哈的小说，讲故事用的都是这类句子：'他的丈夫有点傻，在某某大街上开了个书店……'就想一个人怎么写都可以。"

艾尔莎招待了蒂·乔凡尼；她替他担心。她把他介绍给了阿莉西亚，她的妹妹，后者请她去她在玻利瓦尔的庄园。艾尔莎感觉被冒犯了，因为她妹妹把她介绍的人抢走了；因为那人背叛了她……

11月27日，星期三。 几天前开始我就开始担心，发现他耳朵有点聋，也可能在若有所思。今天他说："我得去看医生了，我要聋了。"他和妻子通了电话，"照顾好自己，亲爱的，等等"，那会儿我坐在沙发上等他。通常他知道我在哪里，今天他最后有点迟疑，紧张，朝各个方向找，就是没找到我在的地方。我叫他。他停下来，好像在听从很远处传来的声音；接着又继续他错误的寻找。我感觉我们在进入看起来遥远且难以置信的情形。关于他的妻子他说："她不能知道我去了母亲家里，否则她会醋意大发。她已经和蒂·乔凡尼闹过不愉快了。蒂·乔凡尼跟我

---

[1] 《希腊选集》，VII，155。博尔赫斯和比奥伊将其收录于《布宜诺斯艾利斯年鉴》1946年第8期的"博物馆"版块。

解释：'你有两种背景。'"

博尔赫斯："在美国人们知道的阿根廷作家有科塔萨尔、我和萨瓦托，（对我说）你和他们应该也知道一点，还有马列亚也是；阿尔特和基罗加的名声都没有传到那里。没有人想读马列亚。他受到尊重，但不被人欣赏。如果马列亚只剩下尊重，那其实对他来说什么都不剩了。"博尔赫斯："科塔萨尔怎么会没有想到一个像《八十世界环游一天》的题目很傻吗？这是个太刻意的玩笑。"西尔维娜默默吃饭。我想："没人想起她。她一副苦相。"

12月3日，星期二。　博尔赫斯："我不知道能对艾尔莎做些什么。每次都是同样的路数，我跟她说和我一起生活叫人无法忍受，分开或许对她而言更好；这之后我们又和好如初，她给我做我最喜欢的菜：罗马式土豆汤团或沙丁鱼。如果不吵架，也就没有这几道菜吃……母亲口无遮拦，对她说这种套路是年纪很轻的人用的，我们这年龄已经不适合干这种傻事了。在剑桥，我许多次搬去酒店住的其中一次，我和埃克特尔·因格拉尔，一位阿根廷宇航员聊天。他跟我说：'所有基于一个人承诺会改变达成的谅解都是徒劳。确实包含和解的愿望，但并不真正有改正的意图。我不觉得对方缺乏真诚，只是觉得他改不了而已。'艾尔莎怪我：'你让我等了足足半小时。'他觉得我故意这么做的？我没注意，仅此而已。人们抱怨等待，但不理解到的那个人并没有那么精彩。给人感觉他们生活在众多杰出人物中间。"如果到的那个人是埃斯特雷拉·古铁雷斯，而对方等了半个小时，他就失去了埃斯特雷拉·古铁雷斯的半小时。

12月7日，星期六。　思考了'usted（您）'、'tú（你）'，西班牙的'vos（您）'和阿根廷的'vos（你）','usarced（您）'和'vuesamerced（您）'[1]等称呼的细微差异，博尔赫斯评论道："代词成了西班牙语的一个特点，尽管用得并没有其他语言那么多。"他表示自己不敢用'vosotros'（你们）。

博尔赫斯："莎士比亚这个名字的意味不同于你对他作为诗人的评价。这种情况并不在所有作家身上发生，也不包括吉卜林、斯温伯恩、罗塞蒂以及威廉·莫里斯。你说出品达这个名字的时候，会感觉到一种冲动。相反，吉卜林这个词营造的氛围不好。"他朗诵道：

---

[1] usarced 和 vuesamerced 是17世纪西班牙语中的"您"。现代西班牙语中已不用此称谓。——译者注

像玫瑰一样在芬芳的痛苦中死去。¹

他注意到:"'像玫瑰一样死去'很值得赞美,但'在芬芳的痛苦中'我觉得不那么好;'芬芳'不行。给人感觉诗人过度矫饰,破坏了开始的好势头。"

又朗诵道:

我想与自己生活
想享受亏欠上帝的美德
一个人,没有见证者
没有爱情,嫉妒,
怨恨,希望,怀疑。²

他评论说:"这些句子真令人钦佩。路易斯·德·莱昂神甫是多伟大的诗人。"

12月10日,星期二。　　博尔赫斯:"我憎恶奢华。比起大酒店,我更喜欢一个糟糕的小旅馆。社会气,我身上一直带着。梅尔维尔曾说过:'所有的名声都是他人的赞助,请允许我名声扫地。'"比奥伊:"他说得有道理,但在过度的阴暗中住着虚荣和苦涩的怪物。"

博尔赫斯:"阿斯卡苏比没有说过:

你们别放屁,要收钱的?³"

不坏:像是诗歌的迭句。这句诗的优点在于读者能够想象出它的对象。有些诗句,比如埃雷拉·伊·雷西格的,单纯是词语的堆积;在阿斯卡苏比的迭句中你能看到所有的真实。

12月13日,星期五。　　关于他和妻子的争吵:"我发现我有些厌倦了。他连小母狗的醋都要吃。我喜欢和动物(和年轻人)说话。他们是多么神秘的生命体:突然间就下了个决定,一溜烟走开了。之前我不喜欢家里养狗,现在我喜欢了。越来越有好感。我身上发生了很多不幸,但日常的一切依旧安宁,平静,没有波澜。我通常不

1　亚历山大·蒲柏,《人论》(1733),I, v. 200。埃德蒙·戈斯(《温切尔西伯爵夫人的诗》,出自《图书馆私语》,1891)指出蒲柏"芬芳的痛苦"的表述可能取自温切尔西伯爵夫人安妮·芬奇的作品《怒气》(1713):"我们在芬芳的痛苦下晕厥"。
2　路易斯·德·莱昂神甫,《隐居》(p.1631)。
3　《别笑!》(《保利诺·卢塞罗》,1872)。

会觉得自己赢了或者输了。她在一次争吵后对我说：'我们必须继续在一起。我们俩如此孤独。'才不是：我不觉得自己孤独。人们对我很好。连我的愉悦和喜爱都被染上了消极色彩，因为它们是争吵的一部分。"

他引用莎士比亚："生他之前我着实享受了一番，因此这私生子我不得不承认[1]。"《李尔王》里，父亲在他的私生子（whoreson）面前这么说。博尔赫斯在词典里先找到"whoreson"，之后才是"whore"：这个词不是他以为的德语词，是爱尔兰语词。

12月14日，星期六。　　在一场关于征服沙漠的讲座中他说："可能最合理的原因是印第安人造成的，但很大程度上归因于智利。或许应该希望在所有战争中代表更好文明的一方获胜。另外，要怎么去慈悲对待那些不懂得慈悲的人？"

12月22日，星期日。　　我们聊了女人，还有托马斯·布朗爵士有趣的感叹，说人类不能像树木一样繁殖。博尔赫斯："我不觉得那是女人的缺陷所在。她们的缺陷是她们的头脑。"比奥伊："我把她们想成罪恶的选择。"博尔赫斯："不至于。"比奥伊："怎么不至于。我不离开这个女的，因为我拿她和另外一个比，也因为我不知道下一个会给我带来什么。"博尔赫斯："塞缪尔·约翰逊说得有道理，当一个女人讲道理的时候，不应该因为她做得好而夸奖她，而应该出于她这么做的原因。就像看到一只小狗前脚腾空一样[2]。"

12月25日，星期三。　　博尔赫斯："对于雷耶斯和卡普德维拉，他们对西班牙的爱害了他们。卢贡内斯尽管憎恨西班牙人，却有一个西班牙作家的所有缺点：总是试图用太多词语写作，不够亲密……萨米恩托虽然粗线条，但至少努力成为文明的作家。拉莱塔想要西班牙一点，却被法国化了；他的榜样都是法国人（福楼拜，《萨朗波》）。"

12月26日，星期四。　　博尔赫斯带了圣约翰·欧文写萧伯纳的书[3]来送给我，并对我说："这是本好书。我家里之前就有，但我不会重读，因为我有其他的选题要忙。虽然不是去书店买的，但不要紧。"

他写了一首诗悼念洛佩兹·梅里诺[4]的去世："他写的东西不怎么样，但我们是朋友。这个题目可以写首诗；他的诗不行这不重要。"

1　《李尔王》，I, 1。
2　包斯威尔，《约翰逊传》，《1763年7月31日》。
3　圣约翰·格里尔·欧文，《萧伯纳：生平、工作及友人》(1956)。
4　《1928年5月20日》(1969)。

比奥伊:"上周六,宇航员绕月球一周,那天成为具有历史意义的一天,甚至有人从飞船上走了下来。"博尔赫斯评论道:"太空之旅?我不知道还有其他的。"

1969 年

1月1日,星期三。 博尔赫斯:"英语里的副词不招人烦。但在西班牙语里不应堆积副词:人们会将注意力集中到没有任何含义的重复部分。愉快地(alegremente),飞快地(rápidamente):你会忘记'愉快'和'飞快',只听到'地'(mente)。英语里的副动词或许可以加快句子节奏;但在西语里则会放慢节奏。如果你写'I went running',想要表达的速度比'I ran to go'要快。在西语里你如果说'corriendo'会让你的文风停滞。比西班牙语轻盈的法语和英语需要一些配重,这样句子不会悬在半空;要一直写'he, him, I, moi, it'。西班牙语因为更有重量,理解起来会更费时间,不需要这些恼人的支撑成分。"

博尔赫斯提及 perito(专家)、peligro(危险)、itinerario(路线)、fahren(形势)、fare(车费)、fear(恐惧)这些词,它们的词源相同。所谓 Perito(专家):已经走出了一条路线轨迹的人。

1月4日,星期六。 博尔赫斯对我说他在和妻子一同翻译沃尔特·惠特曼。[1] 关于惠特曼,他说翻译的时候发现他没有不存在瞎话的诗。"他比阿尔马富尔特更无知。"他表示。

他引用了爱伦·坡的一句诗:

死神正巍然地朝下眺望(Death looks gigantically down)。[2]

并评论道:"糟糕极了,可是对爱伦·坡又能指望什么呢?这里的譬喻不合适,副词巍然地(gigantically)看起来也不怎么开心。"

1月5日,星期日。 我们在家和蒂·乔凡尼吃饭。聊天留下没什么令人印象深刻的东西,但却可以帮我们了解他的可爱之处和与我们的差异。博尔赫斯:"在美国他们不开黑人玩笑。"蒂·乔凡尼:"那是因为我们在和他们交战,我们可不想他们割

---

1 《草叶集》(华雷斯,1969)。在《布宜诺斯艾利斯》(1969)中,博尔赫斯回忆起"在南边的一栋高房子里我妻子和我翻译惠特曼"。
2 《海中之城》(1831)。(曹明伦译)

断我们的脖子。"博尔赫斯："我不是种族主义者。我相信他们说的话，我们看看最后谁赢。美国会肃清所有黑人，如果一不注意他们可能会把我赶到巴西。如果不消灭黑人，黑人会把他们的国家变成非洲。"比奥伊："为什么在美国人那么喜欢墨西哥？"蒂·乔凡尼："因为有异域风情，也因为近。因为它和美国如此不一样。"博尔赫斯："巴西也有异域风情，也很近，但我们就不想去。"蒂·乔凡尼："这里人不喜欢巴西？"博尔赫斯："不，我们觉得这是个笨蛋国家。"蒂·乔凡尼："那阿根廷人喜欢或者欣赏哪里人呢？"博尔赫斯："谁都不。"比奥伊："我觉得巴斯克人算。"博尔赫斯笑着说，难以置信，但确实。博尔赫斯："我很喜欢瑞士人，但别人都不喜欢。"比奥伊："我也喜欢瑞士人。"博尔赫斯赞美了苏格兰。博尔赫斯："人们喜欢法国，但不喜欢法国人，看起来这个想法很奇怪。之前美国人很受欢迎；现在不了。爱尔兰人在哪里都很被人欣赏……但比奥伊不，他有爱尔兰血统。尽管你也不能抱怨你的祖先，那些执行私刑的人。"他补充道："叶芝爱尔兰人的一面是他糟糕的一面。"比奥伊："我对爱尔兰没有任何意见。但我不喜欢爱尔兰的一点是那里好像对情绪主导理智感到很满足。相反，我喜欢他们倾向怀疑的思维方式，他们会自嘲，还有他们常年盛产复杂和清醒的作家。"我引用了埃莱娜·加罗的一句话："如今完美的人是黑人、犹太人、共产主义者和同性恋。"博尔赫斯："对犹太人不公平——句子里他们与烂人为伍——但符合人们的感受。至于德国人，没人喜欢他们：即便是说德语的瑞士人，在两次大战中都站在了盟军那一边。"

博尔赫斯："构成托马斯·布朗爵士风格的形式根本没法用。"还有"莎士比亚的全部和乔伊斯的全部。"

1月6日，星期一。 博尔赫斯："我今天谈了十分钟班奇斯。"比奥伊："你超过了他作品的总量。"博尔赫斯："我感觉这段时间以来你越来越不喜欢他了。"比奥伊："我重读他了。"博尔赫斯："不应该重读最喜欢的作家。"

他赞美了《堂吉诃德》的第一句。他记起格鲁萨克说过："如果指出当时他有更多时间可以支配会很残忍，因为他那会儿在坐牢。"他聊到了《贝尔西雷斯》以及里面可怕的非韵文，阿索林赞扬过他（大概跟他面包糠式风格相反）："我买了十八世纪版本的《贝尔西雷斯》，很美，但读了点以后我把它扔了。家里放这样一本可怕的书让我恶心。"

1月9日，星期四。 博尔赫斯："在美国爱伦·坡名誉扫地。"比奥伊："不无道理。"博尔赫斯："他们对他怎么能欺骗法国人感到惊讶。相反，梅尔维尔几乎受人崇拜。"

比奥伊："我个人觉得除了《白鲸》《巴托比》以及几个短篇，并不至于。他有种对最低档次的宏大感的倾向。"博尔赫斯："他还有一部小说：《水手比利·巴德》。《玛迪》是本污秽的书。我这么觉得，可能当时我发烧了，因为头部伤口感染的那次。我扔了它，因为叫我恶心。他们还崇敬霍桑。至于爱默生，人们尊敬他，但不读他的东西。他们欣赏马克·吐温，欣赏罗伯特·弗罗斯特，鄙视桑德伯格。"比奥伊："他们鄙视得很对。"博尔赫斯："不，桑德伯格有一些句子我挺喜欢的。欧·亨利名声衰败了，而林·拉德纳名誉鼎盛。"比奥伊："对此他们有道理。"博尔赫斯："没人记得舍伍德·安德森。"比奥伊："他就是个《真面和假面》的印象派短文作家，感觉属于短篇发明之前的时期。"博尔赫斯："福克纳得到欣赏。辛克莱·刘易斯就像没有存在过一样……威廉·卡洛斯·威廉姆斯人们还是尊敬他的。"比奥伊："他很无聊。"博尔赫斯："斯蒂芬·文森特·贝内特写了些巧妙的故事。你记得关于拿破仑的那个吗？[1]"

1月12日，星期日。 博尔赫斯："应该有些出色的法国作品我还没读过；达朗贝尔的，比如。应该去读一读。"

他问："人身上会有比曾祖父还早的血统吗？"（关于血统请参见遗传因子。）

5月21日，星期三。 他引用了济慈的几句诗：

……或者追寻你的微笑，

就像过去在希腊的岛屿上追寻的，

在开满鲜花的草地上满足死去的诗人，

他们给小小的镇子留下了伟大的诗句。[2]

还说有些英雄传奇囊括了小说艺术的所有智慧。

6月12日，星期四。 马列亚对博尔赫斯说："我不会签什么集体宣言。"博尔赫斯的评论："还有什么别的吗？"马列亚坚持说："我不会签别人拟的东西。"博尔赫斯的评论："太遗憾了。"

和博尔赫斯结婚那天，艾尔莎感叹："现在，即便小豪尔赫今天就死，我也是博

---

1 《墓地哀歌》。题为 El toque de queda（宵禁），由莱昂诺尔·阿塞贝洛翻译（《南方》1952年第213—214期）。
2 《迈亚颂片段，写于五朔节》（1818）。——译者译。

尔赫斯的妻子。"据艾尔莎本人讲，当她的第一任丈夫病情恶化时，她问医生能坚持多久；医生说："八天。"于是她联系了殡仪馆，商议了价格，由于付了定金还获得了折扣。博尔赫斯："她坚信马斯特罗纳尔迪和佩罗是我编造出来的。她知道这点是因为如果有人请我做讲座，我又做不了，我会说为什么不请马斯特罗纳尔迪或者佩罗讲讲呢。由于每次对方都回复我，让我推荐其他人，她总结出：'我发现他们不是真正的作家。'"

6月28日，星期六。 博尔赫斯："我良心不安。国人将《马丁·菲耶罗》选为国家代表作、而非《法昆多》的那天，他们选择了野蛮。"

"似乎莎士比亚每部作品都会写两个文本，一个满足作家的乐趣，另一个用于演出，所谓演出文本；人们认为《麦克白》只留下了演出文本，而其他的作品留下的则是前一种，即文学文本。所以《麦克白》是他最好的作品。"

蒂·乔凡尼跟我说："事情到艾尔莎那里就会变得很糟，比奥伊。那个女人太可怕了。您不在的这几个月她完全控制了他。他不去他家是因为妻子不愿意，她把他囚禁了。他只星期六去，因为这之前他会去他母亲家里，那里没有艾尔莎阻挠他。"博尔赫斯对我说："那个女人嫉妒心强到疯了。你知道她无法忍受我和蒂·乔凡尼的友谊。"

7月10日，星期四。 博尔赫斯："三个朋友碰到了。一个说：'你看，奇若拉，我还没凑足钱还你。'奇若拉肯定地说，好像也没有特定对谁：'这个人不会再吃上面包了。'一声枪响，奇若拉倒在地上死了。欠债的人了解他，而且也不笨。这个片段不错。清晰，简洁。胜利出人意料地均分了：语言上的和其他的。奇若拉说出他的墓志铭以后就死了。杀人者没有坐牢因为第三者说奇若拉威胁要杀他。"

比奥伊："自相矛盾是人最自然的属性了。一个门卫为了显得重要对我说：'如今要雇用这样一个门卫，得付至少二十五万比索。'马上他又受害者附体，补充道：'这份工作再奴役人不过了，付给你的工资都不够吃饭。'"博尔赫斯："我父亲说如果一个人知道一个固定短语，他一定会用，不管合不合适。所有的工资都不够吃饭，大雨总是倾盆，等等。"

7月17日，星期四。 博尔赫斯："胡安·巴勃罗·埃查圭扑到杰胡诺夫身上。后者对他说：'没用的东西。我没有任何肉体价值。'一位女士有气无力地问杰胡诺夫：'什么？您是犹太人？'回答是：'如果您愿意，我可以把确凿的证据交到您手上。'

真奇怪，杰胡诺夫最好的作品是对话里的几个玩笑。好吧：作品本身一文不值。他所有的书都是'粗劣文学作品'；他真正的作品在对话中。"

7月28日，星期一。 博尔赫斯："一位作家前半生一直在学习，而后半生则用来忘掉自己学习的东西。我在润色一些以前的诗。我不能修改它们。只能试着去表达我当初想表达的意思，乌纳穆诺和马塞多尼奥不让我表达的那些。你看，我这么说可能很荒唐，但有时候在我的旧诗里，有些好的想法被一个糟糕的修辞掩盖了。"

我们聊到了登月。博尔赫斯："你知道谁不看好登月吗？纳莱。多好，一切顺利。他说这什么都不是，一个连环画故事而已。真奇怪他居然不知道这些旅行、发现、地球和月球早于连环画故事。他说月亮已经不再有诗意了；马斯特罗纳尔迪回答说：'为什么？因为不再那么遥远了吗？'对纳莱而言，一朵花、一个女人没有诗意吗？你看到这次旅行之后涌现出多少慈善家吗？那些人说：'罗素不要脸。让·罗斯丹不要脸！'还抱怨这些钱应该用在更好的地方。很明显如果抱着这种逻辑，一个人永远都不用买鞋了。即便我们会不舒服，我们还能下下棋，上厕所。今天有个人跟我说这钱可以用来买更多的拖拉机：你们不觉得这和轮子、锁、电池、代数的发明走的是同一条路线吗？"

博尔赫斯："玛利亚·儿玉告诉我日语里从来不说'不'；否则会表示大不敬。如果你问：'词典在桌上吗？'人家会回答你：'是，词典不在桌上'，相当于：'是，您的疑惑有道理：词典……'。"

8月9日，星期六。 博尔赫斯："我读了狄克森·卡尔的《宝剑八》。我不认为在阿根廷文学中有这么智慧、富有创造力、细腻的小说。但是，狄克森·卡尔的在英国文学中算什么呢？什么都不是。无足轻重。"

8月11日，星期一。 我们和博尔赫斯去萨拉·加拉尔多那里吃饭，她在家招待弗朗西斯科·阿亚拉。博尔赫斯朗诵了格伦伯格关于他儿子割礼的诗：

> 去掉多余的腓力士人
> 把你换成希伯来人
> 去掉多余的部分因为你是
> 锡安的犹大，而非胡安·佩雷斯。[1]

---

1 《割礼》(《犹太区之诗》，1940)。

他赞赏地评论道:"我其实也可以这么和你说的,萨拉,无比体面地讲。"

8月21日,星期四。　　我腰疼,躺在床上和博尔赫斯通电话,他对我说:"单单腰疼把你打倒了。"[1] 我告诉他我躺着,动弹不得,脸朝天,他想起了俗语"大概一直盯着苍穹看"和"比屠宰场的海鸥吞了还多的肚肠"。他评论道:"那些古老俗语的爱好者不会用这类句子,他们更喜欢感觉甜甜的句子。"

8月25日,星期一。　　一个我们做了这么多年朋友以来经常重复的场景。我们读了一篇文章——可能是乌纳穆诺的——文章里面作者表达了对不朽的向往,博尔赫斯问:"为什么这么渴望永远做他自己?难道他不会受够自己的怪癖和局限吗?太蠢了!"我同意他的观点;真的,我对自己说,为什么要执着于永无止境地做米格尔·德·乌纳穆诺呢?不过,不过……一切放弃对不朽的向往,不意味着我们开始讨论人类活动是否重要吗?归根结底,哲学,宗教(在神的参与下),难道不是我们加在虚无中间玩的游戏吗?我们要任由自己被我们自己的游戏欺骗吗?难道紧抓着我们唯一真正拥有的生命这不自然吗?

8月30日,星期六。　　博尔赫斯在家吃饭。之后来了要出版布斯托斯·多梅克[2]系列小说的那个出版社的编辑,伊阿金南迪和马丁内斯,还有一位库埃瓦斯先生,会给系列小说作注。后来博尔赫斯评论:"真蠢啊。就好像在和小孩子说话。甚至更糟:和一个小孩子你知道怎么说话,但对于这些人,你要把他们抱到大腿上。我似乎感到了同情:要小心翼翼和他们说话,不能伤害他们。想着他们在生意上就是一群老虎,会狠狠利用我们。人们关于拿破仑的说法没错:除了可以打胜仗以外,他就是个普通人。这几个生意人都是专家。真奇怪类似这样的人掌管国家,改变历史。"

9月5日,星期五。　　他说别人溺爱他的时候他就会特别强硬:"我不喜欢别人溺爱我。当然,一个恋爱中的人喜欢被人溺爱;但我不觉得一位母亲应该对自己的儿子过分亲密,在任何两个人之间的关系中说这都不好。"

博尔赫斯:"对于傻瓜而言没有安慰,如果诡辩能够安慰人,那就应该借助诡辩。"比奥伊:"有人和我说:'您看,您没什么可抱怨的。您的父亲活了八十岁。'他们觉得这就可以安慰道我;不如说他们激怒了我,因为他们只给了我一个不抱怨的理由,让我闭嘴,因为我要是给他们解释我父亲本可以有机会活得更久,会显得

1　暗指莱奥波尔多·卢贡内斯的《被俘的雄狮》(《花园的黄昏》,1905):"单单腰疼把它打倒。"
2　艾迪康出版社,此后出版了《死亡的版样》(1970)和《两种难忘的幻想》(1971)。

不雅……"博尔赫斯:"在这个缺乏敏感度的理由里除了提供安慰的愿望还有别的。森茨伯里安慰阿诺德,因为他对他母亲去世感到难过,就好像阿诺德不知道很少有人能有幸在四十九岁的时候看到母亲离世似的。"

9月11日,星期四。 博尔赫斯问:"你发现如今人们多么欣赏阿尔特吗?奇怪吗?不。解释是:什么都可以,除了思考。可以接受或拒绝。但最好接受。很明显,如果大家都开始说阿尔特是垃圾,那其他人也会跟着说他是垃圾。"

9月19日,星期五。 博尔赫斯:"我写完《麦克白》的前言了。[1] 这种活比写短篇简单一些。"比奥伊:"当然:对一个人生平所作所为的三四条评论,一点点信息,加上体面的文笔。"比奥伊:"你说得有道理:没什么出彩的,也没什么高尚的。或许我不应该那么欣赏格鲁萨克。"比奥伊:"话说回来,如果读起来舒服,评论得当,信息有用,也很好。"博尔赫斯:"这些条件超出了罗哈斯或者罗斯洛博士的能力范围。但是,人们又为什么这么欣赏梅内德斯·伊·佩拉约呢?在这种欣赏中还混淆了主题在里面。有点像是他写了《堂吉诃德》。"比奥伊:"人们欣赏的是希腊和拉丁文学在他身上留下的痕迹。"博尔赫斯:"如旅行者一般留下的痕迹。"他说"杂家"这个词可以用在梅内德斯·伊·佩拉约身上,就好比人们管塞万提斯叫"勒班陀的独臂人":"他是仅有的杂家。很明显他根本不是:他写的既不写短篇又不写长篇。所以不重要。"

博尔赫斯:"长寿者不多的安慰在于如果人们九十岁之前不死,或者不因糊涂而变弱,这个世界会满眼是恼怒的疯子。"

博尔赫斯:"棋类游戏,比如国际象棋,像一种奇幻文学。"

9月20日,星期六。 我给他读了《泰晤士报文学增刊》关于"洗脑"的章节。

他说他古英语课的女学生们很聪明,但有时候发现她们有"深不见底的无知":"一位女士问我在《贝奥武甫》《熙德之歌》《罗兰之歌》之前有没有文学。'你看,'我回答她,'有《圣经》,希腊和拉丁文学,荷马和维吉尔……''他们还不错吗?'她问我。"

我们聊到了霍特里博士出色的六韵步诗翻译。比奥伊:"他没能更有名或许是因为他没有翻译完整的作品。"博尔赫斯:"不管怎么说,我觉得一个国家有这样的人

---

[1] 《麦克白》(阿根廷南美出版社-阿根廷国家艺术基金会,1970)。

很好，他们在一些额外工作中出类拔萃：他翻译的几首荷马史诗和维吉尔的章节都令人赞叹。可能雷耶斯的翻译能与之媲美。"比奥伊："我不觉得他能保持霍特里精致的风格：

> 看，赫克托耳的妻子——他是伟大而卓越的
> 特洛伊骑手的长官，在他们为城市而战的那天。"

我们对只有这个译本的片段感到遗憾。比奥伊："所有的诗句都有如此高的质量吗？真奇怪，原作者倒没有出色的诗作为人所知。"博尔赫斯："这个译本如此之好，以至于给人要翻译它的冲动。毫无疑问，当他写'卓越'的时候犹豫了；一开始他不敢；但这样很不错。"

9月27日，星期六。 他告诉我欧·亨利在评论别人说纽约有八个或者十个有趣的人时，可能带点煽动意图地道出了一个真相："我觉得应该有五百万（当时的人口）。"我给他引用了电影《偷吻》里的一句话："人们棒极了。"里面一个人物的父亲临死时候说的。

10月11日，星期六。 博尔赫斯："已经被遗忘的古老东方传统和阿蒂加斯背道而驰。他被视为一个粗鲁的高乔人。卡洛斯·玛利亚·拉米雷斯，阿蒂加斯颂歌的作者[1]，跟人说：'人民需要国家英雄。瑞士人创造了威廉·退尔，他不曾存在过。''您能允许我转载您的话吗？''绝不'，拉米雷斯回答。值得一提的是阿蒂加斯的创造者清清楚楚地知道他绝对不如他们颂扬的那么好。所有起义队伍的头领们都反对西班牙，但同时也反对布宜诺斯艾利斯，因为他们想成为自己省里的壮士。这是联邦派给出的解释。"

10月15日，星期三。 他不喜欢这样一种写小说的手法，先写酒店，再写船，然后写学校，再之后写机场。博尔赫斯："给人一种缺乏想象的工人或是制造工厂的感觉。左拉发明了这种写法，但他自救成功了，因为他写作的时候由一种幻觉驱动着。左拉的弱点在于自然主义。他大概会这样说：'我把一个人物放置于环境或场景中，让他自由行动。'这没有意义。和所有的小说家一样，是他创造了人物的一举一动。"

博尔赫斯："有那么多时事却没有过去。书的好处在于它们是写了用来记住的。而报纸的坏处在于它们是写了用来遗忘的。同样一篇文章，在一本书中读到就会

1　卡洛斯·玛利亚·拉米雷斯，《阿蒂加斯》(1884)。

记得；在一份报纸里读到就会忘记。畅销书就好像报纸：如果一本书——我没读过——叫《琥珀》写得很糟糕，但卖得很好，不需要担心；很快它就会被人忘却。约翰·多斯·帕索斯想要发明一种混合的、恶心的类型，小说和报纸的结合体。"

关于科塔萨尔，他说："看起来现在他把人分为好人和坏人，换言之，共产主义者和反对派。他吃了一颗药，说话感觉被人掐住了喉咙，脸上长了毛；他之前像小孩子的手，现在变成对应他年龄的成年人的手了。他很满意。"

10月24日，星期五。 他对蒂·乔凡尼很生气。博尔赫斯："俄克拉荷马州立大学邀请我们11月去，他们给我们放了一笔款项好让我和妻子一起去。但蒂·乔凡尼写信给他们证明这笔钱够他和他妻子一起去。艾尔莎气不打一处来，说如果只有我们两个去钱会更充裕一些，如果再加两个人，她可以带上她侄女儿我可以带路易斯。我不能因为蒂·乔凡尼要加进来或者因为他写了信给大学生气，尽管理论上这种行为值得非议。比起艾尔莎的侄女，我宁愿和蒂·乔凡尼和他妻子一起去。路易斯刚刚结婚，我不认为他会接受邀请……女人呐，太关注她们的权益，看待一切都只关心它们的价值……我不想再去旅行了。艾尔莎希望大学会派个人陪她购物和观光。她坚持自己应得的待遇。我已经老了，我只想他们别打扰我，让我工作。"

博尔赫斯："不应该相信那些通过省略达成的创新。很多次有年轻人来找我，对我说我不会喜欢他们的诗，因为没有标点。我告诉他们我也曾经做过类似的尝试。他们没有想过这已经有人发明过了，他们提出的只是回到无比遥远的过去而已。他们对过去没有一个清楚的概念。他们将其视作一整块：盎格鲁撒克逊人、蒲柏、丁尼生，可能艾略特本人也包含在内。"

11月12日，星期三。 博尔赫斯："我要写一篇文章提议在所有地方都学习两种语言：英语和西班牙语。已经有人证明语言和语言之间不会互相排斥。以前很长一段时间有文化的人都会拉丁语。如果英国人不把西班牙语作为必修，就让他们自找麻烦吧。我们不去寻求什么对等原则。我们获得了另一门语言。希望西班牙语成为一门国际语言，我们可以去除方言词。人们希望西班牙语成为通用语言，这样他们可以把方言词收录进词典，从某种程度上说有些自相矛盾。那英语的例子呢？现在要赶上他们已经晚了；即便再努力我们也只能达到他们一半的词汇。"

12月13日，星期六。 他们美国回来在博尔赫斯家吃饭，和佩罗一块儿。博尔赫斯说俄克拉荷马解释为"红种人的家或房子"。他说洛克菲勒是傻子。说美国人为黑人们感伤。"因为我们对他们太糟糕了。"他们跟他解释。博尔赫斯:"如果你们没跟他们说,他们可能不自觉。""我们过去、现在都很残忍。"博尔赫斯:"对残忍的责难是一种白人的情绪。我不觉得黑人觉得残忍有多坏。当然对这类事情我所知甚少,因为我来自一个白人的国家。""不应该忘记音乐,"他们解释道,"爵士和布鲁斯还要归功于他们。"博尔赫斯:"他们在美国待了几个世纪以后,在美国创造了爵士和布鲁斯。"在一次聚会上,一个美国人问他:"你是 pinkie[1] 吗?"博尔赫斯:"我更愿意他视我为'绅士'。"

12月14日,星期三。 电话里,博尔赫斯:"从鸡尾酒会回来,有一种被人扇过巴掌的淡淡的回忆。"

12月17日,星期三。 博尔赫斯;"我们经常在小说里读到:'张三,做了个难以察觉的姿势……'不;这是个错误;应该写成:'做了个可以察觉的姿势,或者几乎难以察觉。"

12月28日,星期日。 博尔赫斯:"《倒数第二扇门》?多好的题目。马列亚有一种选出好题目的突出才能。但很遗憾他固执地要给这些题目附上一整本书。"

1970年

1月2日,星期五。 博尔赫斯老了:他有点孤立;听不见人们不和他直接说的话。跟人开始对话要花很久。他解释说对于他,纪德相比瓦雷里是位更重要的作家(更真实,更多样)。

他和我谈起他的妻子:"我让她知道我没办法和她一起工作。你想象一下,她对我说:'这么写我听起来不舒服。你这样写。'她什么概念都没有,只有自尊。如果我坚持保留她反对的句子,她会耍赖,说:'不,我不写这句。'真累人。我不能跟她说:'你看,在这些事上我比你更有经验。'"

他给我讲了他的梦:

"我梦见我在电梯里找不到家的那层楼的按钮。我想:我既然在家做着梦,找不到按钮有什么关系。于是我就继续睡觉了。"

---

[1] 共产主义者(阿道夫·比奥伊·卡萨雷斯注)。

"我梦见找到了一本书,我想:'因为我是在梦里找到的,我会丢失它。'为了不丢失它,我把他藏到了抽屉里。"

1月4日,星期日。 蒂·乔凡尼和希瑟[1]在家里吃饭。在美国旅行那会儿,到奥斯汀的时候,博尔赫斯让人给他的老朋友洛佩兹·马特索打电话。这个西班牙人很快就到了酒店;他和博尔赫斯拥抱,两人向对方讲述了近几年的近况,并谈论了文学。艾尔莎觉得自己被冷落了,去了房间。很快到了午饭的时间。两个人边像两个陶醉的少年(或者像两个有很多共同爱好和怪癖的老朋友,他们事实上就是如此)地聊着天,边下楼去餐厅。他们意识到艾尔莎不在那里。博尔赫斯让蒂·乔凡尼去找她,他敲了房间门,无人应答。他警觉起来,更加用力敲门。"谁?"艾尔莎问。"是我,诺尔曼。博尔赫斯请您下去。""如果他自己不来请我,我就不下去。"诺尔曼去了。他不知道如何打断朋友之间的对话。最后他不得不分开他们,并告诉博尔赫斯发生的事情。博尔赫斯无奈地上楼。就在这时送来一束学校给艾尔莎的花。诺尔曼说:"运气太好了。太及时了。这类招待艾尔莎再喜欢不过了。希瑟,给她送上去。"希瑟去了。在楼上走廊他遇见了自言自语的博尔赫斯,显然很绝望;他说着英语抱怨自己运气不好,还有妻子明明已经七十岁了还跟个十二岁小孩似的。希瑟试着安慰他。博尔赫斯几乎没有察觉到希瑟的存在;继续他的独白。门突然开了,艾尔莎走了出来,脸上带着她最好的微笑(博尔赫斯真生气的时候,艾尔莎就害怕了)。三人一起进了电梯。博尔赫斯不知道艾尔莎也在,仍然在那里用英语胡说八道。由于艾尔莎不懂英语,他们下了楼以后他把艾尔莎拉到一边,问他博尔赫斯刚才讲了什么。希瑟不能告诉艾尔莎实情,只能模模糊糊地回答,类似:"他有点生气,很快就会好的。"从那一刻起,艾尔莎开始讨厌希瑟和诺尔曼。

艾尔莎给她的丈夫买了二手鞋、裤子和西装。"你们看我给小豪尔赫买了多漂亮的鞋子。就花了我一美元。""一美元?这不可能。""你看,穿得有点旧了,但还很不错",等等。

1月6日,星期二。 早上我在圣杰姆遇到弗拉迪。她说她一点也不怀疑博尔赫斯对玛利亚·儿玉的爱,以及玛利亚对博尔赫斯的爱。比奥伊:"是的,我相信这会从艾尔莎那里把博尔赫斯拯救出来;但我觉得前路堪忧。"弗拉迪:"如果可以的话,我

---

[1] Heather Booth(1945年出生),美国民权运动家、女权主义者、政治战略家。——译者注

去见见他。"比奥伊:"你别告诉他我们聊过这个话题。如果你们聊天的时候事情朝坏的方向发展了,你就告诉他你觉得朋友们应该和你想法一样,最后你建议他:你为什么不去问问比奥伊呢?我想博尔赫斯应该会既懒惰又害怕,为了不作为抛出任何理由:比如这是他的生活,别人没有权利介入;他不喜欢丑事外扬;事已至此,只能接受。"弗拉迪:"没有什么能比得上朋友们了。如今朋友们要解救博尔赫斯。"真希望他错了,我想。

我回到家睡了一会儿,直到电话把我吵醒。是弗拉迪打来的:"我好绝望。聊得很糟糕。他什么都承认。我在他和我之间挖了一条深渊。玛利亚·儿玉不会再见他了?真遗憾,因为他很欣赏她这个徒弟。艾尔莎不完美吗?生活在她身边博尔赫斯不会有任何问题。他想要我做什么呢?去他家告诉艾尔莎'弗拉迪叫我离开你,所以再见了'?(停顿)你不知道博尔赫斯的样子。假装残酷,遥不可及,我们都不认识他了。我们该怎么办呢?"比奥伊:"得想尽办法往前走。"

1月8日,星期四。　　比奥伊:"有时候我感觉很多人一点道德上的顾忌都没有。他们没读过爱比克泰德或者马可·奥勒留吗?"博尔赫斯:"所以我觉得新教比天主教好。新教指引人们去思考自己行为上的问题,去道德地生活。而天主教只关心仪式。"

1月12日,星期一。　　博尔赫斯:"应该出版一本由片段组成的书。你有一本在筹备,不是吗?你记录日常观察到的东西。我说的那本应该会很厚。或者所有内容都要附上明确的日期,比如七月和八月。不能出一本跟波尔基亚[1]那本类似的书。而是像塞缪尔·巴特勒的笔记本那样的书。"比奥伊:"我不认为这本书应该很厚;也不应该太薄,这样会给人虚荣和傲慢的感觉。至于形式,我同意你的想法:不应该追求波尔基亚的高贵,而是巴特勒真诚的思考和有趣的见证,也就是说,头脑,或者证人的日记。"

1月13日,星期二。　　博尔赫斯:"很少有作家产生或像拜伦那样的影响:一个英国贵族,腰缠万贯,但不开心、态度傲慢,认为世界存在是为了给他幸福(卡莱尔批评了他的假设)。最差的歌德、德泽森特[2]、巴雷斯、邓南遮,甚至拉莱塔,都是拜伦导致的后果。真奇怪。在他的观点里他不浪漫:他鄙视'湖畔诗人',他管他们叫

1　《声音》(*Voces*,1943)。1979 年博尔赫斯给法语版(巴黎,法雅出版社)写了前言。
2　德泽森特,若利斯-卡尔·于斯曼《逆天》(*À Rebours*,1884)的主人公。

'池塘诗人'¹；却欣赏蒲柏。"² 比奥伊："在他最后的发展阶段，《唐璜》的那一段，他写了一些很有价值的诗。"博尔赫斯："拜伦的名声很高，但没人读他。已经很久没人读他了。我觉得这种声誉（民间的，我们说）已经式微了；这么多年来他的作品无人问津的局面已经拖累了他的声誉。"

博尔赫斯："弗洛伊德是所有作品都被看成自传的罪魁祸首。《莫雷尔的发明》出版的时候，一位女士对我说：'真奇怪，比奥伊把自己想象在一个孤岛上……'"他引用了切斯特顿的观点："关于俄狄浦斯，我们只知道他们有什么情结。"

他说卡夫卡给拐杖想了以下这句："任何事故都会把我折断（或者把打碎）。"他评论道："卡夫卡像海涅一样写作。比'可打碎却不弯曲。或者其他这类风格的句子³。'可爱一些，更好一些。"他发现人类在进步，以前看起来闪闪发光的句子现在只有没怎么进化好的人在用了，比如："宁做鸡头，不做凤尾。"他引用了尤利乌斯·恺撒的哪句话，我没听清，然后总结说："恺撒应该是肮脏的家伙。"我没跟他说这种进步不均衡；社会中很大一部分人沉浸在动物本能中无法自拔，和我们以及里瓦斯公爵对比下的人物距离如此遥远。

博尔赫斯对我说："我相信两个人：你和费尔南德斯·奥尔多涅斯。"关于这位先生——他跟我提起他的时候，大概我开小差了吧——我什么都不知道。他是科尔多瓦人，应该是律师。关于婚姻制度，费尔南德斯·奥尔多涅斯提出了一个很有说服力的比喻：他说婚姻是一副无法完成的拼图，因为拼图块属于两幅不同的拼图。明天博尔赫斯会去见费尔南德斯·奥尔多涅斯，和他谈谈分居过程中应该如何行事："他和我有同样的问题，从四十年前开始。谁知道他是不是这件事最好的顾问。"

1月15日，星期四。 博尔赫斯："托马斯·布朗爵士说一位'绅士'从来都不会让别人注意到自己，是一个永远试图避免给人添麻烦的人。何塞·路易斯·拉努萨——那次有点不像他自己——持相反观点：一个绅士，在他看来，是个可以严肃聊天的，细心的，不允许自己怠慢的人。这是西班牙人对绅士的概念，这基于大量谎言。因为谁会不在侮辱和失败前妥协？不管是好是坏，荣誉这个概念已经

---

1 在1820年4月23日给约翰·慕理的一封信中，拜伦提到了"你们的池塘诗人"。（拜伦，《给约翰·慕理一封信》，1821年3月25日）。
2 "（蒲柏）是所有时代、所有地区、所有情感以及所有生存阶段最伟大的道德诗人"（拜伦，《给约翰·慕理一封信》，1821年3月25日）。
3 暗指阿根廷激进党的座右铭"宁碎不屈"。

在消亡了。还有其他概念也应该消亡：比如'营销祖国形象'。"比奥伊："政治宣传替代了荣誉和爱国主义。"博尔赫斯："祖国高于一切的想法应该消失。决斗也应该消失。"

1月19日，星期一。 我们聊到了艾尔莎，聊她怎么面对分居一事，还有可能会雇律师。博尔赫斯："艾尔莎给我念了《第七层》里的小说：她不想念《迪格威先生和卢姆先生》，因为是母亲翻译的。弗兰克·博尔赫斯的遗孀称自己为'博尔赫斯的妻子'令她生气。她才是博尔赫斯的妻子。"

1月23日，星期五。 我找博尔赫斯一同去拜访吉列尔莫·培尼亚·卡萨雷斯[1]。停车的地方到科连特斯大街上的办公室，这段路我们走得很缓慢：博尔赫斯需要不时停下来，我只好在他停留时间没那么久的时候往前走一点。他缓缓道来："我很多年前认识了那个女孩子。"还好他没说具体多少年，因为'女孩子'这个词不恰当到可能会冒犯人。吉列尔莫提出了一个可以满足懦夫（比如博尔赫斯和我）内心的计划：站到一边，参见词条"躲着观察"的定义，把一切交给律师。

1月24日，星期六。 他很肯定自己喜欢艾尔莎，但某种程度上，也怕她。为了挽救他的主要藏书，他会使用"蚂蚁式盗窃"：每天偷一本；对他而言理想的生活是像马斯特罗纳尔迪那样的（一个人住在五月大街的旅馆里，读很多书）；他不知道怎么妥善执行律师的建议。他补充道："要怎么人间蒸发呢？图书馆在那里，我得过去，随时都能在那里找到我。用工资来做什么呢？如果我去帕尔多，得和蒂·乔凡尼一起，我可不想在那里整天喝马黛茶，拿头撞树。我得继续口授这本短篇集[2]，我不想半途中断。蒂·乔凡尼说可以让爱荷华大学邀请我去。也不坏。他会和我一起。我现在眼睛看不见了，要有人帮我，照料我容易忘记的事情。"他说和艾尔莎在一起最糟糕的是他们没有任何共同语言："我过去以为她可能会对安德烈·莫罗阿的《美利坚合众国历史》感兴趣。结果她连这都读不下去。"

7月31日，星期五。 《韦克菲尔德》。博尔赫斯说他妻子连洪宁都懒得陪他一起去，他要到那里做个讲座。乌戈（圣地亚哥）和蒂·乔凡尼陪他。讲座之后，他的两位朋友把他带到了我在帕尔多的家。他在那里待了几天。后来他也没有回到他妻子身

---

1 当时博尔赫斯准备与艾尔莎·阿斯泰特离婚，吉列尔莫·培尼亚·卡萨雷斯为其提供了相关法律咨询服务。
2 《布罗迪报告》（1970）。

边，而是去了迈普大街上的家。

9月29日，星期二。 约翰·多斯·帕索斯去世了。博尔赫斯认识他，有次他和我说他是个好人，我也没法具体说出理由，他赞扬了他。

11月24日，星期二。 我们和博尔赫斯一起开始翻译《麦克白》。他带来了他母亲手写的前四行翻译：

"第一场：荒原。雷电。三女巫上。

女巫甲：何时姊妹再相逢，

雷电轰轰

雨蒙蒙？"[1]

我对自己说，也对他说："在这项工作中我只能以记录员的身份与之合作。"他不接受我的想法。工作的过程证明他有理：我是合作者。

12月1日，星期二。 我们翻译《麦克白》。在第二幕里，莎士比亚睡着了。博尔赫斯："修饰莎士比亚最好的形容词是'不负责任'。有些糟糕的作家倒也还不会不负责任。拉法埃尔·奥布里加多就不是。"他问我像《海滨墓园》和《雨的赞美诗》之类的标题严不严肃。博尔赫斯："墓园在哪里？"比奥伊："在塞特。"博尔赫斯："那不如叫《塞特的墓园》。"

12月2日，星期三。 我们一起翻译了一会儿《麦克白》。关于莎士比亚（《麦克白》第二场），博尔赫斯："他想起来的时候很浮夸。他对一切的想法都那么天真。"

我们聊到如今所有人都同情罪犯。博尔赫斯想起：

就这样在牢里哭泣

那个可怜的杀近亲犯。

12月9日，星期三。 博尔赫斯："如果你看到参加市里诗歌奖评选的诗集：有一本里面满眼的信和鱼：银汉鱼寄海底电报……评委会里的一位先生告诉我说这本很有趣，很新颖；我回答他如今千百个诗人都能写出同一本书，只不过不用鱼和媒体，他们可以加与之等同的任何东西。'我们不能止步不前。'他回答。我告诉他为了不止步不前，我们也不应该退回到混沌、最初的混乱中。"

---

1 选自朱生豪译版本——译者注。

12月17日，星期四。　　我们一致认为埃雷迪亚是法国诗人里最差劲的。

12月24日，星期四。　　我问他那个和莫里斯·切瓦力亚在《璇宫艳史》[1]里一起唱歌的不怎么讨人喜欢的是不是珍妮特·麦克唐纳。博尔赫斯："是的。她被人拍了张大嘴巴的照片。牙医会觉得很有意思。她要求别人给她拍唱歌时候的近景。只闻其声不见其人可能会令人愉快一点。人唱歌的时候形象不好。我听说有的演员想要比与他们共事的演员更多的近景。有些人要求他们的名字单独出现在大屏幕上。你发现这世界有多丑陋吗……"

12月27日，星期日。　　我们和博尔赫斯一起继续把《麦克白》翻译成十一音节诗。在第一幕第二场结尾的地方，他评论道（为了改变一下，换成了亚历山大诗体）："我们一辈子都在赞美这种偶然。"

12月28日，星期一。　　关于巴斯克分裂分子和佛朗哥的冲突，他评论道："让双方都见鬼去吧。"

12月29日，星期二。　　在博尔赫斯家吃饭。之后我提议一起翻译。博尔赫斯："我们来写十一音节诗，来用手指计算音节……这是什么职业呀。我们会疯了的。不过，就因为这份职业，我们会最终产出《麦克白》的经典翻译……直到有人发现我们省略了很多东西。如果我们用非韵文翻译，那就得按照字面意思来，那人们就会说：'这才不是《麦克白》呢。'如果我们篡改了原文，那发现的人会大声抗议：这些人以为自己是谁，居然修改莎士比亚写的东西。"

他说《麦克白》里关于女巫的第二场比受伤船长、罗斯和邓肯[2]的那几场好多了："莎士比亚对自己更有信心。女巫的形象粗俗，卑下，爱搬弄是非。写得很好。"关于泰格尔驶向阿勒颇的船长，他说："有人认为莎士比亚给取泰格尔这个名字因为他觉得在上下文中挺合适的。后来他发现泰格尔是一艘当时行驶于伦敦和阿勒颇之间的船的名字。可能在戏院里会有泰格尔上的船员。莎士比亚在这部被认为应该基于历史的作品中，放进了一个当代元素，和观众玩了一个游戏。"他说"Shakespeare"的拼写作家本人从来没有用过："他写的是'Shakespear'或'Shakesper'。他自己从来没见识过这个漂亮，又看起来如此合适的名字。"关于他的工作方式："他就像新闻记者。交稿丝毫不能拖延。"

1　*The Love Parade*（美国，1929），恩·刘别谦指导的电影。——译者注
2　《麦克白》，分别为 I, 3 和 II, 2。

1971 年

1月1日，星期五。　　我们翻译《麦克白》。博尔赫斯："从关于女巫的第二场开始我开始喜欢《麦克白》了。莎士比亚写得果敢且自信。"

他说人人文库发表了霍林斯赫德的《编年史》[1]："遗憾的是只发表了莎士比亚利用过的那部分。如果能看看霍林斯赫德对历史的其余部分有什么想法或许更好。在读了《编年史》以后，你会发现莎士比亚笔下的著名人物不过是转写而已。莎士比亚连用词都和霍林斯赫德一样。如果你在《麦克白》里读到'奇怪三姐妹'，你可以确定霍林斯赫德也管女巫们叫'奇怪三姐妹'（或者死神）。莎士比亚对霍林斯赫德的所做的，完全就像我们对莎士比亚所做的：我们将其变成无韵体。他不能以别的方式继续，因为喜剧演员们在等他呢。"

1月3日，星期日。　　我们翻译《麦克白》。我们认为关于女巫的场景很棒；麦克白和班柯谈论女巫的场景非常出色，我们将其和船长那场作比较。博尔赫斯："船长那场，'怀着应有的敬意'，结果就'跟他的脸一样'。这个表达真好笑，'跟他的脸一样'。可以理解它的意思其实是'跟他的屁股一样'吗？或者他有张丑陋的脸？"比奥伊："或许他还不知道作品会怎么延续下去，或者他对题目还不太感兴趣。"

博尔赫斯："我们以为这部作品会令人振奋：其实不如说这是'粗劣文学作品'（hack work），一种新闻。"比奥伊："被迫写诗的无奈。还要脚趾帮忙，翻译成十一音节诗。"博尔赫斯："你翻译的时候会近距离地看，拿着放大镜一样。如果可以知道圣热罗尼莫如何看待《圣经》应该会很有趣。'这本书，'他会说，'被过誉了'。那些写了《钦定版圣经》的主教又会怎么想？他们干得好。比如，他们说年老之时'人所愿的也都废掉'[2]是有多细腻？希伯来人会怎么说呢？'拳打脚踢也阻止不了他们？'或者'玩笑里也不行？'他们大概更有活力一点。但这种含糊可以接受。东方人的隐喻真奇怪啊。一切都有点含糊，不过效果不错。和卢贡内斯完全相反。"比奥伊："卢贡内斯的隐喻都是编造出来的。"博尔赫斯："很机械，或者说智力。卢贡内斯发明了一种新的错误：他经常说出'高举上树的树'之类的句子……没有任

---

[1] 《莎士比亚戏剧》中使用的《霍林斯赫德的编年史》（伦敦，登特出版社，1927），由阿勒代斯·尼科尔和约瑟芬·尼科尔编辑。
[2] 传道书6：9。

何意思。卢贡内斯会热衷于勃朗宁吗？不，他只会热衷于纯追求形式的诗人。对乔伊斯或许会，如果他年轻时候读过他；但他真正了解他的时候，已经过了热衷的年纪。那勃朗宁呢？不，因为他得从自己内心掏出点什么。他试着成为达里奥，但失败了。勃朗宁如果不因为他写诗轻率，可能会成为伟大的作家，如今也会更出名。如今他已经被人遗忘得差不多了。"比奥伊："梅齐·沃德是位很优秀的作家。她写切斯特顿的传记比切斯特顿本人的自传好[1]。"比奥伊："她写勃朗宁不错。可以看出她对类似题目感兴趣。切斯特顿关于勃朗宁的书[2]——一本绝妙的书——让她想到了勃朗宁。"博尔赫斯："切斯特顿有大智慧。而现在他的名声糟糕到如此程度，以至于人们觉得我欣赏他是个有趣的玩笑。人们单纯视他为天主教作家这一点伤害了他，对他伤害更大的是他与贝洛克的友谊，后者尽给他灌输些荒唐的想法。切斯特顿不怎么博学，贝洛克充当他参考书的角色。"

他说如果科塔萨尔的《被占的宅子》是个好短篇，就应该向读者传递害怕的情绪，像《螺丝在拧紧》一样。博尔赫斯："他想到情节，就把它写了出来。"比奥伊："他拟了稿子。把写作的任务交给了第三者，那个第三者恰巧是他。"博尔赫斯："看得出他根本不在乎所有这些故事。他出于责任写了它们，感到无聊至极。他创造了它们，之后又负责写了下来。"

1月4日，星期一。 博尔赫斯："我有一种错误的公正：如果有人告诉我他不喜欢贡戈拉我能理解他，从某种程度上我同意他的理由。"比奥伊："对他人采取审慎态度的人看起来很聪明。如果能让人理解自己的理由，那别人会真的觉得他有理由。"博尔赫斯："所有的作品都很脆弱。"

1月8日，星期五。 博尔赫斯说这个年代可以出版随便什么书，不用饱受羞辱："你出版《芬尼根守灵夜》，'极为成功'。你出版《乌布王》，'侥幸成功'。我毁掉了一本半成品的初版[3]，埃尔维拉·德·阿尔韦亚尔送给我的，因为我很生气，一位作家居然可以出版草稿。"

一个叫多兰的小伙子给博尔赫斯念了他《日记》的片段。博尔赫斯："我跟他说一个作家不能以'日记'开始自己的生涯。他回答我让我别担心，他一切都已

---

1 《罗伯特·勃朗宁和他的世界》（1967）。
2 《罗伯特·勃朗宁》（1903）。
3 此处指乔伊斯的《芬尼根守灵夜》。

经安排停当，整个人生都已经规划好了，甚至包括他获得诺贝尔奖的日期。"比奥伊："这本《日记》怎么样？"博尔赫斯："比如，里面说：'昨晚我去X那里吃饭，Y也在，他一如既往地思如泉涌，而Z呢，则看起来稍显暗淡。'我跟他解释不应该在他的《日记》里写Y思如泉涌；应该回忆他具体说了什么。他肯定地告诉我在《日记》的其他地方写了我之前在他面前说的话；他给我念了这部分，结果他写的和事实恰恰相反。他请求我原谅，并保证会修改。我回答他没有必要。他坚持说自己在《日记》里从来没不谨慎过；我说一本《日记》就'应该'不谨慎。"

1月18日，星期一。 关于我们的翻译，他说："这是凭借忍耐力做下去的。"关于作品本身，或者可能是情节上的优点："如果这是我们的原创作品，我们可能已经听到理智的声音停止写作了"。他坚称比起《麦克白》，萧伯纳更喜欢《李尔王》，"这很荒唐"。与格鲁萨克不同，萧伯纳欣赏阿纳托尔·法朗士："你看，萧伯纳是个思维活动一刻不停的人，在读作者之间应该会对其有个概念。关于莎拉·伯恩哈特，他说她有一副金嗓子，被视为卫理公会牧师的骄傲。以下这个比喻可能会让莎拉·伯恩哈特感到吃惊……（停顿了一下）卫理公会教徒：用《圣经》的方法解决生活问题的人。"

博尔赫斯："我读了《堂吉诃德》的两个章节，发现了我从来没注意过的一点：塞万提斯非常虚荣。这不是一种爱卖弄的虚荣，像别人那样的，而是一种充满天真的虚荣，一个简单人身上的。他确信自己的玩笑搞笑至极，而他的奇思妙想也足够古怪。"比奥伊："是的，但章节的标题毫无疑问地是在戏谑地模仿骑士小说。"博尔赫斯："没错，但也体现了塞万提斯的虚荣。他大概是亨利·詹姆斯的反面。他不太会觉得写作是一种艰难的艺术，同一件事可以用无数种说法表达。他自发而愉快地写作。"

我们聊到了史蒂文森。比奥伊："有一段时间他对我来说有种切斯特顿的感觉，差一些的版本。"博尔赫斯："我也这么觉得。"比奥伊："现在我觉得史蒂文森高出许多。"博尔赫斯："确实，一位有能力展现细微差异，写出来效果都不错，喜欢不把事情做得过于圆满的艺术家。他的情节并不怎么样，因为什么情节他都用。但不该用情节去评价一位作家。切斯特顿的情节讲起来更好一些。"

我提起我在读《门前马车》，V·S·普里切特的自传。博尔赫斯："普里切特写了一篇优秀的关于我的文章，但被题目《堂博尔赫斯》[1]毁了。最好不要在自己不知道

---

[1] 《堂博尔赫斯》(《纽约书评》, XVI册, 1971年第一期)。

的领域冒险。我们写关于东方或盎格鲁撒克逊的题材时，我们会犯多少类似《堂博尔赫斯》的错误。即便不犯错误，文章也不会被该国人重视。就好像鲁文·达里奥写过：

> 巴黎的天空飘了雪[1]

那种一个巴黎人不会记录下来的情景。"比奥伊："大概康拉德错误颇多，就我们所知的来判断，比如《诺斯特罗莫》。你记得'caputaz'或者'capataz'吗？我不认为'Juste'是印刷错误；重复了太多次了。[2] 错在他字写得差。康拉德大概抄了一份词语和名字的清单。比如'Justo'，他本来写了'o'，结果以为是'e'。只要犯一次错就足够被人永远定性了。真奇怪出版社没人纠正他。我问了一个住在马来西亚的荷兰人'tuan'什么意思；他说'tuan'就是'先生'的意思，不是什么贵族称号。也就是说'tuan Jim'是Jim先生，而不是Jim公爵。"博尔赫斯："有时候我想，在学习盎格鲁撒克逊语的时候，我有点像写《堂拉米罗的荣耀》的拉莱塔。"

博尔赫斯："爱尔兰语的难点之一就是背后的思维很奇怪。不说'他让他骑上马'，而说'他让人把马放在身下'。当然现实允许这两种表达中的任意一种；但我不知道，爱尔兰语句子给我感觉马个头很小。"

关于基罗加："他在一个短篇的开头写一个男人惯常做的事情；但作者如此粗糙以至于后来这个男人被蛇咬以后死了，给人感觉这也是每天发生的事情，是他生活日常的一部分。"

1月19日，星期二。 我们读了好几本书的开头。巴列-因克兰的《纹章的鹰》（"这都是什么标题。在西班牙以外，这种题目会让人倍受侮辱。"）米罗的《墓园樱桃》：在一个傻乎乎的设置之下，绘画和文学混杂在一块儿。博尔赫斯："在这个国家没有人写得比巴列-因克兰或者米罗（至少在我们今天读的作家里）更糟糕的了。"我们还读了科洛马神父的《只为虱胫》和加尔多斯的《玛丽尼拉》。博尔赫斯："想象这些东西是中学或者大学系里的必读书。还要考试。"比奥伊："都是什么榜样。我现在明白为什么我的头几本书这么差劲了：我想要模仿这些大师。"博尔赫斯："西班牙文学是渺小的旁系文学。他们已经给了我们最好的：语言。如今阿根廷学生没有

---

1 《冬》（《蓝》，1888）。
2 分别在《诺斯特罗莫》（1904），I，6和II，4。

必要浪费时间在这身上了。被译者改善过的西班牙文学欺骗了世界。当西班牙语成为全球通用语言，骗局就会被拆穿。"佩雷达的《沿山而上》我们觉得好得多，而胡安·巴莱拉的《佩比塔·希梅内斯》又再好一些。博尔赫斯："巴莱拉读过的书应该比其他几个好很多。"

博尔赫斯："尽管很有可能两人不太和得来，在科尔多瓦拥有一家印刷厂的文森特·罗西出版了卡普德维拉的第一本书《孤独的花园》（Jardines solos）。[1] 由于当时的卡普德维拉还是青年诗人。罗西（还不认识他）没有收他钱。多美的题目：《孤独的花园》。"比奥伊："非常美。不过如果我想出了这个题目，可能会因为'jardines'和'solos'里的's'再想一个题目。不过连起来说'Jardines solos'就可以证明这些's'在一块儿并不难受了。"博尔赫斯："这是福楼拜的主意。他认为词语的乐音是可见的。应该去听它们的声音，只要听声音。"[2]

1月20日，星期三。　　关于莎士比亚："他了解他的职业。他能够掌控好作品中的情景。也能够给笔下的人物以真实感。但他没有的是准确的语言。他以一种神奇的方式使用语言，就好像在施魔法一样。他使用词语的时候就是个大概。"

晚上翻看图书馆藏书的时候，我找到了一本（恩里克）拉布拉多尔·鲁伊斯于1937年献词给博尔赫斯的书，没有打开过的信封里还有一封给博尔赫斯的信。我们读了信：他给他寄书，并请求交换。他的意思是他也会评论博尔赫斯给他寄的书。我告诉博尔赫斯如今拉布拉多尔·鲁伊斯成名了。"换做别人可能会打开他的信。"他说。

博尔赫斯："路易斯·德·莱昂神甫注意到原文含糊的地方，翻译也应该含糊。路易斯·德·莱昂神甫很聪明。活像标准的犹太人。"

1月22日，星期五。　　下午我们和博尔赫斯一起翻译《麦克白》。他评论了萧伯纳关于《麦克白》那句话："现代文人作为咨询女巫者的悲剧。"他指出《麦克白》中作为长篇独白结尾的马戏团进行曲般的韵脚和诗句。他对梅特林克非常有好感。他跟阿莉西亚（胡拉多）严肃地打包票，说我们发现了一个梅特林克的出色译本，用无韵诗写的[3]。很多次，在我们翻译的过程中，我读到梅特林克的译法，博尔赫斯都会

---

[1]　卡普德维拉的第一本书实为《新鼓》（1910）。
[2]　参见《奇迹》（1943）。
[3]　《麦克白》（1900）。

评论:"好,好……"

西尔维娜说如果重要的是演出效果,我们应该把《麦克白》翻译成无韵诗;用十一音节体太枯燥了。博尔赫斯表示悲剧精致的语言(至少是这部里面的)需要用诗来表达。博尔赫斯:"今天人们无法忍受舞台上的表演了?明天会忍受的。就如同这么久以来人们所忍受的。"

博尔赫斯:"真奇怪,十八世纪对句这么讨人喜欢。"比奥伊:"高乃依和拉辛的对句之所以流传要归功于一个狡猾的朗诵流派。它源自法国,试图将对句破开朗诵;这样一来避免了对句的乏味,抹掉了诗人追求的韵律。"

他引用了布瓦洛反对描述性诗歌的观点:如果提起法式城堡,难免要描述所有的房间;布瓦洛总结:

我跳过二十页想要读到结果,
好不容易穿过花园匆匆逃脱。[1]

博尔赫斯:"'那个家伙会和法语一样持久',我记得格鲁萨克这么说的。"他评论了那句:

最大的荣耀还在后面(朱生豪译)[2]

麦克白想到女巫的预言已经应验时对自己说的话;他被任命为葛莱密斯爵士和考特爵士;只差加冕了。博尔赫斯:"要么他有了一个新的关于时间的理论,要么他说'最大的荣耀还在后面'时他说错了。"

当麦克白说:

二位大人,你们的辛苦
我已经铭刻在我的心版上,我每天
都要把它翻开来诵读。[3]

博尔赫斯评论道:不恰当的评论。这样会更好些:我不会忘记,真他妈的,这些恩惠。人们会注意到我们掺了些奇奇怪怪的东西吗?

---

1 《诗艺》(1674),I,v. 58。
2 《麦克白》,I,3,v. 117。
3 《麦克白》,I,3,vv.150—152。(朱生豪译)

关于

他的一生行事，

从来不曾像他临终的时候那样得体。[1]

他说："这个句子可以用在卡洛斯一世身上。"

翻译到

世上还没有一种方法，

可以从一个人的脸上探查他的居心[2]

我们看了看梅特林克怎么翻译的，于是发现了注解：拉辛在《费德尔》也说了同样的话（IV，2）：

难道我们不应该有什么信号

承认人类有颗毫无信义的心吗？

博尔赫斯："他说得不清楚。头脑？大脑？智慧？通常应该避免使用大脑之类的词，以免文本充斥了器官。我们把头脑（mind）翻译成心灵（alma）。"

于是我们译为：

有没有一种方法

允许我们解开

人类的心灵的谜题？

我们读：

他是我曾经

绝对信任的一个人［I，3，vv. 13—14］

我们译为：

我一直相信他的忠诚……

博尔赫斯注意到："如果我们写：

他作为绅士的忠诚一直

---

1 《麦克白》，I，4，vv.7—8。指刚被执行死刑的考特。（朱生豪译）
2 《麦克白》，I，4，vv. 11—12。（朱生豪译）

为我信任……

有一种去了又回来的感觉。名词后面的形容词像是挂在那里令人讨厌的流苏。"

后来我们把：

你的功劳太超越寻常了
飞得最快的报酬
都追不上你。[1]

译为

飞得最大胆的应得奖赏
都追不上你。

博尔赫斯笑着评论道："诺贝尔奖对我来说就是如此。"

他认为墨西哥音乐最次。他喜欢老探戈和老布鲁斯；但对一种他不了解的音乐他不会太敏感。

他讲："朵拉·德·阿尔韦亚尔跟我说起女同性恋。她说那种爱非常令人满足。相反，西尔维娜·布尔瑞奇表示：'你想要我说什么呢，女人之间的爱我认为一点都不实用。'就好比酗酒，这种事我不知道怎么解释是如何开始的。巴特勒因为同性恋事件被人坑了钱。"

他朗诵了丁尼生的诗句：

哦亲爱的，我们不应该再继续
走向还对面的盛夏之地了[2]

他注意到："全部的魅力都来自'向盛夏之地'。诗歌取决于细节。丁尼生也是么？不，不可能……"比奥伊："是，我觉得好像读过……还有福斯特。佩特好像欣赏地朝这边看，但不敢过来。"博尔赫斯："豪斯曼也是？好吧，好吧。显然现在蒙蒂菲奥里主教想出了个理论，说耶稣[3]……为什么？因为他的门徒把头靠在他的胸

---

[1] 《麦克白》，I，4，vv.16—18。（朱生豪译）
[2] 《戴茜》（《莫德及其他》，1855）。
[3] 教规家、大圣玛丽副主教休·蒙蒂菲奥里于1967年在牛津的一次讲座中暗示耶稣曾经是同性恋："女人是他的朋友，但据说他真正爱的是男人。一个明显的事实是他没有结婚，没有结婚的男人通常出于以下三种原因：他们负担不起；周围没有女孩子；或者他们本质上是同性恋。"

前?可是这又说明什么呢?"比奥伊:"耶稣的私生活我不感兴趣。"博尔赫斯:"我感兴趣。"

博尔赫斯:"德·昆西说莎士比亚在骑马路过埃文河畔的斯特拉特福附近时,大概看到过很多次北极光,但当时没有词来命名。从斯特拉特福?我不信。没有词是因为人们忽略了这一现象。如果有人看到这么奇怪的现象,怎么会不发明个词去命名呢。在所有地方都有对应彩虹的词。在苏格兰的最北部或许可以看到北极光。"比奥伊:"如果当时正处在寒冷时期,类似英国人预言日后三十年会遇到的,大概德·昆西的话里会有些真实的东西。"

博尔赫斯:"鉴于对许多诗句是否真的出自莎士比亚之笔存在严重争议,史彼勒问:'为什么不认为所有好的诗句都是后来插补的呢?'"

3月2日,星期二。　　博尔赫斯:"旅行的实质是一系列不便。"比奥伊:"是的,但这些不便后来变成了美好的回忆。除了美好的回忆还能求什么呢?"博尔赫斯:"确实。应该求一个美好的过往。一个人唯一可以追求的就是美好的过往了。无法实现的是美好的现在。谁求美好的现在,那一定没有对现实的概念。"

5月17日,星期一。　　博尔赫斯:"要在这两种人中间选择:俄国人,他们是罪犯;美国人,他们是蠢货。蠢货,但很狡猾,且会做生意:他们在英格兰影响极坏。在所有地方。如今作家们都在谈论著作权。我认识了一个著名小说家艾丽丝……默多克。我觉得她是个傻瓜。V·S·普里切特比她好一点。但也没聪明很多。罗威尔是个彻彻底底的傻瓜。上次来家里,他脱了西装,脱了鞋子,躺倒在地上。母亲对他说:'快起来,穿上衣服给我坐到椅子上去。'他只能照做。我后来问母亲为什么这么对待他。'他是个疯子,'母亲回答我,'对疯子只能命令他们。'我陪他到了门口。他走之前还吻了我一下。我重重地关上了门。他写了一首关于《罗兰之歌》的诗。如果一个人写了一首关于另一首诗的诗,那这首诗应该和另一首一样好。罗威尔的那首简直是垃圾。美国人习惯告诉别人东西值多少。'你现在看到的是一座图书馆,建造这栋楼花了七百万美元,是的没错……'摩门教徒对他们的宗教感到羞耻,坚持说他们是基督教徒(掩藏了他们的差别,这些差别本可以引起人们的兴趣)。在盐湖城,给我们展示城市建筑和绘画的老师是十足的傻瓜。他们指着一幅画评论道:'这是世界上最优秀的画作之一。出自一名摩门教徒之手,表现了几位蓝色的天使。'关于另一幅画他们说:'您现在看到的是一位伟大摩门教画家的作品，世界上最受赞誉的画作之一，它的尺寸是多少多少，右边可以看到一家人在家里吃饭，左边是同一家人在天上。'你别以为这是个一夫多妻的家庭。英国人被法国人彻底骗了。他们觉得波德莱尔的每一首诗都值得称道，还有兰波是最好的诗人。为什么？他就写了《醉舟》而已。有些力量，但不至于如此。如果他们喜欢《醉舟》，为什么鄙视雨果呢？他用同样的风格写作，但写得更好。艾丽丝·默多克对我说：我是半个布尔什维克，您知道吗？在英国一个人如果说话结巴犹犹豫豫不会给人留下不好的印象。我以前认为伦敦是一个很文明的地方，不会有暴力：或许有，但令人难以置信。牛津的拉丁语——比如，他们会说成'Luidovaiccus'——简直令人羞愧。在苏格兰圣安德鲁斯大学，我遇到一个自称是方言学家的西班牙人。你知道他教什么吗？瓜拉尼语和克丘亚语（顺便说句，这两种根本不是方言）。他说他准备教伦法多。你发现吗？瓜拉尼语和克丘亚语和伦法多有什么关系？我对他说：'伦法多不是方言；就是个笑话而已。''啊，'他回答（模仿浓重的西班牙口音），'如果就是个玩笑，那我们不教了。'最纯粹的巧合。后来，我失慎说出还有伦法多词典，而那个方言学家就开始怀疑起我之前的观点。一个英国小伙儿告诉我他在学习现代主义。我祝贺了他。你知道什么是现代主义吗？鲁文·达里奥？不——加泰罗尼亚现代主义。所有人都在炫耀奇奇怪怪的东西。我问自己：难道就没有一个像塞萨尔·达沃韦这样的人吗？塞萨尔·达沃韦尽想些愚蠢的事情，但他是全凭一己之力；而不像所有这些人，感觉是被普遍潮流裹挟着。如今什么都可以流行。人们想：今天流行咖啡色，今天这个国家的出路是庇隆主义。他们想要表达如今这里的工人状况很糟。不：这里状况很糟的是中产阶级。是教师，他们比工人赚得还少。状况很糟的是退休者。在英国和美国，他们没有吃正餐的概念，他们总在提议吃点心。不是因为我贪食，但我喜欢坐在桌前吃饭，有盘子、刀叉和杯子。那里人们随时可以让你带着一杯牛奶上床。为什么面包被装在小袋子里，还满是芝麻？"

5月25日，星期二。 博尔赫斯："我如此心不在焉，以至于这么多年来都没注意到这句话的荒谬之处：

> 把你们的耳朵借给我[1]

在'各位朋友，各位罗马人，各位同胞'之后，还有第一句：

---

[1] 请你们听我说。莎士比亚，《尤利乌斯·恺撒》，III, 2。

他们再怎么指指点点我也不会住口¹"

他记起乌雷尼亚的建议:"在造一句话的时候想想农民会怎么说它。"博尔赫斯澄清:"如果你想象的是理想的农民,那这句没错。"我同意他的观点。他说:"胡安·巴勃罗·埃查圭认为,文学创作的黄金法则是去掉全部'que'。他大概和所有人一样用带'que'的句子思考;之后用其他句子去替换——那些句子里没有这个词——如果别人给他念随便什么文章,只要出现一个'que'他就会评价文章有缺陷;跟他辩解文章的作者跟他玩的不是一个游戏毫无用处。"

他说很多次他担心自己会疯掉;很多次做出过一些他自己觉得不理智的事情,为的是不要再惦记:一旦做了就不会再有念头了。

5月31日,星期一。 我们翻译《麦克白》。博尔赫斯(忍住笑):"莎士比亚是人类精神的巅峰吗?还是不要翻译他的好;还是不要近距离观察他;我们会以鄙视他收场。他讲些最简单的事情怎么这么难!还是他已经太习惯浮夸的风格,不会用简单的语言说话了。"

6月7日,星期一。 比奥伊:"应该把狄兰·托马斯的名字加到无可争议作家名单里。"博尔赫斯:"真奇怪,他们会喜欢一个看不懂他写什么的作家。"

6月10日,星期四。 博尔赫斯:"我半夜醒过来,发现我对希伯来传统的高度赞赏是错的。那些斯多葛派好多了。"比奥伊:"我不因为古文学,或者宗教(也不因为基督教)欣赏犹太人,而是因为这之后产生的人:因为海涅,普鲁斯特,卡夫卡;它的古文学和宗教让我觉得污秽;斯多葛派的思想更加纯净和高尚。"博尔赫斯:"那些预言家简直是垃圾。你将我引向了真理。我以前觉得犹太人的世界比希腊人的更加有戏剧性。"比奥伊:"我觉得你父亲应该会站在我这边。"博尔赫斯:"是的,当然。"比奥伊:"我觉得你给戏剧性赋予的价值来源自你的信条,你相信没有什么是真实的,生活本身就是表演。"博尔赫斯:"耶稣不是绅士,不像苏格拉底²。他有一定的文学天赋,莎士比亚式的。你觉得他是个文人吗?你觉得他是个浪漫主义诗人吗?如果你把苏格拉底之死和耶稣之死作比较,毫无疑问苏格拉底是两人中更

---

1 弗朗西斯科·克维多,《讽刺和指责卡斯蒂亚人当今风俗的书信体诗》(《西班牙诗集》,p.1648,第二缪斯)。
2 参见伯特兰·罗素(《我为什么不是基督徒》,1957):"我看在这些方面(例如道德和智慧),释迦摩尼和苏格拉底的地位要比他(耶稣)高。"

伟大的。苏格拉底是绅士,而耶稣是政治家,寻求人们的同情。英雄传奇里描绘过更好的死亡。那个说:'是,现在用那些更宽的剑'的那个人看起来更平静,更勇敢,更高贵,而耶稣那句'赦免他们!因为他们所做的他们不晓得。'的戏剧效果让人感觉有一种虚假的伟岸。耶稣咒骂一棵树[1],或是咒骂没有给他登记的那座城市,我不觉得他是个多值得仰慕的人。天主教教父是一群垃圾。德尔图良认为公正者的乐趣之一在于看着那些被罚入地狱之人在那里被折磨,你怎么看?[2]而为了批判角斗士表演而谈及最后审判这场真正的表演——被罚入地狱之人被魔鬼拖入地狱——你怎么看?犹太教和基督教的整个奖罚体系十分卑鄙。为什么最后的成了最先的?为什么富人不能进入天堂?奖罚的永恒又如何抵偿短暂的俗世生活呢?马可·奥勒留的想法要好太多:即便在宫殿里,人还是可以维持正直的生活。"

他从美国回来,对美国感到失望。比奥伊:"看起来他们有两种选择:美国生活方式的商业模式和知识分子对邪恶事业感到的吸引。知识分子们认同所有最坏的东西,那为什么他们不认同庇隆主义呢?"博尔赫斯:"是的。你不能说任何不利于黑人的话。你知道在非洲的黑人国家,如今从殖民主义中解脱出来以后,又实行奴隶制和贩卖奴隶了?"

他从以色列回来,同样感到失望。他说那里所有人都关心进步。他们为之感到骄傲。他说政府依靠拉比,于是酒店里午饭以后要至少四个小时才能点吃的;但在私人家里想什么时候吃就什么时候吃:"拉比对这类事情很关注。"

他说施瓦茨-巴特,那个和他一样获得过耶路撒冷奖的犹太作家,曾经在集中营待过;战后他在巴黎遇见了当时领导集中营的德国将军,作家对他说:"我在奥斯维辛生活过,经历了百般耻辱,您就准备好接受您应得的惩罚吧。"他掏出一把左轮枪杀了他。法国人审判了他,但并没有执行判决。博尔赫斯说施瓦茨-巴特表现得很好。比奥伊:"当然。你得知这件事后,会为公平得以声张而感到大快人心。在这个故事里,至少以这种方式讲出来的情况下,没有报复行为的卑劣:准备过程,可以带着冷静的仇恨,就像吉卜林(啊还有)佩罗的情节;或者带着炽热的仇恨,就像西西里岛上那样。他在街头碰到了那头猪,随即就杀了他。"

---

1 《马太福音》21:18;《马可福音》11:13。参见罗素同一部作品:"这个故事荒谬绝伦,因为当时并不是结果子的季节,你很难归咎无花果树。"
2 《论表演》,30。博尔赫斯转引吉本的话(《罗马帝国兴亡史》,1788,XV)。

他去伦敦的时候发现那里有太多美国人和犹太人。博尔赫斯:"没什么好事可以期待发生了。"他从冰岛和苏格兰带回了极佳的回忆。

6月22日,星期二。 我们聊了一个人可以从约翰逊和包斯威尔的盛名中学到的一课。比奥伊:"约翰逊代表了才华横溢的人:清醒,聪明,反应快;只要他需要,就可以写出一首精妙的短诗;各种文体都能出色驾驭;具有个人风格。包斯威尔代表了不机灵的那类:知道得少(在他看来,能知道的他都不知道)。我深信如果他们比赛写一封信,一首诗,一篇讽刺文,或者随便什么文章——或者一本自传——约翰逊会压到对方,不管谁是评审。如今两个人一样出名,包斯威尔的读者还更多一些。我个人更偏爱约翰逊一些。包斯威尔的风格在于没有风格。"博尔赫斯:"尽管如此,克鲁奇毫无疑问道出了真相,他说包斯威尔转述的约翰逊的话,可能不完全对应原话,但却对应了这些话给人留下的回忆,或者说印象[1]。"

6月28日,星期一。 博尔赫斯:"我们生活在一个恐怖的年代。你感觉会因为自己的所做所言受到惩罚。克莱门特推荐过来的一个记者采访了我,她让我说我觉得富人比穷人好。我没这么说。我不会作这类笼统的陈述,这类泛泛而谈的声明。不过有论据可以支撑这个观点:没有任何政党会承诺带来贫穷。可能共产主义会带来贫困,但这不会是它的诱饵,他们不会说:'请为共产主义投票,你们会变穷。'另外,富人比穷人能够接受更好的培养这点不是不可能。虽然,我自然也认识很多傻傻的富人。"比奥伊:"但有很多贫穷的庇隆主义者。大概最好的人是那种社会主义秉承追求公正的愿望和对遗产继承的仇恨想要废除的。文明的精华由富人的子女组成:他们继承家产,之后失去它,他们有闲暇时间可以接受教育。"博尔赫斯:"没错,正如美国人说的,老钱才是最好的。那些在如今社会创造财富的人可能没什么顾忌。"比奥伊:"以前也是一样。过去的男爵大概也挺贪婪的。在奥兰多的一座城堡里,他们看到祖先的画像后评论说:'这些杰出的先祖们大概做过很多我们认为粗俗的事情。[2]'"

博尔赫斯:"在日耳曼语族的所有语言中都有把重音落在第一个音节的趋势。最后一个音节几乎听不到。所以押头韵较之押尾韵占上风。"

7月1日,星期四。 博尔赫斯:"和席尔瓦·巴尔德斯身上的问题一样,卢贡内斯和

---

[1] 《塞缪尔·约翰逊》(1944),X。
[2] 弗吉尼亚·伍尔夫,《奥兰多》(1928),III。

贡戈拉的缺点在于它们给人某种诗歌是作者职责或任务的感觉。如果读者有了这种感觉，那会失去兴趣。红领带鹟、蜂鸟、斑颊哀鸽：[1] 你能够察觉到他打算写一系列关于鸟的诗，但阅读的乐趣仅限于去求证形容词和隐喻是否用得妥当了。这一批评不仅适用于卢贡内斯，而且可以用在很多诗集上。比如，你会再一本诗集里读到注诸如《春》《夏》《秋》《冬》的题目，你会怀疑诗人是不是从目录着手写诗的。"

我们聊到巴约讷。他引用了博达吉布斯先生的《反韵》（"巴约讷！阿尔索水渠下的关口"，等等）博尔赫斯："图莱很可能是个平庸的人，但有诗歌才华。"

7月10日，星期六。 博尔赫斯和曼努埃尔·普伊格（Manuel Puig）在家里吃饭。博尔赫斯："在加泰罗尼亚语里'Puig'发'Puch'的音。"普伊格："您每次看到我都跟我这么说。'Puig'的意思是'顶峰、巅峰'，对应法语的'Puy'。"比奥伊："我说了好几次多姆山（Puy de Dome），没有意识到'Puy'其实有它的含义。一个人不能通晓一切。"

吃饭的时候，博尔赫斯突然说："我在想整天和诺尔曼（蒂·乔凡尼）一起把我的故事翻译成英语没有什么意义。我觉得'老是要回到自己的过去'对身体有害。翻译对我有那么重要吗？我是阿根廷人，我写东西是给这里的人读的。我七十二岁了，我不在乎成功。在美国和欧洲的成功于我而言有什么现实意义呢？真的，我完全不看重成功。我觉得继续这项工作很荒谬。感觉还差十卷本。如果我要翻译下去，那最好我还是不要往下写了，因为所有我写出来的东西都在增加需要翻译的量。和哈珀与罗出版公司签合同了吗？我不认为他们会烦到我，他们在纽约我在布宜诺斯艾利斯。他翻译得怎么样我无所谓。只是这活儿我不想再干了。他其实也无所谓。不是吗？来，把电话给我。"他马上拨通了电话。我转身回避，时不时听到他暴怒的声音。但回来的时候他挺开心的。他说："他很郁闷。没想到我会这么做。挺可怜的，不过我觉得错在他。他要让别人觉得自己重要，表现出很飞扬跋扈的样子。另外，他还爱管闲事。有诺尔曼在身边，摆脱艾尔莎也没什么用。"就好像在说他无时无刻不感觉到这位穿着拖鞋的新碰瓷老人[2]的存在。"我不应该忘记这是他自作自受。"他重复道。之后他让我别告诉他母亲他终止了翻译工作，因为他担心她会悲观地看待此事。

---

1 指《翅膀》系列：(《红领带鹟》《鹦鹉》《联邦派》)，收录于《风景之书》(1917)。
2 《航海家辛巴达》里的人物，爬到辛巴达背上就不肯下来的老人。

7月12日，星期一。 我们聊了他和蒂·乔凡尼的决裂。他说有一天他在蒂·乔凡尼家；蒂·乔凡尼怀孕八个月的妻子希瑟给他做了一杯美味的咖啡，后来说："想想下次旅行要带着孩子一起真奇怪啊。"博尔赫斯："我感觉到了钢板般的寒意。[1] 太怪了：我从来没想到一句话会加速一切。很自然，一个女人怀着一个孩子，她想她会很爱他，但或许她不应该认为其他人也一直乐在其中。"比奥伊："她想他们会和你组成一个幸福的家庭吧。"博尔赫斯："大概这正是吓到我的地方。因为我知道他们不属于我的家庭。你知道的，旅行途中，他坚持让我给你寄一张由我们两人签名的明信片。他没想到你会觉得很奇怪……两个人联名。在律师面前，我们谈论成立公司一事时，我坚持不将他包括进来，即便他是个讲诚信的人。"我对他说不应该曲解事实。他的决定不错，但不应该用对诺尔曼毫无道理的怨恨为自己辩护。可能让他参与翻译以后，他自己有了更多写新短篇的念头。如果事情真是这样，那《布罗迪报告》和《议会》要归功于他。他回答："没错。要归功于他和艾尔莎。"

7月13日，星期二。 在家里吃饭的时候他问："你难道不知道哪位上世纪末本世纪初的作家喜欢埃雷拉（·伊·雷西格）吗？奥尤埃拉。"他引用了埃雷拉·伊·雷西格的几句诗：

> 西拉比的颤抖
> 让窗户也癫痫发作
> 突然失去理智的神话
> 在我瞳孔的黑暗中翻滚。[2]

他注意到："类似乔伊斯，可能埃雷拉的草稿没那么糟糕。诗人此后完善了它们。"比奥伊："这句诗里有一种粗俗的克里奥尔文风的调调。"博尔赫斯："没错。他的内心深处就是个猥琐的、爱说大话的人。"他曾怀疑卢贡内斯[3]写的和"cielo combo（弧形苍穹）"押韵的"chinesco biombo（中式屏风）"是否会达到同样丑陋的高度。

他引用了奥莱加里奥·安德拉德几句充满怀旧色彩，简单却读起来很舒服的诗：

---

1 指古斯塔沃·贝克尔《诗韵集》（1860），XXVII："人们告诉我的时候，我感到寒意／感觉脏腑里有一片钢板。"
2 《忧伤的黎明》（《夜晚的祈祷》，1902）。
3 《闲情》（《花园的黄昏》，1905）。

> 一切一如往昔:
>
> 房子,街道,河流,
>
> 书上的叶子,
>
> 枝头的巢穴。
>
> [...]
>
> 啊,一切一如往昔,
>
> 柳树,天空,河流
>
> 浪花,银色的叶子
>
> 长在永恒的树梢。
>
> 只是男孩已变成男人。
>
> 他经历多少苦难
>
> 以至心中几乎不留
>
> 空虚的寂寞![1]

博尔赫斯:"之后就回到他的夸夸其谈上去了。"

西尔维娜问内尔沃是否和拉莱塔一样糟糕。我和博尔赫斯抗议。博尔赫斯记起内尔沃的几行诗:

> 上帝真实存在!……
>
> 我们才是不存在的![2]

他评论说在拉莱塔所有的作品里找不到一句这样的。

7月20日,星期二。 我们聊到了福楼拜。关于《布瓦尔和佩库歇》,博尔赫斯说开头虽然看起来很虚假,像是戏剧里的,但还不错,"又一重出其不意"——那两个被表现得像布娃娃一样的人展示出智慧和敏感。至于风格,是消极意义上的好,"类似一本代数书写得好的好"。博尔赫斯:"找不到什么写得对或者吸引人的地方,就像史蒂文森身上那样。这对我而言算一种缺陷,虽然也算一种魅力。你会一次又一次地去读。相反,我永远读不了《情感教育》或者《包法利夫人》。最后这本倒不是因为题材。同样的题材,《巴济里奥表兄》是一本我一直很想读的书。艾萨·德·克罗兹要轻盈很多,有很多想法。《拉米雷斯尊贵的家》里面那个来自葡萄牙最古老家族

---

[1] 《回家》(《诗选》,1887)。
[2] 《遗言》(《低语》,1909)。

的贵族，整天和村里的理发师、弹小法朵的吉他手聊天的那个，写得真好……'淳朴的心'也太头脑简单了一点：我认识很多佣人和厨子，从来也没见过这么头脑简单的。《萨朗波》写得很差：我年轻的时候就读到过一个很荒唐的句子：'在某个地方坐着几位穿着铜做的厚底鞋的士兵。[1]'应该是这么说的，我忘了，一只狗走近他，来闻他铜做的厚底鞋：他大概是这么表述他觉得有价值的信息。"

他去埃内斯托·斯乔家吃饭[2]。斯乔说，如今真的不知道写作是为了谁，西尔维娜也支持他的看法；他怀疑人们是否还会继续写作。博尔赫斯回答说他自己写作是因为他喜欢写作。我说——和博尔赫斯表达了同样的意思——一开始我不为任何人写作，我不在乎读者的莫测（除非清晰原则所迫，我本来也不怎么顾及清晰这回事，写了十二年之后才意识到这一点）。我补充道："对于不想写作，也不知道写什么的人，已经不再值得写作的理论比较适合他们。你会问自己为了谁写作，或者写作是为了某个人还是不为任何人。"博尔赫斯驳斥了西尔维娜认为如今生活很艰难的论点。博尔赫斯："一直都很艰难，才能是在困境中逐渐展现的。塞万提斯在狱中写了《堂吉诃德》。"比奥伊："埃尔南德斯在旅馆里写了《马丁·菲耶罗》。我们国家的旅馆，在那个年代，也不比监狱好到哪里去。"我想起有人研究过月光，不是雷吉奥蒙塔努斯吗？那个柯尼斯堡的？

7月21日，星期三。 我赞扬他在上次旅行时候买的蓝色大衣，直筒的，他让我给他讲路易斯·阿尔达尔的故事。阿尔达尔订了一件双排扣的大衣；卖家回复他说："伦敦没有这种。"他又订了一件咖啡色的大衣，卖家回复他："伦敦没有这种。"他最后买了件完美无缺的蓝色直筒大衣。博尔赫斯："文明的佐证。人们相信职业重要性的佐证。"

7月26日，星期一。 博尔赫斯会在电台回答关于普鲁斯特的问题："我以前因为害

---

1 《萨朗波》（1862），I。
2 "……在比奥伊家另一次吃饭的时候，我和博尔赫斯都被邀请了，刚从意大利回来的我想起来评价如今意大利人读书读得有多少，尽管他们有辉煌、繁荣的出版业。'怎么可能'，博尔赫斯思考道：'如果意大利是但丁的故乡，所有意大利人都知道《神曲》，就像我们都知道《马丁·菲耶罗》。''那可能是别的年代的事了，'我回答他，'有数据为证，当今这个时候，可能背《神曲》的意大利人和我们这儿背《马丁·菲耶罗》的人可能差不多吧。''那意大利书店里数量众多，质量上乘的书怎么解释呢？'，博尔赫斯坚持。我说：'要知道这些精彩的出版物是由大公司资助出版的，他们以这种方式使用他们的盈余以及避税。'但没用：有谁可以和独白大师博尔赫斯争论呢？（埃内斯托·斯乔家，《和博尔赫斯的相遇（相争）》，选自尼古拉斯·科卡罗编，《博尔赫斯》，波士顿银行基金会，1987：65—66）。

怕陷入迷宫而没有读他的作品。如今对于篇幅长的小说我也持同样的态度。我觉得在因追随这些想象出来的人生而失去的时间里，我可以学点别的东西，所以我不读小说。当然我也失去了不少乐趣。"

博尔赫斯："明天巴基斯坦大使来访，今天问图书馆要了一份我的书的目录。他没早要因为怕忘记，也怕我考试挂了他。他对我说：'吉卜林的脐带埋在印度。一个人的脐带埋在哪里，他的心就在哪里：在我们看来吉卜林的心在印度。'"

博尔赫斯："去掉地狱以后，罪孽的概念就消失了，人们开始撒谎、偷窃等等。"比奥伊："性的罪孽可能是人们最鲜活感知到的罪恶了，因为要犯罪要战胜羞愧（对于很多人而言，道德是性道德的同义词）。从所谓性解放打开的黑洞中穿过了所有罪恶。为了追求完美的理想而保持良好操守的人总是有的，但数量很少。"博尔赫斯："你觉得人们现在更幸福吗？我不觉得……流浪猫流浪狗不比家猫家狗来得幸福；我们在家保护我们的家养动物；别的动物只能自己保护自己，抵御一切。有警察在。"比奥伊："警察管重大犯罪，不管日常生活里的过激行为。即便是这样，大概他们应该像阿马尔里克描绘的[1]俄罗斯警察一样，随便开个玩笑就把你关三年，剥夺你生活在你的城市的权利。"博尔赫斯："或许应该创立一种新的宗教。"比奥伊："不；应该教育群众。"博尔赫斯："因为你反对宗教吗？"比奥伊："我更愿意用事实治愈他们，而非用谎言。在最文明的国度里人们不偷不抢也不谎话连篇。我们离这个水平有一段距离，但没那么远。只需要二十年的繁荣和持续教育民众的努力。"

7月31日，星期六。　　博尔赫斯："普鲁斯特大概记性不好。或许他应该咨询一下他的亲戚，那些记事比他清楚的人。他的文学能力让读者相信他在讲述的一切都是他的回忆；为他笔下的主题赋予回忆的魅力。"比奥伊："你说在普鲁斯特身上回忆是一种文学体裁；就好像冒险在其他作者那里一样。"

8月2日，星期一。　　博尔赫斯回忆起威利（吉列尔莫·胡安）·博尔赫斯临终时写的某首诗里的一个句子，在他生命终结的那个庄园里：

只有很古老玫瑰的冷香

他说句子里的一切都挺好；那个"很"不错。

1　阿马尔里克·安德烈·A，《不由自主的西伯利亚之旅》（1970）。

博尔赫斯："巴尔加斯·略萨宣称一个作家可以优秀和保守派兼具，比如我；集糟糕和共产主义者于一身，比如科塔萨尔。骗谁呢？我可以因为保守而优秀，和他没有什么可比性；我是另一口井里的青蛙；科塔萨尔因为共产主义者的身份惹到了他。当然这件事情也有它好的一面。在对此番言论真正意图毫无质疑的人面前为我增添了力量。"比奥伊："还证明他们这些人都彼此对立。作为合格的黑格尔门徒，他们尊重事实的误差，不去质疑他的名望。"

8月9日，星期一。 我的女儿玛尔塔坚称人身上有208根骨头。"医学院教的？"博尔赫斯问，"做什么用呢？好让医生们知道从人身上取出208根骨头以后就什么也不剩了？在208根不到的时候估计就把这人掏空了吧。"

他说不能以一件事可能产生的后果去判断它（因为那时无法预见）；一件历史事件同样不能以它的后果去评价："我认为抵抗英国入侵是一件令人钦佩的事件——他们为自己的城市而战——五月革命同样是一件令人钦佩的事件。毫无疑问独立后的国家进步了，但如果你想到那些考迪罗们，想到罗萨斯和他的屠杀，想到激进主义、庇隆主义，就很容易会觉得没有任何优点可以弥补这么多的错误和伤痛。尽管如此，我仍然认为我们应该看到抗英斗争和五月革命的可敬之处。"

他表示在标题里加"或"（比如《阿尔戴尔或玛格丽特》《可怜的比托斯或头的晚餐》）需要很大勇气。阿努伊的例子是我自己加上去的，他完全不懂标题和作品。

8月23日，星期一。 我评价说有段时间作家们（尤其是法国作家）努力为他们的人物起一些可笑的名字。博尔赫斯："《布瓦尔与佩库歇》。"

8月25日，星期六。 德内维说之前在某次会议上结识了博尔赫斯。他们坐的桌子还离得挺远。德内维解释了他关于佛教禅宗的理论：可能本来仅仅是反对传统佛教开的玩笑而已。他还大声补充道："不知道为什么人们会信。"从房间的另外一头，博尔赫斯对他大吼："你认为呢：基督教不也有人信么。"

8月28日，星期六。 博尔赫斯很高兴。他朗诵了《商陆》：

这片土地上的每个地方
都有突出的特征：
巴西有炽热的太阳，
秘鲁的银矿，

蒙特维迪亚的山丘，

布宜诺斯艾利斯，美丽的祖国，

有她雄伟的潘帕斯，

潘帕斯里有商陆。

[...]

但这片土地上

最突出的特征

野蛮在这里落脚，

这里只崇拜叫瓦里楚的神，

包裹着围腰和彭丘，

手里拿着锁套

在平原上播撒无声的恐怖

是商陆。

博尔赫斯："'Con los laques en la mano（手里拿着套索）'……'laques'是个印第安语词汇，意思是套索或套索上的石球。可以看到作者在想到'laques'之前经历了怎样的思考过程：'Con sus bolas en la mano（手里拿着石球）'。这首诗里有无数逻辑上的错误：'巴西有炽热的太阳'。在我看来太阳无处不在。'秘鲁的银矿，蒙特维迪亚的山丘'：从国家跳到了城市。'布宜诺斯艾利斯，美丽的祖国'：又从国家和城市转到了省。'有她雄伟的潘帕斯，潘帕斯里有商陆'。好了现在变成开平方了。"

他提到了《路易斯·德·莱昂神甫颂歌》里的句子，奥尤埃拉写的（真奇怪他为什么会喜欢路易斯·德·莱昂神甫。好吧，他也算经典了。）：

我把心放在你的火上

还评论说："给人一种烧烤的感觉，烤肉拼盘。"

8月30日，星期一。 他说盎格鲁撒克逊人不会叙事：不管什么故事，到了《贝奥武甫》的作者手里都会变傻。相反，爱尔兰人就深谙叙事之道。他们在诗歌里懂得修辞也注重形式，也不会用比喻复合辞将散文弄巧成拙。

8月31日，星期二。 他提起了那句美丽的诗：

祖国忧郁的形象。[1]

比奥伊:"真奇怪,没人讽刺地用这句话。"博尔赫斯:"确实可以。比如,在新闻报道里:在场的有大使先生,祖国忧郁的形象……[2]',接着可以继续列举在场人士。"

9月2日,星期四。 他说,在那场战争中,当人们哀叹德国炮火毁坏了兰斯主教座堂时,萧伯纳却轻描淡写地说:"如果他们这么喜欢,就再造一座一模一样的好了。"西尔维娜气急败坏。博尔赫斯:"毫无疑问那些大呼小叫的人从来没有仔细端详过这座教堂,也一点不关心它。"比奥伊:"或许这是真的;但萧伯纳的态度确实有一些令人不悦。我在想他大概是个早于时代的庇隆主义者。"

9月10日,星期五。 关于"榜样式的"这个表述,他发现用来引起争议很好用:例如"榜样式的蠢货",格鲁萨克大概会这么说。关于人们政治观点的变化,他引用了但丁,后者说这类变化和我们睡觉时在床的左右和姿势上的变化没什么差别。

他说有个安达卢西亚诗人,可能叫万多·维亚尔,这么宣称:"作家不应该出版。书一旦问世,他的愚蠢言行就暴露了。作家应该随时都有一本在筹备中的书。"

9月14日,星期二。 博尔赫斯:"英国文化协会又请我去拉潘帕省待两天。'他们开始学习英语了,'他们这么对我说,'所以最好您跟他们讲讲关于布宜诺斯艾利斯或者它的近郊之类的话题。'我觉得换成法国人肯定不会这么建议我。英国人有他们的英国文化协会,有时候做做宣传,但事实上他们什么都不在乎。我们不过是一群该死的外国人,我们怎么看待英国他们对他们来说完全不算个事儿。"比奥伊:"确实。那是伟大帝国的首都。更确切地说,曾经是。天知道这种无所谓能维持多久。很快他们就会变成民族主义者。我觉得他们已经有这种趋势了;开玩笑式的,不过如此麻木下去,玩笑也会变得严肃起来。"

博尔赫斯:"阿拉斯泰尔·里德的父亲对他的儿子解释说:'阿拉斯泰尔,你不应该对伟大的诗歌进行滑稽模仿。'他说不能滑稽模仿或者当成玩笑来读,因为这样就没法正确地欣赏它们;永远只记得玩笑的部分。卢贡内斯说得有道理,滑稽模仿

---

[1] 胡安·查萨英,《致我的国旗》(1861)。
[2] 博尔赫斯两次以这种方式使用了这句诗,分别用在了罗萨斯(卡·格伦伯格的《犹太诗》序)和庇隆(《滑稽的幻想》,1955)身上。

是一件短暂而低劣的事。写'snotgreen sea'[1]，鼻涕青的大海，会破坏'葡萄酒蓝的大海'：人们每次听到'葡萄酒蓝的大海'，就会想起乔伊斯的那句话，而感知不到其中的美。乔伊斯对粪便情有独钟。"比奥伊："对很多人而言，下流和无耻的东西如此有趣，以至于如果有人给他们讲个故事，如果不下流无耻，他们会感到失望。"博尔赫斯："西班牙人对肮脏和下流的东西更感兴趣。"

9月17日，星期五。 我们筹备新的短篇时，博尔赫斯惊呼："现在是文学创作的地狱，福楼拜大概会这么说。为什么是地狱呢？为什么要这么小题大做呢？我觉得文学写作是件令人愉悦的事情。"

10月5日，星期二。 关于《浮士德》，歌德说："我认为我们已经谈论过这个话题了。你不觉得它是文学史上最大的骗局吗？一点闪光之处都没有，伊瓦拉大概会这么说。没有任何值得回忆的诗句。里面的想法呢？'所有的理论都是灰色的，生活是绿色的。'[2] 人物给读者留下的印象不深刻。梅菲斯托费勒斯相当资产阶级。浮士德最后得到了原谅，他的途径是：做社工。当然了，很有趣。天使博士们看到他进天堂的时候唱起了圣歌。"

10月15日，星期五。 他谈起他讲了一堂关于勃朗宁的课，学生们很感兴趣："永远不该跟他们聊——巴蒂斯特萨就这么做的——那些仅仅擅长辞藻和乐音的诗人。那些不懂英语的人，读了雪莱或者斯温伯恩以后还记得些什么呢？很多人的耳朵听不出诗歌里的名堂。"他说勃朗宁没有过时。"或许，"他补充道，"可能是他没产生任何影响。"似乎难以置信：《当代文学作品印象》和《我的已故的公爵夫人》写于1850年左右。丁尼生、罗塞蒂、斯温伯恩值得欣赏，但你会觉得如今不能再这么写作了。"

10月16日，星期六。 博尔赫斯："我在读《沃尔松格传说》：一切都发展得很快，干净利落，令人称道。有时候说出了人物所想，但不单单停留在无用的描写上。你看：这种写作方式让人想起阿道夫。"比奥伊："本杰明·贡斯当。我在帕尔多读了他的东西。我认为他是法国最好的作家了。"博尔赫斯："我也这么认为。"

10月17日，星期五。 博尔赫斯："和伊瓦拉在一起我很开心，我跟他没有任何相同的观点。他说卢梭胜过伏尔泰：什么蠢话。他说在法国人们只接受深沉和忧伤的基调。玩笑话会遭人白眼。在他们的想象中我是个饱受折磨的作家。'法国一塌糊涂'，

---

1 《尤利西斯》（1922），I。
2 （a）《初稿浮士德》（p.1887）。（b）《浮士德》（1808），2038—2039。

伊瓦拉补充道：'受了阿根廷的影响。'"

我们读了《国家报》奖参赛[1]的短篇和长篇以后悲伤不已。他说："在这种时候应该去想：'在拉曼却地区的某个村镇，地名我就不想提了……'你就能够重拾对写作的信仰。"

10月30日，星期六。 博尔赫斯："西班牙的缺点之一在于拥有很多长的单词。人们执着于频繁使用这类最长的词，会让语言变得越来越沉重。"比奥伊："'busca'一下就完了，他们更喜欢用'búsqueda'。"

11月10日，星期三。 他问我："罗塞蒂这样的诗歌，纯文学、纯装饰性的，有存在意义吗？"比奥伊："有。"博尔赫斯："是一种更好的奥尤埃拉。"比奥伊："是的，但好太多了，连比较都失去了意义。"他问，比如在《特洛伊城》里，把一个乳房比喻成太阳，另一个比喻成月亮，并不是暗示女人的两个乳房大小不一样。[2] 他称赞了《被祝福的少女》里将天堂循序渐进描写成地狱的方式。

11月11日，星期四。 博尔赫斯："说得有道理：最糟糕的是用事实来中伤一个人。如果有人指控你食人肉，这种中伤你根本不在乎，因为你知道这是谎言。"他补充："甜蜜的家园：矛盾语。"

11月12日，星期五。 博尔赫斯："所有文学中的创新者都觉得自己已经做到极致了。卢贡内斯给海梅斯·弗雷伊雷写了封赞扬他的信，但也指出，他没能把单数和双数诗句搭配好。那是《群山自黄金》的卢贡内斯；后来在《伤感的月历》里，他走得更远了；但这些评价并不有损他的声誉；那个时候被认为是公正的……华兹华斯大概想到过没有人能够在诗歌中通俗语言的运用上比他走得更远；此后吉卜林在《营房谣》中比他走得远得多。"

他说："毫无疑问，出于迎合民众的原因（源头在浪漫主义者和他们对野人的赞美中），庆祝传统日的传统很俗气。为什么为高乔人庆祝，而不为萨米恩托或者阿尔韦迪庆祝呢？他们不也是传统的一部分吗？我想为此写一篇文章。不过伊瓦拉做出了一个公正的评价。他告诉我国与国之间的差别展现在他们的农民，而不是他们的知识分子上。他说他庄园里的小工和法国农民一点不像，但作家——可能城市里的

---

1 1971年《国家报》文学奖最佳未出版青年短篇奖。
2 "（海伦）有两个闪着天光的乳房／爱欲的太阳和月亮。"

所有人——在全世界都差不多。"

博尔赫斯:"有人问我喜不喜欢巴西。我说不喜欢,因为那是一个黑人遍地的国家。他们一点也不喜欢我的回答。不能说任何攻击黑人的话。如萧伯纳所言,他们身上唯一的优点是被人虐待过,这根本算不上优点。"

11月15日,星期一。 他讲了一个"疯子"去图书馆拜访他的故事。博尔赫斯:"他想要我在一封请愿书上签字,希望政府宣布旅游业为第五种权力机构。我对他说,除了我对旅游业的看法——不怎么招人喜欢,会引起民众的敌视——我觉得政府将那些隐喻合法化很荒唐。'另外,'我反驳道,'您发明的东西根本都不好笑。您怎么不到您朋友那里演示一下。我不认为您会有好运。'那人抗议道:'您不理解我,先生。'我把他推出门去。'请愿书,'他说,'已经有些人在上面签字了。'谁会签这字呢?酒店老板吗?"

11月17日,星期三。 他引用了一句有名的话——据他说是里瓦罗尔的——关于废除死刑的:"从你们开始,杀人犯先生们。[1]"

1972年

1月10日,星期一。 他评论道:"你又一次跟我说即便你再怎么了解一个人,你也不能预判他会怎么写作。你的这个观点,很公正,让我印象深刻。"

1月14日,星期五。 博尔赫斯:"人们跟我谈起科塔萨尔的时候把他当作叛徒,因为他入了法国籍。我不觉得这有多重要。难道在这次神奇操作之后他就不喜欢牛奶焦糖酱了吗?在俄罗斯以外很容易成为共产主义作家。只要说你是共产主义者就行了。你读科塔萨尔写的东西,你会察觉到什么特别之处吗?在俄罗斯境内,相反,作家们需要根据某些规定约束自己。"

3月30日,星期四。 博尔赫斯:"在《雷丁监狱之歌》里,王尔德忘了一开始用的风格,中途转到了另一种。吉卜林从来都不会犯这样的错误。吉卜林的诗歌是一个整体。我不觉得他会在《营房谣》放一个其他语境的表述。在吉卜林看来,一首为庆祝胜利书写、却没有任何忧伤时刻的诗,拙劣到令人无法容忍。相反,达里奥任

---

[1] 整句话"如果想要废除死刑,那么,请杀人犯先生们先开始,因为如果他们不再杀人了,那也不会被杀了。"的作者是阿尔丰斯·卡尔,发表于2849年1月3日的报纸《胡蜂》。

性而为，但他的文字却行云流水。安德鲁·朗格在华兹华斯的诗里发现了类似蒲柏或者十八世纪其他诗人的句子。他指出，华兹华斯为了避免用'步枪'而搬出的可笑的'致命的管子'[1]。"

4月8日，星期六。 博尔赫斯："阿拉斯泰尔·里德说哈特利用圆珠笔和钢笔写小说（佩里牌的），交出的是字迹清晰、端正、整洁的名副其实的手稿；他在英国被人们阅读、尊敬、欣赏，但却几乎从不曾在文学史中出现。他看起来是个银行员工，很羞涩。里德评论说在法国，查尔斯·摩根是最重要的英国作家之一。但显然在英国并非如此。里德批评苏格兰不参与激情澎湃的政治运动，并强调智利有多不一样：相对苏格兰而言，在里德看来。"

4月22日，星期六。 比奥伊："你记得吗？几年前我们去拜访何塞·埃尔南德斯的侄女还是孙女来着，好让她们告知他生前口授的作品。"博尔赫斯："我去见了她们，她们却否认这些作品的存在，因为我犯了一个明显的错误：我和皮皮娜（迭尔）一块儿去的。你想想，她们看到那位高大、自信的女士，她们说我错了，她们什么都没有。"比奥伊："你体会到了《阿斯彭文稿》里主人公的失落。"

5月29日，星期一。 科卡罗在《真面和假面》里找到了卢贡内斯没有收录在全集里的短篇。博尔赫斯："如果作者没有将它们包括在自己的书里，那就不应该被发表。"

6月2日，星期五。 比奥伊："《泰晤士报文学增刊》里有一篇对福特·马多克斯·福特赞赏有加的文章，文章说他在他的回忆录中含糊不清，甚至谎话连篇。"博尔赫斯："我在日期这件事上也不怎么可靠。我对年代没什么概念。此外，任何优秀的谈话者都会修改事实，好让他们的叙述更高效和有趣。"

6月7日，星期三。 博尔赫斯："格鲁萨克说莎士比亚是唯一一个在读他作品的时候人们没有必要想起它们创作于那个年代的作家[2]：我认为不是这样……我不喜欢《奥赛罗》。我们所有人都有过嫉妒之心，但我们不能歌颂它。因为一个人喜欢另一个人去指控他是如此荒谬，就好像你踩到一只青蛙的时候说：'它是青蛙它活该'……哈姆雷特那么善于思考，怎么会相信鬼魂的存在呢。哈姆雷特造就了拜伦勋爵和波德莱尔。事实上，莎士比亚最好的戏剧是《麦克白》。"

---

1 《英国文学史》（1912），XXXII。被引用的诗原文是："山谷里的人可能已经把致命的管子瞄准对方"（《隐居者》，p.1888）。
2 《"莎士比亚"问题》（1919），II。

6月10日，星期六。 博尔赫斯没有在家里吃饭，因为他答应下周四做的一个关于卡蒙斯[1]的讲座将近。博尔赫斯："我不知道我为什么要答应他们。显然这让我发现卡蒙斯是世界上最糟糕的诗人之一。《卢济塔尼亚人之歌》就像格鲁萨克评价《堂吉诃德》的那样，是'一类失败的杰作'。这句话用在《堂吉诃德》上不公平：我不认为塞万提斯的初衷是要写出一部杰作，作为杰作它不失败。《卢济塔尼亚人之歌》和弥尔顿差不多，也不好；还更差。在印度和中国居然存在希腊和罗马神。这是一篇基督教史诗，但巴库斯和尼普顿为摩尔人而战，维纳斯和密涅瓦对东方的情况很感兴趣。尼普顿允许作者使用'尼普顿的'这个形容词[2]。葡萄牙人对仙女的爱，不说描绘得很平淡，最后发现其实爱的是名声和荣耀。你知道它有多少个英语译本吗？不下十个[3]。我觉得人们把对葡萄牙的好感，对失败小国的好感错误投射到了卡蒙斯身上。我们还有希望看到一部阿根廷史诗成名的那天。"

6月12日，星期一。 他和我聊了卡蒙斯："最后一首很美。有不少缺点，但很美。或许可以苛责的一点是葡萄牙人都以英雄的身份出现，但在那个时间那个地点，他也没法写成别的样子。《疯狂奥兰多》出现在《卢济塔尼亚人之歌》之前，让点我很吃惊。主题是同一个，但阿里奥斯托的处理中带有讽刺。"

6月15日，星期四。 比奥伊："科塔萨尔宣称自己会用阿根廷国旗擦鼻涕。"博尔赫斯："这里鼻涕是委婉语。"比奥伊："我没想到。确实，代替垃圾。"博尔赫斯："不：垃圾还不到位。"比奥伊："委婉语不如习语。它更容易看出来。某种程度上对它不利；人们不自觉地会把科塔萨尔想象成满脸鼻涕的样子。"博尔赫斯："有时，委婉语会比它替代的词语更有力。"博尔赫斯说有人提起聂鲁达的那句诗：

装满星星的天空[4]

他评论道："我不认为有人写过比这更弱的诗。""怎么弱了，"那人抗议，"里面可是有'装满'……"博尔赫斯："认为'装满'有力，就相当于认为福玻斯有诗意：犯了同样的错误。"

---

1 《命运和卡蒙斯作品》（《赛马俱乐部图书馆简报》，51期，1973）。
2 "银色的天极尼普顿的浪"（《卢济塔尼亚人之歌》，I，LVIII，v.2）。
3 参见理查德·伯顿的（1880）、范莎的（1940）和W·C·阿特金森的（1952）。
4 参见聂鲁达的诗句（《愤怒与痛苦》，1939）："被沾老鼠屎的/天鹅绒……"。博尔赫斯可能无意识地戏谑或者记起了叶芝的诗：《生活的伤痛》（1892）里的"满天星斗圆月照耀"，在《神曲》（1977）年中被译为"装满星星的天空"。

6月16日，星期五。　　他说小说源于史诗，但不同于史诗，后者歌颂最好的人，或者在他们的年代被认为是最好的人，小说则有关病态、犯罪和懦弱的人。所以小说对社会产生负面影响。

6月17日，星期六。　　博尔赫斯气愤地跟我评价道："科塔萨尔是什么垃圾。"比奥伊："因为国旗那事儿吗？"博尔赫斯："是的，因为国旗那事儿。"比奥伊："我也很气愤。"博尔赫斯："想想我以前还和你说过他的好话。我说政治观点不重要——那是卖弄学问，根本不对，因为事实上很重要——我还说了他的好话。如果科塔萨尔说的是他会用国旗擦屁股，也很糟糕，但至少表明他是一时生气。相反，他用了'鼻涕'，给人感觉一个文人在冷漠地使用委婉语。什么垃圾。"我们聊了胡安·查萨英和他的诗《致我的国旗》。博尔赫斯："在庇隆执政时期，我有一次在讲座里提到庇隆，说他代表了'祖国忧郁的形象'。我错了：不应该用一句这么美的句子，或许查萨英会赞同我。"

6月18日，星期日。　　博尔赫斯："很多印度人对我说吉卜林没错，但福斯特错了。读吉卜林可以感觉到他爱印度。"比奥伊："受吉卜林影响，我是（印度）伊斯兰教徒的支持者。"博尔赫斯："我也是。"

6月21日，星期三。　　博尔赫斯："如果有人开枪，那你知道的，是因为他懦弱。如果一个人看起来很自信，比如维克多利亚，他们会给你解释他其实很羞涩。永远不会错。就像把一枚硬币塞进投币口里。错在精神分析学家身上。"比奥伊："还有小说家。"他评论道："人们为抑郁感到骄傲。同样智齿疼也可以让人为之骄傲。"

　　他引用了莎士比亚（谈及他不记得名字的大学校长时）："最好的戏剧不过是人生的缩影。[1]"

6月27日，星期二。　　博尔赫斯："我做了个肮脏的梦，不知道为什么我把梦告诉了西尔维娜。我在天堂里，而那是两排长长的坐便池。我坐在那里，过了一会儿，使了一点劲以后，排出一颗彩虹色的球，还挺大。排出它，端详它，令人愉悦。继续用力，又排出一颗彩虹球，这动作越来越不费力，无限重复。醒着的时候，我想大概地狱应该也是一样，区别在于球排不出来。乌雷尼亚发现从身体里排出任何东西都让人愉快。他这么说，却没写下来过。他身上有可爱之处。"

---

1 《仲夏夜之梦》，V，1。

我们聊到了《堂吉诃德》。博尔赫斯："戈麦斯·德·拉·塞尔纳跟我说没有比拉曼却的酒馆更有诗意的地方了。我回答他：'幸好塞万提斯没听他这么说，他认为整本书的亮点在于将一位骑士放在拉曼却这个地方；类似奇维尔科伊的帕尔梅林。用这个名字也想制造喜剧效果。'在《堂吉诃德》的第二部分，塞万提斯更好地认识了他的人物，也厌倦了肢体冲突、棍棒相加和恶言相向。"比奥伊："书的性质会随着时间的推移改变。人们认为书的魅力在于里面所说，所描写的东西。对于《堂吉诃德》的读者而言，拉曼却和骑士小说里假想的地方一样浪漫。塞万提斯被他没有去过的国家所吸引，比如英国和意大利。"

7月1日，星期六。 博尔赫斯说，安德森·因伯特在他面前为阿梅里科·卡斯特罗辩护："不应该忘记他写了《塞万提斯思想》，要是不读这本书就没法读懂《堂吉诃德》。"博尔赫斯回答他："您认为在这本书问世之前没有人读懂过《堂吉诃德》？所有论述过《堂吉诃德》的人都没读懂？还是您认为阿梅里科·卡斯特罗和塞万提斯是同代人？"后来他跟我评价："一个把自己的书命名为《拉普拉塔河流域语言的特点及历史意义》的人没有资格谈论文学，也没有资格发表任何美学见解。"

博尔赫斯："如果说上帝给了我们生命，那一个人自杀的时候，之所以能这么做是因为他没有阻止。基督教里充满了逻辑错误。不过也应该有过聪明的神学家。"

7月2日，星期日。 他说："在我的下一个短篇里会几乎没有对话。我已经厌倦了换着用'说''注意到''评价道''惊呼''问'。真可悲。"

他指出名为《盎格鲁撒克逊读本》的书是文选或者文集："《盎格鲁撒克逊读本》的作者斯威特，是萧伯纳的朋友，他曾试图教萧伯纳盎格鲁撒克逊语未果。这是《卖花女》里的希金斯的原型。"

7月20日，星期四。 博尔赫斯："如今的作家就是商人（停顿）。由于他们的职业，所有的作家都属于中产阶级……古迪尼奥·基弗跟我说瑞士不好：'那是个资产阶级的国家。'我回答他：'那您更喜欢哪个？乞丐的国家？还是百万富翁的国家？我认为您思考一下，就会懂得您自己也希望所有的国家都是资产阶级的国家。'[1]他根本不思考：对事情抱有浪漫的想法。如果他想要的是灾祸和危险，那很快就会降临到他头上。还有蠢事和不公。'但他们也不是强国，'古迪尼奥说，'对他们来说更

---

[1] 关于博尔赫斯和埃德瓦尔多·古迪尼奥·基弗的讨论详见《国家报》，1972年8月6日。

好。''我希望我的国家成为强国。''您有想过民族主义会让我们的国家变得多可恶吗？重要的是民众幸福。我不认为一个强国的民众必定幸福。'"

8月4日，星期五。 博尔赫斯："幸好佩罗没去过法国或者美国，因为没有一个国家能达到这么高的预期。大概如果一个人认识了一位小天使，后者会对他说：'不，您别信，天上没这么好的[1]。'大概地狱也一样吧。或许那些受到审判的人会说：'气候虽然不那么怡人，但我们有海风。'"比奥伊："与其说热，不如说潮湿。"博尔赫斯："有害健康，倒其实也没那么有害健康。会让人不舒服，不过不会要人命。"

8月6日，星期日。 博尔赫斯："我从没见过一张真正恶毒的脸。或许我看到过愚蠢的，因为我记得那句'愚蠢和邪恶'。没见过一张真正恶毒的脸，是一种幸运。"

8月12日，星期六。 关于俄国人鲍里斯·斯帕斯基和美国人罗伯特·菲舍尔的象棋大战，他说："菲舍尔赢了真好。当然这么想叫人惭愧。这么只看国家思考问题很幼稚。"

《西美洲》杂志发表了马塞多尼奥·费尔南德斯两段未出版过的文字片段[2]。博尔赫斯："我以为已经把马塞多尼奥读了个遍，我以为我全都知道。这些文字让我感到惊讶。给人感觉他是个孤独和忧伤的人，乐于观察和思考他自己的观点；一辈子都在思考的那么一个人。因为写下这些笔记的时候并没有出版的意图，所以它们既不巴洛克，也不幽默。形式上的缺乏反倒带来了真诚。"

博尔赫斯："自从人们读了乔伊斯以后就喜欢上了影射。影射虽然没什么用，但还挺讨人喜欢。"

8月13日，星期日。 博尔赫斯发现有抱负的人他们的抱负通常很谦虚。比如索拉金·维库让人给他在他的图书馆边上拍个照。

博尔赫斯："苏珊娜·邦巴尔这么描写一个人在自己的房间来回踱步：'他从北走到南。'这个错误简直推倒了天花板和墙壁，把人物放到了草原上。如果不想给人房间面积硕大的感觉，那'从北走到南'不好。"比奥伊："大概她在几个表述中选了这个……"博尔赫斯："她选了最糟的一个。"比奥伊："'从北走到南'她听上去觉得不错，就忘了房间这回事。她只顾找变体，却忘了表达原本的意思。"博尔

---

1 参见《决斗》(1970)。
2 《马塞多尼奥未出版作品》(《西美洲》杂志，马里兰，1972年第1期)。

赫斯:"还有,如果你想修改这类错误,解决方案通常不会太绝妙。但又很难甘心于此。"

12月31日,星期日。　　我给博尔赫斯念了11月26日的《星期日泰晤士报》。斯温伯恩写成无韵文的一篇五行打油诗:文学评论家基本不会在乎或者记录有这么一个叫克拉夫的糟糕诗人,他的朋友们吹捧他无果;因为公众,即便再愚笨,也没有像克拉夫拥趸们那样的头颅。[1] 博尔赫斯:"尽管如此,克拉夫作为诗人并不差。"他引用了这句有关罗马的句子:

> 垃圾似乎是最适合他的词语了。[2]

1973 年

1月20日,星期六。　　据博尔赫斯说,有人跟林肯说格兰特嗜酒。"我要给我的其他几位将军们寄几箱威士忌。"他这么回应。似乎因为贸然进攻,格兰特赢得了不少战役的胜利。

1月28日,星期日。　　博尔赫斯在电话里区分两种体面的死亡,塞内卡的(以他自己的方式)和里尔克的(死在家中,而非医院)。

1月31日,星期三。　　他对我说:"除了纯年代的数据,我还发现了新的证据证明《马丁·菲耶罗》出现在《三个来自东方的高乔人》之前。基于内在证据,这可能比单纯的年代更重要。《马丁·菲耶罗》里说:

> 这头公牛行走之处
> 没有牛犊敢发声音。[3]

而在《三个来自东方的高乔人》里则说:

> 我把自己当成公牛
> 但要修改那个说法(plumario),

1　这首诗也被切斯特顿称为"一首鄙视的韵诗"(《罗伯特·布朗宁》,1903,III),引用时稍有些不同:"从前有个叫克拉夫的糟糕诗人。/ 他的朋友联合起来吹捧他。/ 但公众,即使再愚笨,/ 也没有像克拉夫拥趸们那样的头颅。"比奥伊与1942年读过这本书。
2　《出航》,I,v.9。
3　《马丁·菲耶罗》,vv.1299—1300。

金丝雀（canario）歌唱之处，

没有鹦鹉能惊扰他！[1]"

如果其中一本书出自另一本，那显然《马丁·菲耶罗》才是原创，而另外那本出现在后，不过用了些变体、衬词和玩笑话而已（"plumario"和"canario"）[2]。比奥伊："或许那是共同财产，公共所有。在帕尔多流传着这段作者不明的诗：

我在圈里是头公牛，

其他牛眼中的大块头

这头公牛行走之处，

没有牛犊敢发声音。"

2月4日，星期日。 我们聊了格律。比奥伊："英语里的五步抑扬格听起来像西班牙语或者意大利的十一音节诗。"博尔赫斯："我从来没有学习过格律；我只是跟着听觉走。"

3月15日，星期四。 他引用哲学家韦斯顿："任何可以表达出来的命题都不是真命题。""除了这个命题以外吗？"博尔赫斯问。

3月22日，星期四。 他发现："如果《圣经》将某样东西的白和绵羊的白比较，接下去就会讨论起绵羊来，解释它在哪里吃草。"

3月21日，星期六。 他请母亲念很多坎西诺斯-阿森斯的书给他听，因为他要去西班牙做相关的学术演讲。这让他深信（她母亲早就这么跟他说了）这些书糟糕透顶，还不如忘掉它们。他母亲评论道："天赐的失败？没有任何'天赐'的地方，不过是'失败'罢了。"博尔赫斯想起坎西诺斯-阿森斯关于日后要写的书籍的一句话，他还挺赞同的："青年时代。日后要写的书籍多如繁星。"

4月12日，星期一。 博尔赫斯："你难不成不知道波德莱尔欣赏谁吗？朗费罗。"比奥伊："大概朗费罗作为诗人比他好吧。"博尔赫斯："我也这么觉得。不管怎么说比

---

1 《狡诈的卢西亚诺·桑托斯》（1873），vv. 1021—1024。
2 博尔赫斯错以为他在引用《三个来自东方的高乔人》（1772年6月）而不是《狡诈的卢西亚诺·桑托斯》。它的续写（1873年3月）的灵感确实有可能来自《高乔人马丁·菲耶罗》（1872年12月）。不过在《三个来自东方的高乔人》（1932）中博尔赫斯的发现是正确的："在第二部分（《三个来自东方的高乔人》），写于1873，这些模仿和其他对《马丁·菲耶罗》的摹写交替出现，好像安东尼奥·卢西奇在寻求自己的声音。"

爱伦·坡好。他的诗离'好'很近了，但还没达到。"

10月27日，星期六。　　博尔赫斯说："我在写一本关于斯宾诺莎的书。[1] 斯宾诺莎思考的方式应该和所有人一样；使他不可读的原因是他的讲述方式。"

11月18日，星期日。　　他说："尽管斯宾诺莎是个圣人，但他的一些观点并不诚实；为的是不要触碰道德底线。如果上帝是自然，为什么要坚持区分善与恶呢？"

12月11日，星期二。　　《国家报》奖的评委会开会：博尔赫斯（很温柔），马列亚（很友善），卡门·甘达拉（沉溺于愚蠢之中），莱昂尼达斯·德·贝迪亚（绵软）。博尔赫斯："比起拉丁人，我们更是希腊人和犹太人；归根结底，罗马是雅典的延续。"卡门："那犹太人是为什么呢？"博尔赫斯："因为基督教。当然，我不相信诸如三位一体、耶稣牺牲自己，或者神化身成人、奖励和惩罚之类胡说八道的，但我们仍然是基督教徒，犹太人的一个教派。"

12月14日，星期五。　　他讲纪德在伦敦不知道遇到谁（一位仰慕他的作家），那人问他（不带攻击性地）为什么他们法国没有文学。纪德举了几个名字，那没法说服那个英国人；此后，为了试图证明他的观点，他编纂了《法国诗歌选集》。他从没生过那个英国人的气。

12月21日，星期五。　　博尔赫斯："《温柔的祖国》的不足之处在于每一段都让人感觉是一次独立的练习，结果有好有坏。有一种作者把它们处理掉完事的感觉，没有整体的概念。这是一首满眼物体的诗：糖水罐头、碗橱、存钱罐……对于作者而言，'puño（拳头）''terruño（土块）'不也是嘛，在诗节里可能是衬词；读者已经接受它们了，而作者看着刺眼。"

12月24日，星期一。　　博尔赫斯和比安科来家里吃饭。比安科欣赏瓦雷里，他说作家们应该模仿他鼎盛时期的作品。博尔赫斯争辩道："那吉卜林更好：'如果您已经会做某件事了，那就做点别的吧。'"比安科："我欣赏那些随性的作家。"比奥伊："我欣赏那些理智的。少见的是理智；不单单少见，而且弥足珍贵。"博尔赫斯："我宁愿能写出一篇吉卜林或康拉德像样的短篇，而不是亨利·詹姆斯最好的短篇。詹姆斯只对创造短篇的过程感兴趣，但之后的撰写，正如王尔德所言，对他而言是痛苦

---

[1] 在《危机》1974年第11期，他说正在"和一位女性朋友"（是克拉乌德·奥尔诺斯）一起创作。但最终没有出版。可能在《全集》（埃梅塞出版社，1974）的跋中有所提及：有关形而上学，只要想想《巴鲁赫·斯宾诺莎密码》，1975）。

的职责，出于义务而已。他的文字里，不像狄更斯的或者埃斯塔尼斯劳·德尔·坎波的那么有力。"

12月27日，星期四。 博尔赫斯："好的流浪汉小说是有的，比如勒萨日的。人们轻视这些小说，因为它们是模仿的产物，非西班牙原产。在里瓦德内拉丛书里，《古斯曼·德·阿尔法拉切》的编辑把所有的道德考量都用括号括起来，这样读者就可以跳过继续阅读故事。"比奥伊："这样做对书有利。"博尔赫斯："也对读者有利。"

1974 年

1月6日，星期日。 我们试着读了普鲁斯特的《盖尔芒特先生的巴尔扎克》和福楼拜的《圣朱利安传奇》。在听了一段时间《传奇》以后，博尔赫斯评价道："从前的人比我们更有耐心。他们能在空盘子前等待很久；只要知道在未来的某一刻他们会在盘子里放点东西就足够了。"

1月8日，星期二。 我们读了莫泊桑的《沐浴》和《巴蒂斯特太太》，不怎么喜欢。什么作家呀！

博尔赫斯："有记者来找我，问我是否曾经开玩笑说黑人是低人一等的种族。他们难道从来没见过黑人吗？"

1月13日，星期日。 我们读了波朗的《著名的事业》和《坏分子》。博尔赫斯："开头和结尾都太随便了。你给我读个真正的短篇吧。比如我们标了'通过'的莫泊桑的短篇。"我们发现一篇都没有，少有几篇我们标了"可能"。我读了《图瓦纳》，他大怒，觉得恶心。我读了《巴蒂斯特太太》，他觉得不可信，很平淡。博尔赫斯："《沐浴》应该完全是他一个人创作的，非常肤浅；《图瓦纳》和《巴蒂斯特太太》可能源于别人给他讲的故事。但比基罗加好，因为读者能看懂他在写什么。你不费什么功夫，也不会遇上困难，就能知道发生了什么。他在亨利·詹姆斯和康拉德那里的好名声很是奇妙。"比奥伊："关于波朗的短篇你错了。而关于莫泊桑，比起他写的世俗故事，我更喜欢他的田园故事。"博尔赫斯则恰恰相反。博尔赫斯："《屠场》比《图瓦纳》好无数倍。没有那些肮脏的画面。我很怕今晚会梦到鸡之类的[1]。"

---

1 在短篇故事里，酒店老板图瓦纳瘫痪以后，他的妻子利用他来孵鸡蛋。

1月15日，星期二。　　我们读了狄德罗的《蒲保纳的两个朋友》《修女》和《宿命论者雅克》。博尔赫斯："在《蒲保纳的两个朋友》里，狄德罗犯了最可怕的错误。看不出他写的到底是严肃的东西，还只是玩笑；不知道他想感动还是想逗笑读者。"

　　后来我们读了柯莱特的《我的学习》，意见和之前一致。博尔赫斯："作家署名柯莱特（Colette），为的是让人联想到库洛特（Culotte）。"比奥伊："不过《茜多》这本书我觉得很美。"

1月18日，星期五。　　我们读了孟德斯鸠的《波斯人信札》（比起小说更像讽刺文）和虚荣的《孟德斯鸠的自画像》（里面吹嘘自己在三十岁以后才有性经验）。

　　关于孟德斯鸠，博尔赫斯："写作时候高高在上。好像在写圣灵。给人感觉没有诚意。说出来的话像是为了讨好人。与反叛者的形象背道而驰。或许这样的态度在当时可以得到普遍认可，类似如今反叛的态度。"比奥伊："换成现在应该算反叛者了。要是我说：'应该改变结构。'"博尔赫斯："约翰逊更会思考。孟德斯鸠只顾着撰写语句了。"

　　关于《波斯人信札》："当时的人见到一点点波斯风情就惊叹不已了：闺阁、太监，还有一个男人指望很多女人对他保持忠诚。最后这点才是主要的。"

1月19日，星期六。　　我们读了孟德斯鸠。读了《论法的精神》以后，他说："今天他给我们留下的印象比昨天好。比起叙事，他更善于写抽象的东西。"比奥伊："但不幸的人没法在他的书中找到安慰。"博尔赫斯："读这种抽象的书比读诗歌更好。"比奥伊："更好吗？没那么费劲吧。"博尔赫斯："所以说更好。"

1月20日，星期日。　　博尔赫斯和比安科来家里吃饭。我们读了伏尔泰的《黑白》。比之前所有的作品都好得多。西尔维娜："让人头晕目眩。"博尔赫斯："太过了，节奏太快。"比安科："写得真棒。"

1月23日，星期三。　　博尔赫斯打电话跟我说他在修改《全集》的样稿："我简直为自己写过的愚蠢文字着迷。诸如《埃瓦里斯托·卡列戈》这样的书没法改。我会原封不动地把它们发表，附上一篇简短的文字好让自己脱身。"比奥伊："在我的记忆里，《讨论集》是本值得称道的书。"博尔赫斯："好吧，《讨论集》我不知道；但对于《埃瓦里斯托·卡列戈》这样的书，能指望什么呢？对于一本关于昆虫的书？奇怪的是《埃瓦里斯托·卡列戈》对话还挺风趣。不过，仔细想想，也没那么奇怪，因为对话出自上下文。你写作的时候只有你一个人，没有上下文，你必须创造上下文，而你脑子里什么概念都没有。"

1月25日，星期五。　　我们读了司汤达。他的《帕尔马修道院》（开头不够私密，缺乏趣味）和《自恋回忆录》：文字冷漠，没法让人相信作者想传达的忧伤或者其他强烈的情绪；里面提到一些贵族头衔，还有具体年份。这是一种试图给人留下记忆的风格；不，留下的其实是一种平静的无序，或者说模糊（或者说无用和神秘的精确，例如我1823年9月15日的无尽忧伤）的印象。提及女人，但不交代她们（缺乏沟通的风格）。赞颂一些人，但却神奇地保留了他们的精神不写。博尔赫斯："如果有人怀疑我们犯了罪，我们说我们在读司汤达，他们让我们讲出读了什么，我们会被关进监狱。"

2月3日，星期日。　　我们读了伏尔泰的《风俗论》。比奥伊："教会的权力很大。伏尔泰超出我们读过那些作家们许多。我谈论他的时候，通常会遇到对话者的抵抗。"他说他的父亲发现亨利八世应该很虔诚，否则怎么会为了以符合教义的方式成婚而杀害他的其他女人们。博尔赫斯时说古斯堪的纳维亚的基督教牧师们都是一夫多妻的。据伏尔泰所言，达戈贝尔特和其他的法国国王同样如此。

2月7日，星期四。　　我们读了伏尔泰的《风俗论》的第二卷。博尔赫斯："所以这个时代是正常的。"

2月8日，星期五。　　博尔赫斯："上帝在创造动物的时候，到性器官这一部分大概是累了：同时可以用来撒尿，又在屁眼的旁边。"

2月9日，星期六。　　关于好的长诗很少："通常来说，一旦诗人们想要写得长一些就会失败，比如弥尔顿，当然还有伏尔泰。没有私密感就没有诗歌。"

2月17日，星期日。　　我们读了《风俗论》。他对我说："你和我在我们所能及的范围内，试图于这个野蛮的世界拯救文明，就像伏尔泰描绘的那样。"

2月28日，星期四。　　博尔赫斯说，他父亲表示《福音书》里要是有一个对动物有利的词，那应该能让它们免受千百年来的虐待；可寻找这个词是徒劳，因为它根本不存在。

3月6日，星期三。　　我们读了伏尔泰。博尔赫斯："伏尔泰一定是这个世界上产生过的最伟大的人之一。"

3月10日，星期日。　　我们读了伏尔泰。博尔赫斯："写作的艺术难道在伏尔泰以后就被人遗忘了吗？人们认为——他们倒也对此深信无疑——福楼拜和瓦雷里比伏尔泰写得好。"

3月31日，星期日。　　博尔赫斯给我讲述一本萨迦里的情节：主人公，一位骁勇善战的武士，最后'廉颇老矣'，在冰岛的冬天坐在火边。一个女仆过来将他赶走，把他推到门外。结果他被活活冻死。"这一切也可能发生在我们身上，"他补充道。

5月13日，星期一。　　我们聊了黑塞和罗曼·罗兰，据博尔赫斯说，在玛利亚·德·比利亚里诺等人看来他缺乏准度，被误认为深刻的作家。博尔赫斯："我不知道为什么德国人要坚持写小说，他们根本就不是这块料。但黑塞表现还不错。他不是纳粹疯子：他移民到了瑞士，成了瑞士人。"

5月26日，星期日。　　博尔赫斯说瓦雷里直到今天还在欺骗伊瓦拉，后者认为他是位好诗人；伊瓦拉也觉得图莱散文写得很好，而纪德远胜于瓦雷里。博尔赫斯："瓦雷里会有多鄙视他。"

6月3日，星期一。　　我们读了伏尔泰。读到理查三世执政时期英格兰可怕的种种，博尔赫斯表示：意思是任何一个国家很容易就可以开化。

7月9日，星期日。　　博尔赫斯和阿莉西亚·胡拉多合著了一本关于佛教的书。写到道教和庄子的时候，博尔赫斯提议阿莉西亚把庄周梦蝶收录进去。阿莉西亚觉得：首先，这个故事是胡说八道，因为从解剖学角度来看，蝴蝶不可能做梦；后来她又斟酌了一下，同意在庄子那个遥远的年代，这种推论或许可以接受。博尔赫斯告诉他，即便这段文字诞生于今天上午，仍然不失为对世界的一份馈赠。博尔赫斯："您感受不到其中的诗意吗？还是您看蝴蝶看得这么近，别的什么也看不见了？对我们来说是某些文学流派的元素，而对她来说只是某鞘翅目昆虫？有一次我给马塞多尼奥证明了庄周梦蝶的效应。马塞多尼奥给出的反应是说：'故事这么久以前写的，我们又那么不了解中文的演变，我们不知道这里的蝴蝶是否真的是蝴蝶的意思。'这是一个聪明人的回答，但同时也是不愿意欣赏别人给他推荐的作品的人的回答：傲慢，愤怒，像一个与哲学对抗的克里奥尔人。况且，一篇中国人写的而非阿根廷人写的文章凭什么值得欣赏？玛利亚娜·格龙多纳的评价大概会是'啊，太美了'或者'玛利亚·欧赫尼亚·韦约也不喜欢蝴蝶'……一切都被缩小到她们的世界里。"

　　经适当修改后，我们在阿莉西亚·胡拉多的回答和约翰逊对唯心主义的反驳之间找到了某种相似之处（用拐杖敲地板）。¹ 比奥伊："那是他最糟糕的一刻。"博尔赫斯："他当时山穷水尽了。"比奥伊："约翰逊不怎么幸福，但确确实实，以粗鲁的方式，表达出了我们的感受：唯心主义不可信。即便是贝克莱和休谟都很难真正相信唯心主义的解释。"博尔赫斯："拒绝偶然性比拒绝现实更难。"

6月23日，星期日。　　他说："埃尔南德斯谈论食物的时候多细腻：浑然天成的细腻。换成拉伯雷、塞万提斯和莎士比亚，该有多粗糙。"

6月24日，星期一。　　我们读了伏尔泰，他说与荷马相比，他更喜欢塔索与阿里奥斯托，还说莎士比亚的作品里野蛮多过唯美，所以他的名声永远不会超越英国边境。²

7月8日，星期一。　　我们读了蒲柏的《论批评》。博尔赫斯："比布瓦洛写得好。"比奥伊："可能存在没有风格的好诗吗？"博尔赫斯："直接的似乎比聪明的好。"比奥伊："有直接且谦逊的：'东方的钢铁胸膛'。³"

7月21日，星期日。　　他说不单单菲略伊书名里的字母有七个，他的儿女也有七个。他的书有（荒唐、不可读，居然出自这么一个言谈通情达理的人之手）：*Balumba*，*Estafen*。

8月2日，星期五。　　我给他念了艾瑞克·伯恩《人间游戏》里的几个游戏。博尔赫斯："像是出自一本平庸的小说。"比奥伊："生活就是一本平庸的小说。"他表示同意；他让我再读一个游戏，一个接着一个。

8月4日，星期日。　　博尔赫斯："卢贡内斯很喜欢下面这首诗：

夏天。我一个人。想起你。树叶掉落……
*我未知忧伤的模糊旋律。*⁴"

显然，第一行还不错，第二行简直让人羞愧，但卢贡内斯偏偏更喜欢第二行；他说这句里语气的掌控堪称精妙。比奥伊："第二行的优点，只能说还比较顺畅；在

1　包斯威尔，《约翰逊传》，《1763年8月6日》。根据包斯威尔的记录，约翰逊的反应是踢石头。
2　《哲学通信》（1734），XVIII。
3　"我的马塞利诺上校／勇敢的游击队员，／东方的钢铁胸膛／和钻石般的心。"伊·阿斯卡苏比，《向勇敢的马塞利诺·索萨上校致敬》（《保利诺·卢塞罗》，1853）。
4　佩德罗·米盖尔·奥布里加多，《忧郁》（《金丝》，1924）。

第一行几个短句以后，第二行能够顺畅地接下去，这点不错。"博尔赫斯："你说得有道理，但或许卢贡内斯赞美第二行是因为所有人都喜欢第一行。肯定出于一种人们从前说的'反对精神'。在谈论家长里短、缺少哲思的氛围中，'反对精神'听着不错。"

博尔赫斯："你关于'死亡是艰难的事'这一观点，我没有找到证据。我目睹过的死亡，都如同缓缓熄灭的火焰；或许真正感受到的是孤独。即便是车夫都能感到孤独：因为人能意识到在这件事上没有人能够陪他，他只能一个人完成。"由于我辩驳说不是所有人都缓缓地平静地死去，他承认："确实这是一件生活中唯一的、没有先例的事。应该找两个起死回生过的人听听他们的看法。"比奥伊："尽管死亡这件事是唯一的，但死法有千千万万种。"博尔赫斯："对于一个被火车碾死的人，这一刻即便再短暂，也应该无比强烈，完完全全被撞击所占据。"比奥伊："'暴毙'这个词证明不是所有的死亡都是平静的。"

他讲述道："艾萨·德·克罗兹的儿女里有一个男的，写了一本很平庸的书。想要听懂他在讲什么，需要了解下其中的背景：葡萄牙，本世纪初。你想象一下，一位批评家，戴独目镜，穿披风，身材瘦弱。他在文章里对一位拥有克罗兹这个光荣姓氏的作家不理解其中包含的责任表示惋惜，在他看来，这意味着决不容许发表任何不优秀的作品。一天晚上，两人在一家文学咖啡馆门口发生口角，艾萨·德·克罗兹的儿子打了批评家一巴掌。场面乱成一片，警察赶到，问被打的一方是否想要去警察局留下证词。批评家说他没什么可说的，还补充道：'我只想说服那个人他不应该写作。'艾萨要是知道了大概会觉得挺好笑。更像他的儿子的可能是那时那个批评家。"

8月11日，星期日。　　他对我说："真奇怪，西班牙人奥罗西奥——他应该懂拉丁语——但'centauro（半人马）'这个词他没有朝'toro（牛）'的方向去理解。毕竟'taurus'在拉丁语里……他觉得那是人头马。"

9月29日，星期日。　　博尔赫斯："我经常做这两个噩梦里的一个。我想读一篇文章，但里面的字根本无法辨认，每一行都在挪动；或者我被困在一个地方，即使出去也只能来到另一个相似的地方。比如我在大街上，在院子里，在房间里，有点压抑，那里只有一个出口，通向另一个也只有一个出口的地方。我在那些地方的时候能够很切近地听到有人在说话，而那些人是自由的。"

10月13日，星期日。　　我告诉他巴尔扎克渴望成为法国的费尼莫尔·库柏。博尔赫斯："马克·吐温会怎么说呢：他渴望成为司各特。司各特要对他小说里的过度描写负责：由于他讲的故事发生在遥远的年代，在他的作品里是合理的；而在现当代小说里（即便对未来有价值）就不一样了。"

10月16日，星期三。　　翻看博尔赫斯读过的书时，弗拉迪在博尔赫斯的笔记里找到了这句话："我们满怀着恐惧生活，塞西莉亚·因赫涅罗斯这么说过，要是真的发生了什么我们会觉得那是预感。"

11月10日，星期日。　　博尔赫斯："阿梅里科·卡斯特罗写了一本关于塞万提斯思想的书，结果证明塞万提斯即便真的思考了，对他而言也毫无用处。而这本书并不带有讽刺意味。"

11月17日，星期日。　　博尔赫斯："英国提出把不知道哪片领土（很寒酸的贿赂）送给意大利时，墨索里尼这么拒绝了馈赠：'我可不是荒漠的收藏夹。'希特勒说南美洲国家是猴子国。"

11月29日，星期五。　　比奥伊："我喜欢家里的小孩，喜欢狗……"博尔赫斯："虽然小孩是制造麻烦机器，狗好一些。但它们很快就成年了。"

12月5日，星期四。　　我告诉他我喜欢莎士比亚的十四行诗，他背诵了几行诗，非常特别，讲的是查普曼怎么夺走他的一个情人：

> 他的诗篇是否扬起了满帆
> 要去掠劫你这座稀世宝藏，
> 以至我的思想在脑中流产，
> 它的子宫反而变成了坟场？[1]

他评论道："诗人问他的爱人，是否因此更喜欢查普曼。"

1975年

1月5日，星期日。　　他打算编一部他自己最喜爱作品的选集，浮士德书店可能会邀请他编写。我们读了《二十首情诗和一首绝望的歌》：没什么力量，很随意。文字不

1　《十四行诗LXXXVI》。（刘才宇译）

怎么快乐，抽象得可怕，俗气。博尔赫斯："但这是 1924 年发表的。在阿波利奈尔之下。也在努涅斯·德·阿尔塞之下。比阿马多·内尔沃还糟糕，但不像他那么刻意用悦耳的词。"

1 月 12 日，星期日。 博尔赫斯："真奇怪：那些爱说大话的：比如雷加·莫里纳，比如莱德斯马，写得倒还不错。费利斯维尔托·埃尔南德斯就一塌糊涂了。"他赞美了伊普切的那句："他不得不关掉他危险的仓库。"（仓库保管员被迫免费为一位老太太提供食物，结果老太太活了一百多岁。）

比奥伊："一个可爱的人物，一个读者喜欢的地点，对于一本书来说就是它的幸运了。"博尔赫斯："当然了。这还不以意志为转移：要么有，要么没有。"

1 月 22 日，星期三。 博尔赫斯："西班牙诗歌从来都缺乏创造。为什么呢？因为人们写东西不是出于喜欢而是义务。在虚荣方面倒挺富于表现力。奥尔特加要是写诗会有多糟糕：同他的散文一样。乌纳穆诺呢，随便什么韵他都愿意接受，可以往下写。他说'la sangre de Jugo（乌戈的血）'的时候怎么没想过，除了他的母姓，'Jugo（汁）'也可以是一种液体？'Oso'和'ugo'押韵押得不好。"

1 月 23 日，星期四。 他抱怨说在安东尼奥·马查多的诗里，找不到一首里面没有任何荒唐内容的。

1 月 31 日，星期五。 博尔赫斯："赫伊津哈用一本书的篇幅来讨论这个话题，他宣称游戏唯人类独有。[1] 难道他从来没见过狗、猫、马玩耍吗？"

3 月 9 日，星期日。 罗德里格斯（蒙内加尔）让我代他问博尔赫斯是否在日内瓦听人谈起过索绪尔（Saussure）。博尔赫斯："名字我听过，虽然不如'Chaussur（鞋）'和'Saucisse（香肠）'来得耳熟能详。"至于俄国结构主义者的作品，他从来没读过，不管是 1932 年以前还是以后的。他解释说：'大概是卡利斯托·奥尤埃拉的俄国版本。'"

3 月 24 日，星期一。 他告诉我："在《我的二三事》里，吉卜林以骗子的形象示人。你会相信他在一个房间被人用一盆冷水浇醒，到了另一个房间，又被人浇了一次吗？除非在印度冷水是热的。"

---

[1] 约翰·赫伊津哈（《游戏的人》，1983）的观点恰恰相反：人类游戏中所有的基本特点都能在动物的游戏中找到。

7月15日，星期二。　　于巴黎[1]。西尔维娜告诉了我博尔赫斯母亲8号去世的消息。非常难过。

8月22日，星期五。　　于布宜诺斯艾利斯。我和博尔赫斯通了电话。"发生了令人难以置信的事"，他这么讲述自己母亲的死[2]。

9月7日，星期日。　　博尔赫斯说阿埃多，他的表弟（还是他表妹埃丝特·阿埃多的），有一次在萨尔托·阿莫林的家里对他说，绵羊感觉是专为人类打造的动物："亲人，还认人。我不懂为什么有人会对山羊和母马感兴趣。"

9月29日，星期一。　　关于他正在筹备的叶芝传记，他说："我希望一百年以后人们会摒弃对所有真实性经过证实的事件的价值的迷信。"

我们聊了法国诗人：马拉美、魏尔伦、波德莱尔、兰波。博尔赫斯："波德莱尔的名声？俗气挺招人喜欢的。让文学充斥着枕头、家具，把恶表现成值得颂扬的东西，这真叫人难过。波德莱尔可以作为判定一个人是否理解诗歌、是否是蠢货的试金石：如果这人欣赏波德莱尔，那他就是个蠢货。"西尔维娜反对。博尔赫斯说并不全都是俗气的问题；除此以外，波德莱尔无法写出自然流畅的诗句，无法让他的句子看起来自然或者必然。他补充道："不过他也写了《巴黎之梦》。"他还表示另一个块试金石是爱伦·坡的《乌鸦》，一首令他愤怒的诗。

11月23日，星期日。　　博尔赫斯："叔本华宣称如果他的大脑和手不存在，那世界也不存在。还一直执意要用大脑和手，看起来他好像连自己的哲学都不怎么明白。大脑和手是这个不存在的世界的一部分。贝克莱用的'头脑'这个词好一些。"

1976年

5月12日，星期三。　　博尔赫斯："一位意大利诗人，可能是蒙塔莱，说一部楼梯上

1　比奥伊·卡萨雷斯于4月10日至8月20日身处巴黎。
2　玛利亚·埃丝特·巴斯克斯说："丹尼尔·扎法罗尼的父亲告诉我（在守灵那天晚上他去念了安魂经），他很吃惊地听到博尔赫斯和比奥伊在遗体旁边谈了很久文学。"（玛利亚·埃丝特·巴斯克斯，《博尔赫斯：辉煌与失败》，巴塞罗那：图斯盖兹出版社，1996：287）。在知道比奥伊之前在巴黎待了一段时间以后吃惊就迎刃而解了。

留下过数百万向上的步伐。有些词语不能用。成百、上千可以；但数百万不行。为什么呢？我不知道。但一个不懂数百万不能用的人不应该写作。蒙塔莱的诗看起来像草稿。"

5月16日，星期日。 他说美国是一个自动人、机械人的国度。

5月26日，星期三。 他说："一个在美国名声糟糕的人相当于一个在地狱名声糟糕的人。"

6月4日，星期五。 我们和西尔维娜以及博尔赫斯在玛利亚·埃丝特·巴斯克斯和奥拉西奥·阿玛尼那里吃饭。博尔赫斯有些被激怒了。他听我们念了坎西诺斯-阿森斯署名的1935年陀思妥耶夫斯基全集译本的序。博尔赫斯："不是他写的。"比奥伊："但署他的名了。"博尔赫斯："但写得很不堪。我了解作家们的写作风格。如果你读一页这样的文字，人家跟你说那是马斯特罗纳尔迪，或者卢贡内斯，或者格鲁萨克的，你会信吗？我在这些句子里听不出坎西诺斯的声音。"

6月6日，星期日。 他对我说在美国没人敢说任何人的坏话，因为会被人知道，况且那里出产最恶毒的诡计。

他发现："人们有一些远离他们的注意但切实存在的想法，类似脑海中的郊区：不管他们是好是坏，是喜是悲，指甲总会长长[1]"。

8月31日，星期二。 他说罗萨斯自从踏上英国的土地之后，就变成了一个遵纪守法的绅士，这变化太明显了：他没下令砍任何人的头，甚至没有强迫英国人戴鲜红的丝带。他知道监视他的人就在街角。阿蒂加斯在乌拉圭同样没有展现出独裁的一面。看起来流亡地没有暴君。"

他说在《一千零一夜》的故事里有个错误；没有人会为了倾听饶人一命；倾听这件事让人无法忍受，人们倾听是为了接下去别人让他们发言；故事由哈伦·拉希德讲，书拉密女听。

10月20日，星期三。 他说莎士比亚离人们的认知范围很远，超过约翰逊和任何人：他难以预测，不负责任。

11月1日，星期一。 博尔赫斯："奥尔特加是个边思考边画水彩画的人；康德和水

---

[1] 参见《指甲》(1936)。

彩画家的结合体。"

11月26日，星期五。 他问："最全面的作家是谁？莎士比亚吗？"比奥伊："我们中间，基罗加和阿尔特，后者比前者好太多。"博尔赫斯："基罗加写得实在太差：就像阿诺德·贝内特所说的'三流浮夸'。你觉得随便读一篇基罗加的文字给那些个仰慕者听，他会陶醉其中吗？即便这人再愚笨，也会意识到写得很差。真奇怪，虽然我们对基罗加有一种难以令人置信的推崇，我们却不要求人们将其视为阿根廷人。比起他，马尔维纳斯群岛更重要。归根结底他是阿根廷领事的儿子。"比奥伊："我们把他客气地让给兄弟国家。"博尔赫斯："被高估的作家名单中还包括埃雷拉·伊·雷西格，另一个乌拉圭人，恐怕；还有加夫列拉·米斯特拉尔，以及聂鲁达，另一个智利人，恐怕。"

12月9日，星期四。 他想对我说些什么，但他的声音在哭泣中变得沙哑。"懦夫行为，不过多这么一桩又算得了什么呢？"关于跟我吐露心声他这么补充道。他还告诉我他爱上了玛利亚·儿玉。

12月31日，星期五。 博尔赫斯："看起来女人们读过易卜生了。如今她们把自己赢得的东西留给自己。好吧，那无赖、小白脸之类现在只能是文学中的人物了。现实生活中已经不存在了。真奇怪：文学总是滞后。"

1977年

1月17日，星期一。 博尔赫斯来家里吃饭，他很想要以戏剧性的方式表达爱；我建议他克制住自己，摒弃自尊，卑躬屈膝。

2月13日，星期日。 几天前博尔赫斯告诉我玛利亚·埃丝特·巴斯克斯录了一个他（博尔赫斯）和雷蒙多·利达关于文学的对话；不怎么愉快；结果不佳，因为要讨论问题必须有最起码的共识。今天《国家报》刊登了博尔赫斯和利达的对话；真希望人们可以读到，博尔赫斯清楚地回应了他的很多错误，他说出来的时候口吻还像极了教授。我祝贺了博尔赫斯。他告诉我："我试图告诉他，但不想用太多话，他感兴趣的是文学史，而我感兴趣的是文学。"

4月14日，星期四。 我告诉他德·昆西作品中混杂的特点在文学史研究者那里损害了他：相较于与他有联系的两位伟大诗人华兹华斯和柯勒律治，他被视为一个不那么重要的作家。连在哈维的《牛津英国文学指南》[1]中都没有出现。博尔赫斯:"是的,但你不能说出来。英国文学里存在一些被迷信的作家:柯勒律治、济慈、雪莱。柯勒律治所有的作品里,唯一有价值才一两首诗,还有几个零散的诗行;相反德·昆西的十四卷都相当有价值。文学中最好的梦是德·昆西的;爱伦·坡也写了几个,但很差。"比奥伊:"柯勒律治说起话来像天使,而写作起来就像 poor Poll[2] 了。"

4月17日,星期日。 他讲述:"罗德里格斯·莫内加尔写了一本关于我的书。当谈及影响我的作家时,由于不想重复那些别人已经提到过的名字,随意搬出了莫泊桑和瓦雷里……我不认为两人中的任何一个和我有什么关系。爱弥尔·法盖关于莫泊桑的观点很公正:'他在一种根本不是文体的文体里无可挑剔。'没错,就是对偶发趣闻的叙述而已……我读了克维多的《人生如梦》。你说得有道理,写得糟透了,看不懂在写什么。我还读了我最喜欢的小说之一《布瓦尔与佩库歇》。这写法太吓人了。如果有个人物要走进这个饭厅,福楼拜不单描写他,还会描写我们每一个人……不过你如果读他的通信,就会发现他是个极其聪明的人;但他写起短篇和长篇来,感觉钻进了一台无法遏制的机器。"

6月19日,星期日。 他跟我聊了他的欧洲之旅:"那里的人很害怕,他们的恐惧比这里人面对庇隆主义的恐惧更甚;比1973和1974年庇隆回归的时候还糟糕。共产党和它的党员以贩卖日期滞后党籍的方式做生意。如果你出个好价钱,或许可以成为比马克思和恩格斯还早的先驱。"

博尔赫斯:"你说得有道理:距离和时间以同样的方式阻隔我们。在那里,在欧洲,玛利亚几乎想不起来给她的男朋友写信——给他写也是因为曾经答应过他——但显然她对和我在一起不感到任何内疚。但我们一回布宜诺斯艾利斯,情况就变了。他男朋友要求她变成一位阿根廷妇女。他告诉她应该皈依天主教,对足球感兴趣。"比奥伊:"他认识的都是些什么阿根廷妇女。"博尔赫斯:"我不认为你的母亲和我的母亲对足球感兴趣。玛利亚觉得乡下很无聊。但他告诉她应该要喜欢乡下,因为阿

---

1 书中确有收录,错误可能是因为比奥伊在找的时候用的是完整字母顺序,以为他在 Deor 之后。但《指南》(1932)一书采用的其实是基于词根的字母顺序:De Quincey 以 DE Quincey 的形式出现,在 Dead Souls 之前。
2 傻瓜。暗指"他写作起来像天使,说起话来像 poor Poll",包斯威尔在《约翰逊传》(1763)中引用的大卫·加里克的诗。约翰逊用这句话来形容戈德史密斯。

根廷妇女都喜欢。这不是真的：阿根廷人才不喜欢乡下，他们喜欢巴黎。"

7月10日，星期日。 他对我说约翰逊的《弥尔顿传》里没有一分钟的疏忽或倦怠。

9月24日，星期六。 我们聊了兰多。博尔赫斯说他十六岁的时候读了《臆想对话》，那时候他就觉得愚蠢了。他背诵了《罗斯·艾尔默》：

> 罗斯·艾尔默，无眠的双眼
> 为你悼念，却再不能相见；

我告诉他："你把它改好了；原来其实是：

> 为你哭泣，却再不能相见；
> 通宵的回忆，彻夜的长叹
> 一切都为圣洁的你而献拜。

他很不情愿地接受了"哭泣"，但不同意"通宵的回忆，彻夜的长叹"（A night of memories and of sighs），他说多了一个音节，他读的是：

> 通宵的回忆，彻夜长叹。（A night of memories and sighs.）

他说通宵/彻夜（a night）用得很好：他知道实际上会在无数个夜晚哭泣。这是经典的精神。换做别人大概会写泪流成河。

9月28日，星期三。 我查阅了《沃尔特·萨维奇·兰多诗集》（牛津，1937），欣喜地证明我的记忆和耳力都没有在音节上出错；1846年的版本是：

> 通宵的回忆，彻夜的长叹。（A night of memories and of sighs.）

而1806年和1831年的版本是：

> 通宵的悲哀，彻夜的长叹。（A night of sorrows and of sighs.）

今天我给博尔赫斯打电话告诉他我的发现。他说："'*通宵的回忆，彻夜的长叹*'（A night of memories and of sighs）在语法上好一些，但听起来差一点。尽管如果读得快一点也不难听。又或许蒂·乔凡尼以前说我不完全理解英语格律有他的道理。我倾向于听到音节，而放弃了韵律。"我读了1806年的版本：

> 通宵的悲哀，彻夜长叹。（A night of sorrows and of sighs.）

他喜欢这个版本。而我更喜欢前一个带回忆（memories）的版本，因为'悲哀'

（sorrows）和'长叹'（sighs）几乎是在重复同一个概念，还无法避免过多的 s；不过我也不确定：我问自己'回忆'（memories）是否有点浮夸了；而'悲哀和长叹'（sorrows and sighs）是否是更自然的说法。不过很明显兰多通过修改完善了他的诗。在 1806 年的版本中，第一个诗节的最后一行和第二个诗节的第一行原本是这样的：

> 因为，艾尔默，一切都属于你。
> 甜美的艾尔默，无眠的双眼 […]

在 1984 年的版本里，通过重复他增强了诗歌中的凄楚感，不再用姓称呼她曾经深爱的已经去世的女孩（就好像在中学里一样）：

> 罗斯·艾尔默，一切都属于你。
> 罗斯·艾尔默，无眠的双眼 […]

10 月 11 日，星期二。 比安科给我讲了博尔赫斯和一个出租车司机的对话。博尔赫斯："我看不见。我瞎了。"司机："什么都看不见吗？"博尔赫斯："是的。"司机："报纸也看不了？"

11 月 19 日，星期六。 他给我讲了一个他的噩梦。他去宪法站坐火车，因为要去拉普拉塔做个讲座。已经在路上了，他发现自己带着枕头：他就放手让它掉在地上。过了一会儿，已经到宪法站了，他又发现自己带着第二个枕头，比之前那个稍微小一点：他再次放手。售票窗口在站台上。他付了钱。售票员嘟囔着找他零钱——许许多多纸币——还有一个小枕头。那一刻博尔赫斯醒了。

12 月 24 日，星期六。 我们读了卡普德维拉一首题为《目睹果园被人扔石块之歌》的诗。博尔赫斯："西班牙语在这些诗句里真美啊。这首诗和别的都不像……或许有点像卡夫卡的。"

> 他问："哪一句更可笑？"

> 他们再怎么指指点点（con el dedo）我也不会住口。

还是

> 我们将有充满清香的床。[1]

> 比奥伊："'dedo'这个词作为韵脚很难用。"

---

1 夏尔·波德莱尔，《情侣的死亡》，I（《恶之花》，1857）。（钱春绮译）

1978 年

1月5日，星期四。　　他说卢贡内斯的几乎所有作品（诗歌，短篇）都是用法语构思的，甚至用法语写就的。他补充道："十九世纪和二十世纪初我们国家的文学中的很大一部分都是用法语构思的。很大一部分西班文学同样如此。所以弥尔、巴拉尔特和其他人痴迷法语词汇。"

1月7日，星期六。　　我们聊了西班牙语的优缺点。他说无可争议的优点是形容词的自由度，它可以放在名词之前也可以放在名词之后，取决于我们想表达的内容。某人是阿根廷作家协会的老会员：他多年前就入会了；另一个人是阿根廷作家协会的老年会员：他年事已高，但可能昨天才入的会。博尔赫斯："格鲁萨克好像不太明白形容词的用法；他说'quijotesco criadero'（'堂吉诃德式的苗圃'），但其实应该是'en el criadero del Quijote'（'在堂吉诃德的苗圃'），或许也可以说'cervantino'（塞万提斯的）。"我称赞了西班牙语允许不用人称代词的自由度。我们说（我）出门，不像在法语和英语里一定要用人称代词我。人称代词我们留着强调用。"那天晚上所有人都出门了。连我都出门了。"这是一个从不出门的人富有说服力的说辞。即便不自觉会产生一些模棱两可，但"su"代替他、她、他们、她们的用法在我看来很舒服。我还觉得（其实偷偷地引用我父亲的话）"ser"和"estar"的区别很重要。生病和病态是两回事。博尔赫斯好像不太同意西班牙语的这项优势。我们一致认为以"mente"结尾的副词是西班牙语的缺陷之一："这是一个反复出现的尾巴，太沉重了。"他告诉我："英语里反复出现的不过'ly'而已：strongly，stupidly。而强调的部分在'strong'和'stupid'上；西班牙语里感觉强调放在了'mente'上，事实上在这些词里不过是两个没有含义的音节而已。"

2月1日，星期三。　　博尔赫斯："或许人们只记得那些改变过文学的作家。伊达尔戈的对话一文不值；但如果没有伊达尔戈的对话，那就不会有阿斯卡苏比，没有埃斯塔尼斯劳·德尔·坎波，也没有埃尔南德斯。当人们谈论高乔人的时候，会记起伊达尔戈。卡普德维拉是我们国家最好的诗人之一。但在他之后我们的文学没有改变，就没人记得他。"比奥伊："教授和学生有可能会改变作家死后的声名，但卡普德维拉被遗忘是出于人们对他的看法；这种看法，有时也包括一些诗句，让他最好的诗变得黯淡无光，《世界的节日》的那些都被人遗忘了。"

3月26日，星期日。 博尔赫斯和豪尔赫·拉蒙·托雷斯·萨巴莱特来家里吃饭。

我们谈到最好的自杀方式。博尔赫斯说他觉得上吊挺有吸引力的：就那么一下脊椎就断了。比奥伊："我就断过一截。希望我不要再经历类似的痛了。脊椎断掉多痛呐。"豪尔赫·拉蒙补充说有可能脊椎没断，最后死于缓慢的窒息。博尔赫斯不怎么喜欢他这个想法。豪尔赫·拉蒙支持"在装着热水的浴缸里割脉并让自己死去，罗马人赞成这种方式有他们的道理。"博尔赫斯："据说会感到很渴。"豪尔赫·拉蒙："浴缸里有水。"比奥伊："如果没有真的很紧迫的动机，自杀似乎是一种精神上的过错，一种过分沉浸在世界的明证。只要等很短时间，现实就会承担起帮我们自杀的职责。要知道这里的一切都那么短暂不牢靠，可一旦死了可要持续一阵了。"博尔赫斯（有些被冒犯）："那我母亲呢？你觉得她的痛苦短暂吗？"比奥伊："你母亲的情况很特殊。"

7月5日，星期三。 据博尔赫斯说，奥尔特加·伊·加塞特写过"爱情是注意力的事故"。他评论道："真奇怪，太不像奥尔特加了。一个发现这点的人应该受过很多伤。"

我读了据说是博尔赫斯在图库曼发表的言论："我不喜欢精神分析。它是科幻的阴暗面。"

8月7日，星期一。 他说"我死即我生"[1]是苏格兰女王玛丽戒指上刻的一句话。

8月9日，星期三。 博尔赫斯："雷蒙皮埃尔说：'如果荷马塑造了维吉尔，那这就是他最好的作品。'在《奥德赛》里预先展示了整部小说……你更喜欢《伊利亚特》。"比奥伊："我很多年前读到它们的时候，更喜欢《伊利亚特》。"博尔赫斯："不管怎么说，重要的是一本书给人留下的印象；而非能够找到的欣赏或诋毁它的理由。"

9月28日，星期四。 据他说，沃利·泽纳的父亲和暗中贩卖妇女的知名企业有干系。在每次朗诵会之后，她的父亲都会抱怨花费太贵。要租赁剧院；邮寄邀请；购买服装，由她亲自设计的；在朗诵会后，给她送鲜花；付钱给小报，让他们通篇褒扬朗诵会。但当时的沃利预料不到，这些朗诵会会给世人留下她是朗诵家的印象，并有损她的"文学生涯"。

---

[1] T·S·艾略特，《东科克》（《四个四重奏》，1944）。

12月16日,星期六。　　博尔赫斯引用胡莱斯·苏佩维埃尔形容可怕的炎热天气的话:"杀人香肠的热[1]"。

12月31日,星期日。　　博尔赫斯评价《走投无路》是个精彩的故事。他问像康拉德故事里船长这样的盲人,有没有可能掩藏自己的失明好几天。康拉德谈到盲人眼中的黑暗:博尔赫斯说他眼中从来没有黑暗;他想念漆黑一片;世界对他来说一直是蓝色的,要不就是黄色或橙色。他很遗憾没有问过其他盲人是否也和他一样身处蓝色或黄色的世界。

1979年

1月28日,星期日。　　博尔赫斯对我说:"这场(对抗智利的)战争的理由就是我们国家军人生活的理由:为了过上资产阶级的生活拿起武器。"

5月27日,星期日。　　博尔赫斯、罗贝尔托·赫罗萨和丹尼尔·蒂奈尔来家里吃饭。博尔赫斯对兽医赫罗萨说:"动物离我们这么近又这么远。"

6月27日,星期三。　　在一次采访中他被问到:"您怎么评价萨瓦托?"他回答:"我来是为了谈些愉快的话题。"

9月2日,星期日。　　他引用了蒙田关于死亡的话[2],指出了他的错误。他又提到了梅瑞狄斯、金斯利、斯温伯恩、叶芝的诗句。博尔赫斯为以下些叶芝的诗句感到狂喜,比奥伊则不然:

> 铁骨铮铮英雄汉
> 怒对冷血凶杀犯,
> 放声嗤笑
> 那气息的更新迭代;
> 所谓死亡他早已参透——
> 死不过是人造的概念。[3]

1　原文 saucissine 是 saucisse(香肠)和 assassine(杀人犯)的合成词:义为杀人的热,热得像香肠。

2　《蒙田随笔》(1580)。特别参见 I, 19(《幸福要等死后方可定论》), I, 20(《探究哲理就是学习死亡》), II, 13(《论相貌》)。

3　《死亡》(《旋转的楼梯及其他诗》, 1933)。(李景琪译)

9月5日，星期三。 他告诉我："我创造力不怎么强。而曼努埃尔·加尔韦斯的水平则更一般。"

他发现："如果我们哪天为政府工作，应该下禁令使用'阿根廷的'这个词。尽管被那么多二流子反复使用，它的威望仍然在上升；如今，那些赶走了过去的无耻之徒的无耻之徒们为它赋予的强调意味，与过去可疑地相似。"他说十九世纪末某位英国作家看到一家茶室的告示，上面写道：读者可以在那里以英国的方式品茶、配上正宗的英国司康，享受两位英国女士的服务。评论家补充说，考虑到那是在英国，实在看不出这一切有什么特别之处。比奥伊："我们的民族主义和其他所有东西一样，来得有点晚。可能在十九世纪末二十世纪初胜利的世界性共和国，即便找不到存在的借口，至少还有它的原因，而在如今我们身处的这个一点世界性都没有的国家，看起来有点多余。"

他提到了格鲁萨克关于《语言学院词典》的那句话：这本惊人的学院词典，每个新版都会让您后悔买了上一版。他评论道："'惊人'可以，但永远不应该用来形容词典，更不要说学院的了。换成卡普德维拉绝对不会说出这样的句子；但他读到这句的时候，一定觉得挺好笑。"

博尔赫斯："这是一个准确但奇怪的形容词，虽然会有人感到惊叹，但不太不舒服。这种奇怪意味着在读的时候会中断文意。"比奥伊："就像一个感觉起来像同义词的词。效果和短篇小说里作者出场一样：读者就不再相信故事内容了。"博尔赫斯："人类的门，华兹华斯用它来谈论自家的门[1]，我觉得不错；有点奇怪，不过那种木头多年前就开始用来做门了，已经是个人类的元素了。"

9月22日，星期六。 博尔赫斯："军人们离迷信近，离逻辑远……数据证明神、祖国和家园与诈骗并不完全不兼容……那些出现在战败记录上的伟大战士、西班牙人有着奇特的好名声……"

他说《马丁·菲耶罗》里面最美的诗节之一是：

我刚从沙漠归来，

还陷在沉沉梦中；

面对着古怪人群，

---

1 "世间生长在人类的门旁／最甜美的东西！"《露西组诗》

> 不知我能否讲清，
> 而听到六弦琴声，
> 不知道能否清醒。[1]

他认为在：

> 我刚从沙漠归来，
> 还陷在沉沉梦中；

你能感觉置身沙漠，荒野广袤无垠。他补充道：" '古怪人群'对听众来说算比较礼貌的了。就像甘农说埃尔南德斯本人的，应该是一些可怕的动物。"

10月21日，星期日。 他告诉我他梦见一个侏儒朝他嘴里先是塞羽毛，后来羽毛变成了鸟。他评论道："我能在一分钟里编出这种荒唐话，真是奇怪。"他又说："我还梦见自己在一个图书馆，里面陈列着无数本一模一样的书。这些书是那种装订起来的，没有标题，也没有作者的名字。书中写了一些简短的思想片段。我读了里面的一些句子：看不懂。我想离开那里，但找不到出口。我问在图书馆里的一位先生出口在哪里，在梦境中他是我的朋友。'那个，没有出口。'他告诉我。"他说约翰逊（在和包斯威尔的对话[2]中）和叔本华发现有时候梦境中的配角知道一些主角、即做梦的人不知道的事情。

12月25日，星期二。 他发现："上帝不存在的最佳明证就是拉屎这件事。如果有人能找到替代卫生纸的方式那他能发家致富。此后我们的时代就会被后人视为不可思议和野蛮的时代。'拿张纸擦屁股，'他们会说，'还会弄脏手。这些人真龌龊。'"

12月31日，星期一。 博尔赫斯谈及功德这样宝藏，一方面对于圣人来说是多余（他们凭借很少的功德就进了天堂），另一方面教皇用它们来贩卖免罪符。

1980年

1月26日，星期六。 他说："正在发生的事没有丝毫浪漫可言。浪漫主义是随着怀旧产生的。"

---

1 《马丁·菲耶罗归来》，vv.7—12。（赵德明译）
2 包斯威尔，《约翰逊传》，《1780年》。

2月1日，星期五。 博尔赫斯："幽默是智力的一种坏习惯。我得了塞万提斯奖以后接受采访，为了讲个笑话，我说：'我现在有钱了，我要把埃斯帕萨百科全书都买下来。'埃斯帕萨·加尔佩出版社听说以后宣布要送百科全书给我。如果他们送书给我，那我得搬出去：这个公寓里同时容不下整套书和我。但如果我把它们送给别人或者卖掉，那我就是个流氓。"

4月13日，星期日。 我和西尔维娜去找从美国回来的博尔赫斯和玛利亚。博尔赫斯这样讲述他的美国之旅："我们到的时候，他们安排我和玛利亚单独住在一栋房子里，与一堆佛教和印度众神塑像为伍。那天晚上我们一直在聊天；第二天我们双双承认出于害怕，迟迟不愿分开回各自房间。"

"在哈佛附近，我们晚上在戈登遗孀、一位富有的苏格兰女人的房子里过夜。结果那里满眼是青蛙和癞蛤蟆：墙纸上的图案、门把手，还有水龙头。房子里所有装饰用的铜器、瓷器、石器都是这两种动物的形象。我们离开那里之后玛利亚才把情况告诉我，为了不让我不高兴。"

"你知道我有多不喜欢拍照的，我更不喜欢看手相的和其他算命的；跳舞就别谈了。在纽约不知道哪个餐馆一对夫妻反反复复地拍我们；那个女的在一张纸上画了一条线，把我们的手和手指圈起来，给我们预测未来；她还抓着我们的手，在餐桌之间和我们跳舞。我还试着跳了一小段（探戈）。你知道为什么吗？因为夫妻中那个女的是日本人。"

5月16日，星期五。 博尔赫斯讲述他去马略卡拜访格雷夫斯的经历。格雷夫斯住在一个小村子里地势很高的地方。他们问一个小伙子他们走的方向对不对：结果他是格雷夫斯的儿子；他把他们带到了一个大烟囱旁边。格雷夫斯像国王、或者领导一般坐在那里。手里抱着一个婴儿。他们走近跟他打招呼。他举起一只手礼节性地向我们致意，看到她的时候他一下子目不转睛了起来。他把玛利亚搂向他；先亲吻了她的手，接着是脸。他没说话；大概他听不见，或者不理解对方在说什么。所有人都看起来很愉快。他的妻子告诉他们格雷夫斯在听说博尔赫斯喜欢亚历山大那首诗[1]以后，把它找出来读了读：他同样认为这是一首很美的诗。他其实很想问格雷夫斯为什么把它排除在外，但现在已经不可能知道其中的缘由了。博尔赫斯和玛利亚

---

[1] 以《亚历山大神话》为题，博尔赫斯和比奥伊·卡萨雷斯把这首诗的非韵文改写版收录在《短篇与奇异故事集》中）。

准备走的时候,他的妻子坚持让他们再去并在他们那里住上几天。"这里是天堂",她强调。格雷夫斯的儿子,看起来就像个英国小伙子,但他肯定地表示自己是当地人,对他来说住在英国不现实。小岛政府对格雷夫斯尊敬有加。他们本来打算在岛上建造一家酒店。格雷夫斯说"不行",他们就照做了;本来一条高速路会途径那里,格雷夫斯说"不行",他们就把高速路改了道。

博尔赫斯回忆起在西班牙人们对他多友善。他说:"我见了赫拉尔多·迭戈,他跟我聊了'ajo'和'ujo'结尾的词听起来有乐音之感……'ajo'很快给人感觉像是在骂人;'ujo'让人联想到'pujo(尿频)'和'empujo(我推)',好像也不怎么好听。赫拉尔多·迭戈脑子有点糊涂。就是个傻子。没人会把他当真。如果我和别人谈赫拉尔多·迭戈,他们会转换话题。"

7月17日,星期五。 他说:"一个麻木的人不可能聪明。"

8月1日,星期五。 回忆。很多年前我们在准备托马斯·布朗全集时,我觉得可能是在《医者的宗教》里,博尔赫斯找到了西语版的圣奥古斯丁的一句话:"上帝,请保护我自己不受自己的侵害(Defiéndeme Dios de mí mismo)。"托马斯·布朗应该不懂西班牙语,他把动词变位错拼成了"deféndeme"。在圣马丁路和佛罗里达路交界的英文书店米切尔书店,博尔赫斯翻到了蒙田散文的英文版,那句话也以同样的错误出现:"Deféndeme Dios ......"他想托马斯·布朗大概是从那里抄来的。回家以后他查阅了法语版的蒙田散文,又找到了同样的引用和一成不变的错误"deféndeme",他想肯定是因为蒙田不懂西班牙语,犯了最初的错误,后来英语翻译和托马斯·布朗认为这是正确的。那天晚上,他又在家翻起了里巴德内伊拉丛书的一册,找到了加尔西拉索的友人克里斯托瓦尔·德·卡斯蒂列霍的几个批注,结果那个圣奥古斯丁的句子以同样的形式出现:"Deféndeme Dios[1]。"

8月25日,星期一。 博尔赫斯讲述他第一次乔装自己的时候,把自己装扮成了魔

---

1 托马斯·布朗(《医者的宗教》)里的版本是 Defenda me Dios de me;蒙田(《蒙田随笔》,1580,XIII,13)里的版本是 Defienda me Dios de my。克里斯托瓦尔·德·卡斯蒂列霍的《在乡村》——圣奥古斯丁祈祷的原始评注(1480—1550)被收录在里瓦德内拉丛书版的《十六至十七世纪抒情诗人》,1857,第二卷。博尔赫斯也同样详细地讲述了这个巧合(R·布尔金,和豪尔赫·路易斯·博尔赫斯对谈,纽约,1969)他认为,布朗和蒙田的错误不在 Deféndeme,而是 Defiéndeme Dios de me. 正如比奥伊所言,在克里斯托瓦尔·德·卡斯蒂列霍的版本里可以找到正确的原文。参见(《医者的宗教》,1643):"Deféndeme, señor[...] / Deféndeme de mí. 已经有人说过了 / 蒙田和布朗和一个我不知道的西班牙人[...]"。

鬼的样子。那次经历令他很满意：他觉得自己穿着那件衣服漂亮极了。他的妹妹诺拉装扮成了小丑。我在照片里见过诺拉的装扮。[1] 她笑着，很满足的样子。博尔赫斯告诉我她对自己的装束有多满意的时候评价说："我错了。要想生活就是不断犯错，然后摆脱它们。和觉得自己打扮成魔鬼漂亮极了的错误一样荒谬的，是我成了极端派，还有后来加入了激进党：那是所有错误里最糟糕的。"

9月4日，星期四。 博尔赫斯："我见了苏尔的妻子：丽塔，全宇俱乐部的'管家'[2]，你记得她吗？她是西班牙人。属于西班牙最好的一类：真诚，慷慨，高贵。她因为总是谈论苏尔被人责备。我觉得总是谈论苏尔很好。他告诉我在结婚前不久，她想：'我一直觉得苏尔是个完美的男人。可万一我发现他不完美该怎么办呢？当然，我还会陪在他身边。'一天她把自己的担心告诉了苏尔。苏尔问她：'难道这不就是婚姻的实质吗？'丽塔回答说不止这些。后来苏尔对她说他们结婚的时候，每个人会有两枚婚戒：一枚象征丈夫和妻子的结合；另一枚代表他们也在灵魂上如同兄妹。'如果我辜负了您，'苏尔对她说，'您只需把两枚戒指放在床头柜上，我就都懂了。您可以自由做自己想做的事情。'我问他戒指是否已经准备好了。'是的。'苏尔回答，他就把它们带来了。"我评论说，关于苏尔，我只记得些怪事：两枚戒指这件事再有代表性不过了。博尔赫斯："我们是作家，如果我们要根据丽塔的那番话创作一个人物，能找到比这更有诗意和更令人信服的回答吗？他的古怪对他不利。就因为这种古怪没人把他当一回事。"比奥伊："在他生活的年代对他不利。而今他的古怪给他戴上了光环，让他变得更加吸引人。"

博尔赫斯："一天乌雷尼亚对我说他写匿名信的时候，会特意制造几个句法错误，好让自己不被人怀疑。他告诉我这些，是觉得我也经常写匿名信吧。"

10月7日，星期二。 他提醒说重复很可笑。圣奥古斯丁说耶稣要是反反复复上十字架，就不再是殉道者也不是上帝了：他成了一个杂技艺人[3]。

11月7日，星期五。 他告诉我，在给席勒的一封信里，歌德说他在读塞万提斯，

---

1 可见 M·托雷·博尔赫斯，《博尔赫斯：照片与手稿》（1987）：38。
2 "（苏尔）把他的管家叫 Cuidra，最后庸俗地同她结了婚"（埃斯特拉·坎托，《逆光下的博尔赫斯》，马德里：埃斯帕萨·加尔佩出版社，1989：168）。"（1939年，由苏尔发起，成立了一个世界性的俱乐部，用新克里奥尔语命名为 Pan Club，旨在为知识分子和志同道合的人创设一个沙龙空间。俱乐部开幕式在苏尔家中举行。——译者注）
3 《上帝之城》，XII，14。

说他很高兴能够验证：所有人都赞誉的东西是真的好。[1] 博尔赫斯："真好！真慷慨。和其他所有那些批评家太不一样了！那些人乐于展现受人追捧的书有多一文不值。歌德读了《训诫小说集》中的一本，我觉得很差，但这不重要。《堂吉诃德》的第一章精彩极了。堂吉诃德和他身边的人真实可信；而桑丘则不然。塞万提斯在第一章里用的技巧和现代小说里的技巧完全相反。现代小说试图欺骗读者，混淆其视听，导致如果有个对话，读者根本不知道谁在说话，他们在哪里，在谈论谁。为什么还要花功夫制造两可和模糊，世界不从来都是如此嘛。"

1981 年

1月6日，星期二。 博尔赫斯对我说伊瓦拉认为意大利人如此习惯于十一音节诗，以至于即便有时候诗人错写出了十个或十二个音节的诗，他们也能从中听出十一个音节。我们身上大概也会发生类似的事，只不过换成了八音节诗。在作者不明的作品，或者民间作品里，八音节诗行里经常会夹杂着一个七音节诗行，这个瘸行我们故作不见，甚至根本就没有察觉。

2月8日，星期日。 博尔赫斯："爱默生很高兴他身边的朋友和熟人都在写精彩的作品。在王尔德看来，一个人得要很宽容才能为一个朋友能写出好的东西感到高兴。"比奥伊："如果把很多和我们有友好往来的、作品却十分平庸的人包含在朋友范畴之内，他说的就是事实。"

2月22日，星期日。 关于《麦克白》，他说："我有一个雄心勃勃的计划。自由地翻译，就像在做释义一样。有两种可能性：我们在做相当忠于原著的翻译，或者我们自己的、与众不同的释义。"

3月31日，星期二。 我读到了博尔赫斯在意大利接受记者采访时的回答。记者："您怎么评价教皇？"博尔赫斯："他是个我不感兴趣的公务员。"记者："为什么您说您不会颁塞万提斯奖给拉法埃尔·阿尔贝蒂？"博尔赫斯："因为我读过他的诗。"

5月4日，星期一。 说起佩德罗·恩里克斯·乌雷尼亚，博尔赫斯表示："他比（阿玛多·）阿隆索好，但没什么文化，智商也比较平平。他成了美洲大师。出于信仰他被视为智者，人们觉得他非常聪明。但他没那么高级，如我母亲所说：他其实智力

---

[1] 歌德写给席勒，1795年12月17日。

还挺有局限的。同样出于信仰，一些本可以持更高标准的人，欣赏作为诗人的里卡多·莫利纳里。"比奥伊："温和的语气，和主要是脸部表情上的讽刺说服了乌雷尼亚的对话者；而莫利纳里的追随者被他最早的几本诗歌小册子的精美印刷给骗了。"

6月18日，星期四。　　我们聊了约翰逊作品里风格和写作上的亮点。比奥伊："我有时候边读《英国诗人传》边想自己有多幸福，别的什么都不需要了。"博尔赫斯："所有写得好的东西都看上去来自十七世纪……连手写体都是如此：你用的是清楚的、十七世纪手写体。"

9月3日，星期四。　　据范尼说，玛利亚正努力让博尔赫斯远离比奥伊先生。玛利亚："他们跟您说了我的坏话。"博尔赫斯："可是，玛利亚，他们根本就没跟我说起你。"

12月2日，星期三。　　博尔赫斯："里奥瓜特罗短篇小说作家俱乐部的主席问我：'您能告诉我短篇小说和叙事之间有什么联系吗？'我回答：'相当于绘画和形式与色彩之间的联系。'那个人请我把刚才的回答大声说出来，好让所有人听到，因为很多里奥瓜特罗的短篇故事作家不知不觉就把短篇小说写成叙事了。"

12月19日，星期六。　　他帮西尔维娜检查詹森·威斯翻译成英语的她的短篇。博尔赫斯觉得《宠物》，那个关于一只尸体被防腐处理的狗的故事太可怕了，应该去掉。博尔赫斯："当然这种拒绝纯属个人原因，出于我的行为方式，不应该用作文学标准。或者至少，除了判断一个人能不能写出点东西以外，不能有更进一步的用武之地了。"

我引用了拜伦的诗：

我们从贺拉斯那里学到，"荷马有时沉睡。"
我们感觉没有他，华兹华斯有时清醒。[1]

博尔赫斯："太好了。确实华兹华斯水平高出许多，但这不重要。这是个不错的笑话。看起来像王尔德写的。"比奥伊："我个人觉得华兹华斯不比拜伦好。我开始读《远足》的时候[2]，浑身无聊。在找以下这些句子的出处时：

---

1 《唐璜》，III，98。
2 暗指华兹华斯的诗《远足》(1814)。安德鲁·朗格(《英国文学史》，1912，XXXII)将《序曲》(p.1850)称为"这首极端长的诗"。这首诗被华兹华斯选为《远足》的引言。

来吧，马尔萨斯，用西塞罗的语言

阐述人口怎样迅速地增长，

直至土地衰竭、

孩童饿死。[1]

我以为出自《唐璜》。可《唐璜》是押韵两行诗，所以不可能。""是拜伦的吗？"博尔赫斯说，"不可能是别人的了。"我在找三十年代末写《莫雷尔的发明》时候的原文出处——人的一生短暂地令人惋惜，但也足够绵长，可以让一个人变成另一个人，而且不记得之前那个人经历的重要事件——我告诉他："在拜伦《诗选》的目录里，提到了四五次马尔萨斯；没有一个促使我写出这些句子。"博尔赫斯回答："那目录大概有问题。不可能不是拜伦的。"

他梦见几个男人在他的房间，正准备袭击他。他在梦中想："如果我在做梦，那没有什么能阻止我把其中一个想成有两个头。他看了看他们，都只有一个头。他吓得醒了过来。"

1982 年

1月6日，星期三。 他遇见一个他母亲生前的朋友。老太太告诉他，她正在读马塞多尼奥的信，在其中一封信中，为了说服对方应该有来生，或者说存在轮回，马塞多尼奥说："人生不是为了只活一次。"[2] 博尔赫斯评论道："他擅长说些即兴句子和傻话；可他写出来发表的东西都读不下去。"此外，关于那句话："即便'es'在中间，'vez'在末尾也没关系；句子很完美。还有，我觉得在里面听出了马塞多尼奥的声音。"

1月8日，星期五。 我们聊到我们文学生涯的开始。他对我说："我当时拿着一本同义词词典写作，总试图用最不常见的词。我为能把这些词写进作品感到骄傲，觉得

---

1 拜伦勋爵，《唐莱昂》，vv.753—756。拜伦遗孀安娜贝拉派人摧毁其私人文件，托马斯·穆尔将手稿救出。该诗曾至少两次在伦敦得到出版：1866 年由威廉·达格多和 1934 年由财富出版社出版。三十年代末比奥伊很可能是从后面这个版本中找到的这段文字。由于主题（颂扬同性恋），该诗没有被收录在作者的各个版本的作者全集中。（选段为赵英译）

2 "只活这一次目前为止足够了吗？"（马塞多尼奥·费尔南德斯，《未出版作品》）。《西美洲》杂志，1972 年第 1 期：56。

批评家们会发现我把古老的、非常有用的词汇挖掘了出来。然而，后来我在家读到文章里这些词时，感到无比羞愧。"

1月11日，星期一。　　他告诉我："今天早上一位先生来拜访我，说给我带了一件会让我的生活充满喜悦的礼物。礼物是邀请我，马上，和他一起去教堂忏悔和领圣餐。这之后我们可以一起去看马塞多尼奥踢球，据说堪称眼睛的盛宴。我不得不提醒他我看不见。我们的对话由此拉长，其中涉及失明、《圣经》等等。他肯定地说我应该为失明感谢上帝：'这是他在考验您是否值得信任。他赐予你失明是因为他知道您很善良，而且不会因为失去视力而丢弃善良。''那他如果赐予我麻风病呢？''那会是对您是否值得信任的有一次考验。''那我宁愿上帝不要对我这么慷慨。'我跟他聊了《圣经》，告诉他我有一个希伯来语的版本。他发出轻微不悦的感叹，并说自己不读《圣经》。'祈祷词对我来说就足够了。'他解释道。他还说自己是银行家：'我很幸运能与一群银行家朋友为伍，他们也都是天主教徒，和我一样。'范尼告诉我午饭准备好了，银行界的约伯只能先行告辞。"

2月11日，星期四。　　我评价了我最近读的东西：关于斯克罗普·博德莫尔·戴维斯的传记[1]。博尔赫斯："如果我能恢复视力，一定连门都不出。我会把时间都花在我拥有的书上。"

　　我告诉他蠢笨的霍布豪斯指责斯克罗普·戴维斯，因为虽然他会为了维护一位不在场的朋友的尊严和人干架（他确实这么做过），但他也随时会在和朋友一起时，把另一位朋友送上滑稽的祭坛。比奥伊："我不觉得这两种行为有什么矛盾的地方。在厌恶自己朋友的人面前为朋友出头，而在两个朋友间的对话中嘲笑另一位不在场的朋友，这不过是个小小的过失，因为很明显这并不意味着他不再喜欢那个人：他们彼此了解，接受对方的缺点，不在场的那个不会因为他们聊的内容对任何人降低尊重程度。马斯特罗纳尔迪和佩罗作为朋友深受我们喜爱，他们的古怪是他们名声的一部分。某种程度上我们喜欢这种名声，但我们绝不会赞赏它，不管怎么说都有它喜剧的一面。"博尔赫斯："人物如此生动，他们因为自己的缺点而同其他人区分开来（明显地）。"

　　关于西班牙浪漫主义作家，他说："贝克尔是海涅的门徒。或许艾斯普隆赛达身上有些不那么糟糕之处；但所有这些人——索里利亚、艾斯普隆赛达、金塔纳、西

1　T·A·伯内特：《斯克罗普·博德莫尔·戴维斯传》（1981）。

恩富埃戈斯等等——与其说他们是诗人，还不如说他们是杂乱的演说家。"

博尔赫斯："诗歌很神奇。它更依赖于节奏和声音，而非意义。"比奥伊："意义呢，即便无法完全理解，也不应该缺失，否则会产生消极的影响。"

他朗诵道：

无论我自身对未来的忧惧，
还是预言家对世界的预想，[1]

他评价说："我们不会停下来去理解其中的含义，我们不知道接下去会是什么，我们也无所谓：能感受到这是诗。"他补充说，卡莱尔觉得，"purple"这个词[2]说出了诗人（意思是所有诗人）的疲倦。

2月14日，星期日。 他说："真奇怪。歌德似乎早于所有人。真难相信他是德·昆西的同代人——他管歌德叫'歌德先生'——他也是华兹华斯的同代人。说他过时——不是古旧，是过时——是对他的指责。"他让我看看歌德的出生和去世年份：1749—1823。他说他的小说糟透了，没人记得《浮士德》里一句诗。

我表示简·奥斯汀的小说——和博尔赫斯的观点恰恰相反——挺有趣的，里面可以读到好笑的评价以及荒唐、可信的人物。博尔赫斯："母亲和乌雷尼亚是简·奥斯汀的虔诚追随者。"比奥伊："简·奥斯汀是人生这出喜剧的清醒观众。她的人物之一说过，别人在这个世上是为了用他们的愚蠢和疯狂取悦我们，而我们在这个世界上是为了用我们的愚蠢和疯狂娱乐他们[3]。"博尔赫斯："不像那些白痴，他们一旦得到某种情况下没有任何出路的结论后，就会表现出克制（在语言上和表情上，面带微笑），随后补充道：'可我们不应该气馁。应该乐观。我们会找到出路的。'"博尔赫斯："几乎所有人都是如此。"比奥伊："很明显，他们并不怎么主张前后一致性。"

2月26日，星期五。 博尔赫斯："每天阿利法诺都用我前一天告诉他的话来建议我，仿佛是他自己的观点。他的短篇和我的很像，就有些细微的不同。有时甚至人物的名字都一样。我不太高兴；但还不至于像华兹华斯那样。你记得吗？爱默

---

1 莎士比亚，《十四行诗CVII》。（陈才宇译）
2 在英语里，purple因找不到词来和它押韵出名。例外的是，彭斯在一封1787年的信中让它和curple押韵，这个词是苏格兰语"臀部"的意思。
3 《傲慢与偏见》（1813），LVII。

生去拜访他，每每跟他解释些什么，他都会把这些话重复一遍，像他自己的那样。最后爱默生对他说：'可我刚才不就是这么说的嘛。'华兹华斯抗议道：'不，这是我的，我的！'"

加州的一位教授，我记得是阿根廷人，或者至少是拉美人，告诉博尔赫斯她一开始就会要求学生读一本同义词词典，好拥有足够的词汇量，不会在一页里重复同一个词。博尔赫斯："我记得她还办了个文学工作坊。你能想象她的弟子怎么写作吗？为什么不能重复同一个词。重复是自然的，还能避免读者因同义词感到奇怪。"比奥伊："我的原则是使用一个看起来不像另一个词同义词的词，要选最自然的。"

2月27日，星期六。 博尔赫斯："我在读《孤独》和《波利菲摩斯与伽拉提亚的故事》：丑陋得很主动。我读了整本《波利菲摩斯与伽拉提亚的故事》，太可怕了。在《波利菲摩斯与伽拉提亚的故事》里，贡戈拉专攻华丽的丑陋。他很喜欢诸如 corcho（软木塞）、escamas（鳞片）、chupar（吮吸）、vomitar（呕吐）、nácar（珍珠母）、perlas（珍珠）之类的词。他喜欢那种杂技转碟式的写法，一些上一些下：他如果说一样东西高贵，那另一样就卑贱；这样白那样黑，所有话的串词都是 aunque（虽然）、no tanto（不至于）、sin embargo（尽管）、no menos（同样）。这是一种错误：如果说文学是一台机器，那它应该是一台秘密的机器，带有一丝神秘。而贡戈拉的世界是语言机制的世界。他不知道自己在说些什么，而且本质上很粗鲁：他写尼罗河吐出财富[1]，既粗鲁又愚蠢。他难道察觉不到这个动词不合适吗？他想用拉丁语词，其实对他而言这就够了。他对才华的想法很是奇怪。任何对立的概念，比如黑白、生死都很吸引他，他觉得这就是才华的体现。达马索·阿隆索把《孤独》改写成了非韵文，也就是说把所有的倒置打破，让句法恢复原样，但他没意识到这样做反而揭露了贡戈拉智力上的匮乏。克维多也同样粗鲁：他攻击贡戈拉时说文雅的夹杂拉丁语词的语言很难闻，然而为了让我们的飞马——这都是什么动物——免受难闻气味的侵袭，应该点燃加尔西拉索[2]。我不认为加尔西拉索会为这句赞美感到高兴：首先他们要烧他，其次还是用肥皂……他们中没有一个能想象出什么。洛佩看到这类丑陋的文字会怎么想呢？他肯定会表示谴责。贡戈拉或者克维多认为显示才华的句子大概会是：

---

1 《波吕斐摩斯和加拉特亚的寓言》（1613），八行诗 LV。
2 《文明之旅的罗盘》（1631）。据一些人说，1625 年克维多成了贡戈拉所住的房子的拥有者；把后者赶走之后，克维多可能写了写诗表示要拿加尔西拉索烧肥皂来净化该地。

> 在这么少的土地里容得下那么多主教。[1]

卢贡内斯声称西班牙没有文学,他说得挺有道理。即便是这样,要评价一位作家(人们长久以来一直这么做),需要看他最好的作品:贡戈拉和克维多有过一些确确实实值得赞美的十四行诗。

3月10日,星期三。 博尔赫斯:"有些看不懂在写些什么的作家能够骗到比他们聪明和复杂的人,这点太不可思议了。对洛特雷阿蒙的崇拜已经消退,但在欧洲人们还在严肃地谈论贡布罗维奇。而真正被人遗忘的是马里内蒂。"比奥伊:"我觉得'他是法西斯'这件事给了他沉重一击。相反,反犹和通敌倒没有在法国对塞利纳产生什么不良影响。"

3月19日,星期五。 博尔赫斯:"有个关于《神曲》里那句

> 把我逼回到森林,那里连太阳也变得悄然无声。[2]

的观点来自一位评论家,他说这证明但丁相信毕达哥拉斯学派关于星星会唱歌的理论。怎么会有人相信这种解释?又或者是出于虚荣的原因?所有人都信他自己想出来的解释吗?"

比奥伊:"我一直相信教育的力量,由于思考时心不在焉,我曾经盲目地相信小学、中学和大学对所有民众的必要性。但和一些教师以及论文是写给教师看的学生打过交道以后,我明白了一件几乎在所有情况下反复发生的真事:这些人和他们所学的科目之间有天文距离。我现在觉得如果一个人想走近书本,他们不应该选上大学这条路:不但长,而且还会把他带到其他地方去。"博尔赫斯:"萧伯纳说虽然老师教得不怎么样,但他还是完成了学业。"比奥伊:"我倒不至于这么想;但我觉得糟糕的老师是一个有害的团体;在人文学科范围内,大学教育几乎没有意义。当然,我关于文学和哲学的知识都是我自己看书学来的。我的职业我也是自己学来的,虽然和朋友们聊天,比如和你、西尔维娜、雷斯塔、马斯特罗纳尔迪或者威尔科克,也帮助了我。还有一些关于写作艺术、作家生平的书,约翰逊、蒲柏、拜伦、史蒂文森的文学批评,以及阿方索·雷耶斯对他们译本的批评同样对我有所助益。"博尔赫斯:"我在思考你说的话:以前如果人们想学点什么,会找个老师或者报个班。那

---

[1] 可能在影射贡戈拉,"路易斯·德·卡布雷拉的《菲利普二世先生执政史》的开头(c.1613)":"在这么少的大理石里容得下这么多凤凰。"

[2] 《炼狱篇》,I,v.60。

是因为懒。"比奥伊:"就好像有人想写一本关于我们的书,却想让我们口授给他。"博尔赫斯:"现在没有人觉得可以在图书馆里学习了。要想了解一位作家,他们不会读他的作品:他们会尝试拿到作家的传记。"

比奥伊:"两位作家之间要保持友谊,最好他们能够彼此认可对方的作品。"博尔赫斯:"不是认可,是勉强接受。"

3月27日,星期六。 博尔赫斯:"你知道玛利亚欣赏哪些女性吗?美狄亚和麦克白夫人。阿根廷历史里她欣赏什么人物呢?罗萨斯和(法孔多·)基罗加。或许我应该和她分手,但我知道他会让我'为卡洛琳哭泣'[1]。我总想和她在一起,而我们在一起的时候,我又想时间快点过去,她可以走。"

9月23日,星期六。 我问博尔赫斯,玛利亚会不会陪他去德国。"是的,"他回答,"她说她会最后做一次牺牲。"他说,他如果有勇气会选择分手,但后来他又承认玛利亚是他生命中出现的最好的、最特别的人了,在她身边他感到幸福:"我们还是会为同样的事情感动……比如,那天下午,在冰岛,我和他同托尔神父聊天,她当时和我一样深受感动。"

12月13日,星期一。 他说费拉里给他读了整本他的诗。博尔赫斯评论:"一句里面有'óbice(阻碍)'这个词的句子他最喜欢。"

他给我讲了他的一个梦。他和我走在类似隧道的地方,周围的墙壁看起来很原始。我很矮,几乎只有一个小孩子的身高。他有些害怕,因为似乎隧道一直延伸下去没有尽头。我猜到了他的担心,对他说:"我们马上就会找到出口的。有扇门,在右手边。"博尔赫斯看到门以后说:"那是左边。"我回答他:"那我们是在梦里。"

12月19日,星期日。 诺埃米·乌利亚来家里吃饭。有人按门铃。我以为是玛尔塔:结果是博尔赫斯和玛利亚。博尔赫斯指着诺埃米(用英语)对我说:"必须是四人组,不允许五人组。让她走。"场面有点不愉快。后来就我们几个的时候,玛利亚紧张地说贝亚特里斯·吉多觉得西尔维娜和我在背后说她……"她怎么知道的?""博尔赫斯告诉我的。"我说没有,仅此而已。在西尔维娜看来我的沉默代表责难。走之前,博尔赫斯道了歉。

---

1 暗指《为卡洛琳哭泣》(1929),创作者为S·刘易斯和J·杨:"我经常在月亮的微光下 / 遇见的女孩在哪里? / 所有人都知道什么令我不安 / 为卡洛琳哭泣"。

1983 年

2月16日，星期三。　　博尔赫斯："我一直听到'it is not my cup of tea（非我所好，字面意思那不是我的茶）'这个表达，我现在才意识到它有多体面。换成'It is not my glass of stout（那不是我的司陶特啤酒）'……'of negus（尼格斯酒）'……'of bock（博克啤酒）'，或者'It is not my Yorshire pudding（那不是我的约克郡布丁）'，甚至'It is not my cup of coffee（那不是我的咖啡）'好像都很粗俗。"

3月21日，星期一。　　我给他讲了哈代的故事，还有他害怕别人知道他出生贫寒。博尔赫斯："我不喜欢哈代，真幸运。我读了《德伯家的苔丝》和《无名的裘德》，觉得很差。母亲喜欢这种小说。关于康拉德也有些很可怕的故事。"

6月20日，星期一。　　他告诉我他答应做一个关于卡巴拉[1]的讲座。于是他读了些东西，他觉得显然是胡说八道："每个人物都有一连串柏拉图式的想法，关于他们的脸，他们的荣耀，他们的羞愧等等，你怎么看？"后来他读到："群星中藏着深刻的奥秘，非普通平民可以企及。"他评论说："'深刻的奥秘'简直就是骗子的语言。"他笑自己这么多年来太把卡巴拉当真了。"还好我在死之前醒悟了，"他总结道，"所有一切，偏爱也好，忠诚也好，一切大概都是教条主义的梦[2]。"

9月17日，星期六。　　博尔赫斯："一位土耳其诗人给勃起发明了一个隐喻。至少翻译成英语我觉得不错。'Upright blood'：直立的鲜血。很好，短小精炼。"比奥伊："十分到位。"博尔赫斯："是的，很到位。给这么陈旧的事情发明些崭新的隐喻还真不容易。"

9月19日，星期一。　　他说："和梅内德斯·佩拉约一样，卡利斯托·奥尤埃拉也生活放荡。他诗中始终缺少的东西，他倒放在了生活里。奥尤埃拉和拉法埃尔·奥布里加多很喜欢鲁文·达里奥——他们慷慨地接纳也是应该的——可达里奥估计很想拿他们的诗来打扫卫生。鲁文·达里奥或许很和善吧。作为现代主义之父，由于影响了这么多作家，他是伟大的诗人。但他也有可能相当平庸，可能就是个民间歌手。

1　与犹太哲学观点有关的思想。旨在界定宇宙和人类的本质、存在目的的本质，以及其他各种本体论问题。——译者注
2　在《未来形而上学导论》（1783）中，康德声称读休谟把他从他教条主义的梦中唤醒。

一位热衷于米特将军、百年纪念这类话题的先生……更糟糕的是马普莱斯·阿尔塞,尖叫主义的创始人。真尴尬,不是吗?他的书名叫《内心的脚手架》。他大概病得不轻。随时随地会锤自己几棒子……那些没有留下弟子的在名声方面运气欠佳。谁记得卡普德维拉?班奇斯也会被人遗忘……"比奥伊:"也算公平。"

我们聊了衬词。博尔赫斯:"所有的韵脚都是衬词(ripio)。效果好的时候,作为衬词的感觉没那么明显。"比奥伊:"我认为这是对押韵诗最公正的批评了。"博尔赫斯:"对于一些很差的诗人来说,比如戈德尔,就算只有两个韵脚都是衬词。"比奥伊:"我会这么建议:如果一定要借助衬词,把带有衬词的诗行放在最重要的位置,这样衬词就不那么显眼;否则,读者会说:'他这么写是为了和……押韵。'比如,coy(吊床)这个词,因为很怪,听起来像衬词。"博尔赫斯:"在巴列-因克兰的诗中可以接受:

熊在吊床的稻草上
多么忧伤地伸了个懒腰!
打哈欠的时候
他想起了托尔斯泰伯爵![1]

虽然托尔斯泰看起来不像是一只熊,但这个名词听上去像衬词,大概因为托尔斯泰是俄国人,身材肥胖,胡子浓密。熊让人联想到俄国。"比奥伊:"我这会儿在想同义词的使用将衬词引入了非韵文。"博尔赫斯:"你看,'ripio'这个词的字面意思,是某样东西的残渣,用来填补空白的砖头或石头的残渣。"比奥伊:"我会加上这么个概念:粗糙不平,会绊倒人的东西。"博尔赫斯:"或许,'ripio'是诗歌中如果不用衬词就很难掌控的词。"比奥伊:"我来试试:

忠诚的缪斯,从最开始一直
侍奉连接词省略和衬词(ripio)。"

博尔赫斯:"你在想女诗人了。"他补充道:"如果押两个'aba'或'ia'结尾的动词的韵,就感觉不到衬词:在西班牙语里这些词如此常见,以至于人们会因为觉得不可避免而接受它们。"

他告诉我:"六月份我去桑坦德的时候,突然想起来桑坦德的字面可能是圣安得

---

1 《动物寓言集》(《大麻烟斗》,1919)。

烈。在那里它们确认了我的猜测。颁奖[1]典礼很令人愉快。真奇怪。我差点就没去。我以为那会是个可怕的典礼。事实几乎永远和我们的预测相去甚远。我感觉很不错,被深深打动。我感觉身处朋友之间。"比奥伊:"确实如此:桑坦德的朋友们,那些赠书给梅内德斯·佩拉约的人留下的传统。"博尔赫斯:"真奇怪:没有人接受那两首诗。我告诉他们我很欣赏那两首诗,他们感到受了冒犯,他们觉得我这么做否定了作品中其余部分的价值。"

我背诵了:

贺拉斯,你相信吗?严肃的学者们
声称,那些西坎布里人和斯基泰人
或者坚韧而阴郁的日耳曼人
欢唱的可怕民歌
让你由美惠三女神
用精巧大理石凿子打造的
不朽之作黯然失色。[2]

博尔赫斯:"最后这行里,缪斯没在他身边。"

11月17日,星期四。 他说:"希里,一位作品差、名气响的作家。他的诗你一边念,一边就忘了"。

1984年

1月1日,星期日。 博尔赫斯:"好像格雷夫斯认为弗罗斯特是美国唯一的诗人,这观点很不公平,但或许可以证明他和现在所有人一样,从美学的角度思考问题,而非从历史的角度。"

2月13日,星期一。 博尔赫斯和玛利亚的最新消息,范尼和西尔维娜通报的:博尔赫斯已经不见任何人了,不单单是我们,就连诺埃米·乌利亚和阿利法诺也不见了。早上他接待记者等人。此后午餐,再睡个午觉。接着玛利亚过去,他们一起工作,一起吃饭,没时间见任何人。范尼总结道:"这是他确确实实想要的:除了玛丽

---

[1] 智者阿方索十世大十字勋章。
[2] 马·梅内德斯·佩拉约,《诗艺》(1872)。

亚以外不见任何其他人。如果这是真的，那也不奇怪：我认识好几个朋友也有过这样的情况。比如西尔维娜本人，如果可以，她也会这么对我。"

关于博尔赫斯和他的前妻艾尔莎，有人告诉我，他们刚结婚的时候，有次在美国，我觉得应该是在哈佛大学。大学方面安排他们住在一栋小房子里。那时是冬天。一天晚上，在一次为博尔赫斯举办的宴请上艾尔莎发了脾气（她讨厌这种不为她举办的仪式），一个人先回去了。博尔赫斯晚些回去，艾尔莎为了惩罚他，不给他开门。外面下着雪，很冷。好像博尔赫斯只能去一个阿根廷天文学教授家里过夜。这位教授是最早听他倾诉过关于婚姻的衷肠并劝他分手的人之一。

9月。 在马德里，有人走近博尔赫斯并对他说："博尔赫斯，我是赫拉尔多。"博尔赫斯没有回应。那个人锲而不舍："我是赫拉尔多·迭戈。"博尔赫斯这才回答："您是赫拉尔多还是迭戈？"

11月17日，星期六。 博尔赫斯："桑戈尔告诉我所有人都知道拉美西斯是黑人。我觉得没人知道。他是反向种族主义者。他说诗歌最初是口头的，这没什么问题。而在塞内加尔现在情况仍然如此。他将此视为优点：还不如说是缺点。不能太高估口头诗歌的重要性。桑戈尔说哲学史上有两次重大革命：笛卡尔和柏格森。他跳过了斯宾诺莎、贝克莱、康德、叔本华。他忽略了他们。身为一个牛津的毕业生，我不觉得他有多严肃。他告诉我希腊悲剧的合唱部分算口头诗歌，'和如今塞内加尔的口头诗歌一样。'"

1985 年

1月30日，星期三。 比奥伊："我们应该完成《麦克白》的翻译。"博尔赫斯："确实。有什么难点呢？完全没有。可以辨别十一音节诗的好耳力大概算一个。现在没人有这种耳力了。连八音节诗都辨别不出来。即使我们的翻译再差，也比纪德翻译的《哈姆雷特》好。他说现在没有人能够写出语法和口头上都过得去的非韵文了。"

3月31日，星期日。 博尔赫斯在我的短篇[1]小开本《辛劳》的序言中说我经常读

---

1 《辛劳》（加利亚诺内艺术出版社，1983）。

《诗艺》，并且驻足于某一行诗，比如

> 在池水（agua）中的仙女。

他打电话告诉我他不知道在哪个版本里读到：

> 在池水（aguas）中的仙女。

并评论道："真奇怪，离一个干净、灵动的诗行这么近，却被这个复数搞砸了。""是感觉很不舒服的委婉语。"我评价道。后来我查了《卡斯蒂亚语作家选集》（马德里：A·佩雷斯·杜布鲁出版社，1885）中的《贺拉斯在西班牙》版，看到的是：

> 在池波（ondas）中的仙女。

我把坏消息告诉了博尔赫斯，他对我说："太可怕了；不过不要紧：在有些地方，要感谢我们错误的引用，反而留下了好的版本。难怪一个英国人对我说：'不应该把引用诗化。'"最后他补充道："上次我给你的版本，复数 aguas 的那个，是我编的。但我肯定别的版本里有这么写的。"重读《诗艺》，我找到理由相信那个"ondas"不过是暂时的：在两行之前我读到了：

> 在阿德里亚波涛（ondas）中的暴风雨。

太多 ondas，又靠得太近，梅内德斯·佩拉约大概会这么想。而我没有错。在《赞歌、书信与悲剧》的第十九页，《全集》（马德里：M·特略遗孀及子女出版社，1906）那个版本里，我读到：

> 在池水中（aguas）的仙女。

现在我想 1885 年版的第二个 ondas 很可能是印刷工疏忽导致。

11月26日，星期二。 我和要走了的博尔赫斯通电话，他说："我不太好。"我和阿尔贝托·卡萨雷斯通电话，明天博尔赫斯初版书展览在他的书店[1]揭幕。

11月27日，星期三。 潘乔·穆拉图雷打电话来，让我今天下午送博尔赫斯去参加阿尔贝托·卡萨雷斯那个活动[2]。我告诉他："博尔赫斯今天飞意大利。"卡萨雷斯给

---

1 当时在阿雷纳尔斯路 1739 号。
2 参见阿·卡萨雷斯的回忆（《在阿根廷和博尔赫斯的最后一个下午》）。《界限》杂志，1988年第1期：所有人都能走近博尔赫斯或比奥伊，他们当时也在现场，问他们关于一本书、一个短篇、或者随便什么，不管他们中的哪一个都能和对方聊得起来。

我打电话:"博尔赫斯留下来了,会到书店来。"下午我去书店。博尔赫斯状态不错。他跟我说塔列朗去世的时候呻吟道:"太痛苦了!"他身边的国王问:"够了吗?"

八点半他们把他送走了。

1986 年

5月3日,星期六。　　阿利法诺告诉我一次有人提起巴蒂斯特萨,博尔赫斯若有所思地嘟囔:"安赫尔·巴蒂斯特萨躲在笔名安赫尔·J·巴蒂斯特萨背后寻求庇护。"停顿了一会儿,他总结说:"狗娘养的。"

5月12日,星期一。　　今天我和博尔赫斯通了电话,他在日内瓦。大概九点钟的时候,我们正准备吃早饭,电话铃响了。西尔维娜去接的。很快我就意识到她在和玛利亚·儿玉聊。西尔维娜问他们什么时候回来;玛利亚没有回答。西尔维娜也和博尔赫斯通了话,又问了一遍:"你们什么时候回来?"他把电话给我,我和玛利亚聊了聊。我告诉了他一些无关紧要的关于著作权的新闻(出于礼貌,最好不要聊到忧伤的话题)。他告诉我博尔赫斯不太好,听不清楚,要跟他大声说话。博尔赫斯接起电话,我问他怎么样。"还行,就这样。"他回答。"我很想见你。"我对他说。他用奇怪的声音回答:"我永远都不会回去了。"电话断了。西尔维娜告诉我:"他在哭。"我想是的。我觉得他打电话来是想告别的。

6月14日,星期六。　　在莫里诺咖啡馆我见了我的儿子法比安。我把邓恩的《时间试验》送给他,在卡亚俄路和里巴达比亚路交汇处的书报亭买的(在想这次会面想了很久以后,找到这本书看起来算是好兆头)。我把书推荐给他,并告诉他我会给他一个书单。在拉比埃拉咖啡馆和弗朗西斯·科恩吃完午饭以后,我决定去阿亚库乔路和阿尔贝阿尔路交汇处的书报亭,看看他们有没有《时间试验》:我想自己留一本备用。一个长着一张鸟脸的年轻人走过来和我打招呼,后来我知道他写了一本前几个月收到的关于《埃达》的研究作品。他仿佛替我开脱地对我说:"今天是个特殊的日子。"他又说了一遍同样的话,我问他:"为什么?""因为博尔赫斯去世了。今天下午在日内瓦。"这是他的原话。我继续走我的路。

我路过书报亭。又去了卡亚俄路和里巴达比亚路交汇处的另一个,觉得那是我在一个没有博尔赫斯的世界迈开的最初的几步。虽然最近很少见他,但我没有丢掉这样想的习惯:"我得把这事儿告诉他。这他会喜欢的。这他会觉得很蠢。"我想:"我们的生活在被屏风隔开的长廊中展开,我们彼此离得这么近,但又无法沟通。当博尔赫斯从日内瓦给我打电话说他不会回来了的时候,他声音沙哑,挂断了电话,我怎么就没意识到他想到他要死了呢。我们从来没有觉得死亡如此切近。我们活得真的像不朽之人一样。可能也没有别的活法了吧。去一个遥远的城市结束自己的生命可能没有那么难理解。我有时候感觉病得很重,也想一个人待着:好像病痛和死亡令人羞愧,想去掩藏它们。"

6月17日,星期二。 不欣赏吉多·伊·斯帕诺的博尔赫斯经常会愉快地背诵《挽歌》里的这节诗:

> 为什么,苍天,当我的爱人
> 于库鲁派蒂战役胜利之时
> 将我紧紧搂在怀中
> 我没有死!

6月22日,星期日。 有时候我怀疑博尔赫斯是一些被视为口头传统的四行诗和句子的作者:不说出自己是作者,就可以显出自己不虚荣,也更容易让他提议的内容被接受;我们不愿意记住同行或者友人的诗句,但很乐意采纳他讲给我们听的其他作者或者匿名的作品。

1987 年

2月。 那些跟我讲起博尔赫斯在日内瓦去世的人,观点分化严重,有的站在玛利亚一边,有的反对玛利亚;后者可能是站在他的家人和厨娘范尼那一边。我不想在博尔赫斯身后还挑起双方的仇视,所以不止一次表示:"博尔赫斯告诉我死在什么地方都一样。日内瓦对他来说不是流放之地。他想到那里总是很怀念。能在爱人的身边,八十多岁的时候,就算单相思,也是多奢侈的事情。"所有这些都是事实,但我现在感觉这可能是有点肤浅的事实,当时被我用来保护自己,以免受到那些只想满足自己的仇恨、看起来一点不为朋友的去世感到难过的人的伤害。

我很想相信博尔赫斯的死没有我想象中那么凄凉。我真挚地热爱巴黎,但毫无疑问我更倾向死在布宜诺斯艾利斯。一切都可以从邪恶的怪异变得病态(西尔维娜从医院回来的时候,已经认不出自己的家了);不管怎么说,那些让他感觉身处熟悉(取'已知的'这个义项)环境的东西都对他有利。我不觉得博尔赫斯感觉到自己被一成不变的物和人包围。希望是我错了。

他在玛利亚的陪伴下去世,还有贝尔纳的陪伴,或许还有比安乔蒂的陪伴。玛利亚是他的挚爱,所以我会说:"他在八十多岁的时候与他的挚爱回到了充满最美回忆的国度。"事实上,玛利亚是个性情古怪的女人;她会出于任何理由怪罪博尔赫斯;用沉默来惩罚他(要知道博尔赫斯眼睛瞎了);监视他(她会为他追随者的仰慕勃然大怒);因为他磨叽而失去耐心。在她身边,博尔赫斯一直很担心惹恼她。此外,玛利亚的传统也和他的不一样。博尔赫斯有一次对我说:"你不能跟一个连彭丘或者牛奶焦糖酱都不知道的人结婚。"除了彭丘和牛奶焦糖酱,我们还能找出无数玛利亚和博尔赫斯从来就没有交集的事情。我觉得和玛利亚在一起,他大概感到很孤独吧。至于贝尔纳,我和他也就一面之交,在家里看到过他。而比安乔蒂,对博尔赫斯来说他一直是个可笑、虚荣、做作、爱吹嘘的人物。

据西尔维娜说,博尔赫斯启程去日内瓦,并为了展示自己独立的形象结了婚,仿佛一个想要独立又做出傻事的小伙子。我会补充:"他旅行的目的是为了展示自己独立的形象,顺带不和玛利亚唱反调。"

1989 年

贝尔纳告诉我博尔赫斯在去世前大概十五天左右感受到了死亡。他应该是这么说的:"它来了。就在这里。"我问他,他有没有形容过自己的感受。贝尔纳回答:"他说有点奇怪,生硬而阴冷。"

法国国家博物馆允许贝尔纳——他本人说:"博尔赫斯要求的。"——拿走初版的阿斯卡苏比三卷本几天。"七星文库版问世的时候,我也会有这样的三卷本,"博尔赫斯评价,"阿斯卡苏比三卷,那我两卷也行。"

最后的玩笑之一。贝尔纳有一次提起《金币》。博尔赫斯纠正他:"铁的。"贝尔纳为自己的错误感到不快。博尔赫斯告诉他:"您别不高兴。您达成了炼金术没做到的。"

接近生命终点之时,贝尔纳给他读了《乌尔里卡》。博尔赫斯评价:"我是一位作家。"据说他去世的时候嘴里说着'我们在天上的父'。他用盎格鲁撒克逊语、古英语、英语、法语和西班牙语各说了一遍。

博尔赫斯最后在兰德街附近（可能是在十字路口）一幢租的房子里去世。他对那栋房子很满意，说他多希望年轻的时候能住在那里，可他那会儿住在俄国教堂附近。那房子没有门牌号；所在的街道也没有名字，但有钥匙，那也是房子的钥匙。

贝尔纳拍了博尔赫斯唱《黑皮肤女郎》和其他探戈曲子。他说在录像里博尔赫斯笑着，带着一如既往的笑。

附录一　博尔赫斯与比奥伊年表

1899　豪尔赫·路易斯·博尔赫斯于8月24日生于布宜诺斯艾利斯，父为律师豪尔赫·吉列尔莫·博尔赫斯·阿斯兰（1874—1938），母为莱昂诺尔·阿塞韦多·苏亚雷斯（1876—1975）。

1901　博尔赫斯一家搬至巴勒莫区，妹妹于当年出生，博尔赫斯及妹妹诺拉在那里度过了童年时光。

1906—1912　博尔赫斯文学生涯初期的创作：《致命的护眼罩》（*La visera fatal*, 1906）；《贝尔纳多·德尔·加比奥》（*Bernardo del Carpio*, 1909）；一篇用英文写的希腊神话综述（1909），综述基于兰皮埃尔的《古典词典》；译作奥斯卡·王尔德的《快乐王子》（1910）；短篇故事《丛林之王》（*El rey de la selva*, 1912）。

1914　由于父亲失明的情况日益严重，需向专家问诊，博尔赫斯全家移居欧洲，定居在日内瓦，博尔赫斯进入了那里的卡尔文学校开始高中学业，学习法语。

阿道夫·比奥伊·卡萨雷斯于当年9月15日出生，父为律师阿道夫·比奥伊·多梅克（1882—1962），母为玛尔塔·卡萨雷斯·林奇（1888—1952）。

1918—1920　完成高中学业。在外婆去世后，博尔赫斯一家在西班牙定居。博尔赫斯与极端主义建立联系：向当地杂志投稿，写文章、写诗、翻译作品。在马德里结识了吉列尔莫·德·托雷，还是拉法埃尔·坎西诺斯-阿森斯和拉蒙·戈麦斯·德拉·塞尔纳文艺茶话会上的常客。

1921　4月，博尔赫斯全家返回布宜诺斯艾利斯。博尔赫斯结识了父亲的老友马塞多尼奥·费尔南德斯，与其开启了一段亦师亦友的友谊并融入了十一珍珠咖啡厅的文艺聚会中，在那里结识了达沃韦夫妇。加入了朗厄姐妹的圈子：开始为墙报杂志《棱镜》（*Prisma*）撰稿，为其撰写了一篇极端主义"宣言"。

1922	3月，博尔赫斯在《棱镜》杂志最后一期发文；8月，与马塞多尼奥·费尔南德斯、冈萨雷斯·拉努萨等人创办了杂志《船头》(*Proa*)。
1923	博尔赫斯出版诗集《布宜诺斯艾利斯的激情》(*Fervor de Buenos Aires*)；为《我们》(*Nosotros*)和《开端》(*Inicial*)杂志撰稿；7月，《船头》最后一期出版。父亲的病迫使全家再次前往欧洲。
1924	7月，全家返回布宜诺斯艾利斯。8月，博尔赫斯与里卡多·吉拉尔德斯、巴勃罗·罗哈斯·帕斯和A·布兰丹·卡拉法重办《船头》杂志；9月，为杂志《马丁·菲耶罗》(*Martín Fierro*)撰稿。与卡洛斯·马斯特罗纳尔迪、苏尔·索拉、乌利塞斯·佩蒂特·德·穆拉特结识。 比奥伊第一次与父母同游欧洲。
1925	博尔赫斯出版诗集《面前的月亮》(*Luna de enfrente*)和散文集《探讨集》(*Inquisiciones*)。通过吉拉尔德斯结识了维多利亚·奥坎波。 10月，比奥伊撰写长篇爱情小说《伊里斯与玛格丽特》(*Iris y Margarita*)，借鉴了吉普[1]的小说《小鲍勃》。
1926	博尔赫斯出版散文集《我希望的尺度》(*El tamaño de mi esperanza*)，与文森特·维多夫罗和阿尔贝托·伊达尔戈合编的《美洲新诗索引》(*Índice de la nueva poesía americana*)出版。结识了佩德罗·恩里克斯·乌雷尼亚，经常造访他在拉普拉塔城寄住的寄宿公寓，并结识了公寓女主人的女儿艾尔莎·阿斯泰特·米连。 比奥伊与父母去欧洲旅行。进入布宜诺斯艾利斯的高等教育自由学院学习。
1927	博尔赫斯在杂志《马丁·菲耶罗》上发表《侦探传说》(*Leyenda policial*)，即《玫瑰色街角的汉子》(*Hombre de la esquina rosada*)的首版。11月，《马丁·菲耶罗》最后一期出版。接受了眼科医生阿玛德奥·纳塔莱主刀

---

[1] 西比尔·艾梅·玛丽-安托瓦内特·加布里埃尔·李凯蒂·德·米拉波(Sibylle Gabrielle Marie Antoinette Riqueti de Mirabeau)（1849—1932），马泰尔·德·让维尔伯爵夫人，法国作家。她用笔名吉普（Gyp）创作了大量小说和戏剧作品。——译者注

的白内障手术。

1928	博尔赫斯出版散文集《阿根廷人的语言》(*El idioma de los argentinos*)。与当时驻布宜诺斯艾利斯的墨西哥大使阿方索·雷耶斯建立友谊并结识了内斯托尔·伊瓦拉。妹妹诺拉与吉列尔莫·德·托雷结婚。
1929	博尔赫斯出版诗集《圣马丁札记》(*Cuaderno San Martín*)。获第二届市散文奖。 12月，比奥伊出版《序幕》(*Prólogo*)。
1930	博尔赫斯出版《埃瓦里斯托·卡列戈》(*Evaristo Carriego*)。
1931	维多利亚·奥坎波创办《南方》(*Sur*)杂志：博尔赫斯加入了创作部，并定期与他们合作撰稿。 比奥伊的父亲被任命为乌里武鲁政府的外交部长及司法和公共教育部长。 12月（或1932年1月？），在维多利亚·奥坎波位于圣伊西德罗的家中，博尔赫斯与比奥伊第一次见面。
1932	博尔赫斯出版散文集《讨论集》(*Discusión*)。 比奥伊考入法律系，其父在胡斯托担任总统后卸任部长职位。12月，比奥伊在一本电影小刊物上发表了多篇影评。
1933	博尔赫斯发表《双词技巧》。被聘请为《批评报》(*Crítica*)文学副刊《星期六的多彩》(*Multicolor de los Sábados*)的文学主编。开始与作家曼努埃尔·佩罗频繁往来。 年末，比奥伊放弃了法学学业，发表《射向未来的十七发子弹》(*17 disparos contra lo porvenir*)。
1934	10月，博尔赫斯辞掉了《批评报》的工作。 3月，比奥伊进入哲学与文学系学习，但于年底放弃学业。与西尔维娜·奥坎波相识。发表《混沌》(*Caos*)。
1935	博尔赫斯出版小说集《恶棍列传》(*Historia universal de la infamia*)。 比奥伊在位于帕尔多的家族庄园"老角落"(Rincón Viejo)里住了下来，

决定经营农庄。1935 至 1940 年间，比奥伊不定期住在那里。9 月，发表《新风暴或胡安·鲁特诺的多重人生》(*La nueva tormenta o La vida múltiple de Juan Ruteno*)。

年中左右，两人第一次合作：在"老角落"撰写了马托纳牌酸奶的宣传册。搁置了一则短篇故事的创作，故事灵感来源于库尔特·戈埃茨的《希奥布·普雷托里乌斯医生》(*Dr. Med. Hiob Praetorius*)。

1936　博尔赫斯出版散文集《永恒史》(*Historia de la eternidad*)。由于父亲的身体每况愈下，他开始找工作：在《家庭》(*El Hogar*)杂志《外国书籍与作家》副刊做主编；为《南方》杂志翻译弗吉尼亚·伍尔夫和安德烈·纪德的作品。

比奥伊发表《自制塑像》(*La estatua casera*)。通过博尔赫斯结识了曼努埃尔·佩罗、卡洛斯·马斯特罗纳尔迪和苏尔·索拉。

10 月，两人合办了昙花一现的文学期刊《不合时宜》(*Destiempo*)（共三期）；由埃内斯托·皮萨维尼做名义上的主编，他实为比奥伊夫妇住所的管理员。

1937　博尔赫斯与佩德罗·恩里克斯·乌雷尼亚合编的《阿根廷文学经典作品选》(*Antología clásica de la literatura argentina*) 出版。在比奥伊夫妇的帮助下，博尔赫斯在阿尔玛格罗区的米格尔·卡内图书馆做管理员。为《南方》杂志翻译了弗吉尼亚·伍尔夫的《奥兰多》。

与比奥伊一道成立了没开多久的不合时宜出版社，出版了比奥伊的《路易斯·格雷韦，已死》(*Luis Greve, muerto*) 以及阿方索·雷耶斯、尼古拉斯·奥利瓦里和乌利塞斯·佩蒂特·德·穆拉特的作品。

比奥伊开始撰写《致命的忒修斯》(*Teseo fatal*) 和《莫雷尔的发明》(*La invención de Morel*)。

1938　2 月，博尔赫斯父亲豪尔赫·吉列尔莫去世。

比奥伊放弃了《致命的忒修斯》的创作；开始撰写《致命的过去》(*Pasado mortal*)，后来又搁置了。

12 月，在玛利亚·路易莎·邦巴尔家中，博尔赫斯遭遇意外，引发了严重的败血症，不得不长期住院疗养。

| 1939 | 7月，博尔赫斯结束了在《家庭》杂志的工作。9月，发表小说《〈吉诃德〉的作者皮埃尔·梅纳尔》(*Pierre Menard, autor del Quijote*)。

比奥伊开始了小说《死者的折刀》(*La navaja del muerto*)和《中国塔的问题》(*El problema de la torre china*)的创作，后又搁置了。

| 1940 | 1月，博尔赫斯作为教父出席了比奥伊和西尔维娜·奥坎波在拉斯弗洛雷斯区举办的婚礼。从那时起，他几乎每晚都与夫妻俩共进晚餐。5月，发表故事《特隆、乌克巴尔、奥比斯·特蒂乌斯》(*Tlön, Uqbar, Orbis Tertius*)。

11月，比奥伊出版《莫雷尔的发明》，由博尔赫斯作序。

| 1941 | 博尔赫斯出版小说集《小径分叉的花园》(*El jardín de senderos que se bifurcan*)；出版了与西尔维娜·奥坎波和比奥伊合编的《幻想文学作品选》(*Antología de la literatura fantástica*)（出版年份写的是1940年）和《阿根廷诗歌选》(*Antología poética argentina*)。

比奥伊凭《莫雷尔的发明》获市散文奖。

| 1942 | 7月，因《小径分叉的花园》未获评国家文学奖，比奥伊撰写了由《南方》杂志发起的《向博尔赫斯致歉》(*Desagravio a Borges*)的安抚性文章。

12月，二人出版了用笔名H·布斯托斯·多梅克撰写的小说《堂伊西德罗·帕罗迪的六个谜题》(*Seis problemas de don Isidro Parodi*)。

| 1943 | 博尔赫斯出版《诗选：1922—1943》【*Poemas*（*1922—1943*）】。

在西尔维娜·布尔瑞奇的引荐下，博尔赫斯和比奥伊成为埃梅塞出版社的文学顾问。二人计划编写一套著名作家重要作品的全集。

合编并出版了《优秀短篇侦探小说选》(*Los mejores cuentos policiales*)。开始共同撰写《死亡的一种范式》(*Un modelo para la muerte*)。二人与曼努埃尔·佩罗和恩里克·马列亚·阿瓦尔卡共同撰写了剧本《帕戈·奇科》(*Pago Chico*)，该剧本从未被拍成电影。

| 1944 | 博尔赫斯出版小说《虚构集》(*Ficciones*)。在比奥伊夫妇家中结识了埃

斯特拉·坎托。《巴比伦彩票》(*La lotería en Babilonia*)和《巴别图书馆》(*La biblioteca de Babel*)被罗杰·凯卢瓦译成法语,发表在《法语文学》(*Lettres françaises*)上。

比奥伊出版《雪的假誓》(*Perjurio de la nieve*)。

二人开始编辑作家全集:完成四部(克维多、格拉西安、布朗和约翰逊与包斯威尔),未出版。

1945　博尔赫斯出版了与西尔维娜·布尔瑞奇合编的诗歌散文集《哥们儿》(*El compadrito*)。《虚构集》获阿根廷作家协会授予的特别荣誉大奖。

比奥伊出版《逃脱计划》(*Plan de evasión*)。

2月,发行了二人为埃梅塞出版社策划和主编(1944—1945)的小说选《第七层》(*El Séptimo Círculo*)的第一辑。

1946　博尔赫斯主持创办《布宜诺斯艾利斯年鉴》(*Los Anales de Buenos Aires*)(比奥伊将参与撰稿)。被庇隆政府革除在市图书馆的职务,任命为家禽市场监管员,他拒绝接受该职,不得不开始开办讲座。

比奥伊出版了与西尔维娜·奥坎波合著的《爱人之人也会恨》(*Los que aman, odian*)。开始撰写《英雄梦》(*El sueño de los héroes*)。

2月,博尔赫斯和比奥伊为埃梅塞出版社策划并主编的《象牙门》(1946—1949)的第一辑出版。二人还出版了《死亡的一种范式》(用笔名B·苏亚雷斯·林奇)和《两则难忘的幻想故事》(*Dos fantasías memorables*)(用笔名H·布斯托斯·多梅克)。同时筹备《天堂与地狱之书》的首版,于1947年完成,同时在创作一个根据《玫瑰街角的汉子》改编的剧本,后来搁置了。

1947　博尔赫斯出版《对时间的新驳斥》(*Nueva refutación del tiempo*)。

比奥伊开始记日记。

二人撰写了《怪物的节日》(*La fiesta del Monstruo*),但由于书中对庇隆政府的强烈反对,只能发行用打字机打出来再影印的版本。

1948　比奥伊出版《天空的阴谋》(*La trama celeste*)。

《弗朗西斯科·德·克维多散文诗歌全集》（*Prosa y verso de Francisco de Quevedo*）出版。

1949　博尔赫斯出版小说集《阿莱夫》（*El Aleph*）。与比奥伊共同撰写剧本《市郊人》（*Los orilleros*）。

比奥伊与西尔维娜·奥坎波、西尔维娅·安杰利卡·加西亚·维多利卡同游欧洲；在巴黎结识了奥克塔维奥·帕斯和埃莱娜·加罗。出版《浮士德的晚祷》（*Las vísperas de Fausto*）。

1950　博尔赫斯被任命为阿根廷作家协会主席和阿根廷英国文化协会英美文学教授、高等教育自由学院教授。

根据小说《雪的假誓》改编，由 L·托雷斯·里奥斯和 L·托雷·尼尔森指导的电影《奥里韦的罪行》（*El crimen de Oribe*）上映。

二人撰写了剧本《信徒的天堂》（*El paraíso de los creyentes*）。

1951　博尔赫斯出版小说集《死亡与指南针》（*La muerte y la brújula*）、与比奥伊合编的《优秀短篇侦探小说选》第二辑、与德利娅·因赫涅罗斯合著的《古日耳曼文学》（*Antiguas literaturas germánicas*）。《虚构集》在法国问世，由内斯托尔·伊瓦拉作序。

比奥伊与西尔维娜·奥坎波、威尔科克和玛尔塔·莫斯克拉同游欧洲。

1952　博尔赫斯出版散文集《探讨别集》（*Otros inquisiciones*）。结束了与埃斯特拉·坎托的感情。

2 月，马塞多尼奥·费尔南德斯去世；8 月，比奥伊的母亲过世。由阿尔芒·皮埃拉尔翻译的《莫雷尔的发明》在法国出版。

1953　博尔赫斯与玛格丽特·格雷罗合著的《马丁·菲耶罗》（*El Martín Fierro*）出版。埃梅塞出版社开始以单本形式发行《博尔赫斯全集》。由罗杰·凯卢瓦翻译的小说集《阿莱夫》在巴黎出版。

庇隆政府强行关闭了阿根廷作家协会。

1954　L·托雷·尼尔森的电影《愤怒的日子》（*Días de odio*）上映，改编自博尔赫斯的小说《埃玛·宗兹》（*Emma Zunz*）。

比奥伊出版《英雄梦》。7月他的女儿玛尔塔降生，博尔赫斯后来成为她的教父。

1955　博尔赫斯出版了与比奥伊合著的《市郊人》、《信徒的天堂》和两部选集《短篇与奇异故事集》（*Cuentos breves y extraordinarios*）及《高乔诗歌集》（*Poesía gauchesca*）、与贝蒂娜·埃德尔伯格合著的《莱奥波尔多·卢贡内斯》（*Leopoldo Lugones*）、与路易莎·梅赛德斯·莱文森合著的《埃洛伊萨的姐妹》（*La hermana de Eloísa*）。9月，在庇隆政府倒台后，《怪物的节日》出版。10月，在维多利亚·奥坎波和埃丝特·森博莱因的奔走支持下，博尔赫斯被任命为国立图书馆馆长。被聘为布宜诺斯艾利斯大学德国文学院主任。

1956　博尔赫斯被阿根廷库约大学授予荣誉博士学位。埃梅塞出版社决定解除其文学顾问一职。由于视力衰退，他越发依赖于口授笔录的形式，逐渐开始写短篇散文和古韵诗歌。

比奥伊的《奇异故事》（*Historia prostigiosa*）在墨西哥出版。为《国家报》（*La Nación*）写书评。

1957　博尔赫斯出版了与玛格丽特·格雷罗合著的《幻想动物学教科书》（*Manual de zoología fantástica*）。开始主持《图书馆》（国立图书馆期刊）的编辑工作。被聘请为布宜诺斯艾利斯大学哲学与文学系英美文学教授。获国家文学奖。开始筹备一套西班牙语美洲诗歌选，但后来洛佩斯出版社没有出版。

比奥伊陪其被联合国任命为阿根廷使馆大使的父亲赴纽约，在那里与埃莱娜·加罗再次相遇。开始撰写《爱情花环》（*Guirnalda con amores*）。

1958　博尔赫斯开启了盎格鲁萨克逊研究。与比奥伊一起为布宜诺斯艾利斯大学出版社筹备史蒂文森和吉卜林文集，但后来未出版。

1959　比奥伊出版《爱情花环》。

1960　博尔赫斯出版《创造者》（*El hacedor*）、与比奥伊合编的《天堂与地狱之书》。

1961　博尔赫斯出版自选集。与塞缪尔·贝克特同时获得由国际编辑出版协会授予的福门托奖。与母亲赴美国旅行：开课、办讲座。

与比奥伊一起主持编辑百夫长出版社的《百年》系列选集，只出了几辑就中断了。

1962　博尔赫斯被选为阿根廷文学院院士。与维多利亚·奥坎波一起被授予法国文学艺术骑士勋章。雷内·穆吉卡指导电影《玫瑰街角的汉子》。

比奥伊出版《阴影旁》(*El lado de la sombra*)。8月，父亲去世。

二人计划写一本关于圣特尔莫区的书。

1963　博尔赫斯获阿根廷国家艺术基金大奖；比奥伊获第二届国家文学奖。

二人开始撰写《布斯托斯·多梅克纪事》(*Crónicas de Bustos Domecq*)。

4月，苏尔·索拉去世。

1964　巴黎《埃尔尼》(*L'Herne*)杂志为博尔赫斯出版了一本特别版：比奥伊写了其中一篇评论文章《书籍与友谊》(*Libros y amistad*)。

1965　博尔赫斯出版诗集《为六弦琴而作》(*Para las seis cuerdas*)、与玛利亚·埃丝特·巴斯克斯合编的《英国文学入门》(*Introducción a la literature inglesa*)。

1966　博尔赫斯出版《诗选：1923—1966》、与玛利亚·埃丝特·巴斯克斯合编的《中世纪日耳曼文学》(*Literaturas germánicas medievales*)。由博尔赫斯口述，其母亲笔录了小说《第三者》(*La intrusa*)。

开始与比奥伊撰写侦探喜剧小说《尖叫与面具》(*El grito y la máscara*)，但后来搁置了。

1967　博尔赫斯出版《布斯托斯·多梅克纪事》、与玛格丽特·格雷罗合著的《幻想动物教科书》(*El libro de los seres imaginarios*)、与埃丝特·森博莱因合编的《美国文学入门》(*Introducción a la literatura norteamericana*)。与艾尔莎·阿斯泰特·米连结婚，两人赴美国旅行，期间在哈佛大学授课六个月。结识了译者诺曼·托马斯·迪乔凡尼。

博尔赫斯撰写电影剧本《入侵》(*Invasión*)，比奥伊和乌戈·圣地亚哥参与创作。

比奥伊出版《伟大的天使塞拉芬》(*El gran serafín*)。8—12月间在欧洲旅行。

1968　博尔赫斯出版新自选集；比奥伊出版《新的历险》(*La otra aventura*)。

二人计划合编吉卜林、亨利·詹姆斯和史蒂文森的作品选。

1969　博尔赫斯出版诗集《另一个，同一个》(*El otro, el mismo*)和《黑暗颂》(*Elogio de la sombra*)。在迪乔凡尼的帮助下撰写《布罗迪报告》(*El informe de Brodie*)。8月，电影《入侵》上映。撰写电影剧本《另一些人》(*Les Autres*)，比奥伊、乌戈·圣地亚哥参与创作。

比奥伊出版《猪的战争日记》(*Diarios de la guerra del cerdo*)。

1970　博尔赫斯出版《布罗迪报告》。与迪乔凡尼一起将小说集《阿莱夫》译成英语，其中包括一篇《自传随笔》。7月，与艾尔莎·阿斯泰特·米连离婚，期间同乔凡尼、乌戈·圣地亚哥在比奥伊的庄园暂居了几日。

比奥伊出版《潘帕草原与高乔人的回忆》(*Memoria sobre la pampa y los gauchos*)。获国家文学奖。在欧洲逗留了很长时间。与博尔赫斯一起开始翻译《麦克白》，后来搁置了。

1971　博尔赫斯出版《代表大会》(*El Congreso*)。开始频繁出国办讲座并获得多个荣誉博士学位。7月，与迪乔凡尼关系破裂。

比奥伊开始撰写喜剧《玻璃洞穴》(*La cueva de vidrio*)。出版《精选阿根廷本地语词典》(*Breve Diccionario del argentino exquisito*)。与博尔赫斯共同创作了多篇故事，这些故事后来被结集为《布斯托斯·多梅克故事新编》(*Nuevos cuentos de Bustos Domecq*)。

1972　博尔赫斯出版《老虎的金黄》(*El oro de los tigres*)；比奥伊出版小说集《幻想故事集》(*Historias fantásticas*)与《爱的故事》(*Historia de amor*)。二人开始筹备两人的作品选。

1973　迫于重新上台的庇隆政府的压力，博尔赫斯辞去国立图书馆馆长一职。开始撰写关于斯宾诺莎的杂文。获阿方索·雷耶斯奖。

比奥伊出版《在阳光下睡去》(*Dormir al sol*)。开启了在欧洲的漫长旅行。

1974	《博尔赫斯全集》和剧本《另一些人》出版。
	1月,曼努埃尔·佩罗去世。
1975	博尔赫斯出版小说集《沙之书》(*El libro de arena*)、诗集《深沉的玫瑰》(*La rosa profunda*)和散文集《序言集以及序言之序言》(*Prólogos con un prólogo de prólogos*)。2月,电影《另一些人》在巴黎上映。7月,博尔赫斯母亲去世。玛利亚·儿玉经常陪他一起出行。10月,里卡多·卢那的电影《市郊人》上映。
	比奥伊获阿根廷作家协会授予的荣誉大奖。
1976	博尔赫斯出版《铁币》(*La moneda de hierro*)和《梦之书》(*Libro de sueños*)、与阿莉西亚·胡拉多合著的《什么是佛教》(*Qué es el budismo*)。为编辑弗朗科·玛利亚·里奇主编意大利版作品选《巴别图书馆(1976—1981)》。
1977	博尔赫斯出版诗集《夜晚的故事》(*Historia de la noche*)和《玫瑰与蓝:帕拉塞尔苏斯的玫瑰;蓝虎》(*Rosa y azul.la rosa de Paracelso; Tigres azules*)、与比奥伊合著的《布斯托斯·多梅克故事新编》。
	二人策划作品选《我们的德·昆西》(*Nuestro De Quincey*),但后来未出版。
1978	博尔赫斯出版了与玛利亚·儿玉合编的《盎格鲁撒克逊文学简选》(*Breve antología anglosajona*)。
	比奥伊出版《女性的英雄》(*El héroe de las mujeres*)和《精选阿根廷本地语词典》的第二版。
1979	博尔赫斯出版演讲集《博尔赫斯口述》(*Borges, oral*)及《合著全集》(*Obras completas en colaboración*),其中包括了与比奥伊合著的作品。手术切除了一个良性前列腺肿瘤。
1980	博尔赫斯出版演讲集《七夜》(*Siete noches*)。与赫拉尔多·迭戈一起被授予塞万提斯文学奖。
1981	博尔赫斯出版诗集《天数》(*La cifra*)。与比奥伊继续进行《麦克白》的翻译工作,但很快又中断了。
1982	博尔赫斯出版《有关但丁的随笔九篇》(*Nueve ensayos dantescos*)。7月,

很快打消了一次自杀的念头。

比奥伊放弃了长篇小说《出走》（*Irse*）的创作。

1983	博尔赫斯出版《1983年8月25日及其他故事》（*Veinticinco Agosto 1983 y otros cuentos*）。翻译了史蒂文森的《寓言故事集》。
1984	博尔赫斯出版了与玛利亚·儿玉合作的《地图册》（*Altas*）。
1985	博尔赫斯出版诗集《密谋》（*Los conjurados*）。为《豪尔赫·路易斯·博尔赫斯的私人图书馆》作序。被诊断出腹部恶性肿瘤。11月，彻底离开阿根廷。与玛利亚·儿玉在日内瓦定居。
	比奥伊出版《一位摄影师的拉普拉塔历险记》（*La aventura de un fotógrafo en La Plata*）。
1986	博尔赫斯受肝癌折磨，异常虚弱，卧病在床。4月，与玛利亚·儿玉结婚。于6月14日在日内瓦去世。
1988	比奥伊获切蒂大学荣誉博士学位。
1990	比奥伊获阿方索·雷耶斯奖和塞万提斯奖。
1991	比奥伊出版《巴西几日》（*Unos días en el Brasil*）和《俄罗斯套娃》（*La muñeca rusa*）。
1993	比奥伊出版《一位名不副实的冠军》（*Un campeón desparejo*）。12月，西尔维娜·奥坎波去世。
1994	比奥伊出版了自己的回忆录。1月，女儿玛尔塔去世。
1996	比奥伊出版《旅行中（1967）》（*En viaje 1967*）和《来自他人的花园》（*De jardines ajenos*）。获多个荣誉博士学位。
1997	比奥伊出版《一个简单的魔法》（*Una magia modesta*）。开始编写《日记中的博尔赫斯（1931—1989）》。
1998	比奥伊出版《从一个世界到另一个》（*De un mundo a otro*）。12月，完成《日记中的博尔赫斯（1931—1989）》的编写工作。
1999	比奥伊于3月8日在布宜诺斯艾利斯去世。

附录二 专有名词注释

注释说明：
1. 注释中的人物：以阿根廷裔为主，个别非阿根廷裔会写明。笔名会在 [ ] 中标出。
2. 注释中的作品：只收录正文中提及的相关作品，为避免与脚注重复，这些作品信息在某种程度上可能不够完整或不够具有代表性。以在阿根廷出版的作品为主，个别在外地出版的作品会写明。若为该作者死后出版的作品，出版年份前会用 p. 来标示。若书目收录于某一大作品或系列丛书中，大作品会在【】中标出。
3. 注释中的地点：以布宜诺斯艾利斯市内的地点为主，个别市外地点会写明。

Abella Caprile, Margarita 玛格丽特·阿韦利亚·卡普里莱（1901—1960），诗人。

Acevedo, Isidoro 伊西多罗·阿塞韦多（1835—1905），军人、博尔赫斯的外祖父。

Adrogué 阿德罗格，大布宜诺斯艾利斯都市圈（GBA）中的一个镇。博尔赫斯一家在上世纪初经常在那里避暑，主要住在罗莎琳达庄园（1907—1914）和美悦酒店。

Aguirre, Raúl Gustavo 阿吉雷（1927—1983），诗人。

Agustini, Delmira 德尔米拉·阿古斯蒂尼（1886—1914），乌拉圭诗人。

Aita, Antonio 阿伊塔（1891—1966），批评家。曾任阿根廷国际笔会主席。

Alberdi, Juan Bautista 阿尔韦迪（1810—1884），法理学家、作家。

Alcorta, Gloria 格洛丽亚·阿尔科塔（生于1915），出生在法国的阿根廷裔作家。

Alifano, Roberto 阿利法诺（生于1943），作家、记者。

Almafuerte [Pedro B. Palacios] 阿尔马富尔特（1854—1917），诗人。

Alonso, Amado 阿玛多·阿隆索（1896—1952），西班牙语言学家。于1927至1946年间住在布宜诺斯艾利斯。

Alvear, Dora de 朵拉·德·阿尔韦亚拉，埃尔维拉的姐妹。

Alvear, Elvira de 埃尔维拉·德·阿尔韦亚尔（1907—1959），诗人，博尔赫斯的朋友。

Alvear, Marcelo T. de 马塞洛·T·德·阿尔韦亚尔（1868—1942），前总统（1922—1928）。

Amorim, Enrique 阿莫林（1900—1960），乌拉圭作家。1928年与博尔赫斯的表妹伊斯特·阿埃多结婚。1916—1931年间在布宜诺斯艾利斯生活，从那时起到1950年间也不时去乌拉圭萨尔托城名为"云朵"的宅子居住。

Anales de Buenos Aires, Los《布宜诺斯艾利斯年鉴》，1946年1月至1948年间12月出版的杂

志。作为布宜诺斯艾利斯年鉴机构（该机构的创立受到了巴黎年鉴大学的启发）的宣传刊物。博尔赫斯从第三期（1946年3月）开始任主编。

Anderson Imbert, Enrique 安德森·因伯特（1910—2001），作家、批评家：《西班牙语美洲史》（*Historia de la literatura hispanoamericana*, 1954）。

Andrade, Olegario Víctor 奥莱加里奥·安德拉德（1839—1882），作家。

Anzoátegui, Ignacio B. 安索阿特吉（1905—1978），作家：《死者的生命》（*Vidas de muertos*, 1934）。

Apache Argentino, El《阿根廷的阿帕切人》（1913），M·阿罗斯特吉（作曲）与阿图罗·马东（作词）创作的探戈。

Aramburu, Julio 胡里奥·阿兰布鲁（1883—1960），作家。

Aramburu, Pedro E. 佩德罗·E·阿兰布鲁（1903—1970），军人。实际意义上的总统（1955—1988）。

Arlt, Roberto 罗伯特·阿尔特（1900—1942），作家：《愤怒的玩具》（*El juguete rabioso*, 1926），《布宜诺斯艾利斯蚀刻画》（*Aguafuertes porteñas*, 1933），《残暴的萨韦里奥》（*Saverio el cruel*, 1936）。

Armani, Horacio 阿尔马尼（生于1925），作家。

Artigas, José Gervasio 阿蒂加斯（1764—1850），乌拉圭军事领袖。

Ascasubi, Hilario 阿斯卡苏比（1807—1875），作家。

ASCUA 阿根廷捍卫与超越五月革命理想文化协会，自由主义倾向，卡洛斯·A·埃罗任主席。

Astete Millán, Elsa H. 艾尔莎·阿斯泰特（生于1910），博尔赫斯的第一任妻子。曾为里卡多·阿尔瓦拉辛的遗孀，二人于1937至1964年间为婚姻关系。

Asturias, Miguel Ángel 米格尔·安赫尔·阿斯图里亚斯（1899—1975），危地马拉诗人。于1954—1963年间流亡阿根廷。

Atlántida《亚特兰蒂斯》，于1918年开创的杂志，面向社会中高阶层读者，绘图纸印刷。刊登与政治、生活、社会文化潮流相关的简讯。

Avellaneda 阿韦利亚内达，大布宜诺斯艾利斯都市圈（GBA）中的一个市，在20世纪30至80年代是一个以制造业为主的地区。

Ayala, Francisco 阿亚拉（1906—2009），西班牙社会学家、作家。于1939—1950年间客居阿根廷。

Azul y blanco《蓝与白》，国家主义倾向的期刊，主编是M·桑切斯·索龙多。

Bacchi Wilcock, Livio 利维奥·巴奇（生于1940），意大利译者，胡·罗·威尔科克的养子。

Bachicha [Juan Bautista Deambrogio] 巴奇查（1890—1963），探戈曲表演艺术家，1922年起在巴黎与爱德华多·比安科（参见相关词条）搭档二重奏。

Baeza, Ricardo 巴埃萨（1890—1956），外交官、西班牙作家、翻译家。于 1939—1952 年间客居布宜诺斯艾利斯。

Bajarlía, Juan-Jacobo 巴哈尔利亚（1914—2005），作家。

Ballin, Günther 巴林（生于 1999），流亡阿根廷的德国人，布宜诺斯艾利斯大学德国文学研究所教授。

Banchs, Enrique 班奇斯（1888—1968），诗人：《镜子》（*El espejo*）【《盒子》（*La urna*, 1911）】。

Barbieri, Vicente 巴维里（1903—1956），作家：《男舞者》（*El bailarín*, 1953）。于 1955—1956 年间任阿根廷作家协会主席。

Barcos, Serena 塞雷娜·巴尔科斯，埃·马列亚的故事《塞雷娜·巴尔科斯》（1936）中的人物。

Barracas 巴拉卡斯，布宜诺斯艾利斯市城区。

Barrenechea, Ana Mª 巴雷内切亚（生于 1913），批评家。

Basaldúa, Héctor 巴萨尔杜亚（1895—1976），画家、插画师、舞台设计师。

Bastianini, Delfina Molina y Vedia de 巴斯蒂亚尼尼（1879—1961），化学博士，画家，歌唱老师，作家。胡里奥·莫利纳·伊·贝迪亚（参见该词条）的妹妹，与雷内·巴斯蒂亚尼尼结婚。成立了阿根廷语言研究协会，任主席（1935—1937）。1957 年丈夫去世，时任协会秘书长。

Battistessa, Ángel José 巴蒂斯特萨（1902—1993），批评家。

Battle Planas, Juan 巴特莱·普拉纳斯（1911—1966），出生在西班牙的阿根廷裔画家。

Belgrano, Manuel 贝尔格拉诺（1770—1820），军事统帅。

Belgrano 贝尔格拉诺，布宜诺斯艾利斯市城区。

Bernárdez, Francisco Luis 贝纳德斯（1900—1978），诗人。

Bernès, Jean Pierre 贝尔纳（生于 1940），法国批评家。曾任法国驻阿根廷使馆文化专员。

Berón de Astrada, Jenaro 贝龙·德·阿斯特拉达（1804—1839），军人。

Bianciotti, Héctor 比安乔蒂（生于 1930），出生在阿根廷的法国作家。

Bianco, Eduardo 爱德华多·比安科（1892—?），探戈曲表演艺术家，1922 年起在巴黎与巴奇查（参见相关词条）搭档二重奏。

Bianco, José *Pepe* 比安科（1908—1986），作家。1937 年至 1961 年 4 月期间曾任《南方》杂志编辑部秘书，在与维多利亚·奥坎波在其任美洲之家主办的文学比赛评委一事上产生分歧后离职，后就职于布宜诺斯艾利斯大学出版社（EUDEBA）。

Bibiloni Webster de Bullrich, Beatriz 比维洛尼·德·布尔瑞奇，博尔赫斯的朋友。嫁给了埃克托尔·"蒂托"·布尔瑞奇·乌里奥斯特。

Biblioteca Nacional 国立图书馆，位于墨西哥街 566 号。1901 年建成。

Bioy, Fabián 法比安（1963—2006），比奥伊之子。

Bioy, Marta 玛尔塔（1954—1994），比奥伊之女。

Blanco-Amor, Eduardo 布兰科-阿莫尔（1897—1979），西班牙作家、记者。1936—1965 年间客居阿根廷。

Bock, Werner 沃纳·博克（1893—1962），德国作家、大学教授，弗里达·门什的丈夫。于 30 年代初到阿根廷。为《南方》《布宜诺斯艾利斯年鉴》《国家报》等报刊撰稿。

Bolívar 玻利瓦尔，布宜诺斯艾利斯省下属的一个市。

Bombal, las hermanas 邦巴尔三姐妹：洛雷托（Loreto）（于 1966 年去世），玛利亚·路易莎（Mª Luisa）（参见词条玛利亚·路易莎·邦巴尔）和布兰卡（Blanca）。

Bombal, Mª Luisa 玛利亚·路易莎·邦巴尔（1910—1980），智利作家：《穿裹尸衣的女人》(*La amortajada*, 1938)。1938 年 12 月，在她位于阿亚库丘街的家中，"对着阿尔韦亚尔宫酒店的餐厅"，博尔赫斯遭遇了一场意外事故[1]，导致他住了两个礼拜的医院，这一经历也致使他写成了短篇小说《皮埃尔·梅纳德》(*Pierre Menard*)【比安科，《关于玛利亚·路易莎·邦巴尔》(*Sobre María Luisa Bombal*)。《归来》(*Vuelta*)，墨西哥城，1984 年第 93 期：26—7】。

Bombal, Rosa Yolanda Chichí 琪琪·邦巴尔。苏珊娜（参见词条*苏珊娜·邦巴尔*）的妹妹。

Bombal, Susana 苏珊娜·邦巴尔（1902—1990），作家。

Bonino 博尼诺画廊，迈普街 962 号。

Borges, Francisco Frankie 弗兰克·博尔赫斯，博尔赫斯的堂弟，吉列尔莫·威利·胡安·博尔赫斯的兄弟（参见词条*威利·博尔赫斯*）。

Borges, Guillermo Willie Juan 威利·博尔赫斯（1906—1965），作家。博尔赫斯的堂弟。与博尔赫斯共同撰写了马丁·菲耶罗相关专著。

Borges, Leonor Norah 莱昂诺尔·诺拉·博尔赫斯（1901—1998），画家、博尔赫斯的妹妹。

Brasil, Guerra del 巴西战争（1825—1828），拉普拉塔河联合省与巴西帝国之间的战争。最终其被归属于巴西帝国。

Brughetti, Romualdo 布鲁盖蒂（1912—2003），作家。

Brumana, Herminia 埃尔米尼亚·布鲁马纳（1901—1954），教育家、作家。

Buenas tardes, Mucho gusto 《下午好，很高兴认识你》，以"女性话题"为主的电视节目。由安娜玛利亚·穆赫尼克编导（1963—1966）。

Buen Orden, Calle 布恩奥登大街，今天的贝尔纳多·德·伊里戈延街，位于蒙特塞拉特和巴

---

[1] 博尔赫斯不小心被敞开的窗扇戳伤头部，伤口感染，一周内高烧不退并产生了幻觉，甚至一度失声，紧急手术后卧床休息了一个月。恢复期间，由于担心自己会因此丧失写作能力，也为了让自己平复下来，他写下了短篇故事《〈吉诃德〉的作者皮埃尔·梅纳德》。——译者注

尔瓦内拉城区交界处。

Bufano, Alfredo R. 布法诺（1895—1950），诗人。

Bullrich, Silvina 西尔维娜·布尔瑞奇（1915—1990），作家。

Bunge, Margarita 玛格丽特·本赫（1913—1991），作家。

Burzaco 布尔萨科，大布宜诺斯艾利斯都市圈（GBA）中的一个区。

Bustillo, José María 布斯蒂略（1884—1974），农艺师、历史学家。

Cáceres, Esther de 埃丝特·德·卡塞雷斯（1903—1971），乌拉圭诗人。

Cacuri, Vicente P. 文森特·P·卡库里（1886—1960），商人、拍卖商。1950年起任阿根廷智利文化交流协会主席、阿根廷加夫列拉·米斯特拉尔协会委员。

Caillet-Bois, Julio 凯列特-博伊斯（生于1910），作家。

Calfucurá, Juan 卡尔富库拉（逝于1873），阿劳科酋长。

Campillo, Carlos del 卡洛斯·德尔·坎皮略（1889—？），律师。

Campo, Estanislao del 埃斯塔尼斯劳·德尔·坎波（1834—1880），诗人：《浮士德》（*Fausto*, 1866）。

Canaro, Francisco 卡纳罗（1888—1964），探戈作曲家。

Canto, Estela 埃斯特拉·坎托（1919—1994），作家。关于她与博尔赫斯的情史（1945—1952），参见她的回忆录《逆光下的博尔赫斯》（*Borges a contraluz*）（马德里：埃斯帕萨-卡尔佩出版社，1989）中的各处叙述。二人于1944年8月在比奥伊夫妇家中相识。

Cangallo, calle. 坎加略街，今天的庇隆总统街，位于圣尼古拉斯、巴尔瓦内拉和阿尔玛格罗城区交界处。

Capdevila, Arturo 卡普德维拉（1889—1967），作家：《孤独的花园》（*Jardines solos*, 1911）；《奥卢斯·格利乌斯》（Aulo Gelio），《目睹果园被人扔石块之歌》（Canción del que vio apedrear su huerto）【《世界的节日》（*La fiesta del mundo*, 1921）】；《盛放的秋天》（*Otoño en flor*, 1952）；《圣联邦谣曲集》（*Romances de la Santa Federación*, 1952）。

Caras y Caretas《真面与假面》，周刊（1898—1939），"诙谐幽默，兼具文学性与艺术性，反映现实"，由E·佩利塞尔和B·德·维迪亚·伊·米特雷创刊，初期由何塞·S·阿尔瓦雷斯（笔名"丑神甫"弗莱伊·莫乔）任主编。在民间传播面广，主要登载政治讽刺漫画、社会杂闻和风俗故事。

Carriego, Evaristo 埃瓦里斯托·卡列戈（1883—1912），诗人。

Carril, Adelina del 阿德利娜·德尔·卡里尔（1889—1976），里·吉拉尔德斯的妻子。

Carrizo, Juan Alfonso 卡里索（1895—1957），教授、民俗学家、国家民俗研究院院长。出版卡塔马卡（1926）、萨尔塔（1933）、胡胡伊（1935）、图库曼（1937）和拉里奥哈（1942）民歌集。

Cartosio, Emma Grianta de 艾玛·德·卡尔托西奥（生于 1926），作家：《无知的挽歌》（*Elegías analfabetas*, 1960）。

Casares, Alberto 阿尔贝托·卡萨雷斯（生于 1943），书商。

Casares, Gustavo 古斯塔沃·卡萨雷斯（1892—1959），比奥伊的舅舅。

Casares, Vicente Lorenzo 文森特·卡萨雷斯（1844—1910），比奥伊的外祖父。建立了"马丁·菲耶罗"庄园（1866）和马托纳乳业（1889）。曾任国家银行主席（1891）和民族自治党主席（1908）。

Casa Rosada 玫瑰宫，阿根廷总统府。

Castilla, Manuel J. 卡斯蒂利亚（1918—1980），诗人。

Cattaruzza, Héctor Américo 卡塔鲁扎，网球运动员。1934 和 1936 年获拉普拉塔河冠军。常与比奥伊在布宜诺斯艾利斯的劳恩网球俱乐部打球。

Centrone, Mª Antonieta 玛利亚·安东涅塔·森特罗内（生于 1913），作家：《明天女士》（*Señora mañana*, 1949），《阿辽沙颂歌》（*Cantos a Aliosha*, 1953），《巨大的存在》（*Presencias desconmunales*, 1959）。

Chacabuco, Batalla de 查卡布科战役（1817 年 2 月 12 日），在圣马丁与西班牙准将马罗托率领的两军之间展开。

Chassaing, Juan 胡安·查萨英（1839—1864），军人、诗人：《致我的国旗》（*A mi bandera*, 1861）。

Chica Salas, Susana 奇卡·萨拉斯，翻译家、教授。在文史哲系读书时结识了博尔赫斯。曾翻译过博尔赫斯选编并作序（1961）的吉本的一些文章。

Clemente, José Edmundo 克莱门特（生于 1918），作家。1953—1960 年间为埃梅塞出版社编辑《博尔赫斯全集》。博尔赫斯担任国立图书馆馆长时，被任命为副馆长。1963—1973 年间任阿根廷文化部图书馆司司长。

Cócaro, Nicolás 科卡罗（1926—1994），作家。

Colombo, Francisco 科伦坡（1878—1953），圣安东尼奥德阿雷科的印刷工。1922 年左右在弗洛雷斯区奥蒂格拉街 552 号建了一家印刷分厂。博尔赫斯和比奥伊在那里印制了杂志《不合时宜》以及不合时宜杂志社的书。

Constitución 宪法广场区，布宜诺斯艾利斯市城区，1887 年开始投入运营的罗加火车站所在地（前火车南站）。

Córdova Iturburu, Cayetano Polinisio 科尔多瓦·伊图武鲁（1899—1977），作家。

Coronado, Nicolás *El Rengo* "瘸子"克罗纳罗（1891—1971），作家。1938—1949 年间任作协主席。

Cortázar, Julio 科塔萨尔（1914—1984），作家：《被占的宅子》（*Casa tomada*）。【《动物寓言集》（*Bestiario*, 1951）】；《八十个世界环游一天》（*La vuelta al día en ochenta mundos*, 1967）。

Crítica《批评报》,日报(1913—1963),由 N·博塔纳创立。

Dabove, Los Hermanos 达沃韦兄弟,胡里奥·塞萨尔(1890—1965)和圣地亚哥(1889—1951),他们经常在布朗上将街 752 号(莫伦镇,GBA)的家中与马塞多尼奥·费尔南德斯聚会。曾在多家报纸和杂志上发文。

Dell'Oro Maini, Atilio 德尔·奥罗·迈尼(1895—1974),律师。在洛纳迪和阿兰布鲁执政期间任教育部长(1955—1958)。民族主义者、天主教徒,曾任杂志《观点》(*Criterio*)主编(1928—1930)。

Demaría, Fernando 费尔南多·德玛利亚(生于 1928),作家:《赫拉克利特》(*Herakleitos*, 1957)。

Denevi, Marco 德内维(1922—1998),作家。

Descotte, Mario Luis 马里奥·路易斯·德斯科特(1900—1973),作家、记者。

Destiempo《不合时宜》,由博尔赫斯和比奥伊共同创办的杂志(1936—1937),表面上由比奥伊聘用的埃内斯托·皮萨维尼(Ernesto Pissavini)做编辑部秘书。是一份六页大开本的小册子,可参照文学期刊《超外》(*Ultra*)或《船头》(*Proa*)第一期。

Díaz, Leopoldo 莱奥波尔多·迪亚斯(1862—1947),作家。

Diehl de Moreno Hueyo, Sara *Pipina* 皮皮娜·迭尔·德·莫雷诺·韦约(1976 年去世),"她曾是前进艺术社主席,该团体就在她本人家中活动,在那里他们激励并帮助了一批画家和作家。[...] 皮皮娜寡居后,博尔赫斯对她的情感渐渐变成了一种激情四射的爱慕之情,两人度过了一年多的恋爱时光,甚至都已敲定结婚日期。但由于一些突发状况,二人的关系冷淡了,婚礼无疾而终。"【玛利亚·埃丝特·巴斯克斯,《博尔赫斯:荣耀与溃败》(*Borges: Esplendor y derrota*),巴塞罗那:图斯克茨出版社,1966: 179】

Di Giovannia, Norman Thomas 蒂·乔凡尼(生于 1933),译者,1968 至 1972 年间担任博尔赫斯的秘书和文学经理人,美国人。1967 年 11 月,在美国通过豪尔赫·纪廉的女儿与博尔赫斯结识。翻译了博尔赫斯的《想象的动物》(1969)、小说集《阿莱夫》(1970)、《诗选》(1972)等作品;翻译了博尔赫斯与比奥伊合著的《布斯托斯·多梅克纪事》(1976)和《堂伊西德罗·帕罗迪的六个问题》(1981)。

Discepolo, Enrique Santos 迪斯塞波罗(1901—1951),作家、探戈作词人。

Dolan, Miguel E·多兰,作家、律师,博尔赫斯的朋友。

Doll, Ramón 拉蒙·多尔(1894—1969),律师、批评家。

Dondo, Osvaldo H·多纳多(1902—1962),作家。

Don Juan《唐璜》,E·庞西奥(作曲,约 1898)和 R·波德斯塔(作词,约 1913)创作的探戈。

Dorrego, Manuel 多雷戈(1787—1828),军人。

Echagüe, Juan Pablo 胡安·巴勃罗·埃查圭(1877—1950),作家。

Edelberg, Betina 贝蒂娜·埃德尔伯格(1921—2010),作家、教授:《献给网》(*Para la red*,

1948）。与博尔赫斯共同创作了芭蕾舞剧剧本《消失的映像》(*La imagen perdida*, 1963）和《莱奥波尔多·卢贡内斯》(*Leopoldo Lugones*, 1955）。

Erro, Carlos Alberto 埃罗（1903—1968），作家。

Escalada, Remedios de 雷梅蒂奥斯·德·埃斯卡拉达（1793—1823），何塞·德·圣马丁的妻子。

Estrada, Ángel de 安赫尔·德·埃斯特拉达（1872—1923），作家：《救赎》(*Redención*, 1907）。

Etchebarne, Miguel D. 埃切瓦内（1915—1973），作家：《无名的胡安》(*Juan Nadie*, 1954）。

Étiemble, René 艾田蒲（1909—2002），法国作家、东方学家。1940—1961年间，有时为《南方》杂志撰稿。

Fanny [Epifanía Uveda de Robledo] 范尼（1922—2006），博尔赫斯家的保姆（1947—1986）。

Fernández, José Mª Pepe 佩佩·费南迪斯（1926—2006），摄影师、比奥伊夫妇的朋友。

Fernández, Macedonio 马塞多尼奥·费尔南德斯（1874—1952），作家，博尔赫斯父亲在布宜诺斯艾利斯大学法律系的同学。1910—1920年间与卡列戈、阿尔弗雷多·帕拉西奥斯、马塞利诺·德尔·马索、阿尔瓦罗·梅利安·拉菲努尔和查尔斯·德·索森经常在博尔赫斯夫妇位于巴勒莫的住所里聚会。1920年妻子去世后，他离开子女，放弃了自己的工作，在布宜诺斯艾利斯的各个旅店间漫无目的地游荡，很多人都当他如死人一般。1921年当博尔赫斯夫妇从欧洲回到布宜诺斯艾利斯后，他与极端派诗人建立了联系并开始出版诗歌。博尔赫斯曾很肯定地说，尽管"比奥伊·卡萨雷斯只见过马塞多尼奥几面，但他对马塞多尼奥的印象非常好"。（安东尼奥·卡里索，《博闻强记的博尔赫斯》，墨西哥城：文化经济基金会，1982：11）。

Fernández Latour, Enrique 费尔南德斯·拉托尔（1898—1972），作家，博尔赫斯、马塞多尼奥·费尔南德斯和达沃韦兄弟的朋友。

Fernández Moreno, Baldomero 费尔南德斯·莫雷诺（1886—1950），作家。

Ferrari, Osvaldo 费拉里（生于1948），作家、记者。

Figari, Pedro 菲加里（1861—1938），乌拉圭画家。

Filloy, Juan 菲略伊（1894—2000），作家：《乱》(*Balumba*, 1933），《埃斯塔芬！》(*¡Estafen!*, 1932）。

Flor de fango《泥沼之花》，在 A·亨蒂尔创作的探戈曲《无家可归的人》(*El desalojo*）的基础上，P·孔图尔西填词。

Flores 弗洛雷斯区，布宜诺斯艾利斯市城区。

Flores, Bañado de 弗洛雷斯洼地，位于弗洛雷斯城区中的博诺里诺与巴尔瓦斯特罗街交界处。该地聚居着屠宰场的工人。洼地被城市垃圾填满后变成了一个大垃圾场（被当地人称为"焚烧场"）。

Flores, Las 拉斯弗洛雷斯，布宜诺斯艾利斯省下属的一个市。

FORJA 阿根廷激进倾向力量，支持伊里戈延的青年激进团体（1935—1945）。

Fornieles, Salvador 福涅莱斯（1880—？），律师、司法专题作家、天主教启示教义作家。

Fray Mocho [José S. Álvarez] "丑神甫" 弗莱伊·莫乔（1858—1903），作家。1898—1903 年间任杂志《真面与假面》主编。

Fregoli, Leopoldo 弗雷戈里（1867—1936），意大利戏剧演员。当时唯一一位在场景转换的同时能够迅速变换角色、以此带给观众惊奇效果的演员。曾于 1895 年 6 月在布宜诺斯艾利斯演出。

Frías, Carlos 弗里亚斯（逝于 1991），埃梅塞出版社社长。

Frondizi, Risieri 里谢里·弗朗迪西（1910—1983），哲学家。布宜诺斯艾利斯大学校长（1957—1962）。

Galíndez, Bartolomé 巴尔托洛梅·加林德斯（1896—1959），诗人。在《论当今的抒情诗》（Página sobre la lírica de hoy, 1927）一文中，博尔赫斯将其归在所谓"做作至极学派，也可称为花哨学派"。

Gallardo, Sara 萨拉·加拉尔多（1935—1988），作家：《一月》（Enero, 1958）。

Galtier, Lysandro Z. D. 加尔蒂（1902—1982），作家、翻译家。曾出版过自己的部分法语版作品。

Gálvez, Manuel 曼努埃尔·加尔韦斯（1882—1962），作家。

Gándara, Carmen Rodríguez Larreta de 卡门·甘达拉（1903—1977），作家。

Ganduglia, Santiago 圣地亚哥·甘杜利亚（1904—1983），作家、记者。

Gannon, Patricio 甘农（1901—1977），作家。

García Mellid, Atilio 加西亚·梅利德（1901—？），诗人、现代派文学家。

Gardel, Carlos 加德尔（1890—1935），探戈歌手。

Garro, [H]elena 埃莱娜·加罗（1916—1998），墨西哥作家，比奥伊·卡萨雷斯的朋友。

Gauna, Emilio 埃米利奥·高纳，小说《英雄梦》里的人物。

Gerchunoff, Alberto 赫尔丘诺夫（1883—1950），作家、记者。《犹太裔高乔人》（Los gauchos juíos, 1910）。

Gerosa, Roberto 罗贝尔托·赫罗萨，兽医、比奥伊夫妇的朋友。

Ghiano, Juan Carlos 吉亚诺（1920—1983），作家。

Ginastera, Alberto 希纳斯特拉（1916—1983），作曲家。

Girondo, Oliverio 奥利维里奥·吉龙多（1891—1967），作家。

Girri, Alberto 希里（1919—1991），诗人。

Giusti, Roberto F. 朱斯蒂（1887—1978），阿根廷作家，生于意大利。与 A·比安奇共同主编了文学杂志《我们》（Nosotros, 1907—1943）。

Godel, Roberto 戈德尔（1900—？），医生、作家，博尔赫斯的朋友、小学同学。

Gombrowicz, Witold 贡布罗维奇（1905—1969），波兰作家。于1935到1963年间客居布宜诺斯艾利斯。

Gómez de la Serna, Ramón 拉蒙·戈麦斯·德拉·塞尔纳（1888—1963），西班牙作家，1936—1963年期间住在布宜诺斯艾利斯。

González, Héctor Blas 布拉斯·冈萨雷斯（生于1924），弗朗迪西总统当政期间任文化部长；翁加尼亚当政期间任新闻秘书。

González Lanuza, Eduardo 冈萨雷斯·拉努萨（1900—1983），出生在西班牙的阿根廷裔作家。

González, Joaquín V. 华金·V·冈萨雷斯（1863—1923），阿根廷诗人，生于西班牙。

Gottheil, Julio 胡里奥·戈特海尔（生于1926），贝亚特里斯·吉多的第一任丈夫。

Goyanarte, Juan 戈亚纳特（1900—1967），作家。西班牙人，在阿根廷定居。1956年5月创立了他自己的杂志《虚构》，此前是南方出版社的合伙经理人。

Goyeneche, Juan Carlos 戈耶内切（1913—1982），天主教民族主义活跃分子。曾与马里奥·阿玛德奥共同担任文学期刊《日与月》（*Sol y Luna*, 1938—1943）的主编。在其游历欧洲期间曾与佛朗哥、希特勒、墨索里尼和庇护十二世等人会面。

Grondona, Adela 阿德拉·格龙多纳（1912—1997），作家。据她回忆，她和玛利亚娜大约在1937年，"在安娜·贝丽家中"结识的博尔赫斯，"这位智利人家中的客厅经常有作家和知识分子光顾"。【内斯托尔·蒙特内格罗、阿德里安娜·比安科，《博尔赫斯和其他人》（*Borges y los otros*，星球出版社，1990：21）】

Grondona, Mariana 玛利亚娜·格龙多纳（逝于1995），作家。

Grondona, las 格龙多纳三姐妹，分别是：阿德拉、玛利亚娜和罗萨里奥。

Groussac, Taíta Cornelia 塔伊塔（1883—1968），保罗·格鲁萨克之女。

Groussac, Paul 格鲁萨克（1848—1929），出生于法国的阿根廷裔作家。曾与梅内德斯·伊·佩拉约展开关于《堂吉诃德》长期论战。格鲁萨克曾发表著作《文学未解之谜：阿韦利亚内达的堂吉诃德》（*Une Énigme littéraire. Le Don Quichotte d'Avellaneda*, 1903）。梅内德斯·伊·佩拉约随后在为阿韦利亚内达版《堂吉诃德》写的序言中驳斥了他的一些观点。而格鲁萨克则在他的第一个主题为"塞万提斯和堂吉诃德"的讲座中对此做出了回应。

Grünberg, Carlos M. 格伦伯格（1903—1968），作家。

Gudiño Kieffer, Eduardo 古迪尼奥·基弗（1935—2002），作家。

Guerrero, Jazmín 哈斯明·格雷罗，埃·马列亚《沉默的海湾》（*La bahía de silencio*, 1940）中的人物。

Guerrero, Margarita *Margot* 玛格丽特·格雷罗，博尔赫斯的密友，与其合著《马丁·菲耶罗》（1953），《幻想动物学教科书》（1957），《想象的动物》（1967）。

Guido, Beatriz 贝亚特里斯·吉多（1922—1988），作家：《天使之家》（*La casa del ángel*, 1954）。

Guido y Spano, Carlos 吉多·伊·斯帕诺（1922—1988），诗人：《挽歌》【《风中叶》（*Hojas al viento*），1871】。

Guijarro, Juan [Augusto Gandolfi Herrero] 胡安·吉哈罗（1902—?），作家。

Guillermo 吉列尔莫，参见词条*吉列尔莫·德·托雷*。

Guillot Muñoz, Gervasio 吉略特·穆尼奥斯（1897—1956），乌拉圭批评家、翻译家。1935—1936年间为《南方》杂志撰稿。

Güiraldes, Alberto 阿尔韦托·吉拉尔德斯（1897—1961），画家。

Güiraldes, Ricardo 里卡多·吉拉尔德斯（1886—1927），作家：《玻璃铃铛》（*El cencerro de cristal*, 1915），《萨伊马卡》（*Xaimaca*, 1923）《堂塞贡多·松布拉》（*Don Segundo Sombra*, 1926），《神秘又神圣的诗》（*Poemas místicos y sagrados*, p.1927）等等。

Gúmez 古麦斯，埃·马列亚《沉默的海湾》（*La bahía de silencio*, 1940）中的人物。

Gutiérrez, Eduardo 爱德华多·古铁雷斯（1851—1889），作家。

Gutiérrez, Juan Ma 胡安·古铁雷斯（1809—1878），批评家。

Haedo, Esther 埃丝特·阿埃多，博尔赫斯的表妹，乌拉圭人。嫁给了恩里克·阿莫林。

Harriague, Magdalena 马格达莱纳·哈里阿盖（1924—1995），作家：《手和它的旅行》（*La mano y su viaje*, 1964）。

Henríquez Ureña, Pedro 恩里克斯·乌雷尼亚（1884—1946），批评家、多明我会修士。1924年定居布宜诺斯艾利斯。大约在1925年左右与博尔赫斯相识并合编了《阿根廷文学经典作品选》（*Antología clásica de la literatura argentina*, 1938）。从1940年开始，会定期参加比奥伊夫妇的聚会。

Hernández, Felisberto 费利斯维尔托·埃尔南德斯（1902—1964），乌拉圭作家。

Hernández, José 何塞·埃尔南德斯（1834—1866），作家：《高乔人马丁·菲耶罗》（*El gaucho Martín Fierro*, 1872）和《马丁·菲耶罗归来》（*La vuelta de Martín Fierro*）。

Hernández, Juan José 胡安·何塞·埃尔南德斯（1930—2007），作家。

Herrera y Reissig, Julio 埃雷拉·伊·雷希格（1875—1910），乌拉圭诗人：《痛苦的阴影》（La sombra dolorosa）【《废弃公园》（*Los parque abandonados*, 1901）】；《阴间的民众聚会》（Fiesta popular de ultratumba）【《时间的复活节》（*Las pascuas del tiempo*, 1902）】；《祖先的婚礼赞歌》（Epitalamio ancestral）【《滴漏》（*Las clepsidras*, 1910）】。

Hidalgo, Bartolomé 伊达尔戈（1788—1823），乌拉圭诗人。

El Hogar《家庭》，创刊于1904年，是一本面向中产阶级读者，尤其是女性群体的杂志。刊登与社会和文化生活相关的短评、书评，也会登载一些对家庭妇女的建议。

Hombre montaña [Iván Zelezniak]，魔山，三四十年代在月亮公园体育馆演出的一个小剧团成员。

Hormiga Negra [Guillermo Hoyos] "黑蚂蚁"吉列尔莫·奥约斯。高乔罪犯。爱德华多·古铁雷斯的报刊连载小说《黑蚂蚁》(1881)的人物原型。

Hotel Victoria《维多利亚饭店》(1960)，费利西亚诺·拉塔萨创作的探戈。

Hudson, William H. 哈德森(1841—1922)，出生在阿根廷的英裔作家。

Ibarbourou, Juana de 胡安娜·德·伊瓦武鲁(1895—1979)，乌拉圭作家。

Ibarguren, Carlos 伊瓦古伦(1877—1956)，历史学家。

Ibarra, Néstor 内斯托尔·伊瓦拉(1908—1986)，法国批评家。父亲是阿根廷人。1925年游学布宜诺斯艾利斯学习哲学和文学。1928年与博尔赫斯结识并为他的博士论文题词。1931年出版了由博尔赫斯做序的译作《海滨墓园》。回到法国后，于1951年和保罗·维尔德伏瓦翻译了《虚构集》。与博尔赫斯的第一任妻子的姐姐阿莉西亚·阿斯泰特结为连理。

Iberra, Los. Juan y Daniel 伊贝拉兄弟（胡安和丹尼尔），阿德罗格（布宜诺斯艾利斯的一个区）的刀客。博尔赫斯曾在诗作《探戈》(*El tango*, 1958)，《两兄弟的米隆加》(*Milonga de dos hermanos*, 1975)和《他们会去过哪儿？》(*¿Dónde se habrán ido?*, 1975)回忆过二人。在短篇故事《还有更多东西》(*There are more things*, 1975)中提及过丹尼尔。

Ingenieros, Cecilia 塞西莉亚·因赫涅罗斯，何塞·因赫涅罗斯的女儿之一。1941—1944年间，博尔赫斯曾追求过她，甚至向她求婚。当时她还是一名舞蹈家；后与一位教师结婚，投身于埃及学研究。

Ingenieros, Delia 德利娅·因赫涅罗斯(1915—1995)，微生物学者、散文作家、职业魔术师（笔名：德利娅·卡米亚）：《一位女魔术师的回忆录》(*Memorias de una maga*, 1956)，《伊里戈延与因赫涅罗斯之间》(*Entre Yrigoyen e Ingenieros*, 1957)和《有益的微生物》(*Los microbios ultiles*, 1968)。与博尔赫斯合著《古日耳曼文学》。

Ingenieros, José 何塞·因赫涅罗斯(1877—1925)，阿根廷社会学者，出生于意大利。

Ipuche, Pedro Leandro 伊普切(1889—1976)，乌拉圭诗人：《鬼魂的故事》(*Cuentos del fantasma*, 1946)，《鬼魂的打火器》(*El yesquero del fantasma*, 1943)。

Itelman, Ana 安娜·伊特尔曼(1927—1989)，智利编舞家。美国留学(1945—1946)归国后，在布宜诺斯艾利斯成立了一家舞蹈学院。她试图通过她的"戏剧-舞蹈"理论，寻求二者之间的"共生关系"。1953年，博尔赫斯和贝蒂娜·埃迪尔贝格为她创作了芭蕾舞剧剧本《消失的映象》(*La imagen perdida*)。据博尔赫斯说："我们写这个剧本有点自嘲的性质，因为贝蒂娜跟我一样有点自我怀疑。[...] 我们当初是想为一名叫安娜·伊特尔曼的犹太舞蹈家写这个剧本 [...] 她想必是一位非常优秀的舞者，因为与她共事的人都讨厌她，反感她，却又不得不承认她有不可否认的天赋。"【《博尔赫斯访谈录》(*Entrevistas con Jorge Luis Borges*)，让·米勒雷(Jean Milleret)。加拉加斯：蒙特阿维拉出版社，1970：72—3】1960年她为芭蕾舞剧《玫瑰色街角的男人》编舞，该剧由皮亚佐拉作曲。1970年定居布宜诺斯艾利斯。自杀身亡。

Ivette《伊韦特》，哥斯达黎加探戈曲，P·孔图尔西作词。

Junín 胡宁，布宜诺斯艾利斯省下属的一个市。

Jurado, Alicia 阿莉西亚·胡拉多（生于 1922），作家。1954 年年底，埃斯特拉·坎托将她介绍给了博尔赫斯认识【《词语的世界》(*El mundo de la palabra*)，埃梅塞出版社，1990：26】。与博尔赫斯合著《什么是佛教》(*Qué es el budismo*, 1976)。

Keins, Paul 科恩斯，德国学者、书商，卡尔·浮士勒的门生。30 年代初起定居西班牙，1936 年"由于内战被强制"逃往布宜诺斯艾利斯【《我们》(*Nosotros*)，1937 年第 14 期：106】。在弗洛里达街的威特科姆画廊工作。

Kociancich, Vlady 弗拉迪·科奇安希奇（生于 1941），作家。

Kodama, Mª 玛利亚·儿玉（生于 1942），作家、博尔赫斯的遗孀。

Koremblit, Bernardo Ezequiel 柯莱姆布里特（1916—2010），作家：《尼古拉斯·奥利瓦里——独芽诗人》(*Nicolás Olivari, poeta unicaule*, 1957)。

Korn, Francis 弗朗西斯·科恩（生于 1935），作家、人类学家。

Krupkin, Ilka [Elías Jodolovski] 伊尔卡·克鲁普金（1902—1980），作家。

Lamarque, Nydia 尼迪亚·拉马克（1906—1982），诗人。

Lancaster, Hotel 兰卡斯特酒店，位于科尔多瓦大街 405 号。

Lange, Haydée 海蒂·朗厄，诺拉·朗厄的姐姐。大约在 30 年代末被博尔赫斯追求，但拒绝了他。曾翻译过小说选集《第七层》系列的三卷。

Lange, Norah 诺拉·朗厄（1906—1972），作家。博尔赫斯在 20 年代返回欧洲时，通过一位共同的堂亲（吉列尔莫·胡安·博尔赫斯·埃夫维德）与朗厄姐妹建立了友谊【贝亚特丽斯·德·诺维莱，《与诺拉·朗厄的对话》(*Palabras con Norah Lange*) 卡洛斯·佩雷斯，1968：11】。从 20 年代末开始，奥利维里奥·吉龙多的出现（诺拉于 1943 年与其结婚）和马丁·菲耶罗主义的解体导致博尔赫斯与朗厄姐妹渐行渐远。

Lanuza, José Luis 何塞·路易斯·拉努萨（1901—1976），作家。

La Plata 拉普拉塔，布宜诺斯艾利斯省首府。

Laprida, Francisco Narciso de 拉普里达（1786—1829），政治家。

Larreta, Enrique Rodríguez 恩里克·拉莱塔（1875—1961），作家：《堂拉米罗的荣耀》(*La gloria de don Ramiro*, 1908)，《索戈伊比》(*Zogoibi*, 1926)。

Ledesma, Roberto 罗伯特·莱德斯马（1901—1966），诗人、记者：《无烬的时间》(*Tiempo sin ceniza*, 1943)。

Lehmann-Nitsche, Robert 莱曼-尼采（1872—1938），旅居阿根廷的德国人类学家。

Lenson, Lisa 莉萨·莱森参见词条莱文森。

Levinson, Luisa Mercedes 莱文森（1914—1988），作家。1955 年与博尔赫斯合著小说《埃洛伊萨的姐姐》(*La hermana de Eloísa*)。

Liberalis《自由主义者》，共济会激进倾向刊物（1949—1961），鲁道夫·菲特、阿古斯丁·J.阿尔瓦雷斯和胡斯托·普列托曾相继担任主编。

Libres del Sur, Revolución de los. 南方自由人革命，由布宜诺斯艾利斯省南部（查斯科穆斯和多洛雷斯）的庄园主发起、反抗罗萨斯政府的起义，以失败告终。1839 年 11 月 3 日，沿海地区被起义军控制，但最终于 7 日在查斯科穆斯被镇压。

Lida, Mª Rosa 玛利亚·罗莎·莉达（1910—1962），批评家。

Lida, Raidundo 雷蒙多·利达（1908—1979），批评家。

Lincoln 林肯市，布宜诺斯艾利斯省下属的一个市。

Lira Argentina, La《阿根廷抒情诗集》(1824)，五月革命期间致敬五月革命的爱国诗歌选集。

LITA [Micaela Cadenas] 丽塔，苏尔·索拉的妻子。

Lóizaga, Elva de 埃尔瓦·德·洛伊萨加（1916—1963），作家。

Lomas de Zamora 洛马斯德萨莫拉，大布宜诺斯艾利斯都市圈（GBA）中同名市的首府。

López Merino, Francisco 洛佩兹·梅里诺（1904—1928），诗人。

Losada, Gonzalo 洛萨达（1894—1981），阿根廷编辑，出生于西班牙。

Lugones, Leopoldo 卢贡内斯（1874—1938），作家：《世界》(*Los mundos*, 1893)；《群山自黄金》(*Las montañas del oro*, 1897)；《乡情》(*Emoción aldeana*)，《海女神》(*Oceánida*)【《花园的黄昏》(*Los crepúsculos del jardín*, 1905)；《高乔战争》(*La guerra gaucha*, 1905)；《怪力》(*Las fuerzas extrañas*, 1906)，《野外的月亮》(*Luna campestre*)【《伤感的月历》(*Lunario sentimental*, 1909)】；《巴雅多尔》(*El payador*, 1916)；《风景之书》(*El libro de los paisajes*, 1917)；《我的交战》(*Mi beligerancia*, 1917)；《镀金者》(*El dorador*)【《镀金时光》(*Las horas doradas*, 1922)】；《古老的诗歌》(*Poemas solariegos*, 1928)；《拜访》(*La visita*)【《干河谣曲集》(*Romances del Río Seco*, p. 1938)】。

Luis 路易斯参见词条吉列尔莫·德·托雷斯。

Lussich, Antonio D. 卢斯奇（1848—1928），乌拉圭作家。

Lynch, Benito 贝尼托·林奇（1885—1951），作家：《弗洛里达的卡拉卡拉鹰》(*Los caranchos de la Florida*, 1916)。

Macedonio 马塞多尼奥，参见词条马塞多尼奥·费尔南德斯。

Madanes, Cecilio 塞西利奥·马达内斯（1921—2000），戏剧导演。其堂弟马科斯是电影导演、编剧。

Magrini, César 马格里尼（生于 1929），记者、作家。

Maidana 麦伊达娜，《英雄梦》里的人物。

Mallea, Eduardo 爱德华多·马列亚（1903—1982），作家。作品有《一个绝望的英国女人的故事》（*Cuentos para una inglesa desesperada*, 1926），《鹰》（*Las águilas*, 1943），《恰维斯》（*Chaves*, 1953），《小说家笔记》（*Notas de un novelista*, 1954），《辛巴达》（*Simbad*, 1957），《倒数第二道房门》（*La penúltima puerta*, 1969）。曾于 1931 到 1955 年间任《国家报》文学副刊主编。

Mallea, Helena 埃莱娜·马列亚，参见词条埃莱娜·拉雷塔·穆尼奥斯。

Mansilla, Lucio V. 曼西利亚（1831—1913），作家、回忆录作者。

Manucho 曼努乔，参见词条穆希卡·莱内斯。

Marcha《前进》，文学杂志（蒙得维的亚，1939—1974）。

María, Madre [Mª Salomé Loredo de Subiza] 玛利亚嬷嬷（1854—1928），阿根廷裔巫医，生于西班牙，"圣手"潘乔·谢拉的门生和传承人。

Martel, Julián [José Mª Miró] 胡里安·马尔特尔（1867—1896），作家：《证券市场》（*La Bolsa*, 1908）。

Martínez Estrada, Ezequiel 马丁内斯·埃斯特拉达（1895—1964），作家：《脚步轻盈的木偶》（*Títeres de pies ligeros*, 1929）。

Mastronardi, Carlos 马斯特罗纳尔迪（1900—1976），作家：《阴影的美德》（*Los bienes de la sombra*）【《夜思》（*Conocimiento de la noche*, 1937）】，《国家现实的形态》（*Formas de la realidad nacional*, 1961）。1920 年中旬在马丁·菲耶罗研讨会上与博尔赫斯相识。于 1937 年在布宜诺斯艾利斯定居，投身于新闻行业和诗歌。1936 年左右通过博尔赫斯结识了比奥伊【诺埃米·乌利亚，《想象的奇遇》（*Aventuras de la imaginación*），科雷希多出版社，1990：133】。

Melián Lafinur, Álvaro 阿尔瓦罗·梅利安·拉菲努尔（1889—1958），诗人、批评家。博尔赫斯的二表哥。1910 年，在《国家报》工作期间，他促成了年轻的博尔赫斯翻译的王尔德童话《快乐王子》出版。

Melián Lafinur, Luis 路易斯·梅利安·拉菲努尔（1850—1939），乌拉圭历史学家。

Méndez, Evar González 埃瓦尔·门德斯（1885—1955），作家。

Miguel 米盖尔参见词条 Torre, Miguel Jorge de 米盖尔。

Milleret, Jean de. 让·米勒雷（1908—1980），法国中校。1957 年起定居布宜诺斯艾利斯，投身于世界史研究。1967 年出版《豪尔赫·路易斯·博尔赫斯访谈录》。

Miralla, José Antonio 米拉亚（1789—1825），诗人。

Miramar 米拉马尔，海滨城市，位于玛尔德普拉塔城（Mar del Plata）南部。

Mitre, Bartolomé 米特雷（1821—1906），政治家、历史学家。

Mobili, Jorge Enrique 豪尔赫·恩里克·莫比利（生于 1927），作家。

Molina Campos, Florencio 莫里纳·坎波斯（1891—1959），画家。

Molina Vedia, Amanda *Mandie* 曼迪·莫里纳，博尔赫斯的朋友，曾为《布宜诺斯艾利斯年鉴》画过多期插画。

Molina y Vedia, Julio 胡利奥·莫里纳·维蒂亚（1874—1973），建筑师、诗人。

Molinari, Ricardo 莫利纳里（1898—1996），作家：《献给斯特凡·乔治的玫瑰》(*Una rosa para Stefan George*, 1934)，《那些下午如一只鸟儿的日子》(*Días donde la tarde es un pájaro*, 1954)。

Monvoisin, Raymond A·Q·蒙维伊辛（1790—1870），旅居法国的阿根廷画家。

Moreira, Juan 胡安·莫雷拉（1819—1874），高乔罪犯。是爱德华多·古铁雷斯的报刊连载小说《胡安·莫雷拉》(1880)的人物原型。

Moreno, Mariano 马里亚诺·莫雷诺（1778—1811），政治家。

Morocha, La 《黑发黑美人》，恩里克·萨沃里多（作曲）和安赫尔·比略尔多（作词）创作的探戈。

Morón 莫伦，阿埃多市（大布宜诺斯艾利斯都市圈）下属的一个镇。

Mosquera, Marta 玛尔塔·莫斯克拉（生于 1930），作家、记者。1951 年起在巴黎做驻地记者。

Mujica Lainez, Manuel *Manucho* 穆希卡·莱内斯（1910—1984），作家：《偶像》(*Los ídolos*, 1952)，《旅行者》(*Los viajeros*, 1955)，《天堂之地的客人》(*Invitados en El Paraíso*, 1957) 等。

Müller, Martín 马丁·穆勒（1991 年去世），乌拉圭记者。

Müller, Mauricio 穆勒，乌拉圭记者。曾在《世界报》任职（1928—1967）。

Muñoz Larreta, Helena 埃莱娜·拉雷塔·穆尼奥斯（1991 年去世），作家，爱德华多·马列亚的妻子。

Murature, Francisco *Pancho* 潘乔·穆拉图雷（1989 年去世），比奥伊和博尔赫斯的朋友。

Murena, Héctor A. [Héctor A. Álvarez] 穆雷纳（1923—1975），作家。

Nalé Roxlo, Conrado 纳莱·罗斯洛（1898—1971），作家：诗集《蟋蟀》(*El grillo*, 1922)。

Noche de garufa, Una 《欢闹的夜晚》(1909)，爱德华多·阿罗拉斯创作的探戈。

Noé, Julio 诺埃（1893—1983），律师、批评家。

Noel, Carlos M. 卡洛斯·诺埃尔（1886—1940），作家。

Norah 诺拉参见词条莱昂诺尔·诺拉·博尔赫斯。

Obligado, Pedro Miguel 佩德罗·米格尔·奥布里加多（1892—1967），诗人。

Obligado, Rafael 拉法埃尔·奥布里加多（1851—1920），诗人。

Ocampo, Angélica 安赫莉卡·奥坎波（1891—1980），维多利亚·奥坎波的妹妹，西尔维娜·奥坎波的姐姐。

Ocampo, Silvina 西尔维娜·奥坎波（1903—1993），作家：小说《米莫索》(*Mimoso*)收录于短篇小说集《狂怒》(*La furia y otros cuentos*, 1959)。1924年结识博尔赫斯，1940年1月与比奥伊·卡萨雷斯结婚。

Ocampo, Victoria 维多利亚·奥坎波（1890—1979），作家。

Olejaveska, Roberto 奥莱哈韦斯卡，律师，莱昂诺尔·阿塞韦多的朋友，50年代时经常和她聚在一起"探讨当时最令人忧虑的话题：国家政治"【罗伯特·奥莱哈韦斯卡，《回忆与希望之间》(*Entre recuerdos y esperanzas*)。埃尔辛塞尔出版社，1987: 97】。1955年，他在科伦坡印刷厂出版了博尔赫斯的《玫瑰色街角的汉子》和《诗歌九首》。

Olivari, Nicolás 尼古拉斯·奥利瓦里（1900—1966），诗人、记者。

Olivera, Miguel Alfredo 奥利韦拉（1914—2008），作家。

Oría, José Antonio 奥里亚（1896—1970），批评家。

Oribe, Emilio 奥里韦（1893—1975），乌拉圭诗人。

Ortega, Ramón Palito 帕里托·奥尔特加（生于1941），创作歌手、电影导演、政坛人士。

Ortelli, Roberto 奥尔泰利（1905—1978），作家。

Oyuela, Calixto 卡利斯托·奥尤埃拉（1857—1935），作家：《路易斯·德·莱昂神甫》(*Fray Luis de León*, 1886)。

Palacio, Ernesto 埃内斯托·帕拉西奥（1900—1979），历史学家。

Palermo 巴勒莫，布宜诺斯艾利斯市城区。

Pardo 帕尔多，拉斯弗洛雷斯的一个小镇，位于布宜诺斯艾利斯省中南部，被称为"老角落"的比奥伊家族庄园就坐落于此。

Paredes, Nicolás 帕雷德斯（逝于1929），刀客，"巴勒莫的守护者"（1910年左右），"豪爽的克里奥尔人，完全掌控着自己的当下"【《埃瓦里斯托·卡列戈》(1930)，第二章】。博尔赫斯通过费利克斯·利马认识了他；那时帕雷德斯是一家夜总会的保镖。1956年，博尔赫斯为他写了一首诗《堂尼卡诺尔·帕雷德斯之歌》。

Parravicini, Florencio 帕拉维奇尼（1876—1942），喜剧作家、飞行员、杂耍和电影喜剧演员。

Paseo de Julio 七月大道，带铁栏杆围墙的大道，从市政府大楼一直延伸到拉瓦列大街附近。博尔赫斯曾专门为这条大道写了一首诗《七月大道》(1929)。

Payasa, La《小丑女》(1920)，E·阿利皮（作曲）和C·谢弗尔·加略（作词）创作的探戈。

Payró, Julio 胡里奥·派罗（1899—1971），艺术批评家。

Pehuajó 佩瓦霍，布宜诺斯艾利斯省下属的一个市。

Pejerrey con papas《牙汉鱼配土豆》(1886)，蒙得维的亚当地的米隆加，创作者不明。

Peña Casares, Guillermo 吉列尔莫·培尼亚·卡萨雷斯（生于1932），律师。他的办公室位于科连特斯大街447号。博尔赫斯与艾尔莎·阿斯泰特离婚时，为其提供了相关法律咨询服务。

Pérez Ruiz, Carlos 佩雷斯·鲁伊斯（1900—？），律师、作家。博尔赫斯的二表弟，曾将博尔赫斯的某则故事刊登在了《批评报》上。

Perón, Juan Domingo 庇隆（1895—1974），前总统（1946—1955 和 1973—1974 期间）。

Petit de Murat, Ulyses 乌利塞斯·佩蒂特·德·穆拉特（1905—1983），作家、记者。20 年代中期在阿尔贝托·伊达尔戈创办的杂志《口头》（*Oral*）与博尔赫斯结识【图里奥·休伯曼，《与乌利塞斯·佩蒂特·德·穆拉特共度到天明》（*Hasta el alba con Ulyses Petit de Murat*），科雷希多，1979：35】。1933—1934 年，与博尔赫斯联合主编《批评报》的文学副刊《星期六的多彩》（*Multicolor de los Sábados*），早年间他在该日报负责撰写电影评论。1937 年，不合时宜出版社编辑出版了他的诗集《泪水的眩晕》（*Marea de lágrimas*）。40 年代初，与博尔赫斯共同撰写了一个"城郊题材"的剧本，之后博尔赫斯在他的要求下，"与比奥伊·卡萨雷斯一起增补了剧本内容"【乌利塞斯·佩蒂特·德·穆拉特，《我城市的夜》（*Las noches de mi ciudad*）。埃梅塞出版社，1979：94】。1946 年，由他担任领导层之一的阿尔法尔公司委托博尔赫斯和比奥伊在短篇小说《玫瑰色街角的汉子》基础上撰写剧本。40 年代末流亡墨西哥，在那里以撰写剧本为生。1955 年归国。

Petrone, Francisco 彼得罗内（1906—1967），演员。

Peyrou, Julia 胡丽亚·佩罗（1905—1984），画家、曼努埃尔·佩罗的妹妹。

Peyrou, Manuel 曼努埃尔·佩罗（1902—1974），作家、记者。大约在 1933 年，在为《批评报》撰稿期间结识了博尔赫斯，后通过博尔赫斯介绍，在 1936 年左右与比奥伊相识。从 1940 年起定期在比奥伊家吃饭小聚，通常在星期六。主要撰写电影和戏剧报道，在写短篇和长篇小说之余也写过剧本，但并没有被拍成电影。1947 年开始为阿根廷《新闻报》撰稿，在报社被庇隆政府查抄那年（1951）辞职。庇隆倒台后，重回报社工作直到去世。

Pezzoni, Enrique 恩里克·佩索尼（1926—1989），批评家。《南方》杂志编辑部主任（1968—1981）。

Piñera, Virgilio 比尔希略·皮涅拉（1912—1979），古巴作家。1946—1958 年间旅居阿根廷。

Piñol, José 皮尼奥尔（1908—？），旅居西班牙的阿根廷作家。

Piquer, Conchita 孔奇塔·皮克尔（1908—1990），西班牙弗拉门戈歌手。1932 年在阿根廷首次登台表演。

Pollito, El《小鸡》（1914），弗朗西斯科·卡纳罗创作的探戈。

Porchia, Antonio 波尔基亚（1886—1968），出生在意大利的阿根廷裔作家。

Porteño, El《小布宜诺斯艾利斯人》（1903），安赫尔·比略尔多作词作曲的探戈。

Prando, Alberto 普兰多（1901—1981），作家、画家。

Prilutzky Farny de Zinny, Julia（1912—2002），出生在俄罗斯的阿根廷裔作家。

Princesa, la [= Mª Lidia Lloveras, princesa de Faucigny Lucinge] 王妃【= 玛利亚·利迪娅·略韦拉斯，卢辛格王妃】，"博尔赫斯对王妃尤其偏爱 [...] 她是个娇小丰腴的女人，五十多岁，头发染了一点红调。她年轻时就曾因这一头红发芳名远扬，人们都叫她'红发略韦拉斯'[...] 她曾非常富有 [...]。丈夫伯特兰德·德·福西尼-卢辛格在结婚时恢复了王子头衔，开始肆意挥霍王妃的年金。（在经历多次变故后）她不得不只身回到阿根廷，输了几场官司，如今住在一间简陋的寄宿公寓里，靠她的女性友人们接济照顾。[...] 博尔赫斯一直叫她'王妃'，从未擅自用'你'来相称。[...]"【埃斯特拉·坎托，《逆光下的博尔赫斯》（1989：168—70）】

Progreso, Club de 进步俱乐部，成立于1852年，是布宜诺斯艾利斯市寡头集团的义务集会场所。1856年，从原址（秘鲁街135号）换到了秘鲁街和胜利街交汇处（今天的hipólito伊里戈延街）；1900年又搬至五月大道1646号。

Pueyrredon, Prilidiano 普里利迪亚·普埃伦东（1823—1870），画家。

Puffendorf-Duvernois, Baronesa 普芬道夫-杜凡诺阿男爵夫人，布斯托斯·多梅克笔下的人物，"国际夫人"。

Puga, Rodolfo de 鲁道夫·德·普加，记者。《趣闻》主编，该周报以漫画连载形式为主，1909年建刊。

Quinquela Martín, Benito 金克拉·马丁（1890—1977），画家。

Quintana, Avenida 金塔纳大道，位于拉科莱塔区。比奥伊与父母住在金塔纳大道174号（1914—1940），博尔赫斯与家人住在222号（1924—1938）。

Quirno, Norberto 诺韦尔托·基尔诺（1904—1972），医生、庄园主。

Quiroga, Facundo 法孔多·基罗加（1793—1835），军政首领。

Quiroga, Horacio 奥拉西奥·基罗加（1878—1937），乌拉圭作家：《羽毛枕头》（《爱情、疯狂和死亡的故事》，1917）；《流放者》（1926）。

Quirós, Cesáeo Bernaldo de 基罗斯（1881—1968），画家。

Ramírez, Carlos Mª 卡洛斯·玛利亚·拉米雷斯（1848—1989），乌拉圭历史学家。

Ramírez, Francisco 拉米雷斯（1786—1821），军政首领。1820年获得了"至高无上的恩特雷里奥斯人"的头衔并建立了包括科连特斯、恩特雷里奥斯和米西奥内斯在内的恩特雷里奥斯共和国。

Recoleta 雷科莱塔区，布宜诺斯艾利斯市城区，城区内有一处市级公墓。

Rega Molina, Horacio 雷加·莫利纳（1899—1957），诗人、记者：《致卑微礼拜天的信》（*Carta a un domingo humilde*），《礼拜天被造就了出来》（*El domingo se ha hecho*），《礼拜天的连祷》（*La letanía del domingo*）【《从一扇窗口描绘的星期天》（*Domingos dibujados desde una ventana*, 1928）】；《省城赞歌》（*Oda provincial*, 1940）。

Reid, Alastair 阿拉斯泰尔·里德，博尔赫斯作品的英语译者。曾翻译过博尔赫斯的故事集

（《虚构集》，1962）、诗歌（《老虎的金黄》，1977）等。1971 年 5 月，博尔赫斯在伦敦同他见了面。

Rest, Jaime 雷斯特（1927—1979），批评家。

Resta, Ricardo 雷斯塔，出生在意大利的阿根廷裔哲学家，比奥伊的朋友，两人于 1936 年结下友谊。

Reyes, Alfonso 雷耶斯（1889—1959），墨西哥作家。1927—1930 年和 1936—1937 年间，任墨西哥驻阿根廷特命全权大使。其间，与比奥伊夫妇结下友谊并认识了博尔赫斯。1929 年出版了由其主编的《普拉塔札记》中的《圣马丁札记》。

Rinaldini, Julio 里纳尔迪尼（1890—1968），艺术批评家。

Ringuelet 林格雷特，罗加火车线路中的一站，靠近拉普拉塔站。

Risso Platero, Ema 埃玛·里索·普拉特罗（1915—1981），乌拉圭外交官、作家。曾为杂志《布宜诺斯艾利斯年鉴》撰稿。

Robirosa, Josefina 何塞菲娜·罗维洛萨（生于 1932），画家。

Rodó, José Enrique 罗多（1872—1917），乌拉圭作家。

Rodríguez Monegal, Emir 罗德里格斯·莫内加尔（1921—1985），乌拉圭批评家，博尔赫斯作品研究者。

Roggiano, Alfredo 罗吉亚诺（1919—1991），诗人。

Rohde, Jorge Max 马克思·罗德（1892—1979），批评家。

Rojas, Issac Francisco 罗哈斯（1906—1993），海军上将。实际意义上的副总统（1956—1958）。

Rojas, Ricardo 里卡多·罗哈斯（1882—1957），作家：《剑圣》（*El Santo de la espada*, 1933）。在其新殖民风格的住所前（查尔卡斯街 2837 号），仿建了图库曼省的独立之家。

Rojas Paz, Pablo "黑人"罗哈斯·帕斯（1896—1956），作家。

Romero, Francisco 弗朗西斯科·罗梅罗（1891—1961），哲学家、军人。

Romero, José Luis 何塞·路易斯·罗梅罗（1909—1977），历史学家。

Romero Brest, Jorge 罗梅罗·布雷斯特（1905—1989），艺术批评家。

Rosas, Juan Manuel de 罗萨斯（1793—1877），独裁者（1835—1852）。在卡塞罗斯城被推翻后（1852），被流放至英国。直到 1864 年，一直和其女在南安普顿生活。1864 年回到斯威林的一处乡间住所休养直到去世。

Rosenvasser, Abraham 罗森瓦塞尔（1896—1983），律师、古埃及学者。

Rossi, Vicente 文森特·罗西（1871—1945），字体排印专家、乌拉圭批评家。

Roxlo, Carlos 罗斯洛（1861—1926），乌拉圭批评家。

Ruiz Díaz, Adolfo 阿道夫·鲁伊斯·迪亚斯（1920—1998），批评家。

Sabat Ercasty, Carlos 萨巴特·埃尔卡斯蒂（1887—1982），乌拉圭诗人。

Sabato, Ernesto 萨瓦托（生于1911），作家：《隧道》（*El túnel*, 1948）。比奥伊的朋友，1941年通过比奥伊与博尔赫斯结识。

SADE 阿根廷作家协会，会址位于墨西哥街524号。博尔赫斯于1950—1953年间任作协主席。

Sánchez, Florencio 弗洛伦西奥·桑切斯（1875—1910），乌拉圭剧作家。

San Isidro 圣伊西德罗，大布宜诺斯艾利斯都市圈（GBA）下属的一个镇。

San Martín, José de 圣马丁（1778—1850），军事统帅。

Santiago Muchnik, Hugo 乌戈·圣地亚哥（生于1938），电影导演。与博尔赫斯和比奥伊分别合作撰写了剧本并拍成了电影《入侵》（1969）和《另一些人》（1973）。

Santos, Máximo 桑托斯（1847—1899），乌拉圭总统（1882—1886）。

Saravia, Aparicio 阿帕里西奥·萨拉维亚（1855—1904），乌拉圭军政首领。

Sarmiento, Domingo Faustino 萨米恩托（1811—1888），作家、军人、政治家：《法昆多》（*Facundo*, 1845）。总统（1868—1874）。

Schiavo, Horacio 斯基亚沃（1903—？），作家。博尔赫斯于1937至1946年间在米格尔·卡内图书馆工作期间的同事。

Schóó, Ernesto 埃内斯托·斯乔（生于1925），作家。

Schultz de Mantovani, Fryda 弗莱达·舒尔茨（1912—1978），作家。

Shand, William 尚德（1902—1997），阿根廷作家，出生于苏格兰。

Silva Valdés, Fernán 席尔瓦·巴尔德斯（1887—1975），乌拉圭作家。

Sofovich, Luisa 路易莎·索福维奇（1905—1970），作家。

Solar, Xul [Oacar Alejandro Schulz Solari] 苏尔·索拉（1887—1963），画家、星占学者。1924年在马丁·费耶罗主题沙龙上与博尔赫斯结识，详见M. H. 格拉多斯基的《阿莱航德罗·苏尔·索拉》（黎明出版社，1994：156—162）。曾为博尔赫斯的《我希望的大小》和《死亡的样板》（1946）等书画过插图。

Soto, Luis Emilio 索托（1902—1970），批评家。

Storni, Alfonsina 阿方西娜·斯托尼（1892—1938），诗人。

Taborga, Benjamín 本哈明·塔沃尔加（1889—1918），定居阿根廷的西班牙作家。

Tallón, José Sebastián 何塞·塞巴斯蒂安·塔利翁（1904—1954），作家：《纽伦堡之塔》（*La torre de Nuremberg*, 1927）。

Temperley 坦伯利，大布宜诺斯艾利斯都市圈（GBA）中下属的一个镇。

Tigre 蒂格雷，大布宜诺斯艾利斯都市圈（GBA）中下属的一个市。

Tinayre, Daniel 丹尼尔·蒂奈尔（1947—1999），比奥伊夫妇的朋友。

Torre, Guillermo de 吉列尔莫·德·托雷（1900—1971），西班牙文学批评家。于 1920 年在马德里与博尔赫斯结识。1928 年与诺拉·博尔赫斯结婚并于 1937 年在布宜诺斯艾利斯定居。曾是洛萨达出版社（1938）的初创成员，在该出版社任文学顾问。

Torre, Luis Guillermo de 路易斯·吉列尔莫·德·托雷（生于 1937），博尔赫斯的外甥。

Torre, Miguel Jorge de 米盖尔（生于 1939），博尔赫斯的外甥。

Torre Nilsson, Leopoldo 托雷·尼尔森（1924—1978），电影导演。

Torres Zavaleta, Jorge Ramón 豪尔赫·拉蒙·托雷斯·萨巴莱特（生于 1951），作家。

Tres Amigos《三个朋友》（1944），恩里克·卡迪卡莫作词作曲的探戈。

Ulla, Noemí 诺埃米·乌利亚（生于 1930），作家。

Ureña 乌雷尼亚，参见词条*佩德罗·恩里克斯·乌雷尼亚*。

Vacarezza, Alberto 瓦卡雷扎（1888—1959），喜剧作家。

Valladares, Leda 莱达·巴利亚达雷斯（生于 1925），民俗歌手。

Vaz Ferreira, María Eugenia 玛利亚·欧亨尼娅·巴斯·费雷拉（1888—1924），乌拉圭诗人。

Vázquez, María Esther 玛利亚·埃丝特·巴斯克斯（生于 1934），作家、记者。与博尔赫斯共同编写了《英国文学入门》(*Introducción a la literature inglesa*, 1965) 和《中世纪日耳曼文学》(*Literaturas germánicas medievales*, 1966)。

Vedia, Leonidas de 莱奥尼达斯·德·贝迪亚（1901—1975），作家。

Vedia y Mitre, Mariano de 马里亚诺·德·贝迪亚·伊·米特雷（1881—1958），历史学家。

Victoria 维多利亚，参见词条 *维多利亚·奥坎波*。

Victoria, Marcos 马科斯·维多利亚（1902—1976），作家。

Victoria《维多利亚》（1929），恩里克·S·迪斯塞波洛作词作曲的探戈。

Vidal, Jorge 比达尔（1924—2010），探戈歌手。

Villarino, María de 玛利亚·德·比利亚里诺（1905—1994），作家。

Villa Urquiza 乌尔基萨别墅区，布宜诺斯艾利斯城区。

Viruta y Chicharrón 比鲁塔与奇查隆，1909 年起在《真面与假面》杂志上连载的一系列条漫中的人物。

Vlady 弗拉迪，参见词条*弗拉迪·科奇安希奇*。

Vocos Lescano, Jorge 博科斯·莱斯卡诺（1924—1989），作家。

Wally 沃利，参见词条*沃利·泽纳*。

Walsh, Mª Elena 玛利亚·埃莱娜·沃尔什（生于 1930），作家：《手工制作》(*Hecho a mano*, 1965)

Wast, Hugo [Martínez Zuvirá, Gustavo] 乌戈·沃斯特（1883—1962），作家。1931—1955 年间任国家图书馆馆长。

Weibel-Richard, Robert 韦伯-理查德（1904—1984），法国教授，比奥伊父亲的朋友。从 1937 年开始，在巴黎大学布宜诺斯艾利斯分院教授古典文学。1942 年，同罗杰·卡约瓦一同成立了布宜诺斯艾利斯法国高等研究院，任院长直至 1960 年。

Whitelow, Guillermo *Billy* 怀特劳（生于 1923），诗人、艺术评论家。

Wilcock, Juan Rodolfo 威尔科克（1919—1978），作家。其作品《诗与歌之书》(*Libro de poemas y canciones*, 1940) 曾获包括博尔赫斯在内的组委会颁发的马丁·菲耶罗奖。其中的两首诗被收录在博尔赫斯、比奥伊和西尔维娜·奥坎波编纂的《阿根廷诗歌选》(1941) 中。从那时起，他便成为了比奥伊夫妇家的常客。曾翻译过《第七层》系列的多部小说集。1951 年与西尔维娜·奥坎波、比奥伊、马尔塔·莫斯克拉同游欧洲。1955 年回到布宜诺斯艾利斯，1957 年最终前往意大利，在那里用意大利语继续写作。

Wilde, Eduardo 埃德瓦尔多·怀尔德（1844—1913），作家。

Xul 苏尔，参见词条苏尔·索拉。

Yates, Donald 唐纳德·耶茨（n.1930），美国批评家。翻译了博尔赫斯文集《迷宫》(1961)。获富布赖特基金会资助，曾于 1962 年 8 月至 1963 年 6 月间访问阿根廷，1965 年又进行了第二次访问。

Yupanqui, Atahualpa [Héctor R. Chavero] 阿塔瓦尔帕·尤潘基（1908—1992），民俗歌手。

Zani, Giselda 吉塞尔达·扎尼（1909—1975），乌拉圭作家。

Zamborain de Torres Duggan, Esther 埃丝特·森博莱因（1915—2001），作家。协助博尔赫斯撰写了《美国文学入门》(1967)。

Zenner, Wally 沃利·泽纳（约 1905—1996），诗人、朗诵家。从 1925 年开始在《新闻报》总部大厅、哥伦布剧院等地举办诗歌朗诵会，1927 年起在全国各地巡回举办此类活动。

Zorraquín Becú, Horacio 索拉金·维库（1908—1988），历史学家、藏书家。

Zorrilla de San Martín, Juan 索里利亚·德·圣马丁（1855—1931），乌拉圭作家。《塔瓦雷》(*Tabaré*, 1888)。

出版说明

本书第一版序、另、注释说明、1931—1946 年—1960 年 11 月 11 日：郑菁菁译

1960 年 11 月 14 日—1962 年 3 月 6 日：徐泉译

1962 年 3 月 17 日—1989 年：陆恺甜译

附录：郑菁菁译